D1242191

THE HOLOCAUST IN HUNGARY
Fifty Years Later

Edited by

RANDOLPH L. BRAHAM and ATTILA PÓK

The Rosenthal Institute for Holocaust Studies
Graduate Center of The City University of New York
The Institute of History of
the Hungarian Academy of Sciences
The Europa Institute, Budapest
Social Science Monographs, Boulder, CO
Distributed by
COLUMBIA UNIVERSITY PRESS

1997

EAST EUROPEAN MONOGRAPHS,NO. CDLXXVII

Holocaust Studies Series
Randolph L. Braham, Editor
The Institute for Holocaust Studies
The Graduate School and University Center
The City University of New York

Previously published books in the Series:
Perspectives on the Holocaust, 1982
Contemporary Views on the Holocaust, 1983
Genocide and Retribution, 1983
The Hungarian Jewish Catastrophe: A Selected and Annotated Bibliography, 1984
Jewish Leadership During the Nazi Era: Patterns of Behavior in the Free World, 1985
The Holocaust in Hungary — Forty Years Later, 1985
The Origins of the Holocaust: Christian Anti-Semitism, 1985
The Halutz Resistance in Hungary, 1942-1944, 1986
The Tragedy of Hungarian Jewry: Essays, Documents, Depositions, 1986
The Treatment of the Holocaust in Textbooks, 1987
The Psychological Perspectives of the Holocaust and of Its Aftermath, 1988
Reflections of the Holocaust in Art and Literature, 1990
Studies on the Holocaust in Hungary, 1990
Anti-Semitism and the Treatment of the Holocaust in Postcommunist Eastern Europe, 1994
The Tragedy of Romanian Jewry, 1994
The Wartime System of Labor Service in Hungary, 1995

The Holocaust Studies Series is published in cooperation with the Institute for Holocaust Studies. These books are outgrowths of lectures, conferences, and research projects sponsored by the Institute. It is the purpose of the Series to subject the events and circumstances of the Holocaust to scrutiny by a variety of academics who bring different scholarly disciplines to the study.

The first three books in the Series were published by
Kluwer-Nijhoff Publishing of Boston

Copyright © 1997 by Randolph L. Braham
ISBN 0-88033-374-X
Library of Congress Catalog Card Number 97-60360
Printed in the United States of America

CONTENTS
——— *** ———
TARTALOMJEGYZÉK

THE HOLOCAUST ERA: 1941–45
———— *** ————
A HOLOCAUST-KORSZAK: 1941–45

THE POSTWAR ERA
——— *** ———
A HÁBORÚ UTÁNI KORSZAK

CONTRIBUTORS

——— ✳✳✳ ———

SZERZŐK

Introduction

This volume is an outgrowth of the International Scholars' Conference held in Budapest on April 2–7, 1994. Titled "The Holocaust in Hungary. Fifty Years Later" the conference was organized by the Rosenthal Institute for Holocaust Studies of the Graduate School of the City University of New York, the Europa Institute of Budapest, and the Institute of History of the Hungarian Academy of Sciences. His Excellency Árpád Göncz, the President of Hungary, the Honorable Tom Lantos of the U. S. Congress, and Nobel Laureate Elie Wiesel served as Honorary Chairmen.

The conference — the first of its kind in the former Soviet bloc countries — aimed, among other things, to utilize international cooperation and scholarship to synthesize the results of a number of scholarly investigations and to evaluate the historical lessons of the Holocaust. About half ot the forty-seven participants — academicians, researchers, and scholars, among the best in their various fields — were associated with Hungarian institutions of higher learning; the others were affiliated with similar institutions in other countries, including Canada, Britain, France, Israel, Romania, Switzerland, and the United States.

Like the conference, this volume is divided into four parts. The introductory first part contains the opening remarks, historical overviews and greetings by representatives of the sponsoring institutions. This part is presented in full in both of the official languages of the conference, English and Hungarian.

Part II deals with historical antecedents. It consists of nine studies focusing on various aspects of the historical, political-ideological, cultural, socioeconomic, and psychological factors that played a role in the destruction of Hungarian Jewry both before and especially after the German occupation on March 19, 1944.

Part III, on the Holocaust era, comprises 12 studies on the processes of destruction, including those initiated by the Hungarians before the occupation and those implemented between March 19, 1944 and April 4, 1945. They provide first-hand and documented scholarly accounts of the labor service system, the massacres at Kamenets-Podolsk and the Bácska, and the Final Solution program implemented by the SS with the support of the Quisling governments of Döme Sztójay and Ferenc Szálasi.

Part IV comprises 15 studies on the consequences of the Holocaust and various aspects of Jewish life during the postwar era. Among these are studies dealing with the losses of Hungarian Jewry in statistical and personal terms, the treatment of the Holocaust in textbooks, and the psychological trauma of some of the survivors. The last paper is an overview of the archival holdings on the Holocaust in Hungary of the U. S. Holocaust Memorial Museum in Washington.

The individual studies in the volume are presented in either English or Hungarian, the language chosen by the respective authors. Each study is supplied with an appropriate summary. The interpretations and views expressed by the authors are theirs alone and do not necessarily reflect those of the editors or of the institutions sponsoring this publication.

This volume could not have been completed without the cooperation of the contributors. For this we are greatly indebted to them. We would also like to express our gratitude to the mentors and directors of the institutions that sponsored the conference, including Dr. Frances D. Horowitz, President of the Graduate School of the City University of New York; Elizabeth and Jack Rosenthal, the mentors of the institute that bears their name; and Dr. Ferenc Glatz, Director of the Institute of History of the Hungarian Academy of Science and of the Europa Institute of Budapest. We are also thankful to Dr. Géza Komoróczy, Director of the Center for Judaistic Studies of the Hungarian Academy of Science, for his contribution during the early organizational phase of the conference. For their generous support of this publication, we are indebted to the directors and mentors of the sponsoring institutions as well as to the members of the Advisory Board of the Rosenthal Institute, especially Marcel Sand, Gizella and Arie Edrich, Valerie and Frank Furth, and Eva and Norman Gati. We world also like to express our gratitude to Dan Danieli for his valuable assistance. Finally, we would like to thank our wives, Elizabeth Braham and Andrea Pók, for their patience and encouragement.

Randolph L. Braham
Attila Pók

October 1996

Bevezető

E kötet az 1994. április 2–7. között Budapesten tartott nemzetközi tudományos konferencia anyagait tartalmazza. „A Holocaust Magyarországon — ötven év távlatából" című konferenciát a New Yorki Városi Egyetem Posztgraduális Tanulmányok Intézete, Rosenthal Holocaust Kutató Intézete, a Budapesti Európa Intézet és a Magyar Tudományos Akadémia Történettudományi Intézete szervezte. A tiszteletbeli elnökök Göncz Árpád köztársasági elnök, Tom Lantos szenátor (USA) és Elie Wiesel Nobel díjas író voltak.

A konferencia — amely az első ilyen jellegű rendezvény volt a korábbi szovjet tömb országaiban — többek között azt tűzte ki céljául, hogy a nemzetközi együttműködést hasznosítva összegezze számos nemzetközi tudományos kutatás eredményeit és értékelje a Holocaust történelmi tanulságait. A negyvenhét résztvevő — a témakör legkiválóbb szakértői — közel fele magyar tudományos intézetek és felsőoktatási intézmények munkatársai közül került ki, a többiek hasonló külföldi intézményektől érkeztek — Kanadából, Angliából, Franciaországból, Izraelből, Romániából, Svájcból és az Egyesült Államokból.

A konferenciához hasonlóan e kötet is négy fejezetre oszlik. Az első rész tartalmazza a bevezető előadásokat, a történeti áttekintéseket és a szervező intézmények képviselőinek üdvözlő beszédeit. E fejezet írásait a konferencia mindkét hivatalos nyelvén, magyarul és angolul is publikáljuk.

A második rész a történeti előzményekkel foglalkozik és kilenc tanulmányt tartalmaz, amelyek a magyarországi zsidóság elpusztításában a német megszállást, 1944. március 19-ét megelőzően és főleg azt követően szerepet játszott történeti, politikai-ideológiai, kulturális, gazdasági, társadalmi és pszichológiai tényezőket vizsgálják.

A harmadik, a Holocaust időszakával foglalkozó fejezet 12 tanulmányt tartalmaz a zsidóüldözésekről: a magyar hatóságok által a német megszállás előtt valamint az 1944 március 19. és 1945 április 4. között foganatosított rendelkezésekről. Első kézből származó, tudományosan megalapozott beszámolókat is tartalmaz ez a rész a munkatáborokról, a kamenyec-podolszki és a bácskai tömegmészárlásokról és a „végső megoldás"-ról, amelyre az SS támogatásával a Sztójay Döme és Szálasi Ferenc által vezetett bábkormányok vállalkoztak.

A negyedik fejezet 15 tanulmánya a Holocaust következményeit, illetve a zsidók háború utáni életét tárgyalja. Egyes tanulmányok a magyar zsidóság pusztulását statisztikai és emberi oldalról világítják meg, más írások a Holocaust tankönyvek-beli ábrázolását, illetve néhány túlélő pszichológiai traumáját elemzik. Az utolsó tanulmány áttekintést nyújt a Washingtoni Holocaust Múzeum magyarországi Holocausttal foglalkozó anyagairól.

A kötetben az egyes tanulmányokat a szerző választása szerint angolul illetve magyarul közöljük. Valamennyi tanulmányt tartalmi összefoglalóval láttuk el. A vélemények és nézőpontok az egyes szerzők meggyőződését tükrözik és nem feltétlenül egyeznek meg a szerkesztők illetve a támogatók által képviselt állásponttal.

Az a kötet nem készülhetett volna el a közreműködők együttműködése nélkül, amiért hálával tartozunk. Szeretnénk kifejezni hálás köszönetünket a konferenciát szponzoráló intézmények támogatóinak és vezetőinek, így Dr. Frances D. Horowiznak, a New Yorki Városi Egyetem Posztgraduális Tanulmányok Intézete rektorának, Elizabeth és Jack Rosenthalnak, akik a róluk elnevezett intézet alapítói, valamint Dr. Glatz Ferencnek, a Magyar Tudományos Akadémia Történettudományi Intézete és a Budapesti Európa Intézet igazgatójának. Köszönettel tartozunk továbbá Dr. Komoróczy Gézának, a Magyar Tudományos Akadémia Judaisztikai Intézete vezetőjének a konferenciaszervezés kezdeti stádiumában nyújtott segítségéért. Külön köszönettel tartozunk a kötetünket is szponzoráló intézmények támogatóinak és vezetőinek valamint a Rosenthal Intézet Tanácsadó Testülete tagjainak, különösen Marcel Sandnak, Gizella és Arie Edrichnek, Valerie és Frank Furthnak, Eva és Norman Gatinak. Az értékes segítségért hálásak vagyunk Dan Danielinek. Végül köszönjük feleségeink, Elizabeth Braham és Pók Andrea megértő türelmét és segítségét.

Randolph L. Braham
Pók Attila

1996. október

OPENING REMARKS

—— *** ——

KÖSZÖNTŐK

Magyarország, 1944
(A tudomány és a polgár kérdései)

Glatz Ferenc

A védhatalmú nemzeteszme csődje?

Magyarország német megszállása, 1944. március 19-én, száz-
esztendős, kitaposott politikai útnak jelezte a végét?
Az évszázados magyar politikai gondolkodás alaptézise: „törté-
nelmi jogunkat" érvényesíteni az ezeréves államterülethez, nagy-
hatalmi segítséggel. 1918-ig a Habsburg Monarchia fennállása volt
a magyar igazgatási szupremácia biztosításának a feltétele. 1920-
ban a történelmi Magyarország területének kétharmadát vesztettük
el. A trianoni állam önmagában gyenge lett volna bármiféle erő-
szakos területrevizióra. Régi középosztályaink, amennyiben ragasz-
kodtak a volt államterület ismételt birtokbavételéhez, csakis
Németországra számíthattak. Trianon reviziójának nem volt világ-
hatalmi alternatívája. Pontosabban: a másik lehetőség — megegyez-
ni a szomszédos új államokkal, Csehszlovákiával, Romániával,
Jugoszláviával — nem bírt realitással. Sem a magyar, sem a szom-
szédos új államok középosztályai nem ismerték fel még akkor ezt
a lehetőséget.
1938-ban, amikor a nemzetiszocialista Német Birodalom meg-
jelent Magyarország határán, a magyar politikai vezető réteg nem
tudott a csábításnak ellenállni: területrevizió a Birodalom oldalán.
Teleki Pál, Bárdossy László, Kállay Miklós kormányainak vezető
elve: kihasználni a németek „lendületét" a térségben a területrevi-
ziókhoz, s közben megőrizni az állam belpolitikai önállóságát. Pa-
tikamérlegen méricskélni, mennyi engedményt szükséges tenni

belpolitikai kérdésekben a német nemzetiszocializmusnak. Hogy megőrizzük jóindulatukat a területrevíziókhoz. (És e jóindulat elnyeréséhez az ár: a hazai zsidóság elleni törvények 1938-41 között, a magyar állam külpolitikai játékterének fokozatos feladása. Mint ahogy az államrendszer és a birtokviszonyok polgári korszerűsítését is eleve visszafogta a nemzetiszocializmus reális erejéhez igazodás „szüksége".) A tudomány joggal hangsúlyozza: ennek a politikának voltak hozadékai 1929-44 között. Megőrizte a fasizálódó környezetben az alkotmányos rendet, a napi életkereteket, miközben köröttünk tombolt a világháború.

1944. március 19-én ez a hagyományos politika mondott csődöt. A középosztály egy része végre megértette: nem „elrendelt igazság"-ból eredt a térségben a magyar területi igények német segítése,. hanem beleilleszkedett egy nagyhatalmi érdekrendszerbe. Ahogy 1918-20-ban is beleilleszkedett. Csak akkor egy másik hatalmi rendszer érdekei diktáltak a térségben. S ha ez a nagyhatalmi érdek — most, 44-ben, háborús érdeke — úgy kívánja: elsöpri egyik napról a másikra az önállóan kiépített kisállami pozíciókat.

Nagy kérdése a történettudománynak, miért nem tudta a magyar középosztály belátni a realitást, azt, hogy Trianon nem csak egyszerűen „igazságtalanság". De Trianon egyben a változást is jelenti: a térség nemzetei felnőttek és nem fogadják el a hagyományos magyar középosztályok vezető szerepét a Kárpát-medencében...Ez a középosztály jól működtette a polgári államot a 19. század második felében... Miért erősödött fel gondolkodásában 1920 után a magyar nemesség egyik rossz hagyománya: lebecsülni szomszédainkat, vagy ellenfeleinket? S történelmi szuprémáciánkat természettől adottnak venni? Miért nem tette fel a kérdést — ahogy a politikai ellenzékből sokan feltették —: területrevízió minden áron? Miért nem tudta a nemzet reális esélyeit a világpolitika horizontján szemlélni? A vezető réteg elhivatottsága nem az uralomgyakorlásban, az uralom technikájának kitanulásában rejlik. Nem is abban, hogy szép beszédekbe, cirádás mondatokban fogalmazza meg valós vagy vélt keserveinket. Hanem sokkal inkább abban, hogy a közösség érdekeit a világban felismerje és leleménnyel képviselje...

A megszállás hitelesítése?

1944. március 19. reális alternatívát kínált a magyar politikai vezető réteg, személy szerint a Kormányzó számára is. Kínálta a távozás lehetőségét, s ezzel a tüntetést is: a magyar állam alkotmányos önállóságának megsértéséhez nem adja hozzájárulását. A törvényes magyar kormány miniszterelnöke illegalitásba kényszerült, a belügyminisztert letartóztatták, a parlamentáris többpártrendszert gyakorlatilag felszámolták. A konzervatív alkotmányos politikusok épp úgy kiszorultak a politikából, mint a korábbi parlament baloldala, a szociáldemokraták, vagy a Horthy-rendszer legnagyobb polgári ellenzéke, a kisgazdák is. A történettudomány többször kereste a választ a kérdésre: mit veszített volna a nemzet, ha az államfő távozik?

Kétségtelen: a Kormányzó „hivatalban maradása" fékező tényező volt a német támogatással elszabaduló szélsőjobb előtt. És az is kétségtelen: a Kormányzó „hivatalban maradása" egy jól időzített kiugrás lehetőségét hordozta még magában. De az is kétségtelen: Horthy erőtlenséget tanúsított a megszállás után mindazzal szemben, ami az országban történik. (Ismeretes, hogy a budapesti zsidóság deportálását akadályozta meg.) Maradásából és gyakorlati tevékenységéből végül is több haszna volt a német megszállóknak, mint a magyar nemzetnek. Az idegen megszállásnak az alkotmányosság látszatát kölcsönözte. S ezzel a magyar államot „utolsó csatlósként" a Német Birodalom mellett tartotta. Véglegesen feladva a lehetőséget: a magyar nemzeti érdekek kedvezőbb elbírálást nyerhessenek a háború után egy más hatalmi erőviszony közepette. Miért döntött így Horthy és környezete? Túl erős volt benne a hagyományos magyar középosztály ragaszkodása a kormányzati hatalomhoz? Képtelen volt belátni, hogy az adott helyzetben a közösség érdeke kívánja meg a politikus távozását? S hogy a politikus nem „uralkodó", hanem eszes szolgája a közösségi érdekeknek? Horthy talán kevésbé volt egyénileg bölcs és korszerűbb, mint a szomszédos nemzetek politikai vezetői? Mennyire fontos lehet váratlan helyzetekben a vezető férfiak személyes képessége, eszessége, leleménye? — Kérdések, melyekről a történetírás még vitatkozni fog.

Az állam nem védi polgárát?

Ha a németek nem szállják meg Magyarországot 1944. március 19-én, akkor nem következik be a parlamentáris politikai erők üldözése, és főként nem következik be a holocaust. Történettudományunk igaz tézise ez az 1944. év történéseiről. Kétségtelen: a magyar alkotmányosság sérülésének következménye az, hogy megkezdődött 1944 márciusában az „Endlösung", a honi zsidóság módszeres kiközösítése, majd pusztítása. De nem feledhetjük: az 1944. március végén megkezdődött zsidóságellenes kormányrendeletek tömeglélektani előkészítője volt a három zsidótörvény (1938-41). Igaz, az sem vonható kétségbe: a magyarországi zsidótörvények szorosan kapcsolatba hozhatók a nemzetiszocialista Németország megjelenésével Magyarország szomszédságában. A törvényekből az első kettőt a magyar politikai vezető réteg még csak igyekezett szociális alapon indokolni, mint a zsidóság gazdasági térnyerése ellen hozott törvényeket. De az ún. „harmadik" törvény (1941:XV.) már a zsidósággal való házasságot tiltja a keresztény társadalom számára. Az állam tehát polgárainak egyik részét vallása alapján korlátozza állampolgári jogaiban, végül pedig egyéni életébe is erőszakosan belenyúl.

Mit gondolhatott a közember 1944 áprilisában? A sárga csillag viselésének elrendelése, eltiltás bizonyos járművek használatától, a negatív megkülönböztetés még a háborús fejadagokban is — a zsidótörvények szerves folytatásának látszottak. Nem szólva arról a politikai korrumpálásról, amit a zsidó vagyonok „keresztény kéz"-be való „átprivatizálása" jelentett. Nem az utolsó társadalmi méretű korrumpálás Magyarországon. Mint ahogy a kormánypárt programjában is, már 1939-ben, lényeges pont a zsidóság gazdasági visszaszorítása. S e programpontokat nem a németek, hanem magyar emberek írták. Azután 1944 végén előléptek azok, akik már a Dunába lövöldözésre is vállalkoztak.

Az állam minden egyes adófizető polgárának képviselője. Ahogy enged a polgárok egyik csoportjának, s negatív megkülönböztetést hajt végre — feladja a közösség egészének képviseletét. Legyen szó akár vallási, nemzetiségi vagy szociális hovatartozásról.

Faji vagy felekezeti alapon?

A magyar és a német állam zsidóellenes fellépéseinek összehasonlítása természetesen jelentős különbségeket mutat. A tudomány nem jogtalanul hangsúlyozta: Nürnberg, 1935. szeptember 15.: a német polgárok között a származás alapján különböztet meg „árjákat" és védi a „vér" tisztaságát. Magyar törvények: nagyszülők felekezete alapján (izraelita) zárja ki a zsidókat. Nem faji, hanem felekezeti alapon. Való igaz. De a gyakorlatban ez a különbség mégsem volt jelentős, hiszen a magyarországi törvények is (az 1941. évi ún. harmadik zsidótörvény) a magyarországi zsidóság majdnem egészét érintik. Az 1941-ben élt generációk nagyszülei ugyanis — mind zsidók, mind keresztények — vallási közösséghez is tartoztak a múlt század végén. Figyelmeztetés is a háború utáni zsidóság számára? Akik azt hitték, ha elhagyják atyáik vallását, megmenekülnek az antiszemitizmus támadásaitól?

Nemzeti hagyomány: a türelem

Magyarország sziget volt a zsidóság számára 1944. március 19-ig — szinte minden történelmi előadásban elhangzó mondat ez. Sokban igaz. A zsidótörvények ellenére sem volt a zsidóság életveszélyben. S az is igaz: az 1930-as évek végétől a művelt világ is telve zsidóellenességgel. Sem Anglia, sem az Egyesült Államok, sem Franciaország nem volt hajlandó a németországi Kristallnacht (1938. november) után befogadni a zsidókat. Ismerjük a francia tervezeteket: a zsidókat Madagaszkárra kell telepíteni. Anglia nem fogadhatja be a zsidóságot — szól a kortársi angol indoklás —, mert ezzel szociális feszültség keletkezik az országban. Ismertek a vonatkozó adatok az Egyesült Államokból: drasztikusan lecsökkentették 1939 után a bevándorlási kvótát, hogy ne kelljen a zsidókat befogadniuk. S az Egyesült Államokban készült közvéleménykutatás eredménye 1938 végén: a megkérdezettek 94 %-a helyteleníti, amit Németországban a zsidókkal művelnek, de a megkérdezettek 77 %-a ellene van, hogy beengedjék a zsidókat az Államokba. A magyar történettudománynak sokszor szemére hányják: miért be-

szélünk úgymond „önkritikusan" a magyar állam viselkedéséről,
amikor mind az USA, mind az említett más államok történetírása
hallgat a korábbi állami vezetés zsidóellenes magatartásáról? Mint-
ha a tudomány valamiféle historizáló propagandaeszköz lehetne...
A kérdést a kutatók természetesen úgy is feltehetik: vajon volt-e
Európában még egy olyan nemzet, amelyik oly sokat köszönhetett
a modern polgári fejlődésében a zsidóságnak, mint a magyar nem-
zet? A zsidóság a maga évszázadok alatt kitermelt erejét, szakér-
telmét hozzáadta az állam területén élő magyar, német, szláv iparos,
paraszt, tisztviselő értelméhez, szorgalmához. Ma már tudjuk, hogy
a zsidóságot nem egyszerűen a tőkés, a kizsákmányoló, a pénz-
ember képezte. Nagy számmal találjuk őket a 19. századtól diva-
tiparosok, kelmével, sőt üvegáruval foglalkozók, majd pedig
szegények orvosai között. Mindenütt, ahol a modern polgári tár-
sadalom mozgékonyságot, vállalkozó szellemet kíván. S nagy szám-
mal találjuk őket a magyar szellemiségű irodalom, művészetek
képviselői, támogatói között. Nagy előrelépésre, modernizáláshoz
segítve az ősi magyar kultúrát, nyelvünket.

S a magyar politika uralkodó árama? Igenis, 1938-ig a türelmes
nemzeti hagyomány az erősebb. Amelyik évszázadok óta segítette
az államban élő különböző nemzetek, felekezetek együttélését, egy-
máshoz igazodását. Békés asszimilációját. Rövid időre kaptak fö-
lényre a soven, „idegenellenes" erők. 1938-ban is ez történt. A
magyar középosztály legkiválóbbjai fel is emelték hangjukat. De
a nemzet többségét — akkor is — más szempontok vezették. S
egy erőszakos kisebbsége — akkor is — hangosabb volt. Valóban
csak a külpolitikai hatalmi állások segítették — segíthetik — fö-
lényre őket?... A magyar középosztály nem tudta megemészteni Tri-
anon sokkhatását. S nem volt képes belső nemzeti értékeit becsülni,
s elfordulni az európai antiszemita hullámtól. S még ma is nehezen
tudjuk elfogadtatni: mindaz a kultúra, amit 1944-ben magyar kul-
túrának hívtak, minden ittélőnek eredménye. S az ma is. Nem a
német, szláv, román ún. történelmi „ellenségtől" kell félteni e kul-
túrát, hanem a közöttünk élő „kirekesztőktől".

Hungary, 1944: Questions of Historical Science and of the Citizen

Ferenc Glatz

Collapse of the Concept of Nationhood as Defense

The occupation of Hungary by the Germans on March 19, 1944: Did it mark the end of the road of a hundred years of political development?

To assert — with the aid of the Great Powers — our historical rights to the thousand-year-old territory of Hungary: this was the fundamental proposition of Hungarian political thinking for the last hundred years. Up to 1918, the existence of the Habsburg Monarchy provided the conditions for this, but 1920 marked the loss of two thirds of the territory of historical Hungary. After the Treaty of Trianon, the country was left too weak to rely on itself for any kind of territorial revision. If they hoped to regain possession of the lost territory of the country, the Hungarian middle classes could count only on Germany. There was no other alternative to the revision of the Treaty of Trianon. Coming to an agreement with the new countries bordering on Hungary — Czechoslovakia, Romania, and Yugoslavia — was not recognized at the time in Hungary or in the new states around it as a real alternative.

In 1938 when the National Socialist German Reich appeared on the border of Hungary, the Hungarian political leadership found the idea of territorial revision — though it meant being on the side of the German Reich — too great a temptation to resist. The governments of Pál Teleki, László Bárdossy, and Miklós Kállay were guided by the idea of taking advantage of the German forward push in the region to gain support for territorial revisions and at the same time for the preservation of the political sovereignty of the state. They had minutely portioned out the amount of concessions to make to German National Socialism in exchange for German goodwill in regard to Hungary's hope of territorial revisions. The anti-Jewish laws at home between 1938 and 1941, and the gradual abandonment of the scope in foreign affairs of the Hungarian State, were the price to pay. By the same token, the "necessity" of making use of the Nazi clout constituted a direct impediment to up-to-date bourgeois development in the political system and in ownership relations. There is, however, some truth in the assertion of historical science to the effect that between 1939 and 1944 this policy did yield returns: it helped to preserve constitutional order and the ordinary framework of daily living in an environment eroded by the onslaught of fascism and the ravages of a world war.

On March 19, 1944, however, this conventional policy succumbed to failure. Part of the middle class came to understand at last that it was not for the sake of "self-evident justice" that Germany provided assistance to substantiate Hungarian territorial claims in the region. It was simply part and parcel of a pattern of Great Power interests — just as was the case in 1918-1920, when, however, the happenings in the region followed the dictates of a different power constellation. In 1944, the German war ambitions were the Great Power interests that were sweeping away the hard-built independence of small states from one day to the next.

It is a great question of historical science why the Hungarian middle class proved incapable of understanding the real meaning behind the issue: that Trianon was not just simply "unfair." Trianon was, as a matter of fact, a sign of change: the nations of the region had matured and were no longer ready to accept the leadership role of the conservative Hungarian middle class in the Carpathian Basin.

In the second half of the 19th century, this middle class administered the bourgeois state of Hungary effectively. Why then did the bad practice of the Hungarian nobility of belittling our neighbors and opponents, and taking our own supremacy for granted, again come to thwart Hungarian thinking? Why did the elite fail to pose the question — asked by many members of the opposition — whether we really wanted territorial revision at any price? Why were they unable to view the realistic chances of the nation against the background of world politics? It is not the wielding of power, mastery of the methods of government that is the real vocation of the leadership. Nor is it their principal mission to give voice to our real or supposed grievances in fine speeches. The real challenge is to recognize the general interests of the people and to represent these interests resourcefully.

Legitimization of the Occupation?

March 19, 1944 offered a feasible alternative for the Hungarian political leadership, and for the Regent, Admiral Miklós Horthy, himself. He could have resigned to demonstrate his unwillingness to support the violation of the constitutional sovereignty of the Hungarian State. The Prime Minister of the legitimate Hungarian government had been forced underground, the Minister of the Interior arrested, and the parliamentary multiparty system was paralyzed. Conservative statesmen who supported the Constitution were squeezed out of politics, as were the Social Democrats and the Smallholders constituting the major civic opposition of the Horthy regime. Historical science has since then often posed the question: Would it have harmed the nation if the Head of State had resigned?

Doubtlessly, the Regent's remaining in office was a restrictive factor for the extreme Right, then on the rise with German help. Without a doubt, the Regent's staying in office still held out the possibility of a suitably timed pull-out. Unquestionably, Horthy showed weakness after the occupation in the face of what was happening in the country — though he did prevent the deportation of the Budapest Jews. In the final analysis, his staying in office and his practical activity were of greater benefit to the German occupiers than to the Hungarian nation. His continued regency lent the pretense of constitutionality to foreign occupation and kept the

Hungarian State as the "last lackey" on the side of the German Reich, preventing the possibility that Hungarian national interests might gain more favorable treatment amidst a different balance of power after the war.

Why did Horthy and his associates make this decision? Were they too strongly affected by the traditional insistence of the Hungarian middle class on being on the side of power? Were they unable to realize that, as a politician is not a ruler but a clever servant to the common interests, he should have given up his post in the given situation? Was Horthy perhaps less wise and modern in his thinking than the statesmen of the neighboring nations? Just how important is the personal ability, wisdom and resourcefulness of statesmen in emergency situations? These are still open questions for historiography.

Isn't the State to Protect Its Citizens?

Had the Germans not occupied Hungary on March 19, 1944, the parliamentary political forces would not have been harrassed, and, above all, the Holocaust would not have extended to Hungary. Without a doubt, it was a consequence of the impairment of Hungarian constitutionality that the *Endlösung*, the systematic deportation and slaughter of Hungarian Jewry, began shortly after March 1944.

It must not be forgotten, however, that the three anti-Jewish laws between 1938 and 1941 prepared the ground psychologically for the anti-Jewish government decrees that began to be issued in earnest at the end of March 1944. Of course, the Hungarian anti-Jewish laws were related to the rise of National Socialist Germany in close proximity to Hungary. The Hungarian political leadership made efforts to justify the first two of these laws on a social basis as laws passed to check the inroads of Jewry into the Hungarian economy. But the "Third Anti-Jewish Law" (Act XV of 1941) prohibited Christians from marrying Jews. In other words, the State was preventing, on grounds of religion, some of its citizens from exercising their rights and resorted to violent means of interference in private lives.

What did the ordinary citizen think about the situation existing in Hungary in April 1944? The ordering of all Jews to wear clothing on which a yellow star was displayed, the banning of Jews from the use of certain public transportation, and discrimination against them even in war rations, appeared as a still crueller continuation of the anti-Jewish laws. Not to speak of the large-scale political corruption involved in the transfer of Jewish property into "Christian hands."

To be sure, the economic restraint of Jews was a significant point already as early as 1939 in the program of the Government Party, which was written not by Germans but by Hungarians. And then at the end of 1944 came those who proved willing to shoot large groups of people into the Danube.

The State represents all its citizens. If it yields to a group of citizens and carries out negative discrimination, on the basis of religions, ethnic-national or class grounds, it gives up the representation of the community as a whole.

On Grounds of Race or Religion?

Of course, the anti-Jewish actions and practices of the Hungarian State showed significant differences from those of Germany. As historiography points out, German citizens were distinguished on the basis of whether they were "Aryans" or not, and their "purity of the blood" was protected (Nuremberg, September 15, 1935). The Hungarian laws isolated Jews on the basis of the religion of their grandparents — not on racial but on religious grounds. As a matter of fact, the distinction was not very significant since the laws in Hungary (Third Anti-Jewish Law, 1941) affected almost all the Jews living in the country because, whether Jewish or Christian, the grandparents of the people alive in 1941 were, at the end of the 19th century, almost without exception registered in parishes or religious communities. Was the provision intended as a warning for postwar generations of Jews? So you would think that if you gave up the faith of your fathers you could escape the onslaught of anti-Semitism?

National Traditions of Tolerance

Hungary was a haven for Jews up to March 19, 1944 — this is a sentence figuring in some form in virtually every paper or lecture on the history of the period. It is true in many ways. Despite the anti-Jewish laws, Jews were not in danger of their lives in Hungary. It is likewise true that since the end of the 1930's the cultured West was also teeming with anti-Semitism. After Kristallnacht in Germany (November 9, 1938), neither Britain nor the United States or France were willing to open the gates to large-scale Jewish immigration. The French proposal is known: the Jews should be settled on the island of Madagascar. The British argument ran that England should not allow the immigration of Jews since it would give rise to social strains and tension. In the United States the immigration quota was sharply cut after 1939 to avoid the admission of masses of Jews. Public opinion polls taken in the United States at the end of 1938 showed that 94% of those asked disapproved of Germany's doings in regard to the Jews, but at the same time 77% of the sample population opposed the large-scale admission of Jews to the United States. Hungarian historiography is often criticized for an excess of selfcriticism in its treatment of the conduct of the Hungarian State, notwithstanding the fact that historians in the United States as well as in the other countries mentioned kept silent about the anti-Semitic attitudes of their earlier administrations.

Of course, the question may be reversed: Was there any other nation that owed so much of its modern civic development to Jews as did Hungary? Jews here added their own forces, their own skills, crafts and proficiencies mastered through the ages to the diligence and abilities of the Hungarian, German, and Slav tradesmen, peasants and officials living in the territory of the country. We know today that it was not simply capitalists, exploiters, and financiers who constituted Hungarian Jewry. There were large numbers of Jews in the fashion business, among textile and glass producers and merchants, and among the physicians treating the poor. They provided services wherever modern civil society demanded agility and entrepreneurial spirit. We find many of their representatives among the practitioners and supporters of Hungarian literature and art, contributing to the great achievements and modernization of Hungarian culture and of Hungarian language and literature.

And what was the dominant trend in Hungarian politics? Yes, there is no denying that up to 1938 the national traditions of tolerance were stronger — traditions that for centuries helped the coexistence and adjustment to one another of the various nationalities and faiths, their peaceful assimilation. However, chauvinistic and alien-despising forces gained momentum for short periods. This is what happened in 1938. The foremost representatives of the Hungarian middle class raised their voices against their manifestations. The majority were not guided — even at that time — by such motives. However — even then — an aggressive minority shouted louder. Was it — is it — really a position of power in foreign affairs that could — that can — help them gain the upper hand?

The Hungarian middle classes were not able to recover from the shock of Trianon. They were not able to cherish their own inner national values and to turn their backs on the anti-Semitic surge sweeping through Europe. And even today it is hard to make clear to everybody that the whole of Hungarian culture as it existed in 1944 was the accomplishment of all the people who lived in this country. And it is so today as well. Hungarian culture need not be defended against our "historical enemies" — the Germans, Slavs and Romanians — but must be protected from the advocates of discrimination who live among us.

The Need to Remember

Frances Degen Horowitz

I feel honored to be here and to be sharing with my colleague, Randolph Braham, the opening of this international scholars' conference on the Holocaust in Hungary, a retrospective, fifty years after one of the most brutal and brutalizing chapters of the Shoah; to be here to represent The City University of New York's Graduate School and University Center, home to the Rosenthal Institute for Holocaust Studies as part of the Center for Jewish Studies. I feel honored to be in Budapest, on this platform, taking part in a conference about memory, about zachor.

We must remember, our sages have said over the centuries. Remember, because if we forget we lose a part of our history, we lose a part of our heritage, we lose a part of our people. Remember, because if we forget we cut ourselves from our roots and stunt our growth as a nation among nations; if we forget it is as if we snip at the base of our beings and diminish the potential of our own individual flowering.

Remembering the Shoah in Hungry has a special poignancy. It came late but was swifter and more vicious for its lateness. It came upon a population that harbored the hope that it would escape the policies of the Final Solution, if only because time was thought to be on their side — Hitler and the Germans were losing, not winning; hold on, it will be over. It came upon a population that was suffused with the Jewish inclination to hope and the human inability to act on the unimaginable.

Exactly today, fifty years ago, according to the chronology in Professor Braham's definitive account of the Shoan in Hungary —

exactly today, April 5, 1944, the more than 700 000 Jews of Hungary began to wear the yellow star — marked, tagged, and targeted for ultimate deportation to Auschwitz. It was the 12th of Nisan, two days before the beginning of Passover. A modern pharaoh and his minions, more terrible by far than the pharaoh of Mizra'im, had fully descended upon the Jewish communities of Hungary. A year and a half later, testimony to the efficiency of the transport to Auschwitz, at the end of the war, over two thirds of the Hungarian Jewish community were no longer alive. They had been marked, tagged, targeted and annihilated... by hate, by fire, by starvation, by cruelty, by indifference and by the passivity of the bystanders.

I was a young girl emerging into adolescence during these years, far away in the safety of America, in the Bronx, in New York. But I knew then that terrible things were happening. There were whispers of the unspeakable; yet the will not to believe was strong. And in the years since I have collected and read the memoirs of many survivors — almost ritualistically — as if to share the burden of their bearing witness; in pain, in sorrow, in tears — testimony to that which the witness cannot ever fully convey... the words will not permit it, our imaginations are incapable of the images because the dying could not bear the final witness.

Yet out of the pain and the sorrow and the memories, so many have tried to fashion what is to be learned from it all. Poems, novels, paintings, sculpture — museums, full of artifacts and stories and representations. They all touch the heart. But none can explain. There is no understanding.

At Yad Vashem one has a glimmer of the depths of the depravity of the Shoah: in the section that is the memorial to the children. One walks through the night of the hall, individual dots of light are the surround, accompanied by the monotone intoning of the names of the children lost in the Shoah — name after name after name... my peers who never grew up, children who never played again. Only their names remain. So many novels lost, so may poems never written, the art crushed before it could be expressed, so many medical cures not found. So many lives not lived.

Those voices stilled are here with us today. They ask silent questions. Why? How did you let it happen? Will it ever happen again? Is it happening somewhere now? Can a conference of scholars speak dryly of how it happened, of what happened, of the forces at work, of the history and the people? And can we learn? Yes — a little bit. But I think we can never understand. We can observe; we can commemorate; but we can never understand. Taking life after life, wholesale, in the boxcars, in the barracks, in the gas chambers, in the ovens, wanton and random murder day after day. The survivors who have borne witness; their voices also are here with us today. But we can never understand.

Fifty years later, just after Pesach, the events of the Shoah now a part of the Seder ritual — a new chapter of Jewish suffering added to the traditional Haggadah — this conference of scholars convened to talk and think and reflect and remember. But probably not ever to understand.

Yet the gathering of scholars is important even if we can not ever understand. Important for this country — Hungary — to remember. Important for the contributions of scholars adding, adding to the documentation even as there are those who want the world to believe it never happened. Important for those who continue to feel they must bear witness. For Jack Rosenthal, a survivor who will not forget and whose generosity has given sustenance to the Rosenthal Institute for Holocaust Studies in New York; for Randolph Braham who has devoted his career to making sure we know and do not forget, even as he and so many others cannot ever make us fully understand.

We sit here today close to that corner of darkness forever in the souls of the Jewish people — fifty years after the putting on of the yellow star — and we hope, as the Jewish people have always done; and we talk and write, full of our tradition. But we cannot ever say we understand even though we may learn and share the lessons of experience.

At this international conference of scholars, from the prespective of fifty years, there will be discussions of the historical antecedents of the Holocaust in Hungary, of the reactions to the events of the Holocaust, there will be recognition given to the efforts of rescue and resistance and to the courageous acts of those referred to as the Righteous Gentiles.

Yet for all the analyses and the review of the facts of what happened, even as we can never truly understand, we can also never know what would have been for the Jews and for Judaism had the Shoah never happened — here in Hungary and throughout all of Europe — had the critical mass of six million lives known the natural length of their days.

How might the Jewish communities of Europe have evolved, country by country? What density of Jewish life — intellectual, artistic and spiritual would exist here today? How would the forces of assimilation, identity and anti-Semitism, in a modern and now postmodern world, have made their mark across the European-Jewish communities? And how would the countries of Europe themselves now be different had they not, effectively been made Judenrein?

To such questions there are only answers of the imagination — fantasy tales from some modern day Shalom Aleichems, Singers and Peretzs to spin out the telling of the stories that might have been these fifty years — stories of living and dying, of loving and quarreling, stories of individuals and families and communities. And the scholars might have been gathered here today evaluating not the Holocaust in Hungary, fifty years later, but sharing perspectives on fifty years of Jewish life in Hungary — of what would have been had the collectivity of the lives of the Hungarian children been permitted to know the natural length of their days — accounts of the normal rise and decline of communities, the art, the sciences, the music, the business, the medicine, the poetry — accounts of heroes and heroines and ordinary people, of scoundrels and goniffs, of the effects of assimilation, the evolution of religion, and the maintenance of tradition — a modern Hungarian Jewish community evolved and transforming — scholars gathered to learn, to reflect, perhaps to understand.

Instead, the scholars gathered here in Budapest this week, to learn, to reflect — but never to truly understand the enormity of the Shoah — fulfill the obligation to bear witness to a period of history — not of the time of Pharaoh or of Antiochus or of Haman

— but a period of history in modern time — the time of the twentieth century — when the forces of bestiality spread their mantle over Europe and achieved their evil goals more than the Jewish people ever imagined was possible even though, in the end, the Nazis and their collaborators here in Hungary and elsewhere did not fully reach the goals of the Final Solution.

At the end of this conference, erev Yom H'shoah, here and throughout the diaspora and in Eretz Yisrael, the commemorations will mark the mourning, the remembering. In Budapest, in Hungary, it will be special this year — because of this conference, because fifty years ago this week the yellow star tagged the community, targeted and marked it for annihilation. But not completely... there were those who survived, who bore witness; there were those who wrote and documented. And there are those, many of you present today, who continue to write, to bear witness, to document — generations following with a sense of responsibility to make sure we know and learn. We remember, we feel the sorrow, even as we can never understand.

I feel it a privilege to help open this conference. I feel a sense of pride in being a colleague of Randolph Braham and in being associated with the Rosenthal Institute of Holocaust Studies — an Institute that we hope will have a lasting presence at the Graduate Center — an Institute that is a continent away from Budapest yet linked to Budapest in documenting a terrible chapter in the history of Hungary, of the Hungarian people and of the Hungarian Jewish community. We have reason to be grateful to the members of the Rosenthal Institute's advisory board, some of whom are here with us today, to the Soros Foundation, to the J. & O. Winter Holocaust Research Fund and to the Hungarian partners in this conference. We have reason to be grateful to all of you who have come as scholars and as witnesses.

Let me conclude these brief opening remarks now by wishing for all of us that these days together in Budapest shall be ones of good discussion and deliberation and by saying Shalom.

Az emlékezés szükségessége

Frances Degen Horowitz

Megtiszteltetés számomra, hogy részt vehetek az 50 évvel ezelőtt lezajlott magyar Vészkorszakkal, a Soáh egyik legszörnyűbb fejezetével foglalkozó nemzetközi tudományos konferencián és Braham professzor úrral együtt képviselhetem a The City University of New York's Graduate School and University Centert. Intézményünk ad otthont a Center for Jewish Studies keretei között működő, a Holocaustot tanulmányozó Rosenthal Intézetnek.

Emlékeznünk kell, mondták bölcseink évszázadokon keresztül. Emlékezzünk, mert ha felejtünk, elveszítjük történelmünk, örökségünk és ezzel együtt népünk egy részét. Emlékezzünk, mert ha felejtünk, elszakadunk gyökereinktől, s így megakadályozzuk, hogy nemzetként fejlődjünk a nemzetek között. A felejtés olyan, mintha létünk alapjából szelnénk le egy darabot és csökkentenénk saját életlehetőségeinket.

A magyarországi Vészkorszakra való emlékezés különösen megrendítő. A Holocaust Magyarországon későn kezdődött, de éppen emiatt sokkal gyorsabban zajlott le, és kegyetlenebb volt. Olyan népességet érintett, amely azt a reményt táplálta, hogy megmenekülhet az Endlösung elől, már csak azért is, mert az idő nekik dolgozott — Hitler és a németek vesztésre, nem győzelemre álltak. Tarts ki, és vége lesz. Olyan népességre tört rá, amelyet erősen áthatott a reménykedés zsidó hajlama, s amelyből hiányzott az a képesség, hogy az elképzelhetetlennel szemben cselekedni tudjon.

Ötven évvel ezelőtt éppen a mai napon — miként ezt Braham professzornak a magyarországi Holocaustról írt művéből tudjuk —, 1944. április 5-én kezdte el viselni több mint 700 ezer zsidó a sárga csillagot Magyarországon... megjelölték, megbélyegezték őket és tervbe vették végső, auschwitzi deportálásukat. Niszán hó 12-e volt, két nappal a Pészách kezdete előtt. Egy modern fáraó — sokkal rettenetesebb, mint Egyiptom fáraója — és kegyencei rontottak a magyar zsidóságra. Másfél év múlva, a háború végén, az auschwitzi deportálások „eredményességét" bizonyítva, a magyar zsidó lakosság több mint kétharmada nem volt életben. Megjelölték, megbélyegezték és megsemmisítették őket... gyűlölettel, tűzzel, kiéheztetéssel, kegyetlenséggel, a szemlélők közömbösségével és tétlenségével.

Fiatal, serdülő leány voltam ezekben az években, a távoli Amerika biztonságában, Bronxban, New Yorkban. Tudtam azonban, hogy szörnyű dolgok történnek. Suttogtak az elmondhatatlanról, de erős volt az akarat, hogy ne higgyük el. Azóta is, sok éve gyűjtöm és olvasom a túlélők visszaemlékezéseit — szinte rituálisan —, hogy osztozzam a tanúvallomások terhében: a fájdalomban, a bánatban, a könnyekben, annak bizonyságában, amit a tanú sohasem tud teljes egészében kifejezni... a szavak ezt nem teszik lehetővé, képzeletünk képtelen megjeleníteni a képeket, mert a halál nem tud tanúskodni.

Mégis a fájdalmon, a bánaton és az emlékeken túl sokan kísérelték meg feltárni a megismerhetőt. Versek, regények, festmények, szobrok, műtárgyakkal teli múzeumok, történetek, ábrázolások. Valamennyi megrendít, de nem adhat magyarázatot.

A Yad Vashémben megláthatjuk a Soáh elfajzottságának mélységeit: abban a részlegben, amit a gyermekek emlékének szenteltek. Amikor áthaladunk a sötét csarnokon, apró fénypontok villanásai vesznek körül, s a gyermekek nevének egyhangú felsorolását halljuk. Azoknak a gyermekeknek a neveit, akik sohasem nőttek fel, akik soha többé nem játszottak. Csak a nevük maradt meg. Oly sok regény veszett el, oly sok verset nem írtak meg, semmivé lett a művészet, még mielőtt megszülethetett volna, oly sok gyógymódot nem fedeztek fel. Oly sok életet nem éltek meg.

Ezek a hangok némán itt vannak velünk ma. Hangtalanul kérdik: miért? Miért hagytátok, hogy megtörténjen? Megismétlődhet? Történik-e ma is valahol? Tudnak-e a tudósok a konferencián szárazon beszélni arról: mi és hogyan történt, milyen erők játszottak szerepet?

S tanulhatunk-e ebből? Igen — valamit. De azt hiszem, megérteni sohasem fogjuk. Tanulmányozhatjuk, megemlékezhetünk róla, de megérteni sohasem tudjuk. Egyik életet a másik után elvenni, tömegesen, marhavagonokban, barakkokban, gázkamrákban, kemencékben; gyilkosságok önkényesen és találomra nap mint nap. A túlélők, a szenvedések tanúinak hangja velünk van ma. De sohasem érthetjük meg.

Most, ötven évvel később, Pészách után, amikor a Soáh eseményei a Széder-szertartás részét képezik — új fejezetként a zsidó szenvedésben, kiegészítve a hagyományos Haggadát —, ez a tudományos konferencia azért jött létre, hogy beszéljünk, gondolkodjunk, emlékezzünk. De megérteni sosem leszünk képesek.

A tudósok tanácskozása mégis fontos, még akkor is, ha sohasem fogjuk tudni megérteni az eseményeket. Fontos ennek az országnak, Magyarországnak is az emlékezés. Fontos a tudományos hozadék miatt, a már meglévő bizonyítékok kiegészítése miatt — főleg akkor, ha vannak olyanok, akik el akarják hitetni a világgal, hogy a Holocaust sohasem történt meg. Fontos azoknak, akik továbbra is azt érzik, tanúskodniuk kell. Jack Rosenthalnak, egy túlélőnek, aki nem felejt, és akinek nagylelkűsége teszi lehetővé a New York-i Rosenthal Holocaust Intézet fenntartását: Randolph Brahamnek, aki életpályáját szentelte annak, hogy tudjunk és sohase felejtsünk, még akkor sem, ha sem ő, sem mások sohasem fogják tudni velünk megértetni azt. A zsidóság lelkében oly sötét nyomokat hagyó eseményekre emlékezünk most itt — ötven évvel a sárga csillag felvarrása után — és remélünk, mint azt a zsidó nép mindig is tette; és beszélünk és írunk, hagyományainktól átitatva. De sohasem mondhatjuk, hogy értjük, még ha tanítjuk is és megosztjuk is tapasztalatainkat.

Ezen a tudományos konferencián ötven év távlatából elemezzük a magyarországi Holocaust előzményeit, a reakciókat a Vészkorszak eseményeire, megemlítjük a mentés és ellenállás tényeit, valamint a nem zsidó emberek bátor cselekedeteit.

Mégis a tények, amelyeket sohasem fogunk igazán megérteni, minden elemzése és vizsgálata ellenére azt sem tudhatjuk, mi történt volna a zsidókkal és a zsidósággal a Soáh nélkül — itt, Magyarországon és Európában —, ha e hatmilliós tömeg megérte volna az emberi életkor természetes végét. Hogyan fejlődhettek volna a zsidó közösségek az egyes országokban? Milyen intenzitású zsidó élet — intellektuális, művészeti, lelki — lenne ma? Miképp nyomták volna rá a bélyegüket a zsidó közösségekre az asszimiláció, az identitás és antiszemitizmus erői a modern és a mai posztmodern világban? És mennyiben lennének mások Európa országai, ha nem tisztították volna meg őket a zsidóktól?

Ezekre a kérdésekre csak a képzelet adhat választ; a mai Shalom Aleichemek, Singerek és Peretzek fantasztikus meséinek kellene elmondani azokat a történeteket, amelyek ez alatt az ötven év alatt megtörténhettek volna. Történetek az életről és a halálról, a szerelemről és viszályokról, az egyének, családok és közösségek történetei. A tudósok azért is összegyűlhettek volna, hogy ne az ötven évvel ezelőtti magyarországi Holocaustot értékeljék, hanem, hogy megvitassák ötven évnyi zsidó élet lehetőségeit Magyarországon: milyen közös hozama lett volna a magyar gyermekek életének, ha megérhették volna az emberi élet természetes végét. Számot adhatnánk a közösségek fejlődéséről és hanyatlásáról, a művészetről, a tudományokról, a zenéről, az üzleti életről, az orvostudományról, a költészetről, a hősök és hősnők, az egyszerű nép, a gazemberek, a tolvajok életéről, az asszimiláció hatásáról, a vallások fejlődéséről, és a hagyományok fennmaradásáról — vagyis a modern magyar zsidó közösség kialakulásáról és átalakulásáról. A tudósok azért találkozhattak volna, hogy mindezt bemutassák, értékeljék, és ez bizonyára érthető is lenne.

Ehelyett ma itt Budapesten a tudósok — akik azért gyűltek össze, hogy tanuljanak, értékeljenek, ha sohasem érthetik is meg valójában a Soáh szörnyűségeit — teljesítik azon kötelességüket, hogy tanúskodjanak a történelem egy korszakáról, nem a fáraók vagy az Antiokhosz, vagy a Hámán idejéről, hanem a modern történelem egyik periódusáról, a 20. századról, amikor az elállatiosodottság erői kiterjesztették csápjaikat Európa felett, és elérték céljukat, amely több volt annál, amit a zsidó nép valaha is elképzelt, még akkor is, ha a nácik és a velük együtt működők itt Magyarországon és bárhol máshol nem érték el maradéktalanul az End-lösung céljait.

E konferencia végén, Jóm Hosáná előnapján, itt és az egész diaszpórában az ünnepet a gyásznak szentelik. Budapesten különös jelleget ad a megemlékezésnek az a tény, hogy ötven évvel ezelőtt ezen a héten jelölték meg sárga csillaggal a zsidó közösséget, tervbe vették megsemmisítését. De nem teljesen sikerült ezt elérni... voltak, akik túlélték, akik tanúskodnak, akik írnak róla, és akik bizonyítanak. Vannak olyanok, akik ma jelen vannak, s folytatják az írást, a tanúskodást, a bizonyítást a következő generációk számára — a felelősség érzetével —, hogy tanuljunk belőle.

Kitüntetésnek veszem, hogy részt vehetek a konferencia megnyitásaán. Büszke vagyok arra, hogy együttműködhetek Randolph Brahammel, kapcsolatban lehetek a Holocaustot tanulmányozó Rosenthal Intézettel. Remélem, hogy ez az intézet továbbra is a Graduate Center keretében fog működni. Ez az intézet, bár egy világrész választja el Budapesttől, kapcsolódik ehhez a városhoz, azáltal, hogy Magyarország, a magyar nép és a magyar zsidó közösség történetének egy szörnyű fejezetét dokumentálja. Köszönetemet fejezem ki a Rosenthal Intézet igazgatótanácsa tagjainak, akik közül néhányan ma jelen vannak, továbbá a Soros Alapítványnak a J. and O. Winter Holocaust Research Fundnak és a konferencia magyar szervezőinek és résztvevőinek. Joggal jár a megbecsülés mindazoknak, akik akár tudósként, akár szemtanúként megjelentek.

Engedjék meg, hogy rövid megnyitóm végén mindannyiunknak azt kívánjam, hogy a Budapesten együtt töltendő napok hasznos vitával és eredményes tanácskozással teljenek. Salom.

The Holocaust in Hungary:
Some Issues and Problems

Randolph L. Braham

I am very pleased that this International Scholars' Conference is taking place in Budapest, this beautiful capital of the now free and democratic Hungary. This is the first conference of its kind in the former Soviet-dominated world, demonstrating once again the pioneering role Hungary has played in changing the political and socioeconomic map of East Central Europe. The world still remembers vividly not only the 1956 national uprising against totalitarianism, but also the series of reform measures that contributed to the dissolution of the communist system and the disintegration of the Soviet bloc. This conference is being held at an important juncture in Hungarian and Hungarian-Jewish history. Unfortunately, its subject matter — the Holocaust — reflects some of the darkest pages in both histories.

The Holocaust in Hungary — the last major chapter in the Nazis' war against the Jews — is replete with paradoxes and controversies. While the Jews in Nazi dominated Europe were being destroyed, the Jews of Hungary — although subjected to severe discriminatory measures and occasional physical abuse — continued to enjoy the protection of the Hungarian government until the German occupation on March 19, 1944. After the occupation, however, it was this law abiding, highly patriotic Jewish community that was subjected to the most ruthless destruction program of the war. The occupation enabled the German and Hungarian Nazis — each eager but unable to act alone before — to unite their forces in carrying out the Final Solution program at lightning speed. What took years to implement in other parts of Europe, took only a few months in Hungary! By July 9, all of Hungary — with the notable exception of Budapest — had become *Judenrein*. And all this happened in the broad daylight of the twentieth century — on the eve of Allied victory, when the secrets of Auschwitz were already widely known. Except for a few diehard Nazis who continued to believe Hitler's promises about new wonderweapons, even the perpetrators realized the inevitable defeat of the Axis. The imminent military defeat notwithstanding — or precisely because of it — the perpetrators became even more committed to winning at least the genocidal war against the Jews.

This conference, I am confident, will shed light on many complex and controversial issues relating to the Holocaust in Hungary. The antecedents of the catastrophe, the planning and implementation of the Final Solution, the issue of responsibility, the involvement of the German and Hungarian instruments of state power, the attitude of the bystanders and of the victims, the humanity of the righteous, and the heroism of the resistance fighters are but a few of the important themes that will be subjected to scholarly scrutiny. The panelists participating in this international conference — academicians, researchers, and scholars — are among the best in their particular fields. Their contribution to the advancement of historical truth and the preservation of the record of this most awsome event in world history comes at a very opportune time. As it has in the West after the end of the Second World War, the denigraton, distortion, and actual denial of the Holocaust has emerged as a major component of anti-Semitism in postcommunist East Central Europe. Taking full advantage of the newly established democratic systems, individuals harboring formerly dormant or repressed anti-Semitic views have eagerly embraced the ideological tenets of their Western counterparts. These tenets were often crystallized and propagated by East European fascists — including convicted war criminals — who returned home from the West where they had lived during the cold war era as anticommunists. Anti-Semitism has once again become an organic component of the politics of rightist extremism. While this is clearly a disturbing phenomenon, the distortion or outright denial of the Holocaust so soon after the war, when the eyewitnesses — the increasingly diminishing number of survivors — are still alive, is absolutely grotesque.

The Orwellian attempt to rewrite the past — to cleanse the historical record — is not new. History is a formidable weapon that has been exploited by extremists, including chauvinistic nationalists, to justify their claims and aspirations at the expense of historical truth. The Holocaust has emerged as a very uncomfortable chapter in contemporary non-Jewish history. Relatively few Christians — politicians, professionals, and laypersons alike — managed to come to grips with it honestly either during or after the communist era. During the communist period the Holocaust was gradually sunk in the Orwellian memory hole of history, although Hungary was relatively more restrained in this respect than the other Soviet satellites. While the communists never denied the horrendous crimes that were committed by the Nazis, they systematically ignored or distorted the Holocaust by routinely subsuming the losses of Jewry as losses incurred by their own nations.

During the postcommunist era, the treatment of the Holocaust has generally reflected the newly evolved political spectrum. On the extreme right are the historical revisionists, the charlatans from the lunatic fringes of Hungarian society who specialize in the distortion and denial of the Holocaust. Like their counterparts elsewhere, they are engaged in an ocscene campaign to absolve the Nazis and their Hungarian accomplices of all crimes committed against the Jews. They are engaged in a sinister drive to destroy the historical record — and memory — and make the world forget the consequences of the Nazis' war against the Jews. This is potentially a murderous campaign, for as the French philosopher Jean Baudrillard correctly remarked "forgetting the extermination is part of the extermination itself."

The falsification of the historical record — the denial of the Holocaust — forms an integral part of the right radicals' desire to ressurect the Nazi past and bring about the stifling of democracy and freedom.

The failure to come to grips with the Holocaust is also manifested in more bening forms. There are many highly respectable people who acknowledge the mass murder of the Jews, but place exclusive blame on the Germans. Others attempt to generalize the Holocaust by lumping the losses of Jewry with those incurred by the military. Among these are many decent people who would like to close the book on the Second World War and ease their consciences by honoring all its casualties, blurring the fundamental difference between those who were murdered on racial grounds without regard to age or sex and those who — without minimizing their tragedy — fell as a consequence of hostilities. Anti-Semites committed to the Nazi thesis identifying Bolshevism with Jewry balance the "alleged losses of Jewry" with the suffering caused by Jews during the communist era. And finally there are those who try to ease their conscience by emphasizing the number of Jews that were saved either individually by the righteous or collectively — in the case of Budapest — by Miklós Horthy — a claim that is incidentally also advanced by others, including the Nazis, the Nyilas, and sundry myth makers. In the anti-communist climate that emerged after forty years of Soviet-style rule, it is no longer historically fashionable and indeed has become politically risky to identify the role of the Red Army in the liberation of the Jews of Budapest.

I am confident that the new democratic Hungary, which is at the forefront of liberalization and marketization, will also play a pioneering role in creating a tolerant, pluralistic society that will eventually come to grips fully and honestly with this terrible chapter in Hungarian and Hungarian-Jewish history. I am encouraged by the resoluteness with which the responsible postcommunist leadership condemned the manifestations of anti-Semitism and committed itself to the protection of the rights of all minorities. I am not particularly worried about the challenges posed by the bigots and hatemongers clothed in the mantle of xenophobic nationalism. With the gradual solution of the socioeconomic problems caused by the difficult transition from communism to genuine democracy, they will become mere footnotes to history. I am encouraged above all because the youth of Hungary have other role models; they can justifiably take pride in great statesmen and scientists and towering figures of arts and letters known the world over: Lajos Kossuth, József Eötvös, Sándor Petőfi, Endre Ady, Attila József, Albert Szent-Györgyi, Béla Bartók, Zoltán Kodály, to name just a few.

In conclusion, I would like to thank the Hungarian hosts once again for their hospitality, express my gratitude to the panelists for their participation, and extend an invitation to all of you in the audience to attend as many of the panels as possible.

A Holocaust Magyarországon:
Történelmi kérdések és problémák

Randolph L. Braham

Nagyon örülök, hogy ez a nemzetközi tudományos konferencia Budapesten, az immáron szabad és demokratikus Magyarország gyönyörű fővárosában kerül megrendezésre. Ez az első, ilyen konferencia az előzőleg szovjet uralom alatt állt világban, ami ismét kimutatja Magyarország úttörő szerepét, amelyet Közép-Kelet Európa politikai és társadalmi-gazdasági térképének megváltoztatásában játszik. A világ még ma is élénken emlékszik nemcsak az 1956-os nemzeti felkelésre a totalitariánus rendszer ellen, de azoknak a reformintézkedéseknek sorozatára is, amelyek hozzájárultak a kommunista rendszer felbomlásához és a szovjet tömb szétesé-séhez. Ez a konferencia ma a magyar és a magyar-zsidó történelem fontos és kritikus fordulópontja idején zajlik. A konferencia azonban sajnos mindkét történelem legsötétebb, legtragikusabb eseményeit tárgyalja.

A Vészkorszak Magyarországon — a náciknak a zsidók ellen folytatott háborújának utolsó nagy fejezete — bővelkedik ellentétekben és ellentmondásokban. Amíg a zsidókat a nácik által uralmuk alatt tartott Európában elpusztították, a magyarországi zsidóság — bár súlyos megkülönböztető rendelkezéseknek és alkalmilag fizikai bántalmazásnak volt kitéve — továbbra is élvezte a magyar kormány védelmét egészen az 1944. március 19-i német megszállásig. A megszállás után viszont ez a törvénytisztelő, erősen hazafias zsidó közösség lett a háború legkegyetlenebb irtóhadjáratának áldozata. A megszállás lehetővé tette a német és magyar náciknak — akik, szándékuk ellenére, külön-külön cselekvésképtelenek voltak —, hogy egyesítsék erőiket és a végső megoldás tervét villámgyorsan megvalósítsák. Aminek keresztülvitele Európa más részein éveket vett igénybe, csupán néhány hónapot igényelt Magyarországon! Július 9-ig egész Magyarország — Budapest figyelemreméltó kivételével — *Judenrein* lett, „megtisztult" a zsidóktól. S mindez a 20. század ragyogó napvilágában történt, a szövetségesek győzelmének küszöbén, amikor Auschwitz titkait már széles körben ismerték. Néhány megátalkodott náci kivételével, akik továbbra is hittek Hitler ígéreteiben a csodafegyverekről, már maguk a tettesek is ráébredtek arra, hogy a tengelyhatalmak veresége elkerülhetetlen. A küszöbön álló katonai vereség ellenére — vagy talán pontosan ezért — e tettesek még inkább elkötelezték magukat, hogy legalább a zsidók elleni emberirtó háborút nyerjék meg.

Bízom benne, hogy ez a konferencia a magyar Vészkorszak számos bonyolult és ellentmondásos mozzanatára fog fényt deríteni. A Holocaust előzményei, a végső megoldás tervezése és keresztülvitele, a felelősség kérdése, a német és magyar hatalmi tényezők közreműködése, a tétlenül szemlélők és az áldozatok viselkedése, a segítők emberiessége, valamint az ellenállók hősiessége csupán a tudományos vizsgálódások néhány témája. E nemzetközi konferencia előadói területük legjobbjai közé tartoznak. A történeti igazság megvilágítása, a világtörténelem egyik legmegdöbbentőbb eseményének dokumentálása igen alkalmas időpontban történik. Amint ez a nyugati világban a második világháború után történt, a Holocaust eltorzítása és tagadása mint az antiszemitizmus jelentős megnyilvánulása jelentkezik a kommunizmus utáni Közép-Kelet-Európában is. Az újonnan alakult demokratikus rendszerek lehetőségeit kihasználva, olyanok, akik azelőtt szunnyadó vagy elnyomott antiszemita érzelmeket tápláltak magukban, most mohón magukévá tették nyugati elvbarátaik ideológiai tételeit. E tételeket a kelet-európai fasiszták, így Nyugatról hazatért, a hideg-háborús korszakban antikommunistaként szerepelt bűnösök is mohón felhasználják és propagálják.

Az antiszemitizmus ismét szerves része lett a szélsőjobboldal új politikai hitvallásának. Ez ugyan nyilvánvalóan zavaró jelenség, de a Holocaust eltorzítása vagy teljes tagadása viszonylag rövid idővel a háború után, amikor még a szemtanúk — ha egyre csökkenő számban is — még életben vannak, ugyanakkor groteszk is. Az orwelli kísérlet a múlt átírására — a történeti tények átformálása — nem új jelenség. A történelem félelmetes fegyver, amelyet szélsőségesek — beleértve a soviniszta nacionalistákat — kihasználnak, hogy igényeiket és törekvéseiket a történeti igazság rovására igazolják. A Holocaust kényelmetlen fejezet korunk nemzsidó történelmében. Viszonylag kevés keresztény — politikusok, szakemberek, és laikusok egyaránt — jutott el odáig, akár a kommunista éra alatt, akár azután —, hogy becsületesen nézzen szembe a történtekkel. A kommunista korszakban a Holocaust fokozottan lesüllyedt az emlékezet orwelli vermébe, bár Magyarország viszonylag visszafogottabb volt ebben a vonatkozásban, mint a többi szovjet csatlós. Míg a kommunisták sohasem tagadták a borzalmas bűnöket, amelyeket a nácik követtek el, mégis rendszeresen figyelmen kívül hagyták vagy torzították a Holocaustot többek között azáltal, hogy a zsidóság veszteségeit belefoglalták azokba a veszteségekbe, amelyeket saját nemzetük szenvedett.

A kommunizmust követő időszakban a Holocausttal kapcsolatos állásfoglalások általában az újonnan kialakult politikai színképet tükrözik. Szélsőjobboldalon helyezkednek el a történelmi revizionisták, azok az őrült sarlatánok, akik eltorzítják és tagadják a Holocaustot. Máshol élő hasonszőrű társaikhoz hasonlóan mentesíteni kívánják a nácikat és magyar cinkosaikat a zsidók ellen elkövetett bűncselekményektől. Sötét üzelmeket folytatnak, hogy elfedjék a történeti tényeket, elhomályosítsák az emlékezetet — és felejtetni kívánják a világgal a nácik zsidók elleni háborújának következményeit. Ez valójában gyilkos hadjárat, mint ahogyan Jean Baudrillard francia filozófus szabatosan megjegyezte: „a kiírtás elfelejtése a kiirtás része".

A történeti tények meghamisítása — a Holocaust tagadása — a jobboldali radikálisok igyekezetének szerves részét képezi, hogy a náci múltat feltámasszák és a demokrácia és a szabadság érvényesülését elfojtsák.

A Holocausttal való szembenézés elmulasztása jobb szándékú formákban is jelentkezik. Sok, igen tiszteletreméltó személyiség elismeri a zsidók elleni tömeggyilkosságokat, de ezek terhét kizárólag a németekre hárítják. Sokan megkísérlik a Holocaust általánosítását, egy kalap alá véve a zsidóság és a honvédség veszteségeit. Sok tisztességes személyiség van ezek között, akik szeretnék a második világháború ügyét lezárni és lelkiismeretüket megnyugtatni azáltal, hogy a veszteségeket tiszteletben tartva, elhomályosítják az alapvető különbséget azok között, akiket faji alapon, korra és nemre tekintet nélkül gyilkoltak le és azok között — anélkül, hogy csökkenteni kívánnák tragédiájukat — akik a háborús események során pusztultak el. Azok az antiszemiták pedig, akik a bolsevizmust a zsidósággal azonosítják, egyensúlyba helyezik a zsidóság „állítólagos veszteségeit" azzal a szenvedéssel, amelyet a zsidók okoztak nekik a kommunista korszakban. Végül vannak olyanok, akik lelkiismeretüket azzal kívánják könnyíteni, hogy a megmentett zsidók számát hangsúlyozzák, akiket egyénileg a „jámborok" vagy Budapest esetében Horthy Miklós mentett meg. Ezt az utolsó mentőakciót mások is érvként használják, ideértve a nácikat, nyilasokat, valamint különböző mítosz-alkotókat is. Az antikommunista légkörben, amely a negyvenéves szovjet-stílusú uralmat követően kialakult, ma már történeti szempontból nem divatos, sőt politikailag kockázatos is arról a fontos szerepről beszélni, amelyet a Vörös Hadsereg a magyarországi zsidóság megmaradottainak, főként Budapest zsidóságának felszabadításában töltött be.

Bízom abban, hogy az új, demokratikus Magyarország, amely a szabadságjogok és piacgazdaság érdekében folytatott harc élvonalában van, úttörő szerepet fog játszani a türelmes, pluralista társadalom felépítésében, és teljes mértékben, becsületesen fog szembenézni a magyar és magyar-zsidó történelem e szörnyű fejezetével. Bátorit erre az a határozottság, amellyel a felelős, kommunizmus utáni államvezetés megbélyegezte az antiszemitizmus megnyilvánulásait és elkötelezte magát a kisebbségek jogainak védelmére. Különösebben nem tartok attól a kihívástól, amelyet vakbuzgók és gyűlöletterjesztők okoznak az idegengyűlölő nacionalizmus mezében. A kommunizmusból a valódi demokráciára való átállás nehézségei által okozott társadalmi-gazdasági problémák fokozatos megoldása azt fogja eredményezni, hogy azok csupán lábjegyzetet jelentenek majd a korszakunkról szóló történeti munkákban. Mindenekfelett bátorít, hogy Magyarország ifjúságának más példaképei vannak; jogosan lehet ez az ifjúság büszke Magyarország nagy államférfiaira, tudósaira és kiemelkedő művészeire, íróira, akik világszerte ismertek, mint Kossuth Lajos, Eötvös József, Petőfi Sándor, Ady Endre, József Attila, Szentgyörgyi Albert, Bartók Béla, Kodály Zoltán, hogy csak néhányat említsek.

Végül, szeretném még egyszer megköszönni magyar vendéglátóinknak vendégszeretetüket, köszönöm előadóink részvételét és kérem az egész hallgatóságot, hogy vegyenek részt minél több előadásunkon.

ANTECEDENTS

—— *** ——

ELŐZMÉNYEK

A hagyományos antiszemitizmustól a náci típusú antiszemitizmusig

Hajdu Tibor

Rövid előadásomnak nem lehet célja, hogy akár vázlatosan is-
mertessem a magyarországi antiszemitizmus történetét vagy beha-
tóan elemezzem az antiszemitizmus típusait. Csupán az
alaptípusokat szeretném jelezni, és így különválasztani, mert
összekeverésük gyakran zavarra, sértődésre, értelmetlen vitákra
vezet.

Mindenekelőtt tisztázni szeretném, mit tekintek antiszemitiz-
musnak. A szenvedő fél és főleg az asszimilánsok közül sokan haj-
lanak arra, hogy mindenkiben antiszemitát lássanak, aki őket
zsidónak nevezi vagy éppen hibát talál a zsidóságban, illetve annak
valamely csoportjában. Ez részben a Holocaust szomorú következ-
ménye, de már az első világháború idején tapasztalni lehetett ilyen
reagálást olyan kétségtelenül jóindulatú bírálatokra, mint a Husza-
dik Század című folyóirat ismert ankétja vagy Ágoston Péter szo-
ciáldemokrata jogtudós könyve, *A zsidók útja.*[1] Nemrég jelent meg
egy különben érdekes és nagy port felvert szemelvénygyűjtemény,
amely együtt tálalja tömeggyilkosok őrjöngéseit jóra törekvő írók
vitatható állításaival.[2]

Semmi esetre sem venném egy kalap alá az igazi antiszemiták-
kal azokat az írókat, akiket a magyar történelem tragikus fordulatai
és pesszimista, önostorozó hajlamuk túlzó kritikára ragad nemcsak
a zsidósággal, de mindenekelőtt a magyarsággal, a nagyhatalmak-
kal vagy a szomszéd népekkel szemben. Az olykor ködös utakon
járó Németh László mellett idesorolhatnám akár a vitathatatlanul
liberális és európéer Márai Sándort, akinek 1944-es *Naplójá*ban bi-

zony kellemetlen megjegyzései vannak a zsidók viselkedéséről, ezeknél azonban sokkal súlyosabb, amit magyarokról, oroszokról, németekről ír.[3] Hasonlóképpen a nemzetkarakterológia művelőinek megállapításaiban rendszerint több a kifogásolható, mint az elfogadható, de még ezt sem nevezném antiszemitizmusnak, amíg nem teszi meg a zsidókat minden baj okának vagy egyik fő okának — mert lényegében talán ez az antiszemitizmus, amikor tehát a zsidóságot más népek iránti rosszindulattal, azok kizsákmányolásával, tönkretételével vádolják, ahogy Magyarországon nemrég még vezető politikusok is fölújították a nemzetközi zsidó-liberális stb. összeesküvés Rosenbergre és Göbbelsre emlékeztető terminológiáját. Hogy aztán ezek sértődötten utasítják vissza az antiszemitizmus vádját, megint nem fogadnám el, hiszen kimerítik a fenti kritériumot, s ha 1994-ben finomabban fogalmaznak, attól nehéz meghatódni. Különben a régi antiszemiták egy része is tagadta különböző okokból, hogy ő az lenne — maga Szálasi is.

A történelmi antiszemitizmus két fő változata: a vallási alapú (megölték Krisztust) és a másságtól való irtózásnak, a primitív idegengyűlöletnek zsidózó tünete a 20. században már mindinkább csak a tudatlanokra és a torz lelkekre hat. Elmúlt századok ily jelenségeit éppúgy félrevezető ma számon kérni, mint rájuk hivatkozni. A mai antiszemitának csak annyi joga van mondjuk Luthert idézni, mint a mai gyilkosnak a lovagkor szokásait vagy akár a 19. századi párbajkódexeket — aminthogy a mai evangélikus lelkész sem ismétli prédikációjában azt, amit Luther a katolikusokról mondott. A 16. század embere (katolikusok, protestánsok és zsidók egyformán) hitt abban, hogy aki más szertartásokkal imádkozik Istenhez, elkárhozik; ahol közhiedelem volt a boszorkány varázslata, ott miért ne hihettek volna éppen a zsidó boszorkányokban vagy a vérvádban? A műveltebb, tehát toleránsabb 19. században már csak Európa délkeleti felén, a sötétség megmaradt zugaiban lehetett ilyesmit elhitetni, s ha politikusok vagy ideológusok megpróbálták a középkor hiedelmeit feléleszteni, azt bizonyosan meghatározott cél érdekében, nem jóhiszeműen cselekedték.

A primitív idegengyűlöletből eredő vagy vallási jellegű antiszemitizmus háttérbe szorulását Magyarországon a 19. század második felében, majd a századfordulón nemcsak a művelődés, iskolázás terjedése magyarázza. A liberális, a polgárosulást elősegítő kormányok nem tolerálták az antiszemitizmust (Tiszaeszlár); márpedig az igazán nagy középkori zsidóüldöztetések vagy később az oroszországi pogromok is akkor jártak jelentős pusztítással, ha az uralkodó vagy a helyi hatalom nem elnyomta, hanem valamely okból támogatta azokat.

A Ferenc József-i dualizmus korának liberális kormányai utólag meg is kapták ezért a magukét: a Horthy-rendszer ideológusai sorra bizonygatták, hogy minden bajnak, Trianonnak és nem utolsósorban a zsidóság „elhatalmasodásának" a liberális rezsim volt az okozója. Prohászka Ottokár püspök szavaival: „a doktrinér liberalizmus könnyelműen a zsidók kezére játszotta az országot", és még ahhoz is hozzájárult, hogy maguknak „várost építsenek, szemre szépet, de könnyelműt és egészen zsidót: Budapest a neve, de Judapestnek is nevezik". És ez a „kulturális vízfej", ahol csaknem minden a zsidóké, Magyarország fővárosa![4]

A liberalizmus ostorozása mellett kevesebbet írtak arról, hogy a 19. századi magyar nacionalizmus Kossuthtól a Tiszákig többnyire határozottan elutasította az antiszemitizmust, nem úgy, mint a század Közép- és Kelet-Európájának más kibontakozó nacionalizmusai — elég a német, lengyel, orosz, román nemzeti ébredésre utalni. Ebben, amellett, hogy a magyar nacionalizmus elvi megalapozói maguk is liberálisok voltak s a polgárosodásnak nem kevésbé hívei, mint Széchenyi vagy Wekerle, nagy szerepet játszott, hogy a magyarellenes nemzetiségi mozgalmakkal szemben, az ún. történelmi határok védelmében biztosan támaszkodhattak a zsidóságra, mely semmi jót nem várt Magyarország felosztásától. Az asszimiláns zsidó és német polgárt és értelmiségit szinte példaképpen állították a kifelé gravitáló szlávság és románság, illetve a német nacionalisták elé. Hiszen a nemzetiségi kérdés olyan — zsidó származású és szabadkőműves — tudós kutatója, mint Jászi Oszkár, az első világháború utolsó évében, mikor gyakorlatilag már megindult a nemzetiségek elszakadása, még a Monarchia változatlan határok között való megreformálásáról adott ki könyvet.[5]

Ezért hát, bár az 1890-es évektől már nem annyira a sötét korok hagyománya, hanem a növekvő szociális feszültségek hatására szaporodtak a nyíltan vagy burkoltan antiszemita hangok, politikai visszhangjuk csekély maradt. A kapitalista fejlődés konzervatív kritikusainál óvatosan kell mérlegelnünk: kit nevezhetünk mai szemmel antiszemitának? Az uzsora letörését és a galíciai bevándorlás korlátozását követelő agráriusok, vagy akár Bartha Miklós esetében vitatható e meghatározás. Bartha elsősorban németellenes, másodsorban románellenes volt, s csak harmadsorban lehetett antiszemita, bár ő következetesen tagadta, hogy az lenne. Nézeteik elavultak s csak hagyományként szerepelhettek a 20. századi antiszemitizmus eszköztárában.

Inkább jelentett átmenetet a hagyományos, klerikális antiszemitizmustól a modern, náci típushoz az 1894-ben alakult Katolikus Néppárt, különösen annak fiatalabb, a szociális kérdést és a szociális demagógiát is értő képviselői. Legkiválóbbjuk Prohászka Ottokár, az ő orgonájának sok sípja volt, s egy részük új hangja annyira megdöbbentette egyházi fölötteseit, hogy néhány, túl modernnek ítélt írását 1911-ben indexre tették. Nemcsak Rómát, a pesti szabadkőműves körök egy részét is megtévesztette Prohászka „modernsége", Vészi József 1902-ben a Budapesti Naplóban üdvözölte.[6] Adynak finomabb érzékei voltak, meghallgatta 1903-ban Prohászkát, s gúnyosan figyelmeztette Vésziéket: nem értik, minek az előhírnöke Prohászka.[7]

Prohászka már fellépésekor antiszemita volt, de nem állt „faji" alapon: a zsidó szellemben a nyugati liberalizmus, a szabadverseny gátlástalansága behatolását látta a magyar életbe. 1893-ban írta:

„A zsidó morál valóságos átka a keresztény műveltségnek, amely átkon ez a keresztény kultúra okvetlenül tönkremegy, ha nem dobja ki magából a mérget... E sötét, állatias csapáson jár, ha nem is az egész zsidóság — mert hiszen köztük is vannak jószívű emberek, valamint a keresztények között vannak szemita, vérszopó lelkek —, de ezen a sötét úton jár a karakterisztikus zsidó-szellem... mi az antiszemitizmust nem faji, nem vallási, hanem szociális, üzleti reakciónak fogjuk föl... az igazi antiszemitizmus nem a zsidó faj, hanem azon erkölcstelen fajzat ellen irányul, mely, származzék bár zsidó vagy keresztény vérből, hódol a zsidó fosztogató pénzszerzésnek."[8]

A Néppárt 1906-ban tagja lett a 48-as koalíció óvatosan Bécsellenes kormányának, s ezzel a nacionalizmus útjára lépett, az első világháború utolsó évében politikájában, s így Prohászka írásaiban is világosan jelentkeztek a „keresztény kurzus" elvi alapjai. Hamarosan már a fajelméletet hirdette — 1918 májusában az Alkotmány című katolikus napilap hasábjain a numerus clausus bevezetését követelte az egyetemeken. Miután cikke nagy vitát váltott ki, szeptemberben, néhány héttel a forradalom előtt „nemzeti önvédelmet" követelt a zsidóság ellen, nézeteit „hungarizmus" címen foglalta össze — bizonyára csak véletlen, hogy Szálasi is ezt a kifejezést választotta védjegyül. Új irányvételét, mellyel nagyszámú követőre talált, tehát nem a forradalmak hatására dolgozta ki, azok csak megerősítették fenti nézeteiben.

1920-ban már képviselőként fejtette ki, hogy Palesztina új státusa lehetővé teszi a zsidókérdés végleges megoldását. Ugyanakkor a hamburgi „Deutschvölkischer Schutz- und Trutzbund" német nyelven adta ki Prohászka *A zsidókérdés Magyarországon* című röpiratát.[9] A füzet címlapját hatalmas horogkereszt díszíti, bizonyítván, hogy a náci mozgalom ezekből a körökből állt össze. Prohászka itt már tagadja az asszimiláció lehetőségét; a zsidóság „idegen test marad", „társadalom a társadalomban", a szabadkőművesség Magyarországon háború előtt „teljesen zsidó érdekképviseletté vált". A zsidóság „nem vallás, hanem egy erős jegyekkel megjelölt rassz vagy legalábbis nemzetiség, amely szembekerül a más, hazai, államfenntartó rasszokkal", tehát a „zsidókérdés tulajdonképpen faji kérdés". Katolikus jellege a brosúrának legfeljebb annyiban van, hogy sajátos javaslattal zárul:

„Izraelnek újra együvé kell gyűlni, hogy nemzeti államot hozzon létre, ott Üdvözítőjéhez megtérjen és mint különálló nép csatlakozzon a keresztény kultúrához. Mert most átok alatt él, és amíg így él, elátkozottnak kell maradnia."[10]

Tény, hogy a katolikus egyházi vezetők nagy része, köztük Serédi későbbi hercegprímás és több püspök már ekkor idegenkedett a székesfehérvári püspök és követői eszmevilágától, annál inkább kedvence volt a Horthy-rezsimnek, mely minden kitüntetéssel elhalmozta, s érseket csinálhatott belőle, mert ehhez nem nyerte el Róma áldását.[11]

Szélsőséges példát idéztem — ezzel pótolva az 1918–1923 körüli évek gyűlölködő hangú antiszemita irodalmának részletesebb

ismertetését. Inkább arra utalnék: mi váltotta ki a hivatalos és fél-
hivatalos tekintélyek fordulatát a zsidókérdésben? Köztudomású,
milyen ellenérzést váltott ki a közvélemény antiszemita feléből,
hogy a forradalmi Károlyi- majd szovjetkormánynak számos zsidó
származású tagja volt. Ismeretes, hogy a háborús nyomor talaján
terjedő uzsora és feketekereskedelem űzői között is sok volt a zsi-
dó. Kevésbé ismert, hogy miután a világháború nagy erőpróbájához
nemcsak a zsidó tartalékos tisztek ezreit, de a zsidó tőkét is moz-
gósították, már a háború előkészítésének éveiben, 1910-től megje-
lentek az első zsidó származású miniszterek: elsőként Hazai
honvédelmi miniszter, majd Teleszky pénzügyminiszter és Harká-
nyi kereskedelemügyi miniszter. Vagyis a háborús Tisza-kormány
tagjainak több mint egynegyede zsidó származású volt, az ezt kö-
vető Esterházy-, majd Wekerle-kormányban alig kevesebb, viszont
megjelent az első zsidó vallású m. kir. miniszter Vázsonyi Vilmos
személyében. A jobboldali középosztályi ifjúság, mely eladdig csak
a szabadfoglalkozású értelmiségi pályákon kifogásolhatta a zsidók
növekvő arányát, attól félt, hogy ezután a közalkalmazotti pályán
is versenytársa lesz a zsidóság — ahol pedig sohasem érte el la-
kossági számarányát sem. Megindul az állások, pozíciók szervezett
védelme, mely a forradalmak után az egyetemi zsidóverésekben,
a numerus claususban, később a zsidótörvényekben találja meg tör-
vényi garanciáját.

Trianon után minden megváltozott. Immár nem kellett asszimi-
lációval biztosítani a lakosság magyar többségét, viszont az elcsa-
tolt területekről állástalan menekült értelmiségiek tízezrei érkeztek
a megkisebbedett országba. Így az iskolázottak nagy száma teher-
nek tűnt a társadalom számára, egy részüktől szabadulni akartak
— nem nehéz kitalálni, kiktől először. A hivatalokból kizáró in-
tézkedések korántsem az 1938-as zsidótörvénnyel kezdődtek. A ka-
tonatiszti, rendőrtiszti és általában a köztisztviselői állásokat
fokozatosan, de alaposan tisztították meg a zsidó származásúaktól,
részben létszámcsökkentési, politikai és más ürügyekkel, kihalásos
alapon, vagyis a nem kifogásolhatókat még meghagyva, de újakat
fel nem véve. Talán leglassúbb az állami és községi iskolákban
volt e folyamat, de azért úgy hiszem, a zsidótörvény alkalmazása

1938-ra ezekben már éppoly felesleges volt, mint az egyetemeken vagy az Akadémián. Ezzel talán válaszoltam arra a kérdésre, hogy mikortól antiszemita a Horthy-rendszer: kezdettől fogva. Ha volt is enyhülés a Bethlen-érában, a kirekesztés az élet sok területén érvényben maradt, az ellenforradalmi rendszer mindvégig bevallottan antiszemita volt. Ezt joggyakorlatában azáltal is világossá tette, hogy bár az 1921. évi III. törvény nemcsak az osztály, hanem a nemzetiség és vallásfelekezet elleni izgatást is büntetendőnek nyilvánította, de az ügyészségek és bíróságok általában nem alkalmazták e törvényt a zsidóság elleni nem éppen ritka izgatásra. Sorolhatnám még azokat a hivatalos elveket és rendszabályokat, melyek két évtized alatt eléggé megértették a közhivatalnokkal, csendőrrel, rendőrrel, hogy a zsidókkal szemben különleges joggyakorlat létezik, s így amikor 1944-ben részt vettek a Holocaust végrehajtásában, könnyen elfojtották kételyüket — mert nemegyszer láttam átsuhanni a kételyt a minket elhurcoló rendőrök arcán és hangján —, hogy mintha jogellenes eljárást kívánnának tőlük.

Amivel persze nem azt akarom mondani, hogy a Holocaustot 1920 óta szándékosan előkészítették; de azt igen, hogy joggyakorlat és hivatalos ideológia nagyon megkönnyítették annak elfogadtatását, hogy állampolgár és állampolgár között ez irányban különbséget lehet és kell is tenni. Más szóval a zsidó állampolgárok jogainak alakulását 1848 és 1944 között megrajzolhatjuk olyan görbeként, melynek felszálló ága az 1910-es évekig folyamatosan emelkedik, 1920-tól pedig élesebb és változó szögben süllyed. Ezt az ívet a bethleni évtized enyhítései, mint a nyílt terror, internálás, numerus clausus megszüntetése nem törték meg, hiába bizonygatták ezt 1990 után a kormányzat kegyét kereső Horthy-apologéták. Ugyanis például az egyetemet végzett zsidó is csak kivételes esetben lehetett közalkalmazott — tehát ha egy Szerb Antalt 1928-ban kivételképpen kineveztek iskolai tanárrá, attól a nemkívánatos származású tanárok számának csökkenése nem állt meg.

A hivatalos és azt meghaladó antiszemita eszméket befolyásoló állameszme és joggyakorlat az 1930-as évek végéig bizonyosan tett több-kevesebb különbséget izraelita vallású és csak zsidó származású, a korhű kifejezéssel élve zsidó fajú egyének között, alapja mégis a fajelmélet, a „faji" alapon való különbségtétel volt. Különösen ha egyrészt a náci ideológiához hasonlítjuk, másrészt a hagyományos keresztény-nemzeti ideológiához és annak a dualizmus kori Magyarországon és egyházaiban jellemző megjelenéséhez. Ezért az addig inkább csodabogárnak tekintett fajelméleteket a Horthy-rendszer mindinkább pártolta, és azok terjedtek, egyetemi katedrák formájában is hivatalos elismerést kaptak. Így a Méhely- és Orsós-féle kvázitudományos elméletek.

A fajelméletnek, mint azt Hermann Imre fejtette ki nálunk ismert tanulmányában,[12] fontos szerepe volt a hagyományos antiszemitizmus „modernizálásában". Iskolázott ember már nehezen hihet a vérvád-, boszorkány-, kútmérgezési és egyéb középkori történetekben, a keresztény egyházak sem tartják már rég fenn az ezekkel kapcsolatos középkori vagy 16. századi nézeteket. A nácizmus és rokon elméletei azonban többnyire a modern hittel is nehezen egyeztethetők össze. (Kivétel ezalól pl. a spanyol falangizmus, amely viszont nem is volt antiszemita.) Tehát a vallásos vagy babonás eredetű vádak pótlására kell valami a félművelt antiszemitának, ami a tudományosság látszatát viseli, nem kell szégyelni, sőt „műveltségét" fitogtathatja vele.

A fajelmélet ismert képviselői közé tartozott Magyarországon Orsós Ferenc professzor, a rendszer kegyeltje, az Akadémia és a Felsőház tagja. Orsós, német, dél-afrikai és egyéb vizsgálatokra hivatkozva túltette magát a klasszikus tudományos állásponton, mely az emberiséget egy fajnak tekinti. Kinyilvánította, hogy Magyarországon 3 faj él: a zsidó, a cigány és a „kaukázusi". Ez sem volt elég, hiszen egy nemhez tartozó fajok keveredése nem mindig káros, tehát Mendelt kifordítva (aki éppen egy faj beltenyészetével foglalkozott) a zsidó „fajt" különleges tulajdonságokkal ruházta fel, degenerációra való hajlammal, mellyel a vele keveredő másik „fajt" megfertőzi.[13] A zsidó degeneráltság, faji fáradtság elmélete aligha bizonyítandó rokonságot mutat a félművelt emberek körében oly népszerű, zsenialitás, művészet és őrültség kapcsolatáról szóló, kisebbrendűségi érzést kifejező elmélkedésekkel. Ez a tévtan szolgált indokolásul a náci ihletésű harmadik zsidótörvényhez.

Hermann Imre párhuzamba állítja Trianon hatását az antiszemitizmusra a Mohács utáni zsidóüldözéssel. Az ő nyomán haladva

megkockáztatnám, bár talán túl merész általánosítás: a zsidógyű-
lölet (vagy más kisebbség elleni gyűlölet) válságba, zsákutcákba,
megoldhatatlan problémákhoz érkezett társadalmak sajátja, más
megközelítésben erre utal Bibó István ismert tanulmánya is. Né-
metország, Ausztria helyzete az első világháború után éppúgy ki-
látástalannak tűnt, legalább egy nemzedék szemében, mint
Magyarországé. Napjaink Kelet-Európájában az idegengyűlöletnek
két sajátosan ellentétes irányát figyelhetjük meg. Ahol a szegény-
ség tartósan reménytelennek látszik, mint Oroszországban, erősö-
dik az antiszemitizmus, ami ezúttal nem is különösebb
kilengésekben, hanem a zsidóság ezt megelőzendő menekülésében
mutatható ki. Nálunk viszont, ahol bármily nagyok a bajok, nem
tűnnek megoldhatatlannak, a gyűlölet — Oroszországgal és némely
jobboldali politikus reményeivel ellentétes irányban — nem a jó-
módúnak vélt zsidóság ellen irányul elsősorban, hanem a szegény
idegen, a délszláv, román menekült, sőt az előbbi országokból ér-
kező magyar menekült, továbbá a cigányok ellen, mert a nép hite
szerint ezek lehúzzák a „szociálpolitikai hálót".

Trianon másik következménye, hogy az előállott munkanélküli-
ség és antiszemita fenyegetés hatására fellendült az első világháború
előtt nálunk még nem túl jelentékeny — bár aktív — cionizmus,
különösen a harmincas évekre, mikor nyugat felé menekülni már
egyre nehezebb volt. A cionistáknak a galutot illetően pesszimista
érveit az antiszemita irodalom megjátszott rokonszenvvel, szinte
egyetértően idézte sokszor. (Érdemes lenne ezzel kapcsolatban több
figyelmet szentelni az első zsidótörvény parlamenti és sajtóvitájá-
nak.) Különös párhuzamot láthatunk a Hitler- és a Horthy-rendszer
viselkedése között. A második világháború kitöréséig nem akadá-
lyozták a kivándorlást. 1939–40 után azonban már a magyar kor-
mányok is szinte túszként kezelték a zsidóságot, melynek száma
pedig megnövekedett az általuk legkevésbé kedvelt kárpátaljai zsi-
dók visszaszerzésével. A hivatalos érv: háború idején senki sem
engedi el a katonaköteles férfiakat, csakhogy itt éppen nem kato-
naköteleseiről volt szó, a munkaszolgálat pedig alig támogatta a
katonai erőfeszítéseket — nem is ez volt a célja. Tehát az idege-
nektől való megszabadulás hagyományosnak mondható vágya bizo-
nyos fokon a népirtás őrületébe csap át. Ehhez bizonyára hozzájárult

az antiszemitizmus államosítása — az egyén szabadulni kíván attól, akit nem néz jó szemmel, az állam uralkodni akar és büntetni. Kézenfekvő a párhuzam azzal, ami a második világháború után történt Kelet-Európában — először kitelepítés, majd az új államok megszilárdulásával a határok lezárása.

Már a háború kitörése előtt, 1938–39-ben teljesen új helyzet állt elő Magyarországon a politikában, gazdaságban, kultúrában és az ún. zsidókérdésben is. A fő kérdés minden téren a náci Németországhoz, dominanciája elfogadásához való viszony lett. Régi szélsőjobboldaliak és legitimista arisztokraták kerültek a szellemi ellenállás vezetői közé, ezzel szemben régi, tisztes üzlettársak álltak a jobboldal mellé, hogy megkaparinthassák a cég vagyonának zsidó tulajdonban levő részét. Az új helyzetben a hazai antiszemita irodalom mennyiségét és hatását is felülmúlja a németből fordított náci kiadványok áradata, illetve a hazai jobboldali sajtó egy része is a náci lózungokat visszhangozza. Ha ezáltal nem éri el a korábbi, mérsékeltebben antiszemita írások színvonalát sem, az csak megkönnyíti terjedését bizonyos rétegekben, aminthogy megkönnyítette azt a baloldali, demokrata folyóiratok és szaklapok betiltása 1938-tól. Az áradat 1944-ben tetőzött: a Bosnyák Zoltán-féle „tudományos" irodalmon nincs mit elemezni, még annyi eredetiséget sem tartalmaz, mint Szálasiék zavaros hungarizmusa.

Az új helyzet, nevezetesen a második és harmadik zsidótörvény körüli viták felszínre hozták a Prohászka-féle hagyományok és a „hagyományos" keresztény felfogás ellentétét, mely addig nemigen manifesztálódott nyílt vitákban. A Felsőházban ülő egyházi méltóságok színvallásra kényszerültek, hiszen minden hagyományos egyház térítő egyház, saját diadalaként éli meg a más hitűek megkeresztelkedését, s ezt ekkor nagyrészt érvénytelennek, sőt hamisnak deklarálták. Másrészt éppen a vagyonos, felsőbb rétegekben sok volt a vegyes házasság, az abból született keresztény vallású gyermek s ezek bizonyos tekintetben zsidóvá nyilvánítása társadalmi és egyházi feszültségeket okozott. Ezek ismertetésére itt nincs hely — csupán annyit, hogy az egyházak vezetőinek egy része módot talált a nyilvános tiltakozásra —, hadd utaljak a Felsőházban Serédi hercegprímás vitájára Orsós professzorral és a zsidótörvények más híveivel. A harmadik zsidótörvény vitájában

Serédi vétót emelt, kimondva, hogy ezzel egyház és állam törvényei ellentétbe kerülnek, Ravasz László református püspök elutasította a fajelméletet és a vegyes házasság tilalmát.[14] Az így fellépő püspökök azonban nem érezhették maguk mögött egész egyházuk támogatását, ezért a háború után maguk állapították meg azt, hogy nem tettek maradéktalanul eleget kötelességüknek a barbársággal, az új pogánysággal szemben. Talán még bonyolultabb probléma a nacionalista, harmadikutas és népi irodalom megítélése 1938 után. Nem az antiszemita konjunktúra-irodalomé; az olyan mint más diktatúrák konjunktúra-irodalmai, jelentéktelen, ha az író is jelentéktelen (mint pl. Dövényi Nagy Lajos), vagy szégyenfolt a tehetség (Erdélyi József) életművén. A meggyőződéses nacionalisták társadalmi jelentősége Hitler előtt abban állt, hogy — mint a legjelentősebb, Szabó Dezső — kulturált körökben is szalonképessé tették a zsidózást, s ilyen színt adtak az új, rajtuk nevelkedett népi származású értelmiség antikapitalizmusának is. A háború éveiben viszont, mivel nem adták fel „hazafias" módon a rendszer kritikáját s kevés kivétellel németellenességüket sem, hatásuk a háború éveiben talán már inkább a háború ellen irányul, mivel akkor már az engedélyezett irodalomban a zsidózás mind szokványosabb, s a náciellenesség a szembeötlő. Ezért elfogultság Németh Lászlót vagy éppen Veres Pétert bizonyos írásaikért antiszemitának kikiáltani — mert a háború alatti megnyilatkozásaik lényege talán mégsem ez volt.

S itt végül elérkezünk egy nehezen megválaszolható kérdéshez: mennyiben játszott döntő szerepet a magyarországi antiszemitizmus magában a Holocaustban? Kétségtelen, hogy Eichmann feladatát nem befolyásolta, ő és bűntársai szövetséges, megszállt vagy ellenséges országból egyaránt elhurcoltak minden zsidót, akit csak tudtak. A honi vezetőréteg, közigazgatás együttműködési készsége vagy annak hiánya, mint a nemzetközi adatokból kitűnik, legfeljebb plusz–mínusz 10 %-ot változtathatott az áldozatok számán, bár az sem kevés. Más kérdés, hogy Magyarországon és a magyar csapatok által megszállt területen 1941–43 között már zsidók tízezreit pusztították el, s ez nem írható egyszerűen Hitler számlájára. 1938 után a magyarországi zsidóság évről évre inkább egy láthatatlan falakkal körülvett gettóban élt.

A fenti kérdés visszája: milyen szerepet játszik a Holocaust a mai antiszemitizmusban? A magyar társadalom javára szól, hogy a történtek mély bűntudatot hagytak maguk után, talán nem is elsősorban azokban, akik valamilyen mértékben bűnösnek mondhatók. S egy új generációba átörökítve a bűnösök elválasztása szinte lényegtelenné válik. Ez a bűntudat nem tudott eloszlani, szublimálódni, nem került sor olyan nyílt és kemény elszámolásra, mint Németországban, s ezért teherként nehezedik a mai társadalomra. A hallgatás nem bizonyult megoldásnak, és a magyarázkodás sokszor még rosszabb a hallgatásnál. Tudjuk, az elfojtott vagy tévútra irányított bűntudat hogyan csap át saját ellentétébe, az áldozat megvádolásába is... Mint ahogy a túlélő áldozatok egy részében is elég ártalmas módon csap át a sokéves elfojtás agresszivitásba.

Magyarországon, mint a legtöbb művelt országban, az elmebetegek meg vannak fosztva politikai jogaiktól. Kérdés, helyesen jár-e majd el a közeli választások után színrelépő új kormányzat, ha szabadon hagyja garázdálkodni azokat, akik maguk talán nagyjából épelméjűek, de publicisztikai tevékenységük célja elfojtott egyéni és kollektív kóros eszmék felszabadítása?

Jegyzetek

1. „A zsidókérdés Magyarországon. A Huszadik Század körkérdése" *Huszadik Század*, vol. 18, no. 2, 1917.; Ágoston Péter, *A zsidók útja* (Nagyvárad, 1917).

2. *Kirekesztők. Antiszemita írások, 1881–1992* ed., Karsai László, (Budapest: Aura Kiadó, 1992).

3. Németh László, *Kisebbségben. Bővített kiadás* (Budapest: Magyar Élet Kiadó, 1942); Márai Sándor, *Napló 1943–1944* (Budapest, 1945).; *Napló 1945–1957. Harmadik kiadás* (Budapest: Akadémiai-Helikon Kiadó, 1990).; *Ami a Naplóból kimaradt, 1945–1946* (Budapest: Akadémiai-Helikon Kiadó, 1992).

4. Prohászka, Ottokar, *Die Judenfrage in Ungarn* (Hamburg, 1920).

5. Jászi Oszkár, *A Monarchia jövője. A dualizmus bukása és a Dunai Egyesült Államok* (Budapest: Új Magyarország Részvénytársaság, 1918).

6. Adatokban gazdag, de apologetikus — különösen ami az antiszemitizmust és a fasizmussal való eszmei kapcsolatot illeti — legújabb élet-

rajza. Gergely Jenő, *Prohászka Ottokár: „A napba öltözött ember"* (Budapest: Gondolat Kiadó, 1994). Vészi cikke, Ibid., p. 82., az indexre tétel, Ibid., pp. 127–149.)

7. Ady Endre, „Prohászka Ottokár Nagyváradon" *Nagyváradi Napló*, 1903. február 1. Legújabb közlése: *Ady Endre publicisztikai írásai* ed., Vezér Erzsébet (Budapest: Szépirodalmi Kiadó, 1977). vol. 1. p. 361. (Prohászka viszont Adyt Heine zsidó nihilizmusa magyarországi terjesztőjének tekintette.)

8. „A zsidó recepció a morális szempontjából" in *Prohászka Ottokár összegyűjtött művei* (Budapest: Szent István Társaság, 1929), vol. XXII, pp. 1–14.

9. *Die Judenfrage in Ungarn* op. cit. — Ez a brosúra angolul is megjelent: *The Jewish Question in Hungary* (The Hague: 1920).

10. Ibid.

11. Gergely, op. cit., p. 207.

12. Hermann Imre, *Az antiszemitizmus lélektana*. 2. kiadás (Budapest: 1990).

13. Orsós fajelméletének és fellépésének tudományos bírálatát adja Vizi E. Szilveszter: „Az »Orsós-ügy« avagy a tudós felelőssége" *Magyar Tudomány*, vol. 39, no. 3, 1994, pp. 326–334.

14. Vizi idézi szavaikat, a beszédek teljes szövege a *Felsőház Naplójában* olvasható. (1941 július)

——— *** ———

Summary

From Traditional to Nazi-Type Anti-Semitism

As a starting point, the study traces the development of modern anti-Semitism in Hungary, focusing on the „traditional" anti-Semitism that prevailed up to World War I. Traditional Hungarian anti-Semitism had two components: a religion-related dislike, primarily Catholic, and the primitive popular dislike of the alien newcomer with bewildering customs, clothing, and manners. Both were kept in check by a liberal state. A more material third component started to emerge after Hungarian Jewry grew powerful in business and the professions, which led to the expropriation and expulsion of the Jews.

Anti-Jewish racism gained ground during the 1920s even in the Christian churches. One of the most notorious exponent of such views was Bishop Ottokár Prohászka, who argued against the traditional view that a baptized Jew is no longer a Jew. Most conservative bishops, however, opposed the second and third anti-Jewish laws mostly in terms of offering assistance to converts.

In the 1930s Nazi-type racism began spreading widely in Hungary. The apostles of this pseudo-scientific racism, which included members of the Hungarian Academy, challenged and defeated conservative and liberal views in the parliament as well as in academic circles.

The study also analyzes some ideological positions that contained anti-Semitic elements, concluding that modern anti-Semitism is frequently characteristic of bankrupt or dissolving societies, i.e., that prosperity can help cure anti-Semitism.

Bűnbakkeresés és Holocaust

Pók Attila

A 19–20. századi közép- és kelet-európai politikai gondolkodás egyik leggyakoribb problémája, akaratlanul is sokszor indulatokat keltő témája, a nemzeti — és nem nemzeti — sorscsapások gyökereinek, okainak keresése. Liberálisok és konzervatívok, szocialisták és kommunisták vagy fasiszták, kormányzó és ellenzéki pártok ideológusai és politikusai Németországban, Magyarországon és Lengyelországban, Csehországban és Szlovákiában — de Romániában vagy a Balkánon is nemesebb célokra hasznosítható energiáik nagy részét bűnbakok keresésére fordították és fordítják. A keresés általában eredménnyel is jár — akár axiomatikus kijelentés, akár tudományos vagy tudálékos érvrendszer a keresés módja. Nehezen kitapintható persze a határvonal a kudarcok, vereségek elemzése és az olykor végzetes következménnyel járó bűnbakkeresés között. Ez az előadás — egy hosszabb távú kutatás egyik elemét kiemelve — az antiszemitizmus és a Holocaust kapcsolatáról kíván egy esettanulmány keretében néhány gondolatot felvetni, a kérdést a bűnbakkeresés szempontjából vizsgálva.

A szociálpszichológia álláspontja

A szociálpszichológia igen nagy figyelmet szentel a bűnbakkeresés témájának. Lewin, Allport, Heider és mások vonatkozó eredményeit összefoglalva, a saját kutatásainak alapján levont következtetésekkel kiegészítve újabban a magyar nyelvű szakirodalomban Pataki Ferenc foglalkozott a kérdéskörrel.[1] Kristálytiszta logikával bontja elemeire a bűnbakképződés folyamatát az ószövetségi ősforrástól napjaink politikai tömegmozgalmi sztereotípiáiig.

Az eredeti lényeg a tudatos felelősségátruházás: a bűnbakot választó kollektíva számára egyértelmű mind saját bűnössége, mind a vezeklés törvény által előírt szükségszerűsége. Egyértelmű a bűnbak bűntelensége is: tulajdonképpen minél tisztább, annál több bűnt tud átvállalni, és így képes segíteni a vezeklést. Nemcsak a bűntudattól való szabadulás módja azonban a bűnbakra történő áthárítás, hanem az Adler által leírt „élettervek" kudarca, a sikertelenség lehetséges magyarázata is. A vonatkozó kutatások (Lewin, Allport) arra az eredményre jutottak, hogy az autokratikus-totalitárius rendszerek rendkívül kedveznek a bűnbakképződés mechanizmusainak: a rendszerben élők körében felhalmozódó — eleinte tárgy nélküli — feszültségtől bűnbak keresése révén igyekeznek megszabadulni. A megfelelő bűnbak kiválasztása oldja a feszültséget — kisebb csoportok esetében konkrét személy, társadalmi méretekben azonban kisebb vagy nagyobb embercsoport (egy-egy vallás, hiedelemrendszer követői, faji, etnikai csoport, társadalmi réteg, politikai mozgalom, párt), úgynevezett „kategoriális bűnbak". A „kategoriális bűnbak" minőségileg tér el a „személyes bűnbak"-tól: amíg az utóbbi többé-kevésbé spontán csoportlélektani folyamatok eredménye, addig az előbbi a mindenkori politikai igényeknek, céloknak megfelelően formálható, manipulálható. Történész szempontból természetesen a „kategoriális bűnbakok" fontosabbak, de gazdag a választék a „személyes bűnbakok"-ból (a magyar történelemben Koppánytól Kádár Jánosig) is.

A bűnbakok más szempontból is osztályozhatók: mind a személyes, mind a kategoriális bűnbaknak lehet úgynevezett „értelmező" vagy „mozgósító" funkciója.

Az „értelmező" bűnbakkeresés egy eredendő társadalomlélektani sajátosság következménye: minden eseménynek, cselekedetnek keressük a magyarázatát, közvetlen okát, kiváltóját. A hétköznapi élet legegyszerűbb szituációi, csakúgy mint a történelmi válsághelyzetek azonban természetesen mindig soktényezősek — az „értelmező bűnbak" ezt az ellentmondást oldja fel.

Rendkívül nagy veszélyt hordoz magában a „mozgósító bűnbak": diktatórikus egyeduralomra törő politikai tömegmozgalmak választják ki általában „kategoriális bűnbak" formájában a közös gyűlölet tárgyát. Ez az egyik lehetséges legnagyobb mozgósító erő — a közös gyűlölet (amely eredendő bűn) bűnrészessé is tesz és utat nyit a „Törvényt" valamely elvontabb magasabb rendű „Törvény" jegyében megszegő nyílt agresszióhoz.

Az egész bűnbakkeresési mechanizmus alapja tehát a felelősség-átruházás igénye, a felelősség azonban legalább három szempontból határozható meg: jogi (ez sem egyértelmű, hiszen egy-egy diktatúra formálisan rendezett jogrendszere a legsúlyosabb törvénysértések kerete lehet), erkölcsi és történelmi-politikai mérlegelés alapján. Az e három szempontból történő értékelések gyakran vezetnek ellentétes eredményre: a jogi értelemben vett bűnösség lehet erkölcsi vagy történeti-politikai szemszögből érdem. A bűnbakképződés és -képzés valamennyi említett formája számára éltető közeg az ilyen szituáció, különösen akkor, ha (és ez régiónkra igencsak jellemző) nem csak a jogi normák, hanem az erkölcsi és történelmi-politikai értékrendszerek is gyakori átalakuláson mennek át. Minél meghatározhatatlanabb a jogi, de az erkölcsi és történelmi-politikai felelősség is — annál jobban szaporodnak a bűnbakok. A bűnbak persze sohasem jogi kategória, ezért (és itt rejlik a legnagyobb veszély) az ellene való fellépésnek sincs jogilag szabályozott módja.

S itt térek át — e hosszúra nyúlt bevezető után — a tulajdonképpeni témára: a bűnbakkeresésre, mint az antiszemitizmus Holocaustba való átcsapásának egy fontos elemére. Ellie Wiesel mondja egy helyen: „Auschwitz iszonyata nem fér bele a tudósok szókészletébe." A tudomány kiderítheti a meggyilkoltak és meggyalázottak pontos számát, képet adhat a háttérben és a nyílt színen zajlott politikai manőverekről — a lényeghez azonban aligha juthat el. A Holocaustot megelőző antiszemitizmus története sokkal inkább hagyományos gazdaság-, társadalom-, eszme-, politikatörténeti téma, a kérdéssel a Holocaust után foglalkozó történész azonban — bármennyire is meg kíván felelni szakmája írott és íratlan törvényeinek — kénytelen történetietlenül a későbbi tragédia előjeleit keresni az értékeléskor.

Esettanulmányom két, gyakorlatilag egy időben íródott, az első világháború utáni krízis magyar politikai gondolkodásának igen eltérő vonulataiba sorolható mű témánkhoz kapcsolódó nézeteit veti össze.

Szekfű Gyula a zsidóságról

Az első világháború utáni tragikus helyzet, a kudarcsorozat magyarországi feldolgozásának, a magyar önvizsgálatnak egyik legnagyobb hatású műve Szekfű Gyula *Három nemzedéke*. 1920 júliusában Bécsben írt előszavában magától értetődőnek tekinti a kiindulópontot; „mindenki megegyezik abban, hogy a liberális közelmúlt a tévelygés korszaka volt."[2] A 37 éves, II. Rákóczi Ferenc száműzetésének éveiről romantikus glorifikálás helyett a fejedelem gyengéit is reálisan ábrázoló, néhány évvel korábban publikált könyvével nagy feltűnést keltő, már neves történész igen mélyen megélt erkölcsi, állampolgári és szakmai kötelességtudattól vezettetve ír. A könyv felépítése, érvrendszere, tételeinek kifejtési módja szinte orvosi látleletre és terápiajavaslatra emlékeztet:[3] a beteg a három, a magyarságtól idegen liberalizmussal kacérkodó nemzedék által szinte végzetes kórral megfertőzött magyar társadalom. Az értelmező „kategorikus bűnbak" sajátos esete ez: a sok-sok betegség és a gyógyítás hiánya, elhanyagolása miatt legyengül a magyar társadalom — és e helyzet egyik legfontosabb következményeként: „A végzetes könnyelműséggel, szervezkedési tehetetlenséggel üresen hagyott teret elfoglalta, könnyűszerrel, konkurencia nélkül a zsidóság, amelynek gyakorlottságával, sőt évszázados ösztöneivel mi alig vettük fel a versenyt."[4] A folyamat hosszú távú következményekkel jár — hangsúlyozza Szekfű: „A második generáció alatt gazdasági életünk nyer zsidó jelleget, hogy aztán a harmadik generációnak szellemi kultúrájára is döntő befolyás biztosíttassék ez akadály nélkül betóduló idegen tömegeknek."[5] Németország, Ausztria és Magyarország testén „keleti nyílás tátongott",[6] amelyen keresztül a galíciai „idegen elem" betódult. Alapvető különbség van ugyanis — érvel Szekfű — a dunántúli, generációk óta „jó magyar zsidóság" és a „galíciai jövevények" között. A „honos ma-

gyar zsidókat" átható túlhajtottan liberális magyar közhangulat fe-
lelős a bevándorló zsidóság gyors térnyeréséért, a társadalmi, gaz-
dasági, politikai élet ebből adódó torzulásáért. A magyar
társadalom hanyatlásáért, a világháborúval beteljesedő nemzeti tra-
gédiáért felelős értelmező kategorikus bűnbak tehát magában a ma-
gyar társadalomban található. Az említett magyar rossz
tulajdonságok miatt nem válhatott ki a nemességből egy „egész-
séges", a fejlődő kapitalizmus világkörnyezetéből adódó kihívások-
ra a társadalom egészének érdekeit képviselve reagálni képes új
középosztály. Ez Szekfű rendkívül részletesen kifejtett álláspontja
— a művet olvasók közül azonban sokan másként értelmezték
mondanivalóját. A zsidóság felelősségét vélték kiolvasni a kataszt-
rófáért ott, ahol Szekfű a magyar társadalom hagyományos nemesi
vezető rétegét kritizálja, amiért lehetővé tette egy olyan gazdasá-
gi-politikai-kulturális vákuum kialakulását, amelyet a „keleti idegen
elem" töltött be. Az elterjedt olvasat így a zsidóság szerepéről írt
fejezeteket egy mozgósító kategorikus bűnbak bemutatásaként ér-
telmezte, annak tragikus következményeivel együtt.[7]

Szekfű e könyvében külön fejezetet szentel a századvég ural-
kodó liberális irányával ellentétes törekvéseknek, ezen belül rend-
kívül éles kritikával illeti a magyarországi polgári radikalizmust.
Az irányzat vezető személyisége, Jászi Oszkár két hónappal a *Há-
rom nemzedék* előszavának elkészülte után, 1920 szeptemberében
veti papírra bevezetőjét *Magyar kálvária, magyar feltámadás* című
művéhez. Ez a szintén Bécsben íródott könyv is számvetés, a ma-
gyar összeomlás okait vizsgálja.

Jászi Oszkár diagnózisa

Jászi és munkatársai számos műben elemezték koruk magyar
gazdasági, társadalmi, politikai életének problémáit: a „morbus la-
tifundii"-t, a nagybirtok és a klérus felelősségét a társadalmi fe-
szültségekért és az intoleráns nemzetiségi politikáért. Jászi érvelése
szerint a „nyugati" Magyarországot célzó, „progresszív" törekvések
megvalósítását megakadályozták, „a legutolsó negyedszázév min-
den kultúra- és szabadságtörekvését legázolták a berúgott hazafiak,

a zsákmányoló bandavezérek és a sápos kalandorok. Ez a kép azonban egyszersmind a történelmi Magyarország teljes és végleges csődjét jelenti, mert bizonyítja, hogy ez a nemes-plutokrata osztályuralom mennyire képtelen volt minden szervező és alkotó munkára."[8] A „feudális-klerikális reakció" kap Jászinál sajátos értelmező kategorikus bűnbaki funkciót: ennek a reakciónak a felelőssége szerinte az összeomlás — és itt, elemzésének egy fontos pontján, látszólag igen közel kerül Szekfű egészen más premisszákból levezetett következtetéséhez: „A zsidókérdés lényege abban áll, hogy a magyar nép óriási kulturális elmaradottsága, teljes gazdasági és politikai szervezetlensége folytán egyetlen téren sem érvényesül oly mértékben, mint az a benne szunnyadó hatalmas szellemi és erkölcsi erőknek megfelelne. Azt a morális erőtartalékot, melyet más nemzetek számára a népnek földből és természetből kisarjadzó ősereje nyújt: az örökké megújuló vért és lelki energiákat, nálunk felőrli és tönkreteszi a latifundium, az uzsora és a felekezeti népbutítás ördögi háromsága. Valahogyan nálunk megszűnt a vérbeli kontaktus a legmagasabb szellemi értékek és a legmélyebb néphumusz között. A magyar lélek egyre meddőbbnek bizonyult és a kultúra hadseregének ritkuló sorait mindinkább idegenek és elsősorban zsidók töltötték be. Mégpedig nagyrészt olyan zsidók, akikben a legtöbb alkalmazkodási képesség volt ahhoz a kizsákmányoló szervezethez, melyet magyar államnak neveztek... Ez a helyzet úgy gazdaságilag, mint erkölcsileg tényleg mélységesen beteg volt, s ez a lelki kór épp úgy rágta és emésztette a magyar társadalmat, mint a tuberkolózis, a kivándorlás, vagy az analfabetizmus rákfenéje."[9]

Szekfű a magyar társadalomra ráerőszakolt, Magyarországon szerinte gyökértelen liberalizmust, Jászi az igazi liberalizmus és demokrácia hiányát teszi felelőssé a magyar társadalom gyengeségéért. Mindkét esetben — bármennyire szögesen ellentétesnek feltételezett okokból — a zsidóság felelőssége, bűnbaksága merül fel: nemzeti konzervatív és „kozmopolita" polgári radikális szempontból egyaránt a zsidóság visszaszorítása szükségszerűségének lehetséges olvasatával. Ennek a lehetséges olvasatnak — a tudomány objektív eszközeivel vizsgálva — természetesen aligha lehet köze a Holocausthoz, aligha tekinthető a Holocaust politikai vagy esz-

metörténeti előzményének. Auschwitz iszonyata azonban valóban
nem fér a tudósok szókészletébe — mégis magyarázatot kíván. A
szélesebb spektrumú — erkölcsi, lélektani, filozófiai, teológiai
szempontokat is érvényesítő, a modern kori magyar társada-
lomfejlődés egészének összefüggéseiben gondolkodó — magyará-
zatkeresés vihet csak közelebb a keresett válaszhoz. Az
antiszemitizmus különböző formái, intézményesülései (mozgalom,
párt, numerus clausus, zsidótörvények) és a Holocaust között —
úgy gondolom — nincs sokpillérű, széles híd, csak ideiglenesen
lefektetett pallók. Leszek Kolakowski szerint: „Az antiszemitizmus
szétszórt és látszólag veszélytelen, önmagában gyenge atomjai vil-
lámgyorsan egyesíthetők olyan eleggyé, amely bűncselekményként
robban."[10]   A gondolatot továbbvive: a bűnbakkeresés elkerülhe-
tetlen társadalomlélektani folyamat. A társadalomtudomány hivatá-
sa, hogy figyelmeztessen: az eredeti, bibliai értelemben vett
bűnbakról mindenki tudta, hogy vétlenül vált a bűnök hordozójává
— a történeti-politikai értelemben vett bűnbakokat viszont több-
nyire valóban bűnösnek tartották, tartják. Tudománynak és politi-
kának közösen kell őrködnie: egyetlen embercsoportra irányuló
bűnbakkeresés se váljon végzetes tragédia forrásává.

Jegyzetek

1. Pataki Ferenc, „Bűnbakképzési folyamatok a társadalomban", in:
Pataki Ferenc, *Rendszerváltás után: Társadalomlélektani terepszemle*
(Budapest: Scientia Humana, 1993). Itt is szeretném megköszönni Pataki
Ferencnek, hogy a tanulmányt már kéziratos formában rendelkezésemre
bocsátotta.

2. Szekfű Gyula, *Három nemzedék és ami utána következik.* (Buda-
pest: Királyi Magyar Egyetemi Nyomda, ÁKV-Meceanas Reprint sorozat,
1989), p. 6. Glatz Ferenc előszavával.

3. Lásd erről Gergely András recenzióját: „A fordított »mélymagyar«
— Szekfű Gyula Három nemzedéke", *Magyar Napló* 1990. január 12.

4. Szekfű op. cit., p. 242.

5. Ibid., p. 249.

6. Ibid., p. 330.

7. E tanulmány nem tartja feladatának a Szekfű-felfogás értékelését. Lásd erre Glatz Ferenc értékelő tanulmányát a Három nemzedék reprint kiadásában. Ibid., pp. III–XXXVIII.

8. Jászi Oszkár, _Magyar kálvária, magyar föltámadás_ (München: Auróra könyvek, 1969), p. 154. (Az 1920-as első bécsi kiadás szöveghű kiadása.)

9. Ibid., p. 156.

10. Leszek Kolakowski, _Az antiszemiták. Öt, semmiképpen sem új tézis, figyelmeztetőül._ Idézi: Kende Péter, _Röpirat a zsidó-kérdésről_ (Budapest: Magvető Kiadó, 1989), p. 146.

——— *** ———

Summary

The Search for Scapegoats and the Holocaust

An attempt to assign the blame for national defeats, losses, or tragedies to one outstanding personality or a smaller or larger group of people can be encountered throughout nineteenth-twentieth century Central and Eastern European history. Such scapegoating was sometimes associated with a detailed analysis and sometimes with superficial arguments, and was used at various times by ideologists from all sides of the political spectrum against people and groups of many nationalities. The prejudices concerning Jews in twentieth century Hungarian political thought are analyzed. Some works of the extensive socio-psychological literature on scapegoating are examined from the point of view of a historian to determine the extent to which the conclusions arrived at by social psychologists can be influenced by anti-Jewish prejudices in modern Hungarian political thought.

Can Words Kill?
Anti-Semitic Texts and Their Impact
on the Hungarian Jewish Catastrophe

Zsuzsanna Ozsváth

An essential component of the mass murder of the Jews was the anti-Semitic literature of Central Europe. Its authors were coaches of hatred; each in his own way, whether they stood on the low or the high level of the chain of command in the creation of the conceptual framework of the destruction. Their works and the killings depended on one another. For gas chambers are unimaginable without the anti-Semitic press. All authors must know that the systematic effort to portray another people as repulsive is nothing less but instigation to murder.

György Konrád "A tettek megmaradnak" (The Deeds Live On) in Szabolcs Szita Utak a pokolból (Roads out of Hell) Budapest, 1991. p. 6.

The machine of destruction ran perhaps nowhere so smoothly as in Hungary. From May 15 to July 10, 1944, 437,402 Jews were expelled from the country in one dramatic sweep. By then, 63.000 had already been killed: close to 20,000 "alien Jews" were deported to Kamenets-Podolsk in 1941 and slaughtered there; 42,000 labor servicemen died or were murdered on the front in the Ukraine; and, over 1000 men, women, and children had been shot in the Bacska massacres in January 1942. With more than 60,000 killed in shootings and forced-marches during the fall and winter of 1944, statistical data tell us that out of the 825,007 people identified as Jews in 1941, 564,507 had been claimed by the systematically planned destruction process: incarceration, expulsion, murder, starvation, exhaustion, or disease.[1]

Can this monumental event be interpreted as a concomitant of the war, as the manifestation of an increasingly stringent German policy in operation? Can it be argued that what propelled this large-scale destruction were forces none other than the German determination to complete the final solution" and the anti-Semitic designs of a handful of Hungarians in pursuit of their own goals? Hardly. Most actions against the Jews were planned by the Hungarian authorities and executed by the country's armed or semi-armed forces. The expulsion of the so-called "foreign Jews" in 1941 was devised by members of the General Staff and the high bureaucracy and carried out by the gendarmerie and the police; the Bácska massacre, by the military; the entrainment of the Jews in 1944, by the gendarmerie; and the shooting of more than 60,000 people during the fall and winter of 1944, partly by the members of the armed forces, partly by the Arrowcross. Although the role of the German occupation, including the part played by Eichmann and his *Sonderkommando*, must not be minimized, the deportation process in the late spring of 1944 depended largely on the support of the Hungarian authorities.[2] Without them, as Braham claims, the entrainment of the Jews would probably not have taken place at that particular time in the war.[3]

In light of these realities, most scholars working in the field regard the "succes" of this particular destruction process as the reflection of the furious anti-Semitic tide that swept over the country's cultural and political landscape during the interwar period. While some, like Lévai, have explored its constituent elements and traced them to the unbroken line that leads from "Szeged to Szálasi," others, like Braham, have investigated its sources, its tributaries, and its directions, including its culmination in the trains of death, in powerful, impressive, and meticulous detail.[4]

Building on these findings, the work of Helen Fein has taken yet another direction. With its focus on the national responses to Jewish victimization, her study demonstrates that the "success" of the deportations differed from country to country and that this difference depended mainly on two factors: the extent of state cooperation and the range of native collaboration in the German-held regions. She argues that in nations where anti-Semitism had not figured highly prior to the war, the destruction process turned out to be significantly less "successful" than in countries where anti-Semitism had already been a vital component of the political culture and anti-Jewish measures were aggressively pursued by the state. It was this particular amalgam, then, she explains, consisting of Jewish isolation, anti-Semitic activities, and anti-Semitic legislation, that determined the size of the "mountain of corpses" produced in the Holocaust.[5] After studying the "Hungarian case" in detail, she uses it as a paradigm for her findings, demonstrating the correlation between the country's deportation record and the embittered anti-Semitic political climate that characterized significant portions of the prewar period.[6]

But how could anti-Semitism have become so popular in Hungary? Had its spread been the consequence of the massive upheavals, one following upon another in close succession for a number of years: World War I, the revolutions, Trianon, and then the Depression? Had it gained momentum by flying on the wings of ancient Christian myths and superstitions, which had also fed into the irredentist political basis and the revisionist ambitions of the Horthy government, legitimating its sweep? Had these myths and superstitions themselves shifted their structures and turned into sources through which the new creed burst forth?

There can be no doubt, the explosions of World War I and the revolutions following in its wake destroyed much of traditional life in Hungary, leaving her prostrate, open to assault. The groups that "saved" her from Communism united then under the flag of an apocalyptic nationalism based on self-divinization and racial hatred. Their obsession with the Jews as Bolshevists and enemies of the Hungarian people was loaded with the weight of seventeen hundred years of Church invective, cast upon the "killers of Christ," giving a powerful impetus to the rich theme of "victimized Hungary," the theme which had become the emblem not only of the counterrevolutionary struggle but also of the entire interwar period. Inflamed by a worsening economy, the Depression, and later by the rise of the Reich, anti-Semitism permeated the political climate of the country, filling it with hysteria and violence. Yet nagging questions persist: how could this creed have become so obsessive, so strong, and so wide-spread that it cut across social boundaries and reached even the most educated segments of Hungarian society? How could it have developed into an overarching political and cultural force, central not only to the destruction of Hungarian Jewry but also to the elimination of the best of early nineteenth-century Hungarian romantic idealism and the democratic seeds and achievements of the 1848 Revolution and the Compromise?

One cannot give simple answers to these questions. What is clear immediately though is the fact that with anti-Semitism becoming the centerpiece of the so-called "Szeged Gondolat" ("Szeged idea"), the message found immediate access to, indeed echoed the need of, the brothers-in-arms of those who forged it. In this way, much of the country's ultra nationalist strata came under its spell: thousands of jobless army officers, thousands of victims of the Communist regime, and thousands of educated former civil servants, fleeing from the successor states, searching for scapegoats, resenting the Jews as economic competitors.[7] For evident reasons then, racial and cultural eschatology helped these groups to sort out and "understand" what they could hardly grasp otherwise: the loss of their homes, the loss of their world, and the fall of their country from her ancient, distinguished position to a new one of utter insignificance.[8]

But counterrevolutionary anti-Semitism galvanized not only those rendered jobless, homeless, and stateless by the upheavals. Nor did it seem to follow just along the line that divided the haves and have-nots from one another. Sweeping through the country, it brought together a number of people with differing interests and needs under a unifying anti-urban ideological umbrella. And it continued to exert its power over large segments of the gentry and the right-conservative elite alike.

Despite this massive anti-Semitic strain at its own center, the leadership had to make attempts at balancing essentially controversial perspectives. In its own interest, it had to become respectable; it had to stop the counterrevolutionary violence and re-establish at least some degree of normalcy. But it also had to cover up its own suspicion of, indeed, its own contempt for, the Jews. This paradoxical position resulted then in policies and decisions of great ambiguity: some of which encouraged, some of which humiliated the Jewish community; some of which rejected, some of which emboldened the right opposition. On the one hand, Bethlen strained for the reconstruction of the country's economy and made earnest efforts to re-create the "ancient partnership" between the Jews and the leadership.[9] On the other hand, he delayed for eight years the amendment of the numerus clausus law of 1920, the first anti-Semitic law in postwar Europe, which regulated the number of Jews at the universities, reducing it to only 6%.[10] And even after amending it, and even while frowning upon the violent anti-Semitic riots at the universities, his regime as well as the subsequent ones continued to deride, hurl invectives at, and discriminate against masses of Jews, especially against the "Galicians," who were visibly closer to their ancient religious roots than were their more acculturated, urbanized counterparts.[11] Arriving in large numbers during the second half of the nineteenth century, the "Galicians" came to the Monarchy to escape the pogroms taking place in the Russian-Polish Pale and to find better working opportunities. They also turned Hungarian within one generation, listing themselves as such in the census, balancing the precarious numbers of the Hungarians, assuring thereby the Hungarian majority in the polyglot empire.[12] These were the "Galicians" against whom struggled the right-wing of the regime and the right-opposition. And while the former emphasized, at least in the twenties, that its scorn was directed only "against the foreign Jews" rather than the "assimilated Hungarians," not only the anti-Semites but also the Jews themselves knew how flimsy the division was that separated these two groups from one another. As József Patai, the editor of the journal *Múlt and Jövő* (Past and Future) formulated the problem in 1918:

*"... Hungarian anti-Semitism and the refuge-seeking Galicians
have nothing in common. The truth is that . . . when anti-Semites
speak or write about the Galicians in the media or the parliament,
they don't mean those few hundred Galician refugees left behind
in Hungary, but rather the children and grandchildren of the
Galicians of yesterday; that is, all of Hungarian Jewry, fathers and
sons alike."*[13]

Setting their goal "higher" than just the question of the
"Galicians," adherents of the "Idea of Szeged" found two major
outlets for expressing themselves in the early twenties: the policies
and anti-Semitic invectives of the regime and the platforms of the
ultra-right, with the latter contextualizing the evil of the Jews,
blaming them for the country's tragic losses, the economic failures
and social frustrations of all Hungarians. During the latter part of
the decade and the 1930s, these ideas became more cohesive and
more "convincing," fitting into the categories of a new, racially
defined grid of the country's social, political, and cultural values.
That is, by feeding into the despair and waning patience of the
economically drained and humiliated Hungarians, anti-Semitism
started to produce both culturally more powerful and politically
more "sound" arguments, reaching therefore the deeper and more
varied levels of the population.

Still, it was not until 1939 that the impact of this development
on the middle classes emerged in a full-blown political statement,
when the National Socialist faction of the country surged forward
to an unexpected victory.[14] By then, the image of the Jew as
Hungary's mortal enemy had already become widely accepted and
legitimized. It had been advocated by all right-radical parties, and
it figured highly in the major national debates, in the Parliament
and the media alike. To put it in Karfunkel's words, it "...was
embraced not just by the apostles of marginal hate-groups, nor was
it limited to the leading spokesmen of the reactionary regime —
it appealed to many liberal-thinking Hungarians as well."[15]

Perhaps one can explain the ubiquity of this image by the fact
that it had been drawn and re-drawn by so many politically
dominant groups and placed in the center of attention of so large
a crowd of people that ultimately it established itself in the minds

of all. Still, who did the drawing and describing? And who helped to shape this new secular idiom that replaced so perfectly the old religious one?

Undoubtedly, anti-Semitism spread from a compelling variety of sources — and not merely from political ones. Broad segments of the country's spiritual, moral, and educational institutions adopted and encouraged it. As a matter of fact, most embraced in their own ways the myth of the Jews as a people endowed with uncanny powers, posing an economic, cultural, and social threat to the Hungarians. Since this myth imbricated with the basic repertoire of these institutions, one must study the modes of expression in which it appeared in the churches, universities, and the literary and artistic activities of the time to understand its widespread acceptance.[16]

Undertaking this task in the realm of literature and the humanities would mean then to examine some of the lyrics, essays, novels, and cultural analyses of the country's universally respected poets, writers, and historians and capture their projections of the Jews. With such an aim at its core, this essay explores the dramatic arguments and expressive means of a few of these representative texts and demonstrates their relationship to both the anti-Semitic propaganda of the time and to the anti-Jewish laws, which stripped the Jews of their rights as citizens of Hungary and in the end, destroyed them.

*

That most Hungarian artists and literati of the interwar period showed interest in problems affecting their country's culture and politics was neither a new nor a surprising phenomenon. The repeated defeats Hungary suffered over the centuries at the hands of invading armies and the Austrian opposition to her quest for independence had forged a sense of romantic patriotism in her poets and writers. A concomitant of this perfervid emotion was these literati's belief in their own power to create a national consciousness that would sustain the country's morale in times of danger. Indeed, ever since Petőfi died on the battlefield at Segesvár for "world liberty's sake," the country's poets felt compelled, even inspired, to forge for themselves a heroic vision, rich in patriotic demand and self-sacrifice. Their sense of responsibility did not wear thin even during the years of security, even during the decades of the Monarchy. Challenged by their own ethical maxims and the consciousness of their public obligations, the country's poets have often examined, even indicted, their own tradition or the system under which they lived.

The burden of responsibility pressing down on them was perhaps never heavier than in Trianon Hungary, amidst the massive convulsions caused by the country's division, of which many believed to be comparable to nothing less than the Tatar invasion or the Turkish occupation in her earlier history. Clearly, most of her artists and literati suffered under the upheavals; yet their reactions differed, demonstrating that their moods, attitudes, values, and visions were sharply polarized. Nor was this division new. It stemmed from the war years, when some writers and artists euphorically supported while others desperately opposed the fighting. Growing more and more apart from each other, both camps gathered strength and numbers, so that by the time the Red Revolution swept over Hungary, the new regime counted such poets as Gyula Juhász, Mihály Babits, and Lajos Kassák, and such artists as Béla Uitz, Ferenc Bortnyik, János Mattis Teutsch, and Bertalan Pór among its supporters. But some recoiled from the Left and from those whom they identified as its advocates, the Jews.[17] A few withdrew from politics altogether; others thrust forward and took up the "cross against the enemy within," engaging themselves in a crusade of apocalyptic dimensions.

As a matter of fact, the anti-Jewish sentiment of this group was so pervasive and so urgent that it blurred even the distinct ideological positions of the respective authors. Whether they came from a radical populist stance like Dezső Szabó, Géza Féja, László Németh, Péter Veres, József Erdelyi, or Áron Tamási, or used a conservative perspective like Gyula Szekfű or János Horváth, their projections of the Jews did not differ essentially. Conservative or right-radical, each described the Jew as hideous and hostile. Unimportant as this war of words may appear at first, especially if compared to those actions which later stripped the Jews of identity, home, property, and family, and which placed them on the trains of death, analysis of the issue reveals a causal relationship between the two phenomena: the anti-Semitic literature and cultural analyses of the period both written for and read by the non-Jewish middle class, and the shift from the law of equal rights to that of the anti-Jewish measures, the laws which declared the Jews second class citizens and turned them into trainloads of matter while they were still alive.

Of course, anti-Semitism was not the invention of the Horthy regime nor of the counterrevolution. If anything, the blood libel at Tiszaeszlár, emerging in the 1880s, and the appearance of such anti-Semitic speakers in the Hungarian Parliament as Istóczy and Simonyi, with their support from the Catholic People's party, had clearly demonstrated that Jew-baiting was not moribund at the time. Nor was it very prevalent or influential. Shortly after the turn of the century, things had changed, however. And the literature of the time registered, expressed, described, even shaped that change. Nothing is more characteristic of this process than the bitter debate between Dezső Szabó, the young writer, and József Patai, the editor of Past and Future, a debate over the role of the Jews in Hungary.[18] Szabó, highly revered as one of the country's outstanding literati, defended himself against earlier accusations of anti-Semitism, spelling out his position regarding the "choice" facing Hungarian Jewry. There are two possibilities, he argued: either the Jews create a nation on the basis of their race, tradition, and religion, or else reject, root and branch, the background out of which they spring and become part of a "new Europe." Were they to choose the latter, he explained, they would fulfill a historic mission, the details of which he was now willing to lay out:

"Let them put respectfully in a museum the spiritual junk of the past, and let them see the future and be heroically and humanely Jewish. . . . Let them kill Jehova, let them kill the Law, let them kill all the Jews of the Old Testament and the Talmud; but let them redeem man once more."[19]

Trying to understand the meaning of this pompous, yet dangerously violent rhetoric, one might wonder: What is the "spiritual junk" of the Jews? The Bible? The Talmud? Had the

Jews, before Szabó warned them, failed to live heroically, humanely? Why do they have to erase their past? Why should they kill their God? Their People? Their Law? And why would all of this have to be the condition of a "second redemption"? Analyzing these suggestions, one sees hardly anything in them other than rage and hatred. The Jews are inferior to the Hungarians, claims Szabó, contaminating the country. And they could only then change if they would tear themselves away from all: their tradition, their religion, and their culture. But, he contends, they cannot do so because they are intrinsically disloyal, even hostile to Hungarian traditions, values, and morality. That is, being a Jew is antithetical to being Hungarian, to being human.

One could, of course, ignore this particular essay, saying that it signifies nothing but one gesture of an obviously suffering man, regrettable, yet irrelevant to the *ouevre* of Szabó, a young populist, whose violent nationalism ought not to obscure his creative talents. But this would only obfuscate the fact that the *ouevre* of Szabó assimilates, elaborates, and feeds on these beliefs; that racial Manichaenism is the central theme of his plots, underlying his character developments and his graphic descriptions. As a matter of fact, it was through this millenary vision of the Jew, struggling to destroy Hungary in a vast cosmic battle of the races, that Szabó could grasp the world and his characters' psychic experience.

Among the plethora of examples, his novel *Az elsodort falu* (Village Adrift) is a paradigm of this battle. Whether its Jewish characters are cast as inn-keepers, businessmen, writers, or statesmen, they bring ruin to the Hungarians, grabbing for themselves the country's economy, culture, and politics, sapping the nation's life blood. Miklos, a writer, who is one of the book's main characters, almost dies before coming to this understanding. Writing but superficial, unimpressive texts to satisfy his Jewish mentors and publishers (who pay, of course, only for light-weight, "un-Hungarian" literature), he is shaken to the core by the crisis that makes him realize the danger he and his country had been hurled into, the danger which inspires him now to resist the "enemy" and discover his own thousand-year-old Christian, "Hungarian race." Involved in a lengthy discussion with a young

Jewish author who himself is deeply ashamed of the "destructive potentialities" of his own people, Miklós cannot hold himself back any longer:

"I have been on the front, behind the front, in the villages and the cities. I have seen all kinds of people, all kinds of circumstances. I have been in summer spas, in the Tatra mountains, on the Lake Balaton, everywhere where people drink health and live for their pleasure. Who are there? The Jews, the Jews, the Jews. Go to the theatre, to the bars, everywhere where people guzzle pleasure. Who are these people? The Jews, the Jews, the Jews. Go in the cities, who have been lifted up by the war from the mud? Into whose mouths have the buckets flown from the breasts of the war? Who is now the lord of life? The Jews, the Jews, the Jews."[20]

And so on. At the climax of this tirade, one of the centerpieces of the novel, Miklós refers to his own, personal crisis which he considers the paradigm of the Hungarian catastrophe:

"In vain was I a genius and a race-redeemer. In vain had I had my honest, large desire, my broad human embrace. I could become someone only through you [through the Jews] because you are business, competition in triumph, democracy."[21]

The book's other characters, János, Judit, and her family as well as the rest of the villagers, share Miklós's fate. Victims of the "internal enemy," all are violated, dishonored, robbed of their tradition, health, and culture: all are encroached upon and ruined by the Jews. Whether rich or poor, in Szabó's depiction, all Jews cheat and kill; converted or not, they corrupt the innocent. Opposed to the age-old Church mandate, Szabó suggests no way out through conversion. Once a Jew, always a Jew, he warns his readers. Why is the message this book imparts more dangerous, more violent than that which kept on rising from the anti-Semitic political camp? Clearly, the course was set before 1919 (the publication date of the novel), and Szabó was not its founder. But this statement fails to illuminate the heart of the issue. Founder or not, Szabó played a major role in the anti-Semitic youth movements. As an editor of the most violent student publication *Ifjak Szava* (The Word of Youth), he involved himself in anti-Semitic agitation of the most cruel kind.[22] This publication itself came under the umbrella of the ultra right associations that undertook the organization of assaults against Jewish students at the universities. The violence practiced during these assaults played a major role in the program of these organizations, aiming to chase the Jews away from the Hungarian universities. He also became the contributor to one of the country's most virulent anti-Semitic newspapers *Virradat* (Dawn), producing fifty-four major articles in the course of two or three years. Although Szabó ceased to be involved in the leadership of political organizations after 1921, the "call" he sounded was never forgotten by the right radicals but rather, it continued to inspire them and the new generations of populists throughout the interwar period.[23] Nor did he change his point of view. Not even his fear of the German influence or his disapproval of the Reich's political designs, including war and occupation, lessened his contempt for the Jews. As long as he lived, he stuck to the idea he proposed in 1921: "It is with love that one should exterminate the Jews in Hungary."[24]

Even more destructive than his journalistic undertakings was Szabó's literary influence. First of all, as we know, Hungarian literati traditionally demanded to be considered, and were likewise expected to become, the conscience of the nation, her shepherd, her speaker, her moral authority. Szabó was no exception. He advocated moral commandments; he spoke to the nation, projecting her present state in the light of his own eschatology of woe and injustice, warning her of weakness, and judging her history in apocalyptic terms, linking it to her redemption. His message was urgent. It had a messianic ring, answering questions of universal significance: why was the country defeated? Why was she unfree and poor unlike other nations? Why had she suffered so much? Offering answers to these questions, Szabó became one of Hungary's most popular writers with a particularly impressive following among the country's university students.[25]

He also became a key figure among the literary populists, many of whom were now prepared to view the world in his deluded terms: as a stage of the final struggle between the Jew and the

Hungarian. His depictions affected their depictions, creating a process which in turn helped to develop the anti-Semitic movement on two levels at once: on the higher level of "intellectual thought" which is, according to Hughes, the source of "intellectually clear and significant statements" necessary for making an impact on the middle and upper classes, and on the lower level of popular effusion in the nature of slogans."[26] Indeed, as time passed and tensions grew, more and more writers started to muse and worry about the "Jewish encroachment," and elaborate on solutions that would ultimately separate once and forever the Jews from the Hungarians.

*

If it was apocalyptic nationalism that whipped up Dezső Szabó's obsession with the Jews to an uncanny frenzy, contempt for liberalism shaped Gyula Szekfű's analysis of Hungarian culture. Although this different conceptual approach is significant for situating these men's works, their portrayals of the Jews were not at variance. Whether it was for racial reasons, as Szabó approached the question, or for cultural ones, as Szekfű saw it, ultimately, both regarded the Jews as "Hungary's misfortune."

Szekfű, who became professor of history at the Péter Pázmány University of Arts and Sciences in 1924, published his volume *A száműzött Rákóczi* (Rákóczi Exiled) before the war. Offering a vision that differed from most popular interpretations of Rákóczi's insurrection, Szekfű described this event as a manifestation of the struggle between parochial defiance and Catholic universalism, balance, and measure. Although novel in vision and approach, his negative portrayal of what was in most people's eyes an apex of Hungarian history won him hardly any throngs of adherents; in fact, it chafed against the patriotic sentiments of most Hungarians.

It was in 1920 that Szekfű published *Három nemzedék* (The Three Generations). This book became, in contrast to Rákóczi Exiled, a phenomenal success, giving impetus to the country's anti-liberal voices, to the conservatives' chorus as well as to the anti-Semitic ultra-right. Coming out in six editions in the course of the next twenty years, this volume achieved more than a popular success: it had a large, shaping influence on Hungarian historiography, social thought, and perceptions of culture.[27]

Inspired by such late-romantic German cultural visions as those of Nietzsche or Spengler and the German philosophical approach to history (*Geistesgeschichte*), this work explores the ideas, concepts, and policies of three generations of influential Hungarian politicians of the period of 1830-1914 — although the second edition includes portions of the postwar years as well. It reveals Szekfű's normative view of Hungarian history, projecting it as an expression of two crucial impulses: one that has a potential for control, moderation, and growth, and another that reveals a proclivity to exaggeration and ideology. The first one Szekfű saw represented by the great Catholic statesman Széchenyi, and the second by the leader of the 1848 revolution, Kossuth. Juxtaposing these two historical characters, Szekfű believed that Széchenyi's concept of reform fostered the indigenous and the rational, while Kossuth's encouraged the doctrinaire and the self-righteous. Yet it was the latter, Szekfű insists, that became the dominant strain in the country's political culture during the late nineteenth-and the early twentieth century.

And it was this development, says Szekfű that undermined Hungary's creative forces. For Kossuth's passionate nationalism was hardly beneficial for the country; nor were the massive economic and political transformations that ripped hole after hole in the fabric of Hungarian society in the course of the last decades of the nineteenth century. With her middle classes comprising mostly Jews and Germans and lacking, therefore, both the base and volume necessary for carrying out the sweeping transformations, with her enormously large agricultural population and disproportionately numerous nobility, Szekfű says, Hungary was incapable of realizing, in fact, unready to experience, these structural changes. It was, therefore, he notes, the deepening conflict between the new liberal ideas, specifically advocated by the Jews, and the "innate" Hungarian distaste for and anxiety with the untraditional and the doctrinaire, that tore the country asunder, undermining both her ancient social structures and regenerative resources.

Such cultural valorization of the concepts of the "innate" and the "foreign," the "natural" and the "artificial," the "universal" and the "particular," does, of course, not have to be anti-Semitic. As we know, these patterns of values characterized the political theories of a number of European nationalists and conservatives during the nineteenth and early twentieth century. But in Szekfű's grid of ethics, these concepts were clearly linked to the "Jewish question": he scorned liberal values and associated laissez-fair economy, freedom of speech, the rule of law, and the idea of parliamentarism with the Jews. In his opinion, liberalism was not only undesirable and harmful but also "foreign" to the "Hungarian essence," something that can never be acquired or understood by those who had been born and lived in lands other than Hungary or who were not immersed for generations in Hungarian culture.[28]

First of all, he claimed that the basic achievements of Enlightenment policies, emancipation, and equality did not affect positively the lives of most Hungarians except those of the Jews.[29] The reason for this, in his opinion, lies in the difference that shapes the worlds of these groups. The Jews need the protection of the law for removing all obstacles that stand in their ways in the professions; the Hungarians, on the other hand, need space for growth and development away from the arena of Jewish competion. In light of these sharply diverging needs, it is quite obvious that what lies in the interest of the Jews clashes with that of the Hungarians, revealing the Jews' essentially alien position.[30]

Formulating his thesis with great care and offering scholarly "evidence" for its support, he suggests that the problem was caused partly by the high level of Jewish immigration, stimulated by the liberal laws of the Monarchy, and partly by the nobility's failure to provide economic and intellectual leadership.[31] To validate his analysis, Szekfű uses two arguments: the demography of Jewish immigration, which shows, in his opinion, that "equal opportunity" worked for the Jews but left the Hungarians at a disadvantage, and intertextual dialogues with some of the country's leading personages, referring to their "proleptic" views regarding the Galicians."

First of all, he follows the Jews' move from town to town, region to region, profession to profession, explaining that they spread everywhere and occupied everything.[32] Barely capable of hiding his contempt behind a "scholarly" guise of measure and objectivity, he charges that they monopolized first the country's agricultural production, and after dividing that among themselves, they created banks and finance institutions, deciding upon the fate and future of the entire nation.[33] This brutal usurpation of power led then, he contends, to catastrophic consequences, destroying the social, economic fabric of the whole country.

Hearing Szekfű's analysis, one might want to ask: How could a people relatively small in numbers (at their peak in 1910, the Jews comprised only 5% of the Hungarian population) have achieved such extraordinary power? But the reader does not have to strain. Szekfű anticipates and then answers the questions he poses: it was the irresistable flow of "Eastern Jewry" that gave power to the Jews. Stretching from "Galicia" to Hungary, this flow carried masses of people who demanded "greedily" and "shamelessly," notes Szekfű, their place in society as well as in the work force and the professions:

"Even if we don't pay much attention to the mere numbers of statistics [to the numbers of the "Galicians"], they still explain how it could have happened that this race, so small in volume, had fulfilled the rapidly growing, sharply keyed-up needs of capitalism and placed in every position a person of its own blood where business acumen and invention held out the promise of capitalist gain and profit."[34]

Not only did the new arrivals need the support of their "older brethren"; the latter, Szekfű maintains, needed the "Galicians" for providing descendants and assuring continuity. Hence, instead of separating themselves from the "Galicians," the Jews living in Hungary for generations exulted in their racial "self-love" and made a place for that foreign "scum" of a people.[35] And while adapting to each other's ways of life, these groups helped to keep the rest of the population in economic slavery. It was then under an all-embracing cover of the power they thus had accumulated that the Hungarian Jews, says Szekfű, suffocated the potential of the "young Hungarian blood," using all means for perpetuating "their own dominance.[36]

But the large number of the newcomers was only one part of the problem, notes Szekfű. Their "inferior" and "abject" culture, the "inferior" and "abject" culture of the European Ashkenazic community, was the other.[37] Weakened by both the sheer number of these people and the cultural conflicts arising in their wake (Szekfű calls this process a "gaping wound on the body of the nation"), Hungary, observes Szekfű, lost her will to live.[38]

And if owning the country were not enough, the Jews overcrowded, he claims, all areas of culture: the professions as well as the media and the arts. Dismissing the magnificent Hungarian Jewish cultural contribution, Szekfű bemoans its lack of "Hungarian depth," showing thereby the door to such brilliant Hungarian literati as Karinthy, Szép, Kis (whom he shows it explicitly), Csáth, Heltai, Molnár, Gellért, or Szomory. Nor did he pay attention to the fact that much of the "shallow" Jewish talent moved to the US or Britain during the interwar period, soon becoming an integral part of our late twentieth-century North American culture (e.g. János von Neumann, Leó Szilárd, Edward Teller, George de Hevesy, Eugene Wigner, Dennis Gábor, Theodor Kármán, Carl and Michael Polányi, George Széll, Antal Doráti, Eugene Ormándy, Georg Solti, the Korda Brothers, and thousands of other intellectuals). Szekfű claims that since the Jews could never quite overcome their own "shallow" experience of things Hungarian, their art, language, and "cultural identity" were lightweight at best, at worst, directly destructive, jolting the country further and further from her own roots, foisting upon her a "shallow," foreign culture.[39]

What these views illuminate then is the heart of Szekfű's thesis, revealing that pathological fantasies are propelling his "scholarly ideas," that underneath his "anti-Galician" rhetoric the furious eddies of anti-Semitism are seething. For while he deals with the issue of Jewish "infiltration" of high culture, Szekfű does not mention the "Galicians." And this is no coincidence. Publishing, writing, and academic activities do require complete linguistic, intellectual and emotional acculturation, perceptions and achievements which none of those newly arrived "Galicians" could have mustered. Hence, Szekfű presents the problem more directly: in the familiar terms of the age-old anti-Semitic eschatology. Evil-doers in whatever role they appear, the Jews did nothing but harm the country. Even their assimilation worked against Hungarian interests. They simply appropriated the illusions of the gentry regarding the country's ancient grandeur, encouraged the Hungarians to rebel against Austria, helped to oppress the ethnic groups, and, ultimately, hurled Hungary into that murderous war.[40] In this way, Szekfű emphasizes the existence of unbridgeable moral, cultural, experiential, and ontological differences between the Jews and the Hungarians, differences which hardly allow for a symbiosis or the possibility of a reconciliation.[41]

As for the "Galicians," he "supports" his views not only with extensive demographic data but also with the observations and concepts of a number of major nineteenth-century Hungarian poets, politicians, and intellectuals. By invoking their ancient yet still affecting voices, he wishes to demonstrate that his analysis is neither hastily produced nor created by post-war pressures. It rather springs from the consciousness of an old, festering wound, the danger of which had been noticed by the country's greatest patriots and intellectuals long ago.

He calls on Széchenyi, the great tragic hero of Hungary's "national awakening," whose argument against the Jews, Szekfű believes, had lost neither its dignity nor its appeal: "*...in the case of the Britons or Frenchmen, one can indeed be liberal because if they pour a bottle of ink [that means the Jews] in their big lake, that ink won't contaminate the waters; but if one pours a bottle of ink in the Hungarian soup that spoils it forever.*"[42]

Szekfű also invokes Kölcsey, the bard of the country's national anthem, and Vörösmarty, another great patriotic poet of the nineteenth century to demonstrate these men's objections against the "Galician invasion," describing their "insight" as proleptic.[43] Furthermore, he cites József Eötvös, the famous libertarian, and Kossuth himself, the leader and hero of the 1848 revolution, the symbol of "Hungarian liberty" and recalls that the latter described the "Galicians" as a "host of rabble." In addition, Szekfű refers to the "Wise Man of the Nation" Deák as well as to the conservative, pragmatic politician Aurél Dessewffy and claims that both foresaw the danger of and demanded a moratorium on Jewish immigration.[44]

Although Szekfű's intertextual dialogues might have impressed many of his Hungarian contemporaries, they appear at best ignorant, at worst, vile, if studied from a less biased perspective. Indubitably, the politicians and literati whom he so profusely quoted had been outstanding professionals, in some cases, even great advocates of liberalism. But these facts mean neither that they were free of commonplace beliefs nor that they had deep insights into all aspects of human life. In fact, their very failure to recognize the widespread discrimination against the Jews demonstrates that their understanding of the issue was still quite incomplete. Obviously, the Romantic concept of the poet's visionary imagination and the belief that "poetry can save nations and people" are heart-warming, uplifting concepts, worthy and well-intentioned beliefs. But they have not always squared with the reality of our experience.

Szekfű's appropriation of the eschatological polarization of religious and post-war anti-Semitism and his thesis that the Jews have created a separate nation within the nation and that they have posed a permanent danger to the country's life and future at once drew on and contributed to the ideology of the right radicals. It helped to disseminate the notion of the Jew as the mortal enemy of the Hungarian, to ease out the law of Jewish emancipation, and to build thereby the tracks of the deportation trains, in people's mind and the countryside alike. That by the end of the thirties Szekfű discerned the dangers of the German-Hungarian alliance and that he personally, although not publically, protested against the anti-Jewish legislation did not change the message of this book. The damage had been done. The power of his hateful words did not wane, but rather grew and inspired further generations.

*

With anti-Semitic invectives becoming part of the rhetoric of the country's mainstream political discourse by the late twenties

— early thirties, the "Jewish question" started to play a major role in Hungarian literary debates as well. In fact, it became the centerpiece of a big public discussion and was carried on for many years by two passionately vociferous literary groups, one of which was identified as the "populist", the other as the "urbanite." Although by no means cleanly drawn or logically discriminating, an ideological line of demarcation separated these groups alongside their polarized rhetorics and ideological stances. To summarize them, one may say with Fejtő, that most "urbanites," ranging from Western-style democrats to people on the far left, maintained that the country must become liberal and democratic." The "populists," on the other hand, who also held a wide spectrum of beliefs ranging from "nationalist" and "agrarian-socialist"-to the ultra right, advocated a "third road," following the structures neither of the West nor of the East but rather of an "innate" pattern that fit the Hungarian essence" best. But whatever this essence meant, and whatever plan, aim, or platform the individual authors proposed, most populists felt it depended largely on such questions as, how to "solve" the problem of the Jews? How to tame them? How to restrict them? How to lessen their "power"?"

One of the most dominant figures of these debates was László Németh, a young writer who appeared on the Hungarian literary stage in 1925 with his prize-winning short story, "Horváthné meghal" ("Mrs. Horváth Is Dying"). Considered by many as one of the greatest prose writers in twentieth-century Hungarian literature, he produced a vast corpus of both imaginative and sociopolitical texts and remained vocal and prolific until his death in 1981.

Németh's concerns focused on the peasants. Identifying them as the true vessels of the Magyars' fate and identity, Németh believed that only through them could history attain its own end and bring about a Golden Age for all Hungarians. In such an age, he claimed, the country would teem with people of high achievements: her peasants would produce golden harvests, cultivate blooming gardens, her craftsmen use their talents and fantasy, and her artists put it all in song and dance. This would be a landscape of hard-work, productivity, and fulfillment, a landscape out of which high quality of life grows, one which would be, of course, cleansed of Jewish capitalist competition and culture. Instead of attempting to meet the challenge confronting the country at this time of history, Németh prefered to turn backward and inward, claiming that his was the only morally and economically feasible attempt to restructure the life of Hungary. Like so many of his Hungarian colleagues, he "heard" the ancient message of "truth" and "purity."

And Németh was not just anybody: he appeared as a highly revered young writer and the intellectual leader of Hungarian populism.[47] His major forum consisted of his own journals *Válasz* (The Answer) and *Tanu* (The Witness), of publications which were well-known for their radical populist spirit and opposition to the country's well-established, highly artistic, sophisticated literary journal *Nyugat* (Occident), and the more left-oriented journal of Ignotus and Attila József, *Szép Szó* (The Beautiful Word). Through his publications, Németh found a popular appeal mostly, yet not exclusively, among the non-Jewish intelligentsia. But he was also well-known by the broader segments of the Hungarian middle-classes who listened to his warning calls.

They had many occasions to listen. Like Szekfű, whom he much admired, Németh was obsessed with the Jewish "encroachment" upon Hungary. He spoke about it incessantly, offering "demographical facts" which masked, however, the truth. For the wealth and power of the Jews in Hungary was nothing but a myth. While their number was truly high in the professions, and a few of them did exceptionally well in industry and banking, out of the 444,567 Jews living in Hungary in 1930, 401,000 subsisted, as Braham and Stern observed, "on poverty level."[48] Neglecting to mention this detail, Németh depicted the Jews as rich, powerhungry, greedy, and insatiable.[49]

He also claimed that they "appropriated" all cultural realms based on money: Theirs is the publishing industry, the media; they are the advocates of the new directions, the organizers of literature; and they are the makers — for reasons of inclination or oversensitivity — of Hungarian socialism."[50] Musing about "Jewish linguistic skills" and readiness to renounce their "national religion," Németh thought that there were essentially two obstacles blocking the Jews' assimilation: their "aggressive invasion" of their host country's culture and politics and their "racial-religious make-up" that urged them to occupy two clashing directions at once: the national and the international.[51]

Is there still time for the Jews to change? asks Németh in 1939. Hardly. They failed, he says, to meet the challenge that was there for them in the time span of 1925-35. (It is not quite clear, though, who has given them that time span? Why was this a crucial time span? And why was the year 1939 too late for a change?) What matters is that they still were "unrepentant." Besides György Sárközy (a writer of Jewish origins, who was on the editorial board of Németh's journal *The Answer*), there had not emerged a Jew in all of Hungary, says Németh (not one among the 400,000 of Trianon Hungary), whose heart had been moved by Magyar concerns.[52]

This "indifference to Magyar interests" and "deep Magyar values" manifests itself at every turn of life, says Németh, even in the realm of poetry. Despite the fact that poets of "foreign origins" have often become "real Hungarians," the Jews, he charges, have *never* made that leap. They are different. And he does not recoil from describing this "difference." It lies in their ghetto spirit, he explains dramatically, in their desire to combine their own "figures of language" with the mother tongue of *others*, producing thereby a false idiom that is "as shallow" as it is "un-Hungarian." The way in which this idiom strikes one may be compared, he says, to that of a person wearing at once a "hussar's jacket and a kaftan." The two don't match. And they never would.[53] Like Szekfű, Németh shows the door to the enormously rich Hungarian Jewish literary and intellectual contribution; in fact, to the "Jewish presence" in every form and expression. And he knows why: "[The Jews] are a race incomparably denser and tougher than the Hungarians. Descending upon our cities in thick swarms, they have captured the battlements of our economy and seized its sewers."[54] Defeated, besieged, Hungarians have not much energy left. As a matter of fact, it was possible that they would be the victims of the final exterminatory struggle which the Jews were now dangerously near to winning. His description of this battle is as graphic as it is demonstrative: "We are killed by their [the Jews'] waste products pouring into [our bloodstream], and they feel constrained by the [pressure of] having to show regard for us."[55] Németh's fevered eyes stare at the Jews; he blames them for the ruination of Hungary.

When accused of anti-Semitism, however, he throws the blame back on the Jews. Amidst invectives and slander, he explains:

"Jewish sensitivity covers the country like an endless net that rattles, trembles, and twitches when touched somewhere. Especially today. Whoever is the keeper of this net holds powerful means in his hands to vent his rage for the injuries he suffered."[56]

This combination of Jewish rage and revenge appears as a central theme in the speech he gave at Balatonszárszó in August 1943 as well. Chastizing the Nazis (like most populists, he feared the Third Reich's influence on Hungary and rejected the German-Hungarian alliance), Németh spoke against the anti-Jewish laws. He did not consider them lawless, however; just dangerous because they had created throngs of "unrepentent, bloodthirsty Jews."[57]

Where Németh had observed these bloodthirsty Jews we don't know. What we do know, however, are the following facts: that by the date of this speech, by the summer of 1943, millions of Jews had already been shot and gassed in German-occupied Europe, that the anti-Jewish laws had already identified 850,000 pariahs in Hungary, and that tens of thousands of the country's Jews had already been murdered, many of them by Hungarians who believed, just like Németh, that the existence of the Jews posed a mortal threat to the country of the Magyars. Meanwhile, aired daily by the BBC, whispered by the refugees overcrowding Hungary, and spoken about by the Hungarian servicemen returning from the Russian front, reports of the terrible crimes against the Jews, albeit not the death-factories, reached most reasonably well-informed, interested citizens of Budapest.[58]

*

Grouping themselves first around Németh and his journal The Answer, and later around Féja, the major mover of the organization

"Márciusi Front" ("The Front of March") and Zilahy's "Új Szellemi Front" ("The New Intellectual Front"), the "populists" had a powerful literary voice and counted a number of strong-minded writers and radical agrarians among their members. Although by no means monolithic in background or aspirations, the members of this group had one common goal: to save the country through a sweeping land reform. This reform could, however, only then be carried out, many of them believed, if the Magyars unite and disassociate themselves from all "foreigners" who were "clearly" against such unity. Central to this concept was the myth of good and evil which captured the war between the "uncorrupted peasants" and the "evil Jews," projecting the former as united by their ancient ties to the countryside, by common traditions, cultural heritage, and morality, and the latter by city culture, clannishness, and the urge for control.[59] Obviously, not all literati who belonged to these groups of people felt that the Jews were essentially hostile to the "Magyar spirit," but most believed that there was a deep-seated conflict between the Jews and the Hungarians and that this conflict was created by the Jews' resistence to being "real Hungarians," by their decision to remain "separate" from the rest of the community.

These beliefs were advocated not just by the populists. But there was no intellectual group that showed more resentment towards the Jews than the country's anti-Semitic literati. Among them appears an amazingly large number of writers and poets, of whom the most notable were perhaps Féja, a radical agrarian writer, impassioned speaker for the peasants; Áron Tamási, the famous novelist from Transylvania, winner of two prestigious Baumgarten Prizes; Péter Veres, a young agrarian-socialist "peasant writer"; József Erdélyi, a highly praised young poet; and Gyula Illyés, held by many as one of the greatest literary figures of twentieth-century Hungary.

Slandering the Jews for many years, Géza Féja, for example, proudly explained in 1939 that the anti-Jewish measures finally allow Hungarians to take their place in the country's intellectual life.[60] And while describing the Jews as "hideous foreigners," he exhorted Hungarian youth to use the momentum these measures had created. Although in the spring of 1938 he signed the declaration against the first anti-Jewish law, a few months later he was back in business, hurling invectives against the Jews. Indeed, as late in the war as 1943, at the same Szárszó Conference where Németh spoke, Féja, just like Németh, expressed his fear of Jewish revenge and Jewish power. This was at a time when all the Jews of Hungary were already officially identified as second class citizens and had been deprived of most civil rights. Yet Féja paid no attention to the opprobrium they were exposed to nor to the guilt of the country for the expulsion of the Jews to Kamenets-Podolsk or their mass murder at Bácska, or the atrocities perpetrated by the army in the Ukraine, but rather to a post-war scenario he envisioned. In it, the Jews appeared returning and taking up the struggle against the Hungarian intelligentsia anew.[61] What preoccupied his thoughts at this point of the war was then not the fact that his country rescinded the laws of liberal Hungary, nor that many of his colleagues had already been brutally killed on the Russian front as "Jewish servicemen," nor that many of the Jewish draftees were tortured by the Hungarian military personnel at home, in the Hungarian barracks near him (among them, Miklós Radnóti). What moved Féja's heart was the coming scenario of the Jewish "day of wrath." Instead of involving himself in affairs worthy of both immediate national concern and humanitarian ideals, Féja embraced the apocalyptic anti-Semitic visions of the time and contributed to their impact, reinforcing thereby the image of the Jew as the enemy of Hungary.

Péter Veres, too, was possessed by the thought of the harm the Jews had inflicted upon Hungary. Yet he also rejected, like Féja, Szabó, Illyés, and Németh the "blame of anti-Semitism." It was the "lack of [Jewish] self-criticsm," of which also Németh spoke, that made Veres bristle with anger: After all, *why* were the Jews hated, he asked contemptuously, "why not the Gypsies"?[62] The latter, too, are homeless and, in his words, "parasitic." "Yet why does only the Jew carry this burden of hatred? Is this the result of mere fabrication and propaganda?"[63] And then he turned the problem on its ear:

*"Isn't their sense of inferiority, . . . the very defect of their
racial pride, the [paradoxical] expression of their unrealizalable
sense of superiority? Clearly, during the long historical periods,
the Jews' racial exclusivity and religious seclusion (they call
every non-Jew a goy) have become part of their race's soul, even
of that of their body and nervous system. [Obviously, these
experiences] have affected their collective subconscious, so that
assimilation . . . is a hundred times harder for them than for other
people."*[64]

To explain this Otherness, Veres elaborates on a number of
factors. The Jews live in a caste system, he charges, reinforcing
therefore the country's ancient and stubborn caste system. Another
essential separating force is the fact that they always avoided
physical work, cutting thereby themselves off from Hungary's
body and soul, the workers and the peasants.[65] In addition, they
are a tremendously hateful lot, self-loathing as well as scornful
towards others. Failing to have a life of their own, he argues, they
hardly know how to adjust to a community.[66]

There is no end to the pathological fantasies of Veres. The idea
that the Jews were a wholly alien people prevailed in his writings:
no matter what he discussed, he argued that they were
unassimilable.

Like so many contemporary literary figures, Áron Tamási was
inspired and obsessed by the "problem" the Jews posed to Hungary.
Picking up the theme of the "Jewish aversion" to manual work, he
chastized them for their alienation" from agriculture. In fact, he saw
the problem as so important, so overarching, that he believed this
was the very issue that blocked Jewish assimilation. To overcome
it, he proposed to set the Jews on trains, and *"send them off to the
people of the homesteads, to the pick-and shovel-men of the puszta,
to the agricultural laborers.... Let them do the work which is per-
formed by 3 million Hungarians, and let them learn what it means
if one has just one fate: to work on the land.."*[67]

Indeed, according to Tamási, as long as they remain outsiders
to the countryside, they would remain outsiders among the
Hungarians. Only when they have resolved this problem could and
should one discuss the status of their assimilation.

In contrast to Szabó and Németh, Gyula Illyés felt that the "conflict" between the Jews and the Hungarians was not unbridgeable. However, he believed the problem lay in Jewish hands and could be resolved if the Jews could only shake off their "obstinacy" and understand the country's need for their assimilation. Looking around in 1935 (the year marked by the waxing German influence in Hungary, by the rapid expansion of the right radical political platforms, and, of course, by the prime-ministership of Gyula Gömbös, the leader of the anti-Semitic movement in Hungary during the twenties), Illyés finds that the Jews have failed to practice self-criticism. They accuse others of anti-Semitism, he says, instead of looking into a mirror and noting the problem. For the truth is that most of them failed to assimilate. And they would keep on so doing as long as they insist on preserving their "special racial position."[68] But there is no choice, he warns. If they want to be regarded as "truly Hungarian," they must cease to be Jewish, embrace the culture, and learn to love the country of the Magyars.

Angrier at and more contemptuous of the Jews than Illyés was the poet József Erdélyi, whose vulgar invectives and anti-Semitic fantasies play a significant role in the corpus of writing of the Hungarian "populists." Accusing the Jews of hostility towards the Hungarians, Erdélyi believed that it was their goal to control and eventually ruin the entire country. These delusions are essential components of his *ouevre*. They culminate then in his short poem "The Blood of Eszter Solymosi" of 1937 (republished in 1941), in which he spins out one of the vilest and oldest of all tales against the Jews. Using tightly structured iambic tetrameters and the ancient balladic tradition, the poem tells the story of a young girl, the historical Eszter Solymosi, whose blood-libel trial was held at Tiszaeszlár in the 1880s. It reiterates the horrific slander of the "maiden" killed by the Jews, demonstrating that the medieval view of the "diabolic destroyer of Christiandom" was still pervasive, or at any rate, so vital that it inspired this "talented" young poet and found for itself a circle of readers.[69] Although the innocently accused Jews of that shameful historical trial were acquitted, Erdelyi was not concerned with the findings of the law. He prefered to incite against the Jews.

*

The relentless anti-Jewish agitation embodied in a vast body of literary works of the period had clearly influenced the ideological continuity of the Hungarian anti-Semitic movement. It not only fed into the concepts of the ultra right, but also helped smooth over the rough edges of the slander of the Jews, making the latter justifiable, hence more acceptable to the middle classes. Its normative maxims and poetic representations reinforced the belief that the Jews controlled the country's economic and cultural resources, grabbed the riches for themselves, and damaged thereby the unsuspecting Hungarians. It described them as enemies, essentially hostile to the values and traditions of the Magyars.

By the late 1930s, these ideas made more and more sense politically. While the Germans needed gestures of friendship and the Hungarian government the Reich's help to revise the Trianon Treaty, it was time to turn public opinion openly against the Jews. The tension mounted, demanding answers of a crude sort. And the regime was ready to give the most cruel response. As the Prime Minister Darányi announced in Győr: "The planned and legal solution of the question is . . . a just situation that will. . . diminish the Jews' influence in the country's cultural life and other fields to its proper level."[70] Indeed, with the Reich's annexation of Austria and Hungary's revisionist ambitions in gear, the time was ripe for the "just situation," for one which also expressed the concepts and visions of a number of the Hungarian literati.

The first set of anti-Jewish measures, Public Law XV/1938, was introduced in April of that year. Besides making slight suggestions to amend the definition of the baptized Jews, the representatives of the three major Christian Churches, Sándor Raffay, Bishop of the Lutheran Church, László Ravasz, Bishop of the Calvinist Church, and Jusztinián Serédi, the Prince Primate of Hungary, approved of the measures. Each explained in the Parliament that, in fact, the Jews themselves were responsible for these laws. And while a group of Social Democrats and a few other liberally-minded individuals objected, the Bill passed in May with overwhelming support. In its wake, a new concept of Hungarian history emerged, one that erased the great political achievements of the past. It broke the traditional bond between the Jews and the Hungarians and demonstrated the nation's contempt for human rights and law, itself becoming a mere tool for further lawlessness.

All of this is clear. But why should one want to search for a causal relationship between government policies and the anti-Semitic texts of a group of literati? After all, the latter were neither legislators nor executioners. In fact, none of them was active in the political realm; none interested in practical solutions. Each made his living by writing books or researching topics of his interests. Nor were they the inventors of these notorious laws. The truth is that the latter were grafted onto the Hungarian law from a corpus of decrees passed in the Third Reich. And even those were not new. Their roots stretching back to the edicts of the early and medieval Church (as Hilberg's amazing table demonstrates), the Nazi measures against the Jews were far from original.[71]

Nonetheless, there is a clear connection between the two realms. Describing, or, in imaginative pieces, representing, the world endangered by the Jews, this body of anti-Semitic texts blew afflatus into both the ultra right's eschatological fantasies about the "Jewish contamination" and its self-perception that it was carrying on a high mission of stupendous significance. The image of Shylock and the measures taken against him fit together perfectly; they were, as a matter of fact, inseparable.

*

The anti-Jewish Law of 1938 set in motion the machinery that removed the Jews from Hungarian life and culture and opened thereby the door for further discrimination against them. It identified the Jews on the basis of their religious affiliation and regulated their numbers in professional societies, guilds, and chambers. It decreed that 15,000 Jewish professionals were to lose their jobs within the next five years, which meant that, including their families, 50,000 people would lose their daily bread.[72] But this law expressed not only immediate and economic "solutions." It rather demonstrated the ubiquity of a larger, contemporaneous right radical argument which maintained, just as the poetic representations and the cultural studies of a number of literati, that the Jews harmed Hungarian interests and therefore that they must be placed "outside the nation's common conscience."[73] Embodying the normative system of right radicalism, they interconnected with the apocalyptic fantasies of Szekfű, Szabó, Németh, Veres, Féja, Tamási, and Erdélyi about a new, happier homeland, purified of Jews.

The second set of anti-Jewish laws of May 1939 (Public Law IV/1939) formulated harsher goals and restrictions than were in the first one. It focused on the difference between the Jews and the Hungarians, describing it in racial terms. This approach obviously strengthened the definition of the Jews by an even "finer" tuning. Of course, the approach was not new. Besides following the Nürnberg Laws, it carried the idea of separation to its ultimate conclusion. Furthermore, it responded to a "spiritual expectation" as well: it put into words *and* actions the code of values of a number of literati. It resolved Szekfű's problem regarding the "newly arrived" and the "more assimilated" Jews and acted upon Németh's vision of the difference between the "deep" and the "shallow" Hungarians. With its declaration that all people are Jewish who had more than two Jewish grandparents, it solved the puzzle that preoccupied these literati for many years.

It also tightened the screw on a number of Jews in the jobmarket and the professions, allowing for only 6% in the guilds of the media, theatre, and films, and for 12% in private enterprises. In addition, it barred them from civil service and public office altogether, presenting thereby solutions to the "ubiquitous Jewish control" which Németh, Szabó, Szekfű, Féja, and Erdélyi described and struggled against in their works. The impact of this set of laws was by no means negligible: it robbed close to 250,000 Jews of their livelihood."

The new law of April 1941 put in place the organization of the forced labor service, which had been used undeclared since 1939 (Public Law II/1939, the National Defense Law). Acting upon the perceived *difference* between Jews and Hungarians, this law was glaringly discriminatory: it stripped the Jews of uniform and forced them to wear a white or yellow arm band. And while maintaining that they must serve and work for their country like everybody else, these measures stripped the Jews of their rights to bear arms. Being the mortal enemies of Hungary, they must be watched and kept under control lest they ruin her. This law created 50,000 Jewish labor servicemen, attaching them to the Hungarian Army on the front in 1941-42. Later, it sent over 6,000 to road repair work and mining in the area of Bor in 1943-44. And, ultimately, it became the basis of the new decree which made the draft of tens of thousands of people possible in the fall and winter of 1944-45, legalizing their forced march and facilitating their murder, among them a staggering number of young Jewish literati and artists, including Miklós Radnóti, Gábor Halász, Antal Szerb, and György Sárközy.[75]

The Third Anti-Jewish Law, Public Law XV/1941 (of August 1941), amending the law XXXI of 1894, decreed marriage between Jews and Hungarians miscegenation. Following the Nürnberg Laws of 1935, this measure appeared as a "logical solution" to the "unbridgeable gap" between the Jews and the Hungarians, the gap which demonstrated the evil of the Jews, the glowing talisman of Szabó, Szekfű, Németh and Erdélyi. Stating nothing that was not yet uttered about this culturally and ontologically founded difference, this law merely expressed the consensus regarding the "open wound" (as both Németh and Szekfű called it) created by these two "bitterly and incessantly fighting" antagonistic species. Again, the Church leaders agreed; they merely spoke for the converted Jews.

With the arrival of the German troops on March 19, 1944, just a few more decrees were needed to perfect the separation of the Jews from the Hungarians. Such was that of April 5, which decreed that the Jews must wear the yellow star, a step expressing visually what Szabó, Németh, and Erdélyi had perceived metaphysically all along: that the Jews were different and that this is a fact one must deal with in the open. On the heels of this law, came another which created more draftees for the labor service system and which eventually condemned thousands of men to horrific deaths, among them, as mentioned, such literati as Radnóti, Szerb, and Sárközy. In May of that fatal year, a new law decreed the formation of the ghettos, the ultimate segregation of the Jews from the Hungarians. This was followed by the last law in this series, which promulgated the entrainment of the Jews in the provinces, expelling them from the country of their birth.

Clearly, the group of writers discussed above neither gave orders nor committed atrocities. Concerned with the fate of their country, they merely offered their help to bring about reform. In the process, however, they turned increasingly inward, increasingly suspicious. This suspicion waxed then into anxiety and delusions about the Jew, whom they identified as the country's arch-enemy. With the shaping power of their literary imagination, with graphic imagery, at times, with measured narrative pace or poetic symbolism, they portrayed these "foreigners" as sapping the lifeblood of Hungary. In this way, they became tributaries of the apocalyptic fantasies of the ultra-Right, ultimately helping the Hungarians escape from the harsh realities of their lives by myth, self-divinization, and witch-hunts. Thus, they played a major role in the process that led to both the enactment of the three anti-Jewish laws and the development of the public consensus regarding the Jews. For evident reason then, they became part of the monumental events that swept through the country in the wake of the German occupation, inspiring and justifying the forces which expelled the Jews.

The complicity of these writers in the worst crime of the century reveals not only their shortcomings as human beings, however, but also their failure to remain true to their supposed mission as keepers of the Hungarian ethos of freedom and justice. Betraying the obligations of their traditional role as speakers for the nation, they offered a moral warrant for the genocide of their own compatriots.

Notes

1. *Hungarian Jewry Before and After the Persecution* (Budapest: Statistical Department of the Hungarian Section of the World Jewish Congress, n.d.). 2; used also by Randolph L. Braham, *The Politics of Genocide: The Holocaust in Hungary*, 2nd ed., 2 vols. (New York: Columbia UP, 1994), vol. II, p. 1293 (hereafter cited as *Genocide*); The data of László Varga roughly agree with these numbers: The Losses of Hungarian Jewry: Contribution to the Statistical Overview," in *Studies on the Holocaust in Hungary*, Eastern European Monographs No. CCCI, (New York: Columbia UP, 1990), pp. 256–65.

2. Adolph Eichmann, "Eichmann's Story, Part II," *Life* (December 5, 1961) p. 110; Ernő Munkácsi. *Hogyan történt: adatok és okmányok a magyar zsidóság tragédiájához (How Did It Happen? Data and Documents Relating to the Tragedy of Hungarian Jewry)* (Budapest: Renaissance, 1947), pp. 213–14; Braham, *Genocide*, vol. I., pp. 283–405; Helen Fein, *Accounting for Genocide: National Responses and Jewish Victimization during the Holocaust* (Chicago-London: UP, 1979),pp. 106–110 (hereafter cited as *Accounting*); Moshe Herczl, *Christianity and the Holocaust of Hungarian Jewry*, Tr. Joel Lerner (New York: UP, 1993), pp. 183–190 (hereafter cited as *Christianity*); Jenő Lévai, *Fekete könyv a magyar zsidóság szenvedéseiről (Black Book on the Suffering of Hungarian Jewry)* (Budapest: Officina, 1946), p. 139 (hereafter cited as *Black Book*); Dr. Dezső Sulyok, *A magyar tragédia (The Hungarian Tragedy)* (Newark: The Author, 1954), p. 519 (hereafter cited as *Tragedy*).

3. Randolph L. Braham, The Uniqueness of the Holocaust in Hungary," in *The Holocaust in Hungary: Forty Years Later,* eds. Randolph L. Braham and Béla Vágó Eastern European Monographs No. CXC (New York: Columbia UP, 1985), p. 188.

4. Jenő Lévai, *Black Book,* p. 5; Also, Ilona Beneschofsky and Elek Karsai, eds., *Vádirat a nácizmus ellen (Indictment of Nazism)* (Budapest: A Magyar Izraeliták Országos Képviselete, 1958–67), 3 vols; Munkácsi, *How Did it Happen?*; Braham, *Genocide*.

5. Fein, *Accounting* pp. 31–36.

6. Fein, *Accounting*, pp. 31–142, and 290–313; also, Braham, *Genocide*, 1–282; Maria Schmidt, Provincial Police Reports: New Insights into Hungarian Jewish History, 1941-1944," in *Yad Vashem Studies* XIX (Jerusalem: Daf Noy Press, 1988), p. 236, also 265; Herczl, *Christianity*, pp. 81–169.

7. On the resentment of the refugees toward the country's urban economy and the Jews see Andrew C. Janos, *The Politics of Backwardness: 1825–1945* (Princeton: UP Press, 1982), pp. 247–56 (hereafter cited as *Backwardness*); István I. Mócsy, *The Effects of World War I.* East European Monographs No. CXLVII (New York: Brooklyn College Press, 1983), pp. 112–175.

8. Braham, *Genocide* pp. 23–39.

9. Janos, *Backwardness,* pp. 222–230.

10. It is wortwhile to note that he also waited five years before amending the secret decree No. 20 000 providing for the expulsion of the "foreign Jews" entering the country after January 1, 1914; e.g. Braham, *Genocide*: 1:70, Notes," No. 11. 80–90 and 150–160 Also, *Horthy Miklós titkos iratai (The Confidential Papers of Miklós Horthy),* eds., Miklós Szinai and László Szűcs (Budapest: Kossuth, 1963), pp. 82–109.

11. Braham, *Genocide,* pp. 80–90, 150–160.

12. Robert Kann, Hungarian Jewry during Austria–Hungary's Constitutional Period" (1867–1918) *Jewish Social Studies* (1945, October), vol. 7, no 4, pp. 359–60; Viktor Karády, "Egyenlőtlen elmagyarosodás, avagy hogyan vált Magyarország magyar nyelvű országgá?" ("Uneven Hungarization; or How Had Hungary Become a Country of Hungarian-Speaking People"), *Századvég (Close of the Century)* no. 2, 1990, pp. 14–15 (volume cited hereafter as *Close of the Century*); Thomas Karfunkel, "The Impact of Trianon on the Jews of Hungary," in *War and Society in East Central Europe: Total War and Peacemaking; A Case Study of Trianon,* eds., Béla K. Király, Peter Pastor, and Ivan Sanders, East European Monographs, No. CV (Columbia University Press, 1982), p. 458 (hereafter cited as "The Impact of Trianon").

13. József Patai. "Az antiszemitizmus Magyarországon" ("Anti-Semitism in Hungary") *Múlt és Jövő (Past and Future),* 1918, p. 283.

14. On the defeat of the center by the right see Braham, *Genocide,* p. 164; Miklós Lackó, *Nyilasok, nemzetiszocialisták, 1935–1944 (The Arrowcross, National Socialists, 1935–1944)* (Budapest: Kossuth, 1966), p. 126; Janos, *Backwardness,* pp. 297–301; Nicholas M. Talavera, *The Green Shirts and the Others: A History of Fascism in Hungary and Rumania* (Stanford: Hoover Institution Press, 1970), pp. 143–83; Loránd Tilkovszky, "The Late Interwar Years and World War II," in *A History of Hungary,* eds., Peter F. Sugár, Peter Hanák, Tibor Frank (Bloomington & Indianapolis: UP 1990), p. 341.

15. Karfunkel, The Impact of Trianon," p. 472.

16. On the role the churches played see Herczl, *Christianity.* Also, Braham, *Genocide,* pp. 1170–1204; 125–27. On the universities see Ferenc Bárány, *Az antiszemitizmus szerepe a szélsőjobboldali diákmozgalomban (1919–1921) (The Role of Anti-Semitism in the Student Movements of the Ultra-Right*: [1919–1921]) Tudományos Szocializmus Füzetek (Pamphlets on the Studies of Socialism) no. 8 (Budapest: Művelődésügyi Minisztérium, 1971), (hereafter cited as *Ultra Right); Andor Ladányi, Az egyetemi ifjúság az ellenforradalom első éveiben (1919–1921) (University Students in the Early Years of the Counterrevolution),* Értekezések a történeti tudományok köréből (Studies of History) Új Sorozat (New Series), no. 88 (Budapest: Akadémiai Kiadó, 1979) (Hereafter cited as *University Students).*

17. Braham, *Genocide,* pp. 13–20; Joseph Rothschild, *East Central Europe between the Two World Wars: A History of East Central Europe, IX* (Seattle and London: Washington Press, 1974), pp. 142–58 (hereafter cited *East Central Europe*); Rudolf Tőkés, *Béla Kun and the Hungarian Soviet Republic* (Stanford: Frederick A. Praeger, 1967), p. 193; Thomas Karfunkel, "The Impact of Trianon," p. 465; William O. McCagg, Jr, Jews in Revolutions: "The Hungarian Experience," *Journal of Social History,* 1972, pp. 78–105.

18. See József Patai, "Nyílt levél a *Huszadik Századnak a Múlt és Jövő-höz* intézett nyílt levelére." ("Open Letter to the *Twentieth Century,* Answering Its Open Letter to *Past and Future") Múlt és Jövő (Past and Future)* no. Apr, 1914, pp. 220-21; Dezső Szabó, "A magyar zsidóság organikus elhelyezkedése: Nyílt levél a *Múlt és Jövő* szerkesztőinek" ("The Organic Position of Hungarian Jewry: Open Letter to the Editors of *Past and Future") Huszadik Század (Twentieth Century)* 1914, pp. 340-47 (hereafter cited as "Hungarian Jewry").

19. See Szabó, "Hungarian Jewry," p. 347.

20. Dezső Szabó, *Az elsodort falu (Village Adrift),* 2nd ed., (Budapest: Genius Kiadás, 1930), vol. pp. 54-55 (hereafter cited as *Village).*

21. Szabó, *Village,* vol. III, p. 57.

22. Bárány, *Ultra Right,* pp. 21-26; Miksa Fenyő, "Szabó Dezső" ("Dezső Szabó"), *Látóhatár (Horizon),* 1958, Nov.-Dec., no. 6, pp. 9-28; Ladányi, *University Students,* 69-71; Miklós Lackó, *Válságok-választások: Történeti tanulmányok a két háború közötti Magyarországról (Crises-Choices: Historical Studies on Hungary between the Two World Wars)* (Budapest: Gondolat, 1975), p. 57; also, see Péter Nagy, *Szabó Dezső az ellenforradalomban: 1919-1923 (Dezső*

Szabó in the Counterrevolution: 1919-1923) (Budapest: Szépirodalmi Könyvkiadó, 1960), p. 18 (hereafter cited as *Sz.D.*).

23. As Németh says: "The influence of Szabó Dezső, if we were to measure influence by the number of the people, was larger than that of Ady." László Németh, "Védőbeszéd Szabó Dezső mellett" ("In Defense of Dezső Szabó") in *The Revolution of Quality* (Budapest: Magyar Élet, 1943), p. 210.

24. Péter Nagy, *Sz.D.*, pp. 16.

25. Bárány, *Ultra Right*, pp. 21-23; Ladányi, *University Students*, p. 69. Also, Pál Kardos, *Babits Mihály (Mihály Babits)* (Budapest: Gondolat, 1972), p. 411.

26. H. Stuart Hughes, *Consciousness and Society: The Reorientation of European Social Thought 1890-1930* (New York: Alfred Knopf, 1958), p. 9.

27. Irene Raab Epstein, *Gyula Szekfű: A Study in the Political Basis of Hungarian Historiography* (New York-London: Garland Publishing, 1987), pp. 74-79.

28. Gyula Szekfű, *Három Nemzedék: és ami utána következik (Three Generations: And What Follows After)* (Budapest: Királyi Magyar Nyomda, 1935), pp. 333-35 (hereafter cited as *Three Generations*).

29. Szekfű, *Three Generations*, p. 161.

30. *Ibid.*, pp. 159-63.

31. *Ibid.*, pp. 332-36; also, 160.

32. *Ibid.*, pp. 241-53.

33. *Ibid.*, pp. 333-34.

34. *Ibid.*, p. 251.

35. *Ibid.*, pp. 337-38.

36. *Ibid.*, p. 251.

37. *Ibid.*, p. 333.

38. *Ibid.*, pp. 338-42.

39. *Ibid.*, pp. 340-48.

40. *Ibid.*, pp. 340-41.

41. *Ibid.*, pp. 332-48.

42. *Ibid.*, p. 161.

43. *Ibid.*, pp. 160; 162.

44. *Ibid.*, pp. 161–162.

45. Mihály Hamburger and Péter Vardy, Beszélgetés Fejtő Ferenccel: A zsidóság és a népi-urbánus vita," (Discussion with Ferenc Fejtő: "Jewry and the Populist-Urbanite Debate") *Close of the Century*, no. 2, 1990, p. 114 (hereafter cited as Fejtő, Jewry").

46. Fejtő, Jewry," pp. 106-40; Erzsébet Vezér, *Close of the Century's Opinion Poll on the Populist-Urbanite Debate,*" *Close of the Century,* no. 2, 1990, pp. 301-04. Of course, not all populists were obsessed with the Jewish question," Zoltán Szabó, Imre Kovács, or István Bibó, for example, were not.

47. Steven Béla Várdy, *Modern Hungarian Historiography,* Eastern European Monographs, No. XVII (New York: Columbia UP 1988). p. 115.

48. Braham, *Genocide,* p. 81.

49. László Németh, *Magyarság és Európa (Hungarians and Europe)* (Budapest: Franklin Társulat, 1935), pp. 82-85 (hereafter cited as *Hungarians*).

50. László Németh, *Kisebbségben (In Minority)* (Kecskemét: Hírlapkiadó és Nyomda Részvénytársaság, 1939), p. 49 (hereafter cited as *In Minority*).

51. László Németh, *In Minority,* pp. 64-65.

52. *Ibid,* pp. 75-77.

53. László Németh, "Faj és irodalom" ("Race and Literature"), in *Készülődés: A Tanu előtt* (Preparation: Before the Witness) (Budapest, Magyar Élet Kiadása, 1941), p. 33 (hereafter cited as "Race and Literature").

54. László Németh, "Race and Literature," p. 32.

55. *Ibid,* p. 34.

56. László Németh, "Egy különítményes vallomása" ("The Confession of a Commando"), in *A minőség forradalma* (The Revolution of Quality) vol. IV. (Budapest: Magyar Élet Kiadása, 1940), p. 46 (hereafter cited as The Confession").

57. László Németh, "Második szárszói beszéd" (The Second Lecture at Szárszó) in *Az értelmiség hivatása (The Mission of the Intellectuals),* (Budapest: Turul Kiadás, 1944), p. 22.

58. For example, Nagy-Talavera, *The Greenshirts,* p. 184; Walter Laqueur, *The Terrible Secret: Suppression of the Truth About Hitler's Final Solution.*" (New York: Penguin, 1980), pp. 17-40.

59. Fejtő, Jewry," *Close of the Century,* no. 2, 1990, pp. 115-27.

60. Géza Féja, "Valódi Magyar fajvédelmet" (Call for the True Hungarian Race Protection), *Sorakozó (Line-up),* 1939, Febr. 17, p. 2.

61. Géza Féja, "Fölszólalás" ("A Plea"), in *Szárszó 1943: Az 1943. évi Balatonszárszói Magyar Élet-tábor előadás és megbeszélések sorozata (Szárszó 1943: The Lecture and Discussion Series of the 1943 Hungarian Life Encampment at Balatonszárszó)* (Budapest: Magyar Élet, 1943), p. 206.

62. Péter Veres, "Faji" szocializmus vagy "tiszta" szocializmus" ("Racial" Socialism or "Pure" Socialism"?) in ed. Peter Sz. Nagy, *A népi-urbánus vita dokumentumai: 1932-1947 (The Documents of the Populist-Urbanite Debate: 1932-1947)* (Budapest: Rakéta Könyvkiadó, 1990), pp. 355-56 (essay hereafter cited as "Racial Socialism," volume, as *Documents*).

63. Péter Veres, "Racial Socialism," p. 355.

64. Ibid., pp. 355-56.

65. Ibid., p. 356.

66. Ibid., p. 358.

67. Áron Tamási, "Magyar sorskérdések" (Matters of Life and Death in Hungary") *Válasz (Answer)*, no. 5, May, 1937, pp. 273-74.

68. Gyula Illyés, "Zsidó sebek és bűnök: Pap Károly könyve" ("Jewish Wounds and Sins: The Book of Károly Pap"), in *Documents*, p. 183.

69. József Erdélyi, "Solymosi Eszter vére" ("The Blood of Eszter Solymosi"), *Virradat (Dawn)*, 1937, Aug. 2, p. 5.

70. Lévai, *Jewish fate in Hungary*, pp. 28-29.

71. Raul Hilberg, *The Destruction of the European Jews*, rev. ed. (New-York-London: Holmes and Meier, 1985), pp. 11-12.

72. Braham, *Genocide*, pp. 125-30.

73. This is Fein's term, describing the concept behind the exclusion of victims by the dominant groups: *Accounting*, p. 8.

74. Braham, *Genocide*, pp. 151-60; János, *Backwardness*, p. 302.

75. Braham, *Genocide*, pp. 294-380.

—— *** ——

Összefoglalás

Lehet szavakkal ölni? Antiszemita szövegek és szerepük a magyar zsidóság tragédiájában.

Az esszé azokat az alapvető értékeket és érveket vizsgálja, néhány antiszemita irodalmi szöveg példáján, melyeket Magyarország legjelentősebb kritikusai, művészei, írói és költői vetettek papírra. Úgyszintén foglalkozik ezen szövegek egymás közötti viszonyával, valamint kapcsolatukkal azzal az elkeseredett politikai antiszemitizmushoz, mely Magyarországon a két világháború között kifejlődött.

A zsidótörvények
mint a Holocaust előzményei

Tilkovszky Loránt

Azokkal szemben, akik annak idején a tüdőbajt tartották a legpusztítóbb magyar népbetegségnek, s ezért azt úgy emlegették, mint morbus hungaricust, már a múlt század végén s századunk elején is számosan vélekedtek úgy, hogy a magyarságra a legnagyobb veszedelmet nagymérvű beteges elzsidósodása, a morbus judaicus jelenti. A magyarországi zsidóság emancipációja (1867. évi 17. tc.) nyomán a kiegyezési korszak liberális politikája — mint elítélőleg hangsúlyozták — szabad utat engedett a „zsidó térfoglalásnak" a tőkés gazdasági fejlődésben és a szabadfoglalkozású értelmiségi pályákon, ami persze azért történhetett így, mert magyar részről inkább a földbirtokos életmódot, illetve a közhivatali pályákon való érvényesülést ambicionálták. Ebből a sajátos fejlődésből idővel számottevő feszültségek támadtak. Akik a maguk számára mindinkább hátrányosnak találták a helyzetet, egyre kiterjedtebb és hevesebb társadalmi agitációt, izgatást fejtettek ki a „zsidókérdés" körül, s annak törvényhozás általi szabályozását, „megoldását" sürgették.

Századunk húszas éveiben a hazai zsidókról már egyre kevésbé beszéltek úgy, mint a magyar nemzet integráns részéről, holott az felelt volna meg a hagyományos magyar nemzetfelfogásnak; állampolgári jogegyenlőségük megsértésével korlátozni kívánták érvényesülési lehetőségeiket. Rámutattak arra, hogy bizonyos területeken és pályákon arányuk sokszorosa az ország összlakosságában elfoglalt részarányuknak. A hozandó zsidótörvényeknek lenne feladatuk, hogy ezeket az arányokat a nem zsidók javára mi-

nél inkább leszorítsák. Túltették magukat azon, hogy a magyaror-
szági hivatalos statisztikák a zsidókat mint vallásfelekezet tagjait
tartották nyilván; a zsidóságot mindinkább fajnak deklarálták, hogy
így a „kikeresztelkedettek" se vonhassák ki magukat a korlátozó
rendelkezések alól.[1]

A „zsidó faj" korlátozását a „magyar faj" védelmének tüntették
fel. Bár a faj kifejezés kezdetben többnyire a „Volkstum" etnikai
és nem a „Rasse" biológiai értelmében volt használatos, a „fajvé-
delem" is inkább volt értelmezhető „Volkstumschutz"-nak, mégis
a fajvédők egy része valóban eleve fajbiológiai alapokon álló igazi
„Rassenschützler" volt. Méhely Lajos professzort például nem ér-
dekelte a magyarországi zsidóság nagy részének úgyszólván teljes
nyelvi és érzületi asszimilációja a magyarsághoz: a vérkeveredés
kérdését tartotta döntőnek. S míg mások — bár többnyire csak
képmutatóan — sajnálkoztak azon, hogy a zsidók kívánatos mér-
tékű és mélységű asszimilációja a Magyarországra be-beözönlő ke-
leti zsidó menekültek miatt nem valósulhatott meg, ő és követői
ellenezték a zsidókkal való házasodást, mert az efféle vérkevere-
désből nem születhetnek — a fajbiológus jellemző szóhasználata
szerint — „harmonikus korcsok". Az asszimilációból szerinte nem
annyira a zsidók elmagyarosodása, mint inkább a magyarok szel-
lemi, erkölcsi, viselkedésbeli elzsidósodása következett, s vérkeve-
redés esetén az öröklődő zsidó faji tulajdonságok teljesen
megronthatják a magyarság épségben megőrzendő faji jellemvoná-
sait. Kezdettől fogva voltak tehát olyan irányzatok, amelyek a zsi-
dótörvényektől nem egyszerűen korlátozó, hanem fajilag
elkülönítő, kirekesztő rendelkezéseket vártak.[2]

Korán megjelent a még radikálisabb követelés is: a hazai zsi-
dóságtól részben vagy egészben való megszabadulás, előbb önkén-
tes kivándoroltatás,[3] esetleg lehetővé váló erőszakos kitelepítés,
deportálás útján.[4] Az ilyen tervek elsősorban az újabban bevándo-
rolt keleti zsidóság ellen irányultak; a gazdasági életben fontos sze-
repet betöltő asszimiláltakkal szemben beérni látszottak korlátozó
intézkedésekkel, amíg — s ez az „amíg" nem tűnik hangsúlyta-
lannak — az ország nem nélkülözheti őket, mert idő kell az „őr-
ségváltáshoz" szükséges nem zsidó erők felneveléséhez.[5]

A két világháború közötti magyarországi antiszemitizmus a második világháború évei szélsőjobboldali erőinél egyre inkább helyet adott az ettől hangsúlyosan megkülönböztetett aszemitizmus programjának: a zsidók nélküli, a zsidóktól megszabadított, zsidótlanított Magyarország célkitűzésének.[6] Már a második zsidótörvény 1939. évi tárgyalásakor megmondta Bethlen István, hogy „lejtőre jutottunk, amelyen megállás nincs".[7] Ugyanekkor hangsúlyozta Kéthly Anna, hogy a nyilasokkal való versenyfutás „előbb-utóbb beletorkollik a harmadik, a negyedik zsidótörvénybe, mert a nyilasok egy lépéssel mindig előbbre lesznek, nem lehet őket utolérni a legradikálisabb zsidótörvénnyel sem, amíg — a végleg való kipusztításig el nem jutunk".[8] A magyar nemzetiszocialisták nyíltan hirdették: „Nem vagyunk hajlandók általános emberi szempontból gondolkodni és törvényt csinálni", hanem „igenis elfogultan és elvakultan, kizárólag magyar fajvédelmi szempontból".[9]

A magyar fajszeretetből fakadónak állított törvényes rendelkezések mögül egyre leplezetlenebbül nyomult előtérbe a fajgyűlölet a zsidókkal szemben, mihamar fizikai megsemmisítésükkel, a Hitler feletti — főleg angol–amerikai — győzelmet kívánó zsidóság teljes kiirtásával is fenyegetőzve.[10] A háborúból való magyar kibontakozás tervezeteiben viszont egyre nagyobb hangsúlyt kapott ekkor már a zsidótörvények fokozatos lebontásának, eltörlésének felismert szükségessége, hogy az embertelenség világából át lehessen menteni az országot a náci Németország közelesen várható veresége utáni új viszonyok közé.[11]

Úgy vélem, hogy a magyarországi zsidóság szörnyű Holocaustjára nem kerülhetett volna ugyan sor az ország német megszállása nélkül, ám a hazai zsidótörvények jelentette üldöztetés mégis vészjósló előzményét képezte annak, ami 1944-ben történt: megteremtette hozzá az azt elősegítő feltételeket. Ennek előrebocsátásával térnék rá a zsidótörvények egyenkénti vizsgálatára.

Mint ismeretes, az 1920. évi 25. tc. hozott elsőnek zsidóellenes korlátozó rendelkezéseket Magyarországon — s mint meghozói büszkélkedtek vele, egyedülállóan és példát mutatóan a korabeli egész Európában —: zárt számot, numerus clausust alkalmazva az egyetemi, főiskolai felvételeknél.

Expressis verbis nem nevezték ezt zsidótörvénynek, mert átfogóan rendelkezett arról, hogy az országban élő fajok, nemzetiségek, felekezetek az országos számarányuknak megfelelően kapjanak helyet a felsőoktatási intézményekben, s kiemelték, hogy a nőhallgatók számának erős növekedése egyes karokon nem kevésbé foglalkoztatja a törvényhozást, mint az elzsidósodás mértéke. A felsőoktatási intézmények kétségtelen túlzsúfoltságát, amelyet valóban kritikussá a megszállt, majd Trianonnal elszakított területekről ideözönlők — főleg köztisztviselői és értelmiségi magyar családok gyermekei —, illetve a világháború után leszerelt fitatal tisztek egyetemi, főiskolai tanulmányok folytatására való tömeges jelentkezése okozott, nyilvánvalóan elsősorban a zsidó hallgatók rovására akarták enyhíteni.[12]

A törvény elfogadtatását elősegítette a Teleki-kormánynak arra való hivatkozása, hogy egy numerus clausus még mindig jobb, mint a numerus nullus: az 1919/1920-as tanévben ugyanis az ÉME (Ébredő Magyarok Egyesülete), amely a magyar menekültek ügyét nagymértékben felkarolta, illetve a háború után helyüket nem lelő tiszti fiatalok érdekeit erőteljesen képviselő MOVE (Magyar Országos Véderő Egyesület) szélsőjobboldali, antiszemita hecckampányaitól támogatott egyetemi és főiskolai bajtársi egyesületek egyszerűen megakadályozták a zsidó hallgatók beiratkozását, óralátogatását, vizsgázását: az épületekben az egyetemi és főiskolai ifjúság zászlóaljai, karhatalmi alakulatai tanyáztak.[13]

A kormány a rend és nyugalom helyreállítását ígérte a zsidók korlátozását megvalósító törvény elfogadása ellenében, s azt a reményt igyekezett kelteni, hogy e törvénnyel nagyrészt sikerül majd kifogni a szelet a szélsőséges zsidóellenes kampány vitorláiból. A magyarországi zsidóság ellen széltében-hosszában terjesztett vádak, amelyek hazafias viselkedését, világháborús véráldozatait kétségbe vonták, s azt állították, hogy a háborúból csak hasznot húzott, mint ahogy erre törekszik most az utána következett nyomorból is, továbbá felelőssé tétele a „keresztény-nemzeti értékrend" aláásásában, s a forradalmak idején játszott szerepéért — nagy súllyal nehezedett az értelmiségi pályákra igyekvő zsidó ifjúságra is, amely a törvény következtében jelentős részben külföldi egyetemek, főiskolák látogatására kényszerült, számottevő anyagi áldozatok — tanulmányaik eredményességében, színvonalában általában igen kifizetődő — vállalásával.[14] A numerus clausus törvény diszkriminatív voltával azonban nem békélhetett meg a hazai zsidóság, s nemzetközi zsidó szervezeteknek a Nemzetek Szövetségénél történt fellépése hatására a külföldi kölcsönökért folyamodó, a nemzetközi zsidó pénzvilág hatalmával és befolyásával számoló Bethlen-kormány az 1928. évi 14. törvénycikkel módosította az 1920. évi 25. tc. inkriminált 3. paragrafusát. Emiatt nagy volt a csalódottság azok körében, akik a numerus clausus törvényben kiindulópontot reméltek további zsidótörvények meghozatalához, amelyek újabb és újabb területeken vezetnék be a zsidóság korlátozását. A numerus clausus törvény módosítása ellen szólalt fel — mint ekkor a felsőház tagja — Teleki Pál, védve a kormánya által hozott törvényt, s változatlanul szükségesnek tartva a zsidók korlátozásának politikáját a nagyon elzsidósodott Magyarországon.[15]

A tízesztendős ún. Bethlen-éra második felében a zsidóság szempontjából is konszolidálódtak azonban a viszonyok, s csak Bethlen lemondása után, a világgazdasági válság hatására ért véget a szélsőjobboldaliak által kárhoztatott „tespedés", s éledt fel újabb, kiterjedtebb, hatékonyabb zsidótörvények igénye. Ekkor már a nemzetiszocialista Németország állt Európában a zsidóellenesség élvonalában, a maga 1935-ben hozott nürnbergi faji törvényeivel; a magyarországi szélsőjobboldali erők ebben látták a követendő „korszerűséget", míg a hivatalos politika „a zsidókérdés megoldásához" nem tartotta szükségesnek külföldi példa követését, hiszen — mint hangsúlyozta — e téren mindenkit megelőzve Magyarország tette meg az első lépést az 1920. évi numerus clausus törvénnyel, s ezen az úton kell tovább menni a zsidóság korlátozásában az „őrségváltás" felé. A magyar fajvédő múltjáról ismert, s ezért aggódva fogadott Gömbös is viszonylag tartózkodónak bizonyult a zsidókérdésben: a sokat hangoztatott „pozitív magyar fajvédelmet", a nem zsidó egzisztenciák támogatását, versenyképessé tételét helyezte elébe a zsidók korlátozásának, mint a magyar fajvédelem negatív módszerének. Alkalmazkodott a Bethlen által továbbra is befolyásolt Horthy kormányzó azon felfogásához, hogy a „zsidókérdés megoldása" Magyarországon — az ország gazdasági életének veszélyeztetése nélkül — csak hosszabb távon lehetséges.[16] Mindez azt a benyomást erősítette meg a magyarországi zsidóságban, hogy a külső befolyásra számottevően növekvő hazai antiszemitizmus ellenére nem fenyegeti komoly veszély; a gazdasági életben elfoglalt erős pozíciói nem egykönnyen rendíthetők meg; a politikára, közéletre gyakorolt befolyása elég erőteljes ahhoz, hogy saját védelmét megszervezhesse. Magyar fajvédő politikusokat is sikerült megnyernie meggyőzés útján, esetleg anyagi kedvezéssel is — Bajcsy-Zsilinszky Endrétől Lendvai Istvánig —, hogy a magyarság számára nem a zsidóság, hanem a náci-német külső befolyás és belső terjeszkedés jelenti a valódi veszedelmet, s hogy a magyarság benső erői kibontakoztatásának a zsidóság nem áll útjában, sőt bizonyos segítséget is kész nyújtani ahhoz. Noha ez utóbbi ígéret realizálásával korántsem voltak elégedettek, korábbi antiszemitizmusuk — ha nem is számolódott fel maradéktalanul — bizalmas megnyilatkozásokba szorult vissza, felhánytorgatva, hogy van „zsidó fajvédelem", s az eléggé szűk látókörű, önző és merev. Ennek ellenére nyíltan kiálltak — írásban és szóban — a zsidóellenes szélsőjobboldali uszítás ellen, vállalva a zsidóbérencség bélyegét, amelyet azonnal rájuk sütöttek, s hatásosan nyomatékosították a maguk nem zsidó mivoltában is azt a szélsőjobbról jellegzetes zsidó praktikának deklarált felfogást, hogy az ország valamennyi problémájára csak átfogó gazdasági-társadalmi reform, s nem zsidótörvények hozhatnak megoldást.[17]

Széles körű, nem a zsidó birtokokra korlátozódó földreformot követelt a legjobb magyar faji tulajdonságok őrzőjének tekintett parasztság érdekében a Független Kisgazdapárt, s átfogó szociális reformokat a munkásság legális pártja, a Szociáldemokrata Párt. A zsidók diszkriminálásának, a nemzetiszocialista agitációnak elszánt ellenfele volt a liberális Polgári Szabadság Párt Rassay Károllyal, gróf Apponyi Györggyel, Gratz Gusztávval az élén; Vázsonyi János Demokrata Pártja a zsidó kispolgárság érdekeit képviselte. Kereszténypárti politikusok közt is voltak olyanok, akiket a náci „újpogányság" (Neuheidentum) iránti általános ellenszenvük mel-

lett a „zsidókérdés keresztényietlen kezelése" is szövetségessé te-
hetett a zsidóüldözés embertelen módszereinek propagálóival
szemben, jóllehet a keresztény értékrend szükségesnek talált védel-
me a szabadosabbnak ítélt zsidó szellemtől és erkölcsiségtől régtől
fogva alapvető meghatározója volt a keresztény zsidó-képnek.
Mind a parlamentben, mind a jórészt zsidó tulajdonban vagy irá-
nyítás alatt álló sajtóban kialakíthatónak tűnt egy olyan védelmi
front, amelyben nemcsak zsidók emelték fel szavukat az antisze-
mitizmus egyre erősödő megnyilvánulásaival szemben.[18]

A magyarországi zsidóság vezetői megnyugvással tapasztalták,
hogy a Gömböst követő Darányi kormánya fellép a szélsőjobbol-
dali erőkkel szemben, s bár riadalmat okozott, hogy 1937 novem-
berében — nyomásuknak engedve — razziát rendezett a
Budapesten bejelentés nélkül tartózkodó zsidók eltávolítására, a te-
kintélyes zsidó vezetők küldöttségét és memorandumukat a kor-
mányzó kegyesen fogadta, s megnyugtatta őket, hogy csak a
beszivárgott keleti zsidók, „galiciánerek" ellen irányult az akció;
a hazánkban régebbről honos, a magyarsághoz asszimilálódott zsi-
dóságot semmi veszély nem fenyegeti, az ország gazdasági fejlő-
désében szerzett történelmi érdemeit s jelenleg is betöltött
kimagasló szerepét elismeri és nagyra értékeli.[19]

Bár e kormányzói szavak őszintesége is kérdéses, a döntő for-
dulatot Darányi miniszterelnök nem sokkal ezutáni németországi
látogatása hozta: Hitler közölte vele, hogy küszöbön áll a Magyar-
országgal szomszédos Ausztria bekebelezése, az Anschluss, azt kö-
vetően pedig — a Szudéta-kérdés ürügyén — Csehszlovákia elleni
fellépése fog következni. Ebben számít Magyarország köreműkö-
désére, amely során kielégítheti Csehszlovákiával szembeni revízi-
ós igényeit. Ez a lehetőség megszédítette a magyar kormányt. Bár
külpolitikailag óvatosságot tanúsított a közreműködés vállalása te-
kintetében, belpolitikailag annál inkább szükségét kezdte érezni,
hogy Németország felé gesztusértékű lépéseket tegyen. Ezek sora-
iban különösen a gyors fegyverkezést sürgető magyar katonai ve-
zető körök követelték 1937 végén, 1938 elején a zsidóság erélyes
korlátozását. A fegyverkezési program 1938. márciusi győri meg-
hirdetésekor Darányi be is jelentette, hogy zsidótörvényt készít elő.

Azt állította, hogy a zsidóság érdekeit is szolgálja, mert enyhíteni fogja az antiszemitizmust, megakadályozhatja a szélsőjobboldali mozgalmak terjedését.[20]

Az 1938 áprilisában beterjesztett törvényjavaslat májusi parlamenti tárgyalásában nem okozott fennakadást, hogy közben Darányit Imrédy váltotta fel a miniszterelnöki székben. Mind a képviselőház, mind a felsőház megszavazta — heves viták után — „A társadalmi és gazdasági élet egyensúlyának hatályosabb biztosításáról" szóló törvényt. A közönségesen csak zsidótörvénynek nevezett 1938. évi 15. tc. kimondta, hogy a zsidóság részarányát öt év leforgása alatt 20%-ra kell leszorítani a szabadfoglalkozású pályákon, s a tíz személynél többet foglalkoztató pénzügyi, kereskedelmi, ipari vállalkozásoknál. Ez azt jelentette, hogy mintegy 15 ezer zsidó veszíti el állását, a családtagokat is számítva mintegy 50 ezer zsidó kerül válságos helyzetbe. Kivételt csak a zsidó hadirokkantakkal, hadiözvegyekkel, hadiárvákkal tettek, valamint — az egyházak fellépésére — a legalább 1919. augusztus 1-je előtt kikeresztelkedettekkel. A zsidótörvény meghozatala elleni parlamenti felszólalások és azon kívüli közéleti állásfoglalások — így mintegy 60 író, tudós, művész (köztük Bartók Béla, Kodály Zoltán, Móricz Zsigmond) deklarációja — eredménytelenek maradtak ugyan, mégis fontos volt, hogy kimondták a készülő törvényről: arra „valamikor minden magyarnak szégyenkezve kell gondolnia".[21]

A kérdés nem jutott nyugvópontra, sőt 1938 őszétől az antiszemita uszítás rendkívül felerősödött. A csehszlovák határ felé októberben felvonuló, főleg nyilasokból álló szabadcsapatok, amelyek vezetői közt ott volt a hírhedt uszító Kémeri Nagy Imre, s akiknél látogatást tett a fajgyűlölő Endre László, Vásárosnaményben tömegesen vettek őrizetbe zsidókat, kifosztották a zsidó üzleteket, betörték a zsinagóga ablakait, s berendezését összezúzták.[22] Az 1938. november eleji bécsi döntés nyomán a visszacsatolt felvidéki és kárpátaljai déli területsávba történt katonai bevonuláskor is sűrűn előfordult zsidó üzletek kirakatainak betörése és kifosztása.[23] Az életbe lépő katonai közigazgatás felügyelőket állított a zsidó vállalatok élére, s tömegesen vonta meg a kiszsidók kereskedési jogosítványát, italmérési és trafikengedélyeit.[24] E hazai jelenségek, s méginkább az egyidejű — „Kristallwoche" fedőnév alatt végbevitt

— németországi zsidóellenes atrocitássorozat hatására Imrédy bejelentette a november 15-i minisztertanácsban, hogy szigorító jelleggel revízió alá kell venni a csak néhány hónapja hozott zsidótörvényt, s mivel megindultak már az előkészületek a teljes Kárpátalja önálló magyar katonai akcióval való megszerzése megkísérlésére, az ottani keleti jellegű 80 ezres zsidóság miatt is indokoltnak tartotta ezt.[25] A tengelyhatalmak közbelépése ekkor letiltotta ugyan azt az önálló katonai akciót, amely sértette volna bécsi döntőbíráskodásuk „tekintélyét"— s elébe vágott volna a Csehszlovákia teljes felszámolására kialakítandó összehangolt terveknek, ám az akció meggátolása súlyos belpolitikai válsághoz, a kormánypárti képviselők jelentős részének kiválásához, a kormány leszavazásához vezetett. Ebben a helyzetben Imrédy fokozottan szükségét érezte, hogy egy immár második zsidótörvény 1938. decemberi beterjesztésével a náci Németország támogatását megnyerje. „A zsidók közéleti és gazdasági térfoglalásának korlátozásáról" szóló törvényjavaslat elfogadtatására felhozott érvek közt ezúttal is nagy szerepet játszott, hogy ki kell fogni vele a szelet a szélsőséges propaganda vitorláiból: a kérdés rendezését ne az utca, az 1938. december 1-jei budapesti nagy „hungarista" tömegtüntetés befolyásolja, vagy a Dohány utcai zsinagóga elleni 1939. február elején elkövetett kézigránátos merénylet.[26]

Imrédy elhatározta, hogy a zsidóságot „kikülöníti a magyar nemzet testéből", s ezt úgy képzelte „emberségesen" megvalósíthatónak, angol–amerikai részről elfogadhatónak, ha különálló nemzetiségi népcsoportként kezeli, amelyet bizonyos népcsoportjogok illetnek meg. Ennek az elgondolásnak, amelyhez az Imrédy tanácsadói közé tartozó Mester Miklós megszerezte cionista zsidó körök támogatását,[27] különösen heves ellenzője volt a kormányában a vallás- és közoktatásügyi miniszter posztját betöltő Teleki Pál, aki a magyarországi német nemzetiség náci német befolyás alatt imént létrejött szervezete — a Volksbund — népcsoportjogi törekvései láttán óva intett a „zsidókérdés" ilyen alapon történő „rendezéséről".[28] Ellenezte, hogy a zsidó képviselők, akik most különböző pártok soraiban foglalnak helyet a parlamentben, ezentúl külön országos lista alapján juthassanak — az országos számarányuknak megfelelően kb. 15-16 — mandátumhoz, s önálló zsidó parlamenti frakciót alakítva, adott esetben ez a mérleg nyelvének keresztény szempontból nagyon nemkívánatos szerepébe kerülhetne. Szavazati jogot csak azoknak a zsidóknak adna, akiknek ősei már 1867 előtt is magyar állampolgárok voltak.[29] A képviselőház egyesített bizottságaiban — az ún. zsidóbizottságban — 1939. január végén, február elején folytatott vitákban úgyszólván általános elutasításra talált, hogy a zsidóságból népcsoportot kreáljanak, s ezzel precedenst teremtve az ország nemzetiségei számára, megbontsák a nemzet egységét. Az asszimiláns zsidóság maga azon a határozott állásponton volt, hogy nem kér kisebbségi jogokat, hanem változatlanul a megsértett állampolgári jogegyenlőségéért küzd.[30] Amikor a második zsidótörvény-javaslat beterjesztőjét, Imrédyt ellenfelei február közepén annak kiderítésével megbuktatták, hogy „zsidó vér van benne", utódával, Teleki Pállal kapcsolatban alaptalan illúzió volt, hogy esetleg visszavonná elődje javaslatát.[31] Ez Telekinek a zsidókérdéssel kapcsolatos régi felfogása, valamint korábbi politikai szerepe ismeretében, s méginkább az adott kül- és belpolitikai szituáció figyelembevételével, teljesen kilátástalan volt.[32] Bemutatkozó beszédében kijelentette, hogy a második zsidótörvényt nélkülözhetetlennek tartja, meggyőződésből vállalja, s rámutatott, hogy az eredeti javaslathoz képest szigorító módosítást hajtott végre azon, személyesen.[33] A második zsidótörvény tető alá hozására irányuló elhatározottságán mit sem változtatott, hogy a február–márciusban zajlott képviselőházi vitában számosan emlékeztették egy olyan — a naplóbíráló bizottság által törölt — kijelentésére, amellyel maga is utalt a törvények várható, az országra kedvezőtlen gazdasági következményeire.[34]

Teleki azon volt, hogy a parlament felsőházában is mielőbb és minél simábban keresztülerőltesse a második zsidótörvényt. Oly erősen ellenezte a felsőház részéről már a tárgyalás előkészítése során jelzett módosítási kívánságokat, hogy az azokat Telekivel szemben képviselő gróf Károlyi Gyula ilyen körülmények közt nem tartva lelkiismeretével összeegyeztethetőnek a közreműködést, lemondott nem csak előkészítőbizottsági elnöki tisztéről, hanem felsőházi tagságáról is.[35] A felsőházi vitában az egyházak vezetői ezúttal is a híveikké vált kikeresztelkedettek védelmében emelték fel szavukat,[36] de Teleki ragaszkodott azon felfogásához, hogy a zsidóság nem vallás, hanem faj. Általában azt hangsúlyozta, hogy a zsidótörvény amúgy is kompromisszumos megoldás; a maga részéről még következetesebben szigorítaná.[37] A májusban elfogadott, 1939. évi 4. tc.-ként kihirdetett második zsidótörvény hatálya azokra is kiterjedt, akik nem voltak ugyan zsidó vallásúak, de legalább egyik szülőjük vagy legalább két nagyszülőjük az volt. Tehát a korábbinál szélesebb körben sújtottak magyar állampolgárokat az eddigiekhez képest is lényegesen súlyosbított jogfosztó intézkedésekkel, melyek alól csak meghatározott körülmények (pl. háborús kitüntetések, kimagasló sporteredmények, egyetemi tanárság) mentesíthettek. A zsidók számarányának az ipari és kereskedelmi vállalatoknál 12 %-ra, az értelmiségi pályákon 6 %-ra való leszorítását rendelte el, s további szigorításokat irányzott elő: a köztisztviselői pályát teljesen elzárják a zsidók elől, a zsidó köztisztviselőket elbocsátják; az ügyvédi, orvosi, mérnöki stb. kamarákba nem engedélyezik zsidók felvételét mindaddig, míg azokban a zsidók aránya 6 % alá nem süllyed; az egyetemekre és főiskolákra felvehető zsidó hallgató arányát legfeljebb 6 %-ban, a műegyetemen 12 %-ban szabják meg; a lapoknál, színházaknál a dolgozók 12 %-a lehet zsidó, de szellemi irányító szerepet nem tölthetnek be. Megvonják a zsidóktól a trafikengedélyeket és egyéb kereskedelmi jogosítványokat, nem lehet gyógyszertáruk stb. A törvény a zsidók politikai jogait is korlátozta: választójoguk csak azoknak lehetett, akiknek ősei legalább 1867 óta az országban éltek. A második zsidótörvény következtében mintegy 60 ezer zsidó munkavállaló veszítette el kenyerét; az általuk eltartott személyeket is figyelembe véve, ezek az intézkedések mintegy 150 ezer embert sújtottak.[38]

A második zsidótörvénnyel kapcsolatban felmerült az az aggály, hogy a zsidók korlátozásával felszabaduló pozíciókat külföldi és hazai németek fogják megszállni, az „árjásítás" a „törzsökös magyarok" kisemmizésével fog járni. Míg a második zsidótörvény meghatározta, ki tekinthető zsidónak, a társadalomban vita indult arról, hogy ki tekinthető „törzsökös magyarnak", s mozgalom indult a „numerus hungaricus" érdekében, hogy ti. a közhivatalnokoknak legalább 60 %-a, a szabadfoglalkozású értelmiségnek legalább 50 %-a, a gazdasági életben alkalmazottaknak legalább 40 %-a „törzsökös magyar" legyen.[39] Mi legyen a megélhetési válságba került zsidókkal? Sokan örvendetesnek vélték, ha ezek elkívánkoznak az országból.[40] Önkéntes kivándorlásukat a Teleki-kormány kész is volt elősegíteni,[41] felvéve a kapcsolatot olyan zsidó szervekkel, amelyeknek voltak ilyen irányú törekvései.[42] Teleki ismételten szükségét látta azonban hangsúlyozni: e kérdés megoldása európai feladat. Amíg az európai zsidóság kivándoroltatására nem születik nemzetközi megoldás, addig Magyarországon nem lehetséges annál nagyobb zsidó tömegeket megfosztani életlehetőségeiktől, mint a második zsidótörvénnyel történt, viszont addig is „a nemzet érdekében" meg kell akadályozni a zsidók keveredését nem zsidókkal.[43]

A szélsőjobboldal — a nyilasok s a mindinkább hozzájuk csatlakozó imrédysták, de a kormánypárt jó része is — a második zsidótörvény kijátszása elleni felháborodástól volt hangos a „Strohmann"-rendszer elterjedése miatt. A nyilasok 1940 júliusában tervezetet nyújtottak be egy harmadik zsidótörvényre, amely újra rendezné a zsidók jogi helyzetét, s egyben a magyar faj védelme jegyében gátat vetne a zsidó vérrel való keveredésnek is.[44] A Teleki-kormány 1940 őszén a háromhatalmi paktumhoz történt csatlakozása körülményei között — mint hangsúlyozta — saját iniciatívájából kezdett hozzá a harmadik zsidótörvény előkészítéséhez.[45]

E harmadik zsidótörvényt a Teleki halála után hatalomra került Bárdossy-kormány alatt hozták meg, mint 1941. évi 15. törvénycikket — címe szerint „A házassági jogról szóló 1894. évi 31. tc. kiegészítéséről és módosításáról, valamint az ezzel kapcsolatban szükséges fajvédelmi rendelkezésekről". Faji szempontok már az első és második zsidótörvénynél is szerepet játszottak; ezúttal tisztán faji megalapozottságú törvény született. Tiltotta zsidóknak házasságkötését nem zsidókkal, s „fajgyalázásnak" minősítette, büntetni rendelte a házasságon kívüli nemi kapcsolatot is részükről. Az egyházak, amelyek korábban is szót emeltek a faji kérdésként való kezelés ellen, most határozottabban tiltakoztak.[46] A kikeresztelkedettek, a keresztény házastárs, a keresztény-zsidó házasságból született megkeresztelt gyermek sorsa foglalkoztatta őket.

Az egyházfők több alkalommal is tett megnyilatkozásai az egyéni és kollektív felelősségről,[47] az emberek és a nemzetek helyes értékeléséről,[48] az emberi szabadságról[49] és az emberi méltóságról[50] túlságosan elvontak és elméletiek voltak ahhoz, hogy a zsidóság a maga egészében mellette való határozott kiállásnak érezhette volna azokat.

A harmadik zsidótörvény megszületésének éve Széchenyi-emlékév volt. Megkonstruálták „a fajvédő Széchenyi" képét, azt állítva, hogy ami a zsidósággal kapcsolatban jelenleg történik Magyarországon, azt „a legnagyobb magyar" géniusza igazolja.[51] A nagyszámú hazai zsidósággal szembeni fellépést azzal igazolja, hogy egykori kijelentése szerint nem mindegy, tengerbe vagy egy tányér levesbe került palacknyi tinta; a zsidóság kirekesztésére pedig egy olyan kijelentésében találtak igazolást, miszerint természetes, hogy a veszélyesen túlterhelt csónakból az idegent lökjük ki, nem a magunk fajtáját.[52] Az 1938–1941 között Magyarországhoz visszacsatolt területekről előbb székelyföldi, majd délvidéki zsidó családokat kergettek ki Románia, illetve Szerbia felé, azután — a Szovjetunió elleni hadjárat megindultával — mintegy 18 ezer kárpátaljai zsidót a megszállt Ukrajnába, ahol legyilkoltatás lett a sorsuk; 1942 januárjában pedig újvidéki zsidók százainak holttestét lökték a Duna jege alá bepálinkáztatott magyar katonák és csendőrök.[53]

A zsidótlanítási kísérletek és a fékevesztetten embertelen uszítás légkörében a Bárdossyt a miniszterelnökségben felváltó Kállay Miklós a „törvényességhez" — a zsidótörvényekhez — akart ragaszkodni, kiszélesítve azok körét a zsidóbirtokok földbirtokpolitikai célokra való lefoglalásával (1942. évi 15. tc.), a hadköteles korban lévő zsidó férfiaknak behívásával fegyvernélküli kisegítő munkaszolgálatra (1942. évi 14. tc.), továbbá bejelentve szándékát a zsidó vagyonok megadóztatására, a lakáshiány zsidók rovására történő enyhítésére.[54] Ezek a rendelkezések hivatkozási alapul szolgálhattak Kállaynak arra, hogy elzárkózhasson a náci Németország olyan radikális követelései elől, mint a magyarországi zsidók sárga csillaggal való megjelölése, gettóba zárása, deportálásuk megindítása.[55] A szomszédos országokban már megtörtént ez, s a szlovákiai magyarság vezérének, Esterházy János grófnak becsületére válik, hogy jóllehet antiszemita szellemű keresztényszocialistának vallotta magát, és a zsidóság korlátozásával egyet tudott érteni, sőt a szlovákokkal való versengésben szükségesnek látta sürgetni a magyarországi második zsidótörvény meghozását, most az egyetlen képviselő volt a szlovákiai törvényhozásban, aki nem volt hajlandó megszavazni a zsidók — akár csak részleges — deportálását.[56] A szomszédos országokból jelentős számban menekültek Magyarországra zsidók, mert az itteni zsidótörvények létükben nem fenyegették őket. Az volt az általános vélemény, hogy Kállay politikája, beleértve zsidó-politikáját is, nem fogja kiprovokálni az ország német megszállását, amely a zsidóságra nézve egyenesen végzetes lehet, s a háború végső kimenetele fogja meghozni a megoldást — csak addig ki kell bírni a német nyomást.[57]

A magyarországi zsidóság tulajdonképpen belátta, hogy bár egyre növekednek a német háborúvesztés esélyei, és bármennyire is csügg minden idegszálával a szövetségesek — mindenekelőtt angol–amerikai dominanciájú — győzelmén, a zsidótörvények azonnali eltörlése nem lehet reális követelés. A reális igény az, hogy további zsidóellenes intézkedések ne történjenek, a meghozott zsidótörvények végrehajtása emberséges és kíméletes legyen. Arra figyelmeztették az ország vezetőit és befolyásos közéleti személyiségeit, hogy a zsidókkal való bánásmód óhatatlanul súlyos tehertétel lesz a békekonferencián, ám a szadizmus haladéktalan megfékezése, az emberséges mérséklet előtérbe juttatása sokat enyhíthet a megítélésen. Ígérték, hogy a hazafias érzelmű magyarországi zsidóság — felülemelkedve elszenvedett sérelmein — az elkerülhetetlen számonkérés szigorának enyhítésén fog fáradozni.[58] Bajcsy-Zsilinszky parlamenti beszédei, többrendbeli memorandumai, kibontakozási tervezetei, amelyeket a Független Kisgazdapárt és a Szociáldemokrata Párt magukévá tettek, ennek megfelelő álláspontot képviseltek. Bajcsy-Zsilinszky, aki — Kállayval ellentétben — számolt a német megszállás eshetőségével, s azzal szemben ellenállás szervezésére mozgósított, a maga részéről különösen nyomatékot adott annak, hogy a zsidókat visszavegyék a honvédségbe, fegyveres szolgálatra, mert velük a hazafias ellenállás elszánt erőkkel gyarapodhat.[59]

A zsidótörvények szégyenén messze túltett mindaz, ami 1944-ben, Magyarország német katonai megszállása nyomán, a Sztójay-féle bábkormány idején, majd a félig már végrehajtott deportálást leállító Horthy fegyverszüneti kísérletének kudarca következtében, Szálasi nyilas rémuralma alatt történt.[60] A németek által megszállt és bérenceik által nekik kiszolgáltatott ország zsidóságának szörnyű pusztulása végső soron ennek az egyetlen esztendőnek a tragédiája ugyan, de a zsidótörvények ezt megelőző és hozzá a talajt sok tekintetben alaposan előkészítő korának felelőssége nagyon komolyan kell hogy foglalkoztassa mindazokat, akik őszinte meggyőződéssel és elszántsággal vallják, hogy le kell vonni e kegyetlen és szégyenletes múlt fájó tanulságait, és nem szabad többé eltűrni olyan jelenségeket, fejleményeket, amelyek — akár csak legkevésbé is — a faji diszkrimináció és az abból fakadó embertelenségek irányába mutatnak.

Jegyzetek

1. Hanák Péter, ed., *Zsidókérdés, asszimiláció, antiszemitizmus: Tanulmányok a zsidókérdésről a huszadik századi Magyarországon* (Budapest: Gondolat Kiadó, 1984).

2. Méhely Lajos, *Néhány szó a magyar fajvédelemről* (Budapest: Held, 1926).; *A magyar fajvédelem irányelvei* (Budapest: Held, 1926).

3. Gömbös Gyula a *Szózat* 1921. január 1-jei számában: „Szükségesnek tartom, hogy a magyar kormány érintkezésbe lépjen a cionisták központjával, a magyar állampolgárságú fölös számú, több százezer zsidó polgár kitelepítésére."

4. Vajna Gábor 1941. február 5-én: „El kell innen távolítani a zsidóságot, akár Madagaszkárra, akár bárhová." *Képviselőházi Napló, 1939–1944. ciklus*, vol. IX. p. 141.

5. Horthy Miklós kormányzó szerint „ehhez legalább egy emberöltő kell". (Levele Teleki Pálhoz, 1940. október 14-én.) *Horthy Miklós titkos iratai* eds., Szinai Miklós, Szűcs László (Budapest: Kossuth Könyvkiadó, 1962), p. 261. Ezzel szemben Imrédy Béla 1941. június 20-án: „Három-négy-öt esztendő múlva be tudjuk tölteni a gazdasági életben most még a zsidóság által betöltött posztokat." Meggyőződése szerint „be fog kö-

vetkezni a zsidóságnak a kitelepítése Palesztinába". *Képviselőházi Napló, 1939–1944. ciklus,* vol. X. p. 132.

6. Rapcsányi László 1940. december 11-én: „Mi, magyar nemzetiszocialisták, az aszemitizmus, vagyis a teljes zsidótlanítás alapján állunk." *Képviselőházi Napló, 1939–1944. ciklus,* vol. IX. p. 65.

7. OL (Országos Levéltár), Képviselőház által kiküldött bizottságok jegyzőkönyvei. 17. kötet. A „zsidó-bizottság" 1939. január 23-i ülésén.

8. Ibid., A „zsidó-bizottság" 1939. január 27-i ülésén.

9. Incze Antal 1941. június 30-án. *Képviselőházi Napló, 1939–1944. ciklus,* vol. X. p. 347.

10. Matolcsy Mátyás 1942. november 26-án: „Akárhogy végződjék [a háború], egy biztos, az ő kiirtásukkal fog végződni." *Képviselőházi Napló, 1939-1944. ciklus,* vol. XVI. p. 286.

11. Lásd alább az 59. jegyzetet.

12. N. Szegvári Katalin, *Numerus clausus rendelkezések az ellenforradalmi Magyarországon: A zsidó és nőhallgatók főiskolai felvételéről* (Budapest: Akadémiai Kiadó, 1988).

13. Bárány Ferenc, *Az antiszemitizmus szerepe a szélsőjobboldali diákmozgalomban (1919–1921)* (Budapest: Felsőoktatási Jegyzetellátó, 1971).

14. Szabolcsi Lajos, *Két emberöltő: Az Egyenlőség évtizedei, 1881–1931: Emlékezések, dokumentumok* (Budapest: MTA Judaisztikai Kutatócsoport, 1993), pp. 309-351.

15. *Teleki Pál országgyűlési beszédei* ed., Papp Antal (Hely és év nélkül), vol. I. pp. 288–303.; Felsőházi beszéde 1928. március 13-án.

16. Révay József, *Gömbös Gyula élete és politikája* (Budapest: Franklin Társulat, 1934).

17. Lásd Bajcsy-Zsilinszky Endre nagyrészt kiadatlan és sok szempontból kiaknázatlan irathagyatékát az Országos Széchényi Könyvtár Kézirattárában.

18. *Magyarországi pártprogramok 1919–1944* eds., Gergely Jenő, Glatz Ferenc, Pölöskei Ferenc (Budapest: Kossuth Könyvkiadó, 1991).

19. Szűcs László, „Kormányzói audiencia az első zsidótörvény előtt (1937. november 11.)" *Levéltári Közlemények,* vol. 64, no. 1–2, 1993, pp. 144–163.

20. L.Tilkovszky, „Ungarn am Vorabend des Zweiten Weltkrieges" *Specimina nova universitatis Quinqueecclesiensis,* Pars secunda, 1989, pp. 189–194.

21. Lévai Jenő, *Zsidósors Magyarországon* (Budapest: Magyar Téka, 1948), pp. 29–30.

22. OL. Kozma-iratok, 27.cs. Kozma György naplójegyzetei, 1938.

23. OL, ME (Miniszterelnökség), NO (Nemzetiségi Osztály), 52.cs. P. 17392/1938

24. Tilkovszky Loránt, *Revízió és nemzetiségpolitika Magyarországon 1938–1941* (Budapest: Akadémiai Kiadó, 1967), pp. 46., 48.

25. OL, ME, minisztertanácsi jegyzőkönyv, 1938. november 16.

26. Sipos Péter, *Imrédy Béla és a Magyar Megújulás Pártja* (Budapest, Akadémiai Kiadó, 1970), pp. 58–87.

27. Basch Ferenc vallomása 1946. évi népbírósági perében és Mester Miklós tanúvallomása. Belügyminisztérium Történeti Archívuma.

28. L.Tilkovszky, *Ungarn und die deutsche „Volksgruppenpolitik" 1938–1945* (Köln–Wien, Budapest: Akadémiai Kiadó, 1981), p. 38.

29. OL, ME, minisztertanácsi jegyzőkönyv, 1939. január 10., január 20.

30. OL, Képviselőház által kiküldött bizottságok jegyzőkönyvei. 17. kötet. A „zsidó-bizottság" ülései.

31. OL, ME, Teleki Pál iratai. „Zsidó-levelek".

32. L.Tilkovszky, *Pál Teleki (1879–1941): A Biographical Sketch* (Budapest: Akadémiai Kiadó, 1974).

33. *Képviselőházi Napló, 1935–1939. ciklus,* vol. XXI. pp. 497–498.

34. Teleki „aztán majd ne jajgasson nekem senki" kijelentéséről Rassay Károly, Rupert Rezső, Esztergályos János, Reisinger Ferenc, Vázsonyi János in *Képviselőházi Napló, 1935-1939 ciklus,* vol. XXI. p. 531.; vol. XXII. pp. 11., 170., 356., 582.

35. Gróf Károlyi Gyula lemondólevelének hiteles szövege. *Magyar Nemzet,* 1939. április 4. p. 4.

36. Fisch Henrik, ed., *Keresztény egyházfők felsőházi beszédei a zsidókérdésben: 1938-ban az I. és 1939-ben a II. zsidókérdés kapcsán* (Budapest: Neuwald, 1947).

37. *Felsőházi Napló, 1935–1939. ciklus,* vol. IV. p. 143.

38. *Magyarország története,* vol. VIII. (1918–1919, 1919-1945), eds., Ránki György, Hajdu Tibor, Tilkovszky Loránt (Budapest: Akadémiai Kiadó, 1976), pp. 983–985.

39. *Magyar Nemzet,* 1939. március 7. p. 7.

40. Matolcsy Mátyás. *Képviselőházi Napló, 1935–1939. ciklus,* vol. XXII. p. 274.

41. OL, BM. res. 1939. 7. tétel, 14639 sz.: Legálisan és szervezetten kivándorolhatnak, életkorukra és honvédelmi kötelezettségükre való tekintet nélkül. - OL, ME, minisztertanácsi jegyzőkönyv, 1940. április 12.: „A minisztertanács hozzájárul, hogy a zsidók csoportos kivándoroltatá-

sával üzletszerűen vagy hivatásszerűen foglalkozzanak olyanok, akik erre a belügyminisztertől engedélyt kapnak."

42. 1940 augusztusában a kormány kedvezően foglal állást az American Joint Distribution Comittee azon kérelme tárgyában, hogy Budapesten irodát állítson fel a magyarországi zsidóság támogatására és kivándorlásának előmozdítására. OL, ME, NO, 79.cs. L. 19316/1940.

43. Weizsäcker külügyi államtitkár 1940. augusztus 6-án közli Sztójay berlini magyar követtel, hogy Ribbentrophoz továbbította Telekinek a magyarországi zsidókérdéssel kapcsolatos levelét. (E Teleki-levél nincs meg.) PAAA (Politisches Archiv des Auswärtigen Amtes), Büro des Staatssekretärs. Ungarn, 52649/1940.

44. Beterjesztői: Hubay Kálmán és gróf Serényi Miklós.

45. Teleki Pál 1940. december 3-án, *Képviselőházi Napló, 1929–1944. ciklus*, vol. VIII. p. 1186.

46. *Felsőházi Napló, 1929–1944. ciklus* vol. II. pp. 282-286. Serédi Jusztinián.

47. Serédi beszéde a Szent István Akadémián. *Nemzeti ùjság*, 1941. december 16. p. 1.

48. Serédi beszéde a Szent István Társulat közgyűlésén. *Magyar Nemzet*, 1942. március 13. p. 1.

49. Serédi beszéde a Szent István Akadémián. *Nemzeti ùjság*, 1942. december 15. p. 1.

50. Serédi karácsonyi szózata. *Nemzeti ùjság*, 1942. december 30. p. 1.

51. Bosnyák Zoltán, „A fajvédő Széchenyi", *A Cél. Fajvédelmi folyóirat*, no október, 1941, pp. 1–2.

52. Széchenyi István zsidó emancipációt ellenző 1844. évi országgyűlési beszédének effajta kitételei arról győznek meg, hogy „korszerű eszmékért s elvekért nem kell idegenbe mennünk... Széchenyi nekünk örök Vezérünk, ő a mi örök Ducenk, ő a mi örök Führerünk." in *Széchenyi vallomásai és tanításai* eds., Fekete József és Várady József 2. kiadás. (Budapest: Studium, 1943), p. 434.

53. L.Tilkovszky, „The Late interwar Years and World War II." in *A History of Hungary* eds., Peter F. Sugar, Péter Hanák, Tibor Frank (Bloomington and Indianapolis: Indiana University Press, 1990), pp. 339–355.

54. Kállay miniszterelnök beszéde a kormánypárt értekezletén. *Népszava*, 1942. október 23. p. 5.

55. *A Wilhelmstrasse és Magyarország: Német diplomáciai iratok Magyarországról 1933–1944* eds., Ránki György, Pamlényi Ervin, Til-

kovszky Loránt, Juhász Gyula (Budapest: Kossuth Könyvkiadó, 1968), pp. 699–700., 701–704.; 520. ill. 522. sz. dokumentumok.

56. L. Tilkovszky, *Juzné Slovensko v rokoch 1938-1945* (Bratislava: Slovenska Akademija, 1972), p. 180.

57. OL. Küm. pol. 430 cs. 65. tétel, 116/1942.

58. Tilkovszky Loránt, „Fenyő Miksa és Serédi Jusztinián levélváltása »a zsidókérdésről«", *Műhely*, vol. 6, no. 1, 1983, pp. 47–55.

59. Tilkovszky Loránt, „Ellenzéki törvényhozók memorandum-akciója 1942-43 telén" *Századok*, vol. 119, no. 1, 1985. pp. 221-222.; Pintér István, „Bajcsy-Zsilinszky dokumentumok: A Független Kisgazdapárt emlékirata Kállay miniszterelnökhöz (1943. július 31.)" *Századok*, vol. 99, no. 1–2, 1965, pp. 191-192. ls. „A zsidótörvények lebontása."

60. Randolph L. Braham, *A magyar Holocaust* (Budapest: Gondolat Kiadó, 1988).

——— *** ———

Summary

Anti-Jewish Legislation as a Prelude to the Holocaust

The study traces the "legal" measures enacted against the Jews in the 1920s and 1930s aimed at restricting their disproportionate role in the various economic fields and the professions — measures allegedly designed to help the Christian population. Tough as these measures were, they failed to satisfy the demands of the extreme right radicals, who demanded the "rescuing" of the country from its Jewish inhabitants. These radicals found their greatest supporters in Hitler's Germany, which demanded the implementation of the Final Solution in Hungary as well. The opportunity to implement this program came with the German occupation of Hungary on March 19, 1944.

The study also aims to document that while the destruction of Hungarian Jewry took place in 1944, the process of destruction was in fact set in motion by the anti-Jewish laws. Finally, a reminder is offered about the importance of remembrance and vigilance against acts of racial discrimination and inhumanity.

A kisebbségek nemzetközi
jogvédelmének politikai csapdája

Kovács M. Mária

A numerus clausus vita ma, hetven év távlatából is különösen érdekes és komplex történelmi problémának látszik. A húszas évek numerus clausus vitáiban egyszerre volt szó a zsidókérdés kezeléséről, az állampolgári egyenjogúságról, a kisebbségvédelemről és végül a kisebbségvédelem külső, nemzetközi intervenciós eszközeinek felhasználásáról és ezek politikai csapdáiról.

Hadd jelezzem mindjárt elöljáróban, hogy a numerus clausus kérdéssel kapcsolatosan Vázsonyi álláspontja a maga idején, a húszas években liberális, polgári radikális és szocialista körökben is rendkívül vitatott volt. A polgári radikálisok — alighanem Vázsonyi iránt érzett régi ellenszenvük miatt is — egészében kétségbe vonták Vázsonyi álláspontjának jóhiszeműségét, hiszen, mint Jászi gúnyosan megjegyezte, Vázsonyi amolyan „hazafias valláserkölcs, nemzeti díszzsidó úr" módjára politizált.

Ezért különösen érdekes, hogy ma — hetven év múltán — Vázsonyi álláspontját éppen azok a liberális szemléletű történészek kezelik nagy megértéssel, akik a numerus claususszal kapcsolatban a külső intervenció súlyos dilemmáját vizsgálják.

Nézzük tehát, miről szólt liberális oldalon a húszas évek numerus clausus vitája. Közismert, hogy az 1920-as numerus clausus törvények harmadik paragrafusa a felsőoktatási intézményekben származási kvótarendszert vezetett be. Kimondta, hogy az egyetemekre felvett fiatalok „nemzetiségi, illetve faji" összetételének meg kell felelnie az össznépesség „nemzetiségi, illetve faji" összetételének. A törvény név szerint egyetlen úgynevezett „nemzetiségi vagy faji" kisebbséget sem említett meg. Mégis félreérthetetlen volt, hogy a kvótarendszer a zsidó hallgatók ellen irányult, hiszen 1920-ig a zsidó hallgatók arányszáma a legtöbb egyetemen sokszorosan meghaladta a zsidó vallású népesség 5,9 százalékos arányát[1] az ország lakosságában. A diszkrimináció súlyát növelte, hogy a törvény néhány egyetemen visszamenőleges hatállyal érvényesült: 1920-ban több ezer zsidó hallgatót zártak ki az egyetemekről.

A diszkrimináció tényéhez tehát kétség sem fért, a diszkriminációs szándékot ráadásul a törvény pártolói úton-útfélen megerősítették. Éppen ezért első látásra meglepő és érthetetlen, hogy a jogorvoslat követelése során miért robbant ki annyi nézeteltérés és vádaskodás az ellenzék soraiban: miért szakadt több táborra a liberális és baloldali ellenzék éppúgy, mint a zsidó szervezetek; s végül, hogy miért váltott ki a Vázsonyi által megfogalmazott álláspont oly sok vitát. A következőkben tehát arra a kérdésre keresem a választ, hogy miból is eredt a törvénnyel szemben fellépő liberális és baloldali ellenzék belső ellentéte, politikai és taktikai dilemmája.

Egymást kizáró érvek

Válaszom első és legfontosabb eleme az, hogy a numerus clausus törvénnyel a húszas években voltaképpen kétféle jogi és politikai alapról lehetett szembeszállni: egyfelől a magyar alkotmányjog alapján, másfelől a párizsi békerendszerben kialakított nemzetközi jog, a kisebbségi szerződések alapján. Csakhogy a helyzet drámaiságát éppen az adta, hogy a kétféle politikai és jogi alap — a hazai és a nemzetközi — nemhogy nem erősítette, hanem egyenesen kizárta egymást. Ezt az ellentmondást Vázsonyi Vilmos 1923 és 1925 között számos beszédében és cikkében exponálta, mégpedig azzal a kimondott céllal, hogy rámutasson: a numerus clausus elleni küzdelemben nem célszerű, sőt kimondottan veszélyes a trianoni szerződés biztosította nemzetközi jogeszközökhöz folyamodni.

A vita egyáltalán nem volt akadémikus jellegű. A kérdésnek 1923 és 1925 között folyamatos aktualitást adott az a tény, hogy a Népszövetségi Tanácsnak döntő szava volt a magyar kormány által igényelt stabilizációs kölcsön jóváhagyásában. A Népszövetség így tényleges, anyagi természetű büntetőszankcióval léphetett volna fel akkor, ha kimondja, hogy a magyar kormány megsértette a trianoni szerződésben aláírt kötelezettségeit. Formailag tehát 1923 és 1925 között minden feltétel adott volt ahhoz, hogy az ellenzék a numerus clausus diszkriminációs intézkedéseinek eltörlését nemzetközileg kodifikált jogeszközök alapján követelje. De akkor miért tartotta Vázsonyi oly veszélyesnek a külföldi jogorvoslat követelését? Miért gondolta, hogy az hosszabb távon káros csapda lehet a zsidóságra nézve? Miért vállalta annak a kockázatát, hogy a magyarországi zsidóságnak olyan védekezési stratégiát javasoljon, amely megfontoltan és szándékosan lemond a nemzetközi jogorvoslat kodifikált eszközeiről? Miért írta és mondja 1923 januárjától kezdve több éven át, hogy a numerus clausus ellen „mi a békeszerződésre sohasem kívánunk hivatkozni",[2] és hogy „mi nem kérjük védelmünket a trianoni szerződés alapján, mert nem akarunk kisebbség lenni, amely genfi védelem alá helyezi magát".[3]

De hát miért nem? Miért voltak aggályosak Vázsonyi szemében a Párizs környéki békerendszer kisebbségvédelmi jogeszközei?

Kétélű garanciák

Nézzük először az általános elveket, illetve azt, hogy mi késztette az antanthatalmakat arra, hogy a kisebbségek helyzetét külön szerződésekben rendezzék.

1919-re az antanthatalmak belátták, hogy a közép-európai rendezés során nem sikerült a békekonferencia eredeti, nemzetállami elveit megvalósítani.

Általában véve eredménynek könyvelhették el, hogy 1914-hez képest Közép-Európában csökkent a kisebbségi sorban élő nemzetiségek aránya, nevezetesen a térség össznépességének kétharmadáról az össznépesség egyharmadára. De minthogy a vesztes országokban — Németországban, Ausztriában és Magyarországon — nem maradtak túl nagy kisebbségek, valójában a kisebbségek eloszlása az egyes országok között rendkívül egyenlőtlen volt. A kisebbségek jelentős redukciója helyett inkább történelmi helycsere történt, amelynek során a szuverenitásukat újonnan elnyert országokba hatalmas kisebbségek kerültek. Csehszlovákia és Jugoszlávia lakosságának csaknem fele, Lengyelország népességének egyharmada került kisebbségi sorba. Ezen a súlyos helyzeten kívántak az antanthatalmak enyhíteni, amikor — részben az európai zsidó szervezetek nyomására — Közép-Európa országait arra kötelezték, hogy a fennhatóságuk alá eső kisebbségeknek kollektív jogokat biztosítsanak.

A szerződéseket tehát egy fáradt és rosszkedvű békekonferencia alkotta meg, mégpedig az új rendezés szorongató hibáitól való félelmében. Az első szerződést Lengyelországgal kötötték, s ez szolgált mintául a többi szerződés kialakítására.

A békekonferencia első látásra nem tett különbséget vesztes és győztes ország között a kisebbségek dolgában. Formailag azonos módon járt el, hiszen a kisebbségi szerződések a vesztes és győztes országokban egyaránt az állami szuverenitás rovására jöttek létre, azaz a szuverenitás korlátozását jelentették. Azonban a magyar zsidóság szempontjából ez a hasonlóság csak formális volt. A győztes országoknak ugyanis a korlátozást voltaképpen szuverenitásuk kimondásával egyidejűleg, annak feltételeként kellett elfogadniuk. Esetükben tehát a Népszövetség egyszerre garantálta a nemzetállami szuverenitást és a kisebbségek jogait. A lengyelországi zsidó szervezetek tehát 1923-ban teljesen logikusan jártak el, amikor a lengyel numerus clausus tervezet ellen a Népszövetségben kerestek politikai szövetségest, hiszen Lengyelország az antanthatalmak garanciájának köszönhette állami szuverenitását.

A magyar zsidók helyzete egészen más volt. Először is ők nem egy győztes, hanem egy vesztes ország polgárai voltak, amellyel szemben a Népszövetség részéről büntetőszankciók és tilalmak voltak érvényben. Nem szorul különösebb magyarázatra, hogy ilyen körülmények között a magyar zsidóknak a lengyelekénél eleve sokkal óvatosabban kellett mérlegelniük, hogy mi a kockázata annak, ha a Népszövetséget a magyar kormánnyal szemben külső intervenció alkalmazására szólítják fel.

Másodszor, a numerus clausus ellenzékének mérlegelnie kellett azt is, hogy a magyar kormány elleni külső intervenció esetén a Népszövetség meddig hajlandó elmenni az ellenzék támogatásában.

A Népszövetség ez irányú elkötelezettségének megítélésében a polgári radikálisok és Vázsonyi között nagyon komoly ellentét volt. Jásziék a húszas évek elején még úgy látták, hogy Magyarország belső liberalizálásának és demokratizálásának legfontosabb eszköze a külső, népszövetségi intervenció kikényszerítése lesz. L. Nagy Zsuzsa szavait idézve, a polgári radikálisok „egész politikai koncepciója" arra a reményre, vagy inkább illúzióra épült, hogy a nyugati nagyhatalmak kulcsszerepet fognak vinni a magyar belpolitikai folyamatok alakításában.

Velük szemben a Népszövetség, illetve az antanthatalmak elkötelezettségének megítélésében Vázsonyi kezdettől rendkívül szkeptikus volt. Kételyeit bizonyára felerősítette legitimista politikai meggyőződése, az a remény, hogy a Habsburg-restauráció oldhatná meg Magyarország belső stabilizálását. Mindenesetre tény, hogy Vázsonyi platformjáról a Népszövetség politikai prioritásai más — utólag tudjuk — reálisabb színben tűntek fel. Talán jobban látszott az, hogy a Népszövetség számára a húszas évek nagy kérdése nem a vesztes országok liberális erőinek külső intervencióval történő támogatása volt, hanem mindenekelőtt az új európai egyensúly biztosítása; s az, hogy ebben a Népszövetség igazi partnere nem a kormányra aligha esélyes liberális ellenzék, hanem a bethleni jobboldali kormánygarnitúra volt.

A numerus clausus ellenzékének politikai mozgástere nagyon leszűkült. A szélsőjobboldal folyamatosan újabb antiszemita intézkedéseket követelt. Vázsonyiék szerint nem lehetett kizárni, hogy ha ebben a helyzetben a Népszövetség a stabilizációs kölcsönt megtagadta volna, ezzel a lépéssel a liberálisok egyetlen taktikai szövetségesét, Bethlenéket gyengítette volna meg a szélsőjobboldallal szemben.

Kodifikált kisebbség és az egyenlőség elve

Mindazonáltal Vázsonyi nemcsak efféle közvetlen belpolitikai megfontolásból helytelenítette a külső intervenció követelését. Hanem azért is, mert jogászként és politikusként a magyar zsidóság szempontjából magát az egész kisebbségvédelmi koncepciót rendkívül aggályosnak tartotta. Úgy vélte, hogy óvatlan és helytelen lépés volna, ha a magyar zsidók a kisebbségi törvénycikk alapján követelnék az őket sújtó diszkrimináció eltörlését. Ez ugyanis abba a csapdába csalná a zsidókat, hogy miközben egyenjogúságukért küzdenek, önmagukat jogi értelemben kisebbségnek minősítik. Márpedig az óliberális felfogású Vázsonyi szerint ez nem nyereség lett volna, hanem visszalépés afelé a régi állapot felé, amelyben a zsidóság jogállását kivételes törvények szabályozták. Vázsonyi szerint tehát a diszkrimináció eltörlését nem kisebbségi jogon, hanem a teljes állampolgári egyenlőség jogán kell kivívni. Más szóval tehát nem új jogot kell igényelni, hanem a régi, állampolgári egyenlőséget kimondó jogot kell helyreállítani.

Vázsonyi véleménye mögött igen határozott jogelméleti állásfoglalás húzodott meg. A kisebbségi szerződések nyújtotta népszövetségi jogvédelmet Vázsonyi voltaképpen a konzervatív liberális hagyomány alapjáról tartotta aggályosnak. Ennek — a talán Edmund Burke-re visszanyúló — gondolatnak a lényege az, hogy igazán kivívott valóságos jogról csak abban az esetben beszélhetünk, ha pontosan tudjuk, milyen hatalom fogja jogainkat biztosítani, s e hatalomnak hol, mikor és kire terjed ki a fennhatósága. A Népszövetség nem volt ilyen hatalom. Hiszen egyfelől számos — egymással is ellentétes érdekű — ország alkalmi koalíciója volt. Másfelől ezek az országok nem mondtak le a Népszövetség érdekében saját szuverenitásuknak semmilyen részéről. Ennek következtében a Népszövetség legitimitása annyira ingatag volt, hogy még a fontosabb tagországok sem értettek egyet abban, hogy valójában mire terjed ki a szervezet tényleges hatásköre. Vázsonyi szemében a Népszövetség legfeljebb „muszájtörvényt" vagy „kényszertörvényt" alkothatott,[4] amely — szerinte — az egyenlő jogoknak nem lehetett garanciája, mert „nincs annak értéke, ami nincs benne a lelkekben, ami nincs meg a társadalomban. Ami nem önkéntesen keletkezik, annak semmi értéke nem lehet."

Vázsonyi szerint tehát a numerus clausus mögött álló erőket a magyar társadalomnak belülről kellett volna semlegesíteni, mégpedig úgy, hogy világosan megjelenjék, milyen politikai erő áll a diszkrimináció eltörlése mögött. Úgy vélte, hogy a bethleni vezető rétegnek nyilvánosan szakítani kell a fajvédelemmel, mert — mint mondta — lehetetlen az olyan kormányzás, amelyben a miniszterelnök „a liberálisok titkos öröme és belső titkos tanácsosa" ugyanakkor, amikor kormányának kultuszminisztere „a fajvédők titkos öröme és belső titkos tanácsosa". Vázsonyi tehát elsősorban a hazai erők nyilvános politikai megütközésétől várta azoknak a politikai feltételeknek a létrejöttét, amelyek elvezethetnek a zsidóság elleni diszkrimináció orvoslásához.

Érdemes itt megemlíteni, hogy Vázsonyinak a külső intervenció ellen felhozott érvelését Hannah Arendt is megismétli a *Totalitarianizmus eredete* című könyvében. A kisebbségi szerződéseket Arendt jó szándékú, de elhibázott intézkedésnek tartja, mert a Népszövetség olyan kivételes jogokat fogalmazott meg, amelyek mögé valójában nem tudott odaállni. A szerződések a kisebbségek számára sok hasznot nem hoztak, ugyanakkor akarva-akaratlanul a kisebbségek tartós egyenlőtlenségét emelték a nemzetközi jogelvek közé. „A kisebbségi szerződések feketén-fehéren kimondták azt, ami azelőtt csak kimondatlanul érvényesült a nemzetállamok gyakorlatában, vagyis azt..., hogy a nemzetállamban csak egyféle nemzeti eredetű egyének élvezik az állam teljes védelmét, valamint azt, hogy az eltérő nemzetiségű egyének jogállását kivételes törvényekkel kell szabályozni..."[5] — írta Arendt. A Népszövetség elvben garantálta ugyan a kivételes törvényeket, ám ez a szervezet végső soron mégiscsak az államok, nem pedig az elnyomott kisebbségek szövetsége volt. Minthogy pedig a Népszövetség rendszerint a kormányok, nem pedig a kisebbségek pártján állt, a kisebbségi jog voltaképpen olyan vérszegény, deklarált jog maradt, amely mögül éppen a jogot garantáló végrehajtó hatalom hiányzott.

A vita mérlege

A történet végét ezután már könnyen össze lehet foglalni, mégha mérlegét nem is egyszerű megvonni. 1924-ben a zsidó szervezetek Vázsonyi álláspontját fogadták el, és a numerus clausus ellen nem fordultak a Népszövetséghez külső intervencióért. Az is tény, hogy a kölcsön felvétele után Bethlenék nem váltották valóra Vázsonyi reményeit.

A diszkrimináció orvoslása helyett Bethlen néhány hónap múlva szinte megzsarolta a magyarországi zsidó szervezeteket, hogy a numerus clausus törvény újabb népszövetségi felülvizsgálata során ismét utasítsák el a Népszövetség külső intervencióját. Vázsonyi várakozásával ellentétben Bethlenék nem szakítottak nyilvános formában a fajvédőkkel sem. Az egyetemeken újabb és újabb értelmiségi generációk nevelkedtek tovább a numerus clausus teremtette antiszemita gyűlölködés légkörében, ekkor nevelődött fel a harmincas évek zsidótörvényeit majdan végrehajtó nómenklatúra. De az is tény, hogy ezután a szélsőjobboldal tizennégy évig nem tudott újabb diszkriminációs intézkedéseket kiharcolni, sőt azt is el kellett tűrnie, hogy a numerus clausus faji paragrafusát Bethlen 1928-ban mégiscsak törölje a törvényből.

Mindazonáltal ma már tudjuk, hogy Vázsonyinak a külső intervencióval szembeni szkepszise nem volt alaptalan; a kisebbségi szerződések nem sokkal élték túl a magyar numerus clausus vitát. Az elveken úrrá lett a realitás: fokozatosan kiderült, hogy a nyugati hatalmaknak egyszerűen nem áll igazán érdekükben a kisebbségek külső intervencióval történő támogatása. Kiderült, hogy Európa legaktívabb kisebbségei éppen az első világháborúban megvert nemzetekhez tartoznak: a legtöbb panaszt a romániai magyar és sziléziai német kisebbség adta be. Támogatásukkal a Népszövetség tulajdonképpen azt a hatalmi egyensúlyt ásta volna alá, amelynek fenntartása a szervezet legfőbb célja volt. Így aztán, amikor 1934-ben a lengyel kormány egyszerűen és egyoldalúan felmondta a kisebbségi szerződésekben vállalt kötelezettségeit, a Népszövetségnek már sem oka, sem ereje, sem eszköze nem maradt arra, hogy a kisebbségvédelmi rendszer csendes kimúlását megakadályozza.

Így tehát azt a vitát, hogy a kisebbségeknek mikor helyes és mikor nem helyes külső intervenciót igénybe venniük a diszkrimináció elleni küzdelemben, a történelem ad acta tette. Ma pedig, amikor újra felmerül a kérdés, jól látjuk, hogy a Vázsonyi által felvetett kérdésekre továbbra sincs válasz, s hogy a problémára az első népszövetségi kísérlet óta sem sikerült megnyugtató megoldást találni.

Jegyzetek

1. 1913-ban az orvoshallgatóknak 46,77%-a, a mérnökhallgatóknak 33,3%-a. — Laky Dezső: *A magyar egyetemi hallgatók statisztikája*, Bp., 1931, 51. old.
2. *Vázsonyi Vilmos beszédei és írásai.* Bp. Légrády, 1927, II. köt. 437. old.
3. Uo. 440. old.
4. Uo. 446. old.
5. Hannah Arendt: *Origins of Totalitarianism*, New York 1979, 275. old.

—— *** ——

Summary

The Political Trap of International Legal Protection of Minorities

The study is an analysis of the position of Vilmos Vázsonyi, the well-known Jewish liberal democratic politician, parliamentarian, and government figure (1868–1926), on the *numerus clausus* law of 1920 that restricted the admission of Jews to institutions of higher learning. It discusses why Vázsonyi refrained from referring to the international treaties on the protection of minority rights in his criticism of this discriminatory law. The author believes that Vázsonyi acted on the assumption that the main objective of the League of Nations, like that of the Western Powers, was not to protect the liberal forces of the defeated nations but to assure a new balance of power in Europe, which led it to prefer Count István Bethlen's regime. The study's conclusion is that Vázsonyi acted wisely in calling for a return to the pre-war contstitutional system that guaranteed full rights to all citizens, rather than championing the cause of internationally guaranteed minority rights.

Identity Strategies Under Duress Before and After the Shoah

Victor Karády

The Liberal Heritage: The Assimilationist Social Contract

During the extended nineteenth century (up to 1918), Jewish identity options were largely determined by a confluence of the "assimilationist" policy of the ruling liberal gentry with another important element. This policy combined, as it turned out, with the increasingly liberal policies implemented by the imperial bureaucracy in matters such as immigration, local settlement, access to schooling, and freedom of economic enterprise whether in relation to Jews or other "aliens."

It is well known that, for the first time in East-Central Europe, the granting to Jews of freedom to settle in cities (except in the privileged mining towns), the right to attend schools at all levels, and many other liberties granted to free citizens was acknowledged as early as 1783 by the revolutionary *Systematica Gentis Judaicae Regulatio* of Joseph II.[1] The Assembly of the Nobility resisted pressure coming from the cities to cancel Joseph II's arrangement after its author's untimely death (Law *De Judaeis*, 1790) and prepared legislative emancipation. This could not be implemented until half a century later (Law XXIX, 1840), when the real process of legal emancipation got under way with a watered-down version of the 1790 proposal. The last meeting in Szeged of the Revolutionary National Assembly actually cast a unanimous vote for Jewish Emancipation in recognition of Jewish support for the national cause in the War of Independence but, ironically enough, the further practical steps towards civil equality were taken by the neo-absolutist post-revolutionary regime following the period of repression in the 1850s.

As early as 1851 the state stressed the secularization and modernization of Jewish schooling. In 1857 a Jewish Normal School was founded (using part of the very funds squeezed from Jewish communities in retaliation for their anti-imperial attitude during 1848-49). In 1859-60 most of the economic and legal restrictions on Jewish settlement, economic enterprise, and civic liberties were lifted, so that formal emancipation could be enacted without delay after the Compromise with Austria, as one of first major acts of legislation of the new National Assembly (Law XVII, 1867).

The governing liberal nobility[2] went much further in this respect than any ruling elite outside the West, including the Cisleithanian part of the Monarchy. In the 1894-96 so-called secularization laws, the networks[3] of Jewish religious communities were *received* (i.e., formally recognized) like the other state protected and subsidized religions (Law XLII, 1895). The 1868 Law of Reciprocity was extended to Jews in matters of conversion, mixed marriages, and the education of children of such marriages. Jurisdiction over the keeping of public records was transferred to municipal authorities. With this Jews became both individually and collectively integrated into the state and civil society, with equal rights and duties.

The "assimilationist contract" demanded, in return for integration and protection, a measure of "nationalization" on the side of the Jews, including their support for major national goals set by the ruling elite, linguistic Magyarization, and the acceptance of an unbalanced political partnership, i.e., an arrangement under which the Jewish bourgeoisie could not reach political leverage in line with its economic strength. Most of the stipulations of this unwritten "social contract" expressed both a relationship of reciprocal interests between Jewish and gentry elites and a measure of compulsion or constraint imposed upon Jews. It maintained not only the unchallengeable nature of the nobility's political hegemony but also a subtly dosed — though in time somewhat diminishing — degree of exclusion of Jews from publicly controlled economic markets and civil service careers.

Under the "contract," Jews were not denied the possibility of achieving high positions in the army, the judiciary, the government, or the institutions of higher learning, but they had to pay a special price for it — baptism and/or personal overachievement. The "dual market system" — to use the term of the sociologist Ferenc Erdei — was a direct outcome of this arrangement which channeled Jewish social mobility to private business as entrepreneurs or employees while preserving the higher echelons of the civil service for gentiles, especially members of the gentry. The socialization of Jews with the aristocratic high society, local gentry, or even the bourgeoisie was limited and conditional, and followed restrictive rules similar to those prevailing in political or public life: it required over-compensation or conversion to Christianity.

Despite this partly forced nature of the "assimilation contract," a propensity to maximum assimilation, Magyarization and — differentially, in accordance with the degree of religious commitment — a measure of integration in gentile society became the dominant attitude of Hungarian Jewry throughout the long century of liberalism. Jewish denominational authorities largely shared and promoted the assimilationist credo. To some extent even the Hasids admitted this. Coercion to adopt the unwritten contract fully was translated into conviction, even enthusiastic and unreserved adherence of many to the cause of Jewish "Magyarism." Its implications were manifold in terms of identity options and management.

First of all, Jews tended more and more to perceive themselves as "Magyars of the Mosaic faith" and claimed to be the "truest" and most loyal of Magyars. This nationalist self-definition was by no means only a public act of allegiance, a kind of lip service paid to obliging authorities. It soon took on an emotional component and came to be interpreted as a major collective achievement. Magyar-Jewish identity was affectively over-invested in by Jews as the end stage of the road leading to final social salvation of a pariah group, just as the "Jewish-Magyar symbiosis" was celebrated by the best contemporary authors of the turn of the century — ranging from the Calvinist poet and publicist Endre Ady to the well-known Jewish poet József Kiss — as a pledge for the success of national modernization.

The "Magyar" self-perception of the majority of Jews was conformed to in their every field of action, behavior, or mental attitude, in complete harmony with the policy of Jewish authorities. This often included the over-fulfillment of the assimilationist expectations raised by the "social contract." By the turn of the century almost all the Jews living within the bounds of Magyar-dominated ethnic territories (the Central Plain and Transdanubia) spoke Hungarian. Nationwide, no less than 76 percent of Jews claimed Magyar as their mother tongue in the census of 1910.[4] Their passionate "borrowed nationalism" contributed to a strong, indeed overwhelming Jewish participation in the movement to Magyarize family names. Endowed with German family names according to an 1788 decree of Joseph II, Jews were a majority (over 60% in the years 1897-1918) among those having non-Magyar names who adopted Magyar ones.[5] This spectacular way of self-Magyarization was typical of urban Neolog Jewry only. However, by the first decades of the twentieth century, the adoption of Magyar first names (actually they come after the family name, i.e., they're "after-names" in Hungarian usage) became generalized, especially in larger cities, among Orthodox Jewry as well.[6]

The network of Jewish primary schools (between 400 and 500 institutions around 1900) was completely Magyarized and became the third national network (after the always exclusively Magyar ones of the Calvinists and the Unitarians) to teach exclusively in the national language. Some Neolog synagogues introduced Hungarian at mid-century for holy office so that by 1912 Hungarian became the language of sermons and hymns in most (88%) of the Neolog, the majority (68%) of the Status Quo Ante, and even a sizable minority (13%) of the Orthodox temples.[7] None of the Christian churches followed such a policy of institutional nationalism, which can be described as a case of strategic collective self-assimilation.

Magyar-Jewish identification was exemplified by Jewish politics as well. Contrary to typical developments in most neighboring countries (with the exception of Bohemia and Austria) Jewish-national politics was utterly lacking from the Hungarian political scene. Neither cultural autonomy in the form of modernization of Jewish "national" languages (à la Dubnow) nor Zionism was able to gain a significant foothold in Hungary. From the time Jewish leaders gained full integration in the national party system, they joined efforts with Hungarian liberals for legislation favorable to Jewry (for example, the "secularization laws" of the 1890s) and to Magyar nationalism within the multi-ethnic Hungarian empire. Jewish leaders did their utmost not only to Magyarize themselves but also to extend Magyarism over the empire — at a time when the Magyars were facing an alien ethnic majority unless they included Magyarized Jews among their numbers.[8]

Many Jews transformed their identification to the cause of Magyar nationalism into sheer chauvinism directed against refractory "ethnic aliens" (especially Slovaks, Serbs, and Romanians). They also often felt obliged to profess political conformism to a nationalist leadership less and less liberal-minded in matters assimilationist (as in other matters) during the early decades of this century. A sense of obligation toward the government, whatever its policies, prevailed in mainstream Jewish opinion throughout this and the following period up to the fascist era. Such political conformism produced resistance within less conformist sectors of Jewish opinion, especially among intellectuals who could find no place in official academic institutions. From the beginning of the twentieth century onwards, young Jewish radicals, socialists, and other leftists (like the influential group of scholars, authors and professionals around Oszkár Jászi) provided some of the most prominent leaders of Hungarian political opposition — as well as major critics and censors of the Jewish establishment. But their impact, though considerable in the most "assimilated" brackets of the educated middle classes, did not reach the Jewish masses or the officials of the community. Up to 1918 the attempted large-scale redefinition of Jewish assimilated identity in a-denominational, universalist ideological terms was doomed to failure.

The real success of Jewish "assimilationist" policies can be demonstrated above all by observing the indicators of social mobility and integration in key sectors of Hungarian society. One of the main reasons that most Jews could, against all other identity options, maintain their Magyar identity up to the bitter end — even if this became more and more a fiction during the interwar years — is that they had been able to reach and continued to occupy central positions in the socio-economic and intellectual stratification of Hungarian society. Liberal, radical and socialist parties, trade-unions, freemason lodges, many casinos and clubs of the upcoming new middle classes, and philanthropic societies became melting pots for Jewish integration and social mixing. Professional organizations of lawyers, journalists, editors, and other professional categories — where Jews were often a majority of the members — fulfilled a similar function. Even some branches of the civil service (state secondary schools, universities, the judiciary) served marginally for integration, as the modest proportion of Jews there continued to grow there till the end of the liberal era.

Converts and the growing number of denominationally mixed couples were able to experience even more decisive forms of formal integration, even if, paradoxically enough, the self-denying steps needed to enter the majority community had to be paid for by a measure of social isolation in kin groups.[9] Still, the significance of the two strategic acts of at least partially giving up community ties — baptism and mixed marriage — was quite different. Conversion was a break with Judaism, while mixed marriage was necessarily such if it was not followed by either baptism or *reverzális* (a contractual commitment of the Jewish partner to bring up any children stemming from the match as Christians). Mixed marriage can be considered, for this peaceful period, a normal consequence of Jewish political, educational, and cultural integration in gentile society. However "coercive" the assimilationist drive may have been in the Liberal era, it did not produce significant pressure for apostasy or for strategic mixed marriages. From 1900 onwards the yearly number of Jewish conversions oscillated between 440 and 540 — relatively fewer Jews (compared to most Christian denominations except for Roman Catholics) than members of other religious denominations converted at that time. In 1900 and 1910 the yearly number of converts per 100,000 people were, respectively, 11 and 15 for Catholics, 53 and 55 for Jews, 58 and 56 for Lutherans, 75 and 65 for Calvinists, 68 and 55 for Greek Orthodox, 93 and 146 for Greek Catholics, and 322 and 273 for Unitarians.[10] The proportion of Jewish-gentile marriages, on the other hand, increased gradually but not dramatically except for the demographically exceptional years of World War I, when the actual numbers of marriages underwent a radical decrease. For the period as a whole, mixed marriage went from an average of 7.3% of Jewish men in mixed marriages in 1896-1900 to 7.9% in 1901-1905, 10.0% in 1906-1910, and 11.7% in 1911-1913. During the war years 1915 through 1918, for a number of reasons that cannot be discussed here, the proportion rose to 20.6%.[11] *Reverzális*, for one, remained much rarer in Jewish-gentile marriages than among mixed Christian couples.[12] Thus, in the liberal era, strategic action of Jews for public self-denial can be regarded as an only marginal temptation for them.

Identity Management Under Growing Anti-Semitic Pressure

From the 1920s onwards the assimilationist credo was challenged from both outside and inside the Jewish community in the wake of a mounting tide of state supported (1919-1920) or tolerated (1921-1937) anti-Semitism and later the enactment of the infamous anti-Jewish legislation of 1938-1944. The German occupation of March 19, 1944 only exacerbated the trends that already existed.

The challenges to the assimilationist trend from outside the Jewish community came from independent anti-Semitic agitators as well as from the state. Starting in the 1920s, the authorities refused to support and in many instances (especially in the years preceding and following the anti-Jewish laws) hindered further Jewish assimilation and integration — just as they did their utmost to obstruct the economic and professional mobility and progress of Jews in order to promote a new "Christian middle class." Thus a centuries-old trend of official assimilationist policies was reversed. The "Christian course" initiated two different lines of action affecting Jewish identity management. The first was repressive anti-Semitism in general, the second consisted of specific anti-integrationist actions.

Repression started when the military-led counterrevolution was exploited to incite anti-Jewish riots, causing some 3,000 casualties. This had nothing to do with "spontaneous" pogroms, since the atrocities had been staged by special units of the new National Army. After the crushing of the Hungarian Soviet Republic in July 1919, the slogan of the Awakening Magyars (*Ébredő Magyarok*) called for a "changing of the guard" (*Őrségváltás*). An academic *numerus clausus* (quota system) was inaugurated as early as 1920 to limit higher education and thus the educational and social mobility of Jews. In the wake of the anti-Jewish legislation of the late 1930s, in 1939 the *numerus clausus* legislation was extended by ministerial decree to secondary schooling as well. The army, the judiciary, and the entire civil service were "purged" of Jews from the 1920s onwards. The already existing dual market system of social mobility came to be more rigidly enforced than ever.

Also starting early on, state-implemented economic discrimination against Jewish businesses went hand in hand with privately organized anti-Jewish boycott movements. Both the rather insignificant land reform and the redistribution of state-controlled trading permits were directed against Jews in the 1920s. The official drive for the forced reallocation of Jewish economic assets and professional market positions to the benefit of gentiles was radicalized and systematized in the anti-Jewish legislation of the late 1930s and the World War II years. All this amounted to making Jews second-rate citizens and easy targets for further discrimination and persecution. Official anti-Semitism comprised outrightly anti-assimilationist measures.

The *numerus clausus* and the ever increasing segregation of Jews in the educational network prevented a growing proportion of Jewish children from benefiting from the formerly available integrationist functions of schooling.[13]

The obligation imposed upon Jewish high-school graduates to seek further education abroad (this was true of almost half of all Hungarian-Jewish students by the years 1927-28)[14] represented a veritable break with the Magyar national trend favoring assimilation that had existed for several generations of young intellectuals and professionals. Further, formerly possible assimilationist strategies also became inoperative. Magyarization of family names was rarely authorized by the Minister of the Interior after 1918, so that starting in the 1920s the proportion of Jews among Magyarizers dropped to a lesser proportion than that of Jews in the population at large. (See Appendix.) This trend continued in the 1930s. While the government pressed for massive Magyarization of gentiles with alien names, Jewish Magyarization demands were first more or less systematically rejected and then, after 1938, completely blocked. The anti-Jewish legislation was finally crowned by the most infamous of the racial laws, Law XV of 1941 banning mixed marriages and even sexual relations with Christians — a disposition utterly alien to Hungarian legal traditions.

The challenge to the assimilationist credo from inside the Jewish community was, of course, of a different kind, but may have been no less efficient in forcing new identity options on Hungarian Jewry. It was above all, obviously, a reaction to pressures from outside the community. In brief, since the justification for the assimilationist trend rested upon its expected social profitability, its decreasing returns and eventually the disaster of the Shoah — which it could not ward off — brought assimilationism a large measure of disrepute. It should be emphasized, though, that it was far from making it completely untenable. The historical assimilationist tendency could not be eliminated once and forever even by the Shoah, however problematic it became throughout the inter-war years and during the era of anti-Jewish legislation.

Why did the belief of the Jews in national assimilation survive institutionalized anti-Semitism, at least as a major option of the Jewish masses and the official doctrine of community officials? First of all, for some time at least, the assimilationist credo "despite everything" retained part of its earlier usefulness. Even official inter-war anti-Semitic policies distinguished between "good patriotic Jews" and those who were considered to be otherwise. This was obvious not only during the regime of Count István Bethlen and Kun Klebelsberg (1921-1931) but also under Gyula Gömbös and, until the Nazi take-over, under Admiral Miklós Horthy himself. Jews baptized before 1919 were actually exempted from the burden of Jewish status after 1939. Mixed couples (*árja-párja*) and converts were often treated somewhat better and sometimes shielded from persecution in emergency situations. More significantly, as the whole East-Central European region fell under German-Nazi influence and/or domination, the territory of Trianon Hungary proper remained, until March 19, 1944, largely safe from the atrocitiesthat became the common lot of Jews in Slovakia, Croatia, Romania, "reunited" Austria or occupied Poland. To be sure, Jewish Hungarian members of forced labor battalions underwent innumerable sufferings in the Ukraine, masses of 'alien' Jews — those unable to document their Hungarian citizenship — were being deported to Poland as early as summer 1941 (before the Budapest government learned about the fate reserved for them by the Nazi execution squads) and units of the Hungarian forces of occupation organised on their own initiative the systematic killing of thousands of local Jews and Serbians in Ujvidék/Novi Sad in January 1942. In spite of all this, inside Trianon Hungary there were no pogroms (as in Jassy and elsewhere in Romania), no forced displacement of populations, no massacres (as in Croatia), and no deportations to death camps (as in Slovakia and Croatia). Hungarian-Jewish officials as well as the government were able to make a point of such comparisons, maintaining the fiction of a Hungarian exception that would benefit "patriotic Jewry" above all.

More importantly, while we now know — with the benefit of hindsight — that even a high display of assimilated status did not after all provide real protection from murderous anti-Semitism, it at least "worked" in a hypothetical way, as a belief in or a hope for such protection, much like wishful thinking or self-fulfilling prophecies. The argument ran that the more Jews kept up their ostensible attachment to Magyarism the more they would be preserved from the worst. Jewish community leadership professed this self-convincing ideology to the end and even collaborated with the Nazi authorities on the strength of this conviction. They thought it would at least give them a strong moral standing with the Hungarian authorities, a capital potentially convertible into protection: "Jewish Hungarians stick to Magyardom even in the face of their undeserved persecution." Such discourse also helped to depict the anti-Jewish laws as "the lesser evil" — the proto-fascist government did its best to use the argument for winning implicit Jewish support (or "understanding") for its infamous policies. The continuation of assimilationist attitudes to the very end also made it easier for the community leadership as well as many other Jews to save face and justify their earlier assimilationist commitments. The difficulty of breaking with the assimilationist credo was also connected with the fact that it had become an integral part of the Jewish-Hungarian subculture — very much like what happened in Nazi-occupied Western countries or even in Germany.

Several additional factors also made it impossible for many to abandon their assimilationist convictions. First of all, there was the belief in patriotic "roots" or in "the community of destiny" of Jews and Magyars (exemplified in the common irredentism, shared by rank and file Jews and gentiles alike, following the deeply felt loss of the historic territories; attachment to the soil or at least to the birthplace; and the cult of the Magyar language and the national literature, to which the contribution of major Jewish authors including Dezső Szomory, József Kiss, Milán Füst, and Miklós Radnóti was more and more being publicly noticed. Then there was the acknowledged contribution of Jews to the press, the arts, and other cultural fields, where the ever-increasing Jewish share was an object of Jewish pride.

In this context, the belief that there was "another Hungary" — beyond and morally superior to the political establishment opposing Jews — played an essential role. The fact that this "other Hungary" was by no means a fiction came to be demonstrated by, for example, the continued social reception and integration of Jews in the best literary circles of the avant-garde (first around Endre Ady, later Mihály Babits and the famous publication *Nyugat* (West), József Attila and the Szép szó (Beautiful Word), Béla Bartók, and Zoltán Kodály.[15] Likewise, Jews continued to be welcomed in the legal or clandestine socialist and communist movements or even in the much weakened but (at least in Budapest) still active oppositional liberal parties. Dissimilation from Magyarism, given the emotionally, culturally, and existentially overvalued nature of their share in Hungarian civilization, would have meant a heavy symbolic deprivation and intolerably burdensome self-denial for many Jews.

For all these reasons the rise of fascism produced a growing number of strategic assimilationist actions such as mixed marriages or conversions. Interestingly, the statistical trends of the two did not coincide, since they were partly determined by differing factors.

After a peak during the revolutionary year of 1919, the rate of baptism reached a low ebb during the relatively tranquil 1920s. It began to rise again in the early 1930s along with the proto-fascist governments, especially under Gömbös, leading to a new and hitherto unprecedented peak in 1938-39 following the adoption of the first major anti-Jewish laws (see Appendix). The rate of baptism remained fairly high during the war years until the occupation of the country in March 1944, when the outbreak of a panic of hitherto unprecedented dimensions resulted in conversions on a massive scale.

During the six years of high anti-Semitic pressure before the German occupation (1938-1943) 27,500 to 28,000 baptisms took place.[16] Of these, 61% (16,811) took place in Budapest,[17] — a number of converts equal to over 8% of the city's denominational Jews.[18] The conversions of this period constitute the greatest ever historic movement of escape from the Jewish condition. As early as in 1941 over 17.1% of Budapest's "Jews" (as defined by law and extraction) were denominationally Christian.[19] It is quite clear that massive conversions were directly linked to the aggravation of anti-Semitic hysteria and repressive policies.[20] Nevertheless, the fact that a not insignificant proportion of adult Jews reacted to outside pressure by jumping to apostasy shows a high level of "disinvestment" in denominational identity, obviously due to advanced assimilation.

Mixed marriages followed a much more constantly increasing trend from the late nineteenth century on, accelerated for various reasons during and after World War I. Far from weakening, the growth of Jewish-gentile marriages did not cease during the late 1930s despite strong oscillations (at least for Jewish men). The peak months, as one might expect, were those preceding the First (1938) and the Third Anti-Jewish Law (1941) — the latter outlawing all Jewish-gentile sexual relations. One can confidently suppose that many of these marriages were strategic actions taken by Jews to demonstrate their assimilated status and secure gentile social allies. The growth of mixed marriages also shows, of course, that there existed significant though on the whole small sectors of Hungarian society, both in the working classes and the intelligentsia, ready to comply with Jewish demands for intimate personal involvement and alliance during those ominous years.

In any case, it is clear that identity options were redeployed during the period in such a way that many of the cultural experiences and assets of Magyarization would be maintained. One can view the gradual shift in strategies starting in the 1920s and accelerated in the 1930s as already reflecting "post-assimilationist" identity strategies. Indeed, whatever their outcome would be — stubborn attachment to Magyarism, Zionist "disassimilation," or adhesion to universalist salvation ideologies — those concerned based the reorientation of their earlier identity options on the *fait accompli* of actually achieved linguistic, cultural, and affective assimilation. If these old or new options did overcome the traditional assimilationist credo, it was by recognizing its problematic efficiency ("diminishing returns") in the climate of rising fascism, not by rejecting its results. Hungarian Zionists published their leaflets almost exclusively in Hungarian, their poets translated the classics of Hungarian literature into Hebrew, and most of them continued to cherish their mother tongue and the related national civilization as their own even after *Aliyah*. Rejection of cultural Magyarism remained rare and quite atypical before the Shoah. This was even more true of Freemasons, socialists, or communists whose activities rested upon the reinterpretation of national civilization — one of their main inspirations being directly connected with progressive Hungarian art and literature.

Zionism, for one, continued to be negatively impacted by Magyarism and remained marginal among rank and file Jewry. The statistical records regarding Aliyah between 1919 and 1945 reveal a mere 5,629 registered arrivals in Palestine,[21] i.e., far fewer than the number of converts in only one of the peak years of conversion (for example, 1919 with 7,146 or 1938 with 8,584 baptized Jews). While Zionism became somewhat more influential in the years before and during the Second World War, before the Shoah its audience was always largely limited to Orthodox circles and rather marginal intellectuals, far from and hostile to community organizations and authorities. The development of Zionism into a mass movement was hampered by at least three circumstances. In the first place, there was no Jewish-nationalist tradition in Hungary whatever and Yiddish, Hebrew and even a smattering of Jewish history had to be learned anew, indeed reappropriated with a heavy load of work, voluntarism, and cultural self-denial by most would-be Zionists. Secondly, the reality of the prospect of emigration to Palestine remained questionable throughout the period, because of the restrictions imposed by the mandatory power. Finally, Jewish officials put up a staunch resistance to Zionism — which was looked on with understanding, in fact protection, by the government. Paradoxically enough, in the 1930s Zionism and Marxism were considered equally unallowable "sins" for the young and those found guilty of either faced exclusion from the Jewish high schools. Some Zionist intellectuals have later described their spiritual journey leading to Jewish-national self-identification, as well as the lack of understanding they met in Jewish circles.[22] For most of them, Zionism was above all a voluntary attitude of self-assertion against the mounting tide of fascism, not a change of cultural orientation. In 1944 Zionists found themselves clearly in the forefront of the fight against Nazi persecutions and provided some of the most successful protagonists and martyrs of the anti-fascist resistance, embryonic as it was in Hungary. In this historical emergency they gathered their main assets of moral and political credibility that enabled them to perform a major function of ideological guidance after the Shoah that encouraged a massive reappraisal of the assimilationist option by surviving Jewry.

As compared to Zionism, the adoption of universalist salvation ideologies and utopias represents a much older Jewish-Hungarian tradition and a more natural inclination for those who came to be disappointed following the failure of national assimilation. For most of them the ensuing disaster was due to first the obsolescence, then to the collapse of the liberalism of the nineteenth-century gentry. For many rank and file Jews, nostalgia for "the good old times" and support for neo-liberals or attachment to the legal order of liberalism could still seem a reasonable political standpoint in the face of rising fascism. Such views found an occasional forum in surviving private or informal Freemason circles (the lodges had not been authorized to reopen after 1919), the small Budapest-based parties of the liberal opposition to the interwar regimes, and gatherings of the legitimist, Habsburg-loyal aristocracy and bourgeoisie. But the most attractive universalist utopia for Jews lay in the Left. It is well known that the majority of leaders of the 1919 Hungarian Soviet Republic were renegades of the highly assimilated Jewish bourgeoisie and intelligentsia. Justifications for such an extremist position were enhanced by the fact that in the initial period of the 1919 Commune many of the best minds in contemporary Hungary,

Jews and gentiles alike, supported the intellectual revolution these leaders were helping to stage along with the much less successful social revolution.   The intellectual standards of the clandestine communist movement remained remarkably high, even if their moral or political credit and weight were all but lost by the late 1930s.   Jewish intellectuals and self-made men of the politically conscious Jewish masses, though, could continue to join — legally and in cities relatively freely — the social democrats or trade unions or could even develop their leftist political self-awareness outside of any formal organization through Jewish or mixed reading circles, vacation programs, etc.[23] Leftist political capital accumulated during the interwar years and the rise of fascism became major assets for the integration of surviving Jewry into the communist power structure after the Shoah.   In terms of identity, as early as in the 1930s those concerned could consider themselves a sort of intellectual avant garde of the socialist movement since they belonged to the more literate, self-reflective and self-conscious fringe of the local Left. Leftist identity at that time yielded more significant symbolic rewards than ever not only in moral terms (like all oppositional attitudes) but also in political and social ones.   Jews could view themselves not only as fully integrated members of local political fraternities but also as integral parts of progressive humanity, a utopian elite leading mankind toward a new order where discrimination or indeed any kind of denominational, ethnic, or other social difference would be utterly ignored.   This idea of being part of a missionary, universalist salvation elite — which would later be abusively reutilized in the Stalinist propaganda to define party membership — was probably more appealing to Jewish Leftists than to others, in view of the working class base of the Left which was much more absorbed by daily struggle for wages and better working conditions.   The Jewish Leftists already often belonged, because of their middle class background, educational attainments, inner-city way of life, and level of information and aspirations to a would-be elite that felt itself frustrated in terms of its members' social function as opinion leaders.

Aftermaths of the Shoah: Continuity or New Start?

Surviving Jewry, reduced to something like one third of its former population size, was faced with its most dramatic identity crisis following the Shoah. The shock of the disaster concretely experienced by each Jewish family resulted in a long-lasting trauma comparable in its effects to those occurring immediately before and during the persecutions.

For most Jewish Hungarians liberation was not an experience lacking all ambivalence. While survivors of the camps and the Budapest ghetto would welcome the Red Army with obvious gratitude, the forthcoming new dictatorship was shadowed from the outset by its political *diktat* as well as the plundering, rapes, and other crimes perpetrated by the liberators. Zionist disassimilation, though much more attractive after the evident failure of the assimilationist credo, was still a problem for many survivors who remained culturally deeply rooted in Magyar civilization.

The main structural conditions of the management of identity in this new critical situation comprised many doubts but also at least three fundamental givens. One was the experience of the rupture and the necessity of a new start. Jewish-Hungarians could not continue to understand themselves in the same way as before. Whatever their former options may have been in terms of identity perception and self-interpretation, they had to be questioned in the light of the collective tragedy, a tragedy not reducible or even understandable in terms of any rational explanation. In the post-liberation juncture, strategic redefinition of identity orientations became a necessity for each survivor, even if — obviously — this did by no means implicate a conscious, voluntary, let alone intellectually thought through operation. Each survivor became, by necessity, an "elector of destiny" (Sorsválasztók) — to resort to the title of a play by the famous poet and playwright Gyula Illyés.

The second given, closely linked to the former, is connected to the incommensurate nature of the Shoah as a form of over-determinant in connection with all future actions and decisions in matters related to identity. After liberation the Shoah became the unavoidable (if often invisible or hidden, but nonetheless overwhelming) context for all sorts of questions relating to individuals' behavior regarding relationships with Jewry and Jewish destiny. One of the consequences of the fact that the Shoah could be used, even unconsciously, as the ultima ratio of any identity option is the interchangeability of many choices, or their successive adoption over time by the same individual. The passage from established middle-class status to communism or from deep-rooted Magyarism to passionate Zionist militancy, or the revision of one or the other option to the benefit of a new and quite contrary one — all fairly typical examples of mobility of Jewish opinion in the post-liberation years — should not be interpreted as merely resulting from some kind of intellectual instability and bewilderment. They represent, I believe, a sign of the functional equivalence of most radical choices as an appropriate response to the uniquely traumatic experience that served as their fundamental motivation. Thus, post-Shoah identity paradigms, though formally quite similar to those accessible before 1944, did not carry the same meaning. Both communism and Zionism, as well as intermediary options for dissimulation (complete break with Judaism after conversion), thus gained an ultimate justification, whatever the nature of the ideological investment such choices entailed.

The third given of the situation was a hitherto unknown freedom of choice with regard to identity options. This was not only due to the end of the long years of legislative oppression and the murderous months of Nazi mob rule which had compelled Jews to adopt a rigid and mostly defensive self-image and self-understanding. Another reason was that when even most of the baptized came to be legally reclassified as Jews under the Second Anti-Jewish Law, there was hardly any space for dissimulation and the most radical disciples of socialism or liberalism had to face that outside imposition meant they were just as afflicted with the Jewish condition as the members of traditional Israelite communities. The new liberty of self-definition was also connected with the collapse of monopolistic Jewish community agencies and public institutions representing official Magyar nationalism (schools, especially Jewish primary and secondary schools, Synagogue choirs, Talmud Torahs, Boy Scout teams, etc.). The surviving community agencies were exposed to open competition with socialists, communists and the combination of all these for "domination of the souls" and ideological control of the survivors. This was true whether they were taken over by one of the many Zionist entities, which were often fighting among themselves — as happened for all practical purposes in the main Budapest synagogues — or remained exempt from their influence. Thus Jewish identity strategies could be deployed in a veritable Promethean profusion during approximately the first two years of the coalition government, not because there were no external influences but because the latter represented more or less freely operating counterbalancing powers without any of them having a dominant influence: a unique historical juncture indeed, which ended all too soon with the Stalinist Gleichschaltung in 1949.

The credo of national assimilation as the dominant ideological paradigm of identity formation was obviously and definitely discredited by its association with political conformism to, and compromise with, the Old Regime. But this did not mean that many assimilationist attitudes had become inoperational as self-defense, neutralizing or dissimulating Jewishness in public life or even in the presentation of self in routine social intercourse, or as ways of keeping one's distance from denominational values.

In fact, assimilationist status became the stake and the focus of major ideological struggles between the main patterns of the reconstruction of Jewish self-perception and interpretation under the aegis of secularism.

Since the weakness and, indeed, the regression of secularization in the inter-war years[24] had forced Jews to stress the denominational element of their social identity (or, for converts, the lack of it), the rapid democratization and the partial but still considerable move towards secularization in the years immediately following the war set them free from this constraint. Attachment to religious values — even those of a "pariah religion" — had been a demonstration of a much welcome social conformism in the clergy-oriented climate of the "neo-baroque" society of the outgoing Old Regime (to use Gyula Szekfű's adjective). After liberation that kind of conformism was no longer the rule, and Jewish community attachment owed more to the display of recovered Jewish self-consciousness and pride than to religious devotion. Zionists used the synagogue positively for rallying the masses as a common cultural denominator of would-be subjects for Aliyah. Others celebrated high holidays in memory of their martyrs. For most the purely belief-based religious component of synagogue services nevertheless faded considerably in these years. In general, belief in God proved to be clearly more difficult to sustain after than before the experience of the murderous triumph of absolute evil. The losses suffered in the Shoah by Hungarian Jewry were concentrated in its tradition-bound provincial and rural sectors and somewhat lower in the more assimilated large urban communities, especially Budapest, Szeged and Debrecen. More importantly, the new paradigms for identity investment were all based on secular values, and aimed at secular targets such as political democratization and "declericalization" proper (social democracy); economic revolution, and universal salvation of mankind (communism); or the building of a Jewish national state (Zionism). Neutralism in religious matters was not only not the central but to an ever increasing extent a borderline attitude for all leftists, who tended to profess anti-clericalism as well as outright atheism. Mainstream Zionists were only an apparent exception to this rule. If and when they resorted to religion, they essentially did so for strategic reasons, as a possible principle of integrating the tradition-bound sectors of surviving Jewry under the Zionist banner. Such an approach was all the more useful because the surviving Orthodox Jews were relatively more inclined than others to follow Zionist precepts, including Aliyah, while the more secular sectors of urban Jewry showed a higher propensity to join the communist party with its atheist commitments. Religion thus became an important argument to convince the Orthodox, whose leadership had earlier tended to reject Zionism exactly on the basis of religious arguments. All this said, most Zionists remained supporters of lay Jewish nationalism. Religious indifference or refusal of denominational associations were also promoted by fear: What if the bad times came back again? One needed no particular ideological commitments to see the possible advantages of complete formal dissociation from Jewishness and the Israelite community, whatever convictions one held or hopes one cherished regarding the future.

In such circumstances it is not astonishing that most of the strategic assimilationist acts massively resorted to on a more or less voluntary basis in earlier periods showed a high rate of occurrence in the years immediately following the Shoah as well.

The rate of mixed marriages reached an unprecedented historic peak in 1945 — 27% for Jewish men and 16% for Jewish women in Budapest, some 37% for the two sexes combined (see Appendix).[25] This peak, of course, was partly a catching up for over three years during which it had been impossible to enter a Jewish-gentile marriage. The rate declined sharply by 1946, only to resume rising again to attain its highest-ever level in 1949 (38% for both sexes). The social conditions underlying this new trend were manifold and cannot be discussed here in detail. They had to do with political, social and sexual alliances struck during the years of repression, with the neutralization of denominational differences among young people in leftist organizations, specifically with strategic efforts of some Jewish-communist young people to improve their political assets and compensate for an unhappy middle-class or bourgeois background by correcting their social profile (and secret political file) via holy matrimony to an offspring of the working class... However it happened, Jewish-gentile mixing never before played such a large role in the marriage market as in the years after liberation.

Paradoxically enough, almost the same can be said about baptism. As shown in a long chronological set of strictly comparable data (see Appendix), more Jews sought conversion in the years 1945-46 than in the entire first period of the rise of fascism following Hitler's seizure of power. The proportions are all the more impressive since the population basis of denominational Jewry had in the meantime been decimated by the Shoah. The high frequency of apostasy in times of growing secularism can be understood in two ways: negatively as a classic (and henceforth over-motivated) attempt to escape the Jewish condition, but also positively as the demonstration of a nonreligious identity. Over 9% in 1945-47, 18.5% in 1948 and as many as 37% in 1949-1950 of those registered among apostates in the files of the Jewish Community of Pest became "non-denominational." Socialists, communists and other atheists not infrequently resorted to this kind of formal disengagement from religious ties[26] — or they might join one of the smaller Protestant Churches of more liberal reputation on a "one never knows" basis. Quite in contrast to the situation during the pre-war period, when very few converting Jews took the risk of leaving religious affiliation altogether (which would deprive them entirely of potentially precious Church protection) or joining a Protestant minority denomination (which could not promise the same level of protection as the powerful Catholic Church), after 1945 the majority of Jewish converts did so. The proportion of Jewish converts who chose Catholicism diminished from 66% in 1938 (a typical proportion for the prewar years) and as much as 83% in 1944 (due to the illusion that Catholicism would prevent what became the Shoah), to approximately one half of those registering their departure from Jewry with the Jewish Community of Pest (59% in 1945, 49% in 1946, 57% in 1947, 51% in 1948, 40% in 1949 and 52% between 1950 and 1960).[27] Whatever their professed motivations and circumstances may have been, after the Shoah conversions more than ever expressed the desire to lay down the burden of Judaism. Conversion lost its attraction and became irrelevant as a strategy of escapism or assimilation only after the communist take-over, when — almost without transition — denominational identity ceased to be either a public issue or an essential piece of information in public records.[28]

Magyarization of family names was, obviously, quite a different matter. Notably, unlike conversions or even mixed marriage, it did not carry with it the symbolic charge of treason (against Judaism) or at a minimum the odium of denominational dissimulation. In the paradoxically nationalist climate of the postwar years, nominal Magyarism became a major issue for the rest of the country's "national minorities." This was largely due to measures of collective retribution against German-Hungarians suspected — often wrongfully — to have supported the Nazis as well as to offensive inter-state ethnic purification measures in every neighboring country affected by Hungarian occupation during the war. Since there was less internal resistance to Magyarization of one's name than to other ways of conforming to the majority with regard to the public presentation of the self, in the immediate postwar years nominal Magyarization took on more importance than ever for Jews. Communist functionaries were put under official pressure to adopt Magyarized names as a way of emphasizing the "national" deep-rootedness of the party hierarchy. Other Jews simply made up for long years of not having been able to realize their aspiration for name "normality." This explains the sudden explosion of the numbers of Jews who requested (and obtained) a change of their family names (see Appendix). In 1945 and 1946 the number of Jewish requests for such a change reached a historical peak; it remained high for the following decade and beyond, implementing a shift in the characteristics of Hungarian-Jewish names. By the late 1950s close to half the Jews living in Hungary bore Magyar names, as against something like 10 to 30% (depending on place of residence and community affiliation) before the Shoah.[29] Converts, partners in mixed marriages, and other assimilees displayed even higher proportions of name Magyarism. Sixty-eight percent of those baptized between 1945 and 1960 bore Magyar names, as against 50% of those who converted in 1931-1937 and only 39% of those who sought conversion in 1944.[30]

Dissimulation of religious identity also became the rule following the Shoah, though this trend had started much earlier and became quite general during the oppressive war years. Births were supposed to be particularly accurately registered in the Jewish community's files because of their important implications pertaining to the competence of various community authorities in religious and educational matters. Nevertheless, during the years 1938-1943 only about one half of "Jewish births" were actually recorded in these files compared to the number of such births in the public birth records. The year 1944 was disastrous in this respect, with only about 30% of Jewish children entered in the rabbinical files. The under-reporting in the Jewish community records was even worse during the following two years: the number of births in the rabbinical records was only about 11% in 1945 and 24% in 1946.[31] The same can be said about marriages. While the majority of the Neolog marriage ceremonies and all the Orthodox ones were performed by rabbis, the proportion of them inscribed in rabbinical files in Budapest fell to approximately 28% in 1945, 64% in 1946, and then again close to 40% during 1947-1949.[32] It seems obvious that here the effects of tacit disengagement from community ties and rituals were joined by those of negligence, the lay or anti-clerical attitudes typical of Jewish and other communists and social democrats, as well as the cautious "dissimulation" proper due to the trauma of the Shoah.

Regardless of the many implications of the main identity choices open to Jews in the years following the Shoah, communism, Zionism, or cautious "assimilationist dissimulation, which I discussed at length elsewhere,"[33] it is clear that a new system of constraints came to be imposed upon identity orientations by the establishment of communist rule in 1948-1949. This change affected all Jews — whether they adopted communism, paid lip service to its achievements as those due to the "liberators," remained hostile to it as faithful Zionists or as expropriated bourgeois, or else combined subsequently or simultaneously (which was by no means a rarity) two or several of these attitudes. It meant that for the foreseeable future they had lost the transitory freedom of choice they had enjoyed during 1945-1947 in matters connected to identity. A new Promethean situation in this regard would not emerge until the final collapse of communism in 1989.

Notes

1. Indeed, this was the first time for most of Europe outside its very Western fringe, i.e., except for France, the Low Countries, Britain and parts of the German Confederation.

2. The nobility and the gentry actually made up the majority of the political bureaucracy (59% in 1890 and 49% in 1910), the large majority of those in ministerial positions (77% between 1875 and 1918) and a majority of the parliamentary elite (approximately 62% of members of the House of Representatives in the years 1887–1910). During this period the share of the titled aristocracy as a whole amounted to no less than 13–14% among political decision makers. For details see Andrew C. János, *The Politics of Backwardness in Hungary, 1825–1945* (Princeton: Princeton University Press, 1982), pp. 110–111 and 137.

3. The four historical networks of Jewish communities were the Orthodox, the Hasids, the Reform Jews ("Liberals" or "Conservatives," also referred to as "Congress Jews" after the 1868 Jewish Congress), and those intermediate between Reform and Orthodoxy — the Status Quo Ante group — first emerged after the *Vormärz* but only formed formally separate institutional frameworks after the schism of 1868. In 1871 the Bureau of the Autonomous Orthodox Communities was officially separeted from the National Office of Congress Jewry. In 1905 the Central Office of Autonomous Israelite Communities was instituted by the Ministry of Education and Cults. The national organization of Status Quo Ante communities was officially created only in 1927. For details, see László Gonda, *A zsidóság Magyarországon, 1526–1945* (Jewry in Hungary, 1526–1945) (Budapest: Századvég, 1992).

4. On the spectacular progress of linguistic Magyarization and the maintenance of a sizable "linguistic capital" among Jews, see the detailed results of my survey: "Egyenlőtlen elmagyarosodás, avagy hogyan vált Magyarország magyarnyelvű országgá" (Uneven Magyarization, or How Did Hungary Become a Country Using Hungarian), *Századvég* (Century's End), No. 2, 1990, pp. 5–37.

5. From preliminary results of a nationwide survey on nominal Magyarization which I am about to complete with my colleague István Kozma. See also the rather inaccurate but as yet unique statistical compilation by József Palatinus, *Szabadkőművesek Magyarországon* (Freemasons in Hungary) (Budapest, 1939), p. 225.

6. See some details of the transformation of first names in successive generations among Orthodox Jews of Budapest in a study I published

along with Monika Palásti, "Szociológiai ecsetvonások a budapesti orto-doxiáról" (Sociological Sketches of the Orthodox of Budapest), *Városi negyed* (City Quarter), No. 1, 1995.

7. Data from *Statistical Yearbook of Hungary (Magyar statisztikai év-könyv)* (Budapest, 1912), p. 458.

8. If assimilated Jewry is disregarded, official census returns for 1910 show that of the population of Hungary (not including Croatia) only 53.2% were Magyar speakers. If the Jewish ones are added, the figure is 54.4%. If one also takes account of various forms of official pressure on bilingual groups of alien extraction to preferentially declare to census takers that their mother tongue was Magyar, it is probable that the Magyars remained a minority even after 1910. The over-all balance was essentially tipped in favor of a merely apparent Magyar majority mostly by Jews the only group of alien extraction for which the majority by that time had adopted Hungarian as a first language. See "Egyenlőtlen elmagyarosodás...", op. cit., pp. 12 and *passim*.

9. On these problems see my "Vers une théorie sociologique des mariages inter-confessionnels: le cas de la nuptialité hongroise sous l'Ancien Régime," *Actes de la Recherche en Sciences Sociales,* No. 57–58, June 1985, pp. 47–68.

10. Indicators calculated from census data published in the *Magyar statisztikai közlemények* (Hungarian Statistical Reports) series and the yearly figures on converts published in the *Magyar statisztikai évkönyv* (Hungarian Statistical Yearbook) series.

11. "Vers une théorie sociologique...", op. cit. p. 55.

12. According to unpublished results extracted from my recently completed survey of the matrimonial market in Budapest (1900–1950) — based on representative samples from public marriage records — in 1910 only 28.0% of Jewish husbands and 37.0% of Jewish wives in mixed marriages had signed *reverzális* agreements as against as many as 47.0% of mixed Christian couples. In 1916 the practice among Jews became even rarer: 11.0% of Jewish-gentile couples of both sexes as against 17.0% of mixed Christian couples.

13. Anti-Jewish schooling segregation actually started in the late nineteenth century in Catholic high schools, but only became prevalent and gradually spread to the Protestant high schools (in the latter especially via the imposition of higher fees on Jews) in the inter-war years. It did not affect state-run schools until 1939. Lutheran high schools remained more open to Jews than others even after the official *numerus clausus*, though overcharging was largely used there too. Taken as a whole, until

the end of the Old Regime the treatment of Jews in education was somewhat better, i. e., more liberal, than in other walks of public life. For details see my "Jewish Enrollment Patterns in Classical Secondary Education in Old Regime and Inter-War Hungary, *Studies in Contemporary Jewry*, No. 1, 1984, pp. 225–52.

14. I have descussed this question in a number of studies. See, in particular, (with István Kemény) "Antisémitisme universitaire et concurrence de classe. La loi de numerus clausus en Hongrie entre les deux guerres," *Actes de la Recherche en Sciences Sociales*, 34, septembre 1980, 67–96; and "Egyetemi antiszemitizmus és értelmiségi kényszer-pályák. Magyar–zsidó diákság a nyugat-európai főiskolákon a numerus clausus alatt" (Academic Anti-semitism and Forced Professional Options), *Levéltári szemle*, 1992/3, 21–40.

15. All the above-mentioned, together with many other representatives of the creative Gentile intelligentsia, including some of well-known populist writers who had an antiurban (a euphemism for anti-Semitic) reputation (such as Géza Féja, Imre Kovács, Zoltán Szabó), signed a public petition protesting the First Anti-Jewish Law in 1938. They solemnly declared: "Each contemporary must realize the heavy burden of responsibility that will weigh upon us if in spite of the protest of our conscience this laws were voted, of which each Hungarian must one day think with shame." It is obvious that the position of Jews on the local intellectual scene had nothing in common with what could be observed in the period of rising fascism in all the neighboring countries (except in the Czech lands). See Gonda, *A zsidóság Magyarországon*, pp. 210, 326.

16. Extrapolated number. According to official statistical data published in the *Hungarian Statistical Yearbooks*, there were 24,633 conversions between 1938 and 1942 in the country. There are no published data for later years.

17. Data from the *Statistical Yearbooks of Budapest*. See also my "A magyar zsidóság helyzete az antiszemita törvények idején" (The Situation of Hungarian Jewry During the Period of the Anti-Semitic Laws), *Medvetánc* (Bear Dance), No. 2, 1985, pp. 41–90. See especially pp. 68–72.

18. The nationwide percentage is questionable since in the wake of the territorial acquisitions between 1938 and 1941, the Jewish population of the country increased from 410,000 to over 730,000.

19. See *A zsidó népesség száma településenként (1840–1941)* (The Number of Jews by Settlements) (Budapest: Központi Statisztikai Hivatal, 1993), pp. 232–33. The proportion of baptized Jews was even higher

among Jews living in the suburban towns aroung Budapest, including Pestszentlőrinc (24%), Rákospalota (20%), and Szentendre (17.2%). Ibid. 20. Trends of baptism before and after the Shoah have been more closely scrutinized in my "Patterns of Apostasy Among Surviving Jewry in Post–1945 Hungary," *History Department Yearbook, 1993* (Budapest: Central European University, 1994, pp. 225–63.

21. B. Gil, *30 Years of Immigration to Palestine* (Jerusalem, 1950), pp. 29–49 (in Hebrew). See also my "Szociológiai kísérlet a magyar zsidóság 1945 és 1956 közötti helyzetének elemzésére" (A Sociological Attempt at Analyzing the Status of Hungarian Jewry Between 1945 and 1956) in *Zsidóság az 1945 utáni Magyarország* (Jewry in Post–1945 Hungary) (Paris: Magyar Füzetek, 1984), pp. 97–109.

22. See especially Balázs Körmendi (a pen name for Dr. István Kulcsár, a psychiatrist), *Zsidó gyónás* (Jewish Confession) (Budapest: Interart Stúdió, 1990). This book, written in 1942 but published only after the collapse of communism in Hungary, is probably the most remarkable analysis of the evolution of a fully assimilated Jewish-Hungarian intellectual toward Zionism. The author survived the Shoah, emigrated to Israel with his gentile wife soon after, and lived there till his death.

23. For an example of an informal Jewish-communist nucleus, see the report by József Román in his autobiographical essay, *Távolodóban* (In Deviation) (Budapest: Magvető, 1990).

24. On this point see my study "Vers une théorie sociologique des mariages mixtes...", op. cit., especially pp. 48–53.

25. On this issue see my "A vegyes házasságok Budapesten 1950 előtt, néhány kutatási eredményről" (Mixed Marriages in Budapest Before 1956. A Few Research Results), *Múlt és Jövő* (Past and Future), No. 2, 1993, pp. 81–88. See also "Patterns of Apostasy...", op. cit., p. 263 (note 35).

26. "Patterns of Apostasy...", op. cit., p. 260 (note 18).

27. Ibid., p. 261 (note 22).

28. In public marriage and birth registers (currently used in my work in progress on the Budapest matrimonial market and fertility trends), denominational affiliation is regularly recorded up to May 1, 1950. No denominational breakdown of data is possible for later dates as there are no reliable nationwide denominational data whatsoever. Official statistics went over to complete secularization as early as 1947, although the denominational composition of the population was recorded for the last time in the 1949 census.

29. In 1930 through 1932 26% of the Jewish bridegrooms in Pest and 23% of the brides registered with the community had Magyar names. The comparable proportions were higher — 34% and 31% — in the much smaller Buda community. According to representative data from a survey of the public marriage records of the entire city, in January through April of 1950 the proportion of Jewish men who already had Magyarized names when entering into homogamous or mixed marriage was 49% percent for either community, and that of Jewish women was 31 and 30% percent respectively.

30. "Patterns of Apsotasy...", op. cit., p. 248 (Table 5).

31. Ibid., p. 241 (Table 2).

32. Survey results based on the comparison of homogamous Jewish marriages in Jewish community files and in public records for Budapest.

33. I attempted to undertake such a study in several previous essays. See especially, "A Shoah, a rendszerváltás a zsidó azonosságtudat válsága Magyarországon" (The Shoah, Change in Regime, and the Crisis in Jewish Self-Consciousne in Hungary) in *Zsidóság, identitás, történelem* (Jewry, Identity, History), eds. Mária M. Kovács, Yitzhak M. Kasti and Ferenc Erős (Budapest: T-Twins, 1992), pp. 23–45; *Beyond Assimilation, Dilemmas of Jewish Identity in Contemporary Hungary.* Discussion Paper of the Collegium Budapest, No. 2, 1993.

Appendix

Strategic Assimilationist Actions by Jews in the Years Preceding and Following the Shoah in Hungary

	Mixed Marriages Budapest Percent of Jewish Men[2]	Baptism among Jews in Budapest			Magyarization of Family Names[1]	
		Relative Number, 1933=100[3]	Number, in City's Records[4]	Number, in Jewish Records[5]	Number	Percent
1927–29 1,4	17,4[6]	?	260[7]	?	66	
1930	?	?	?	?	?	
1931 5,8	19,3[8]	?	379	?	169	–

1932	–	?	467	?	280	7,4
1933	18,6	100	607	?	?	?
1934	–	129	734	?	?	?
1935	–	133	890	?	?	?
1936	19,8	166	1 141	916	?	?
1937	20,7	138	1 058	871	509	2,7
1938	19,0	809	6 127	2 716	400	?
1939	15,5	548	3 558	1 111	–	–
1940	15,1	343	1 866	2 260	–	–
1941	24,3[9]	235	1 607	1 463	–	–
1942	3,2	339	2 052	1 858	–	–
1943	4,7	247	1 601	1 160	–	–
1944	5,6	2 022[10]	?	3 385[11]	–	–
1945	26,6	142	?	293	6 700	34
1946	17,4	119	?	306	1 580	45
1947	18,3	90	?	229	2 000	30
1948	18,4	61	?	210	1 400	30
1949	24,9	22	?	105	?	?
1950–55	?	12	?	49	?	?

1. Data for 1930–33 are taken from Alajos Kovács, „A nevek és névváltoztatások statisztikája," *Magyar statisztikai szemle*, 1930, 3, pp. 228–40 and by the same author, „A névmagyarosítások 1932-ben" (Magyarization of Names in 1932), ibid., 1933, No. 2, pp. 103–5. Data for 1937 is from an unpublished statistical report on Magyarizations in 1937 in the archives of the Ministry of the Interior. Data from 1938 and later years is from a representative review of Magyarization files (in collaboration with István Kozma) and includes both Jews and "certified" converts of Jewish origin.

2. Calculated from data published in *Magyar statisztikai évkönyv* (Hungarian Statistical Yearbook) through 1943. For the later years the data was obtained by a count of marriage records in the archives of the capital.

3. These figures were obtained by reviewing the registers of people baptized from other denominations in six inner-city parishes and pastoral offices in Budapest. See my study, „Patterns of Apostasy...", op. cit., p. 232.

4. Actual numbers reported in *Budapest Statisztikai Évkönyvei* (Statistical Yearbooks of Budapest).

5. Actual numbers as recorded in the „apostasy files" of the Jewish Community of Pest. No entries were made in these files after October 11. 1994.
6. For 1926–1930.
7. For 1927 only.
8. For 1931–1933.
9. From August 1 to October 31 only. For the rest of the war years Jewish-gentile marriages were only authorized on an exceptional basis.
10. Data available only through mid-September.
11. Includes data through October 11 only; no files available for balance of the year.

—— *** ——

Összefoglaló

Kényszerű identitás-stratégiák a Shoah előtt és után

A tanulmány bevezetője utal a magyarországi zsidóság asszimilációját megkönnyítő törvényekre (a zsidók egyenjogúságának kimondása 1849 júliusában, az izraelita vallás egyenjogúsításáról szóló 1867/VII. törvénycikk, az izraelita vallást törvényesen bevett vallássá nyilvánító 1895/XLII törvénycikk), arra az íratlan „társadalmi szerződésre," amely lehetővé tette a zsidóság integrálódását a magyar társadalomba. A 20. század elején már igen erős *magyar* zsidó identitás figyelhető meg — zsidó és keresztény oldalon egyaránt a „zsidó–magyar szimbiózist" a modernizáció zálogának tekintették. A zsidóság túlnyomó része magyar anyanyelvűnek vallotta magát, nevüket magyarosították, támogatták a kormánypolitikát — és bár egy kis, tevékenységével mérsékelt visszhangra találó fiatal értelmiségi csoport a zsidóságon belül szemben állt ezekkel a nézetekkel — 1918-ig a magyarországi zsidóság alapvetően magyar identitású. Ugyanakkor a más vallásra való áttérések száma egyáltalán nem volt nagyobb mint más felekezetek esetében.

Az első világháború után alapvetően változott meg a helyzet: az állami hatóságok részben támogatták, részben eltűrték az antiszemitizmust. Törvényileg korlátozták a felsőoktatási intézményekbe felvehető zsidó hallgatók számát, zsidó állmi tisztviselőket bocsátottak el, és más szigorú diszkriminatív intézkedésekkel is próbálták csökkenteni a zsidóság gazdasági és társadalmi súlyát. Mindennek következtében zsidó részről csökkent az asszimilációs igény, de mindvégig, még a Holocaust idején is fennmaradt. A szerző azt avval magyarázza, hogy Magyarország német megszállásáig (1944. március 19.) a közép-kelet-európai régió más országaihoz képest könnyebb volt a magyarországi zsidók sorsa, akik közül „hazafias" magatartásukért sokan elismerést reméltek. Igen elterjedt volt a magyar–zsidó sorsközösség gondolata, a hit a „másik", a hivatalos zsidóellenes politikát elítélő — ténylegesen létező — Magyarországban.

A tanulmány számos (a kikeresztelkedésre és vegyes házasságokra vonatkozó) adattal bizonyítja a magyarországi zsidóság ragaszkodását az asszimilációs tendencia folytatásához. A cionizmus marginális jelenség volt, inkább az univerzalista baloldali mozgalmak nyújtottak lehetőséget alternatív identitásra.

A Holocaust utan az egyharmadára csökkent magyarországi zsidóság egyrészt őszinte hálát érzett a gettókból és koncentrációs táborokból való szabadulásukat lehetővé tevő Vörös Hadsereg iránt, másrészt tartott az új diktatúrától. Minden egyes túlélő tudatos választásra kényszerült és ebben a helyzetben újra rendkívül megerősödött az asszimilációs igény, amint azt többek között a tanulmányban részletezett vegyes házassági és kikeresztelkedési statisztikák mutatják. Erre utal az önkéntes és kikényszerített névmagyarosítások nagy száma is.

A kommunista hatalomátvétel 1948–49-ben hosszú időre lehetetlenné tette a szabad identitásválasztást a magyarországi zsidóság számára — erre csak 1989 után nyílt újra lehetőség.

A magyar kormányok politikája a zsidókérdésben 1936–1944. március 19.

Szinai Miklós

Elsősorban a következő két kérdésre keressük a választ:

1) Milyen összefüggés van a magyar kormányok 1944. március 19-ig folytatott politikája és az 1944. évi Holocaust között?

2) Ezzel a problémával kapcsolatban is: mi a magyarázata annak, hogy a náciknak Európában kizárólag Magyarországon „sikerült" rendkívül rövid idő — hét hét — alatt több mint félmillió ártatlan embert deportálni?

Az 1) kérdés pontosabb fogalmazásban: az 1936-ban kezdődő antiszemita törvényhozás vajon előkészítette-e, és ha igen, milyen mértékben készítette elő az 1944-ben bekövetkező katasztrófát? Sőt, ha visszamegyünk az időben, a történeti időben, fel kell tennünk a kérdést: milyen kapcsolat van az 1920-ban meghozott első magyar antiszemita törvény, a numerus clausus, a Horthy-rendszer kezdetén fellépő antiszemita mozgalmak és az 1938-cal kezdődő antiszemita jelenségek, valamint 1944 között?

Vagy az antiszemita gyökerek Magyarországon még mélyebbek?

Látnunk kell az igazi kezdeteket?

Az 1882-es és 1883-as tiszaeszlári per és a nyomában fellépő Antiszemita Párt megerősödését?

Milyen összefüggés van e három antiszemita jelenségsorozat között?

Igaz az, hogy az egész magyar társadalomnak valamilyen különös hajlama, eredeti diszpozíciója van az antiszemitizmusra?

Mik a történelmi tények?

A tiszaeszlári perben[1] 1883 nyarán felmentik a zsidó vádlottakat, a vérvád légkörében 1883-ban megalakul az Antiszemita Párt és az 1884-es választásokon 17 antiszemita képviselőt juttat a magyar parlamentbe. Az 1887-es választásokon azonban már csak 11 mandátumot szereztek és az 1892-es országgyűlési választásokon már egyet sem. Az Antiszemita Párt eltűnt a magyar közéletből. Igaz, hogy az ebben az időben megalakuló Katolikus Néppárt ismét felvállalja a magyar politikában az antiszemitizmust, de ezt a pártot is döntő vereség éri éppen antiszemita, antiliberális politikájában. 1894-ben és 1895-ben a magyar törvényhozás elfogadja a zsidó vallás recepciójáról és a polgári házasság bevezetéséről szóló törvényeket. Ezekben a törvényekben a magyar nemzeti liberalizmus győzelmének jelentőségét aláhúzza két körülmény. Ausztriában már 1878-ban megbukik a liberalizmus és éppen 1895-ben Bécsben győz és hatalomra kerül Luegger antiliberális, antiszemita pártja. Annak a Lueggernek a pártja, akit Hitler az antiszemita politikában első tanítómesterének tekintett. A nemzeti liberalizmus 1918-ig, a 19. század húszas éveitől — kivéve természetesen a Bach-korszakot — 100 évig uralta a magyar politikát.

A magyarhoz hasonló liberális erőkkel egész Közép-Kelet-Európában nem találkozunk. Nincs lengyel, orosz vagy román liberalizmus, mint uralkodó politikai irányzat. Magyarország az európai liberalizmus utolsó kelet-európai tartománya.

A második antiszemita hullámot Magyarországon 1919-től regisztrálhatjuk.[2] Ezt az időszakot a fehérterror zsidóellenes merényletei, bűntettei mellett a kormánypolitika rangjára emelkedett antiszemita politika vívmányai, a hírhedt numerus clausus törvény elfogadtatása jellemzi. A militáns antiszemitizmus lármája mögött ma már azonban nehezen vesszük észre ennek az antiszemita politikának vereségét, vereségének arányait. A szűk idő keretei között szinte csak címszavakban sorolhatjuk fel ennek a vereségsorozatnak a fázisait.

Először vereséget szenved a keresztény kurzus pártja a kisgazdapárttól — háromszor, mint Ludas Matyi Döbrögije.

Másodszor 1921 végére vereséget szenvednek felfegyverzett alakulataik (a különítmények) a nyugat-magyarországi bandaharcokban.

Harmadsorban 1923-ban Bethlen kiszorítja a kormánypártból Gömböst és Eckhardtot.

Negyedsorban 1926-ban súlyos csapás éri a szélsőjobboldalt az ún. frankhamisítási ügyben.

Az 1926-os választásokon megsemmisítő kudarcot szenved a Fajvédő Párt. 1925-ben és 1926-ban teljes érdektelenség közepette és teljes anyagi csőddel felszámolják Gömbös két napilapját, a Népet és a Szózatot. 1927-ben a Fajvédő Párt kimondja feloszlását. Ezután 1938-ig, mikor is a Harmadik Birodalom eléri Magyarország egész nyugati határát, semmi jelentősebb antiszemita mozgalom nincs Magyarországon.

Nézzük a harmadik hullámot. Ezzel részletesebben kell foglalkoznunk.

A történeti ábrázolások szerint 1938-tól éveken át egyenes vonalban visznek az események az 1944. év katasztrófájáig.

Úgy van?

A nyilasok azt hirdették: 1938 a miénk. Nem lett az övék, de 1939-ben majdnem 50 nyilas képviselő került a parlamentbe. Azonban már 1940-ben elkezdődött a nyilas mozgalom hanyatlása. Lackó Miklós majdnem 30 évvel ezelőtt kimutatta egy korabeli — 1943-as belügyminisztériumi — felmérés alapján, hogy a nyilasok befolyása az egész országban 1943-ra a minimálisra, a hivatalos jelentések szerint százalékban alig kifejezhető minimumra csökkent.[3] Edmund Veesenmayer, a német agresszió előkészítésének hírhedt ügynöke 1943-ban kétszer is járt Magyarországon, hogy megbuktassa Kállayt, illetve hogy létrehozzon egy németbarát kormányt, de ez nem sikerült neki. Veesenmayer két jelentésében, 1943 áprilisában és decemberében, magyarországi missziójáról készített beszámolójában saját maga nem egy alkalommal, de ötször panaszolja, hogy milyen jelentéktelenre zsugorodott össze a németbarát szélsőjobboldal, ahogyan ő nevezi, „a nemzeti ellenzék".[4] A német megszállásra 1944-ben nem azért került sor, mert a németek pozíciói erősek voltak itt, hanem mert politikailag gyengék voltak.

A magyar antiszemitizmus, a szélsőjobboldal veresége 1920 után és a második világháború során azért is különösen figyelemre méltó, minthogy a számukra — mondhatjuk — legkedvezőbb feltételek között érte ezeket a politikai erőket. Az első világháború után a bukott forradalmak és a háborús vereség, Trianon árnyékában, egy szélsőséges nacionalista atmoszférában bontakozott ki a kudarcuk. A második világháború előtt és alatt a német hatalmi nyomás, a náci példa mellett, Trianon bekövetkezett sikeres revíziója és különösen, hogy ezeket a revíziós eredményeket a magyar kormányok egyértelműen a náciktól, egy par excellence antiszemita nagyhatalomtól kapták, amely hatalom — méghozzá — uralta egész Európát, mindez az antiszemitizmusnak és a szélsőjobboldalnak nyújtott Magyarországon eddig ismeretlen arányokban támogatást. Vereségük 1943-ra mindennek ellenére bekövetkezett.

A magyar társadalom egésze után kíséreljük meg a magyar társadalom politikai élete talán legfontosabb elemének, a kormánypolitikának a vizsgálatát.

A második világháború alatt és közvetlenül előtte — tehát 1936 és 1944 között — a magyar kormányok irányításánál a meghatározó tényező a magyar nagybirtokos arisztokrácia soraiból kikerülő konzervatív politikai elit befolyása. A miniszterelnök is mindig az ő jelöltjük, de politikai nehézségeik ennek ellenére e nyolc év alatt állandóan növekszenek. A konzervatív elit politikai hatásának mechanizmusa, sémája kb. így írható le.

A konzervatív politika két legnagyobb *közvetlen* ellenfele: az úri középosztály és a német hatalmi politika Magyarországon.[5] A magyar társadalom két legnagyobb problémája a második világháború előestéjén: a földreform és a revízió. Minthogy a földreformot nem oldották meg, minthogy az 1919 óta folytatott revíziós politikával nem szakítottak a konzervatívok, e helyzet foglyai. Hiába tehát a magyar vezető réteg évszázados politikai kultúrája, ennek hatásfokát csökkentette ambivalens magatartása e két fontos tényezőhöz: az úri középosztályhoz és a náci politikához. Az úri középosztályra, a közigazgatási apparátusra, a tisztikarra és ezek értelmiségi holdudvarára kellett támaszkodniok a demokratikus politikai erőkkel, a földreformból kisemmizett tömegekkel szemben, miközben ezek — a középosztály tagjai — 1919 után ismét bejelentették igényeiket a különböző szélsőjobboldali ellenzéki mozgalmak formájában az önálló hatalmi pozíciókra, a teljes hatalomra. Ez a szélsőjobboldali politika — éppen 1936-tól, Gömbös halálától — azért különösen veszélyes, mert — először a modern magyar történelemben — külső hatalmi tényezőkre, a náci politikára támaszkodik.

Miután az Anschlussal Magyarország nyugati határán szomszédos lett a Harmadik Birodalommal, és a náci hatalom a magyar nemzeti függetlenség legnagyobb veszélyévé vált, a magyar kormányok egymás után fogadták el a náciktól, a tengelyhatalmaktól revíziós ajándékaikat.

Az 1936 és 1944 között folytatott magyar kormánypolitika megértéséhez tehát három tényezőt kell *együtt* figyelembe venni: a nyugati hatalmak közép-európai politikájának érdektelenségét Magyarországgal[6] szemben, a konzervatívok náciellenes, németellenes politikai magatartását, és ugyanakkor — harmadsorban, de nem utolsóként — e politika alapvető belső gyengeségeit. Nem lehet megfeledkezni a magyar belügyi apparátus 19 000 zsidó áldozatáról Kamenyec-Podolszk környékén és a magyar szoldateszka 1942. januári újvidéki vérengzéséről. De nem lehet eltekinteni attól, hogy Magyarország a II. világháború idején — mint annyiszor történelme folyamán — ismét a hadak útján feküdt és egyedül állt szemben a keleti német agresszióval. A magyar kormányok csatlakoztak a szovjetellenes háborúhoz. De előtte — kivéve a Románia ellen irányuló német hódító politikát — háromszor szálltak szembe a kibontakozó német keleti felvonulással. 1938 nyarán megtagadták Hitlerék követelését, hogy segítsék a Csehszlovákia ellen irányuló támadást. 1939 szeptemberében elutasították a német szándékot, hogy Magyarországon keresztül kerüljön a német hadsereg a visszavonuló lengyel hadsereg hátába, és 1941. április 3-án Magyarország miniszterelnöke inkább öngyilkos lett, de nem vállalta Jugoszlávia megtámadását a nácik oldalán. Csak e tényezők figyelembevételével[7] válhat érthetővé a magyar kormánypolitika különös dinamikája 1936 után.

1921 és 1936 között három kormánya volt Magyarországnak: Bethlen István, Károlyi Gyula és Gömbös Gyula kormánya. 1936 és 1944 között nyolc kormány volt hatalmon. Tehát 15 év alatt három, 8 év alatt nyolc kormány! Egyedül az 1944. évben négy kormány váltotta egymást. Ez mutatja a Horthy-rendszer fokozódó destabilizálódását. Nézzük ezt a nyolc kormányt tüzetesebben. Ebből két kormányt vegyünk ki: a Sztójay- és a Szálasi-kormányt, egyértelműen a németek bábját. A többi hat kormányfő — hangsúlyozzuk — a konzervatív politikai elit jelöltje.

Ebből három — Darányi, Imrédy és Bárdossy — az úri középosztály, a hazai szélsőjobboldal és a német hatalmi politika kombinált nyomásának hatására átment a szélsőjobboldal és a nácik oldalára.

A másik három kormányfő — akik nem lettek a németbarát politika exponensei — valamilyen formában a náci agresszió áldozata lett: Teleki öngyilkosságot követett el, Kállayt és Lakatost német fegyveres agresszió távolított el a magyar miniszterelnöki posztról, és mindkettőjüket letartóztatták a németek.

1936-tól 1944 nyaráig a konzervatív elit *ötször, hangsúlyozom ötször* szerezte vissza a kormányhatalmat a szélsőjobboldali erőktől:

Gömbös halála után Darányi miniszterelnöki jelölésével, Darányinak a szélsőjobboldallal szemben tanúsított gyengesége után Imrédy kormányfői megbízásával, az új miniszterelnök átállása nyomán Teleki dezignálásával, Bárdossy végzetes külpolitikai lépéseit követően Kállay miniszterelnöki kinevezésével és Sztójay elzavarásával egy időben a Lakatos-kormány megszervezésével.

A konzervatív elit tehát a kulisszák mögött rendkívül kiélezett küzdelmet folytatott 1936 óta a németbarát erőkkel. Ezt bizonyítják e harcokban elszenvedett súlyos veszteségei is. Tekintsük át ezeket az áldozatokat, amit eddig — összegezve — Magyarországon nem vettek számba.

Az egyes magyar politikusok ellen irányuló náci agresszió eszköztárához számítva

– a fegyveres erőszakot,
– a letartóztatást,
– a letartóztatás elől való menekülést,
– az illegalitást,

a következőképpen összegezhetjük a konzervatív magyar nemzeti ellenállás elesettjeinek számát: öt magyar miniszterelnök van ezen a listán: Esterházy, Teleki, Kállay, Lakatos és Bethlen;
- két belügyminiszter: Keresztes-Fischer és Bonczos;
- két külügyminiszter: Kánya és Hennyey;
- két honvédelmi miniszter: Nagybaconi Nagy és Csatay;
- a vezérkari főnök: Szombathelyi;
- a legfelső magyar bíróság, a Kúria elnöke: Töreky;
- az elhárítás két főnöke: Kádár és Ujszászy;
- a budapesti hadtestparancsnok;
- a kormányzói kabinetiroda vezetője;
- a kormányzói Katona Iroda főnöke;
- a kormányzó főhadsegéde;
Végül a kormányzó fia és maga a kormányzó és egész családja, felesége, menye és unokája került német fogságba.

Tegyük ehhez hozzá a magyar arisztokrácia kb. 200 tagjának és a magyar finánctőke prominens vezetőinek a letartóztatását 1944. március 19-én és Mauthausenbe, illetőleg Dachauba való hurcolásukat.' A kontinens kevés államának vezető rétege szenvedett ilyen veszteséget a német agresszió következtében.

Eredeti kérdéseinket most már így módosíthatjuk: ha Magyarországon 1943-ra teljesen visszaesett a nyilas befolyás az egész lakosság körében, és ha ugyanakkor a konzervatív vezető réteg ilyen ellenállást tanúsított, hogyan volt lehetséges mégis a Holocaust? Hogyan volt lehetséges a maga szörnyű méreteiben, végzetes tempójában?

A 19. század utolsó harmadától az egész magyar társadalom történetét — témánk szempontjából — vizsgálva azt mondtuk, hogy Magyarországon háromszor bukott meg az antiszemitizmus, a szélsőjobboldali politika. Mi volt mind a három fázisban a magyar társadalomban az antiszemitizmus hordozója? Véleményünk szerint mindig ugyanaz a társadalmi-politikai tényező: a magyar úri középosztály. A magyar társadalomban egy hét évtizeddel azelőtt kezdődött folyamat kulminált 1944-ben.

A magyar kis- és középnemesség, a magyar dzsentri és a hozzájuk tartozó honoráciorok a magyar nemzet csillagos óráiban, a magyar reformkorban az európai fejlődés, a liberális nemzeti politika úttörő képviselői voltak!

A szabadságharc bukása után nem tudták azonban — mint az arisztokrácia jelentős része — birtokaikat modernizálni. Elkezdődött eladósodásuk. 1871-ben rossz termés, 1873-tól gazdasági válság sújtotta, különösen a rosszul gazdálkodó birtokosokat. Miután az európai piacon megjelent az ukrán és az amerikai gabona, a gazdasági válság agrárválsággá mélyült, és sorra mentek tönkre a mezőgazdák. A tönkremenő magyar dzsentri bevonult az éppen a kiegyezéssel kiépülő új közigazgatási apparátusba. A dzsentri hagyományos ellenzékisége ezzel megtört. Ettől kezdve az úri középosztály és a magyar közigazgatási apparátus a magyar történelemben egymástól elválaszthatatlan fogalmak lettek. Ezt az egész folyamatot erősítette 1868-ban, a kiegyezés második évében fellépő demokrata körök mozgalma. Ez a mozgalom kiterjedt a szegényparasztokra, és nagybirtokellenes jellege is erősödött, szembefordította vele a birtokos nemességet. A kiegyezéssel elégedetlenek tábora ezután tartózkodott attól, hogy a dualizmus rendszere ellen a népre támaszkodjon....[9] Az 1848-as forradalmat és szabadságharcot meghatározó politikai szövetség, a magyar nemesség és a magyar parasztság szövetsége, amit egy szóban Kossuth neve fejezett ki, az 1860-as évek végére felbomlott. Az egész magyar politikában uralkodó áramlattal, a nemzeti liberalizmussal szemben a dzsentri kialakuló kritikája a nemzeti elemet kevesellte, a liberálist sokallta. Az 1870-es évek végére már kibontakozott egy antiliberális, parasztellenes és az eladósodott birtokosok hitelezői ellen irányuló zsidóellenes, antiszemita áramlat, politikai hangulat, amely 1882-ben a tiszaeszlári vérvádban jelentkezett. A dzsentri a vérváddal tulajdonképpen a parasztot akarja a zsidók ellen uszítani. Míg Angliában, Hollandiában és Japánban — hogy földrajzilag szélsőséges példákat hozzunk — az angol dzsentri és a holland, japán nemesség a modernizáció hordozójává válik, a magyar dzsentri gazdasági kudarca a magyar társadalomban a kis- és középnemesség utódait a legmakacsabb antimodernizációs erővé változtatta. Ez a politikai jelenség fejeződik ki e réteg antiszemitizmusában a 19. század nyolcvanas éveitől. Mint említettük, az Antiszemita Párt az 1884-es választásokon bejut a magyar parlamentbe.

Ezzel kezdődik el és bontakozik ki egy folyamat, amely két szakadást teremt a magyar társadalomban. Az egyik, amely az egész magyar társadalomban jelentkezik: az antiszemitizmus szemben áll az egész korabeli liberális magyar politikai élettel. A másik választóvonal — e kérdésben — a dzsentriből kialakuló úri középosztályon belül húzódik.

A reformkor liberalizmusához, 1848–1849 eszméihez, a legjobb magyar nemzeti hagyományokhoz ragaszkodó, az európai civilizációval elválaszthatatlanul összenőtt úri középosztály adta kb. ugyanettől az időtől, a 19. század nyolcvanas éveitől a magyar nemzeti géniusz legnagyobb alakjait. Ez a fényes vonulat Adytól, Krúdy Gyulától, Babitson és Kosztolányin, Rippl-Rónain, Szinyei Merse Pálon keresztül Bartókig, Kodályig, Bibó Istvánig, Szent-Györgyi Albertig, Kosáry Domokosig, Szűcs Jenőig húzódik.

Nem véletlen, hogy 1908-ban az új reformnemzedék a Nyugatot írja induló folyóirata zászlajára, és ugyanekkor szerveződik a magyar képzőművészetben a Nyolcak csoportja. 1906-ban kezdi meg népzenei gyűjtőmunkáját Bartók és Kodály. De jellemző, hogy a modernizáció élcsapata ekkor már nem a politikában, hanem csak a művészetben, irodalomban, zenében, képzőművészetben jelentkezik erőteljesen. A középosztály demokratikus politikai képviselői — az első világháború előtt Justh Gyula, a második világháború előtt Bajcsy-Zsilinszky Endre — csak marginális szerephez jutnak.

A másik vonal, az úri középosztály antiliberális vonulata, zsidóellenessége Tiszaeszlárral és az Antiszemita Párttal, Istóczyval és Ónódy Gézával kezdődik, 1919-ben a fehérterrorral, a numerus clausisszal, a Fajvédő Párttal, az Ébredő Magyarok Egyesületével folytatódik, ekkor Gömbössel, Horthyval, Héjjas Istvánnal és Prónay Pállal reprezentálja magát. 1920-ban Szekfű Gyula végzi el a nemzeti gondolat és a liberalizmus végleges szétválasztásának operációját. Majd az 1920-as évektől a magyar egyetemeken rendszeresített zsidóverések iskoláján elsajátított zsidógyűlölet 1933-tól, majd 1938-tól a kormánypárt jobboldalán, az Imrédy-pártban és a nyilaspártokban válik ismét országos politikává.

Kihagytuk a felsorolásból a zsidótörvények 1938-cal kezdődő politikáját.[10] A fent vázolt folyamatban kiemelt szerepük van. A magyar kormányok diszkriminációs politikája a szélsőjobboldal felé tett, különösen végzetes engedmények sorozatának bizonyult. A kormányzó elit azt mondta, azt hitte, hogy ezekkel a törvényekkel kifoghatja a szelet a szélsőjobboldal vitorláiból. De a konzervatívok sose előzhetik meg — sikeresen — a szélsőjobboldalt — jobbról. Ezekért a törvényekért a konzervatívok viselik a felelősséget.

A zsidótörvények legitimálták a magyar társadalomban azt a — polgári társadalom alapvető értékrendjével legélesebben szemben álló — morált, amelyben a teljesítmény elvével, az egyéni kvalitások, az egyéni tehetség elvének érvényesülésével szemben a születési előjog érvényesült. Azok, akik a zsidó tőke ellen agitáltak, kereszténységükből, a kereszténységből csináltak tőkét. Kádár Gyula horthysta főtiszt, a magyar elhárítás főnöke, aki igen közelről ismerhette tiszttársait, írja memoárjában, hogy 1938-tól a magyar tisztikar a keresztény származását igazoló keresztlevelek után futkosott, és a tiszti előmenetelükért folyó harcban az állítólagos zsidó származással egymást tömegesen denunciálták.[11] De ez volt jellemző az úri középosztály túlnyomó részére is. Századunkban, a nemzeti lét legfontosabb pillanataiban, közvetlenül a második világháború előtt és a világháború sorsdöntő éveiben a magyar középosztály valami kísérteties haláltáncot lejt — a származási oklevelek körül. Magyarországon 1938-tól hat éven át arra biztatták a középosztályt, hogy ezeknek az okleveleknek a birtokában foglalják el zsidó kollégáik állásait. Ez politikai és morális előkészítése volt a zsidók többi javai tömeges elrablásának 1944-ben. A zsidók rendszeres megalázása a munkaszolgálatban, a zsidók diszkriminációja, az a légkör, amelyben hat évig mindennapi gyakorlattá vált az állampolgári jogegyenlőség lábbal tiprása, előkészítette 1944 világát, a sárga csillag, a gettósítás, a tömeges deportálások légkörét. A munkaszolgálat rendszere nélkül nem ölhették volna meg büntetlenül Szerb Antalt, Bálint Györgyöt, Radnóti Miklóst és annyi sorstársukat. Bethlen István állapította meg 1944-ben, hogy „a zsidóüldözés... a legfertelmesebb korrupció, rablás és tolvajlásnak vált a kútforrásává, és amelybe, sajnos, a magyar intelligenciának is tekintélyes része belesodródott". Ha nem vetnek ennek véget — írta 1944 júniusában — „maga a keresztény társadalom fertőződik meg gyógyíthatatlanul".[12] Pontosítanunk kell Bethlen István megfogalmazását. Mert nem a magyar keresztény társadalomról van szó általában, hanem a keresztény úri középosztályról. A Holocaust szellemi előkészítői között egyetlen keresztény proletárt vagy parasztot sem találunk, és a zsidóktól elvett állásokat, üzleteket, rendelőket sem munkások vagy parasztok kapták meg 1944 előtt.

Ha tehát a politikai felelősség hierarchiájában látnunk kell a konzervatív elit ellenállásának az egészét, sok fontos elemét, egyben figyelembe kell vennünk e politika súlyos negatívumait és konzekvenciáit is. Rá kell mutatni arra, hogy a Kállay-kormány 1942 őszén megtagadta a náciknak a magyarországi zsidók deportálására vonatkozó ismételt követeléseit. Ezzel nagy jelentőségű támogatást nyújtott a Kállay-kormányzat a románoknak és a bolgároknak is, akik 1943-tól már szintén ellenálltak a Harmadik Birodalom hasonló követeléseinek. Minden bizonnyal a megmaradt magyar zsidóság is elpusztul, a román és bolgár ellenállás összeomlik, tehát több százezer közép-európai zsidóval súlyosabb áldozata lett volna a Holocaustnak, ha a legkritikusabb időszakban, 1942 őszétől másfél évig nem tartóztatja fel a magyar kormány Eichmann különítményeit a magyar határon.[13] Látnunk kell, hogy a magyar konzervatív arisztokrácia politikája — a német agresszió sikereinek cscspontján is — éveken át asylumként szolgált az idemenekült (osztrák, lengyel, szlovák) üldözötteknek.[14] De a zsidótörvényekkel, antidemokratikus politikájával, a szélsőjobboldalnak tett engedményeivel utat nyitott a szélsőjobbnak, elősegítette a magyar középosztály demoralizálódásának felgyorsulását, hozzájárult a tömeges deportálásokhoz vezető politikai-morális hangulat, közeg kialakulásához.

A katasztrófához vezető úton azonban — szerintünk — a döntő mozzanat, a döntő pillanat: a német megszállás.

Azért kellett summázva felsorolni a konzervatív politikai és gazdasági vezetés veszteségeit, hogy lássuk, amikor a Gestapo 1944. március 19-én elhurcolja a konzervatív politikai elit tagjait, letartóztatja a magyar arisztokrácia színe-javát, a magyar finánctőke képviselőit, nemcsak a szuverén magyar államhatalmat fejezi le, nemcsak vezető rétegétől fosztja meg az országot, de a brutális csapással egyben széttörik a németek a magyar arisztokrácia és a zsidó finánctőke százéves symbiosisát is, azt a konzervatív-liberális politikai-gazdasági ernyőt, ami eddig védte az egész magyar államiságot és ezzel a magyar zsidóságot.

Ezzel nyílik meg, csak ezzel nyílik meg az út Endre László és társai előtt. Ahogyan nem véletlen, hogy a tiszaeszlári vérvád terve, az első magyar koncepciós per ötlete, forgatókönyve az elmaradt, Tisza Kálmán liberalizmusával szemben álló szabolcsi dzsentri soraiban született meg, ugyanúgy nem véletlen, hogy Endre László személyében megint egy vármegyei tisztviselő — egyben 1919-es különítményes tiszt — lett a magyarországi zsidóság deportálásának, az egész 1944-es zsidóüldözést lebonyolító magyar közigazgatásnak a vezérévé. „Csak" annyi a különbség, hogy Endre László már nem egy elmaradott isten háta mögötti megyének, de az ország legfontosabb, centrális fekvésű vármegyéjének volt az alispánja.

A német fegyverek alatt a szabolcsi vérvád szelleme uralta 1944-re egész Magyarországot. Egy par excellence provinciális hatalom, antimodernizációs[15] formáció megszerzi — idegen fegyverek segítségével — a hatalom centrumát. Ezt a politikai erőt Magyarországon — a németek szemében — az értékelte különösen fel, hogy csak ők rendelkeztek azzal a közigazgatási apparátussal, amelynek a segítségével rekordidő alatt — a keleti szovjet offenzíva tavaszi leállása és az új nyári szovjet offenzíva megindulása között néhány hétre Eichmannék rendelkezésére bocsájtott vagonokkal — le lehetett bonyolítani százezrek Auschwitzba szállítását.

Ki a felelős a magyarországi zsidóság Holocaustjáért? Az alapvető kérdésekre keresve a választ, kísérletet tettünk egy történeti modell felvázolására. Nem állítjuk semmiképpen sem, hogy ez az egyetlen lehetséges történeti modell. De mi ennek alapján közelítünk — végül is — az egyik fő kérdéshez.

Ki a felelős tehát a magyarországi Holocaustért?

A hitlerista Németország vagy a magyarok?

Vagy a hitlerista Németország és a magyarok?

Természetesen a második kérdésfeltevés a helyesebb. De mi az arány?

Mi a német és magyar felelősség aránya?

Ránki György a magyarországi Holocaust negyvenedik évfordulóján azt mondta: a németek a magyarok nélkül, a magyarok a németek nélkül nem tudták volna a háború utolsó évében megszervezni több mint félmillió ember deportálását és meggyilkolását. Igaza volt Ránki Györgynek. De ez még nem válasz az arányok kérdésére. Kétségtelen a náci Németország elsődleges felelőssége, főfelelőssége. Nemcsak azért, mert a magyarországi deportálások a náci Németországnak az egész európai zsidóság kiirtására irányuló úgynevezett Endlösungjának „csak" egy részét képezték. De azért is nyilvánvaló a német fasiszták felelőssége, mert 1944 előtt majdnem két éven át követelték a nácik a magyar Kállay-kormánytól a magyarországi zsidóság elkülönítését és deportálását, s a Kállay-kormány végig ellenállt. Csak a legitim magyar kormány német fegyverekkel való megdöntése, Magyarország függetlenségének elvesztése után került sor a deportálásokra.

Ezen a hierarchián belül mi a magyar felelősség? Nem lehet állást foglalni egyértelműen az egész magyar társadalom magatartása tekintetében. Nem lehet figyelmen kívül hagyni, hogy a mai napig sem rendelkezünk az erre vonatkozó átfogó kutatási program eredményeivel. Az egész magyar társadalmat, amely 1944-ig háromszor utasította el az antiszemita politikát, történetileg nem lehet felelőssé tenni a Holocaustért. Számításba kell venni, hogy a vidéki közigazgatást nemcsak a csendőrség és a rendőrség, de a magyar katonaság is erősítette.[16] A vidéki magyar lakosságra 1944. március 19-e után ötszörös terror nehezedett. A közigazgatás buzgó működését a rendőrség mellett a csendőrség rémuralma támogatta, és emögött ott volt a német és a magyar hadsereg. Az ország fővárosában, a kétmilliós város dzsungeljében ugyanakkor — Karsai Elek kutatási eredményei szerint — több tízezer zsidó üldözöttet bújtatott a keresztény lakosság.[17]

A magyar zsidóság sorsáért — komoly érdemei mellett — részleges felelősség terheli az arisztokrata kormányzói elitet. A főfelelősséget a magyar Holocaustért a magyar társadalmon belül az úri középosztály jelentős része viseli. Az a középosztály, amely ideológiailag előkészítette a Holocaustot,[18] amely birtokolta a magyar közigazgatási apparátust, és egyben döntő befolyást gyakorolt a hadsereg tisztikarára és vezérkarára.

A magyar felelősség struktúrájában a két legvégzetesebb negatív faktor: a közigazgatás száz százalékos együttműködése Eichmannékkal és a magyar hadseregvezetés legszorosabb együttműködése a németekkel. A közigazgatás kollaborációja a legfőbb magyarázata a magyarországi Holocaust félelmetesen gyors lebonyolításának. A hadsereg együttműködése a nácikkal, a Holocaust támogatása mellett az egész ország sorsát döntötte el.

A középosztály intellektuális felelősségének kérdésével az adott keretek között nem tudunk foglalkozni. A továbbiakban — szintén úgyszólván csak címszavakban — a dzsentri vagy dzsentroid elemektől vezetett hadseregirányítás konkrét politikai felelősségére kell rámutatnunk.

A közigazgatási apparátus, amely csak a helyi hatalommal rendelkezett, ámbár az volt a törekvése, hogy megszerezze a kormányhatalmat, 1944-ig csak alulról gyakorolt szélsőjobboldali nyomást a kormányerőkre. De a hadsereg már korábban effektív centrális hatalommal rendelkezett, s élt is vele, mert a rendszer jogi-politikai szerkezetében Horthy hatalma biztosította a vezérkar önálló politizálását.[19] Hiába próbálta ezt korlátozni a civil konzervatív elit, a hadsereg és a polgári kormányzat között ott állt Horthy, aki az utolsó pillanatig védte Bethlennel, Telekivel, Bárdossyval, Kállayval szemben a hadsereg „önállóságát" és ezzel az önálló politizálásuk lehetőségét.[20] Ez a konstrukció tette lehetővé, hogy 1938-tól a hadsereg mindig fellépjen a német érdekek mellett, az agresszió mellett. Ugyanakkor ez a katonai vezetés elhanyagolta a hadsereg felkészítését éppen azokra az agresszív feladatokra, amelyeket saját maga követelt. A hadsereget ezért súlyos felelősség terheli a zsidó munkaszolgálat bevezetéséért és gyakorlatáért[21], a második bécsi döntés Magyarország számára kedvezőtlen előkészítéséért[22], Jugoszlávia megtámadásáért[23], a Szovjetunió ellen folytatott háborúban való részvételünkért[24], az 1942. januári újvidéki vérengzésért[25], a II. magyar hadsereg doni katasztrófájáért[26], az ún. Heszlényi-akcióért[27], a magyar nemzeti ellenállás tagjainak kíméletlen üldözéséért[28], a németek balkáni háborújában való magyar katonai részvétel többszörös felajánlásáért.[29]

Végül betetőzte ezt a politikát a magyar tisztikar és vezérkar magatartása az ország sorsát meghatározó két, különösen döntő pillanatban: 1944. március 19-én a hadsereg nem volt hajlandó az ország függetlenségét megvédeni a német támadással szemben[30], és 1944. október 15-én ők akadályozták meg Horthy fegyverszüneti kérelmének megvalósítását, ők segítették hatalomra a németekkel együttműködve a Szálasi-kormányt.[31]

A középosztály tekintélyes részének publicisztikája, a nyilas pártokban, a közigazgatásban vagy a hadsereg irányításában megvalósult politikája ugyanannak a szélsőjobboldali tevékenységnek csak különböző, de egymást kiegészítő, egymást erősítő tartománya, a magyar zsidóság végzetének politikája. De csak a zsidóké?

Külön tanulmány tudná csak felmérni a múlt jövőjét, az 1944 óta eltelt évtizedek mulasztásait, azok okait. A magyarországi Holocaust ötvenéves évfordulója talán alkalom az elmaradt nemzeti számvetésre. Tisztában vagyunk azzal, hogy a konkrét közvetlen felelősség kérdése csak egy része, ámbár minden bizonnyal elkerülhetetlen része e lelkiismeret-vizsgálatnak. A magyar történelem bebizonyította, hogy tévedés, súlyos tévedés, ha a magyar úri középosztály jelentős részének antiszemitizmusában csak a zsidóság és e középosztály marginális konfrontációját látjuk. Ugyanaz az ideológia, amely 1944 előtt előkészítette a Holocaustot, nyitott teret a náci eszméknek, zúzta szét Magyarország függetlenségét. 1944-ben, az antiszemita politika utolsó fázisában a zsidóellenes indulatoknak csak egy új funkciója került előtérbe. A szélsőjobboldal ekkor azt az illúziót terjesztette, hogy a zsidók ellen irányuló rendelkezések mérséklik a közeledő háború negatív hatásait az egész lakosságra, vagy legalábbis csökkentik a háborúnak a társadalomra nehezedő növekvő terheit, sőt javítják Magyarország háborús esélyeit. Az ellenkezője volt igaz. Az endre lászlóknak a zsidók ellen folytatott háborúja most már végzetes bizonyossággal kötötte az ország sorsát a háborúhoz, a németeknek a totális vereség felé rohanó szekeréhez. Mikor a deportáltak vonatai Auschwitz felé robogtak, miközben tízezreket hajszoltak gyalogmenetben Mauthausen, a halál felé, az Apokalipszis lovasai már az egész országgal vágtattak az újabb nemzeti katasztrófa, a második Trianon felé.

Jegyzetek

1. Kubinszky Judit, *Politikai antiszemitizmus Magyarországon, 1875–1890* (Budapest: Kossuth Könyvkiadó, 1976). Egész témánkra vonatkozóan utalok Randolph L. Braham, *A magyar Holocaust,* (Budapest: Gondolat Kiadó, Wilmington: Blackburn International Incorporation, 1981., 1988), vols. I., II. (A továbbiakban: Braham, *A magyar Holocaust*) és az itt megadott irodalomra. Tiszaeszlárra vonatkozóan vol. I, pp. 22–23.

2. Braham, op. cit., vol. I, pp. 32–44.

3. A „harmadik hullámra" a fentieken kívül: *Magyarország története 1918–1945,* eds., Ránki György, Hajdu Tibor, Tilkovszky Lóránt, (Budapest: Akadémiai Kiadó, 1976). vol. VIII. (A továbbiakban: Magy. tört. vol. VIII.). pp. 913–1153. és az itt megadott irodalom 1322–1345. Az 1919–1944 közötti magyar bel- és külpolitikánál általában hivatkozom a Magyarország története VIII. kötetére és Braham idézett munkájára. A nyilas befolyásra: Lackó Miklós, *Nyilasok, nemzetiszocialisták 1935–1944* (Budapest: Kossuth Könyvkiadó, 1966).

4. Az első Veesenmayer jelentés: Gosztonyi Péter Gyűjtemény. (Gosztonyi Péter szíves engedélyével.) 1943. április 30. A második Veesenmayer jelentés: *A Wilhelmstrasse és Magyarország,* eds., Ránki György, Pamlényi Ervin, Tilkovszky Lóránt, Juhász Gyula, (Budapest: Kossuth Könyvkiadó, 1968), pp. 742–745. (1943. december 10.)

5. A magyar belpolitikára gyakorolt német nyomásra: Szent-Iványi Domokos: *Csonkamagyarország külpolitikája 1919. június–1944. március 19. Kézirat.* Magyar Országos Levéltár (OL) Külügyminisztérium. K. 63. 1943, pp. 225–226., 229–235., 244–245., 251–259. A konzervatív politikai elit küzdött a közigazgatási apparátusra gyakorolt szélsőjobboldali befolyás ellen. A hírhedt ún. 3400 sz. rendeletet, amely megtiltotta közalkalmazottak nyilas párttagságát 1938. május 20-án adták ki. (*Magyarországi Rendeletek Tára /MRT/* 1938, vol. I. pp. 421–422.) Ugyanazon a napon, amikor letartóztatta a kormány Szálasi Ferencet. (*Magy. tört.* vol. VIII. op. cit., p. 945.) A II. bécsi döntés után — minden bizonnyal német nyomásra — a kormány visszavonta ezt a rendeletet az 1940. évi 6840. Me. sz. rendelettel. (*MRT.* 1940, vol. III. pp. 2658–2659.) Nem véletlen, hogy most Szálasi börtönből való elengedésével egy időben jelent meg az új rendelet *Horthy Miklós titkos iratai,* eds., Szinai Miklós és Szűcs László (Budapest: Kossuth Könyvkiadó, 1965).

6. *Magy. tört.* vol. VIII. op. cit., p. 935.

7. Lásd a 3.sz. jegyzetben megadott irodalmat és ismertetésemet Kállay visszaemlékezéseiről. *Magyar Tudomány*, vol. 36, no. 7, 1992, p. 887–890.

8. Szita Szabolcs, *Utak a pokolból* (Budapest: Metalon Manager Iroda Kft., 1991), pp. 57–59.; Szinai Miklós, *Magyarország és Mauthausen,* Kézirat pp. 7–14., p. 43.; *Vattay Antal naplója 1944–1945* (Budapest: Zrínyi Kiadó, 1990), pp. 72–76.

9. *Magyarország története 1848–1890*, eds., Kovács Endre, Katus László, (Budapest: Akadémiai Kiadó, 1979), p. 819.

10. A zsidótörvények és a diszkriminációs rendeletek felsorolása: *Vádirat a nácizmus ellen* vol. I. eds., Beneschofszky Ilona–Karsai Elek. (Budapest: A Magyar Izraeliták Országos Képviselete kiadása, 1958), pp. 343–357. *Vádirat a nácizmus ellen* vol. II. eds., Beneschofszky Ilona–Karsai Elek. (Budapest: A Magyar Izraeliták Országos Képviselete kiadása, 1960), pp. 359–371. *Vádirat a nácizmus ellen* vol. III. eds., Karsai Elek. (Budapest: A Magyar Izraeliták Országos Képviselete kiadása, 1967), pp. 638–652.

11. Kádár Gyula, *A Ludovikától Sopronkőhidáig* (Budapest: Magvető Könyvkiadó, 1978), vol. I. pp. 295–297., p. 316.

12. *Horthy Miklós titkos iratai* op. cit., pp. 458–462.

13. Randolph L. Braham Red., *The Destruction of Hungarian Jewry: A Documentary Account* (New York: World Federation of Hungarian Jews, 1963), 84. sz. dokumentum, Szinai Miklós, „Kállay Miklós politikája és a Holocaust" *Magyar Tudomány*, vol. 36, no. 1, 1992, pp. 111–117.

14. Braham, *A magyar Holocaust*, vol. I. op. cit., pp. 88–101. 1943. novemberében 4 hónappal Magyarország német megszállása előtt kb. 15 000 külföldi zsidó tartózkodott Magyarországon, de 1933-tól 1944-ig ennél sokkal nagyobb szám zsidó menekült utazott át Magyarországon Palesztina és a szabad világ felé!

15. Márai Sándor 1944 novemberében *Naplójában* pontos látleletet ad erről a rétegről: „Középosztály. Most sértődötten és csüggedten várják a tarkólövést. Nem tudom, lesz-e tarkólövés, egyáltalán nem tudom, mi lesz? ... Csak azt tudom, hogy ez a középosztály nemcsak gyáva, irigy, hanem mérhetetlenül lusta is. Ezért reszket az elkövetkező időtől, amikor majd igazán dolgozni kell: tehát nemcsak az ál-munkák egyféle válfaját végezni, amilyen a kényelmes hivatal, hanem igazán dolgozni, minden következménnyel, versenyképesen. Ez a középosztály egyfajta láthatatlan hitbizomány élvező örökösének tudta magát még a közelmúltban is. Most kicsöppentek ebből a hitbizományból, a felelőtlen, vakaródzó, uraskodó,

lajhár időlopásból, a méltóságos urak kénytelenek majd igazán kereskedni, felelősséggel dolgozni: s ettől rettegnek. Inkább a tarkólövés, mondják hazug mártírmosollyal. Nemcsak gyávák és hiúk, hanem lusták is." in Márai Sándor, *Napló 1943–1944* (Budapest: Akadémiai Kiadó-Helikon Kiadó, 1990), p. 199.

16. *Az Endre-Baky-Jaross per,* eds., Karsai László és Molnár Judit, (Budapest, Cserépfalvi Kiadó, 1994). p. 88., p. 96.

17. Gideon Hausner, *Ítélet Jeruzsálemben az Eichnmann-per története* (Budapest: Európa Kiadó, 1984), p. 9.

18. Juhász Gyula, *Uralkodó eszmék Magyarországon 1939–1944* (Budapest: Kossuth Könyvkiadó, 1983).

19. Az 1920: I. tc. Az alkotmányosság helyreállításáról és az állami főhatalom gyakorlásának ideiglenes (!Sz. M.) rendezéséről. 13. paragrafus 6. bekezdése — [*Magyar Törvénytár, 1920 évi Törvénycikkek* (Budapest: Franklin-Társulat, 1921), p. 12.] (A továbbiakban: *MT*) — teljesen biztosította Ferenc József abszolutisztikus jogait — a parlament kikapcsolásával — Horthy számára. Gömbös miniszterelnöksége alatt különösen megerősödött a szélsőjobboldal befolyása a vezérkarban és a tisztikarban. Ezzel párhuzamos folyamat a katonák befolyásának növekedése a civil kormányzatra. Erre lásd Teleki Pál 1940. szeptember 1-i Horthyhoz intézett levelét és mellékletét. (*Horthy Miklós titkos iratai,* op. cit., pp. 233–252.) A másik döntő tényező ebben a folyamatban az 1939: II. tc. (*MT.* 1939. pp. 6–128.) A tisztikar teljesen szélsőjobboldali szellemére lásd maga Szombathelyi Ferenc (1941–1944) a vezérkar főnökének visszaemlékezését. [*Szombathelyi Ferenc visszaemlékezései,* ed., Gosztonyi Péter, (Washington DC: Occidental Press, 1980), pp. 14–15., p. 32., pp. 33–35.], valamint: Kádár Gyula, op. cit. pp. 287–288., 295–297., 298., 299.

20. Teleki Pál már idézett Horthyhoz intézett levele 1940. szept. 1-jén: „Kezdtünk átcsúszni egy bizonyos katonai diktatúra felé." Arra mutattam rá — írta Teleki Pál Horthynak — „jól átgondoltan és teljes felelősségem érzetében, hogy Magyarországon jelenleg két kormányzati apparátus és két kormányzat van: az egyik a törvényes, a másik a közigazgatás majdnem minden ágára kiterjedő katonai kormányzat, amelynek működését a törvényes kormányzat áttekinteni és ellenőrizni nem tudja..." in *Horthy Miklós titkos iratai,* op. cit., p. 239. Teljesen hasonló panaszokat ismétel meg Bárdossy miniszterelnök szintén Horthyhoz intézett levelében 1941. augusztus 26-án. (*Horthy Miklós titkos iratai,* op. cit., pp. 300–309.) — A magyar katonai vezetés ugyanezen politikáját tükrözi Szombathelyi vezérkari főnöknek ugyancsak a kormányzóhoz intézett

1943. február 12-i memoranduma. (*Horthy Miklós titkos iratai*, op. cit., pp. 345–355.)

21. Karsai Elek, ed., *„Fegyvertelen álltak az aknamezőn...”* Dokumentumok a munkaszolgálat történetéhez Magyarországon, vol. I–II. (Budapest: A Magyar Izraeliták Országos Képviselete Kiadása, 1962).

Természetesen voltak a magyar hadseregben kiváló katonák, akik szembeszálltak a hadseregvezetésben uralkodó nyilas terrorral (Nagybaconi Nagy Vilmos vezérezredes és sokan mások). A kutatások jelenlegi állása szerint ma még nem lehet megállapítani, hogy az ő befolyásukra vezethető-e vissza a Honvédelmi Minisztérium 1944. tavaszi, nyári akciója, amely a munkaszolgálatba való behívással tudatosan sok vidéki zsidó férfit mentett meg a deportálásoktól, vagy egyszerűen a Honvédelmi Minisztérium ezzel az akcióval csak a legértékesebb zsidó munkaerőt akarta a németekkel szemben megszerezni.

22. Lásd Teleki Horthyhoz intézett már fent idézett levelét. (*Horthy Miklós titkos iratai*, op. cit., pp. 247–249.

23. *Magy. tört.* vol. VIII. op. cit., pp. 1039–1043.

24. *Ibid.*, pp. 1046–1049. és Bárdossy már idézett 1941. augusztus 26-i levelét. *Horthy Miklós titkos iratai*, op. cit., pp. 300–309.

25. Buzási János, *Az újvidéki „razzia”* (Budapest: Kossuth Könyvkiadó, 1963), *Horthy Miklós titkos iratai*, op. cit., pp. 313–321.

26. Lajtos Árpád, *Emlékezés a 2. magyar hadseregre 1942–1943* (Budapest: Zrínyi Katonai Kiadó, 1989). Lajtos a 2. hadsereg vezérkaránál a hadműveleti osztály vezetője volt.

27. A Heszlényi-akcióról először a vonatkozó magyar irodalomban: Braham, *A magyar Holocaust*, vol. I., op. cit., pp. 229–237.

28. *Magy. tört.* vol. VIII. op. cit., pp. 1080–1081.

29. *Horthy Miklós titkos iratai*, op. cit., pp. 364–368.

30. *Horthy Miklós titkos iratai*, op. cit., p. 440. 7. sz. jegyzet., Braham, *A magyar Holocaust*, vol. I., op. cit., pp. 312. 26. és 27. sz. jegyzet. Kállay Miklós fiának, ifj. Kállay Miklósnak a szerzőnek tett nyilatkozata. Eszerint 1944. március 19-re virradó éjszaka Kállay Miklós összehívta az összes magyar hadtestparancsnokot. A hét vezetőből öten nem voltak hajlandóak a németekkel szemben semmi ellenállásra. Csak Bakay Szilárd, akkor a szombathelyi, és Dálnoki Veress Lajos, az erdélyi hadtest parancsnoka támogatták Kállay németellenes álláspontját.

31. *Magy. tört.* vol. VIII. op. cit., p. 1187.

———— *** ————

Summary

The Policies of the Hungarian Governments on
the Jewish Question, 1936 – March 19, 1944

The study provides an overview of the role of the Hungarian governments in the destruction of Hungarian Jewry. Specifically, it aims to explain the reasons why the Germans succeeded in implementing the Final Solution in Hungary faster than elsewhere in Nazi-dominated Europe.

The author evaluates the role of the conservative-aristocratic elites that led the country between 1936 and the German occupation of March 19, 1944, concluding that while these elites played a considerable role in the preparation of the Holocaust, it was the Germans who represented the decisive factor in the destruction of Hungarian Jewry. He also evaluates the responsibility of the Christian bourgeois elements that dominated the country's instruments of state power, including the gendarmerie, police, and civil service, focusing on their anti-Semitic tradition and their role in the Final Solution.

„A nagy utazás" – a politikai antiszemitizmustól a Holocaustig

Berend T. Iván

Jorge Semprun feledhetetlen regényének címe, A nagy utazás sokszorosan kívánkozik előadásom címeként. Az ő „nagy utazása", egész életét zaklatott gondolataiba visszaidéző hatnapos vagon-útja a francia ellenállásból a náci koncentrációs táborba, több százezer magyar zsidó fél évszázaddal ezelőtti útjára utal, nagy, tragikus utazásukra az életen túlra, a halálba.

Ma azonban azt az utat is felidézem, ami a magyar történelem egyik legnagyobb tömeggyilkosságához vezetett: egy gonosz eszme mintegy fél évszázados nagy útját, ami a politikai antiszemitizmus írásos vagy szóbeli megnyilatkozásaitól, az „ártalmatlan" szavaktól a gondolatot gyilkosan beteljesítő gázkamrákig vezetett. Ez az út a bécsi Schönerertől, a francia Bergsontól, a német Federtől a náci Hitlerig és Himmlerig ívelt. Magyarországon Istóczy obskurus „Antiszemita Pártjától" Teleki Pál „numerus claususán" és Németh László *„intellektuális" antiszemitizmusán keresztül jutottunk 1944-ig,* Horthy Miklós kormányzó hitleri terveket kivitelező államapparátusa és csendőrsége által a Horthy-rendszer utolsó nyarán végrehajtott gettósításig és a vidéki zsidóság deportálásáig, majd Szálasi és Baky véres rémuralmáig és a budapesti tömeggyilkosságokig.

Mindez fél évszázaddal ezelőtt jutott végkifejletéig. Két olyan generáció is felnőtt azóta, amely számára a Holocaust ugyanolyan fejezete a történelemnek, mint az első világháború vagy a tatárjárás. Ennyi idő múltán már a történész is a sebészorvos vagy még inkább a kórboncnok érzelem nélküli neutralitásával közelíthet e témához. Meg kell azonban vallanom, hogy a „nagy utazás" az én

utazásom is volt. A Budapest–Lepsény (a Wehrmacht téli felsze-
reléseket szétosztó depója)–Veszprém–Komárom (börtöneivel és
nyilas házaival), hatnapos utazás a vagonban dachaui végállo-
másával, valamint családom e nagy utazásról soha vissza nem tért
32 tagja lehetetlenné teszi számomra a neutralitást.

Ezért is nem az újabb részletek feltárására törő történészi mély-
fúrás monografikus műfaját, vagy a folyamatok kronologikus tör-
téneti végigkövetésének módszerét választottam. Előadásomban a
folyamatok fő tendenciájának esszéjellegű felidezésével keresem a
választ múltunkat meghatározó, de jelenünkkel is összefüggő és jö-
vőnkre is kiható három központi kérdésre.

1. A tragikus történelem megértéséhez, úgy vélem, elengedhe-
tetlen faggatni azt az összefüggést, ami a századvégen keletkezett
politikai antiszemitizmus és egy ország, *egy nép történelmi kudarc-
érzete* között áll fenn. Ehhez természetesen meg kell határozni, mit
is értek történelmi kudarcérzeten. Egy-egy nép bizonyos történelmi
helyzetekben vagy akár tartósabb történelmi időszakok során élheti
át a kilátástalanság, csalódottság és megcsalattatás, a sikertelenség
frusztráló élményét. Ez egyaránt származhat a lesújtó gazdasági el-
maradottságból, az ezzel járó szegénységből és még inkább az eb-
ből való kitörési kísérletek kudarcából. Elmaradottság és a
felemelkedéshez vezető modernizáció sikertelensége még akkor is
generálhat kudarcérzetet, ha a valóságban jócskán történt előreha-
ladás is, s a félsikerek csak másokkal, a jóval sikeresebb riváli-
sokkal, esetleg sikeres-irigyelt szomszédokkal vagy gyűlölt-sikeres
ellenfelekkel összevetve minősíthetők kudarcnak. A közép- és ke-
let-európai országok 19. századi félig sikeres modernizációja pél-
dául kiemelte ugyan a térséget a tradicionális elmaradottság
állapotából, de koránt sem vezetett a Nyugathoz való felzárkózás-
hoz, nem mutatott kiutat az európai periféria agrár-falusi szerke-
zeteiből. A jobbágyság és a nemesi kiváltságok eltörlése, az
életkörülmények érezhető javulása, Budapest Európa hatodik leg-
nagyobb világvárosává emelkedése és a felemelkedő elit ezzel tár-
sult eufóriájának bizony súlyos ellenpontja volt a nadrágos úr és
a letegezett cseléd között tátongó, áthidalhatatlan szakadék, melyen
legfeljebb csak egyes egyedi életpályák hídja ívelhetett át, kivéte-
lével erősítve az átjárhatatlanság szabályát.

Az Elbától nyugatra a 19. század utolsó évtizedeitől a tőkés fejlődés látványos új útjai bontakoztak ki: a beteljesedett ipari forradalom nyomán a később posztindusztriálisnak nevezett társadalom irányában ekkor indult meg az átalakulás. Ennek markáns jeleként hódít a „középosztályosodás", a „fehérgalléros munkások", a szolgáltatások ezernyi új területén dolgozó tisztviselők és értelmiségiek hadának felemelkedese. E legfőbb új társadalmi jelenséggel kapcsolódik össze a később jóléti államnak nevezett állami szociálpolitika kiterjedt alkalmazásának kezdete. Bismarck az erőszak és nyílt elnyomás brutális politikáját váltja fel szociális törvényhozással, hogy kifogja a szelet a szocializmus vitorlájából. Skandináviában pedig útjára indul a 20. században kiteljesedő szociális gondoskodás.

A történelem iróniája, hogy Marx halála után gyökeresen megváltozott a társadalmi fejlődés éppen általa kiválóan leírt és elemzett kora kapitalista, antagonisztikus osztálytársadalmi fejlődési útja, melyre alapozva Marx a fejlett országok proletárforradalmának elkerülhetetlenségi tézisét alapozta. Marx halála után a marxi következtetések érvényüket vesztették a fejlett világban, s ezt ismerte fel a századforduló körüli nyugati szociáldemokrácia.

Az Elbától keletre eső és a mediterrán európai periférián azonban szó sem volt az ipari forradalmi átalakulás beteljesedéséről. A középosztályosodás nem válhatott meghatározó társadalmi tendenciává, és tartósak maradtak a tradicionális elemekkel, paraszti kirekesztettséggel és kiszolgáltatottsággal súlyosbított kora kapitalista osztálystruktúrák. Ebben a gazdasági-társadalmi környezetben vert gyökeret a leninizmus, a marxizmus Kelet-Európára alkalmazott revíziója. De ugyanez a közeg termelte ki a marxista osztályharc és proletár osztályforradalom tézisét a „burzsoá nemzetek" elleni „proletár nemzeti" háború Enrico Corradini-féle „nemzeti szocializmusa" számára is. A német völkisch-pángermán mozgalom pedig az „osztályellenséget" a burzsoá helyett a „zsidó pénzügyi uzsoratőkében" kívánta megsemmisíteni. A Hannah Arendt által „törzsi nacionalizmusnak" nevezett kirekesztő, faji alapra helyezett ellenségkeresés, mint a kérdés kiváló kutatója, George Mosse fogalmazta, így „fordította le" az osztályforradalom tézisét a zsidóellenes forradalom programjává.

Valóban, az iparosodásban látványosan sikeres Németország sem tudta maradéktalanul ellensúlyozni korábbi széttagoltságának és kései indulásának hátrányos következményeit. Az ambiciózus porosz-junker katonai elit fájdalmasan élte át kirekesztettségét a gyarmattartó hatalmak — ne feledjük, ez az igazi nemzeti nagyság szimbóluma e kor Európájában — exkluzív klubjából. Hiába hagyta le az iparosodás terén Vilmos császár Németországa az úttörő Angliát, a kudarcérzetet ez sem tudta feledtetni. De még a forradalom és napóleoni gloire bódulatából ébredő és a világ második gazdasági hatalmává gyarapodó, kiterjedt gyarmatok arrogáns uraként felemelkedő Franciaország sem kerülhette el az átmeneti frusztrációt a poroszoktól elszenvedett katonai vereség, Elzász-Lotaringia elvesztése és a hadisarc fizetésének idején a 19. század utolsó évtizedeiben.

A történelmi kudarcérzet a lázadások ideológiáit és mozgalmait hívta életre. Ezek egy társadalmi osztály vagy egy etnikum önző, kizsaroló hatalmi hegemóniájában keresték, és azzal magyarázták az országok vélt vagy valós kudarcainak okát. Így vált célponttá a kizsákmányoló burzsoá, az élősdi, harácsoló Nyugat, vagy a néptől idegennek minősített zsidó (lásd a völkisch „Volksfremde" vagy a hazai „hígmagyar" kategóriát). A szenvedélyes bűnbak- és áldozati bárányt keresők szemében a zsidók fagyöngyként élősködtek a nemzet törzsén. Milyen egyszerű volt a nyugati középosztályosodás, polgárosodás közép- és kelet-európai hiányát azzal magyarázni, hogy a zsidók foglalják el ezeket a pozíciókat, s egy numerus clausus vagy szélsőségesebb esetekben a zsidóktól való megszabadulás útján keresni a gyógymódot a társadalmi fejlődés elmaradottságának bajaira. A féligazságok jócskán segítették a politikai antiszemitizmus társadalommegváltó programjának terjeszthetőségét. A kasztos nemesi-úri közép- és kelet-európai társadalmakban, a paraszti polgárosodás akadályoztatottsága ugyanúgy fennállt, miképp a dzsentri polgárrá válását az úri státus fenntarthatósága, az állami bürokrácia, megyei apparátusok és hadsereg pozícióiban való megkapaszkodás lehetősége feleslegessé tette. A volt nemesi társadalmak e jellegzetessége termelte ki azt a társadalmi vákuumot, melyet azután főként társadalmon kívüli vagy kívülről jött elemek töltöttek be, kereskedő görögök, urbani-

zált németek és urbanizált, kereskedő zsidók. Ezeket az „idegen"
elemeket könnyű volt célpontként állítani, pszichológiailag pedig
csábító volt a társadalmilag sérülékenyebb, támadhatóbb rétegek el-
len irányítani a társadalomban feszülő indulatokat. Így tudták a cári
hatóságok véres zsidópogromokká transzformálni a robbanásveszé-
lyes elégedetlenséget az 1880-as évektől, s így fordult a középko-
riasan kizsákmányolt román paraszt „osztályharcos" indulata
spontán módon a zsidó szatócs, bérlő és pénzkölcsönző, a kapita-
lizmus számára egyedül látható és érzékelhető képviselője és szim-
bóluma ellen 1906-ban.

2. Ezen a ponton elkerülhetetlenül beleütközünk egy ehhez kap-
csolódó másik kérdésbe: mi az *összefüggés az antiszemitizmus és
a* különböző előjelű, *konzervatív vagy populista antikapitalizmusok
között.*

A 19–20. század fordulójának elmaradott közép- és kelet-európai
paraszti társadalmak konzerválódott közegében úgyszólván termé-
szetes elemi erővel jelentkezett a kapitalizmus import áruként való
elutasítása. A tradicionális paraszti közösségek Oroszországtól Szerbiá-
ig fennmaradó világában, az obscsinák és zadrugák 20. század elején
is majd változatlan közegében a kapitalizmus individualizmusa merő-
ben idegen értékrend maradt. Az angol polgárosodó-kereskedő dzsent-
rivel vagy a vállalkozói-értelmiségi egzisztenciákba átnőtt japán
szamuráj elittel ellentétben a közép- és kelet-európai dzsentri lenézte,
megvetette, magához méltatlannak ítélte a kereskedést és üzletelést. A
társadalom mindkét hagyományos (paraszti és volt nemesi) pólusa
tradicionálisan antikapitalista maradt.

Az első világháború kudarca és az azt követő forradalmak fe-
nyegetése a bajok okát magától értetődően kötötte a „szerves ma-
gyar történelmi fejlődés" megbicsaklásához, s ez a liberalizmus és
kapitalizmus magyarságtól idegen import árunak bélyegzéséhez és
elutasításához vezetett. A kapitalizmust mint idegen testet az egész-
séges szervezet immunreakciója az egészséges magyar társadalom
nevében kívánta kivetni magából. Konzervatív és populista antika-
pitalizmusok vetették el a „magyarságtól idegen" értékeket és azok,
ugyancsak idegennek bélyegzett honi képviselőit.

Szekfű Gyulát és Szabó Dezsőt egy világ választotta el egy-
mástól, de konzervatív, illetve populista antikapitalizmusuk iker-

testverek voltak. Szekfű Gyula a *Három nemzedék.
Egy hanyatló
kor története* című, 1919-ben megjelent munkájában, mint könyve
előszavában is leszögezte, azokkal az erőkkel kívánt szembenezni,
„melyek az egészséges fejlődés sodrából kivetették" a nemzetet.
Ezeket az erőket végül is a 19. századi magyar társadalmat átjáró,
a „szerves nemzeti fejlődéstől idegen", mérgező, bomlasztó ele-
mekben, az idegen kapitalizmusban és liberalizmusban találta meg.
„Vannak határozottan antikapitalista népek... a mi magyarunk is
antikapitalista talentum."[1] Ezt az idegen rendet és szellemiséget pe-
dig az ugyancsak idegen zsidóság hordozza. Szekfű a „valódi nem-
zeti hagyományokra" építő, hazai talajból kinőtt hagyományos úri
osztályok révén és a parasztság népi bázisán tartotta lehetségesnek
a szellemi újjáépítést.

Szabó Dezső ugyancsak 1919-ben megjelent *Elsodort falu* című
tanregénye a szociális lázadást kapcsolja össze a romlott és rom-
lásba vivő, idegen hatások alá került „város", s annak idegen ér-
tékrendje elvetésével. Az újjászületés a falura, a „faj bölcsöjére",
a magyar „faji tulajdonságok rezervátumára" kell hogy épüljön.
Szabó kapitalizmus- és individualizmuskritikája a legszorosabban
összekapcsolódott a magyar nép elpusztítására szövetkezett úri és
idegen világ, a németek és zsidók szenvedélyes gyűlöletével.

A politikai antiszemitizmus történelmileg elválszthatatlan a kon-
zervatív vagy populista antikapitalizmustól, azoktól az eszmei áram-
latoktól, melyek a kapitalizmussal, nem utolsósorban annak
sikertelen vagy félig sikeres, elmaradott változataival szembeni elé-
gedetlenséget transzformálták antiszemitizmussá. A zsidóellenes
társadalmi forradalom koncepciója vezérelte Eugen Webert, amikor
leszögezte, hogy a forradalom–ellenforradalom ellentétpár helyett
pontosabb azt meghatározni, hogy milyen irányultságú forrada-
lomról van is szó. A változást kívánó tömegek, adott feltételek kö-
zött, bal- vagy jobboldali, konzervatív, bolsevik vagy fasiszta típusú
forradalmi mozgalmak mögé egyaránt felsorakozhatnak. A populis-
ta, antikapitalista nemzeti szocializmusok különféle pártszerveződé-
sei a közép- és kelet-európai térség jellegzetes, barna vagy zöld
színfoltjaivá váltak a két világháború közötti politika palettáján.

E jobboldali antikapitalizmusok azonban nem csak irányukban
különböztek a marxista–leninista antikapitalizmustól. Ezek követ-

kezetesen megmaradtak azon a Gottfried Feder-i platformon, amely korántsem *általában* fordult szembe a kapitalizmussal, hanem annak csak „zsidó, pénzügyi, harácsoló (raffendes Kapital)" válfaját akarta kiirtani, elfogadva, becsülve és védve „az árja, ipari, teremtő tőke (schaffendes Kapital)" nemzeti alapon megtisztított rendjét. Alfred Rosenberg, Hitler ideológusa ezt fogalmazta újra *A XX. század mítoszá*-ban, amikor leszögezi, hogy „a marxizmus hamisan teszi fel a kérdést, és ezzel a nemzetközi zsidóságnak dolgozik, amikor a tőkét általában kárhoztatja. A valóságban azt kell kérdezni, hogy kinek a kezében van ez a tőke..."[2]

A húszas évek elejének magyar szélsőjobboldala, a kicsiny Fajvédő Párt hasonló szellemiségben hirdette, hogy az „új háborús nemzedék" egyszerű restauráció helyett — mint Bajcsy-Zsilinszky Endre Bethlen Istvánhoz intézett nyílt levelében megfogalmazta — „egy új átfogó reformpolitikáról álmodozott, amely összeolvasztja a szociális, faji és nemzeti gondolatot... Erélyes orvosi kéz után esengtünk... A diktatúra vágya, mint ökörnyál ősszel úszott a levegőben."[3] A diktatórikus hatalomtól a „nemzetietlen" zsidó „bankokrácia" hatalmának megtörését várták, „a koncesszióknak és minden fajtájú haszonnal járó vállalkozásnak oly módon való elosztását, hogy annak oroszlánrésze a keresztény érdekeltségek kezébe jusson" — foglalta össze e gondolatrendszert Horthy bizalmasa, Kozma Miklós.[4] Bajcsy-Zsilinszky Endre 1924. januári képviselőházi felszólalásában is világosan megfogalmazta, hogy még a külföldi tőkekapcsolatokat és hitelek felvételét is ellenzi, mivel ennek révén „az internacionális nagytőke és a velük szövetkezett budapesti bankokrácia fogja irányítani Magyarország gazdasági politikáját".[5]

Az 1930-as évek kifejezését használva, az „őrségváltás" gondolata, a zsidótlanított, nemzeti alapra helyezett kapitalizmus programja jelent meg Magyarországon is. S ami a bethleni konszolidáció idején a Horthy-rezsim jobboldali ellenzékének nézete volt, az az 1930-as évek végére, a Hitler kegyeiért és területrevíziós segítségéért folytatott versenyben, illetve a Szálasi-féle magyar náci tömegpárttal versengve Horthy kormányainak programjává vált. A zsidótörvények 1938-tól már ezek konkrét megvalósítására vállalkoztak.

A populista antiszemitizmus, mely a század elején még csak Szabó Dezső írói munkásságának részeként jelent meg, a harmincas–negyvenes évek folyamán vad tömegindulatok felkorbácsolását segítette elő. Az ehhez lehetőséget kínáló nemzetközi hatások nyomán a konzervatív-antikapitalista antiszemitizmus a beszédek és cikkek „ártalmatlan" világából politikai gyakorlattá vált. A viszonyok további romlása, a növekvő náci nyomás s a várt „győzedelmes", „új európai rendet" teremtő háború utáni jutalmazás rövidlátó reménye, s néhány szélsőséges demagóg kellett csupán hogy mindez náci-német és horthysta kooperációban a magyar zsidóság tömeges kiirtásának politikájává, a hazai „Endlösung" gyakorlatává váljon, mégpedig — történelmileg szólva — percekkel a nácizmus totális veresége és összeomlása előtt.

Az úgynevezett elvi vagy szalon antiszemitizmus megnyilatkozásai a harmincas–negyvenes évekre már végképp elveszítették intellektuális ártatlanságukat. 1943 augusztusában már fél évtizeddel vagyunk a náci „Kristallnacht", az emberégetést megelőző zsinagógaégetések után. A német halálgyárak már nagyban üzemeltek, és a magyar hadsereg kereteibe sorolt sok ezer, tízezer zsidó munkaszolgálatost öltek már meg Ukrajnában kegyetlen, likvidálást elrendelő parancsok és végrehajtó keretlegények. Ilyen körülmények között ült össze Szárszón a Soli Deo Gloria telepén több száz, főként népi értelmiségi, hogy tisztázza a népi mozgalom alapelveit, a háború utáni Magyarország társadalmi tennivalóit. Amikor többségük a „harmadik út", vagy ahogyan akkor fogalmazták, a nemzetiszocialista jobb- és szocialista baloldal közötti „harmadik oldal" álmait szövögette és a népi mozgalom valódi „magyar forradalmáért" aggódott, már nem hangozhatott naiv ártatlanságnak Gombos Gyula kijelentése, hogy „Magyarországon a társadalmi ellentétek mögött faji ellentétek feszülnek", amit nem lehet társadalmi rendezéssel megoldani. A magyar munkás- és paraszti tömegek az őket elnyomó német és zsidó rétegekkel konfrontálódnak, és ez a konfliktus „nemcsak társadalmi jellegű, hanem faji is: a magyarság szembenállása a rajta élő, őt kizsákmányoló idegenséggel".[6] Gombos Szárszó után a Magyar Út-ban közzétett tanulmányában a háború utáni időszakra mind a polgári demokrácia, mind a szocializmus lehetőségét kizárja. A „harmadik

oldalra" álló népi tábor, mint kifejtette, egyaránt elzárkózik a jobb-
és baloldali kibontakozástól, mert mindkét táborban túlnyomórészt
a „magyarságtól idegen erők" állnak, „ilyen körülmények között
akár egy polgári demokratikus, akár egy szocialista »baloldali ki-
bontakozás« a zsidóság vad revansán kívül ígér-e egyéb konkré-
tumot?"[7]

1943 nyarán, egy évvel a magyar zsidók százezreinek gettóba
zárása, majd Auschwitzba deportálása előtt, a félelmetesen közelgő
szélsőjobboldali haláltánc közeli örvénylésére nem is gondolva,
Németh László is csak valamiféle zsidó előretöréstől és bosszútól
fél, egy olyan közelgő békéről beszél, „amelynek ők lesznek a sú-
gói, s ők lehetnek a kinevezett megváltói is". Egy „önkritikátlan,
bosszúszomjas zsidóság" rémképével riogat, s kijelenti, hogy „na-
gyon rossz füle van annak a késköszörülésre, aki nem hallja, hogy
Shylocknak éppen a szív kell".[8]

A politikai vagy intellektuálisnak nevezett antiszemitizmus
ezekben az években bizony már anyagi javakat és életeket tömе-
gesen érintő, meghatározó erővé vált egy hódító populista, fasiszta
tömegmozgalomban, s kíméletlen kivitelezőkre lelt Horthy csendő-
reiben és Szálasi Árpád-sávos, nyilaskeresztes pártszolgálatosaiban.
Már korántsem csak a zsidó „bankokráciáról" volt szó, hanem a
zsidókról általában. A zsidó üzletek, lakások, ékszerek és ingósá-
gok konfiskálása szélesebb lumpen, munkás- és paraszti tömegek
korrumpálására is felhasználhatóan indította véres útjára a fasiszta
jellegű „társadalmi igazságtevést".

3. A „szociális, faji és nemzeti" koncepciók Holocausthoz ve-
zető összekapcsolása, a zsidóellenes antikapitalizmus „Endlösung"-
ba torkolló gondolatrendszere azonban egy pillanatra sem
választható el a harmadik kérdéstől, amire a politikai antiszemitiz-
mus és Holocaust összefüggéseit vizsgálva választ kell keresni: va-
jon e tragikus folyamatokban milyen szerepet játszott a
kommunizmus és antiszemitizmus összefüggése.

A marxi szocializmus lenini bolsevizmussá transzformálását,
mint már utaltam rá, a kelet-európai gazdasági-társadalmi fejlődés
deformálódott történelmi folyamataival tartom összefüggőnek. A
század eleji történelmi kudarcérzetnek és lázadásnak ez egyik jel-
legzetes vezérmotívumává vált. A kommunizmus szellemi kísérte-

te, amiről Marx a 19. század közepén beszélt, a szociáldemokrácia sokmilliós tömegmozgalmává vált Európa nyugati felén, s a kommunizmus elkeseredett-elszánt kísérletévé az első világháború utáni Közép- és Kelet-Európában. Ennek okairól és következményeiről könyvtárnyi az irodalom. Nem kevés szó esett ennek kapcsán a marxizmus és a kommunizmus, valamint a zsidóság viszonyáról. Az 1919. évi Tanácsköztársaság, Kun Béla és Korvin Ottó után a keresztény-nemzeti kurzus Magyarországa negyedszázadon át sulykolta a — későbbi náci kifejezéssel — „judeo-bolsevizmus" koncepcióját. Rendkívül tömören fejezték ezt ki azok a hatalmas plakátok, melyek a háború utolsó évében borították be Budapest utcáit: Kun, zárójelben Kohn Béla és Korvin, zárójelben Klein Ottó börtönfényképeivel, sárga színű, és azonossági jellel összekapcsolt sarló–kalapács és Dávid-csillag jelképekkel.

A marxizmus, szocializmus és kommunizmus ugyanúgy idegen, zsidó dugáru, miképp a kapitalizmust is annak ítélte az ebben a vonatkozásban semmiben sem különböző konzervatív, népies vagy fasiszta jobboldal. Marx és Trockij, Kamenyev és Zinovjev, Kun Béla és Korvin Ottó és sok más szocialista és kommunista zsidó származása, a mozgalom születésekor és pályájának első szakaszán megfigyelhető zsidó „túlreprezentáltság" igazsága szolgált érvül.

Nem vitás, a kisebbségi sors kívül rekesztő megkülönböztetése, a vallásiból politikaiba fordult antiszemitizmus megaláztatása és fenyegetése, az 1880-as évektől szervezett pogromok, vérvádak, a dühödt antiszemita propaganda a kiszemelt áldozatok különféle reagálását váltotta ki. A közép- és kelet-európai térség nyugati szféráiban felerősödött az asszimiláció, a teljes beolvadás mohó vágya, kikeresztelkedéssel, név „magyarosítással", sőt valamiféle jellegzetes neofita nacionalizmussal és néha még torz zsidó antiszemitizmus megjelenésével is társulva. A nem vagy kevéssé asszimilált keleti zsidóság nagy tömegei választották a menekülést, emigrációt a tengeren túlra. A századforduló körüli oroszországi emigráció 40%-a zsidó kivándorlásból adódott. Megint mások az önálló zsidó állam újrateremtésének önvédelmi gondolatához fordultak. A cionizmus nem véletlenül ezeknek az évtizedeknek és ennek a régiónak a terméke, Leon Pinsker, Moses Hess, majd igazán sikeresen, mozgalommá szervezve, Herzl Tivadar cionista eszméje és az első palesztinai „aliják" megszervezése fejezte ki e reagálást.

S voltak, akik a kiutat egy internacionalista, platói, rousseau-i és marxi, magántulajdon nélküli, igazságos társadalomban, az osztály- és nemzeti különbségeket eltörlő, a kisebbségi elnyomás helyett valódi testvériséget ígérő kommunizmusban vélték felfedezni. Kétségtelen, hogy egyes közép- és kelet-európai országokban számarányuknál jóval nagyobb mértékben kapcsolódtak zsidó értelmiségiek és kisemberek a kommunista ígérethez. Magyarországon mind 1919-ben, mind a Tanácsköztársaság leverését követő illegalitás évtizedeiben, majd a második világháborút követően ez a „túlreprezentáltság" különösen szembetűnően jelentkezett a pártvezérek — Kun Bélától Rákosiig és Gerőig — túlnyomó zsidó származása révén.

A kommunizmus azonosítása ennek alapján a zsidósággal természetesen csakis a féligazságokkal előszeretettel operáló demagógia leleménye. Olyan, mintha a matematikát zsidó tudománynak, a zenei előadóművészetet zsidó művészetnek neveznénk, mert képviselői között zsidó „túlreprezentáltság" van. Mert hogyan is lehetne bizonyítható a zsidó kommunizmus tétele a kommunizmus klasszikus szovjet példáján, ahol Sztálin, amikor kegyetlen-diktatórikus modernizációja és kíméletlen, emberi életeken átgázoló szuperhatalommá emelkedő birodalma súlyos konfliktusait érzékelve, élete utolsó éveiben a megszokott véres kíméletlenséggel játszotta ki az antiszemitizmus kártyáját. A prágai Slansky-per, Ana Pauker bukaresti meghurcolása, a moszkvai ún. orvosper és egy hasonló orvosper előkészítése Magyarországon 1952–53-ban a „cionista-imperialista" összeesküvések sztálini rituálé szerinti leleplezésével, a régi cári pogromnak megfelelően kívánta az elégedetlenséget és kiábrándultságot az antiszemitizmus rezervoárjába csatornázni. Nem a kommunizmus sztálini rendszere, hanem az abba beépült, sőt ármányosan vezető posztokra került „cionista" (vagyis zsidó) árulók és ügynökök aknamunkája okozta a bajokat: az életviszonyok romlásától a gazdasági kudarcokig.

Ami a „magyar glóbus"-ba feledkezve még látszólag magyarázgatható, a kommunizmus azonosítása a zsidósággal, az a kommunizmus meghatározó sztálini rendszere, csakúgy mint annak legszélsőségesebb albán vagy román alteregói esetében már nyilvánvaló abszurditás. Ugyanúgy, miképp a kínai „kulturális forradalmat" s a kommunizmus tragikus kambodzsai „vörös khmer" karikatúráját, s általában az 1970–80-as évekre a világ egyharmadán, ekkor már Afrikában és Latin-Amerikában is meghonosodott kommunista rendszereket a leginkább hajánál előrángatott magyarázatokkal sem lehet összefüggésbe hozni a zsidósággal.

E nélkülözhetetlen kitérő után azonban le kell szögezni, hogy a magyar politikai antiszemitizmus két világháború közötti térnyerésében mégis rendkívül nagy szerepet játszott, hogy magát sikerrel azonosította az antikommunizmussal. Így állíthatták be az agresszív antiszemitizmust magyar nemzeti önvédelemnek, népi-nemzeti értékmentésnek, a nemzet épületét termeszként szétrágó, pusztító zsidó-kommunista veszélyeztetettséggel szemben. Horthy ellenforradalmi, kezdetektől intézményesítetten antiszemita rendszere keresztény-nemzeti kurzusként, a nemzetietlen, zsidó-kommunista vörös forradalom antitéziseként születik meg. Ugyanígy, ideológiai megalapozottsággal veti bele magát a náci-fasiszta szövetségbe, majd az önként vállalt, irredenta indíttatású szovjetellenes háborús kalandba is, mely lépéseket mint az antibolsevista önvédelem ügyeként lehetett beállítani. „Emlékezzünk élő hőseinkre — mondta minden délben az ország iskolás ifjúsága a harangszó után a szekularizált imát —, hiszen ismét harcol a magyar, az önvédelem adta kezébe a fegyvert."

Ebben a véres összekapcsolásban, antikommunista keresztes hadjáratban váltott át a politikai antiszemitizmus — fél évszázad módszeres előnyomulása után a századforduló és 1944 között — Holocausttá. Kétségtelen tény, hogy Hitler és a nácizmus nélkül, Magyarország 1944. tavaszi német megszállása nélkül nem jöttek volna létre azok a külső keretek és feltételek, melyek a magyar politikai antiszemitizmus önbeteljesítő végkifejletét lehetővé tették. Ugyanennyire igaz viszont, hogy a magyar politikai antiszemitizmus fél évszázados előretörése, két világháború közötti intézményesülése és ideológiai, rasszista elkötelezettsége nélkül azonban a Hitlerrel és háborújával való azonosulásra, több százezer magyar zsidó gettóba zárására, bevagonírozására, halálba vezető „nagy uta-

zására", a Holocaustban való szégyenletes történelmi kompromit-
tálódásra sem kerülhetett volna sor.

Jegyzetek

1. Szekfű Gyula, *Három nemzedék. Egy hanyatló kor története.* 2. ki-
adás. (Budapest, 1922), pp. 4–5.
2. Alfred Rosenberg, *Der Mythos des XX Jahrhunderts.* Idézi: Lukács
György, *Az ész trónfosztása. Az irracionális filozófia kritikája.* 4. kiadás
(Budapest: Akadémiai Kiadó, 1974), p. 570.
3. *Előörs*, 1929. július 13.
4. Magyar Országos Levéltár, Kozma-iratok. 1. csomó. *Helyzetjelen-
tések 1921 február–1923 június.*
5. *Országgyűlési Napló*, 1924. január 18.
6. Idézi: Juhász Gyula, *Uralkodó eszmék Magyarországon, 1939–
1944.* (Budapest: Kossuth Könyvkiadó, 1983), pp. 293–94.
7. Ibid., pp. 305–306.
8. Ibid., p. 285.

———— *** ————

Summary

The Great Trip"
From Political Anti-Semitism to the Holocaust

The study links the failure of modernization during the
nineteenth and early twentieth centuries in Eastern Europe in
general and Hungary in particular with the rise and spread of
anti-Semitism. It also demonstrates a linkage between
anti-Semitism and the conservative, anti-capitalist views
propagated by the Hungarian populists during the interwar period.
Finally, the study demonstrates the linkage between anti-Semitism
and the conceptions of racism and anti-communism, focusing on
the Nazi identification of Jews with Bolshevism–linkages that
paved the way to the Holocaust.

A zsidó értelmiség a Holocaust előtt

Lackó Miklós

Témám kiindulópontjaként azt a problémát szeretném kiemelni, amely közelebb visz az antiszemitizmus belső elemzéséhez: az értelmiségi antiszemitizmus kérdéskörét. Egy korábbi tanulmányomban az antiszemitizmus két, egymással persze összefonódott történeti szakaszára utaltam. A múlt század végén Magyarországon, de tegyük hozzá: egész Európában, s Kelet-Közép-Európa országaiban különösképpen, súlyponteltolódás következett be az antiszemitizmus szerkezetében. A múlt századi antiszemitizmus előterében a zsidó kereskedő- és pénztőke-ellenesség állt, mely széles néprétegek — persze torzul értelmezett — konkrét, mindennapi tapasztalatára támaszkodhatott. Jó példa erre nálunk az 1880-as években alakult Istóczy-féle antiszemita párt. Ez a mozgalom a zsidó bevándorlás, a zsidó pénzuralom terjedése, a föld zsidó kézre jutása, a sajtót mind jobban kézben tartó zsidó pénztőke ellen lépett fel (akkor még hangsúlyozva, hogy legalábbis a magyar nyelvű újságok íróinak túlnyomó része nem zsidó, hanem magyar), csak ritkán emlegette a zsidók térhódítását az értelmiségi pályákon; az értelmiségi antiszemitizmus vonásait még kevéssé viselte magán. Persze Istóczy érzékelte, s már 1882-ben egy képviselőházi beszédében élesen fel is vetette a zsidók nagy számarányát az egyetemi hallgatók között, de ezen egyszeri alkalmon kívül, legalábbis a képviselőházban töltött két és fél évtized alatt felszólalásaiban a zsidókérdéssel mint értelmiségi problémával nem foglalkozott. A századforduló körüli időben a helyzet megváltozott. A zsidó polgárság és kispolgárság fiai mind nagyobb számban fordultak az értelmiségi pályák felé; ez a tendencia maga is hozzájárult a társadalomtörténészek által már régebben megvilágított magyarországi értelmiségi „túltermelés" kialakulásához.

A zsidók vagy zsidó származásúak növekvő ütemű értelmiségivé válása mögött persze számos — részben a polgárosodás előrehaladásával, részben a zsidóság saját helyzetével és törekvéseivel magyarázható — tényező állott. A polgárosodás egészen korai szakaszán túllépve, általában megnő az értelmiség iránti társadalmi igény. Egy későn polgárosodó országban, az elmaradottság ellenére is, a széles körű népoktatás, a szakszerű államigazgatás vagy a már fejlett írásos tömegkommunikáció széles értelmiségi réteget igényel — az illető ország polgári szintjét túlhaladó mértékben is. Másfelől a század utolsó harmadában a zsidó polgárság körében még magas volt a gyermekszám, az egyke vagy „kettőcske" körükben csak később erősödött meg. De az értelmiségi pályák vonzását növelte a hazai polgárosodás dinamizmusának — az előrehaladás ellenére — fennálló korlátozottsága, ugyanakkor az értelmiségi pályák presztízsének növekedése is, s az asszimilációra beállított magyar zsidóság azon tapasztalata, hogy ezt az asszimilációt a legjobban az értelmiségi „szerep" segíti elő. S a zsidóság fiainak az értelmiségi pályákra való törekvése valóban „tömeges" volt; ez a hazai zsidóság viszonylag igen magas számarányából és mindinkább városi és polgári-kispolgári koncentrációjából következett. Nyilvánvaló, hogy a probléma súlya más volt még akár — az egyébként igen erős antiszemita politikai mozgalmat teremtő — Bécsben is, ahol a zsidóság számaránya 1910 körül kilenc százalék alatt volt, szemben Budapesttel, ahol a lakosság mintegy 20 százaléka volt zsidó vallású. Karády Viktor kutatásai plasztikusan világították meg, hogy ez mit jelentett számszerűen is a zsidó származásúaknak a magasabb iskolai végzettségben kimutatható reprezentációjában.

A zsidó, illetve zsidó származású értelmiség széles rétegéből itt most csupán egy csoportot szeretnék kiemelni, azt, amely voltaképpen a zsidó értelmiségellenes antiszemitizmusnak mindig is egyik fő céltáblája volt: az ún. humán értelmiséget. Ez volt az a réteg, amelyet leginkább eltöltött az asszimiláció vágya (már csak azért is, mert túlnyomó része a nyelv eszközével dolgozott), s a legasszimiláltabb réteg is volt. Ugyanakkor az idők múltával ez szenvedte talán a legjobban — szellemi értelemben is — a kirekesztésre irányuló törekvéseket. A múlt század utolsó harmadában a tudós értelmiség körébe még viszonylag szabadon léphettek be a zsidó származásúak. Kinek jutott volna eszébe, hogy egy zsidó matematikust vagy egy Vámbéry Ármint, Hermann Ottót, vagy akár a történész Angyal Dávidot zsidó származásáért bélyegezze meg? A természettudományokban, a matematikában játszott szerepüket egyébként a konzervatívok, később Németh László is igen pozitívan értékelte. Amellett ezeknek az „internacionális" tudományoknak a képviselői később is „szabadabbak", nemzetileg kevésbé kötöttek voltak: amikor 1919 után az asszimiláció megnehezült, s az antiszemitizmus megerősödött, ez a tudósréteg (ma az „idegenbe szakadt nagy hazánkfiai"-nak nevezik híresebbjeiket) könnyebben váltott „hazát". Tudjuk: könnyebben, de nem konfliktusmentesen — a magyar nyelvhez és kultúrához való kötődésük szinte egész életükben megmaradt.

A humán értelmiség, főleg annak az a része, amely a leginkább tekinthető a nemzeti kultúrát teremtő, azt hordozó és terjesztő rétegnek (írók, költők, irodalmárok, művészek, publicisták), azon ágak képviselői, amelyek a magyar hagyományoknak megfelelően kiemelkedő szerepet játszottak az ideológiai-képzés területén is, ezzel a „kozmopolita" szabadsággal nem rendelkeztek, s az asszimiláció megnehezülésének körülményei között is kitartottak a magyarság mellett, s magukat, amilyen mértékben az idők változásai közepette csak lehetett, magyar-zsidó vagy egyszerűen magyar íróknak, költőknek, irodalmároknak, művészeknek, szerkesztőknek, publicistáknak tekintették.

Pedig az asszimiláció nehézségei, mint ismeretes, növekedtek. Növekedtek az említett területeken már 1918 előtt is, s nemcsak a régi magyar liberalizmust elhagyó s mind konzervatívabbá váló vezető réteg, s nemcsak az alakuló fajvédő radikális irányzat hatására, hanem azon fiatal újkonzervatív tudós- és irodalmár körökben is, amelyek a haladás és reform gondolatát többé-kevésbé támogatták, de a humán kultúra — és elsősorban az irodalom — nacionalista szerepéről nem tudtak lemondani. Hogy a legjelentősebb személyiséget említsem: gondoljunk a fiatal Horváth János küzdelmére az irodalmi antiszemitizmus örök célpontja, a magyar irodalmi nyelvet szerinte is „elzsidósító" Szomory Dezső vagy még inkább az öntörvényű irodalom ideológusa, az öreg Ignotus ellen, vagy akár az egyébként általa is sokra tartott, a magyar–zsidó idegenséget, s a magyar–zsidó egymásrautaltságot egyaránt átélő Ady „erkölcstelen" oldala (és zsidó „környezetbe" ágyazottsága) ellen. 1919 után a kirekesztés tendenciái, mint ismeretes, hallatlanul megerősödtek, s ennek részben csak az a körülmény szabott határt, hogy az ún. zsidó tőke nemcsak a bank- és ipari szférában, hanem a kultúra, a könyvkiadás és az írott tömegkommunikáció szférájában is erős pozíciókkal rendelkezett. Ám ezzel kapcsolatban azt is szükséges megemlíteni, hogy az ún. zsidó nagytőke inkább a fél- vagy negyedliberális vezető körök kulturális igényeihez alkalmazkodott, s nem az irodalmi, általában a szellemi ellenkultúra fórumait támogatta — elég, ha a két vezető folyóirat támogatottságára utalunk: a Magyar Szemlét (a kormányzat mellett) a zsidó nagytőke is erőteljesen támogatta, a Nyugat folyóirat viszont a két háború közötti időben (főleg a húszas években, a Baumgarten-alapítvány elnyerése előtt különösen) anyagilag gyakorlatilag csak tengődött.

A zsidók vagy a zsidó származásúak, mint tudjuk, 1919 után még jobban kiszorultak a különböző szintű pedagógus pályákról. Kiszorultak az új nagy — és teljesen kormányuralom alatt álló — tömegkommunikációs eszköz, a rádió kereteiből is. Mindjobban megnehezült bekapcsolódásuk a humán tudományok akadémiai és egyetemi kereteibe, annak ellenére, hogy az idős humán tudósnemzedék tagjainak jó része sok szempontból megőrizte egy mérsékelt szabadelvű gondolathoz való vonzódását, s a legfiatalabb, az 1910-es évek körül született humán tudósgeneráció jó része mentes maradt a szélsőséges antiszemitizmus hatásaitól. Mindez azonban nem változtatott az antiszemitizmus terjedését tükröző közélet nyomásán, s csak elszigetelt, egyedi — s akkor is csupán a hivatalos kultúrkörök által megengedett, esetleg kormányzói „kivételezettséget" biztosító — esetekben, pl. néhány neves egyetemi tanár vagy korán kikeresztelkedett fiatalabb tudós-irodalmár esetében biztosította — legalábbis 1944-ig — a megtűrtség állapotát. A magyar szellemtörténet — egyébként nem túl eredeti — történetfilozófusát, a zsidó származású Joó Tibort, annak ellenére, hogy Szekfű Gyula szűkebb köréhez tartozott, a budapesti filozófiai tanszék nem volt hajlandó habilitálni, a filozófus csak nagy nehézségek árán, végül is Szegeden lett magántanár. Hasonló sorsa volt Szerb Antalnak, pedig Német László szerint is ő írta a két háború közötti korszak legjobb magyar irodalomtörténetét.

Úgy gondolom, nem szükséges részletesen kitérni arra, hogyan romlott a helyzet az 1930-as években, s hogyan fordult drámaivá 1938–39 után. 1938–39-ben több, időben egybeeső törvény-, illetve rendelkezéssorozat érintette mélyen a zsidó humán értelmiséget: a liberális és baloldali sajtó elnémítását, a lapok „zsidótalanítását" célzó rendeletek, lapengedély-revíziók és a zsidótörvények; ezekkel párhuzamosan a zsidók kirekesztését célzó különböző értelmiségi kamarák felállítása. Mindezt betetőzték az 1939-es előzetes cenzúrát, majd 1940-ben a még szigorúbb cenzúrát bevezető rendeletek. Új helyzetet teremtett az a körülmény is, hogy beszűkült az addig nagyjából önállóan működő magántőkés kulturális vállalkozások mozgástere; ezzel a zsidó származású intellektuelek még kitaszítottabb helyzetbe kerültek. A folyamatot csak bizonyos fokig enyhítette a vezető körök egy kisebb részének aktív vagy legalábbis passzívan liberális antifasiszta beállítottsága. Mindenesetre elsősorban a „zsidó" tőkések és a fentebb említett körök bizonyos fokú együttműködése eredményezte azt, hogy valamiféle teljes kulturális „gleichschaltolásra" 1944 tavaszáig nem került sor. Jól mutatja ezt egy, az első pillantásra meglepő adatsor: ahogy azt egy német (s német alapossággal is megírt) munka kimutatta, 1935 és 1941 között a világon Anglia után Magyarországon adták ki a legtöbb olyan német szépirodalmi művet, amelynek szerzőit a náci Németország az eltiltottak listájára tette (túlnyomórészt az emigráns német írók műveiről volt szó). (Persze emögött ott állt az a körülmény is, hogy a nagy számarányú zsidóság a súlyos viszonyok között is számottevő olvasóközönséget biztosított.)

A második világháború alatt a zsidó származású értelmiség (benne a humán értelmiség) helyzetét tekintve, még két fejleményre kell rámutatni. Az egyik az a körülmény, hogy a numerus clausus újbóli szigorodása az 1930-as években, majd 1939 után még következetesebb érvényesítése (párosulva azzal, hogy a külföldi

egyetemek is bezárultak) rendkívül megnövelte a zsidó származá-
súak körében a fiatal, potenciális intellektuelek számát; ezek nem
kicsiny része más területre, igen gyakran a munkásság soraiba szo-
rult. E fiatalok zöme nem adta fel az értelmiségivé válás igényét,
ugyanakkor fokozottabban a baloldali munkásmozgalom vonzáskö-
rébe került.

A viszonyokat tragikusan súlyosbította a munkaszolgálat „intéz-
ménye". Ez — többek között — azt jelentette, hogy a zsidó vagy
zsidó származású értelmiség egymástól lényegesen eltérő csoportjai
egy táborba kerültek; a „faji" hovatartozáson kívül a hatóságokat
nem érdekelte, hogy ki hol, az asszimiláció melyik fokán áll. A
munkaszolgálat növelte a szolidaritás érzését, de — sok helyütt a
fenyegető életveszély körülményei között is — sajátos konfliktu-
sokkal járó belső megoszlásokhoz is vezetett: régóta teljesen
asszimilálódott, sőt „konvertált" magyar-zsidó értelmiségiek ten-
gődtek itt együtt ortodox sorstársaikkal, gazdag zsidók proletár-fél-
proletár zsidókkal, átszellemült intellektuelek kétkezi dolgozó
testvéreikkel. Ebből az ellentmondás-halmazból az értelmiségnek a
hazai kultúrába épült tagjai az esetek jó részében itt is a magányos
intellektuel szerepére kényszerültek. Tudomásom szerint még senki
nem dolgozta fel ebből a szempontból a munkaszolgálatos értel-
miségiek haza írt leveleit. Gelléri Andor Endre, Pap Károly, Halász
Gábor, Radnóti Miklós és mások részben ismert leveleire utalha-
tok; itt most csak — tudatosan nem az életveszedelemről, hanem
a szellemi elmagányosodásról szóló — két levélpéldát idézek. Az
egyik Szerb Antal levelei közül egy 1943-ben írt rövid és szar-
kasztikus közlés: Szerb arról írt, hogy halálosan fáradt, képtelen
bármilyen szellemi foglalkozásra, még Klagest, e „könnyű" szerzőt
sem képes olvasni (tudjuk, Ludvig Klages, e mélyen irracionalista
német filozófus egyike volt a legbonyolultabban író szerzőknek).
Különösen megrendítőek a többször behívott kiváló etnográfus és
népmesekutató Honti János levelei, melyek a szinte teljes magány-
ról, s a szellemi munka hiánya miatt érzett keserűségéről szólnak.
Íme, részletek egy 1943. őszi, Kerényi Károlyhoz szóló leveléből:
„A mai szép vasárnap délután, amelyet tétlenül tölthetek lankás
dombok oldalán a többnapos didergés után... Ilyenkor az ember ter-

mészetesen annak érzi szükségét, hogy beszámoljon magáról és arról, amit tett... Sajnos, keveset tettem, mert [még odahaza] időm legtetemesebb részét olyan munkákra kellett fordítanom, amikhez semmi közöm nem volt... Komoly munkával csak egyszer foglalkoztam, azt is akkor, amikor még tudtam, hogy egy hónap múlva be kell vonulnom: ez alatt a hónap alatt egy tanulmányt írtam a népmese egyes kérdéseiről, amikről még se én, se más nem vesztegetett szót... meglátszik rajta a limitált idő és a kierőszakolt hattyúdal jellege... Ennyi történt, és most itt állok, időm nagy részében még az olvasás lehetőségétől is megfosztva... Optimizmus, fatalizmus és mindent felemésztő egyetemes undorodás közt hányódom..."

A rendkívül súlyos viszonyok, s az a körülmény, hogy az antiszemitizmus elleni nyílt szó- vagy írásbeli fellépés gyakorlatilag mindinkább lehetetlenné vált (a keresztény egyházak is rendkívül óvatosak voltak, s túlnyomórészt csak a kikeresztelkedett zsidókért emeltek néha szót), mégsem jelentette a teljes kirekesztést, éppen a humán értelmiség legalábbis egy része számára. A kivételes egyéni utakat leszámítva, az elzártságot enyhítették a zsidó egyházi körök égisze alatt megszerveződött szellemi-művészi intézmények, melyek tevékenysége külön tanulmányokat igényel: az OMIKE, melynek kiváló zenei, színházi és részben irodalmi estéi kihatottak szinte az egész szellemi életre. Említésre érdemes a zsidó szabadegyetem, olyan tanárokkal, mint a matematikus Turán Pál vagy mint az irodalomtörténész (méghozzá éppen német irodalomtörténész) Trostler József; az intézmény az egyetemektől távol tartott fiatal értelmiségiek egyik gyűjtőhelye volt. A Libanon-füzetek c. sorozat a zsidó és a magyar–zsidó problémákkal foglalkozó humán tudományos- és esszéirodalom számos kiváló és eredeti művét adta ki.

De fennmaradtak vagy éppen megalakultak olyan kisebb-nagyobb körök és műhelyek is, amelyekben a zsidó és a nem zsidó humán értelmiség együtt vett részt. Ismét csak néhány példát említek: ilyen fórum volt a már régebben megalakult Vajda János Társaság, s működésének kiemelkedő korszaka éppen a háború alatti évekre esett. Ilyen volt néhány olyan szerkesztőség, amely — ha virágnyelven is — bátran kiállt a humanista értékek védelmében (a Magyar Nemzet, s vele együtt Szekfű köre, az egyébként kormány-félhivatalosnak számító Pester Lloyd, s persze a Népszava); rövid életű folyóiratok, mint pl. az Argonauták, amelyeknek fiatal zsidó és nem zsidó szerzői felülemelkedtek mindenféle „faji" megoszláson. S a legfontosabb: a késői Nyugat, majd utódja, a Babits nélküli, Illyés felfogását persze tükröző Magyar Csillag. A Magyar Csillag irodalmi értékrendje a „faji" hovatartozás elvét elvetette, az általa teremtett egységben azonban túlnyomóan csak azoknak a zsidó származásúaknak volt helye, akik teljesen asszimilálódtak, s be is épültek az akkor részben a népiek által befolyásolt irodalmi életbe, emellett „túlélték" az 1938–39-es politikai kirekesztés azon hullámát is, amelyben elvérzett a harcosan baloldali demokrata írók-publicisták vagy az ún. „urbánus" írók-esszéisták túlnyomó része. (Közülük csak kevesen tudtak emigrálni.) Ennek ellenére, alá kell húzni a Magyar Csillag szerepét; az 1941 őszétől 1944 kora tavaszáig fennállott folyóirat 25-26 zsidó származású író, költő, irodalmár művének adott — igaz: többnyire ritkán — helyet, s e nevek között ott voltak a legjelentősebbek is. Érdemes megemlíteni, hogy — bizonyára nem véletlenül, hanem az értelmiségi körökbe való mélyebb beépítettségüknek köszönhetően is — majdnem kétharmaduk túlélte a Holocaustot.

Befejezésül röviden még arról szeretnék szólni, hogy a humán értelmiség zsidó vagy zsidó származású rétege milyen szellemi magatartásokat, milyen ellenideológiákat alakított ki a kirekesztés ellen.

Az egyik a cionizmus, mely nem volt jellemző útja ennek a rétegnek; ez az irányzat elsősorban a még kevésbé asszimilálódott zsidó munkás- és kispolgári rétegek körében erősödött a háború alatt.

Erőteljesebb volt egy másik út: a szocializmushoz való vonzódás, vagy a szocialista irányzathoz való újrafordulás tendenciája: a Vészkorszak — s ez távlatilag is nagy kihatású körülmény volt — sok mindent elfeledtetett az ő körükben is az 1930-as évek második felében már részben megismert sztálinizmusból, noha egy valószínű szocialista utat persze — naivan — úgy képzeltek el, hogy közben megőrizhetik érzékeny írói-művészi szabadságukat vagy modern gondolkodói mivoltukat.

Ezenkívül több tipikus szellemi magatartást figyelhetünk meg körükben — közülük még hármat említünk.

Az egyik a befelé fordulás, a zsidó önbírálat hangja volt, az a hang, amely hajlott arra, hogy magát a zsidóságot tegye elsősorban felelőssé az antiszemitizmus megerősödéséért. Két példát említek. Az egyik, az ismertebb: Pap Károly, a kiváló író, de nagyon is vitatható gondolkodó felfogása, mely persze hosszabb ideje érlelődött, s az Ótestamentum s az Ó- és Újtestamentum határterületeinek mélyen misztikus átélése során arra a következtetésre jutott, hogy a zsidó „sebek és bűnök" összefüggnek egymással. Ez a felfogás különösen a zsidóság hibáit emelte ki, s végül is arra az álláspontra jutott, hogy elvetendő út mind a cionizmus, mind a zsidó hagyománytól elforduló asszimiláció — a zsidóság vállalja a maga népi-kisebbségi sorsát, s a szétszóratásban összebújva teljesítse csak nagyon homályosan jelzett általános emberi hivatását. A másik, a kevésbé ismert példa Tábor Béla, a kiváló ezoterikus filozófus felfogása (könyve: *A zsidóság két útja*, mely az 1940-es évek elején íródott, nemrég újra megjelent). Eszerint a zsidó vallási hagyományban rejlik valami tragikus kettősség: egy pozitív ősi hagyomány, mely a zsidóság hivatásává a szellemi életre való beállítottságot, a puszta racionalizmuson túl az élet teljességének szellemi átélését tette. A másik út, mely erőteljesebben érvényesült, s a rossznak a forrása: a vallás eltorzulása egyfelől az élet apró részleteit is szabályozó, merev utasítások, másfelől a pusztán racionális törvénymagyarázatok halmozása irányában; ezek miatt változott az eredeti szellemi rugalmasság csak racionális értelmi tevékenységgé, materializmussá, a gazdaság egyoldalú előtérbe helyezésévé, amiért joggal bírálják a zsidóságot. A kiút: vissza a szellemi élethez, a zsidó népvallás eredeti lényegéhez.

A második, ugyancsak régóta érlelődő tipikus magatartás az asszimilációnak a zsidó mivolt megtagadásáig, az önfeladásig és a teljes elszakadásig kiterjesztett felfogása volt — tekintet nélkül arra, hogy ez az út milyen áttörhetetlen falakba ütközött a háborús évek folyamán. Ez a „túlasszimiláltságnak", régebbi szerzők szerint „túlkomponáltságnak" nevezett magatartás maga is sokféle altípust hozott létre, s különösen — és érthetően — a zsidó-magyar írók körében volt erőteljesen érzékelhető. Az egyébként tehetséges gondolkodó és kritikus, az első nemzedékbeli beolvadott zsidó Palágyi Menyhért, a költő Vajda János nagy propagálója, már az 1890-es évek elején kész volt ilyen sorokat leírni: „maholnap megérjük, hogy a párizsi gamin, a bécsi fiákeres és a krakkói rabbinövendék szelleme egy bájos egyveleggé alakulva végképp ki fogja szorítani a magyar szellemet." 1919 után számos zsidó származású kiemelkedő tehetségű fiatal irodalmár (részben Szerb Antal, még inkább Halász Gábor) átmenetileg eléggé végletes konzervativizmusa, vagy később egyesek (így pl. Radnóti Miklós vagy Vas István) belsőleg is átélt vagy átélni vélt újkatolicizmusa mögött is megtalálhatjuk a zsidósággal való szakításra való ösztönzést. Persze óriási trauma volt átélni, főleg a második világháború alatt, a magukat joggal magyar íróknak vallóknak a kitaszítást. (Az emlékezők szerint egy ideig még az öreg, nyomorgó Szomory Dezső is tiltakozott az ellen, hogy színdarabját az OMIKE a Goldmark teremben előadja — hiszen ő nem a gettónak írta műveit, mondotta, s állítólag idegenkedve, groteszkül még azt a kérdést is föltette: vajon a közönség a nézőtéren majd kalapban fogja végignézni darabját?) De itt is többféle magatartásforma alakult ki. A konzervatív korszakát már régen maga mögött hagyó Szerb Antalt, aki hosszú ideig elhárította magától a zsidókérdéssel való foglalkozást, özvegye szóbeli elbeszélése szerint, élete utolsó éveiben — a 19. századi magyar liberalizmus mellett (Eötvösről akart könyvet írni) — a magyar–zsidó együttélés problémái foglalkoztatták, s Heine kapcsán a német–zsidó együttélés, a zsidóság európai problémáiról akart könyvet írni. E típus más képviselői az önfeladó beletörődés olyan végletes álláspontjáig jutottak el, amely közvetlen oka lett nem szükségszerű pusztulásuknak. Vas István írja memoárjában, hogy amikor 1943-ban egy munkaszolgálatos táborban meglátogatta Radnóti Miklóst, s a látogatók először látták sárga karszalaggal hozzátartozóikat, sokan kifakadtak: Micsoda szégyen! Valaki jó hangosan azt felelte: szégyelljék magukat ők! — s ekkor Radnóti Vashoz hajolt és így szólt: „De mikor nekem az ők is mi vagyunk."

Végül a harmadik, eléggé ritka magatartásforma a kettős kötődés tudatosítása. Ez nem fogadta el Pap Károly „mélyzsidó" felfogását, de a zsidó önfeladást sem. Persze itt is a kettős kötődés többféle változata volt megfigyelhető: Keszi Imre, aki a Libanonfüzetek egyik számában a leghatározottabban foglalt állást a magyar kultúrához és a zsidó hagyományhoz való együttes kötődés mellett, közelebb állt a Pap Károly-féle állásponthoz (amit az is mutatott, hogy megvédte Német Lászlót az antiszemitizmus vádjától), mint Komlós Aladár, aki a kettős kötődést ezekben a legsúlyosabb években is kiegyensúlyozottabban képviselte. Jól mutatják ezt a háború alatti írásai vagy határozott állásfoglalása az 1939–40-es asszimilációvitában: egyfelől éles bírálattal illette az ország bajaiért a zsidó-német asszimilációt felelőssé tevő szerzők (Farkas Gyula, Németh László) állásfoglalását, ugyanakkor nem hallgatta el kritikáját a zsidó értelmiség „túlasszimilált" tagjainak a zsidóságukat megtagadó magatartása felett sem.

Persze a korszak mindjobban el is mosta a különböző magatartásformákat, hiszen azok kimondva-kimondatlanul a túlélésre, a jövőre irányultak. 1944 tavasza után csak a puszta meggyalázott ember maradt, szemközt a halállal. Pilinszky írja, e korra emlékezve: „Igy indulok. Szemközt a pusztulással/egy ember lépked hangtalan./Nincs semmije, árnyéka van./Meg botja van. Meg rabruhája van."

——— *** ———

Summary

The Jewish Intelligentsia Before the Holocaust

The study points out that the direction of anti-Semitism in Hungary changed at the beginning of the twentieth century and especially after 1920. Earlier, it was directed against the banking and commercial capital, while after 1920 it was also extended to humanistic intellectuals. Jews were eliminated from certain fields and severely restricted in others. Although many Jewish young men and women were prevented by the anti-Jewish laws from entering the universities, they never gave up their drive to become members of the intelligentsia. Many of those exiled from the universities were drawn into the leftist labor movements. Many of the Jewish intellectuals, especially those in labor service, felt isolated, an isolation from which they were often rescued by the artistic and literary institutions of the Jewish community. Some continued to find employment in the editorial offices of a few publications (notably, *Magyar Nemzet* (Hungarian Nation), *Pester Lloyd*), or saw something of theirs published; in 1941–1944, for example, *A Magyar Csillag* (Hungarian Star) published the work of 25 to 26 writers and poets of Jewish origin. The anti-Jewish discriminatory policies brought various conter-ideologies to the fore among the Jews, including Zionism, a turn inward, attraction to socialism, and Jewish self-criticism.

THE HOLOCAUST ERA: 1941–45

——— *** ———

A HOLOCAUST-KORSZAK: 1941–45

The Preparations for the Holocaust in Hungary: An Eyewitness Account

Rudolf Vrba

Introduction

Until March 18, 1944 Hungary was an "independent" ally of Nazi Germany, whereas after that date an influx of German troops as well as a number of imprecisely defined "legalistic" changes marked the "occupation" of Hungary. The Regent, Admiral Miklós Horthy, remained in power, but the German presence became more and more intrusive. Significantly, Horthy's police and gendarmerie apparatus continued to function throughout this period. Beginning April 5th Jews were compelled to wear the Yellow Star. Shortly thereafter, within four to six weeks, massive deportations of Jews began, clearly with Horthy's approval. On July 7, after various appeals and threats of reprisals had been issued by neutral and allied powers, Horthy ordered these deportations to cease. But by that time, 437,000 Jews had been deported to Auschwitz. About 400,000 were murdered on arrival. The rest were sent to slave labor. Less than five percent of these deportees ever returned.[1]

Historians are often puzzled by the remarkable swiftness of this whole operation. Between March 18 and July 7 less than four months elapsed. However, it is not often appreciated that preparations for the murder of these Hungarian Jews had begun in Auschwitz much earlier. I myself learned about these preparations as early as January 15, 1944 in Auschwitz, where I had been a prisoner since June 1942. The previous procedures employed by the Nazis, which had been used for the mass murder of Jews arriving from all the Nazi-occupied countries throughout Europe from September 1942 to March 1944, were now to be changed. Specifically, a new railway ramp, giving direct access to the gas chambers and crematoria, was to be constructed in Auschwitz-Birkenau, allowing for the much more rapid and effective mass murder of the hundreds of thousands of victims scheduled to be transported from Hungary — the last and largest surviving Jewish community in Europe.

Secrecy was essential for the success of this mass murder program.[2] I escaped from Auschwitz, together with my fellow prisoner Alfred Wetzler, on April 7, 1944, with the intention of alerting the Jewish Council in Hungary about the impending and imminent danger facing the Jews in Hungary. Here, I shall describe the principal relevant events before, during and after our escape to Slovakia. In brief, within 14 days after escaping from Auschwitz we were able to make contact with the Jewish Council in Slovakia, and they gave us the facilities to write down our experiences in a document known as the Vrba-Wetzler Report[3], sometimes also referred to as the Vrba-Wetzler statement[4] or anonymously as "Auschwitz Notebook"[5] or Auschwitz Protocols."[6] At the same time we reported on the preparations being made in Auschwitz for the impending "reception" of the Hungarian Jews. This report was in the hands of the Jewish Council in Hungary before the end of April 1944.

Post factum, we can say that none of the 437,000 Hungarian Jews deported between May 15 and July 9, 1944 to Auschwitz was ever given this information. There can be no doubt that the failure of the Jewish official representatives in Hungary to inform the Hungarian Jewish population about the death-mills in Auschwitz contributed to Adolf Eichmann's stunning success in organizing so rapidly the deportation of the majority of the Hungarian Jews. It is my contention that this tragedy could have been greatly impeded if our warnings had been effectively and swiftly communicated to the intended victims. Of course, the full and enthusiastic cooperation of Horthy's gendarmerie was another crucial factor. The result was that the annihilation of this community proceeded more swiftly than any other in the whole tragic history of the Holocaust.

Lately, some historians have tried to argue that I and Wetzler were not acting on our own initiative, but were only "messengers" of some mythical organization also operating in Auschwitz. Others indicate that we were able to describe only those events which took place in Auschwitz during the period of our incarceration (i.e., from April 1942 for one of us, or June 1942 for the other, to April 7, 1944). They claim that we were not aware of the impending fate facing the Hungarian Jews,[7] and hence were not in position to alert anyone in Hungary of what was about to happen. But quite apart from the fact that the information contained in the Vrba-Wetzler Report was detailed and graphic enough to alert any potential victim of the dreadful danger, there is evidence that leading Jews in both Slovakia and Hungary immediately recognized the importance of our eyewitness account and the reliability of our prediction that the Holocaust in Hungary was imminent. As evidence I quote here the letter sent by Rabbi Michael Beer Weissmandel (signed M. B.) and Gisi Fleischmann (signed G. Fl.), a leading Zionist activist in Slovakia and a relative of Rabbi Weissmandel's, both of whom were active members of the Jewish Council of Slovakia. This letter,[8] which was dispatched from Bratislava in Slovakia to Hechalutz in Switzerland on May 22, demonstrates that the Jewish Councils in both Slovakia and Hungary were well informed, on the basis of the report submitted by Wetzler and myself, as early as the end of April 1944 about the preparations made in Auschwitz expressly and specifically for the impending mass murder of the Hungarian Jews. Hence the urgency of their appeals to their contacts in Switzerland for help. Even though no immediate response was forthcoming from the recipients, the subsequent publication of the contents of the Vrba-Wetzler Report in the West resulted in pressure upon Horthy's government in Hungary,9 and the massive deportation of Hungarian Jews was stopped early in July 1944. Thereafter the death toll among Jews in Hungary declined in absolute numbers, although the Horthy regime was soon replaced by the more radically pro-Nazi government of Ferenc Szálasi and his Arrow Cross organization.[10]

Streamlined Methods of Mass Murder and Robbery in Auschwitz (June 1942–April 1944)

On January 15, 1944 (i.e., about two months before the formal occupation of Hungary) at about 10:00 a.m., I heard for the first time about the impending mass-murder of about a million Hungarian Jews who were then still living in Hungary in relative freedom. This news was communicated to me in Birkenau at the southern end of Section BIIa, also known as the Quarantine Camp. The bearer of the news was a German capo (a prisoner who was a trustee of sorts and had been assigned to administrative or specialized duties), a Berliner identified by a political prisoner's Red Triangle whose first name was Yup (Joseph), who at that moment was standing on the other side of the southern end of the electric fence surrounding Section BIIa of the camp (see Fig. 1). Specifically, he was standing on the road between Sections BI (women's camp) and Section BII (men's camp), about 30 meters west of the main entrance into Camp Birkenau on the road leading directly into Crematorium II and Crematorium III, both situated about 1 km west of this point, within the internal perimeter (*Kleine Postenkette*) of Birkenau. I had known Capo Yup for well over a year, but had not seen him for at least a year before the meeting I am describing took place. Various circumstances were favorable in connection with our acquaintance and our January meeting; furthermore, it was a lucky break that he managed to pass on this communication which, under the circumstances, was highly confidential. This German political prisoner risked his life by giving me this information. In fact, a certain mutual trust had become well established a long time before our accidental meeting in mid-January 1944.

At the time of this event I had been a prisoner in Auschwitz (under my former name Walter Rosenberg, prisoner no. 44070) for more than a year and a half and on the basis of my previous experience in this place I had good reasons to believe that the information communicated to me by Capo Yup was reliable. In order to explain the background of my past experiences in

Auschwitz and why I believed this information to be true, I shall have to start this story from June 30, 1942 when I was transferred to Auschwitz from the concentration camp Maidanek near Lublin.

While a prisoner in Auschwitz I, less than two months after my arrival there, in August 1942, I was included in a special working group of prisoners which was called *Aufräumungs-kommando*. This name, which translated into English means a "clean-up working group" or "putting-in-order working group," was a Nazi euphemism. The actual assignment of this group (comprising 200 to 800 prisoners at various periods) was to eliminate the traces of the routinely organized murder and robbery of transports of Jews brought by the German administration to Auschwitz under the pretext of "resettlement." These transports arrived at a ramp specially built for this purpose. The first such ramp (the so-called "old ramp" to differentiate it from the "new" one built in 1944) was a wooden platform I estimated to be about 300 to 500 meters long. Along this ramp the arriving deportees were unloaded from the freight-cars, made to leave their luggage on the ramp, and hurried down a wooden staircase stretching along the whole ramp and then to the eastern dead end of a special road that reached another dead end about two kilometers to the west, at the gates of the gas chambers in Birkenau. The ramp was situated between camps Auschwitz I and Auschwitz II (i.e., Birkenau), on a piece of ground which belonged to neither camp and was theoretically "civilian territory." This oddity was due to the fact that the main railway line connecting Vienna to Cracow passed between Auschwitz I and Auschwitz II; from this railway line a short side-line branched off, and it was this side-line along which the ramp had been built (see Fig. 2).

The prisoners belonging to the *Aufräumungskommando* (also called the "Canada" commando in the prisoners slang)[11] were housed in Block (i.e., barrack) 4 in Auschwitz I. However, on January 15, 1943 these prisoners were transferred to Birkenau and housed in Block 16 (Birkenau, Section Ib) where we stayed until June 8, 1943. The general procedures on the old ramp and in the *Aufräumungskommando* remained unchanged during this time, except that the prisoners of the *Aufräumungskommando* were marched there from Birkenau rather than from Auschwitz I.

I had first become acquainted with Capo Yup while I was still imprisoned in Auschwitz I, before I was moved to Birkenau, in 1942. He was a former German trade-unionist (not a Jew) who had been arrested in the thirties for failure to comply with the Hitlerian "new order." He spent a number of years in various concentration camps until finally he was transferred as a German capo to Auschwitz I. He was known to me as a "red" capo (wearing the Red Triangle denoting a political prisoner). Although outwardly he complied with the concentration camp system (and what else could he do?!), inside he remained an anti-Nazi. Among the non-Jewish German prisoners in Auschwitz there were a very few of this kind. I got to know him through common friends (other "red" prisoners in Auschwitz), and he was aware that I had had some involvement with "leftist" anti-Nazi activities before I was brought to Auschwitz, which resulted in a certain amount of mutual trust between us. After I was transferred to Birkenau, I did not see him again for at least a year, when he suddenly and unexpectedly appeared in Birkenau at the place I described above. As I will describe below in more detail, the reasons for his being in Birkenau in January 1944 were connected with the building of a new ramp for unloading the arriving deportees.

The work of the group of prisoners to which I had been assigned in the *Aufräumungskommando* had the following routine. Whenever the arrival of a transport was announced (by telephone from one of the railway stations situated near to Auschwitz), an SS-man on a motorcycle arrived at the barrack where the prisoners belonging to the *Aufräumungskommando* spent the nights. A group of these prisoners (100 to 200 men depending on the size of the expected transport) was then marched out from the heavily guarded camp to the ramp (as previously mentioned, this is the ramp I often refer to for clarity as the "old ramp" even though at this time it was really still the only ramp in operation) while surrounded by a group of about a dozen heavily armed SS men. When we arrived at the ramp, a group of about fifty SS-men with firearms at the ready would surround the ramp. Numerous lamp posts along the ramp were lit so that the light was as bright as in daytime, no matter whether it was summer or winter, rain, snow, or fog. After a group of SS officers accompanied by NCO's (all carrying bamboo walking canes, not truncheons) arrived, the train (usually consisting of 20 to 40 but occasionally 50 to 60 freight-cars) was pulled into the illuminated area by a steam locomotive and positioned along the now surrounded and brightly illuminated ramp. (As mentioned earlier, the ramp was situated between the outer chains of guards of Auschwitz I and Auschwitz II respectively.)

The freight-cars were unlocked by the SS and opened in rapid succession all along the length of the train. More or less the same sight was unveiled to us each time, although these transports arrived from various countries in Europe, i.e., from France, Belgium, Holland, Bohemia (Terezin), Slovakia, Poland, Ukraine (mainly from Grodno and Byalistok), and Greece. During the time I worked in the *Aufräumungskommando* (August 1942 to June 1943), I estimate that I saw well over one hundred (but less than three hundred) such transports arrive on the ramp. As I never made any written notes on these events during my incarceration in Auschwitz, I cannot give a closer estimate about the exact number of arriving transports during that time, although I tried to keep (and kept) a reasonably good mental record of the total number of people who arrived in this way.[12]

The floors of the freight-cars were covered with luggage on which cowered the mass of the deportees, usually eighty per freight-car, sometimes a hundred or in certain cases even more. In such extreme cases of overcrowding, the number of dead on arrival could be several dozen people, since the transports traveled in these locked and heavily guarded freight-cars for two to ten days. As a rule the deportees carried along enough food in their luggage, but they were not given enough drinking water during the journey and usually arrived in a hardly imaginable stage of hygienic, physical, and mental deterioration and were tormented by thirst. Thus, they were generally willing to obey any order when promised water, a promise hardly ever kept. Most of them (80 to 90 percent) were killed soon after their arrival in the nearby gas chambers, and died thirsty. They were first ordered by the SS non-commissioned officers, swinging their walking canes, to leave the freight-cars and descend the staircase of the ramp onto the wide dead-ended road built along the ramp, while leaving their luggage in the freight-cars. *"Raus, raus, alles liegen lassen, raus"* was most often the order barked at the arrivals by the SS-men, who usually added more emphasis by an indiscriminate use of the walking canes which they wielded as truncheons. The deportees were marshalled into a column that had to pass by an SS doctor who performed the "selection," dividing the arriving deportees into those destined for the gas chambers and the "others," i. e., those found suitable for slave labor which were immediately marched off from the ramp either into Auschwitz I or Auschwitz II (Birkenau) for registration as prisoners. No additional registration was made of the larger group of deportees, who were immediately transported on trucks (not marched) to the gas chambers.

A fleet of heavy trucks — not too many, perhaps half a dozen — used for this purpose were parked on the dead-end road. Those identified as "unfit for work" (all women with children, all children, all the old and infirm) were immediately ordered to ascend a wooden portable staircase and were loaded onto the platforms of one of these trucks. Any given truck started on its way to the nearby gas chamber in Birkenau as soon as exactly one hundred persons had been loaded. In the meantime the prisoners working in the *Aufräumungskommando* would have sprung into feverish activity, frequently prodded on by a hail of well-directed blows with walking canes by the SS supervisors. Their first task was to empty the freight-cars of their contents. The dead and the dying were dragged *im Laufschritt* (a Nazi euphemism for frantic running under a hail of blows by walking canes) to one of the waiting trucks, which departed as soon as one hundred dead or dying deportees had been loaded and went directly to the crematoria. The trucks then returned to the dead-end road near the ramp ready to be reloaded, either with a further batch of people destined for the gas chambers, or with the luggage of the victims.

Collection of this luggage was also a task of members of the *Aufräumungskommando*. The trucks loaded with luggage went in the opposite direction, into a separate storage area (called "Canada" in the camp's slang) situated in Auschwitz I, very near the facilities of DAW (*Deutsche Ausrüstungswerke*, see Fig. 2). Altogether, then, the trucks followed a pendulum-style trajectory from the dead-end road: when carrying victims they moved westwards about two kilometers to the crematoria in Auschwitz II, and when carrying the luggage of the newly arrived deportees they moved eastwards about two kilometers to the "Canada" storage areas in Auschwitz I. When all the freight-cars were empty, the workers of the *Aufräumungskommando* meticulously cleaned the cars of all traces of the former human cargo (blood, excrement, rubbish, etc.). After a strict inspection confirmed the cleanliness of the cars and the train departed, the last traces had to be eliminated from the ramp and carted away; a dozen SS guards would then march the *Aufräumungskommando* back into their barracks. No more than two to three hours elapsed from the arrival of each transport to the removal of its last traces from the ramp. By the time we prisoners belonging to the *Aufräumungskommando* left the scene, 80 to 90 percent of the arrivals were dead in the gas chambers and were already being "processed" in the crematoria, their luggage was already stored in the "Canada" storage areas in Auschwitz I, and the ramp was again immaculately clean and ready to receive the next transport. Thus, outwardly visible signs of this well organized robbery and mass-murder disappeared within two to three hours after a train arrived at the ramp. When we prisoners were not working on the ramp we worked in the "Canada" storage areas where, under close supervision of the SS, we broke the locks or ripped the luggage of all the new arrivals regardless of their further fate and sorted the contents. We burned all papers, books, documents, and photo albums. Hundreds of thousands of first to third-quality men's suits and women's clothes, blankets, underwear, furs, kitchenware, baby carriages, eyeglasses, medicaments, shoes, etc. were carefully sorted, packed according to quality, and dispatched to Germany from the "Canada" storage areas in more or less irregular transports, as the goods accumulated. Fourth-quality clothing not deemed worth disinfecting was dispatched to a paper factory in Memel. Almost every day we would fill an entire separate suitcase with hard currency (dollars, pound sterling, Swiss francs) as well as diamonds, gold, and jewelry that had been found more or less well hidden in the luggage or its contents, i.e., inside a can of shoe-shine cream or tooth-paste, in the heel of a shoe, sewn into a seam or disguised pocket in clothing. These valuables were carried away daily by the SS, presumably for the *Reichsbank*. Sometimes the collection suitcase was so full with jewelry and banknotes that the SS-men "in service" (usually SS-*Unterscharführer* Otto Graf from Vienna or SS-*Unter- scharführer* Hans Kühnemann from Duisburg, North Rhine-Westphalia)[13] had to use their boots to press down the contents so that the suitcase could be closed. Prisoners attempting to hide any valuables or declared guilty of not finding them ("dereliction of work duties") were usually disciplined on the spot by clubbing or by a pistol shot, sometimes both.

While I was a member of the *Aufräumungskommando* (from August 1942 to June 1943), I of course had first-hand experience on the number of "resettled" Jews arriving in Auschwitz from Europe. I stopped being a member of the *Aufräumungskommando* on June 8, 1943, when certain major administrative changes took place in Birkenau. During this reorganization I became a *Blockschreiber* in Block 15 of the Quarantine Camp (BIIa). *Blockschreiber* as a word is typical Nazi concentration camp slang and means "barracks pen-pusher," although the translators of the Vrba-Wetzler Report[14] in Washington sometimes translated it as "Registrar" for lack of a better English equivalent. This new assignment again gave me an excellent observation post for obtaining first-hand information on the number and origin of virtually all arriving transports, as I will explain in more detail below.

Until June 8, 1943 all prisoners in Auschwitz II (Birkenau) occupied Section I, which was divided into Section BIa, a women's camp, and Section BIb, the men's camp. Meanwhile, during 1942-43 a new section, BII, was under construction. It was divided into six subsections, BIIa through BIIf (the capital B denotes *Bauabschnitt*, i.e., section). On June 8, 1943, all the (male) prisoners in BIb were transferred into BIId, and both BIa and BIb became female camps. BIIa became a "Quarantine Camp" for new arrivals, i.e., for those men from each transport who were chosen for slave-labor and given a prisoner number, while the rest of their transport was murdered in the nearby gas chambers. Sections BIIb, BIIc, and BIIe remained empty for some time after the major reorganization on June 8, 1943, and Section BIIf became a *Krankenbau* (sick bay) where sick prisoners were deposited either to recover (primitive medical treatment was sometimes available) or to die on their own or to be sent in due course to the crematorium to be gassed and cremated.

Although I was no longer a member of the *Aufräumungs-kommando* after June 8, 1943, from my new placement in BIIa (see Fig. 1) I again was able to observe the influx of new victims into Auschwitz very well, for the following reason. From the old ramp there were only two possible roads to the gas chambers: (a) As described above, trucks carrying new arrivals passed under the main gate to Birkenau and continued between Section I and Section II to crematoria II and III with their adjacent gas chambers; (b) Other trucks did not enter the main gate but instead made a 90-degree turn to the right, continued 800 meters northwards along BIIa until they reached the northern end, then made a 90-degree turn to the west (left) and continued along the northern edge of BIIa through BIIf for about one kilometer into the complex of crematoria IV and V with the adjacent gas chambers (see Fig. 1). In both cases the trucks passed about 50 meters or less from Block 15 of Quarantine Camp BIIa, where I was *Blockschreiber*. As I was well aware from my previous experience on the ramp that each truck carried exactly one hundred people, counting the number of trucks passing by gave me a good estimate of the size of each transport. Moreover, those men of each transport who were not gassed on arrival were (after a shower, disinfection, and change into prisoners' garb) first brought into BIIa where they were registered. During the process of registration, I as a *Blockschreiber* of course had the opportunity to talk to them and to find out from which country and locality their transport had come. These new prisoners also usually knew how many persons had been included in their particular transport. This gave me a means of double-checking the estimates based on counting the number of trucks carrying the new arrivals into the crematoria. (I could easily count these trucks at night as well as in the daytime since the whole barrack shook when one passed by.) From the spring of 1942 to January 15, 1944, according to my calculations, more than 1.5 million Jews had been murdered in Auschwitz.[15] All these masses of people had arrived on the old ramp, and their robbery and murder had been carried out smoothly and without a hitch when viewed from the point of view of the SS. I was convinced that if at this point the SS wanted to introduce major changes in the well-established and smoothly-running procedure, there would have to be a very good reason.

The Significance of Changes in Auschwitz-Birkenau in 1944

On January 15, 1944 at about 10:00 a.m. I saw from my barrack in BIIa that a group of unusual-looking prisoners were being marched through the arched gate of Birkenau into the space between Sections BIa and BIIa (see Fig. 1). These prisoners were relatively well dressed and therefore it was obvious to me that they were neither Jews nor from Birkenau. (In some cases, groups of "old" Polish prisoners in Auschwitz I were better dressed.) When I approached the electric fence that separated them from me, I could hear them speak Polish among themselves and I could see they were putting up tripods with theodolites, carrying around calibrated rods, and recording measurements like land surveyors before a new building project is started. I soon became aware that the capo who was at the head of this group of prisoners was Capo Yup whom I had met while a prisoner in Auschwitz I. The capo recognized me, approached the electric fence and (in a conversation across the barbed wire of the fence) first expressed great surprise to see me, then expressed his pleasure at seeing that

I was still alive and "looking well," and then wondered whether I could provide ("organize," in camp slang) some cigarettes, as indeed I could. Thereafter, I asked him what he and "his men" were doing here, and he told me (emphasizing that it was a secret) that they were building a new railway line leading straight to the crematoria. I expressed surprise and I mentioned that not so long ago the existing ("old") ramp had been repaired. Capo Yup then told me that he overheard from the SS that about a million Hungarian Jews would be arriving soon and that the system on the old ramp would not be able to handle such masses of people quickly enough. I immediately believed this piece of information. From my past experience I knew that the annihilation of such an enormous number of victims within a very short time would necessitate some changes of the well-established procedures on the ramp. We knew in Birkenau that Hungary was the only possible and indeed last major community of Jews in Europe, whose rapid annihilation would indeed require modification of the routine procedures used in Auschwitz at that time. Principally, the relatively minor change of extending the railway connection about two kilometers — from the "old" ramp directly to the crematoria — would eliminate the need to transport a million victims from the ramp to the crematoria on many thousands of separate truck rides accompanied by armed guards on motorcycles.

In my mind I immediately accepted as a fact that the Germans were then preparing the mass murder of Hungarian Jews and that Yup was giving me perfectly truthful and reliable information. Many historians still do not appear to appreciate that the Germans had planned the mass murder of Hungarian Jews well in advance of the so-called "occupation" of Hungary on March 19, 1944. As we know now, Eichmann and his henchmen arrived in Budapest immediately thereafter, with detailed plans on whom to contact among the Jewish dignitaries and notables in Hungary.[16] They expected to use the files and connections of these Jews and their organizations as well as those of the Hungarian authorities for a rapid administrative ghettoization of the Jewish masses, followed by their rapid deportation to the mass murder machinery in

Auschwitz. Obviously, they planned the "occupation" of Hungary well in advance and the role of Auschwitz was an important part of this planning.

After my meeting with Capo Yup on January 15, 1944, I was daily reminded of the fate impending for the Hungarian Jews, as Yup's working group was soon followed by hundreds of other prisoners, now mainly locals" from Birkenau, who were put to work on the new ramp. It was soon clear, even to an untrained eye, that a railway section was being built that would extend directly to the crematoria.

The news about the fate awaiting the Hungarian Jews also reached me by other channels. In Quarantine Camp BIIa there was an active group of mostly criminal capos (German prisoners identified by Green Triangles, denoting *Berufsverbrecher*, "professional criminals") organized by a *Lagerälteste* (camp elder, the highest prisoner rank in a camp section) named Tyn, a German professional criminal with a Black Triangle (denoting an "antisocial element"). This Tyn and his cronies in the camp kept close contact with the two SS-*Unterscharführers* named Buntrock and Kurpanik[17] who represented the SS in the Quarantine Camp. Both Buntrock and Kurpanik were alcoholics; the money for their expensive habits was provided by Tyn and his cronies, who terrorized the newly arrived prisoners (the *Zugang*) to extort gold and money that some of them had managed to retain secretly on their bodies. These SS NCO's were talkative when inebriated — which was often the case — and I soon learned by this confidential grapevine that "Hungarian salami" was coming soon. It was a fact of Auschwitz that transports from various countries were characterized by certain country-specific long-lasting edible provisions in the deportees' luggage that reflected what kind of food was still available in various countries in war-torn German-occupied Europe. This food was taken from the new arrivals along with all the rest of the luggage, as described earlier, and from the "Canada" storage areas the perishable as well as canned foods found their way to the dining rooms of the SS officers and SS NCO's. Some of the food was also, at great risk, smuggled by prisoners into the camp. When a series of transports of Jews from the Netherlands arrived, cheeses enriched the war-time rations. It was sardines when series of transports of French Jews arrived, it was halva and olives when transports of Jews from Greece reached the camp, and now the SS were talking of "Hungarian salami," a well-known Hungarian provision suitable for taking along on a long journey.

Secrecy as to the true purpose of Auschwitz and of the industry of death practiced there for almost two years was of course very important for the continuing "business" of Auschwitz but, remarkably, within the confines of Auschwitz-Birkenau itself secrecy was not strictly guarded. The SS assumed that in spite of an active "grapevine communication" inside the camp, which they could not stop, no information would leak out of the camp. Obviously this assumption was quite justified, inasmuch as until my and Wetzler's escape from Auschwitz-Birkenau in April 1944 the real purpose of Auschwitz-Birkenau, the capital of the mass-murder and robbery machinery organized by the Nazis, remained a secret to the outside world. This incredible preservation of the secrecy of Auschwitz to the outside world has been well-documented after the war by various historians. Inside of Auschwitz, virtually all prisoners knew that most newly arrived Jews would be killed in the gas chambers. However, throughout my stay in Auschwitz from June 1942 until April 1944, during which time hundreds of transports of Jews arrived from all over Europe, I never met a single prisoner who had known anything about the gas chambers of Auschwitz before he arrived. The puzzling ignorance about their true destination by all the new arrivals over such a long period was astonishing not only for me but for all other prisoners living in Auschwitz at that time, and has remained well-established in the subsequent writings of many survivors of Auschwitz.

The preservation of the secrecy of the Auschwitz death factory was the cornerstone of the success of the mass murder and robbery routinely practiced in Auschwitz virtually daily over a period of two years. The alleged passivity of hundreds of thousands of Jewish mothers and fathers who brought their children to their sordid execution in the gas chambers in Auschwitz was not the result of "Jewish inferiority," as the Nazi's claimed. Neither was it their "inability to comprehend the truth," as the Israeli historian Yehuda Bauer suggests.[20] Nevertheless, I learned from the Jewish prisoners who were not murdered on arrival that before they left home they had been gravely worried about their sinister, unknown destination. Until the Nazi rule was established in their hometowns, they had spent their lives in a normal civilized society. After the Nazi or pro-Nazi administrations were set up, they were subjected to a total deprivation of civil liberties and systematically terrorized by Nazi and pro-Nazi gangs in all German-occupied or semi-occupied countries. The fascist and pro-Nazi regimes in Europe protected murderous gangs such as the Hlinka Guards in Slovakia or the Ustashas in Croatia. Similar paramilitary anti-Semitic terrorist organizations were active throughout the whole of German-occupied Europe, where with the help of the ruling authorities — sometimes disguised in priestly habits like Josef Tiso in Slovakia, or veiled in nationalistic fervor like Henri Philippe Pétain in France, or Ante Pavelic in Croatia — they created a pogrom-type atmosphere. The Jews were inclined to hope that by obedience they might escape the increasing violence in their hometowns. They even optimistically believed that they would be safer if moved to less dangerous "resettlement areas" or hoped that their children at least would have a chance to survive the war in some sort of Jewish reservation in the East. Against this background the Jews were hoodwinked into going willy-nilly into the deportation trains. When they arrived in Auschwitz and realized that they had been swindled, they were already inside the confines of the mass-murder camps (sometimes also called "extermination camps" in line with the Nazi imagery likening Jews to insects), in most cases at the very gates of the gas chambers and crematoria. Their only choice at that point was between being wounded and tortured to death or dying less elaborately. Often they were killed before they had time to contemplate the alternatives, because speed was the vital part of the mass-murder technique practiced by the Nazis in Auschwitz and other death camps.

I believed that if I escaped the confines of Auschwitz and managed to get back into the world outside and spread the news about the fate awaiting potential candidates for "resettlement" I could make some significant difference by breaking the cornerstone of the streamlined mass murder in Auschwitz, i.e., its secrecy. I had no doubts whatever as to my abilities to communicate the realities of Auschwitz to the outside world, since I was relatively very well acquainted with the machinery of Auschwitz including its detailed geography and operational principles as well as with what went on there during my imprisonment. Because in Auschwitz we prisoners were frequently subjected to meticulous inspection of our assigned work and habitation spaces as well as to bodily searches, I avoided making any notes whatever and relied exclusively on my reasonably reliable memory — the slightest evidence or suspicion that I was keeping track of events for possible communication to anyone outside the camp would have immediately condemned me to a difficult way of dying.

Escape from Auschwitz

I first planned to escape on January 26, 1944 together with Charles Unglück, a Jewish prisoner from Poland, born in Czestochova in 1911, who had lived in France before his arrest and been a prisoner in Auschwitz since June 1942. But on January 26, due to a technical hitch, I could not get to the place where we were supposed to meet on time. Faced with the dilemma of going alone or waiting for another opportunity, he chose to try it alone and was killed the same day.[21]

The next plan to escape was worked out with another Jewish prisoner from Slovakia, Alfred Wetzler, born in 1918 in Trnava. Wetzler had been in Birkenau since April 1942 (his prisoner no. was 29162). He worked as a *Schreiber der Leichenkammer* (pen-pusher in the morgue) in Birkenau BIb and later, after the reorganization of the camp in June 1943, as *Blockschreiber* in Block 9 in BIId, which became the main male camp at that time. I knew Wetzler from Trnava, where I had lived (although I was born in Topolcany), before my deportation from Slovakia in 1942.

Well over six hundred Jewish men from Trnava were deported to Auschwitz from Slovakia in 1942 (including Wetzler's father and two brothers). Of all these people, only Alfred Wetzler and I were still alive in the spring of 1944. With all our friends and acquaintances from Trnava murdered outright or slowly succumbed to the camp conditions (mainly in 1942), we became close friends and trusted one another. This mutual trust was the fundamental link in the chain of many small step-by-step operations needed to prepare the escape. I want to stress that there was no resistance "group" or "organization" of any sort which decided that we two should escape[22] or where we should go or what we should do when and if we survived the massive hunt which was routinely organized after every escape attempt. Our escape was planned for Monday, April 3, 1944 but due to unforeseen technical hitches we had to delay it until April 7. The alarm was sounded in Auschwitz-Birkenau on Friday April 7 at 6:00 p.m. We managed to stay hidden between the "small" and "large" (i.e., inner and outer) chains of guards in the confines of Birkenau until Monday, April 10 at 9:00 p.m. when, after three days and nights (the standard time period), the hunt for us was called off as unsuccessful. Then we started our trek southwards to Slovakia.

I am often asked how we escaped from Auschwitz and how we knew the way to Slovakia. I shall not now describe the technical details of our escape, as I did this previously in a book that was published in numerous editions in three major European languages.[23] Moreover, it is not really relevant to the main subject of the present article, except for the fact I stressed above, that no "resistance organization" and no person whatever knew in which direction we were going to move in case our escape from the camp itself proved successful. Neither in Germany nor in Poland (territories through which we inevitably had to move), neither in Slovakia nor in Hungary (territories towards which we were moving) was there a living person who knew anything in advance about our escape. At the moment of our escape all connections with all friends and social contacts we had in Auschwitz were severed, and there was absolutely no one waiting for us outside of the death camp where we had spent the past two years: de facto, we had been written off by the world from the moment we were loaded into a deportation train in the spring of 1942. Thus we had to step into a complete "social vacuum" outside of Auschwitz — we did not even know who, if anyone, was still alive of our family members. The only administrative evidence of our existence was an international warrant about us distributed telegraphically to all stations of the Gestapo, Kripo (criminal police), SD (*Sicherheitsdienst*, Security Service), and Grepo (*Grenzpolizei*, border police). (A photocopy of this warrant was published more than three decades after the end of the war.[24])

Inside of Auschwitz-Birkenau there existed a complex network of informers among the prisoners. It had been built up by the SS camp police (called *Politische Abteilung*, Political Department) whose objective was mainly to prevent a revolt in the camp or escape from it. The danger of being denounced to this body was an ever-present reality. Therefore, I never spoke with anyone about my plans regarding the route we would take after our escape, not even with Wetzler. Wetzler and I, though, had agreed in advance to go South, i.e., to our native country Slovakia, the only place in the world where our accents would not betray us immediately as "suspicious foreigners" and where we had some sort of connections before our deportation. There we intended to look for contacts that would enable us to make public what had been happening before our eyes in Auschwitz over the previous two years and what was being prepared there in the near future for the Hungarian Jews.

To be curious in Auschwitz-Birkenau about the geography of the place might have attracted the ears of ubiquitous informers who would consider it an indication of preparing an escape, and hence invite the attention of the "Political Department" and its torture chambers. However, I had gained some insight into my exact geographical location during my first six months in Auschwitz. Since I had worked in the *Aufräumungskommando* from August 1942 to June 1943, I had quite a good idea about the relative position of Auschwitz I to Auschwitz II (Birkenau) because the railroad ramp was between these two camps and I was marched to this ramp either from Auschwitz I during the second half of

1942 or from Birkenau during the first half of 1943 (see Fig. 2). The church spire of the town Auschwitz could be seen from the "Canada" storage areas (located next to DAW, Fig. 2) on clear days at a distance of less than five kilometers away, and I knew from having been marched around Auschwitz I for odd jobs on one or two occasions that the Auschwitz I camp was separated from the town of Auschwitz by a minor river called the Sola.

While I was working in the "Canada" storage areas, the luggage of the victims there frequently contained books and notebooks of children, as their parents obviously had been inveigled to believe that the children would go to school in the new "resettlement areas." One of our tasks was to burn any papers found in the luggage. On one occasion I saw a children's atlas among the papers to be burned. At an opportune moment I took the risk of opening the book and tearing out a map of Silesia, an area which I knew from my school years to be situated around the triangle where the pre-war borders of Germany, Poland, and Czechoslovakia met. I took the map under my shirt to the latrine where I was able to study it for a few minutes before disposing of it. I learned that the town Auschwitz on the Sola river is about 50 kilometers north of the borders of northern Slovakia, that the river Sola originates directly on the borders of Slovakia, and that between the town Auschwitz and the Slovak border this river flows in an almost straight line from south to north, through the communities of Sol (on the Slovak border), Rajcza, Milowka, Saybusch (Zywiec), Kety, Auschwitz (see Fig. 3). So it was clear to me that if I escaped from Auschwitz all I would have to do, in terms of orientation, was to follow the river Sola against its flow to reach the border of Slovakia by the shortest possible route, passing by the above-named settlements.

As mentioned above, I escaped with Alfred Wetzler on Friday, April 7, 1944, as part of our plan we first remained hidden in Birkenau about 300 meters east from Crematorium V in the unfinished section BIII, and we only left Birkenau after the intensive manhunt for us was called off on Monday evening, April 10. For the first week after that we moved only at night, in a southerly direction (toward the mountains) through the rather flat terrain around Auschwitz, which was studded with several minor Auschwitz-satellite camps for slave labor. We tried to avoid contact with the civilian population since this part of Silesia — formerly Polish but now annexed by Germany — was heavily "repopulated" by German "colonists," while a good part of the former Polish inhabitants had been driven out from their homes by the Germans. We started out from Birkenau with about three to four kilograms of bread, which we carefully rationed during the night marches, and we drank water from the streams we crossed. During the night marches we frequently lost orientation; indeed, we soon found out that we had wandered much too far to the west from my planned route when we hit the town of Bielsko-Biala on Thursday, April 13. When at the light of dawn we were still lost in the maze of Bielsko-Biala and there was no way out but to look for a temporary hide-out lest we be spotted by the vigilant German security apparatus, we knocked at the doors of a run-down Polish peasant house in the suburb of Pisarowice. The owner of the house was an old Polish peasant woman who lived there with her daughter. After a traditional Polish greeting ("Praised be the name of Jesus Christ") both were willing to harbor us two strangers for one day, and to give us bread, potato soup, and imitation coffee. As both Wetzler and myself were fluent in Polish, we gained a general outline of the situation in which we had landed. The villages around — so we learned — had been "Germanized" and the German civilians went to work in the fields armed and instructed to shoot unidentifiable strangers on sight. The Polish households were further away from the river and the communication lines. However, any help to strangers was punished by executions, often of whole families. Many people in Polish households had already been executed for giving food or shelter to Polish or Russian-speaking German *agents provocateurs* who paraded as fugitives.

We left these helpful Polish women in Pisarowice during the next night and at dawn we reached the mountainous region at the end of the main valley through which the Sola flows. We moved southwards along the western banks of the river on the forest-covered slopes of the valley. The isolated Polish households closed their doors and windows when we approached and the people did not answer when we spoke to them; however, frequently a Polish peasant girl would run across our path and drop a half loaf of bread as if she had lost it while running.

Our presence in the region must have come to the notice of the German authorities. On Sunday, April 16, when we emerged from the forest and were resting on a clearing close to Porebka, a fanned-out group of about a dozen German field gendarmes with dogs on leashes approached us concentrically and opened fire without warning as soon as we tried to move. Fortunately we managed to reach the nearby forest through a hail of fire without being hit, although we had to abandon all of our provisions and overcoats and continue without them through forests still partially covered in snow.

Three days later, on Wednesday, April 19, we stumbled on a Polish woman attending her goats close to the forest on the hills above Milowka. She realized that we were fugitives from the Germans and offered us food and rest in her goat-hut. She also connected us with a helpful Pole who, on the night of April 20-21, hiked with us by a relatively short and safe route to the vicinity of the Slovak border and gave us some information about the frequency and usual path of German border patrols. In accordance with the habits of those times no names or addresses were exchanged, so that in case we were captured by the Germans we could not divulge under torture who had helped us. On Friday morning, April 21, we crossed the Slovak border and soon stumbled onto a Slovak peasant alone with his horse, ploughing his field in the vicinity of the Slovak-German (formerly Slovak-Polish) border. The peasant (Andrej Cánecky, from the nearby Slovak village of Skalité) at that point knew nothing about us except what he had himself seen from a distance, that we had crossed the border without passports.[25] He was not sure whether we were smugglers or another kind of clandestine traveler — I myself was relatively very well dressed in a Dutch tweed jacket, a white woolen sweater, woolen riding breeches and excellent high boots (all "organized," i.e., stolen, from the "Canada" storage areas in Auschwitz). Alas, my elegance was somewhat tainted by a fortnight of life in fields and forests: I carried my boots over my shoulder as I had had to cut them off my feet with a razor due to gross swelling caused by marching and deficient diet since I had eaten little else but bread during the previous fortnight.

Cánecky offered us a chance to wash up and rest in his house, and gave us dinner. During the meal he gave me a geographical picture of the local surroundings (nearest town Cadca, names of villages). He also mentioned the names of Jewish doctors in the villages as well as the name of a Dr. Pollack who practiced medicine in Cadca. This attracted my attention as I had met this same Dr. Pollack just before I was deported from Slovakia in June 1942 in a transport of Slovak Jews destined for "resettlement" and in due course dispatched across the border from the camp in Nováky on June 14, 1942. At that time, Dr. Pollack had also been scheduled to be "resettled" with the same transport; I made his acquaintance in the camp in Nováky. However, due to an "exception," he had been removed from the list of Jews to be deported and returned to a medical practice in Slovakia. The "exceptions" for physicians were granted for the following reasons: A high percentage of medical practitioners in Slovakia were Jews and when Tiso's pro-Nazi regime in Slovakia started to "resettle" the Jewish doctors in the spring of 1942, many protests were raised when the villagers suddenly found themselves lacking even basic medical assistance. Consequently the Tiso regime, trying hard to curry favour with the peasantry, gave a reprieve to Jewish medical doctors who were not yet deported and released them to practice medicine in the smaller settlements, providing basic services to the peasantry and making it possible for the few "Aryan" doctors left in the villages to also move to the more prestigious towns and major hospitals.

Contacting Jewish Representatives after Escaping from Auschwitz

When I learned that Dr. Pollack, with whom I once shared a stage of the Jewish fate in Slovakia, was now stationed in the nearest small town, Cadca, I immediately decided to use him as our first contact with the surviving Jewish community. My companion Alfred Wetzler agreed. Cánecky then explained to us that a night march to Cadca might be unsafe and might take two to three nights, but that he thought he had a better idea. He said he intended to go to the market in Cadca by train on the next Monday to sell his hogs, and offered to harbor us during the weekend, disguise us in peasant clothing, and take us along: while helping with the transport and sale of his hogs we were unlikely to attract the attention of the police, gendarmerie, and informers. We accepted Cánecky's magnanimous offer and stayed in his house until Monday morning, then traveled with him and his hogs the 30 kilometers to Cadca by train. On Monday afternoon I presented myself as a patient in Dr. Pollack's surgery. This doctor's office in Cadca was situated in the army barracks. When Dr. Pollack saw me in the privacy of his doctor's office, with a shaven head (no hair was allowed in Auschwitz) and dressed as a peasant, he at first did not recognize me. But when I told him who I was and where we had met, and that I had come back to Slovakia from whence I was deported in 1942, he finally remembered me. His astonishment was not surprising, inasmuch as Wetzler and I represented the first case in the tragic history of Slovak Jews of a return after the deportations of Jews from Slovakia were temporarily stopped in October 1942. Between March and October 1942 about 60,000 Jews had been deported from Slovakia (about 30,000 to Auschwitz, the rest to Maidanek, Treblinka, Belzec, and Sobibor) out of the total Jewish population of about 85,000 in the territory of the Slovak State at that time. When I escaped from Auschwitz, only 67 of the Slovak Jewish men were still alive in Auschwitz and about 400 young women. The rest of the "resettled" Slovak Jews died in the camp (or were murdered on arrival) in 1942.

When Dr. Pollack was given a reprieve from deportation in the spring of 1942, it covered his wife and children along with him but not his parents, brothers, and sisters and their families. He asked me whether I knew anything about the fate of his deported relatives and I had to tell him that they were dead. He had heard nothing from his relatives since 1942 and knew nothing about the further fate of the deportees except that their silence and traceless disappearance were foreboding. He than asked me what he could do for me. I wanted to know whether there remained any representatives of any Jewish organizations in Slovakia. He assured me that he could discreetly arrange for an immediate contact with the Jewish Council in Bratislava (*Ustredna Zidov*; UZ), representing the 25,000 Slovak Jews who had not been deported in 1942 and were still living in Slovakia.

Wetzler and I spent the night in Cadca in the household of Mrs. Beck (a relative of the well-known rabbi Leo Baeck),[26] who at that time still lived in Cadca under the aegis of the Jewish Council. The next morning — still in our peasant outfits — we traveled by train to the nearby major Slovak town of Zilina and were met in the park in front of the railway station by Erwin Steiner, a representative of the Jewish Council. He took us to the Jewish Old People's Home, which had been converted into offices of the Jewish Council after the old people were "resettled" in 1942. There we were joined by his wife, Ibolya Steiner (who acted as a typist) and Oskar Krasnyanski, also an important representative of the Jewish Council. The chairman of the Jewish Council, Oscar Neumann, arrived the next day. My identity as well that of Alfred Wetzler could be established immediately as the Jewish Council had lists of deportees of each transport that had left Slovakia as well as a personal file that included a photograph of each deportee. (In fact, the files of the Jewish Council had been used in the organization of the transports[27].)

After relatively brief preliminary discussions, when the impending mortal danger to the largest — almost intact — surviving Jewish community in Hungary was clearly outlined, we agreed to dictate the substantial facts we knew about Auschwitz to Krasnyanski, who was a good shorthand stenographer; he then dictated from his notes, in our absence, to the typist, Ibolya Steiner. Krasnyanski wanted separate statements so that what I said should not influence Wetzler's statements and vice versa. He therefore first locked himself into an office with me. I started with a drawing (by hand, and giving estimated distances from memory) of the inner layout of Auschwitz I Camp, the layout of Auschwitz II Camp, and the position of the old ramp in relation to the two camps (see Fig. 2). I then proceeded to explain the internal organization and working of the Auschwitz camp complex, describing both the facilities constructed for the massive slave labor contingent serving the giants of the German industry (Krupp, Siemens, I.G. Farben, D.A.W.) and the mass-murder machinery of gas chambers and crematoria. Because of my wide first-hand experience on the ramp and from Quarantine Camp BIIa, I was able to reconstruct with a considerable degree of exactness the history of all arriving transports. I particularly emphasized the fate of the so-called Czech family camp, which at the time of my escape was located in BIIb. In this camp about 4,000 Czech Jewish men had been "put on ice" (temporarily held prisoner) with their families, including children, for exactly six months starting September 8, 1943 and then killed on March 8, 1944, only one month before my escape. Another family transport of Czech Jews from Terezin had been "put on ice" in BIIb around December 20, 1943, scheduled to be murdered six months later (in June 1944).

The expression transport "put on ice" meant, in practical administrative terms at that time, that the transport was given the administrative denotation *"Sonderbehandlung mit 6 Monaten Quarantäne"* (Special Treatment with 6 Months Quarantine — "special treatment" was the code phrase for murder in the gas chambers.) Since the two Czech family transports were held in Birkenau Section BIIb, and as I was a *Blockschreiber* in the neighboring Section BIIa, I could easily make contact with these people by talking to them across the electrified barbed wire fence which divided the two sections (see Fig. 1). They were all Czechoslovakians with whom I shared a common language and in part a common background, so it was natural that I formed personal ties with several of them over the last six months of their life. The fate of these Jews was even closer to my heart (because they were less anonymous) than the fate of the other victims arriving from various places in Europe that had no personal associations for me who were murdered on arrival. For these reasons these Czech family transports have a relatively more prominent role in the Vrba-Wetzler Report than the actual number of these Czech "family camp" victims of Auschwitz (less than 9,000) would de facto merit in comparison to the total of 1.75 million people I estimate had been murdered in Auschwitz while I was there.

In summary, the statistics in the Vrba-Wetzler Report are based mainly on the fact that until June 8, 1943, I was in the *Aufräumungskommando*, which "worked" on the old ramp. Thus I was present at the arrival of each transport during this time and I was in a good position to prepare the statistics by memorization and using a simple mnemotechnical method. As I stated earlier, neither I nor Wetzler carried any papers when we escaped from Birkenau nor was there any preliminary consultation with any mythical "committee" before our escape. For the rest of my time (after I was "discharged" from the *Aufräumungskommando*) in Auschwitz II I was a *Blockschreiber* in Quarantine Camp BIIa, so that I was able to continue to keep up my statistics by direct observation of transports passing in front of my eyes as well as by speaking to the new arrivals who were stationed in the Quarantine Camp at the start of their imprisonment in Auschwitz. Normally only those who survived the "Quarantine" stage were distributed into the various slots in the slave labor force. These *Zugang* people (new arrivals) as a rule of course knew where their transports came from and how many persons they had comprised at their point of departure, i.e., before the "selection" for the gas chambers. From my work assignment in BIIa I could also see the arrivals who were not selected for slave labor, on their way to the gas chambers (see Fig. 1), even when I was no longer working on the ramp after June 8, 1943.

My companion in the escape, Alfred Wetzler, was probably just as well informed as I was about the events and history of Auschwitz and he could and did corroborate my data by his independent statement to Krasnyanski, although I obviously do not know exactly what he dictated to Krasnyanski in my absence. The latter then used the protocols of both our statements and in great haste combined these editorially into one typewritten report. In a preface to the final text of the report, Krasnyanski stated that the document contained the statement of two Jews who escaped from Auschwitz (starting with the statement of the first Jew). From the time the second Jew arrived there, the Report is based on the statement of both (Wetzler arrived in Auschwitz in April 1942 and I in June 1942). It would of course be difficult to disentangle which part of the report stems from me and which from Wetzler, and it is right to consider it the result of the efforts of both of us, an effort we both made to the best of our knowledge and abilities.[28] We also added a special appendix to the report in which my experiences from a short imprisonment (12 days) in the concentration camp of Maidanek were recorded. (I had been transferred to Auschwitz from Maidanek, rather than coming directly to Auschwitz from my native country of Slovakia.) All discussions with the representatives of the Jewish Council in Zilina were conducted in Slovak. The report was originally prepared in a Slovak version, to my knowledge immediately translated into German and Hungarian, and later also translated into English and French.[29] The further fate of this report need not to be discussed here in detail, as this was done before in various extensive studies.[30] Here I would only add that all work on the Vrba-Wetzler Report was finished and the final version was typed by Thursday, April 27, 1944. Although in this Report what was said by myself and what was the contribution of my companion Wetzler was clearly mixed up, I approved of the Report as it stood, because the most relevant factor was the need for an urgent warning to the Hungarian Jews about their imminent mortal danger. To make further corrections or retype the Report in order to eliminate minor errors or to increase the accuracy of unimportant details at that point would have meant a loss of time at a crucial moment. Indeed, at least one transport of Jews from Hungary passed through Zilina as early as April 28, and the mass deportation of Hungarian Jews to Auschwitz began about two weeks after our Report was approved, signed, and released by Wetzler and myself.

On Friday, April 28, 1944, a secret conference was convoked by the Slovak Jewish Council in the Jewish Old People's home in Zilina. Perhaps a dozen people were present, including the chairman of the Slovak Jewish Council Oscar Neumann and some representatives of Hungarian Jewry. Wetzler and I were asked to answer their questions and to give some further explanations. In accordance with the informal rules of illegal work under Nazi occupation, no names were exchanged at this meeting. One of the gentlemen present was a lawyer who had great difficulty believing that people were de facto executed in the heart of "civilized Germany" without the benefit of a legal defense before execution. All were impressed with my tweed jacket with its fashionable Amsterdam tailor's address on the inside, a real rarity in war-time Slovakia.

By then May 1 was imminent and the Slovak Jewish Council was anxious that we leave the premises of the Jewish Council in Zilina before that date, since on this day (a traditional trade union holiday) the state police took special precautions against anti-Nazi demonstrations. By tradition they were likely to check any existing Jewish premises, on the assumption that all Jews are traditional "Judeo-Bolshevik agitators." Wetzler and I moved to a small town near the High Tatras (Liptovsky Sväty Mikulàs; Liptószentmiklós in Hungarian). However, after our escape from Auschwitz, in view of the fugitive warrants we presumed had been issued, we of course used different names — I picked the name Rudolf Vrba (a not uncommon name in Czechoslovakia). I subsequently retained this name as my "nom de guerre," and had the change of name legalized as soon as a normal legal system was re-established in Czechoslovakia after the defeat of the Nazis. Meanwhile, in April 1944 in Zilina, the Slovak Jewish Council provided me with a set of fake documents of excellent quality which showed that I, Rudolf Vrba, was certified as a "pure Aryan" for three generations back; with these papers I was able to move around Slovakia without the danger of being picked up by one of the frequent police raids on the streets, in restaurants, trains, and railway stations. We were reassured by Krasnyanski that our Report was now "in the right hands" both in Budapest (the name of the "Zionist leader in Hungary" Rudolf Kasztner was mentioned in this connection with particular reverence) and Bratislava, and that we had nothing more to worry in this matter. So my task, dictated exclusively by my conscience (not by a mythical committee in Auschwitz or elsewhere), to warn the Hungarian Jews about the exact nature of their imminent mortal danger, was finished.

Wetzler and I spent the next six weeks in Liptovsky Sväty Mikulàs. I traveled frequently to Bratislava, where I had a friend, Josef Weiss,[31] a Jew from Trnava whom I knew well from before my deportation. Weiss had successfully avoided deportation in 1942, and in 1944 was working in Bratislava in the Office for Prevention of Venereal Diseases. This agency kept very confidential personal data on carriers of venereal diseases, and its offices were well protected (even from the police); it was therefore very suitable for clandestinely making copies of our Report. Weiss distributed these copies to several young Jewish men who then tried to distribute them secretly in Hungary.[32] One of these copies of the Report found its way to Switzerland and Bern (via Moshe Kraus, director of the Palestine Office in Budapest) and was smuggled to George Mandel-Mantello, a Hungarian Jew living in Switzerland, who made successful efforts to have the Report published there.[33] The publication of the Report in Switzerland then led to a wide newspaper campaign[34] and to an international chain reaction which has been described elsewhere[35] that finally induced Horthy, the Regent of Hungary, to stop the deportations on July 7, 1944.

Wetzler and I rested in Mikulàs for six weeks. During May 1944 we heard only scanty rumors about the deportation of Jews from Hungary. As I learned after the war, the Slovak Jewish Council knew well about the massive deportations from Hungary;[36] nevertheless, no information on this matter was passed on from the Council to either Wetzler or me about these events. All we knew was the rudimentary information on the deportation of the Hungarian Jews published in the pro-Nazi press of Tiso's Slovak State. Then, on June 6, 1944 (D-day in Normandy) two more prisoners from Auschwitz arrived in Slovakia and they brought us news from Auschwitz.

The two new escapees from Birkenau (Auschwitz II) were also Jewish prisoners: Arnost Rosin, born in 1912 in Snina, Slovakia (prisoner no. 29858), and Czeslaw Mordowicz, from Mlava in Poland, born in 1921 (prisoner no. 84216). Both had been in

Auschwitz since 1942, i.e., had been "old prisoners" like Wetzler and I, and they had escaped together on May 27, 1944. After a difficult trip they crossed the Slovak border on June 6, 1944 east of the High Tatra Mountains, about 200 kilometers to the east of where Wetzler and I had crossed it. Over a public radio loudspeaker in the first Slovak village (Nedeca) they passed through, they heard about the Allied landing in Normandy and somewhat naively imagined the war was over. They went to the nearest bar and tried to pay for their consumption with dollars they had brought along from Auschwitz. They promptly were arrested but instead of being treated as Jews they were accused of the much smaller crime of violating the currency laws. After a week in prison and payment of a stiff fine they were released. The fine was paid by the Jewish Council of Slovakia, whose's connections as well as the rapidly changing political situation in Slovakia (this was only three months before the Slovak National Uprising against the Nazis, and the Soviet Army was already close to the Slovak borders) also played a significant role in the release of Rosin and Mordowicz.

Wetzler and I knew Rosin and Mordowicz personally from Birkenau, where all four of us were "old prisoners" who had survived in Auschwitz for more than a year. Those survivors were few and were frequently connected by bonds of mutual aid where any was possible; there was a sort of "old hands' Mafia" in all German concentration camps, in which survival time in the camp was a measure of distinction. In Auschwitz, more than a year of survival meant considerable seniority. Thus, Wetzler and I did not need to be introduced to the two new escapees. From Rosin and Mordowicz we learned that in the short time between May 15 and their escape on May 27, 1944, over 100,000 Hungarian Jews had arrived in Birkenau and most of them had promptly been murdered.

The Mordowicz-Rosin Report, an addition to the Vrba-Wetzler Report in which the ongoing slaughter of Hungarian Jews in Auschwitz was described, was recorded by Krasnyanski. It reported that the victims arriving in Auschwitz from Hungary had no knowledge whatever about what "resettlement" really meant, just like the almost two million other victims who were killed before Wetzler and I escaped from Auschwitz and prepared our Report. I only learned after the war that more than 400,000 Hungarian Jews were brought to Auschwitz after our escape and died a terrible death there up to mid-July, 1944 without ever having been warned by the Hungarian Jewish Council about the true nature of "resettlement." They had entered the deportation trains hoping to land in some sort of Jewish "reservation" or ghetto where they would have a respite from the incredibly brutal terror inflicted upon them by the Hungarian Gendarmerie of Horthy's regime. They had been induced by this terror to "voluntarily" enter the deportation trains to avoid reprisals against their infirm family members. But after a horrifying journey, most of those deportees found themselves in the hands of cruel and merciless German executioners in the German death factory in Birkenau. A lucky ten percent of them were found suitable for slave labor and later "distributed" into various slave labor camps all over Germany. Some of these survived their captivity in German hands.

Meeting Representatives of the Vatican and of Orthodox Jewry

In connection with our Report Wetzler and I were involved in two events during June 1944 at the request of the Jewish Council of Slovakia. I was asked to speak personally to a representative of the Vatican on June 20, 1944, and a few days later to visit Rabbi Michael Beer Weissmandel who at that time was considered the leading Jewish religious authority in Slovakia and/or Eastern Europe. At the request of the Slovak Jewish Council, on both visits I was not accompanied by Wetzler but by Mordowicz,[37] so that both pairs of escapees would be represented.

On June 20, 1944, Krasnyanski and a translator met with me and Mordowicz in the monastery in Svaty Jur,[38] about 40 kilometers from Bratislava, where we were received by an elegant priest whom I thought at the time to be the Apostolic Delegate, Msgr. Burzio, but who was in fact a Vatican diplomat, Msgr.

Mario Martilotti, a member of the Vatican's nunciature in Switzerland.[39] Martilotti — who told us he was to travel to Switzerland the next day — was well acquainted with our Report as he had already read a German translation. He himself understood my German very well but spoke it with some difficulty — his French was much more fluent. He obviously wished to be reassured about the authenticity of the escapees. Our discussions lasted several hours, but as far as we know today, this meeting did not have any far-reaching consequences other than to provide reliable information for the private ears of the Vatican. The publication of the Vrba-Wetzler Report in the West in late June 1944 was not accomplished with the help of the Vatican, as was sometimes believed, but through other channels.

The visit with Rabbi Weissmandel in Bratislava took place after our visit in Svaty Jur. This must have been towards end of June 1944 and was even more puzzling to us than the other meeting. The real intent of this belated invitation (late June 1944) was not obvious: Wetzler and I had already been in Slovakia for two months by the time Rabbi Weissmandel invited me to come for coffee and a chat. Even after I accepted the invitation (I was invited along with Mordowicz) I remained puzzled. Perhaps this invitation was only a piece of rabbinical self-justification, so we couldn't say that we did not get a hearing. We were received by the Rabbi in his study at the Yeshiva in Bratislava. Neither Krasnyanski nor a translator were present. During our relatively brief meeting (about one hour) I noticed that the Rabbi clearly was very well acquainted with all the details of our Report. On the other hand, he did not mention to us that he had received previous independent information about the mass-murder of Jews going on in Treblinka, Sobibor, and Belzec as well as some information about Auschwitz, the so-called Polish Major's Report[40] — I learned all this only after the war from reading a letter he wrote on May 22, 1944.[41] Rabbi Weissmandel also did not tell us that he had direct and indirect connections with the SS, particularly through Dieter Wisliceny, the German *Berater* (government advisor) in Slovakia, a close collaborator of Eichmann's who had helped to mastermind the deportation of 60,000 Slovak Jews from Slovakia to Auschwitz, Treblinka, Maidanek, Sobibor, and Belzec in 1942 and the deportation of Greek Jews to Auschwitz in 1943. And he told us nothing about his truly hare-brained "Europa Plan" under which he and the Jewish Council in Slovakia undertook to pay two million dollars — money which he did not have and could not pay — if the Germans agreed to refrain from deporting European Jews to Poland. (Since the Jews of most of Europe had already been deported, the two million dollars would be buying, almost exclusively, a promise to stop the deportation of Hungarian Jews.)[42] From the perspective of the daily realities of Auschwitz, to me this "Europa Plan" is at best nothing but a product of a tortured and incapacitated human mind. Alternatively, it may have served the Rabbi and the Jewish Council as an alibi or pretext for unsavory "negotiations" with the SS, as will be discussed further below.

During the meeting the Rabbi was very polite and treated us, to use his words, as the emissaries of almost two million Jews who (by that time) had perished in Auschwitz. I want to add here a few personal recollections as background to my meeting. The Yeshiva of Rabbi S. D. Ungar and later of his son-in-law, Rabbi M. B. Weissmandel, was originally located in Nitra, where I spent some years during my childhood (1930-1933). We lived on the same street as the rabbis, my maternal grandfather (Bernat Grünfeld, from Nitra, later murdered in Maidanek) was a member of their congregation, and there was direct personal contact between my family and this congregation. I vividly remember Rabbi Ungar, who once when I was eight years old took me on a particular occasion (it was meant to be a great distinction for a child) into his conference room where I was allowed to sit with grown-ups and was served tea and cake. Since this cake treatment my relation to this Jewish group had always been cordial. After the majority of the Jews of Nitra (including my grandparents) were "resettled" in 1942, the Yeshiva of Rabbi Weissmandel and its students were allowed to stay in Nitra. The Rabbi and to some extent his pupils were protected from deportation in 1942 because Slovakia under President Tiso was a "Catholic State," and therefore religious schools (even a Jewish one) were to be left unmolested. However, the Yeshiva was vandalized by local fascist hooligans, and apparently for this reason was transfered to Bratislava — where "it could be better protected" — some time in 1943. When I returned from Auschwitz in the spring of 1944, I was surprised to see that the Yeshiva of Rabbi Weissmandel was almost in the center of Bratislava, obviously under at least temporary protection of both the pro-Nazi Slovak and the German authorities who were in power in Bratislava at that time. The visibility of Yeshiva life in the center of Bratislava, less than 150 miles south of Auschwitz, was in my eyes a typical piece of Goebbels-inspired activity and brazen Nazi humor. There — before the eyes of the world — the pupils of Rabbi Weissmandel could study the rules of Jewish ethics while their own sisters and mothers were being murdered and burned in Birkenau. At that time, only two months and 150 miles away from an Auschwitz working at highest capacity, this Yeshiva in the center of Bratislava struck me as merely a circus with Rabbi Weissmandel as its main, albeit tragicomic, clown.

After the visit with Rabbi Weissmandel I had little further contact with the Slovak Jewish Council except that they supported me financially. I got 200 Slovak crowns per week, at that time an average worker's salary and sufficient to sustain me comfortably in an illegal life in Bratislava. On August 29, 1944 the Slovak Army revolted against the Nazis and the re-establishment of Czechoslovakia was proclaimed. My connections with the Slovak Jewish Council stopped at that point, as I immediately volunteered to enlist in the Army. Because of the rapid military advance of the Germans into Slovakia and the retreat of the regular Slovak Army, I was directed into the Partisan Unit of Captain Milan Uher ("Hero of the Slovak National Uprising in Memoriam"). In early September 1944, in Uher's home village of Lubina in Western Slovakia, I received my Czechoslovak uniform and my gun and ammunition, and continued my war against the Nazis by conventional means until my official discharge from the Army at the end of the war in May 1945. I left for Prague in the same year to study chemistry and biochemistry, as I had intended to do even before I was sent to Auschwitz. With a distinguished military record gained during the Slovak National Uprising (I was decorated several times) and my newly legalized Czechoslovak name, the doors of all schools were open for me in Prague. There I finished my university studies and post-graduate training and started my career in science (biochemistry and neurochemistry). I voluntarily left Czechoslovakia in 1958 and continued my teaching and research activities in Israel (Ministry of Agriculture), the UK (Medical Research Council), the USA (Harvard Medical School), and Canada (Medical Research Council of Canada and the University of British Columbia).

Controversial Aspects Relevant to the Holocaust in Hungary

At the time of writing this article, more than fifty years have elapsed since the events described, and much has been written about them. There are some controversies with respect to the contents of the Vrba-Wetzler Report as well as its handling after it was written. Some salient points need further clarification. The Czech historian M. Kárny wrote[43] in 1992 that neither I nor Wetzler had known anything about the preparations made in Auschwitz for the mass murder of Hungarian Jews: "In the whole Report of Wetzler and Vrba there is no mention whatever about what supposedly was a public secret in Auschwitz — namely that it was the turn of the Hungarian Jews and that preparations were already being made in Auschwitz for their murder. If such a public secret had existed in the camp, certainly the escaped prisoners from Auschwitz would have considered it necessary to place special emphasis on these preparations in their Report." Kárny further claims to have found evidence for my and Wetzler's ignorance about these preparations by quoting verbatim the end of the chronological part of the Vrba-Wetzler Report, which stated:

"Small groups of Jews from Benzburg and Sosnovitz, who had been dragged from hiding, arrived in the middle of March. One of them told me that many Polish Jews were crossing over to Slovakia and from there to Hungary and that the Slovak Jews helped them on their way through Slovakia. After the gassing of the Theresienstadt transport there were no further arrivals until March 15, 1944. The effective strength of the camp rapidly diminished and 'selected' men of transports arriving later, especially Dutch Jews, were directed to the camp. When we left on April 7, 1944 we heard that large convoys of Greek Jews were expected."

M. Kárny further develops his ideas by saying: "If Wetzler and Vrba considered it necessary to record rumors about the expected transports of Greek Jews, why would they have not put on record that transports of hundreds of thousands Hungarian Jews were expected, if their expected arrival was indeed a public secret in Auschwitz? If they recorded the help of Slovak Jews to the Polish Jews escaping to Hungary, why would they not warn these Polish escapees of the danger threatening them immediately, particularly in Hungary?"

And, he claims, "[Wetzler and Vrba]...did not know that the Final Solution in Hungary was imminent." In other words, Kárny implies that preparations for the Holocaust of Hungarian Jews were not passed along because they were not revealed by us at the time.

To my present knowledge a copy of the Slovak original text of the Vrba-Wetzler Report has not been preserved, so that I cannot state categorically whether the warning about the imminent Holocaust in Hungary was or was not recorded in the original Slovak version of the Report. However, I clearly remember that, during the checking of the final version of the Report, I had a discussion with Krasnyanski on this very point. I insisted the warning should be included, whereas Krasnyanski was of the opinion that only murders which had already taken place in Auschwitz should be recorded so that the final report would be a record of facts only that would not be weakened by "forecasts" and "prophesies." I do not remember whose opinion prevailed. But I do recall very well that Krasnyanski reassured me that the Jewish as well as other authorities would be immediately acquainted with all of the details I and Wetzler had provided about the preparations made in Auschwitz for the mass murder of the Hungarian Jews.

Indeed, there is incontrovertible evidence showing that these preparations in Auschwitz, as described by Wetzler and myself, were made known to the leading Jewish authorities in Slovakia, and subsequently to their partners in Hungary. Furthermore, this information was later passed on to the above-mentioned Jewish contacts in western countries, specifically in Switzerland shortly thereafter. The above-mentioned letter by Rabbi Weissmandel and Gisi Fleischmann, dated May 22, 1944,[44] was written one month after Wetzler and I arrived in Slovakia from Auschwitz but well before the escape from Auschwitz and arrival in Slovakia of Mordowicz and Rosin (June 6, 1944), i.e., could not have been based on their later information. This letter (5 ledger-size pages, single-space typed) was sent by a reliable courier to Switzerland, with the original addressed to the general office of Hechalutz in Bern.

This letter starts with twelve paragraphs, labeled (a) through (m), giving detailed information about the practices at Auschwitz. Paragraph (l) states:

"(l) In December and January [1944] a special railway line [in Birkenau, R.V.] has already been built leading into the halls of annihilation, in order *to prepare the new work of annihilation of Hungarian Jews* [italics added — R.V.]. That was said by knowledgeable people there in that hell; there they discuss it without scruples, without suspecting that someone outside will learn about it since they assume, in general, that no one in the country knows anything whatever about the work in this hell."

In paragraph (m) Rabbi Weissmandel stated: "This is their system in Auschwitz, where since yesterday they are deporting [from Hungary] 12,000 Jewish souls daily; men, women, old people, children, sick persons and healthy people, and there every day they are asphyxiated and burned and converted into fertilizer for the fields."

In other parts of this letter the Rabbi and Gisi Fleischmann describe the inhuman methods of transporting the deportees to Auschwitz and their immediate fate afterwards as follows:

"(e) These transports arrive in Auschwitz after 2-3 days of travel without air, without food and without water, body pressed upon body. In this manner a considerable number of persons already die during the journey; the survivors go naked into special compartments of large halls, believing that they are going to have a bath. There they — 2,000 souls per section — will be gassed by cyanide."

In paragraphs (f) and (g) they state: "According to an authentic message from a few witnesses, there were in Auschwitz at the end of February [1944] four such annihilation halls and according to rumors these facilities are being expanded ... The bodies are burned in ovens specially built for this purpose..."

Not surprisingly, Rabbi Weissmandel's letter did not name his sources of this crucial information, but he says on page 3 of his letter that "two Jews recently escaped from Auschwitz" are the source. We can therefore be certain that his despatch was based on the fact that he had studied our Report at some time between April 28 and May 22. The presumption must be that this was the case, for no other eyewitnesses escaped from Auschwitz during this period, and no alternative source has ever been suggested. And, as noted above, when I met the Rabbi toward the end of June 1944, he was well acquainted with the details of our report. In view of the facts evidenced by the May 22 letter, there can be little doubt that the Rabbi based his appeal to Switzerland on the information about Auschwitz provided by Wetzler and me. No other explanation is credible.

It follows that those historians are mistaken who have recently sought to show that Wetzler and I knew nothing before our escape about the preparations being made in Auschwitz for the mass murder of the Hungarian Jews. We in fact did know about these preparations and we explained it clearly; the postwar testimony of the chairman of the Jewish Council in Slovakia, Oskar Neumann, provides an eloquent confirmation of this.[45]

It is of interest to note that the Rabbi was well informed about many details of the deportations of Jews then in progress in Hungary, although he lived in Bratislava, Slovakia. He says in his letter that the deportation of Hungarian Jews began east of the river Tisa (Theiss), that 12,000 are being deported daily, that each freight-car contains 60 or more people, that each train contains 45 freight-cars, etc. This demonstrates that the Jewish leadership in Bratislava and Budapest was in regular contact and that channels for rapid exchange of information from distant parts of Hungary were available to the Jewish Council in Bratislava, and from provincial Czechoslovakia to that of Budapest, before and during the deportations of Hungarian Jews in spring 1944, even though Jews were forbidden to travel.

The Catholic and Protestant churches also had no difficulty, relatively speaking, in obtaining the same information about the progress of deportation of Jews from Hungary; there is plenty of evidence showing that they were all perfectly aware of these events in detail, as a very recent monograph again describes.[46] The inevitable conclusion is that in May 1944 at the latest the representatives of all major denominations (Jewish, Catholic, and Protestant) knew that the deported Hungarian Jews were being taken for slaughter, and that for some reason all religious representatives chose not to warn the masses about the scheduled fate of the deportees. The Jewish authorities, for their part, duly informed their contacts in Switzerland about the preparations made in Auschwitz for the Holocaust of Hungarian Jews and about the progress of the deportations, but this vital information was withheld from those who were actually being deported.

The interpretation of all these events is of course a painful affair and my interpretation — as could be gathered from what I have said above — is very different from the interpretation given by Yehuda Bauer, Asher Cohen, and other mainly Israel-based Holocaust scholars who extol the "meritorious work" of Weissmandel, Dr. Kastzner, and other "negotiators." I am forced to regard these interpretations as the product of scholars who would like to improve not only the Jewish future but also the Jewish past. Perhaps part of this problem lies elsewhere: it may be that many of those who did not have direct experience with the Nazis at that time are unable to comprehend the truly pernicious nature of Nazism and the absolute futility of any negotiations unless the negotiator could prove that the group he represented was physically as strong or stronger than the Nazis. For those of us who saw the Nazis in action in Auschwitz, this basic precondition is easier to understand. If the Nazis entered into any "negotiations" with Jews in Bratislava or Budapest, to me it merely means that they had their own deceitful plans as to how to use the Jewish Councils for their own objectives, which were very simple: to rob the Jews swiftly of their personal property, to prepare lists of those to be deported on the basis of names and addresses supplied by the Jewish Councils, to make those on the lists enter the deportation trains without causing difficulties, and to kill the deportees economically and efficiently in Auschwitz, all the while preserving the secret of their murderous empire. The fact that the Nazis in Budapest also took personal bribes from a Jewish notable, Fülöp von Freudiger[47] and from other prominent Jews in Budapest and elsewhere means very little as far as their dedication to the general objectives of the Final Solution was concerned. For instance, it is well known that in Auschwitz all SS without exception were dedicated not only to killing Jews but also to pilfering, from camp commander Rudolf Ferdinand Höss to the lowliest SS-man serving in the camp. Indeed, this was an unofficial part of their reward for their murderous activity. To the SS robbing, pilfering, and cheating Jews — or for that matter any other non-Germans in a weak and vulnerable position — was as natural as murdering them. Blackmailing the Jewish "negotiators" and taking large sums as bribes did not really oblige the Nazis to anything and was part of their cynical game. In this connection I would like to point out a few relevant facts recorded by other participants in the drama of the extremely swift mass murder of Hungarian Jews.

Rabbi Weissmandel's close contact in Hungary and his confidant was an important member of the Jewish Council of Hungary, Fülöp von Freudiger, who was also the son-in-law of the late Chief Rabbi of Bratislava (Akiba Schreiber) and had studied at a Yeshiva in Slovakia.[48] In a subsequent report, Freudiger noted that on March 19, 1944, the very day the German troops crossed the Western border of Hungary, Eichmann's *Sondereinsatzkommando* contacted the Jewish Council and various influential Jewish notables. These officers of Eichmann's staff were SS-*Obersturmbannführer* Hermann Krumey, SS-*Hauptsturmführer*

Otto Hunsche, SS-*Standartenführer* Kurt Becher, and the
above-mentioned Dieter Wisliceny. Wisliceny even brought with
him a letter written in Hebrew by Rabbi Weissmandel to
Freudiger, stating that "they could trust Wisliceny."[49] Freudiger
also states that he quite regularly received mail from Bratislava
(mainly from Rabbi Weissmandel) via a courier of the Hungarian
Legation who traveled from Bratislava with the evening express
train[50] (the distance is only about 100 miles). Freudiger also stated
that during the second week of May 1944 Weissmandel had
informed him that, according to information obtained from the
Slovak Ministry of Transportation, permission had already been
granted to transport 310,000 Hungarian Jews through Slovakia on
their way to Auschwitz. Of course, by that time, more than three
weeks after Wetzler and I released our Report in Slovakia, Rabbi
Weissmandel must have known not only what Auschwitz meant
but also about the special preparations made there for the reception
and mass murder of the *Zugang* from Hungary. Freudiger confirms
that the copy of the Report he received from Rabbi Weissmandel
contained information not only about the history of events in
Auschwitz, but also about the special preparations made for the
mass murder of Hungarian Jews.[51] Freudiger also claims that
subsequently members of the Jewish Council spread the
information contained in the Report to Members of Parliament,
Bishops and even Horthy.[52] However, it is a fact that between May
15 and July 9, 1944, those earmarked for deportation, i.e., those
who most needed the information contained in the Vrba-Wetzler
Report, were kept in the dark about their destination.

On the other hand, the negotiations of the Jewish Council
members (particularly of the Zionist faction led by Kasztner) did
obtain a limited success. In August 1944 a transport of aboout
1,800 Jewish people from Hungary was sent by Eichmann not to
Auschwitz but to Switzerland, albeit by a long route. Obviously,
those traveling in this transport were not the poverty-stricken Jews
of Hungary. Freudiger records[53] that, as a partial payment for this
transport, the Economic Department of the SS under
SS-*Obersturmbannführer* Kurt Becher received cash, foreign
currency, 18 kilograms of gold, and 180 carats of diamonds plus

1,000 or 2,000 U.S. dollars per person, an incredible cash fortune for an average person in Hungary in 1944 when the black market value of a dollar was astronomical. Whether the preservation of secrecy about the death-mills in Auschwitz was self-imposed by the Jewish Councils or was also part of the payment for the release of a small number of privileged Jews cannot be documented, for obvious reasons; but it is surely not far-fetched to suggest that it was well worth Eichmann's while to grant the release of those 2000 relatively rich and/or well-connected Jews to Switzerland as a reward for keeping what was happening at Auschwitz a secret to the remainder of their fellow Jews. It is clear that these prominent Jews themselves had already become acquainted with the information contained in our Report. Andreas Biss, a close collaborator of Kasztner and von Freudiger, describes a remarkable episode on this journey when the train on its way westwards was switched towards Auspitz (not Auschwitz). A terrible panic occurred, because the passengers did not understand the difference between the two.[54] Thus while there were 437,000 Jews in Hungary who were not given any information about the nature of Auschwitz or about the preparations made there for their murder, a tiny minority of 1,800 Jews who traveled to Switzerland knew very well what the implications of the name Auschwitz meant. The simultaneous existence in one small country of these two contrasting groups is amazing but well documented.

Further evidence of the collaboration between the Nazis and certain favored groups of Jews can be seen from the fact when the deportation of Hungarian Jews was stopped by Horthy in July 1944, and the Jewish Council became useless for the Germans, Wisliceny advised Freudiger to flee to Romania, which he did.[55] Yehuda Bauer writes that shortly before the Russians liberated Bratislava from the Nazis (April 4, 1945), through Becher's efforts a group of 69 people, most of them from Bratislava, left the city on March 31, 1945 and reached Vienna on April 3 and then traveled to Switzerland. Among them was Rabbi Weissmandel.[56] The Becher referred to is the same SS-Colonel Kurt Becher mentioned above. *Res ipsa loquitur.*

It appears that during these critical times the Jewish masses in Slovakia and Hungary generally placed their trust either in the "Zionist leadership" (e.g., Kasztner, Biss) or in Orthodox and Rabbinical Jewish leaders (such as Rabbi Weissmandel, von Freudiger). The Nazis were aware of this and therefore chose exactly these circles for "negotiations." That the negotiators and their families were in fact pathetic, albeit voluntary, hostages in the hands of Nazi power was an important part of these "deals." From the testimony of survivors such as Elie Wiesel, it seems clear that the Jewish masses assumed that if something truly horrible was in store for them, these respectable leaders would know about it and would share their knowledge. But as detailed above, these leaders did in fact learn what Auschwitz meant but did not share this new knowledge with the Jews earmarked for deportation. The puzzlingly passive trip of enormous masses of Hungarian Jews into the sordid gas chambers of Birkenau was in fact the result of a successful confidence trick by the Nazis that resulted in a death toll three to four times larger than that recorded after the atomic bombing of Hiroshima. This was an incredible and unprecedented organizational success, even for Auschwitz. It is my contention that a small group of informed people, by their silence, deprived others of the possibility or privilege of making their own decisions in the face of mortal danger.

One must, of course, also not forget that although 400,000 Jews from Hungary were murdered and burned, their property was not burned. I am not speaking about the gold crowns extracted from their mouths before they were cremated in Birkenau or about the luggage that was stolen from them and ended up in the "Canada" storage areas. The majority of the Hungarian Jews belonged to the middle class and they left behind their homes, their gardens, their fields, their stocks and shares, their bank accounts, their "shops on Main Street," their furniture, their cars, their bicycles, their kitchen utensils, their radios, their fur coats and many other things that were scarce and valuable in the bombed-out territories of Germany and occupied Europe. This partially explains why Horthy and his clique (with the help of his bloodthirsty gendarmerie) were so keen to be rid of the unfortunate Jews. It was Horthy and his gendarmerie who were still in power during the deportations of Jews from Hungary to Auschwitz; confiscated Jewish property was redistributed among Hungarians who demonstrated their loyalty to Horthy, and was used to reinforce the shaky loyalty of Horthy's followers at a time when the war was obviously going badly. If we assume that the average per-person value of all the property of the deported Hungarian Jews, from their houses and bank accounts to their last luggage and the gold crowns in their mouths, was only $100, then 400,000 victims represent a profit of $40,000,000 in valuable goods available for immediate redistribution, a tremmendous windfall in a war-torn country. In fact, of course, the property was worth many times more than the $100 estimate, and the distribution of Jewish goods and wealth had more political appeal than a distribution of dubious war-time paper money. These are the reasons why I believe Rabbi Weissmandel's idea to stop the deportation of Hungarian Jews with his Europa Plan and a $2,000,000 bribe to the Nazis was hare-brained. No doubt the Nazis were amused by these unrealistic, ridiculous, and truly childish ideas, but these "negotiations" were useful to them as long as the objectives of Auschwitz were not communicated to the intended victims and hundreds of thousands were smoothly being deported to Auschwitz. It is of interest to know that Eichmann's cronies from Budapest, SS officers Krumey and Hunsche, were protected from prosecution after the war because Dr. Kasztner, in the name of the World Zionist Congress, issued them protective affidavits.[57] Krumey and Hunsche were in fact brought to trial only after 1969, i.e., twenty-five years later.[58] Dr. Kasztner also issued a "whitewashing note" to SS-*Obersturmbannführer* Kurt Becher,[59] and to my knowledge the latter was still a happy millionaire in Hamburg in the late 1980s.[60] Wisliceny was arrested by the British, delivered to Czechoslovakia, and hanged in Bratislava.[61] Kasztner enjoyed a distinguished career after the war in the new State of Israel but after a complex libel trial he was shot dead on the street in Tel Aviv in 1958 and rehabilitated posthumously.[62] Weissmandel became a much admired rabbi in New York and died there in 1958.[63]

Notes

1. Randolph L. Braham, *The Politics of Genocide. The Holocaust in Hungary* (New York: Columbia University Press, 1981), p. 1144. (Cited hereafter as Braham, *Genocide*.)
2. Rudolf Vrba, "Footnote to the Auschwitz Report," *Jewish Currents*, vol. 20, no. 3, 1966, p. 27.
3. John S. Conway, "Frühe Augenzeugenberichte aus Auschwitz," *Vierteljahrshefte für Zeitgeschichte*, vol. 27, 1979, pp. 260-84; — —. The First Report About Auschwitz," *Simon Wiesenthal Center Annual*, vol. 1, 1984, pp. 133-51; — —, "Der Holocaust in Ungarn," *Vierteljahrshefte für Zeitgeschichte*, vol. 32, no. 2, 1984. pp. 179-212; — —, "The Holocaust in Hungary" in *The Tragedy of Hungarian Jewry*, ed. Randolph L. Braham (New York: Institute for Holocaust Studies of The City University of New York, 1986), pp. 1-48; Martin Gilbert, *Auschwitz and the Allies* (New York: Holt, Rinehart & Winston, 1981), p. 367; F. Baron and Sándor Szenes, *Von Ungarn nach Auschwitz. Die verschwiegene Warnung* (Münster: Westphälisches Dampfboot, 1994), p. 13.
4. David S. Wyman, *The Abandonment of the Jews. America and the Holocaust* (New York: Pantheon Books, 1984), p. 289.
5. Jenő Lévai, *Zsidósors Európában* (Jewish Fate in Europe) (Budapest: Magyar Téka, 1948), p. 49; Sándor Szenes, *Befejezetlen múlt* (Unfinished Past) (Budapest: The Author, 1994), p. 335.
6. Braham, *Genocide*, p. 708; The Vrba-Wetzler Report ("Auschwitz Protocols") may be found at the Yad Vashem Institute Archives in Jerusalem under no. M-20/149. At the Nuremberg trials it was submitted in evidence under NG-2061, but neither I nor Wetzler were called to testify. The report was mentioned anonymously, as a testimony of "two young Slovak Jews." For references to other versions of the Report, see Braham, *Genocide*, p. 728, and J.S. Conway, "Der Auschwitz Bericht von April 1944," *Vierteljahrshefte für Zeitgeschichte*, vol. 8, 1981, pp. 413-42. For the French version, see Rudolf Vrba and Alan Bestic, *Je me suis évadé d'Auschwitz* (Paris: Edition Ramsay, 1988), pp. 361-98.
7. M. Kárny. "Historie oswetimské zprávy Wetzlera a Vrby" (History of the Auschwita Report by Wetzler and Vrba) in *Tragedia Slovenskych Zidov* (The Tragedy of Slovak Jews), ed. D. Tóth (Banska Bystrica: Datel, 1992), p. 175. See also his "The Vrba and Wetzler Report" in *Anatomy of the Auschwitz Death Camp*, eds. Y. Gutman and M. Berenbaum (Blomington, IN: Indiana University Press, 1994), pp. 553-68.

8. See below. I am grateful to David S. Wyman for a copy of this letter. The letter is in German marked Hechaluz Geneva Office, Abschrift und Uebersetzung der beigelegten Hebr. Kopie. WRB Archives, Box 60. General correspondence of Roswell McClelland. F. Misc. Docs. Re: "Extmn. Camps for Jews in Poland." The Hebrew original of this letter is mentioned in Braham's *Genocide*, p. 938 and footnote 40.

9. Gerald Reitlinger, *The Final Solution. The Attempt to Exterminate the Jews of Europe, 1939-45* (London: Valentine, Mitchell, 1968), p. 469.

10. Braham, *Genocide*, p. 1144; J. S. Conway. "Der Holocaust in Ungarn," p. 208; — —, "The Holocaust in Hungary," p. 36.

11. In the storage areas of the *Aufräumungskommando* there were clothing, shoes, blankets, food and kitchen utensils, medicine, jewels, gold and hard currency all brought by the arriving deportees, i.e., their last possessions. These storage areas appeared to represent a "plentiful paradise" in the eyes of the Polish prisoners, and because by tradition in the eyes of Polish peasants the image of a "plentiful paradise" was the country of Canada, the storage areas of the *Aufräumungskommando* were named "Canada" in the camp slang.

12. According to the Vrba-Wetzler Report, a careful estimate of the total number of people murdered in Auschwitz by gassing was 1,765,000 at the date of our escape. It was relatively very well established that after April 7, 1944 (i.e., after the Vrba-Wetzler Report was released), there were further 400,000 victims from Hungary alone; moreover transports of Jews from the Terezin and Lodz Ghettos, Greece, Berlin, Paris, Trieste, Belgium, Northern Italy, Slovakia, Poland, Holland, Vienna, Kovno and other places arrived in Auschwitz after April 7, 1944 which would bring the number of victims close to 2.5 million in total. On the other hand, Yehuda Bauer in the *Jerusalem Post* of September 22, 1989 claims that the figure for Jews murdered by gassing [in Auschwitz, RV] is 1,323,000, (which is about a half of the Vrba-Wetzler estimate). He writes: The basis for these figures is the clandestine registration carried out by a group of very courageous men and women who worked as clerks in the camp administration and had a fairly clear picture of what was going on." Bauer does not state who these very courageous men and women were, what sorts of documents they saw and why their "new" figures were published only in 1989. See also H. Swiebocki, "Raporty Uciekinierów z KL Auschwitz" (Reports of Escapees From the Auschwitz Concentration Camp), *Zeszyty Oswiecimskie. Numer Specjalny IV* (Oswiecim: Wydawnictwo Panstwowego Muzeum w Oswiecimiu, 1991), pp. 77-129 and pp. 207-8. In the "Report of a Polish Major" (Dr.

Jerzy Tabeau) who escaped from Auschwitz in November 1943, an estimate of 1.5 million victims was given, which is in good agreement with the Vrba-Wetzler estimate (1.75 million) made in April 1944.

The estimates made by former SS-officers in Auschwitz about the number of victims murdered there are of great interest in this connection. Hermann Langbein collected numerous statements made independently of oneanother, and these all point to a number of two to three millions. See his *Menschen in Auschwitz* (Vienna: Europa Verlag, 1972), p. 79. This is in good agreement with the estimate in the Vrba-Wetzler Report.

13. *SS-Unterscharführer* Otto Graf lived unmolested under his name in Vienna after the war. I heard about this in 1963 when I lived in London and I started criminal proceedings against him. He was finally arrested in Vienna in 1972 and at the *Landsgericht* Vienna was accused of 30 cases of criminal acts in Auschwitz. I acted as one of numerous witnesses for the prosecution. The jury found him guilty in 29 cases, but because of the statute of limitation valid at that time, Otto Graf was released and lives at present (1994) in Vienna in retirement.

SS-Unterscharführer Hans Kühnemann returned after the war to his native Essen in Nordrhein-Westphalia and became a singer in the local Opera. I learned about this only in 1989 and I started criminal proceedings against him (for robbery, multiple murders and active participation in massmurder) in October 1989 at the public prosecutor's office (*Oberstaatsanwalt*) in Frankfurt/Main. Kühnemann was arrested in April 1990 but released on bail after one year. He was then tried at the *Landsgericht* Duisburg (Nordrhein-Westphalen) during 1991-1993. I acted as one of many witnesses for the prosecution. The trial of Kühnemann was stopped by the Supreme Court in Germany in 1993, because of his heart ailment. He lives at present (1994) in Essen as a retired opera singer.

14. See notes 6 and 12.

15. Ibid.

16. Fülöp Freudiger, Five Months" in *The Tragedy of Hungarian Jewry, op. cit.*, p. 237.

17. Both *SS-Unterscharführers* Buntrock and Kurpanik were tried in Cracow after the war for war crimes and hanged.

18. Gilbert, *Auschwitz and the Allies*, pp. 339-41; Walter Laqueur, *The Terrible Secret. Suppression of the Truth About Hitler's 'Final Solution'* (Boston: Little, Brown, 1980), p. 145; Wyman, *The Abandonment of the Jews*, p. 288. See also note 19.

19. Langbein collected testimonies of numerous survivors of various nationalities who arrived in Auschwitz at various dates in the period

1942-1944. They all testify not to have heard about Auschwitz and its meaning until they arrived there. See his *Menschen in Auschwitz*, pp. 140-42; A. Fiderkiewicz, formerly a Polish prisoner in Auschwitz-Birkenau, describes in his memoirs the numerous talks he had with newly arrived Jewish prisoners from Hungary in May-June 1944. He was still astonished by the fact that even at that time the new prisoners from Hungary had not the slightest suspicion that their children and parents would be murdered on arrival in the resettlement area. See his *Brzezinka, Birkenau* (Warsaw: Czytelnik, 1962), p. 246. See also Judith Magyar Isaacson, *Seed of Sarah. Memoirs of a Survivor* (Chicago: University of Illinois Press, 1991), pp. 58-82.

In this connection, a particularly informative statement was made by Elie Wiesel: "We were taken just two weeks before D-Day and we did not know that Auschwitz existed. How is it possible? Everyone knew, except the victims. Nobody cared enough to tell us: Don't go." (Recorded by W. Nicholls. *Christian Antisemitism. A History of Hate* (Northvale, NJ: Aronson, 1993), p. 353.

20. Yehuda Bauer, *A History of the Holocaust* (New York: Franklin Watts, 1982), p. 314. Bauer claims that "knowing the facts is not always the same as accepting the facts. To survive, many had to deny what they knew. The later claim that had someone — their leadership, Kasztner or anyone else — only told them, they would have behaved differently, cannot be taken at face value." This implies that the "leadership" and Kasztner had the ability to know and accept facts, but those who were deported to Auschwitz did not. See also note 56.

21. Rudolf Vrba and Alan Bestic, *I cannot forgive* (New York: Grove Press, 1964), pp. 209-15. See also note 23.

22. I left Czechoslovakia in 1958. After my departure, various clumsy efforts were made to present my and Wetzler's escape as a result of an activity of a mythical resistance organization. See, for example, the account by Adolf Burger, *Dáblová Dilna* (The Devil's Workshop) (Prague: Ceskoslovenská Redakce MON, 1988). Evidence to the contrary of such claims was presented by Langbein, *Menschen in Auschwitz*, op. cit., pp. 78, 301. See also notes 25, 28, 45 below.

23. Rudolf Vrba and Alan Bestic, *I Cannot Forgive* (London: Sidgwisk and Jackson, 1963). The book has appeared in many editions in English, French, and German languages, some under slightly different titles.

24. Gilbert, *Auschwitz and the Allies*, pp. 192-93. See also Swiebocki, op. cit., p. 26 for a good copy of the warrant.

25. During the 1990s, some attempts were made to depict our contact with Cánecky as having been arranged by an underground organization. For references to this "linkage theory," see H. Swiebocki, *Zeszyty Oswieczinskie*, p. 27, and Péter Gosztonyi's article in *Ménora*, Toronto, May 27, 1994. See also notes 22, 28, and 45.

26. Rabbi Leo Baeck as a member of the Theresienstadt *Judenrat* participated in the conspiracy to withhold the truth about Auschwitz from "common" Jews, when he decided not to tell ghetto inhabitants that the transport to Poland meant death. See Bauer, *A History of the Holocaust*, p. 220, and Braham, *Genocide*, p. 722.

27. I. Kamenec, *Po stopách tragedie* (Tracing the Tragedy) (Bratislava: Archa, 1991), p. 169: "In preparation of the deportation also the Jewish Council (*Ustredna Zidov*) involuntarily participated. Its department for special tasks was preparing special evidence and various lists, which served as basic materials for preparing the personal lists of the deportation transports." See also note 45.

28. During the sixties, in Czechoslovakia as well as in Israel, various innuendos were aimed systematically to indicate that I and Wetzler were only "messengers carrying mail for a major organization" (sometimes "international-proletarian," sometimes "Jewish Zionist") which provided us with information about Auschwitz and prepared our escape. See in this connection: M. Kárny, "Historie Osvetimske Zpràvy Wetzlera a Vrby," op. cit., pp. 167-68, and p. 180; I. Kamenec, *Po stopách tragedie*, op. cit., pp. 250-51. In Israel especially, there have been several attempts not to identify me and Wetzler as the authors of the Report by simply referring to "two young people who succeeded in escaping from Auschwitz." See, for example, the statement by Oskar Isaiah Karmiel (formerly Krasnyanski) of February 15, 1961 ("A Declaration Under Oath") made in preparation for the Eichmann Trial, and Livia Rothkirchen, "The Final Solution in Its Last Stages" in *The Catastrophe of European Jewry*, eds. Israel Gutman and Livia Rothkirchen (Jerusalem: Yad Vashem, 1976), p. 326. In connection with this phenomenon see also Braham, Genocide, p. 711, and note 45 below.

29. Only in the sixties did I learn that at least one translation into English of the Vrba-Wetzler Report from a Hungarian copy was made by Blanche Lucas, who after the war became a member of Goddard & Son, the London law firm. During the war she was the secretary of Walter Garrett, the British Correspondent in Zürich, who first brought the Report to the knowledge of the British Government. Rings, *Advokaten des Feindes*, op. cit., p. 144.

30. Braham, Genocide, pp. 691-731. See also note 3.

31. Josef Weiss survived the war and emigrated to Israel where he became a bus driver for the Egged company. I met him again in 1959 during my stay in Israel.

32. In the spring of 1944 there was a considerable increase of illegal traffic across the Slovak-Hungarian border because many surviving Slovak Jews traveled illegally to Hungary, seeking to rescue some members of their families who had previously fled to Hungary to escape the Slovakian deportations of 1942. Now all were threatened by the start of the Nazi measures in Hungary. But this was also an opportunity to carry the report across the border from Bratislava to Budapest or elsewhere in Hungary.

33. See Conway, Frühe Augenzeugen-Berichte aus Auschwitz," p. 278; —, The First Report About Auschwitz," p. 144.

34. Lévai, *Zsidósors Európában*, pp. 327-29. Lévai lists more than two hundred major articles published in the Swiss Press in the summer 1944. See also W. Rings. *Advokaten des Feindes* (Vienna: Econ Verlag, 1966), p. 146. Rings noted 383 articles and various abstracts.

35. Reitlinger, *The Final Solution*, p. 466. "...On April 7 the two Slovak authors of the War Refugees Board Report made their sensational escape from Birkenau to Bratislava. Yet news of the annihilation of Hungarian Jewry was slow in reaching the Western newspaper public. It was not until the beginning of July, when they had almost ceased, that the allied and neutral press reported the massive gassings. Had this happened sooner, 200,000 Jews or more might not have left Hungary." See also pp. 467-71.

36. The letter sent by Rabbi Weissmandel on May 22, 1944 (see note 8) from Bratislava contains extensive information on the progress of the deportation of Jews in Hungary from the very start.

37. In *I Cannot Forgive* I did not mention Mordowicz at all because at the time of its writing (1963) I lived in England, having left communist Czechoslovakia in 1958. Mordowicz at that time still lived in Bratislava under the neo-Stalinist regime of Antonin Novotny. To publicly describe in England a close connection between myself and Mordowicz might have caused him problems, including accusations of having been a "Vatican spy" or "closely connected with the exiled heretic R. Vrba."

38. Vrba and Bestic, *I Cannot Forgive*, p. 256.

39. Conway, "The First Report About Auschwitz," p. 143.

40. The account by the "Polish Major" was written after November 1943 when the Polish prisoner Jerzy Tabeau (known in Auschwitz as Jerzy Wesolowski) escaped from Auschwitz. A full text of his account

was recently published in Swiebocki's *Zeszyty Oswiecimskie, op. cit.*, pp. 77-129.

41. See note 8.

42. G. Fatran, "The Working Group," *Holocaust and Genocide Studies*, vol. 8, 1994, pp. 164-201. The same view has been adopted by some historians, including Yehuda Bauer, who have praised Weissmandel and others for their readiness to negotiate with the Germans. See, for example, Bauer's *The Jewish Emergence From Powerlessness* (Toronto: University of Toronto Press, 1979), p. 24. See also Asher Cohen, *La Shoah. L'anéantissement des juifs d'Europe, 1933-1945* (Paris: Editions de Cerf, 1990), pp. 107-8.

43. M. Kárny. "Historie osvetimske zprávy Wetzlera a Vrby," op. cit., pp. 174-75. Also see note 7.

44. See note 8.

45. In this connection, the testimony of Oskar Neumann is of great importance, because Neumann was the Chairman of the Jewish Council in Slovakia and it was under his aegis, and with the technical assistance of Krasnyanski and Mrs. Steiner, that the Vrba-Wetzler Report was prepared. In his postwar memoirs, Neumann describes my and Wetzler's escape from Auschwitz without identifying us by name, claiming, among other things, that it was his organization that helped us cross the Slovak border. However, he also stated: *"These chaps did also report that recently an enormous construction activity had been initiated in the camp and very recently the SS often spoke about looking forward to the arrival of Hungarian salami."* See his *Im Schatten des Todes* (Tel Aviv: Olamenu, 1956), pp. 178-81. See also notes 22 and 28.

46. F. Baron and Sándor Szenes, *Von Ungarn nach Auschwitz*, op. cit.

47. Freudiger, "Five Months," op. cit., p. 266.

48. Ibid., p. 238.

49. Ibid., pp. 239, 245.

50. Ibid., p. 262.

51. Ibid.

52. Ibid., p. 263.

53. Ibid., p. 269.

54. Andreas Biss, *A Million Jews to Save* (London: New English Library, 1973), p. 81.

55. Freudiger, "Five Months," op. cit,, pp. 277-78.

56. Yehuda Bauer, *American Jewry and the Holocaust* (Detroit: Wayne State University Press, 1981), p. 449.

57. K. Müller-Tupath, *Reichsführers gehorsamster Becher. Eine deutsche Karriere* (Fulda: Konkret Literatur Verlag, 1982).

58. Krumey and Hunsche were tried in Frankfurt in 1969-70. Krumey received five years in prison and Hunsche was found not guilty. An appeal by the public prosecutor led to a second trial, which found both guilty. Krumey was sentenced to 12 years and Hunsche to five years. In both cases I was a witness for the prosecution.

59. Bauer, *American Jewry and the Holocaust*, p. 432.

60. See note 57.

61. Reitlinger, *The Final Solution*, p. 567.

62. Braham, *Genocide*, p. 721.

63. Reb M. Shonfeld, *The Holocaust Victims Accuse. Documents and Testimony on Jewish War Criminals* (Brooklyn, NY: Neturei Karta, 1977), p. 12.

——— *** ———

Figure 1

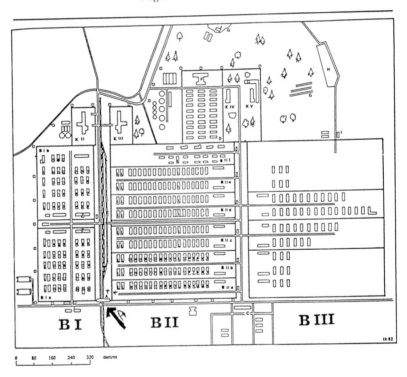

Map of Auschwitz II (Birkenau) after the new ramp was installed.   Arrow (A) shows the main gate, the two crosses (behind the gate) indicate the place where I met Capo Yup on January 15th, 1944. KII, KIII, KIV and KV show the location of the gas chambers and crematoria II, III, IV, V.

Figure 2

APPROXIMATE SITUATION SKETCH
OF AUSCHWITZ AND BIRKENAU
CAMP DISTRICTS

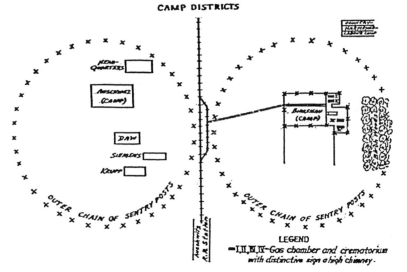

LEGEND
▬I,II,III,IV–Gas chamber and crematorium
with distinctive sign a high chimney.

This sketch shows the relative positions of Auschwitz I and Auschwitz II (Birkenau) to the "old" ramp. Auschwitz I (on the left side of the sketch) includes the building of DAW (Deutsche Ausrüstungswerke), Siemens and Krupp factories. The "Canada stores" were situated next to DAW. On the right side of the sketch the map of Birkenau is shown including the four gas chambers and crematoria. The railway line with the branch serving the ramp was situated between the outer chains of sentry posts of Auschwitz I and Auschwitz II (Birkenau) as shown above.

This sketch was prepared by myself (Rudolf Vrba) in Zilina on April 25th, 1944 shortly after my escape from Auschwitz (Birkenau).

Figure 3

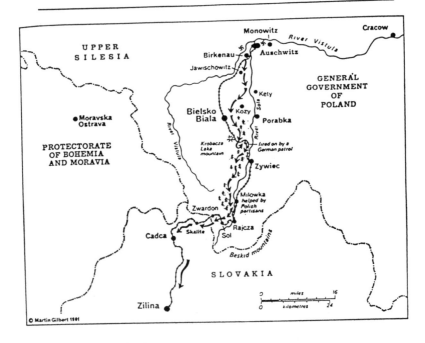

Escape route of Rudolf Vrba and Alfred Wetzler from Birkenau to Slovakia, April 1944, showing the main deportation railway from Slovakia, Austria and Hungary to Auschwitz (through Zilina), and their own route southwards (indicated by arrows). From *Auschwitz and the Allies*, by Martin Gilbert (Holt, Rinehart and Winston, New York, 1981). Reproduced with permission of Martin Gilbert.

Összefoglalás

A magyarországi Holocaust előkerületeiről: egy szemtanú beszámolója

Rudolf Vrba 1942–1944 között, auschwitzi fogolyként szerzett tapasztalatai alapján írja le a náciknak a Németország által megszállt Európából odaszállított zsidók tömeges kiírtására alkalmazott módszereit. Különösen figyelmet fordít a tömeggyilkosságok felgyorsítására 1944 elején kidolgozott új módszerekre, amelyeket a még életben maradt legnagyobb csoport, a magyarországi zsidók érkezésére készülve dolgoztak ki.

1944. április 7-én társával, Alfred Wetzlerrel, sikeresen megszökött Auschwitzból és eljutott hazájába, Szlovákiába. Elutasítja azt a feltételezést, hogy szökését a tábor vagy Szlovákia valamely „ellenálló csoportja" készítette volna elő; Wetzlerrel közösen tervezett titkos akciójukhoz semmilyen segítséget nem kaptak. Leírja, hogy a két szökevény hogyan került kapcsolatba a Szlovák Zsidó Tanács képviselőivel, hogyan adtak azonnal hírt az Auschwitzban zajló borzalmakról, amelyekről addig a táboron kívül senki sem tudott. Hangsúlyozták a magyar zsidóságot közvetlenül fenyegető veszélyt. Szembenállva azokkal a később író szerzőkkel, akik szerint Vrba és Wetzler nem tudtak a küszöbönálló eseményekről, egykorú és közel egykorú források alapján Vrba bebizonyítja, hogy ezt a létfontosságú információt időben, tehát a magyar zsidóság deportálásának megkezdése előtt továbbadták. Sürgették az információ mielőbbi eljuttatását a budapesti zsidó szervezetekhez.

Ez meg is történt, azonban a beszámolójukban lévő információ nem jutott el a leendő áldozatokhoz, akik semmit sem sejtettek várható sorsukról. Vrba szerint ha a figyelmeztetés eljutott volna ahhoz a többszázezer magyar zsidóhoz, akit két rövid hónap alatt, 1944 május–júniusában öltek meg, akkor a tragédia nagy valószínűséggel elkerülhető lett volna. Végül néhány feltételezését sorolja fel arról, hogy miért nem juttatták el ezt a létfontosságú információt a deportáltakhoz.

The Holocaust in Hungary
A Retrospective Analysis

Randolph L. Braham

The Pre-Holocaust Era: An Historical Overview

The Holocaust in Hungary was in many respects distinct from the tragedies that befell the other Jewish communities in Nazi-dominated Europe. This distinction is reflected in the disastrous set of historical circumstances which combined to doom Hungarian Jewry in 1944.

The destruction of Hungarian Jewry that year constitutes one of the most perplexing chapters in the history of the Holocaust. It is a tragedy that ought not to have happened, for by then — on the eve of Allied victory — the leaders of the world, including the national and Jewish leaders of Hungary, were already privy to the secrets of Auschwitz. Moreover, except for a few diehards who still believed in Hitler's last-minute wonder weapons, even the perpetrators realized that the Axis had lost the war.

The last major phase in the Nazis' war against the Jews, the Holocaust in Hungary is replete with paradoxes. The roots of one of the most startling of these paradoxes can be found in the "Golden Era" of Hungarian Jewry (1867-1918). It was during this period that a cordial, almost symbiotic relationship developed between the aristocratic-conservative and the Jewish elites of Hungary. It was this *very* close relationship, however, that distorted the Jewish leaders' perception of domestic and world politics during the pre-Holocaust era. While the Jewish elites shared the aristocratic-conservative leaders' abhorrence of Nazism and

Bolshevism, they failed to recognize that the fundamental interests of the Hungarians were not always identical with those of Jewry. Their myopic views proved counterproductive during the interwar period and disastrous after the German occupation of March 19, 1944.

After its emancipation in 1867, the Jewish community of Hungary enjoyed an unparalleled level of multilateral development, taking full advantage of the opportunities offered by the so-called "liberal" regime that ruled the country during the pre-World War I era. The Hungarian ruling classes—the gentry and the conservative-aristocratic leaders—adopted a tolerant position toward the Jews. They were motivated not only by economic considerations, but also by the desire to perpetuate their dominant political role in a multinational empire in which the Hungarians constituted a minority. Because of Hungary's feudal tradition, the ruling classes encouraged the Jews to engage in business and industry, so that in the course of time a friendly, cooperative, and mutually advantageous relationship developed between the conservative-aristocratic leaders and the Jewish industrialists, bankers, and financiers—a relationship that was to play a fatal role during the Holocaust. The Jews also took full advantage of their new educational opportunities and within a short time came to play an influential, if not dominant, role in the professions, literature, and the arts.

As a consequence of the Hungarian policy of tolerance, the Jews of Hungary considered themselves an integral part of the Hungarian nation. They eagerly embraced the process of magyarization, opting not only to change their names but also to serve as economic modernizers and cultural magyarizers in the areas inhabited by other nationalities in the polyglot Hungarian Kingdom. The Hungarian Jews, who had no territorial ambitions and naturally supported the group that offered them the greatest protection—as did the Jews of the Diaspora practically everywhere during their long and arduous history—were soon looked upon as agents for the preservation of the status quo by the oppressed nationalities clamoring for self-determination and independence.

The Jews were naturally cognizant of the protection the regime provided against the threat of anti-Semitism. The prompt and forceful intervention of the government in dealing with anti-Jewish manifestations, however sporadic and local they were at the time, further enhanced the fidelity of the Jews to the Magyar state.

In the course of time the Jews, especially the acculturated and assimilated ones, became ever more assertively pro-Magyar. In many cases this allegiance was not only because of expediency or gratitude for the opportunities and the safety afforded by the aristocratic-gentry regime, but also because of fervent patriotism. As Oscar Jászi, a noted sociologist and social-democratic statesman, correctly observed, "there is no doubt that a large number of these assimilated elements adopted their new ideology quite spontaneously and enthusiastically out of a sincere love of the new fatherland." Jászi concluded, however, that the "intolerant Magyar nationalism and chauvinism of the Jews had done a great deal to poison relations between the Hungarians and the other nationalities of the prewar era." Paul Ignotus, a noted publicist, echoed these sentiments, arguing that the Jews had become "more fervently Magyar than the Magyars themselves." A similar conclusion was reached by the noted British historian Robert Seton-Watson, whose sympathies clearly lay with the oppressed nationalities. He claimed in 1908 that "the Catholic Church and the Jews form today the two chief bulwarks of Magyar chauvinism."

It was to some extent the political and economic symbiosis between the conservative-aristocratic and Jewish leaderships during the so-called Golden Era that determined their views and attitudes toward both the Third Reich and the USSR during the interwar and wartime periods. While the Hungarian leaders looked upon the Third Reich as a vehicle for the possible satisfaction of their revisionist ambitions, they shared with the Jewish leaders a fear of both German and Russian expansionism and above all a mortal fear of Bolshevism. It was these attitudes and perceptions that guided both leadership groups during the fateful year of 1944 with almost equally disastrous results.

The signs that the commonality of interests (*Interessen-gemeinschaft*) between the two groups was in fact limited, fragile, and based primarily on expediency were clearly visible even before the end of World War I: despite the eagerness with which the Hungarian Jews embraced the Magyar cause and the enthusiasm with which they acculturated themselves, they failed, with relatively few exceptions, to fully integrate themselves into Hungarian society. Their ultimate assimilationist expectations were frustrated, for they were accepted socially neither by the aristocratic gentry, which exploited them politically and economically for the perpetuation of their feudal privileges, nor by the disenfranchised and impoverished peasantry, which—like a large proportion of the industrial workers—often viewed them as instruments of an oppressive regime.

Christian-Jewish relations were further strained by the presence in the country of a considerable number of mostly impoverished Yiddish-speaking Jews who resisted assimilation, let alone acculturation. In contrast to the assimilated magyarized Jews, these were pejoratively referred to as "Eastern" or "Galician," and almost by definition unworthy of the government's policy of toleration. During the interwar period these Jews became the target of special abuse, for even the "civilized" anti-Semites regarded them as constituting not only a distinct "biological race" but also an "ideological race" representing a grave threat to Christian Magyars. This perception was shared by Miklós Horthy, the Regent of Hungary, who probably also considered this "threat" when he consented, during his March 1944 meeting with Hitler, to the "delivery of a few hundred thousand workers" to Germany.

The *Interessengemeinschaft* between the Hungarian ruling classes and the Jews came to end with the collapse of the Habsburg Empire and the dismemberment of the Hungarian Kingdom in 1918. The shortlived Communist dictatorship that followed soon thereafter had a crucial effect upon the evolution of Hungarian domestic and foreign policy during the interwar period. The brief but harsh period of the proletarian dictatorship headed by Béla Kun left a bitter legacy in the nation at large, and had a particularly devastating effect upon the Jews of Hungary. Although the overwhelming majority of Jewry had opposed the proletarian dictatorship and perhaps suffered proportionately more that the rest of the population—they were persecuted both as members of the middle class and as followers of an organized religion—popular opinion tended to attach blame for the abortive dictatorship to the Jews as a whole. In part, this was due to the high visibility of Communists of Jewish origin in the Kun government and administration; however, it was primarily the consequence of the anti-Semitic propaganda and anti-Jewish activities of the counterrevolutionary clericalist-nationalist forces that came to power later in 1919—forces dedicated to the reestablishment of the status quo ante.

Driven by the so-called "Szeged Idea" (a nebulous amalgam of political-propagandistic views whose central themes included the struggle against Bolshevism, the fostering of anti-Semitism, chauvinistic nationalism, and revisionism—an idea that antedated both Italian Fascism and German Nazism), the counter-revolutionaries engulfed the country in a wave of terror which dwarfed in ferocity and magnitude the Red Terror that had preceded and allegedly warranted it. While their murder squads killed a large number of leftists, including industrial workers and landless peasants as well as opposition intellectuals, their fury was directed primarily against the Jews; their violence claimed thousands of victims.

Radicalized by the national humiliation, social upheavals, and catastrophic consequences of the lost war—Hungary lost two thirds of its historic territory, one-third of its Magyar people, and three fifths of its total population—the counterrevolutionaries organized themselves in a variety of ultrapatriotic associations devoted primarily to the successful resolution of the two major issues that came to obsess Hungary during the interwar period: revisionism and the Jewish question. In the course of time these two issues became interlocked and formed the foundation of not only Hungary's domestic policies but also its relations with the Third Reich.

Following the absorption of historic Hungary's major national minorities into the Successor States, the Jews suddenly emerged as the country's most vulnerable minority group. With the transformation of Trianon Hungary into a basically homogeneous state, the Jews lost their importance as statistical recruits to the cause of Magyardom. In the new truncated state they came to be exploited for another purpose: as in Nazi Germany a little later, they were conveniently used as scapegoats for most of the country's misfortunes, including its socioeconomic dislocations.

In this climate it was no surprise that Hungary — the country in which the Jews had enjoyed a "Golden Era" just a few years earlier — emerged as the first country in post-World War I Europe to adopt, in the wake of the White Terror, an anti-Jewish legislation. The so-called *Numerus Clausus* Act (1920), which was adopted in violation of the Minorities Protection Treaty, restricted admission of Jews into institutions of higher learning to six percent of the total enrollment — the alleged percentage of Jews in the total population. Although this particular legislation was allowed to expire a few years later, it sanctified the fundamental principle that was to guide many of the civilized anti-Semites of the 1930s who were eager to solve the Jewish question in an orderly and legal manner. This principle would be formulated by Gyula Gömbös, one of the foremost representatives of the Hungarian radical Right, who stipulated that "the Jews must not be allowed to succeed in any field beyond the level of their ratio in the population."

At any rate, at that time the Jewish leadership viewed the anti-Jewish measures of the counterrevolutionaries merely as temporary aberrations caused by the unfortunate outcome of the war, and retained its patriotic stance. The leadership not only embraced the cause of revisionism, but actually protested and rejected all "foreign" interventions on its behalf — including those by the international Jewish organizations — as violations of Hungarian sovereign rights. And indeed, their optimism was for a while reinforced during the 1920s, when Count István Bethlen, a representative of the conservative-aristocratic group of large landholders and financial magnates that had ruled Hungary before World War I, headed the Hungarian government.

The appointment of Gömbös as Prime Minister in October 1932, coinciding with the spectacular electoral victories of the Nazi Party in Germany, brought the Jewish question to the fore once again. It soon became a national obsession that frequently rivaled revisionism in intensity. Borrowing a page from the Nazis' propaganda book, the Hungarian radicals depicted the Jews as naturally unpatriotic, parasitically sapping the energy of the nation, and prone to internationalist — i.e., Bolshevik — tendencies. The propaganda campaign was soon coupled with demands for a definitive solution of the Jewish question. The suggestions offered by the radical Right at the time ranged from legal restrictions on the Jews' professional and economic activities to their orderly "resettlement" out of the country.

Although expediency and temporary tactical considerations induced Gömbös to "revise" his position on the Jewish question, his policies prepared the ground for the disaster that was later to strike Hungary and its Jews. He tied Hungary's destiny almost irrevocably to that of Nazi Germany. He not only abandoned Bethlen's reliance on the Western democracies and the League of Nations as a means to correct "the injustices of Trianon," but also brought Hungary's foreign policy into line with that of Nazi Germany and made possible the subsequent penetration and direct involvement of the Reich in practically every aspect of the country's life. This was greatly facilitated by the formidable and potentially collaborationist power base Gömbös established during his tenure. He was able not only to replace the civil and military bureaucracies of the state apparatus with his own protegés, but also — and this was perhaps more crucial — to pack the upper army hierarchy, including the General Staff, with younger, highly nationalistic Germanophile officers. The stage for anti-Jewish excesses to come was further set through the radicalization of the press and the flourishing of ultra-rightist political movements and parties.

The spectacular domestic and foreign policy successes of the Third Reich, including the *Anschluss* with Austria by which Germany extended its borders to those of Hungary, were achieved largely because of the shortsighted appeasement policies of the Western democracies. The Nazi victories induced successive Hungarian governments to embrace the Axis ever more tightly. They became increasingly eager to see Hungary involved in the establishment of the "New Order" in Europe and reaping the benefits of the Nazi revisionist-révanchist policies as an active member of the Axis Alliance. The pro-Reich policy was especially supported by the Germanophile General Staff, the right wing of the dominant Government Life Party, and the industrial-banking establishment, including Jews and converts.

While this policy yielded considerable dividends, enabling Hungary to fulfill parts of its revisionist ambitions at the expense of Czechoslovakia, Romania, and Yugoslavia, it was in the long run disastrous for the country. It was, of course, even more catastrophic for the country's Jews. In retrospect, the policies of the aristocratic-gentry-dominated conservative governments appear to have been quite unrealistic, if not quixotic. Having embraced the Third Reich for its opposition to Bolshevism and its chief bulwark, the Soviet Union, and for its support of revisionism, these governments were soon compelled to come to grips with the ever more influential Right radicals at home. While they despised and feared these radicals almost as much as the Jews — the Hungarian Nazis had advocated not only the need to solve the Jewish question, but also the necessity to bring about a social revolution that would put an end to the inherited privileges of the conservative-aristocratic elements — the governmental leaders felt compelled to appease them as well as the Germans. In fact, these leaders looked upon the Right radicals' preoccupation with the Jewish question as a blessing in disguise, for it helped deter attention from the grave social-agrarian problems confronting the nation. They were, consequently, ready to adopt a series of anti-Jewish measures. These became more draconic with each territorial acquisition between 1938 and 1941. In addition to passing three major anti-Jewish laws — the third one incorporated some of the basic provisions of the Nuremberg Laws of Nazi Germany — they adopted a discriminatory system of forced labor service for Jews of military age, a unique institution in Nazi-dominated Europe.

These anti-Jewish measures of the various governments, endorsed by the leaders of the Christian churches, were based on the illusions that guided the ruling elites until the German occupation. They thought that by passing laws that would curtail the Jews' economic power and "harmful" cultural influence, they could not only appease the ultra-rightists who thrived on the social and economic unrest that plagued the country, but also satisfy the Third Reich and at the same time safeguard the vital interests of the Jews themselves. This rationalization was part of the larger quixotic assumption that Hungary could satisfy its revisionist ambitions by embracing the Third Reich without having to jeopardize its own freedom of action.

The upper strata of Hungarian Jewry, including the official national leadership, shared these illusions, convinced that the Jewish community's long history of loyal service to Magyardom would continue to be recognized and their fundamental interests safeguarded by the ruling elite of the country. They accepted, however reluctantly, many of the anti-Jewish measures as reflecting "the spirit of the times" and as necessary tactical moves to "take the sting out of the anti-Semitic drive" of the ultra-rightists at home and abroad. They tended to concur with the rationalizations of the governmental leaders that the anti-Jewish laws were "the best guarantee against anti-Semitism and intolerance." In consequence, they were convinced that the safety and well-being of the Jews were firmly linked to the preservation of the basically reactionary conservative-aristocratic regime. And, indeed, as long as this aristocratic elite remained in power, the vital interests of Hungarian Jewry were preserved relatively intact. This remained so even after Hungary entered the war against the Soviet Union in June 1941. The regime continued not only to provide haven to the many thousands of Polish, Slovak and other refugees, but also consistently to oppose the ever greater pressure by the Germans to bring about the Final Solution of the Jewish question. While the Jews in Nazi-controlled Europe were being systematically annihilated, Hungary continued to protect its 825,000 Jews (including approximately 100,000 converts identified as Jews under Hungary's racial law of 1941) until it virtually lost its independence in March 1944.

The pre-occupation record of Hungary was, of course, not spotless. About 60,000 Jews lost their lives even before the German invasion: over 42,000 labor servicemen died or were killed in the Ukraine and Serbia, close to 18,000 were killed in the drive against "alien" Jews, and about 1,000 were slaughtered in the Bácska area. Nevertheless, Hungarian Jews continued to dwell in comparative personal and physical safety. There were no restrictions on their freedom of movement and they were treated relatively fairly in the allocation of food. Although the anti-Jewish laws had a particularly severe economic impact on the lower strata of the Jewish population, including both skilled salaried workers and the unskilled laborers, the economic situation of the Jews as a whole was relatively tolerable, primarily because of the well-developed communal self-help system. Also, those in business and industry, while having their activities severely curtailed, were often able to circumvent some provisions of the anti-Jewish laws or take advantage of loopholes. The relatively few industrial magnates, mostly converts, actually benefited from Hungary's armament program and dealings with the Third Reich.

The situation of Hungarian Jewry appeared to improve in 1943 despite the Nazis' relentless war against the Jews in the rest of German-occupied Europe. Following the destruction of the Second Hungarian Army near Voronezh and the subsequent defeat of the Germans around Stalingrad early in 1943, the Hungarians began a desperate search for an honorable way out of the war, a search that was intensified after Italy's extrication from the Axis Alliance later that summer. It ultimately led to disaster, primarily because of the irreconcilably conflicting political and socioeconomic objectives the conservative-aristocratic leaders were pursuing.

The Hungarian leaders were eager not only to safeguard the independence and territorial integrity of the country, including the retention of the areas acquired between 1938 and 1941, but also to preserve the antiquated socioeconomic structure of the gentry-dominated society. While they were apprehensive about a possible German occupation, they were above all paralyzed by the fear of the Soviet Union and Communism. They viewed the latter as the ultimate evil to which even Nazism, if it proved unavoidable, was preferable. Ignoring the geopolitical realities of the area, they consequently unrealistically tried to solve their dilemma by maneuvering "in secret" for a possible separate peace with the

Western Powers. Unaware of the realities of the Grand Alliance, they fervently hoped that the Western Allies would invade Europe from the Balkans and thereby achieve a double military and political objective: the destruction of the Nazi forces and the prevention of Bolshevik penetration into the heart of Europe.

With spies planted in all segments of the Hungarian government, the Germans were fully informed about the nature and scope of the "secret" negotiations between the emissaries of Prime Minister Miklós Kállay and the representatives of the Western Allies in Italy and Turkey. Reports to the Nazis by their many agents in Hungary about the "treacherous and pro-Jewish" activities of the Kállay government were reinforced by two secret memoranda by Edmund Veesenmayer, the German expert on East Central Europe who later became Hitler's plenipotentiary in Hungary.

Veesenmayer warned the Führer not only about the untrustworthiness of the government, but also about the "danger" represented by the Jews. He contended that the Jews were "Enemy No. 1" and that "the 1.1 million Jews amount to as many saboteurs....who must be viewed as Bolshevik vanguards." In addition, there were weighty military considerations: extrication of Hungary from the Axis when the Soviet forces were already crossing the Dniester would have deprived Germany of the Romanian oil fields and exposed the German forces in the central and southern parts of Europe to encirclement and possibly an immediate and crushing defeat. It was primarily to safeguard their military security interests that the Germans decided to occupy Hungary and prevent it from emulating Italy.

The Holocaust Era

The destruction of Hungarian Jewry, the last surviving large bloc of European Jewry, was to a large extent the concomitant of this German military decision. Ironically, it appears in retrospect that had Hungary continued to remain a militarily passive but vocally loyal ally of the Third Reich instead of provocatively engaging in essentially fruitless, perhaps even merely alibi-establishing diplomatic maneuvers, the Jews of Hungary might have survived the war relatively unscathed. But the fundamental interests of the Hungarians were in conflict with those of the Jews. While the aristocratic-conservative leaders despised the Nazis, they were grateful for the support of the Third Reich in achieving a great part of their revisionist ambitions and mortally fearful of a Bolshevik takeover. Although most of the Jews shared the Hungarians' abhorrence of both Nazism and Bolshevism, they looked upon the Soviet Union — a member of the Grand Alliance — as the only realistic savior from the threat represented by the Nazis and their local allies.

The German forces who invaded Hungary on March 19, 1944, were accompanied by a small but highly efficient special commando unit (*Sonderkommando*) headed by Adolf Eichmann, which had prepared a number of contingency plans to take advantage of any opportunities to "solve" the Jewish question that might be provided by the new Hungarian leaders. Two years earlier, Eichmann had been indirectly approached by some high-ranking Hungarian ultra-rightists to help "resettle" thousands of "alien" Jews, but had refused to mobilize his deportation apparatus for this small-scale operation, preferring to wait until the Hungarians consented to a total removal of the country's Jews. The occupation provided that opportunity.

It turned out that the Nazis found in Hungary a group of accomplices who outdid even them in their eagerness to eliminate the Jews from the country. And indeed, it was primarily the joint, concerted, and singleminded drive by these two groups that made the effectuation of the Final Solution in Hungary possible: neither group could have succeeded without the other. While the Germans were eager to solve the Jewish question, they could not take action without the consent of the newly established Hungarian puppet government and the cooperation of the Hungarian instruments of power. And the Hungarian ultra-rightists, though anxious to emulate their German counterparts, could not have achieved their ideologically defined objectives in the absence of the German occupation.

As a consequence of the occupation the Hungarian Jewish community, which had survived the first four and a half years of the war relatively intact, was subjected to the most ruthless and concentrated destruction process of the Nazis' war against the Jews. The drive against the Hungarian Jews took place on the very eve of Allied victory, when the grisly details of the Final Solution were already known to the leaders of the world, including those of Hungarian and world Jewry. Informed about the barbarity and speed with which the Hungarian Jews were liquidated, Winston Churchill concluded that it was probably "the greatest and most horrible crime ever committed in the history of the world."

The liquidation of Hungarian Jewry reminds one of a prophecy by Theodore Herzl. In a letter dated March 10, 1903, when Hungarian Jewry was still in the midst of its Golden Era, the father of Zionism cautioned his friend Ernő Mezei, a member of the Hungarian Parliament: "The hand of fate shall also seize Hungarian Jewry. And the later this occurs, and the stronger this Jewry becomes, the more cruel and hard shall be the blow, which shall be delivered with greater savagery. There is no escape."

Was there no escape? The evidence clearly indicates that had Horthy and the clique around him *really* wanted to save Hungarian Jewry they could have done so. According to the testimony of Veesenmayer and Otto Winkelmann, the former Higher SS and Police Leader in Hungary, in the postwar trial of Andor Jaross, László Baky, and László Endre — the triumvirate primarily responsible for the destruction of Hungarian Jewry — the Final Solution of the Jewish question was only a *wish*, not an absolute *demand* of the Germans. The Eichmann-*Sonderkommando*, numbering less than 200, could not possibly have carried out its sinister plans without the wholehearted cooperation of the Hungarians who placed the instruments of state power at its disposal. As the example of Bulgaria, Finland, and Romania reveals — and Horthy's own actions of July 1944 clearly indicate — the Regent and his associates could have saved most of the Jews. Unfortunately, they were interested primarily in protecting the assimilated ones, especially those with whom they had good and mutually advantageous business and financial relations; they were almost as eager as the Right radicals to rid the country of the "Eastern-Galician" Jews. It was partially for this reason that Horthy, who considered the imminent Nazi occupation less of an evil than a possible Soviet invasion, had made certain concessions that proved fatal for Hungarian Jewry. Meeting Hitler at Schloss Klessheim the day before the occupation, he had consented to "the delivery of a few hundred thousand Jewish workers to Germany for employment in war-related projects." Apparently Horthy was convinced that by giving this consent he would not only satisfy Germany's "legitimate" needs, but also contribute to the struggle against Bolshevism and at the same time get rid of the Galician Jews, whom he openly detested. The Eichmann-*Sonderkommando* and its Hungarian accomplices took full advantage of this agreement to implement the Final Solution program throughout the country, based on the argument that "the Jews will be more productive in Germany if they have all members of their families with them."

Once they were given the green light, the dejewification experts proceeded with lightning speed. Time was of the essence, for the Third Reich was threatened by imminent defeat. And, indeed, in no other country was the Final Solution program — the establishment of the *Judenräte*, the isolation, expropriation, ghettoization, concentration, entrainment, and deportation of the Jews — carried out with as much barbarity and speed as in Hungary. Although the dejewification squads were relatively small, the interplay of many domestic and international factors aided them in the speedy implementation of their sinister designs.

The German and Hungarian agents in charge of the Final Solution program had at their disposal the instruments of state power — the police, gendarmerie, and civil service — and were able to proceed unhindered by any internal or external opposition. The puppet government provided them with "legal" and administrative cover, and a considerable number of Hungarians proved eager and willing to collaborate for ideological or materialistic reasons. With public opinion having been successfully molded by years of vicious anti-Semitic agitation, the population at large was at best passive; the bulk of the "proletariat," including the miners and industrial workers, continued the political stance of the 1930's, embracing the Arrow Cross rather than the leftist parties.

Postwar Hungarian historiography notwithstanding, there was no meaningful resistance anywhere in the country, let alone organized opposition for the protection of the Jews. This was especially so in the countryside. It was primarily in Budapest that Christians and a variety of Church organizations were ready to offer shelter to Jews, saving thousands of them from certain death. But by that time late in 1944, the countryside was already *Judenrein*, the Soviet forces were fast approaching the capital, and most Hungarians realized that the Allies were bound to win the war.

The Allies, though fully aware of the realities of the Final Solution, were reluctant to get involved in the Nazis' war against the Jews. When the Western Powers were asked, shortly after the beginning of the deportations from Hungary on May 15, 1944, to bomb Auschwitz and the rail lines leading to the camp they declined, stating among other things that they could not spare aircraft for such "secondary targets." (A few months later, by contrast, they assembled a large armada to destroy another target without real strategic value: Dresden, the art-laden city.) The Soviet air force, which was strategically in even better position to bomb the death camps and the rail lines leading to them, also did nothing about them. The record of the leftist, mostly pro-Soviet, underground and partisan forces in Hungary, Slovakia and Poland is no better in this regard. There is no evidence that they engaged in any but the most isolated individual acts of sabotage or resistance to prevent the deportation of the Jews.

During the first phase of the deportations from Hungary, the attitude of the neutral states — Portugal, Turkey, Spain, Sweden, and Switzerland — was fundamentally no more positive. But their position, like that of the Vatican and the International Red Cross, changed when late in June 1944 the Swiss press began to publicize the horrors of the Final Solution in Hungary. Their pressure on Horthy, complementing his concerns over the rapidly deteriorating military situation — by that time the Soviet forces were fast approaching the borders of Hungary and the Western Allies had

successfully established their beachheads in Normandy —
advanced the desired result. Horthy halted the deportations on July
7. (In fact, the dejewification squads continued their operations
around Budapest until July 9.) By that date, all of Hungary with
the exception of Budapest had been made *Judenrein*. The success
of Horthy's belated action is another piece of evidence
demonstrating that the German demands for the Final Solution
could have been refused or sabotaged even after the occupation.
Had Horthy and the Hungarian authorities really been concerned
with all their citizens of the Jewish faith, they could have refused
to cooperate. Without the Hungarian instruments of power, the
Germans would have been as helpless during the first phase of
the occupation as they proved to be after early July 1944.

What about the victims, the Jewish masses and their leaders?
Though the German invasion of Hungary took place on the eve
of Allied victory, when the Hungarian and Jewish leaders were
already privy to the secrets of Auschwitz, the ghettoization and
deportation process in Hungary was carried out as smoothly as it
was almost everywhere else in Nazi-dominated Europe. Helpless
and defenseless, abandoned by the Christian society surrounding
them, the Jews of Hungary — with the notable exception of some
young Zionist pioneers in Budapest — displayed little or no
opposition throughout the occupation period. In accordance with
well-tested Nazi camouflage methods, the Jews were lulled into
acquiescence by assurances that the deportations involved merely
their relocation for labor within the country and Germany for the
duration of the war. They — and the rest of the world — were
further assured that the young and the old were included in the
transports only out of "consideration for the close family-life
pattern of the Jews."

Under the conditions of relative normality that prevailed until
the German occupation, the predominantly assimilated leaders of
Hungarian Jewry were quite effective in serving the community.
Firmly committed to the values and principles of the traditional
conservative-aristocratic system and convinced that the interests of
Jewry were intimately intertwined with those of the Magyars, they
never contemplated the use of independent political techniques for

the advancement of Jewish interests per se. They took pride in calling themselves Magyars of the Jewish faith" (*Zsidó vallású magyarok*). The leadership, consisting primarily of patriotic, rich, and generally conservative elements, tried to maintain the established order by faithfully obeying the commands of the government and fully associating itself with the values, beliefs, and interests of the broader Hungarian society. Consequently, the national Jewish leaders' response to the exacerbating anti-Jewish measures during the interwar period was apologetic and isolated from the general struggle of European Jewry. Their loyalty to the Hungarian nation, and their attachment to the gentry-aristocratic establishment, remained unshaken. To the end, they followed an ostrich-like policy, hoping against hope that the ruling elite would protect them from the fate of the Jewish communities of the neighboring countries. They did not, of course, expect that Germany would invade an ally and that the anti-Nazi Christian leadership would also be among the first victims after an occupation. Practically until the beginning of the deportations, the national Jewish leadership continued to believe that the Hungarian Jewish community, unlike all other large European Jewish communities, would emerge from the war relatively intact even if economically generally ruined. While tragically mistaken, their belief that they would escape the Holocaust — *megússzuk* (we'll get by), they frequently said in self-assurance — was not irrational. After all, Hungary had in fact been an island of safety in an ocean of destruction for four and a half years of the war.

The Jewish leaders' faith in the Hungarian establishment was not entirely groundless. They personally along with close to 150,000 of the 247,000 Jews of Budapest (including some 62,000 converts identified as Jews in 1941) were spared the fate that befell those in the countryside because Horthy, under great diplomatic and military pressure, halted the deportations early in July 1944. In addition, many tens of thousands of Jewish males of military age from all parts of Hungary were saved by the armed forces. This represents still another paradox of the Holocaust in Hungary. The Hungarian labor service system, which was unique in Nazi-dominated Europe, had been the major source of Jewish suffering before the German occupation. Deprived of their dignity and rights, the Jewish labor servicemen were compelled to do hard and often hazardous military-related work under the constant prodding of mostly cruel guards and officers. Particularly tragic was the fate of the tens of thousands of labor servicemen who had been deployed, along with the Second Hungarian Army, on the Soviet front and in the copper mines in Bor, Serbia. Yet, after the occupation, the Jewish labor servicemen — unlike the Jews at large who at first were placed under the jurisdiction of the Germans — enjoyed the continued protection of the Hungarian armed forces. Moreover, many Jewish males were recruited by decent military commanders from the ghettos and concentration centers, saving them from deportation and almost certain death.

Postwar Reactions

As elsewhere in the former Nazi-dominated world, in Hungary too the Holocaust became a highly controversial issue after the war. The subject of much public debate during the first postwar years, largely because of the revelations of the war crimes trials, the Holocaust gradually declined as a major public issue and emerged as a very uncomfortable chapter in postwar Hungarian history. Relatively few Christians — whether politicians, professionals, or laypersons — managed to come to grips with it honestly either during or after the communist era.

During the communist era (1949-1989) the Holocaust, like the Jewish question as a whole, was gradually submerged in the Orwellian memory hole of history, although in a more restrained fashion than in the other Soviet-bloc nations. While the communists never denied the horrendous crimes committed by the Nazis, they systematically ignored or distorted the Holocaust by routinely subsuming the losses of Jewry as losses incurred by their own nations.

During the post-communist era, the treatment of the Holocaust has varied all across the newly evolved political spectrum. On the extreme Right are the historical revisionists, the charlatans from the lunatic fringes of Hungarian society who specialize in the distortion and outright denial of the Holocaust. Like their counterparts elsewhere, they are engaged in an obscene campaign to absolve the Nazis and their Hungarian accomplices of all crimes committed against the Jews. They are involved in a sinister drive to destroy the historical record — and memory — and make the world forget the consequences of the Nazis' war against the Jews. Among them are anti-Semites who are committed to the Nazi thesis identifying Bolshevism with Jewry. In their reckoning, the suffering of the Jews during the war is more than balanced by the "even greater suffering" Jews inflicted on their nation through Communism.

The failure to come to grips with the Holocaust is also manifested in less extreme and more benign forms. Many highly respectable individuals acknowledge the mass murder of the Jews, but place exclusive blame on the Germans. Others attempt to generalize the Holocaust by lumping the losses of Jewry with those incurred by the military. Still others, including top officials of the government, would like to close the book on World War II and ease their conscience by honoring all casualties, blurring the fundamental differences between persons who were murdered on racial grounds without regard to age or sex and those who — without minimizing their tragedy — fell as a consequence of hostilities in an aggressive war on the side of the Axis. There are others in this group who try to mitigate the impact of the Holocaust by comparing, if not identifying, the horrors of Nazism with those of Communism and by rationalizing the Hungarian involvement by citing the impact of the "injustices" of Trianon. And finally there are those who try to ease their conscience by emphasizing the number of Jews who were saved in Hungary. In their drive to rehabilitate Miklós Horthy — and by implication the entire Horthy era — these cleansers of history attribute the survival of the Jews of Budapest exclusively to the Regent's decision of July 7, 1944 to halt the deportations. Eager to assure Hungary's historical continuity as a "chivalrous" nation, these nationalists fail to acknowledge the important role that others played. In the post-Communist era it has become politically fashionable and historically prudent not to mention the determining role the Red

Army played in the liberation of the surviving Jews of Hungary, including those of Budapest.

These negative manifestations notwithstanding, post-Communist Hungary has made considerable progress toward coming to grips with the tragedy of its Jewish community. It decided to make some reparation to the surviving remnant of Hungarian Jewry and passed a law on the rights of ethnic and national minorities. But while the Hungarian government has been forceful in condemning anti-Semitism and eloquent in paying tribute to the victims of the Holocaust, it failed so far at least to make a national, collective commitment to confront the Holocaust honestly and truthfully.

——— *** ———

Összefoglalás

A Holocaust Magyarországon: visszatekintő elemzés

A tanulmány a magyar zsidóság második világháború alatti tragédiájáról ad elemző áttekintést. Felvázolja a történeti hátteret, lényegre törően foglalja össze azokat a belpolitikai, nemzetközi politikai és gazdasági-társadalmi tényezőket, amelyek az első világháború előtt, a két világháború között és a második világháború idején befolyásolták a magyar–zsidó viszony alakulását. A tanulmány foglalkozik a német–magyar kapcsolatokkal valamint elemzi a magyarországi belpolitikai helyzetet a zsidóellenes rendelkezések meghozatala idején — külön-külön tárgyalja a Magyarország második világháborúba lépése előtti időszakot, a háború Magyarország 1944. március 19. német megszállása előtti periódusát és a német megszállás hónapjait, kiemelve a Sztójay- és a Szálasi-rendszer különbségeit. Végül állást foglal abban a kérdésben, hogy milyen felelősség terheli a magyarokat és a németeket a magyarországi Holocaustért.

On the History of the
Mass Deportations from
Carpatho-Ruthenia in 1941

Judit Fejes

In memory of György Ránki

This paper is a contribution to the history of the deportation
of the so-called alien" Jews from Carpatho-Ruthenia in the summer
of 1941, based on a fragmentary file from the office of the
Hungarian Government Commissioner of Carpatho-Ruthenia
(*Kárpátaljai Terület Kormányzói Biztosa*).[1] The paper should be
viewed as a continuation of Tamás Majsai's fundamental study on
the subject in which he reconstructed the history of the 1941
deportations relying mostly on eyewitness accounts, reports of
Jewish self-help organizations, and letters written by deportees.[2]

Very few documents of the Ministry of the Interior pertaining
to this subject have survived. At present the basic source of
information regarding official activities in the Carpatho-Ruthenian
region is the file that was maintained by the Government
Commissioner's office. Among other things the documents in this
file indicate how the deportation in this area was organized, and
thus they contribute to and modify our understanding of the 1941
deportations. On the basis of these documents we gain further
insight into the horrifyingly efficient cooperation of civil and
military authorities, their deep-rooted anti-Semitism, and the
acquiescence of the Hungarian public at large. These decisive
factors, which made possible the mass deportation of Hungarian
Jewry three years later in 1944, already existed in 1941. Seen in

this light, the 1941 deportations are a rehearsal for 1944 initiated and organized solely by the Hungarian authorities. In my opinion it is only the lack of German pressure and the scale of the deportation, not the attitude of the Hungarian authorities and the Hungarian population, that distinguish the 1941 events from the Final Solution in 1944.

As a point of departure, let us consider the two important documents that are presented in full as Appendices to this paper: a report discussing the extent of the area to be cleared of Jews and listing specific persons to be "removed" from individual towns, and a second report regarding the number of deportees.

Both of the documents originated in Ungvár, then the headquarters of the Government Commissioner.

These two documents, both unpublished until now, raise two highly important questions in connection with the deportation from Carpatho-Ruthenia: how many people were deported, and were those who fell victim to the deportation so-called "alien" Jews or primarily Hungarian nationals who had lived for generations in Carpatho-Ruthenia?

The police report on the number of people deported settles the first question satisfactorily; by August 9, 1941 the camp command at Kőrösmező had expelled 15,567 of the 17,506 "alien" Jews who had been concentrated in the camp. The report is compiled by the authority responsible for the concentration of Jews at Kőrösmező, i.e., it is the most primary source of information one can have. Presumably this list served as the basis for all other interim reports on the deportation. The numbers of deportees given here roughly coincide with Majsai's figures,[3] if one assumes that the deportations continued after August 9 and that all those who had been concentrated at Kőrösmező were deported. Other documents of the Government Commissioner's file which will be discussed in this paper support this assumption.[4] The memos of Ámon Pásztóy, head of the Public Security Section in the Ministry of the Interior, serve as further evidence. Summarizing the "result" of the deportations a good month later, Pásztóy rounded the number up to 18,000.[5]

More intriguing is the question concerning "alien" Jews versus Hungarian national Jews, because it opens the unresolved issue of the officially proposed extent of the deportations in Carpatho-Ruthenia. Majsai has persuasively argued on the basis of reports by eyewitnesses that the civil and military authorities under the jurisdiction of the Government Commissioner for Carpatho-Ruthenia did not adhere to the decrees and instructions issued by the Ministry of the Interior, but instead organized a large-scale deportation of the Jews living in that region without regard to their citizenship.[6] The documents in the file of the Government Commissioner do not resolve this problem, but as primary source evidence they help clarify it.

As described by both Braham and Majsai, referring to secondary sources, decrees 192/1941 res. VII/b and 192/1/1941/ res. VII/b issued by the Ministry of the Interior on July 12 and 14 called for the deportation of "disqualified aliens" who were, as the second decree explained, "Polish and Russian Jews" who had recently "infiltrated" the country.[7] Kőrösmező was designated as the place where Jews collected from different locations were to be concentrated, transferred to the army, and then deported to *Galicia*.[8]

Almost all reports and directives in the Government Commissioner's file use the terms "alien,"[9] non-Hungarian citizen, and those who cannot prove their citizenship,[10] "non-Hungarian,"[11] and "Russian and Polish citizens"[12] for the Jews to be deported or already deported. Some of the documents, however, mention only "Jews."[13] The most powerful support for the argument that not only the aliens" were deported is the wording of the introduction to the list of citizens in the Verchovina region shown as Appendix 2. It is a clear indication of the authorities' effort to get rid of the Jews, and create *"a territory free of Jews"* (emphasis added – J. F.). The language is explicitly abusive, describing Jews as "parasites" and "disgusting," and accusing them of "exploiting and hindering" the economic development of the region. The argument is an economic one, promoting the takeover of businesses by Christians. Almost without exception the persons listed are merchants or owners of manufacturing companies. In this document there is not even a pretense of the citizenship issue.

Due to the fragmentary nature of the Government Commissioner's file, it is impossible to follow up on what happened to the people on the list: directives of the Government Commissioners's office to the town administrations about handling Jewish property left behind speak only of Jewish families in general. At the same time it is also evident that part of the Jewish communities remained in the villages because they were supposed to take care of the property of the deportees.[14]

The only document pertaining to the mass deportation of Hungarian Jews is the telegram of the two Jewish organizations to the Government Commissioner dated July 24. It refers to information received from Máramaros County that the local authorities intended *"to expel 60 percent of the Jewish population to Galicia"* (emphasis added – J. F.) and began their action in the villages of Karácsonyfalva, Ujbocskó, and Veresmart. The Jewish organizations ask the Government Commissioner to prevent the deportation of what are "undoubtedly, it is feared, Hungarian citizens."[15] There is no response to this plea in the file. On August 9, however, the Minister of the Interior "forbade" the deportation of "Jews" to Poland "effective immediately."[16] However, the two-sentence telegram distinguished between "Jews" and "Jews of Polish and Russian origin." The Commissioner found "removal" of the latter "desirable" but made it conditional on a case by case review by the Ministry. It is hard to interpret the distinction in any way other than as evidence that Ferenc Keresztes-Fischer, the Minister of the Interior, gave credence to reports about the deportation of Hungarian Jews in Carpatho-Ruthenia.[17] The number of Jews concentrated, and mostly deported by this date, also indicates a large-scale operation, exceeding the number of "alien" Jews. If Majsai's calculation is correct,[18] as I assume it to be, there were 10,395 "alien" Jews in Hungary — 334 of Russian and 5,308 of Polish origin.

In addition to the Government Commissioner's file, the one containing the testimonies of Nándor Batizfalvy and György Polgár — both unknown sources until now — also deserves attention.[19] Batizfalvy was an officer of the Central Alien Control Office (*Külföldieket Ellenörző Országos Központi Hivatal* — KEOKH) sent to Kőrösmező to check on the deportation procedure.[20] Polgár was one of the leaders of the Welfare Bureau of Hungarian Jews (*Magyar Izraeliták Pártfogó Irodája* — MIPI), responsible for refugee matters, who visited Kőrösmező.[21] Batizfalvy's summary of the events, though self-serving, supports Majsai's conclusions and confirms the information in the Govenment Commissioner's file that the local authorities in Carpatho-Ruthenia went far beyond the ministerial decrees with regard to the deportations. Batizfalvy stated that he was delegated to Kőrösmező because there were complaints that local authorities (chief constables and the army) deported Jews who were Hungarian citizens. He, Batizfalvy, was supposed to check the identification papers of those being deported and send back those who were Hungarian citizens. Batizfalvy emphasized that the large number of people in every transport and the obstruction of the army commander of the camp frustrated the implementation of his task. He stated that he sent back not only everyone who somehow could prove Hungarian citizenship, but also the "frail, the blind, the lame, and mothers with small children." Though the numbers he quotes are highly improbable,[22] his statement indicates that a large number of Hungarian citizens turned up in the transports. Considering that Batizfalvy was the only one doing the identity check, that he was overwhelmed by the large numbers of people, and that he was hindered in his work by the camp commander, it is not a daring conclusion that almost all the people who were taken to Kőrösmező were deported.[23] The numbers of deportees in Batizfalvy's statement match those in the document discussed earlier: a total of 19,500 people went through the camp, 16,000 to 17,000 while he was there.

Batizfalvy's statement also indicates that the deportations in Carpatho-Ruthenia started earlier than the date of issue of the ministerial decrees. He was delegated to Kőrösmező around the middle of July *"when several thousand people had already been expelled to the East"* (emphasis added – J.F.).

Polgár's testimony is very valuable because he was not only an eyewitness but also a high-ranking official in one of the most influential Jewish organizations, which received reports from its local branches in every part of the country. Polgár gave the number of deported *as 18,000 of which "only approximately 6,000 were of Polish or Russian origin."* (emphasis added – J.F.). The rest were people who were not able to prove their citizenship. As Polgár summarized, *"it is self-evident that they* [the rest] *were almost exclusively Hungarian citizens"* (emphasis added – J.F.). This leaves the high number of approximately 12,000 deported Hungarian Jews. Both Batizfalvy's and Polgar's testimonies support the assumption that most of these people had been rounded up in Carpatho-Ruthenia.

Other documents in the Government Commissioner's file, referring to the deportees as "aliens," non-Hungarian citizens," etc., also make it probable that Hungarian Jews were expelled. These documents provide a fragmentary account of the deportatation from the point of view of the authorities. The new or partially new information relating to the date of the beginning of the deportation, the speed with which the operation took place, the cooperation of the army, Gendarmerie, and civilian authorities in Carpatho-Ruthenia, the eagerness demonstrated by these authorities, all lead to the conclusion that *most* of the victims of the deportation and the subsequent mass killings in the Ukraine were from Carpatho-Ruthenia.

First of all, the deportation in Carpatho-Ruthenia started *before* July 12, 1941, i.e., before the first decree was issued by the Ministry of the Interior. The already mentioned document on the Jewish property "left behind" is dated July 12.[24] Property could only be "left behind" if the owners had been deported. That this was the case is already stated in the first sentence of the document, referring to the property of "Jewish families taken into custody and taken away by the Gendarmerie post." Given the fact that this directive was addressed to every town administration, it is hard to imagine that the concentration of Jews only started on or after July 12.

The earlier dating of the beginning of the deportation is not only important because it differs from other studies that link it to the issuance of the ministerial decrees.[25] It is possible to surmise that the deportations *from the Carpatho-Ruthenian region* began earlier in order to precede orders from the Ministry of the Interior and to deport as quickly as possible as many Jews as possible before the central authorities in Hungary proper were able to intervene.[26] The following documents which demonstrate the haste of the Carpatho-Ruthenian administration seem to support this hypothesis.

In a telegram written on July 14, the Government Commissioner asked the Minister of the Interior for funds to cover the expenses of the Gendarmerie in connection with the "transportation" of the expelled "alien Jews."[27] "Their removal is under way and it cannot come to a halt," wrote the Government Commissioner. Apparently he found this operation so important that he provided his own funds for the initial costs of the deportation.[28] Again my conclusion is that the operation started before it had been ordered by the Ministry. Preparations by the Government Commissioner's office as well as by the army, police, and Gendarmerie would have had to precede the deportation to be as well organized and as pervasive as is indicated in the telegram.

On July 23, the commander responsible for the army's participation in the deportation, General Kálmán Máthé, wrote the following: *"The non-Hungarian citizen Jews and Jews unable to prove their citizenship were expelled from the region of Carpatho-Ruthenia"* (emphasis added – J.F.).[29] The past tense can only mean that the deportation was already at an advanced stage, if not already completed. This was written eleven days after the first ministerial decree, and only nine days after the second one.

On August 1, the deputy of the Government Commissioner asked the Minister of the Interior to reinforce the border patrol with gendarmes in order *to prevent the return of the already deported Jews*.[30] If we look at the number of Jews transferred to Kőrösmező and deported from there, we see that it exceeded 10,000 by August 1 (Appendix 2). The fact that record-keeping already began on July 15 in Kőrösmező also indicates that the round-up and concentration of Jews throughout the region had to have started several days earlier. Looking at the dates and the numbers, the speed of the operation is striking. Thus, by August 9, when the Minister of the Interior ordered a halt to the deportation, it had practically been accomplished: more than 15,000 Jews had already been deported and about 2,000 were waiting in Kőrösmező for their fate to be decided. The deportation not only began earlier but also concluded faster than previously thought.

The documents leave no doubt that the Jews still in the camp on August 9 were deported, despite Keresztes-Fischer's order. On August 12 the Government Commissioner cabled Gendarmerie Colonel Endre Kricsfalussy-Hrabár in Kolomea to negotiate with the appropriate German authorities and ensure that they continue to take over Jewish transports after August 14.[31]

On August 13 Kricsfalussy-Hrabár cabled back that the reception of further transports was probable, and details would have to be worked out with the Germans the following day in Stanislau during the "handing over."[32]

At this stage of research, we know very little about the German-Hungarian negotiations that determined the fate of the deported Jews. Both Prime Minister László Bárdossy and Keresztes-Fischer stated in Parliament several months later that the German authorities stopped the deportation when they took over the military administration of Galicia, and that negotiations with them were unsuccessful.[33] The few German documents which have so far been uncovered and quoted in other historical studies seem to support Keresztes-Fischer's explanation of events. They indisputably demonstrate the responsibility of the Hungarian authorities in initiating the deportation. The German Higher SS and Police Command had prepared for the liquidation of a large number of Jews in the territories occupied in the Soviet Union by setting up its mobile killing units, the *Einsatzgruppen*.[34] At the beginning of the war against the Soviet Union, however, they were not yet operating everywhere in full force. Thus from the German side there was certainly no encouragement to deport Jews from Hungarian territory. On the contrary, the Germans seem to have attempted to return Jews to the Hungarian side.[35] At a conference of the German High Command of the Army (OKH) of August 27, 1941, the participants were informed of the following: "Near Kamenets-Podolsk, the Hungarians have pushed about 11,000 Jews over the border. In the negotiations to date it has not proved possible to arrive at any measures for the return of these Jews."[36]

The German authorities finally decided to deal with the situation by organizing the liquidation of the deported Jews from Hungary together with the Jews of the Kamenets-Podolsk area. The Higher SS and Police Leader of that region, *SS-Obergruppenführer* Franz Jäckeln, took responsibility for their liquidation. As expressed in the minutes of the conference, he "hopes ... to have completed the liquidation of these Jews by September 1, 1941."[37] According to historical studies, the Jews deported from Hungary were executed en masse by Jäcklen's SS units on August 27-28 at Kamenets-Podolsk.[38] I did not find any German operational report from the occupied Soviet territories mentioning the liquidation of the Hungarian Jews; however, one report, dated September 11, reveals the shooting of 23,600 Jews in three days in Kamenets-Podolsk by a commando of the Higher SS and Police leader.[39] I assume that the Hungarian Jews deported to Kamenets-Podolsk were included in that number.

The same determination exhibited by the authorities of Carpatho-Ruthenia in regard to the deportation can be observed in the documents pertaining to measures initiated by them for preventing the return of already-deported Jews. The second group of documents in the Government Commissioner's file is mainly concerned with this issue. It was already raised on August 1, in the aforementioned letter by deputy Government Commissioner Géza Halász to the Minister of the Interior.[40] Halász requested the deployment of three Gendarmerie officers with one hundred gendarmes to assist army units to guard the border in the towns of Valóc, Ökörmező, Királymező, Kőrösmező, and Ruszpolyána-Borsa. The explanation was that from that date on the German army would take over from the Hungarian army the occupation and administration of the region on the other side of the Dniester river, which meant that Jews could not be deported over the river any longer. Prior to this time, the Dniester had been a natural obstacle for Jews trying to return. Halász was concerned that future transports of Jews would have to stay on the side of the river closer to Hungary, which would allow them to trickle back through the Hungarian border.

About 2,000 Jews survived after the mass killings at Kamenets-Podolsk. Half of them were released back to Hungary by *Einsatzgruppe* Tarnopol operating under the Commander of the Security Police (*Befehlshaber der Sicherheitspolizei*) of Cracow.[41] Other Jews tried to return to Hungary on their own, sometimes with the help of the local population, or by bribing German and Hungarian truck drivers, or by making the long trek back on foot.[42]

Even after realizing what had happened to the deported Jews, the civil and military administration of Carpatho-Ruthenia geared up to keep the escapees away from the border area. On September 3, Halász sent to Government Commissioner Kozma (who was on vacation) the measures to obstruct the illegal return of "alien Jews" from Galicia drawn up by Gendarmerie Colonel Hodosi, commander of the Máramarossziget division.[43] Hodosi ordered all wing commands and Gendarmerie posts to implement them. The measures included instructions for close cooperation with and control of the border sentries of the army, as well as the organization of a very tight two-line border patrol service. The first line was to control the border and bridges, roads, and village exits close to the border; the second line, a few kilometers within Hungarian territory, was to check railroad stations, forests, villages, etc. to establish whether any Jews had managed to cross the border. Those who did were to be taken to the Gendarmerie posts and sent back to the Ukraine. The gendarmes were also instructed to organize a network of informers in the towns and villages who would immediately report returning Jews. Apparently on his own initiative, Hodosi's plan was forwarded to higher authorities. A few days later, on September 8, the police station of Kőrösmező asked the Police Command of the border area for instructions concerning the return of Jews.[44] The police chief cited in full a September 6 report by the army unit stationed at Kolomea which forwarded petitions of Jews who claimed they were Hungarian citizens and wished to return to Hungary. While the army and police waited for instructions, the Gendarmerie, as we see, acted on its own.

The telephone directive from the office of Ámon Pásztóy of the Ministry of the Interior to the Government Commisssioner did not come until September 10.[45] Pásztóy categorically forbade the return of deported Jews and their non-Jewish family members as well, but gave no orders on how to prevent it. In Pásztóy's opinion Jews could be allowed to return only after diplomatic arrangements with the German government.

Miklós Kozma, the Government Commissioner, was probably not satisfied with the reaction of the Ministry of the Interior, as he found it necessary to draw Prime Minister Bárdossy's attention to the issue.[46]

Kozma summarized and repeated the information in Halász' memorandum, adding that some of the "expelled Jews" approached the Hungarian border with the permission of German military and civil authorities (*Feldkommandant und Landkommissar*), some without any permission. He accepted Pásztóy's suggestion for solving the problem through diplomatic channels but urged that negotiations begin. Kozma emphasized that unless they worked out an agreement with the German authorities the Hungarian armed forces would not be able to stop the Jews from returning to Hungary and would face "an impossible and unresolved situation." Kozma's intervention was not without result.

By September 16 Pásztóy had already responded in a "strictly confidential" and "urgent" communication enclosing his memo to the Minister of Foreign Affairs and his directives to all police authorities in the Carpatho-Ruthenian region.[47] Pásztóy urged the Minister of Foreign Affairs to intervene with the German authorities to hinder the return of "undesirable elements" by giving proper instructions to the border patrols and by fortifying the border. He also suggested forbidding any movement of Jews within 20 to 30 kilometers of the border. He informed the Minister that according to Gendarmerie detectives many of the deported Jews were trying to return with forged documents. Pásztóy thought it necessary to clear every case through diplomatic channels. In this document and in the directives to the police, Pásztóy stated that *he* (emphasis added – J.F.) deported 18,000 Jews. As for the number of Jews trying to save their lives, Pásztóy's directives to the police mentioned 60 (!) Jews who were captured in the area of the village of Tiszaborkut. Some of them fled over the mountains, some of them returned across the border hiding in trucks. According to Pásztóy there were 2,000 Jews in Stanislau waiting to return to Hungary with forged papers.[48]

Pásztóy did not in any way want to "endanger the success of the deportation." He ordered the police forces to organize raids in the territories under their control, take into custody whomever they captured, take away their papers and submit them to the KEOKH, and investigate the circumstances of their return. The Russian and Polish Jews were to be taken to detention barracks.

Both Kozma's intervention and the steps taken by Pásztóy in response illustrate how important it was for these two high-ranking officials to complete the deportation and how concerned they were about any escape that might be construed as a failure of the operation that they had organized. No documents have been found about the number of Jews who returned to Hungary. An inquiry by Kozma on October 10 makes it clear that he himself tried to determine this number.[49]

Hungarian-German negotiations on the fate of Jews who attempted to return to Hungary began on October 26 in Stanislau.[50] Both sides agreed that the Jews who escaped to Hungary could not then be unofficially deported again. They were to be interned, with a decision about their deportation to be made later.

The Government Commissioner's file ends with this document. Even with the gaps in the sequence of surviving documents, this file is a valuable source of information, especially since so many relevant primary sources are missing. It is my hope that, beyond imparting the information in the documents and interpreting them fairly, this paper will draw attention to the need to search for and make available all still extant documents pertaining to this particular subject and to the Holocaust in general.

Notes

1. Hungarian National Archives, K 774, The Government Commissioner's Office of the Region of Carpatho-Ruthenia, 646/41. Eln. The documents were found by László Karsai and first mentioned in his

Zsidósors Kárpátalján 1944-ben" (Jewish Fate in Carpatho-Ruthenia in 1944), *Múlt és Jövő*, (Past and Future), no. 3, 1991, pp. 60-66.

2. Tamás Majsai, A kőrösmezei zsidódeportálás 1941-ben" (The Jewish Deportation of Kőrösmező in 1941) in *A Ráday-gyűjtemény évkönyve* (Yearbook of the Ráday Collection) (Budapest: Egyetemi Nyomda, 1986), pp. 59-89 (vols. IV-V relate to 1985); see also his publication of 30 documents in the same volume, under the title "Iratok a kőrösmezei zsidódeportálás történetéhez, 1941" (Documents on the History of the Jewish Deportation of Kőrösmező of 1941), pp. 197-237.

In view of Majsai's study, I feel a moral obligation to correct my oversight — pointed out by Majsai in his study — to include the deportation in an account of the year 1941 which I compiled for *Magyarország történeti kronológiája* (Historical Chronology of Hungary) (Budapest: Akadémiai Kiadó, 1983), vols. I-IV.

Randolph L. Braham also provides an excellent summary of the 1941 deportation in the *Politics of Genocide. The Holocaust in Hungary*, revised and enlarged edition (New York: Rosenthal Institute for Holocaust Studies of the City University of New York, 1994), pp. 206-14.

3. Majsai, p. 69. The numbers are 17,656 and 17,560, respectively.

4. See footnotes 31 and 32.

5. See footnotes 41 and 43.

6. Majsai, p. 68 and documents 2, 3, 11, 12, 14, 17, 19. Documents 11 and 14 refer to the deportations from Verchovina and the district of Ökörmező.

7. Braham, p. 208; Majsai, pp. 67-68.

8. See previous footnote. Kőrösmező (currently: Jasinja, Ukraine) is located in Máramaros County, Rahó District, about 25 miles north of Máramarossziget (currently: Sighet, Romania) and close to the Tatar Pass.

9. Telegram from the Government Commissioner to the Minister of the Interior, July 14.

10. Memo by General Kálmán Máthé, Commander of the 8th Royal Hungarian Military District Command, July 23.

11. Memo of Géza Halász, deputy to the Government Commissioner, July 31.

12. Letter of Géza Halász to the Minister of the Interior, Ferenc Keresztes-Fischer, August 1.

13. Directives of the Government Commissioner to the administration of every town, July 12; Telegram of the National Bureau of Hungarian Israelites and the Central Bureau of Hungarian Autonomous Orthodox Israelite Denominations to the Government Commissioner, July 24; Telegram of the

Minister of the Interior to the Government Commissioner, August 9; Telegram of the Government Commissioner to Colonel Endre Kricsfalussy-Hrabár, August 12; Memo of the Hungarian Royal VIIIth Kassa Army Corps Command to the Government Commissioner, August 27.

14. Directives of the Government Commissioner to the administration of every town, July 12.

15. See footnote 13.

16. Telegram of the Minister of Interior to the government Commissioner, August 9. Majsai dates the ministerial order halting the deportation August 15. Majsai, p. 71.

17. We know from Majsai's study that he was informed by several sources. Majsai, pp. 73-75. Further research is needed to establish what the role of Keresztes-Fischer was in the deportation. In his statement in the Lower House of the Parliament he took full responsibility for the deportation: "When our troops in Galicia advanced so far that the Jews could be taken there, I ordered that the expelled Galician Jews — who could not be deported earlier because the Russians did not allow it — be taken back to their places of birth. As a consequence of this order nearly 20,000 such Jews were taken to Galicia." *Minutes of the Lower House of the Parliament*, November 26, 1941, vol. XII, p. 62.

18. Majsai, p. 69.

19. Both Batizfalvy and Polgár emigrated to Switzerland. In 1945 Jewish refugees acccused Batizfalvy of bearing major responsibility in the deportations of 1941 and 1944. These accusations appeared in the Swiss press, and the Swiss Federal Department of Justice and Police ordered an investigation of Batizfalvy which concluded with his exoneration. Among the witnesses testifying on Batizfalvy's behalf was György Polgár. Batizfalvy's investigative file in German is in the Federal Department of Justice and Police (*Eidgenössisches Justiz- und Polizeidepartment*) in Bern, Switzerland. Batizfalvy's testimony is dated June 13, 1945; Polgár's is dated June 5, 1945.

20. KEOKH operated within the Ministry of Interior. On the KEOKH and Batizfalvy's role in it see Braham, pp. 206-8 and Majsai, p. 68 and documents 1, 2, 4, 7, 11, 19.

21. On Polgár's role in 1941 see Majsai, p. 64 and documents 11, 15.

22. Batizfalvy testified that he sent back exactly 2,800 people; Polgár, on the other hand, talked about "a couple of hundreds" saved by Batizfalvy. Swiss Federal Department of Justice and Police, Bern, Switzerland, Batizfalvy file.

23. Batizfalvy stated that right after his arrival Lieutenant Colonel Orbán, the camp commander, gave orders to transport the people who were already in the camp at 4:00 the next morning, i.e., before he, Batizfalvy, had the opportunity of checking their papers. Federal Department of Justice and Police, Bern, Switzerland, Batizfalvy file.

24. Directives of the Government Commissioner to the administration of every town, July 12. See also footnote 13.

25. Both Braham and Majsai mention July 12 and 14 (see footnote 7).

26. See Batizfalvy's statement about Kőrösmező's commander Orbán, footnote 23.

27. Same document as in footnote 9.

28. I don't know whether Kozma or his deputy Géza Halász, who signed the document for the Government Commissioner, provided the credit. The sum in question wasn't negligible: 100,000 pengös of his own, and a further unknown amount of his ONCSA (*Országos Nép- és Családvédelmi Alap*; National Foundation for People and Family Support) credit until funds from the Ministry arrived.

29. See footnote 10.

30. Letter of Géza Halász to Minister of the Interior Keresztes-Fischer; see also footnote 12.

31. Telegram of the Government Commissioner to Kricsfalussy-Hrabár, August 12. I could not find any explanation why August 14 was considered a deadline, nor are there any documents that describe how the agreement on the placement of Jews in German- controlled territories was reached with the Germans before that date.

32. Telegram of Kricsfalussy-Hrabár to the Government Commissioner's office, August 13. There is no document on the outcome of the negotiation.

33. Bárdossy and Keresztes-Fischer defended themselves from the right-wing, which demanded the expulsion of Jews from the country. On November 21, Bárdossy stated the following: "After occupying the Ukrainian territories, we expelled a significant number of Galician Jews living there. We wanted to expel even more but the German Empire, which has friendly relations with us, warned us not to continue. We certainly had to bend to their will." Cited by Pál Pritz, in *Bárdossy László a népbíróság előtt* (László Bárdossy Before the People's Court) (Budapest: Maecenas, 1991), p. 152.

Keresztes-Fischer claimed that the deportation was still underway when the German military authorities took over the administration and that "they already notified us on the first day that they will not let in more Jews. I tried to negotiate with them in order to change their decision but I didn't succeed." *Minutes of the Lower House of the Parliament*, November 26, 1941, vol. XII, p. 62.

34. On the activities of the mobile killing units the most comprehensive study so far is Helmut Krausnick, *Hitlers Einsatzgruppen. Die Truppe des Weltanschauungskrieges, 1938-1942* (Frankfurt am Main: Fischer Taschenbuchverlag, 1985).

35. They did turn back Jews expelled from Romania. In August, *Einsatzgruppe* D drove back approximately 27,500 Bessarabian Jews who had been pushed over the Dniester by the Romanians. They were then executed by the Romanians. See Krausnick, p. 174.

36. Document PS-197 in *Nazi Conspiracy and Aggression* (Washington, DC: Government Printing Office, 1946-48), vol. 3, pp. 210-13. Cited by Braham, pp. 211-12, Majsai, p. 71, and by Raul Hilberg in *The Destruction of the European Jews*, Revised and definitive edition (New York and London: Holmes & Meier, 1985), vol. 2, pp. 811-12.

It is not clear why the German document mentions only 11,000 Jews while, as noted, the Hungarian documents speak of a much higher number of deportees.

37. Document PS-197.

38. See Braham, pp. 211-12; Majsai, p. 71 and document 21.

39. Operational Report No. 80. Cited by Braham, p. 213, and Krausnick, p. 164.

40. See footnote 12.

41. Braham, p. 213.

42. Ibid., p. 213.

43. Halász's memo to Kozma, September 3. Hodosi's directives to every wing command and gendarmerie post in the Máramarossziget Division, August 28, Máramarossziget.

44. Chief of the Police Station of Kőrösmező to the Police Command of the border region, September 8.

45. Halász's memo, September 10, Ungvár.

46. Kozma's letter to Bárdossy, September 13, Ungvár. He also sent a copy of this letter to Keresztes-Fischer, on September 18.

47. Memo of Pásztóy to the Government Commissioner, the Minister of Foreign Affairs, and the police authorities, September 16.

48. Compare Pásztóy's memos to Majsai, document 20, p. 227, an August 28 letter of the Jewish Council of Stanislau to Baroness Edith Weiss asking for help for the 2,300 Jews deported from Hungary, who were starving to death.

49. Memorandum by Ministerial Counselor Kóczián (who served in the Government Commissioner's office), October 10.

50. Report of the 8/1 gendarme investigative department to the Government Commissioner, October 28, Ungvár.

Appendix 1

Tracing the Southern Boundary of the Border Region [That Is To Be] Freed of Jews and List of Jews to be Expelled or Interned

I.

The border of the military zone along the former Russian border intentionally avoided the center and the southern part of the town of Kőrösmezö so as not to interfere with the busy life of that town, [avoided] Valóc for the sake of its touristic importance and the free flow of tourism, and [avoided] all of Alsóverecke so as not to impede traffic in the district seat.

In drawing the southern border of the region which had to be freed of Jews the circumstances described above merit consideration for quite the opposite reason. All of Kőrösmezö should be included in the region freed of Jews, so that this large border town may be rid of its Jewish parasites and the economic advantages of the border area may be secured for Christians. Valóc [should be included] in order to develop its tourism by getting rid of the Jews who exploit foreigners and disgust them. Finally, Alsóverecke [should be included] because Jews live here in large numbers, exploiting the central region of Verchovina and hindering its development.

As a matter of fact, all of Verchovina should be freed of Jews because this would alleviate the most serious problem of Verchovina.

II

Szobránc	Andor Winkler	liquor, beer, and wine wholesaler
Konyus	Márkusz Lebovics	timber merchant
Tibaváralja	Salamon Mayer	cattle merchant
	Henrik Grünfeld	cattle merchant
Tiba	Lipót Klein	cattle merchant
Szerednye	Izidor Herskovics	livestock merchant
	Sámuel Herskovics	cattle merchant
	Salamon Lebovics	livestock merchant
	Mózes Schützberger	beer and wine wholesaler
Bacsava	Izrael Keszler	cattle merchant
	Jakab Mauskopf	cattle merchant
Nagyláz	Lipót Spiegel	timber and cattle merchant
	Vilmos Spiegel	timber and cattle merchant
Alsódomonya	Miksa/Meilech Keszler	cattle merchant
Perecseny	Sámuel Bergida	flour merchant
	Lázár Bruderman	beer wholesaler, rum and liquor factory
Bercsényifalva	József Ziegman	charcoal, firewood merchant
Nagyberezna	Márton Glancz & Co.	electric power plant
	Lipót Szimkovics	cattle merchant
	Márton Szimkovics	hardware & construction material merchant
Zábrogy	Dr. Brunó Eissler	steam saw, lumber, timber merchant
	Salamon Glancz	timber merchant
Hajasd	Izrael Ackerman	restaurant owner
Tiha	Izidor Burger	cattle merchant
Nagyberezna	Salamon Szimkovics Co.	hardware, glass, china, tableware, furniture, construction materials, tools and machinery, electric supplies
	Mózes Freund	timber merchant
Ökörmező	Béla & Vilmos Steinberg	printing office, paperware
	József Steinberg	timber merchant
	Zoltán Zicherman	lumber yard and timber merchant
	Lajos Zicherman	lumber yard
	Eizik Zoldán & Son	wine, beer, and liquor
	Jakab Izsák Katz	cattle merchant
Alsószinevér	Sámuel Lazarovics	timber and lumber merchant

Toronya	Mózes Jakubovics	timber merchant
	László Pikkel	lumber yard, timber merchant
Majdánka	Benő Dávidivics	saw mill
	Jankel Jakubovics	cattle merchant
Tyuska	Jenő Szégel	timber merchant, lumber yard
Alsóhidegpatak	Jakab Fixler	timber merchant
Kökényes	Adolf Krakkauer	brush maker
Bedőháza	Mendel Bisztricer	soda manufacturer
	Izrael Simsovics	fruit merchant
Bustyaháza	Herman Wolf	grain, colonial wares, grocery
	Salamon Schwartz	timber merchant
	Bernát Berkovics	timber, lumber merchant
	Izrael Bunkstein	cane wood merchant
	Leopold Bruchstein	grain, grocery, herb merchant
	Lázár Adler	rum, liquor, wine, beer, restaurant
	Jenő Krausz	building and barge firm
	Wolf A. Schréter & Co.	rights for use of river Talabor, and granary
	Jenő Krausz	timber merchant, sawmill, construction material
	Izrael Bruchstein	timber and lumber merchant
Taracköz	Géza Simsovics	steam saw, mill, timber merchant
Dombó	Salamon Fried	mill, water and steam saw
	József Mendel Fried	mill
	Dávid Fried	grain, flour merchant
Királymező	Salamon Adler	flour, grain merchant
Brusztura	Seléb Steinmetz	mill
Rahó	Vilmos Schmerler	restaurant, cafe, hotel, bar
	Mór Lautman	restaurant
	Sámson Braun	hardware, construction material, electric supply
	Sándor/Zachar Schmerler	beer and wine wholesaler
	Márton Schmerler	timber merchant
	Ferencz Abisch	timber merchant
	Sándor Schmerler	liquor and rum factory
	Rafael Abisch & Sons	steam saw, timber merchant
Nagybocskó	Mózes Salamon Kámil	mill
	Sámuel Mózes Kámil	saw factory
	Icik Alter Zelmanovics	cattle merchant
	Sándor Friedman	forestry, timber merchant
	József Hanz	timber merchant, forestry, and barge firm
	Mózes Farkas	timber merchant

	Mózes Sámuel Kámil	timber merchant
	Abrahám Ilavics	forestry and timber merchant
Nagylucska	Herman Stark	mill owner
Beregrákos	Lipót & Benjamin Preró	custom milling, trade milling, mill
Sztrabicsó	(Henrik)Cheskel Ackerman	agricultural products
	Lipót Ackerman	timber merchant
	Salamon Ackerman	steam saw for lease
	Lipót Ackerman & Co.	steam saw and oil press
Szolyva	Sámuel Deutsch	book printing
	József Goldstein	logging and timber merchant
	Nándor Goldstein	logging and timber merchant
	Sándor Goldstein	timber merchant and wholesaler
Alsóverecke	Joel Kleinman	colonial wares merchant
Valóc	Manó Grünberg	miller
	Dávid Grünberg	timber merchant
	Izrael Grünberg	timber merchant
	Mózes Grünberg	construction materials merchant
	Mózes Grünberg	beer wholesaler
	Saje Grünberg	lumber and steam saw, timber merchant
	Herman Katz	baker
	Emánuel Lax	baker
	József Majer	grocer
	Berci Sáfár	tailor
Alsóverecke	Izsák Feiler	
	Izrael Stég	
	Hersch Himmel	
Oláhcsertész	Sámuel Singer	distiller
Hátmeg	Náthán Róth	bar owner, fruit, plum brandy, flour, grain, and legume merchant
Ilosva	Mór Glancz	book printing, book and paperware merchant
	Salamon Schwimmer	building material merchant
	Lajos Eisenberg & Co.	mill, grain, oil products
	Eliás Grünberger & Mihály Lebovics	wood, planks, & building materials merchants
Kovácsrét	Abrahám Goldstein	timber merchant
Huszt	Lajos Mandel	„Hotel Korona" owner
	Gyula Szegal	weaving mill
	Kahán Heimfeld Sons, Successors	colonial wares, grocery, fair merchants

	Izsák Dunkel	cabinetmaker and furniture dealer
	Rachel Heinfeld	construction materials merchant
	Dávid Krausz	timber merchant, logging
	Henrik Káhán	grocery, oil sale
	Sándor Neufeld	timber merchant
	Dávid Simonovics	brick and concrete factory, saw mill, timber merchandise
	Márton Engel	beer wholesale and bottling
	Ignácz Auszlander	book printing
	Herman Kahán	haberdasher, fashion and textile wholesaler
	Izsák Dunkel	carpenter
	Náthán Heimfeld & Successors	colonial wares, grocery, hardware wholesale, rags and scrap metal
	Alter Szegal	textile wholesale and retail
Nagybocskó	Aron József Wiezel	timber merchant
	Emánuel Kratz	timber merchant
	Herman Wiederman	timber merchant
	Juda Eizekovics	timber merchant
Barnabás	Ignácz Gál	steam saw
	Lázár & Ferencz Slomovits	steam saw
Kőrösmező	Wolf Breszler	timber merchant
	Sándor Neustadter & Son	timber merchant
	Nusem Náthán Heiferman	timber merchant
	Leopold Izrael	timber merchant
	Béla Székely	timber merchant
	Sándor Székely	timber merchant
	Dezső Fried	timber merchant
	Májer Wiezel	timber merchant
	Abrahám Rosenberg	timber merchant
	Pál Rosenthal	timber merchant, construction material
	Márton Ferster	timber merchant
	Chászkel Vilder	timber merchant
	Mózes Katz and Mózes Heiferman	timber merchants
	Zsigmond Ziszovics	timber merchant
	Zsigmond Ziszovits	steam saw
	widow Kappel, Jakab Neustadter	steam saw
	Jakab Drummer	steam saw
	Salamon Wiesel	small grocer
	Adolf Lévi	small grocer

	Cili Páskesz	small grocer
	Herman Löwy	grocer
Bilin	Successor József Keindler	water mill
	Léb Izrael Keindler	
	Simon Kreindler	steam and water saw
Terebesfejérpatak	Mózes Frojmovics	soda factory
	Zindel Preisler	restaurant
	Mayer Katzer	saw mill
	Herman Milder	dairy products
Tiszabogdány	Juda Tendler	timber merchant
	Lipe Chénánó Slomovics	saw mill
	Juda Tendler	steam saw mill firm
	Mechel Kamil & Son Mózes	steam saw mill

Ungvár, July 25, 1941.

Appendix 2

Hungarian Royal Police Command of the Border Region, Ungvár

Report
of the aliens of the Jewish race who as of August 9, 1941 were transferred by the border region police branch of Kőrösmező to the Hungarian Royal 104th Mobile Concentration and Distribution Camp Command to be removed, and who were removed by the Camp Command:

	Transferred to the camp command: 1941		Removed:
July	15.	100	0 0
	16.	356	356
	17.	359	359
	18.	383	383
	19.	710	710
	20.	1 405	1 405
	21.	1 334	1 290
	22.	256	189

	23.	1 355	882
	24.	831	889
	25.	440	771
	26.	499	1 246
	27.	1 314	00000
	28.	478	1 020
	29.	75	990
	30.	139	000
	31.	232	456
August	1.	200	200
	2.	189	783
	3.	302	302
	4.	777	182
	5.	1 825	1 825
	6.	525	1 049
	7.	1 111	00000
	8.	608	00000
	9.	1 503	340
Total:		17 306	15 567

——— *** ———

Összefoglalás

Az 1941-es kárpátaljai deportálás történetéhez

A tanulmány a Kárpátaljai Terület kormányzói biztosának iratanyaga alapján folytatja az 1941-es deportálás történetének Majsai Tamás által elkezdett feldolgozását. Mivel a Belügyminisztérium dokumentumai nem maradtak fenn, ez az iratanyag képezi a téma elsődleges forrásanyagát.

A tanulmány bemutatja, hogy a Kárpátaljai Kormánybiztosság a helyi hatóságokkal karöltve, még mielőtt a KEOKH 1941. július 12-én elrendelte a magyar állampolgárságukat igazolni nem tudó, az ország területén tartózkodó orosz és lengyel zsidók deportálását, megindította a kárpátaljai zsidóság tömeges koncentrálását és Ukrajna németek által megszállt területre történő szállítását. A deportálásnak főként a kárpátaljai zsidóság esett áldozatul.

A deportálás szervezettsége, módszerei egyaránt 1944-et vetítették előre, azzal a lényeges különbséggel, hogy 1941-ben a kezdeményezés a magyar, s nem a német hatóságoktól indult ki. A magyar hivatalos szervek a deportálás beszüntetése, s a deportáltak tömeges kivégzése után is mindent elkövettek a túlélők visszaszivárgásának megakadályozására.

A magyarországi zsidó munkaszolgálat

Szita Szabolcs

Az 1945 előtti magyar munkaszolgálatos rendszer históriája időnként viták tárgya, de csak részben feldolgozott. Magyarországon az alig kutatott területek közé tartozik amiatt is, mert forrásanyaga egyenetlen. Dokumentációjának nagyobb és fontosabb része elégett. A háborús ostrom után megmaradt iratanyag — különösen az 1944. és 1945. évekre vonatkozó — rendkívül hiányos. A zsidó munkaszolgálatról kevés publikáció jelent meg Magyarországon. Ezek is két periódusban. 1948 előtt, mint pl. A Vihar Béla szerkesztette *Sárga könyv* és a nagyszámú vegyes anyagot felölelő, Lévai Jenő nevéhez fűződő *Fekete, Fehér és Szürke könyv.* Majd 1948-ban a *Zsidósors Magyarországon* című feldolgozás, aztán kényszerű és hosszú hallgatás következett. 1962-ben a Magyar Izraeliták Országos Képviselete adta ki a *Fegyvertelen álltak az aknamezőkön* című kétkötetes dokumentumgyűjteményt, a számadatok tisztázásához pedig A *Wilhelmstrasse és Magyarország. Német diplomáciai iratok Magyarországról 1933–1944* című, 1968-ban megjelent válogatásban találunk adalékokat.

A honi (hátországi) munkaszolgálat, a határokon kívüli hadműveleti területi, illetve az arcvonali munkaszolgálat egyes történéseit őrzik a zsidóüldözésről szóló szépirodalmi vagy memoárjellegű kiadások. Ezek közül a legtöbb — általában a kor hangulatában, s közvetlen élmények hatására született — írás 1945 és 1947 között jelent meg. Idetartozik a *Magyar Golgota* című regénysorozat. Hitelességével kiemelkedik Kossa István *Dunától a Donig.* Nagybaczoni Nagy Vilmos *Végzetes esztendők 1938–1945* című, újabban ismételten kiadott memoárja.

Több változó színvonalú munka ölelte fel 1945 után a szerbiai bori munkaszolgálat és a bori munkaszolgálatosoknak Magyarországra való visszavonulásának tragikus történetét. Ezeket azóta igényes feldolgozások követték. Gazdag memoárirodalma van a munkaszolgálatnak Izraelben, ahol az ilyen kötetek hosszú időn át a magyar nyelvű könyvkiadás gerincét képezték. Az újabb hazai munkák sorában a munkaszolgálatos századok mindennapjairól ad képet Magyar Imre az *Oly korban éltem én...* című könyve. Csoportos visszaemlékezés, helyenként forrásértékkel az *Egy szerencsés munkásszázad* című, a nyolcvanas években két kiadást is megért kis kötet.

Karsai Elek történész mellett Randolph L. Braham professzor alkotott maradandót a magyar munkaszolgálat történetének feltárásában. Dokumentumkötetei a nálunk hozzáférhetetlen források gazdag tárházai. Ha a kérdéskört komplexebben kívánjuk megközelíteni, a magyar gazdaság militarizálása, a háborús munkaerő-gazdálkodás problémakörében Dombrády Lórándnak *A magyar gazdaság és a hadfelszerelés 1933–1944* című könyve jelentős forrás. Nem jelent meg eddig sem Magyarországon, sem határainkon kívül a női munkaszolgálat történetét tárgyaló munka.

A honvédelemről szóló 1939. évi II. tc. 1939. március 11-én lépett hatályba. A Honvédelmi Minisztérium 1/a osztálya már április 18-án előkészítő értekezletet tartott, amelynek a célja a munkaszolgálat megszervezését szolgáló kormányrendelet összeállításához szükséges adatok begyűjtése volt. A rendelettervezethez készült előterjesztés a közérdekű munkaszolgálatot olyan intézményként kezelte, amely mindenekelőtt az országmozgósítás igényeit hivatott kielégíteni.

Az 1941-től működtetett munkaszolgálatos rendszerhez képest alapvető különbség, hogy a munkaszolgálat megszervezésének kormányzati célja ekkor még kizárólag a védelmi igények racionális kielégítése volt. „Honvédelmi érdekek nélkülözhetetlenné teszik, hogy a munkaszolgálat megszervezését elsősorban az országmozgósítás szükségleteinek lehető legmesszebbmenő kielégítésére alapozzuk. (...) megfelelő megszervezése mellett ugyanis tág lehetőség nyílik arra, hogy annak keretében a hadiszolgálatra alkalmatlanok át- és továbbképzése útján az országmozgósítás szakmunkásszükségletének igen tekintélyes része biztosíttassék, melyet különben csak a honvédség fegyveres katonai szolgálatra hivatott állományából történő eltávolítás útján lehetne biztosítani."[1] Az előterjesztés az idézett célnak megfelelően tartalmazta a munkásalakulatok megszervezésére, a munkaszolgálatra kötelezettek kiképzésére és alkalmazására vonatkozó elképzeléseket is.

A Honvédelmi Minisztérium a közérdekű munkaszolgálatra kötelezetteket nem tekintette katonáknak (ezt a törvény meghatározása alapján nem is tehette), ám a munkásalakulatok felállításánál — különösen a fegyelmi és büntető felelősségükre vonatkozó szabályok meghatározásakor — a katonai szervezési megoldások és jogi szabályok alkalmazására törekedett. Erre mutat, hogy a munkaszolgálat megkezdésére az érintetteket behívóparanccsal kötelezték. A tömegmunkára beosztott munkaszolgálatosok alakulatainak munkatáborait a hadsereg telepítésének megfelelően állították fel. A budapesti hadtest területén kettő, a többi — akkor még hét — hadtest területén pedig egy-egy zászlóaljat szerveztek. Ezeket katonai parancsnokság és irányítás alá helyezték, a munkaszolgálatosokat katonai fegyelmi és büntetőszázad hatálya alá vonták.

A közérdekű munkaszolgálatról szóló 5070/1939 ME rendelet alapján 1939 májusában megindult a közérdekű munkaszolgálat vezető szerveinek a felállítása. Július 15-én az első bevonulók megkezdték szolgálatukat. Egy munkaszolgálatos zászlóaljhoz négy század (legénysége egyenként 250 fő) tartozott, ezeket szakaszokra osztották. Országosan kilenc zászlóaljat állítottak fel.

A közérdekű munkaszolgálatról hozott kormányrendeletet úgy értékelhetjük, hogy kibocsátásakor a Teleki-kormány alaposan túlterjeszkedett a törvényalkotás eredeti célján. A törvény-előkészítéskor szó sem esett arról, hogy a közérdekű munkaszolgálat munkatáborait katonai módra kell megszervezni, a katonai irányítás alá kell helyezni. Arról sem, hogy a munkaszolgálatosok katonai fegyelmi és büntetőszabályok alá kerülnek. A rendelettel a honvédelmi kormányzat tulajdonképpen megtette az előkészületeket, hogy a munkászászlóaljakat alkalmas időben a hadsereg szervezetébe beépítse, s a munkaszolgálatosokat, az ország védelmi képességét növelő munkavégzés helyett közvetlenül a hadsereg igényeit kielégítő munkaszervezetként használja fel.

Ugyanakkor tény, hogy a közérdekű munkaszolgálat megszervezésekor sem rejtett, sem nyílt diszkriminatív kormányzati szándékot nem lehetett felfedezni. Munkatáborba a fegyveres katonai szolgálatra alkalmatlan hadköteleseket hívták be. A katonai hatóságok a legénységi behívások tervezésénél, a nyilvántartások összeállításánál faji, politikai szempontokat nem vettek figyelembe.[2]

A munkaszolgálat és a megkülönböztető rendelkezések alá eső állampolgárok ügyében a területi visszacsatolások hatása a következő hónapokban meghatározóan érvényesült. 1939 őszén látványosan erősödtek a korlátlan, feltétlen németbarát politikát követő és követelő irányzatok. Az országgyűlésben megugrott a szélsőjobboldali képviselők száma, nőtt pártjaik nyomása. A honvédség tisztikarában pedig — a Wehrmacht sikerei nyomán — kiszélesedett azoknak a bázisa és befolyása, akik a német hadsereget, a nemzetiszocialista „megoldásokat" példaképnek tekintették.

A zsidó munkaszolgálat előtörténetének része, hogy a „korszellem" jegyében a Honvédelmi Minisztériumban több értekezlet foglalkozott az országosan előtérbe került „zsidókérdéssel". A magyar zsidók akkor a honvédségben — az ún. védett alakulatok (repülők, híradók, határvadászok stb.) kivételével — még fegyveres szolgálatot teljesítettek, de kizárólag alosztályoknál. Az első lényegesebb szabályozás az 1939. IV. tc. (az ún. második zsidótörvény) rendelkezéseinek a „m. kir. honvédségen belül való mikénti" végrehajtásáról szóló Utasítás volt. Ennek alapján az 1939. IV. tc. szerint zsidónak minősülők nem kaphattak többé tiszti, altiszti, tisztesi rendfokozatot. Az Utasítást átmeneti időszak követte. Több diszkriminatív intézkedés született ugyan, de a zsidók helyzete mind a honvédségben, mind a munkaszolgálat rendszerében 1941 áprilisáig lényegében változatlan maradt.

Magyarország 1941. júniusi hadba lépésétől bizonyossá vált, hogy ez a tény a munkaszolgálatra kötelezettek jövőbeni alkalmazására és helyzetére jelentős hatást gyakorol. Augusztus 19-én a Honvédelmi Minisztérium végrehajtási rendelettel szabályozta az új „kisegítő szolgálati rendszert", amely minden katonaköteles korú zsidót érintett. A zsidónak minősült tartalékos tiszteket például megfosztották rangjuktól, a szolgálatra még alkalmasoknak kisegítő munkaszolgálatosként kellett eleget tenniük kötelezettségüknek. Ki-

vétel is volt. A származási okokból nyugállományba kerülő tábor-
nokok és tisztek származási igazolványukba „zsidónak nem tekin-
tendő" minősítést kaptak.[3]
Az ún. honvédelmi novella (1942. XIV. tc.) előírásai alapján a
zsidóknak a kisegítő munkaszolgálatra való igénybevétele mind
kiterjedtebbé vált. Azon az „alapon", hogy a „zsidó hadkötelesek
sem a honvédség, sem a csendőrség kötelékében fegyveres szol-
gálatot nem teljesíthetnek. A zsidókat leventekötelezettség helyett
a kisegítő szolgálatra történő előképzés kötelezettsége terheli, zsidó
hadkötelesek pedig szolgálati kötelezettségüknek a honvédség
kötelékében kisegítő szolgálat teljesítésében tesznek eleget."[4]
1941 őszén a munkaszolgálatra behívottakat kategóriákként
(például nemzetiségi, zsidó, szervezett munkás stb.) elkülönítve
kezelték. A tíz munkaszolgálatos zászlóaljhoz sorolt századok egy-
részt tábori (vegyes) munkásszázadok voltak. Ezekbe a 18 és 42
év közötti, munkaszolgálatra alkalmas és nemzethűség szempont-
jából megbízható zsidókat osztottak be. Másrészt különleges
munkaszázadok voltak, ezekbe ugyancsak a 18 és 42 év közötti,
de nemzethűség szempontjából megbízhatatlannak tartott munka-
képes férfiakat hívtak be, előző katonai szolgálatukra való tekintet
nélkül. A munkaszolgálatos századok harmadik válfaját a nemze-
tiségi munkásszázadok képezték.
1942 elején az ukrajnai magyar megszálló csapatoknál tíz mun-
kásszázad dolgozott. A kiképzetlen, nem zsidó magyarok és a nem-
zetiségiek főként műszaki csapatoknak alárendelt századokba
kerültek. A századokat számozás szerint is megkülönböztették. A
100-as jelzésűek zsidószázadok, a 400-as jelzésűek a politikailag
„megbízhatatlanok" ún. különleges századai voltak.
A 2. magyar hadsereg mozgósításakor munkaszolgálatosok
nagyobb arányú behívására is sor került. A nagy fővárosi gyárak-
ból mintegy 400 aktív szakszervezeti tisztviselőt hívtak be mun-
kaszolgálatra, és küldtek a frontra. Harctéri munkaszolgálatra
vezényelték a tábori munkaszolgálatos századokba behívott zsidók
ezreit, majd 1942 nyarától nemzetiségieket, illetve a nemzetiségi
területekről a politikai okokból megbízhatatlanokat. A 25 000 főnyi
fegyvertelen munkaszolgálatost az összesen 200 000 fős 2. magyar
hadsereg kötelékébe és 17 000 főt a megszálló csoportosítás

parancsnoksága alá — a „vonathoz", a műszaki alegységekhez és az egészségügyi alakulatokhoz — osztottak be. Különösen sok munkát végeztek a Kárpátok hágóiban.

Az 1941. április 1-je és 1941. június 30-a között mozgósított tábori és honi munkásszázadokban a ténylegesen szolgálatot teljesítő zsidók száma a következőképpen alakult: 1941. áprilisban 9629, májusban 18 834, júniusban 17 257. Júniusban volt a számuk a legmagasabb, majd fokozatosan csökkent. 1942. januárban a behívott zsidó munkaszolgálatosok száma 2002, áprilisban 8161, májusban 13 808, júniusban már 24 375 volt.[5]

1942 szeptemberében 152 munkaszolgálatos század (kb. 38 000 fő) tartózkodott hadműveleti területen. Köztük 130 zsidó, 15 „különleges" (politikaiak) és 7 útkarbantartó (keresztény) munkásszázad volt. A hátországi mozgósításba bevont 152 században körülbelül 33 000 fő teljesített szolgálatot. Közülük 61 zsidószázad, 73 nemzetiségi (román) század volt, így a békelétszámmal (10 000 fő) együtt a magyar munkaszolgálatosok száma 80 000-re tehető.

Az arcvonalban a zsidó munkaszolgálatosokkal szembeni bánásmód kezdettől fogva kemény volt. A fegyvertelen „muszosok" mind kiszolgáltatottabbak lettek, minimális és silány élelmezés mellett leginkább műszaki munkát végeztek. Olyan munkát, melyhez ők nem értettek, melyet a honvédségben általában lenéztek, ez később megbosszulta magát. A „muszosok" lövészárkokat ástak, akadályokat emeltek, erődöket és bunkereket építettek, tüzérségi tűzben páncélosakasztókat készítettek. Gyakran aknákat szedtek vagy aknásítottak.

1942. március 17-én Bartha Károly honvédelmi miniszter elfogadta a vezérkarnak a zsidók honvédegyenruhától való megfosztására irányuló javaslatait. Elrendelte, hogy a zsidó munkaszolgálatosok „egyenruhája" a tábori egységekben polgári ruhából, bal karjukon a ruházatra erősített sárga karszalagból és jelzés nélküli katonasapkából álljon. Ezt rövidesen végrehajtották.

A következőkben a „muszosok" a karszalagból kétfélét: sárgát és fehéret viseltek. Fehér karszalagot hordtak a törvények szerint zsidónak minősült keresztény áttért, kereszténynek született, de egy-két zsidó felmenőjű munkaszolgálatosok. Legtöbbjük ún. „keresztény" munkaszolgálatos században teljesített szolgálatot. (Sárga karszalagos sorstársaiknál általában jobb helyzetben voltak. Védték őket a keresztény egyházak, saját szervezeteik, jobb összeköttetéseik.) Századaikat leginkább a határokon belül használták fel, így sokan elkerülték a frontszolgálatot.

A hadműveleti területen egyes tábori munkásszázadoknál a személyi állománnyal szembeni kegyetlenkedés és a vesztegetés igen gyorsan terjedt. Rengeteg panasz és visszaélés volt 1941-ben és 1942-ben a hátországban is. Több jeles közéleti személyiség mindezt a magyar lelkiismerettel összeegyeztethetetlennek, istentelennek és embertelennek tartotta. Bajcsy-Zsilinszky Endre és a magyar hitvallásait, memorandumait támogató politikusok visszatérőleg a törvénytipró kilengések elfojtását, a bűnösök eltávolítását és módszereik sürgős kiküszöbölését követelték. Több tábori munkaszolgálatos századnál a gyötrelmek, az értelmetlen, aránytalan veszteségekkel járó munkák és brutalitások következtében a pusztulás ijesztő arányokat öltött. Bajcsy-Zsilinszky — „Magyarország megmentését" célzó törekvései szerves részeként — több ízben tett erélyes lépéseket a munkaszolgálatosok ügyében. Információi alapján megindultan, de igen határozottan fogalmazott: „Magyarország nem pusztulhat el néhány száz vagy ezer szadista gazember miatt."[6]

A tények arra mutatnak, hogy a haláleseteket 1942–1943-ban főképp a kiképzetlenség, a veszélyes és nehéz munkákban való járatlanság, a tűzvonalba való értelmetlen kiküldés, az ellenséges belövések okozták. Emellett a személyi veszteség meghatározó faktora volt, hogy sok, az ún. „koreszmétől" fűtött századparancsnok, „kerettag" visszaélt hatalmával, a „muszosok" mindennapi testi-lelki gyötrésére, tudatos elpusztítására törekedett.

A figyelmeztető fellépések ellenére a zsidótörvények torzult következményei, a mind kiterjedtebb szélsőjobboldali propaganda és a német nyomás hatására a politikai antiszemitizmus mérge mindinkább behatolt a honvédségbe. A Karsai Elek által még 1962-ben közzétett népbírósági jegyzőkönyvekből, a hazatértek visszaemlékezéseiből kitűnik, hogy a kegyetlenkedő parancsnokok, a századőrségbe vezényeltek legtöbbje szélsőjobboldali nézetektől fertőzött, a fajgyűlölettől valamiképp érintett volt. Általában a tartalékos tisztek vagy helyettesek közül kerültek ki. A 101/28 sz. munkaszolgálatos század 214 zsidó tagjából 24 fő tért vissza. Veszteség-listáján volt Petschauer Attila kétszeres olimpiai kardvívóbajnok, a kitűnő újságíró. Ukrajnából a 109/42 kisegítő munkásszázad két-száznál több zsidó tagjából öten tértek haza. A század tagjaként vesztette életét Kasztel András, a Népszava munkatársa.

Seik Imre Henrik tartalékos zászlós, a 101/310 sz. munkaszázad parancsnoka, állandóan korbáccsal járt. Ütötte-verte munkaszolgá-latosait, akiknek díszlépésben kellett talicskázniuk. Századából 22-en kerültek haza. Stinka Rudolf tartalékos hadnagy, századparancsnok büszkén hangoztatta, hogy munkásszázadát „aktatáskában hozta haza". Munkaszolgálatosai egy szálig elpusz-tultak, csak egy „belég" maradt utánuk. Fiam István főhadnagy 205 munkaszolgálatosából csak 15-öt hozott vissza, a kezére adott munkaszolgálatosokat saját kezűleg verte, lőtte agyon.

Farkasdi Zoltán tartalékos hadnagy, a 101/339 sz. munkás-század parancsnoka a munkaszolgálatosokat halálra éheztette, s utasította a keretlegénységet, hogy minél többet verjenek agyon közülük. Hasonló állapotok voltak a 109/9 sz. tábori munkás-századnál, amely főként aknakutatást végzett és lőszert szállított. A század gyötrésének, pusztításának felelősét, a keretlegénységet felbujtó nyilas Kicsi Péter GH-főnököt a népbíróság később 15 évi kényszermunkára ítélte.[7]

Az emberirtáshoz zsarolás társult. Sok keretlegény adott el élel-met a túlélésért küzdő munkaszolgálatosoknak uzsoraáron, még-pedig a Magyarországon élő hozzátartozóknál beváltandó utalványokért, ún. bónokért. (Munkaszolgálatosnál nem lehetett pénz.) A nyomorúság vámszedői által forgalmazott élelem legin-kább a munkaszolgálatosok részére kiutalt, de ki nem osztott, el-sikkasztott ellátmányból származott. A „bónozás" meglehetősen elterjedt volt, nem kevés keretlegény és századparancsnok szedte meg magát ily módon.

A népbíróság aktái őrzik a dorosicsi vérengzés történetét. 1942 júliusában a „járványkórháznak" nevezett dorosicsi barakkokban a beteg munkaszolgálatosok között nemcsak a tetvek és a kiütéses tífusz, hanem a mindennapi kikötések miatt is aratott a halál. Gyar-mati László tartalékos főhadnagy, egy ukrajnai munkásszázad parancsnoka a bíróság előtt így vallott: „Parancsot kaptam feljebbvalóimtól, hogy el kell »népteleníteni« a kórházat. Egy éjszaka riadóra ébredtem. A járványkórház hatalmas lángokkal égett. Körülötte géppisztolyos legénység lőtte a menekülni igyekvő betegeket. Egy sem menekülhetett meg. 400 munkaszolgálatost lőttek agyon, a többi bennégett az épületben. A következő évben ugyanilyen körülmények között felgyújtották a 105-ös kórházat is. Itt 764 munkaszolgálatos lelte halálát. A 107-es tábori kórházat nemsokára hasonló sors érte."[8]

1942. szeptember 24-én Bartha Károly honvédelmi minisztert felmentették, helyére Nagy Vilmos került. A személyi változás enyhülést hozott. Nagy Vilmos a keleti fronton miniszteri szemlét tartott. Személyesen győződött meg, hogy a zsidó kisegítő munkaszolgálatos századokba beosztottak sorsát a keretlegénység sok helyütt értelmetlenül és kegyetlenül nehezítette. Hasonló tapasztalatokra tett szert a nemzetiségi munkásszázadoknál is. Felfigyelt a zsidó értelmiségiekkel szembeni munkaszolgálatos terrorra, a magyar társadalmat károsító következményeire.

A tapasztaltak alapján Nagy Vilmos vezérezredes miniszterként intézkedéseket tett a törvényesség betartására, a humánus álláspont érvényesítésére. Olyan elvi álláspontra helyezkedett, hogy „a kisegítő szolgálat is katonai szolgálat". A SAS-behívón alapuló, számos visszaéléssel járó egyéni behívást felszámolta. A munkaszolgálatosokat nyilvánosan a „harcoló erők értékes segítőinek" nevezte. Egységes bánásmódot írt elő valamennyi frontalakulat számára, legyen az fegyveres vagy munkaszolgálatos alakulat. Fordulatot jelentett, hogy a 2. magyar hadsereg keretében létrehozták a harctéri munkaszolgálatos alakulatok felügyelőjének szolgálati állását. 1942 decemberétől ezt a honvédvezérkar főnöke, vitéz Tanító Béla vezérőrnaggyal töltötte be. A hátországi (elsődlegesen zsidó) munkaszolgálatos alakulatok felügyelőjévé Nagy Vilmos miniszter Rőder Jenő nyugállományú vezérőrnagyot nevezte ki. Mindkét tábornok az adott körülmények között — csak ellenőrzési, szemrevételezési jogkörük volt — sokat tett a munkaszolgálatos alakulatok helyzetének javításáért.[9]

A Honvédelmi Minisztérium a „muszosokról" is vezetett veszteséglistát. Hivatalos adatai szerint Magyarország 1941. júniusi hadbalépésétől 1942. december 31-ig 1628 munkaszolgálatos halt meg. Eltűnt 160, megsebesült 319, hadifogságba esett 42.

1943-ban a munkaszolgálatosokról új nyilvántartást fektettek fel. Ezt követően számos korosztályt behívtak hosszabb-rövidebb munkaszolgálatra. Néhány hónappal a voronyezsi csata után az ukrajnai munkaszolgálatos századokat átcsoportosították, és részleges újjászervezésükre is sor került. Csak az útkarbantartó munkaszolgálatos századokat hagyták jogilag változatlanul.

Március 9-én Nagy Vilmos honvédelmi miniszter újra szabályozta „A hátországban alkalmazott zsidó alakulatok munkásegységeinek kezelését és a velük való bánásmódot".[10] A rendelet, ha csak átmenetileg is, és ha nem is mindenütt, de érezhetően enyhítette a kisegítő munkaszolgálatosok helyzetét. Kedvező döntés született a 42 éven felüli zsidó kisegítő szolgálatosok leszereléséről. Az engedményeknek ellentétele is volt. Lényegesen felemelték a behívott 24–42 évesek számát. A honvédség fegyelmét romboló visszaélések csökkentésére a miniszter hadbírói eljárásokat is kilátásba helyezett.

Rendelkezései következetes érvényesítésére nem maradt ideje: a hazai szélsőjobboldal és a németek követelésére Horthy Miklós kormányzó Nagy Vilmos vezérezredest 1943. június 12-én Csatay Lajos vezérezredessel váltotta fel.

A behívások miatt a német gazdaság részben a toborzott, nagyrészt pedig birodalombeli kényszermunkára elhurcolt külföldi munkaerő felhasználására kényszerült. A nyomasztó német munkaerőhiány a munkaszolgálatosokra is kihatott. 1943 tavaszán a németek kéréssel fordultak Kállay Miklós kormányához, hogy a Todt-szervezet rendelkezésére magyar munkaszolgálatosokat adjon át. A budapesti kormány — némi huzavona után — 1943 júliusában teljesítette a kérést. 15 magyar munkaszolgálatos század indult vasúton és hajón „különleges alkalmazásra". Ezzel megkezdődött az ún. bori munkaszolgálat.

A szerbiai Bor bányaváros körüli német munkatáborokba a „Nyersanyag-kompenzáció bori többletmunkaerőért" elnevezésű „megegyezés" alapján vezényeltek zsidó munkaszolgálatos századokat.[11] A Todt-szervezet irányításával utat és vasutat építettek, bányamunkát végeztek. Különösen nehéz és kimerítő robotjuk volt azoknak, akik az ún. Durchlass (átengedő) alagutat építettek: térdig vízben, fullasztó porral és robbanógázzal teli levegőben kellett dolgozniuk.

Az első zászlóaljparancsnok, Balogh András alezredes igyeke-zett emberséges maradni. Utódja, Marányi Ede alezredes és az alá-rendeltségébe tartozó keret azonban elviselhetetlen helyzetet teremtett. Itt sínylődött egy értelmiségi generáció több jeles tagja: Radnóti Miklós és Lukács László költő, Kardos G. György és Keszi Imre író, Lehel György karnagy, Tardos Béla zeneszerző, Szalai Sándor szociológus, Karsai Elek történész, Keleti László színművész, Nóti Károly humorista, az orvosok közül Zoltán Lász-ló, Rubányi Pál sebészprofesszorok.[12]

A honvédvezérkar a zsidó munkásalakulatok 1943. évi személyi veszteségét hivatalosan 23 308 főben összegezte. Közülük elesett, meghalt 2158. Sebesült és sérült 716, eltűntnek nyilvánított 18 843, hadifogságba került 1591 fő.[13] 1943 őszén közzétették, hogy a ka-tonai szolgálatban elhalt munkaszolgálatosok özvegyeinek és árvái-nak járadékigényét a fegyveres szolgálatban elhaltakkal azonos módon kell elbírálni.

Az év novemberében szervezeti változtatásra is sor került. Csa-tay Lajos honvédelmi miniszter Honvédelmi Munkaszervezetet (Ho.Mu.Sz.) állított fel. Alárendeltségébe a kilenc hadtest területén 28 munkavezető törzs tartozott. Feladata volt a különböző munkás-alakulatok szervezése és kiképzése hadműveleti, hátországi alkal-mazásra, és általában a honvédelmi munkára kötelezettek igénybevétele is. A szervezethez sorolták az újabb felállított — légoltalmi, textilmunkás stb. — munkaszolgálatos szakszázadokat.

1944 márciusában a hadra kelt magyar hadsereg létszáma 597 000 volt, a zsidó munkaszolgálatosoké 63 000. A német megszállás a munkaszolgálatban is új helyzetet teremtett. Gyors ütemben 31 újabb zsidó és nemzetiségi munkásszázadot állítottak fel 21 576 főnyi állománnyal. Április végén Sztójay Döme miniszterelnök 50 000 zsidó munkás kiszállítását ígérte Magyarországról a német birodalomba. További német követelésre pedig újabb 50 000 zsidó behívására kötelezte el magát. Gyakorlatilag április 26-ig a Wehr-macht és a német szervek 14 nap alatt 200 000 főnyi magyar mun-kaerőt igényeltek.[14] A kiszállítás azonban késett. Amiatt is, mert a szükséges vagonmennyiség nem állt rendelkezésre.

Április 29-én Magyarországról megindult a deportálás Ausch-witz-Birkenauba, melyben — mint a munkaszolgálat területén is

— a döntő szó a németeké volt. A Honvédelmi Minisztérium a megszállás nyomán kialakult új helyzetben a kisegítő munkaszolgálatos századok számát folyamatosan emelte. A dokumentumok rendkívül hiányosak, emiatt a pontos adatok megállapítása igen nehéz. A tények arra mutatnak, hogy a gettózás idején egyes hadtesteknél többen tettek azért, hogy behívással annyi zsidót mentsenek, amennyit lehetséges. A gettókban soroztak, esetenként a behívókat a deportálást közvetlenül megelőző ún. tömörítőtáborokba is kézbesítették.

A munkaszolgálatba való menekítés országszerte elterjedt módszer volt. Ezt több fennmaradt bevonulási hirdetmény is bizonyítja. Kiemelkedő ebben az összefüggésben az emberségnek az a példája, melyet a IX. hadtestnél Reviczky Imre alezredes mutatott. Az ötven munkásszázadot magában foglaló X. közérdekű munkaszolgálatos zászlóalj kiegészítési körzetében Reviczky alezredes — Mécs főhadnaggyal és Gombay Jenő főtörzsőrmesterrel együtt — sok ezer magyar és nemzetiségi, zsidó és keresztény munkaszolgálatost mentett meg. Feloszlatta a büntetőszázadokat, leváltotta mindazokat, akik a munkaszolgálatosokkal brutálisan bántak.

Az I. (budapesti), a II. (székesfehérvári), a III. (szombathelyi) és a VII. (miskolci) honvéd hadtestnél júniusban folytatódott a zsidók behívása. A miskolci hadtest területén Horváth Kálmán honvéd százados dr. Egyed Lajos főhadnagy és Drizsnyei alezredes aktív közreműködésével végzett sorozást. Losonctól Gyöngyösig több gettóból emelt ki 18 évnél fiatalabb és 48 évesnél idősebb zsidó férfiakat. Fejlett fiatalkorúak százait mentette így meg apjukkal, nagyapjukkal együtt, majd a jolsvai munkaszolgálatos táborba irányította őket.[15]

A szakmával rendelkező munkaszolgálatosok egy másik részét Mosonmagyaróvárra irányították és hadiüzemekben dolgoztatták. Hasonlóan tettek pl. Szekszárdon. A városban helyi munkaszolgálatos századot is felállítottak, az ide behívottak november 15-ig rendezett körülmények között dolgoztak. Endre László a június 21-i minisztertanácsi ülésen úgy összegezett, hogy a honvédelmi kormányzat 80 000 zsidót hívott be munkaszolgálatra, „akik jelenleg nem esnek bele a külföldre irányuló zsidó munkásszállítmányok csoportjába".[16] Ez a nagyságrend túlzott és kétséges, de dokumentumok hiányában ellenőrizhetetlen.

A honvédségi embermentésekre mintegy válaszul, Jászberény-
ben és másutt ellenakciókra került sor. A vonatokról erőszakkal
leszállított — szabadságolt vagy átutazó — munkaszolgálatosokat
Zöldy Márton csendőr százados csendőreivel a hatvani cukorgyár-
ba, a deportálás előtti gyűjtőtáborba hajtatta. Ilyet tett Kecskeméten
is. A folytatás a deportálás, Auschwitz-Birkenau volt.

1944 augusztusában és szeptemberében egyre inkább teret nyert
a nézet, hogy a munkaszolgálatosokat a határon belül kell foglal-
koztatni. Horthy kormányzó is úgy foglalt állást, hogy a „zsidó
munkaszolgálatos századokat, ha azok hadi fontosságú munkákon
dolgoznak, Magyarországon hagyják". Mindez közrejátszott abban,
hogy az Eichmann-kommandó által ismét megkísérelt, a magyar
csendőrség által támogatott deportálásra augusztus végén Budapes-
ten nem kerülhetett sor. A fővárosban újabb munkaszolgálatos so-
rozásokat tartottak, ennek keretében a zsidóság egy részét
romeltakarításra fogták. Szeptember közepén a besorozottakat (zsi-
dó nők százait is) a főváros környékére, sáncásásra rendelte az I.
honvéd hadtest parancsnoksága. Vidéken pedig arra törekedtek,
hogy a munkaszolgálatos századokat továbbra is a honvédség ke-
retében tartsák. Ezek főként erődítések, repülőterek, vasútvonalak
építésénél és helyreállításánál, anyagok kitermelésén, valamint a
főbb hadiüzemekben dolgoztak.

Október első felében — a következő rettenetes hónapoknak
mintegy előszeleként — az 520 munkaszolgálatos századba tartozó
munkaszolgálatosok ellen több véres német akciót kezdeményeztek.
Pl. október 9-én a Prinz Eugen von Savoya SS-alakulat Cservenkán
529 bori munkaszolgálatost lőtt agyon. 11-én ugyancsak az SS-ek
a kiskunhalasi vasútállomáson a 101/322 zsidó munkásszázad 196
munkaszolgálatosával végeztek, két nappal később a debreceni-apa-
fai lőtéren 62 munkaszolgálatos életét oltották ki. Pusztavámon a
jolsvai orvos-mérnök század 160 tagját gyilkolták le.[17]

A katonai kisegítő munkaszolgálat a nyilas hatalomátvétel után
a deportálás elöli időleges „menedékként" megszűnt. Az 1944. őszi
„zsidótlanító program" következményeként Budapest területén a
honvédség kötelékében mindössze néhány ún. légómentő kisegítő
munkaszolgálatos század maradt, és a zuglói 101/359 számú, ún.
ruhagyűjtő század. Egyes harcoló csapatokhoz, munkavezető tör-

zsekhez is tartoztak még „muszosok". Ezenfelül elszórtan, a dunántúli ipartelepeken, repülőterek munkáinál stb. dolgoztak Magyarországon munkaszolgálatos századok. Veress D. Csaba kutatásai szerint decemberben munkaszolgálatosokat lőttek agyon Csopakon, Balatonarácson, Tapolca mellett. 1944 végén bujkáló munkaszolgálatosok tucatjaival végeztek a „felkoncoló" közegek.[18]

Az október 15–16-án német fegyveres segítséggel lezajlott nyilas puccs után Budapesten és az országban 250–300 000 zsidó várta rettegve sorsát. Tisztában voltak azzal, hogy Szálasitól és híveitől, a fosztogatásra, gyilkolásra kész, gátlástalan csőcseléktől semmi jót nem várhatnak. Szálasit, bár ő magát hívő kereszténynek, buzgó katolikusnak tartotta, vad antiszemitizmus fűtötte. Leplezésként magát nem antiszemitának, hanem „aszemitaként" definiálta. Végső célja a totálisan zsidómentes Magyarország volt.

Hatalomra jutása után minden további nélkül jóváhagyta, hogy a még Budapesten lévő zsidók közül a munkaképeseket gyalogmenetekben indítsák útnak Németországba. Veesenmayer követelésére és a Budapestre újult reményekkel visszatért Eichmann-nal teljes egyetértésben abba is beleegyezett, hogy a zsidó munkaszolgálatos századokból 50 000 főt átadjanak a németeknek. A végrehajtás gyorsan ment. Beregfy Károly honvédelmi miniszter parancsára vezényelték Hegyeshalomba az addig magyar honvédségi kisegítő munkaszolgálatot teljesítő zsidó férfiak kijelölt századait. Tizenötezernyi munkaszolgálatost november elején adtak elsőként német kézre.[19]

November végén a honvédség az SS-nek átadta, a Józsefvárosi pályaudvarról vagonokban sáncmunkára szállíttatta Budapestről az egyes követségek oltalmába vett, emiatt védettnek nevezett (inkább hitt) munkaszolgálatos századokat is. Közel 18 000 főnyi állományukban a magyar kultúra, a tudomány több zsidó származású kiválósága lelt eladdig menedékre. Az elhurcolás elől Raoul Wallenberg svéd követségi titkárnak a svéd és a San Salvador-i védelem alatt állt munkaszolgálatosokat sikerült merész, határozott fellépésével kimentenie.[20]

Közben Budapesten a honvédelmi miniszter rendeletére „honvédelmi szolgálatra" bevonult és kiterjedt razziákon összeszedett zsidókat a nyilaskeresztes pártszolgálatosok főként az óbudai téglagyárba terelték össze. A Nagybátony-Újlaki Téglagyár óbudai telepén (Bécsi út 136. sz.) gyűjtőtábort állítottak fel. Ebbe „tömörítették" — kezdetben honvédségi és rendőrségi őrizettel — a Németországba deportálandó zsidók csoportjait, ezreit. Meg bárkit, akit a nyilas fegyveresek az utcai vagy lakásrazziákon elfogtak, majd az országból „eltávolítandónak" szántak.

Az óbudai téglagyárba hurcoltakról dokumentáció nem maradt fenn. A Nemzetközi Vöröskereszt delegátusa, Friedrich Born egykorú jelentése szerint egy időben 5000–6000 ember zsúfolódott itt össze. Víz és bármiféle ellátás nélkül, részben a szabad ég alatt éjszakáztak. Az őszi esőnek és a hidegnek kitéve, egy-három napig vártak a vezénylésre, majd a Bécsi úton elindultak nyugatnak a németeknek való „kölcsönadás" felé.

A sárgacsillagosok első menetoszlopai november 6-tól tűntek fel a bécsi országúton. Egy hét alatt 27 000 mindkét nembeli foglyot indítottak a rendészeti hatóságok a Piliscsabán, Dorogon, Süttőn, Szőnyön, Gönyűn, Dunaszegen, Mosonmagyaróváron át Hegyeshalomban végződő 250 km-es útra. A szökéseket megelőzendő, Vajna Gábor belügyminiszter az „áttelepítés" útjain sűrű razziákat rendelt el. A menetet kezdettől eldobott holmik, útszéli, temetetlen holttestek jelezték.

Az SS-nek ígért magyar „kölcsönzsidók" kiéhezett, 2000–4000 fős oszlopai — Friedrich Born szerint hetven százalékuk nő volt — rettegve vonszolták magukat a napi harminc kilométeres szakaszokon. Embertelen módon, bottal és puskatussal hajtották őket, míg a napi menetcélt el nem érték. Az éjszakázási állomásokat a hatóságok leginkább a szabadban jelölték ki. Esetenként barakkban, dunai uszályon, istállóban, gyárépületben vagy pajtában. Szőnyben és Gönyűn legyengült betegek, sérültek tucatjai, halottak feküdtek a földön, a szabad ég alatt. Gönyűn négy kikötött uszályon éjszákáztattak. A halálhajók sötét belsejében, a vízzel borított padozatokon többen az öngyilkosságba menekültek sorsuk elől.

Hegyeshalomban a szabadban és a községi pajtákban a 12 éves gyerektől a matrónáig csoportokban vártak a menetelők az SS-nek való átadásra. A halotti anyakönyvbe november 27-ig jegyezték be az elhalálozásokat, 93 végkimerülésben elhalt zsidóét és 18 kiütéses tífuszosét. A beérkezettekről így írtak egy beszámolóban: „Állapotuk semmiféle más lelki nélkülözés, vagy testi szenvedés által sújtott emberével össze nem hasonlítható".[21] A Hegyeshalomba gyalogoltatott budapesti zsidók legnagyobb részét november 20-ig átadták az SS-nek. A túloldalon a deportáltak csoportjait Zurndorfból vezényelték tovább. Az egyik irányító tiszt Rudolf Hoess SS-Obersturmbannführer, az Auschwitz-Birkenau-i halálgyár korábbi parancsoka volt. Zurndorfból több női csoportot Dachauba, illetve melléktáboraiba, másokat pedig vissza Magyarországra, a határ menti erődítő munkatáborokba szállítottak tovább.

A Pozsonytól Kőszegig húzódó Niederdonau erődvonalon 1945. március végéig 35 000 zsidó kényszermunkás robotolt. Húsz munkatáborba sorolták őket: köztük Balf, Fertőrákos, Hidegség, Ágfalva, Donnerskirchen, Siegendorf, Kőszeg sokak számára jelentett végállomást. A munkákon kíméletlenül hajszolták a foglyokat, a legyengült, megbetegedett páriákat őreik agyonverték, agyonlőtték. Az öt hónapos robotban minden harmadik sáncmunkás, összesen 10 500–11 500 elpusztult.[22] Hasonló körülmények jellemezték a Kőszegről délre, a hármas határig kijelölt Steiermark erődvonal építését is. A Niederdonau erődvonaltól eltérően itt nem a tartósan telepített sánclágerek rendszere (bár néhány állandó tábor is létezett), hanem a magyar robotosok gyakori mozgatása volt a jellemző. Magyar munkaszolgálatosokat a nyilasok még 1945 márciusában is csoportosan adtak át a németeknek. Összesen 12 000–15 000 kisegítő munkaszolgálatos férfi és „honvédelmi szolgálatos" zsidó nő „munkába vetése" történt a Dráváig húzódó szakaszon. Veszteségük a március végi evakuálásukig megközelítette a háromezret.[23]

Felmérhetetlen, összegezhetetlen az a veszteség, amely az értelmetlen erődrendszer építése során a hazai szellemi életet érte. Itt végezte be életét Szerb Antal, Sárközi György, Halász Gábor, Faddi-Förstner Dénes festő, a kórusmozgalmat szervező Vándor Sándor, Gosztonyi Lajos publicista és még sokan mások.

A dráma a nyugati határ kiürítését követően áprilisban folytatódott. Az állásépítő volt magyar munkaszolgálatosok menetoszlopokban keltek át az Alpokon. Minden órában megszenvedték kegyetlen kísérőik, esetenként az SS-ek gyilkos dühét. A Linz melletti mauthauseni lágerig vezető utat 10-12 nap alatt tette meg, aki bírta. A lemaradókhoz nem volt irgalom. Egyes források szerint a Nyugat-Magyarországon robotolt volt magyar munkaszolgálatosokból az első lépcsőben kb. 17 000 érte el Mauthausent. A zsúfolt láger olyannyira „túlnépesedett", hogy az április derekától érkezett, főként magyarokból álló gyalogos oszlopokat a Welshez közeli Gunskirchen erdei táborába parancsolták. Az oda vezető iszonyú halálmenetük — mértéktartó becslések szerint — hatezer áldozattal járt.[24]

A nyilas hatalomátvétel tehát éles, végzetes fordulatot hozott a kisegítő katonai munkaszolgálat históriájában. Az adaptált barbár „koreszme" gyümölcse beérett. A „muszosok" túlnyomó részét teljességgel kiszolgáltatták, ezreiket erődépítésben, erőltetett menetekben pusztították el. Az 1941 és 1945 közötti veszteségük kutatása folyamatban van, megközelítőleg 60 000 főre tehető.

Jegyzetek

1. *Fegyvertelen álltak az aknamezőkön... Dokumentumok a munkaszolgálat történetéhez Magyarországon* (a továbbiakban *Fegyvertelen)* ed. Karsai Elek. (Budapest: MIOK kiadása, 1962), vol. I. p. 50.

2. Fehér József, *A munkaszolgálat jogi története* (Budapest, 1993), p. 23. (Holocaust Füzetek 2.)

3. Szakály Sándor, *A magyar katonai elit 1938–1945* (Budapest: Magvető Könyvkiadó, 1987), p. 70.

4. Szita Szabolcs, *Halálerőd. A munkaszolgálat és a hadimunka történetéhez 1944–1945.* (a továbbiakban *Halálerőd)* (Budapest: Kossuth Könyvkiadó–ÁKV, 1989), p. 15–16.

5. Ibid., p. 17.

6. Tilkovszky Loránt, *Bajcsy-Zsilinszky* (Budapest: Kossuth Könyvkiadó, 1986), p. 147.

7. *Fegyvertelen* op. cit., vol. II. pp. 31-36.

8. Lévai Jenő, *Fekete könyv a magyar zsidóság szenvedéseiről* (Budapest: Officina, 1946), pp. 276–277.

9. *Fegyvertelen* op. cit., vol. II. pp. 175–176., 202–206.; Szakály Sándor, „A hadsereg és a zsidótörvények az ellenforradalmi Magyarországon," *Valóság*, 1985, vol. 28, no 9, p. 100.

10. *Fegyvertelen* op. cit., vol. I. pp. LXXI–LXXVI.; vol. II. pp. 286–304.

11. Hadtörténeti Levéltár VKF 1943. I.oszt. 5381/eln.; Gazsi József, „6000 bori munkaszolgálatos tragédiája," *Hadtörténelmi Közlemények,* 1964, vol. 11, no 1, pp. 70–83.

12. *Haláleröd* op. cit., p. 26.

13. Ibid., p. 26.

14. Dombrády Lóránd, *A magyar gazdaság és a hadfelszerelés 1933–1944* (Budapest: Kossuth Könyvkiadó, 1981), p. 65.

15. *Magyarország 1944. Üldöztetés–embermentés* ed., Szita Szabolcs (Budapest: Nemzeti Tankönyvkiadó–Pro Homine–1944 Emlékbizottság, 1994), pp. 18–19.

16. Ibid., p. 22.

17. *Haláleröd* op. cit., pp. 60–61.

18. Ibid., p. 68.

19. Ibid., pp. 63–64.

20. *Magyarország 1944. Üldöztetés-embermentés* op. cit., pp. 73–74.

21. *Haláleröd* op. cit., pp. 72–73.

22. Ibid., p. 124.

23. Szita Szabolcs: *Utak a pokolból. A magyar deportáltak az annektált Ausztriában* (H. n: 1991), pp. 152.

24. Ibid., pp. 167–168.

———— *** ————

Summary

The Jewish Labor Service System of Hungary

The paper presents an overview of the labor service system that was in operation in Hungary between 1941 and 1945. It differentiates between the various phases of the system, focusing on the work and treatment of the Jewish labor servicemen in the Ukraine and the copper mines in and around Bor, Serbia. The paper also discusses the role of the system during the German occupation, highlighting some of the positive rescue features during the period of mass deportations (May-July, 1944), and the tragedy that befell the labor servicemen after the Arrow Cross (*Nyilas*) coup of October 15, 1944. Finally, it provides some statistical data on the labor service companies and the casualties incurred by the Jewish labor servicemen. According to his estimate 60,000 Jewish labor servicemen died from 1941 to 1945.

Zsidó munkaszolgálat
a Holocaust éveiben

Hanák Péter

Azáltal, hogy a magyar kormányzat „reálpolitikai" megfontolásokból és főként egy kiadós revízió reményében a fasiszta Németországhoz csatlakozott, és hozzákötötte az ország sorsát, megpecsételte a magyar zsidóság sorsát is. Az elvállalt csatlósságból következett a fajgyűlölet eleinte óvatos, majd fokozatosan fajirtássá torzuló átvétele, a *Holocaust importálása*, és ennek során a zsidóellenes törvények, a diszkriminatív és pusztító rendelkezések hosszú sora. Ezek az intézkedések annyiban eltértek a német példaképtől, hogy a jogállamiság látszatát fenn akarták tartani, utóbb pedig ezt a látszatot a tekintélyuralmi rendszer önkényének illatosítására akarták felhasználni. A legalitáshoz való ragaszkodás és a jogtipró diszkrimináció megmutatkozott a zsidóságot nemcsak polgári jogaiban csorbító, hanem emberi jogaiban is lefokozó 1938–39. évi zsidótörvényekben és az ezekből következő katonai intézkedésekben is. Manapság már-már a politikai filozófia rangjára emelkedik, még történetileg képzett politikai körökben is, a zsidótörvények reálpolitikus védelmi intézkedésként való feltüntetése. Tartok tőle, hogy ezek a törvények nem annyira a hazai zsidóság mentését, mint inkább a vezető réteg mentegetését szolgálták. Higgadt történeti megfontolások alapján nem tagadhatjuk az e törvényeket szerző kormánykörök egy részének jó szándékát, amely azonban ezúttal is a pokolba vezető utat követte ki. Mert a tárgyilagos történetiség nem tagadhatja annak a folyamatnak a könyörtelen logikáját sem, amely az első zsidótörvényektől a Holocausthoz vezetett. Eltemethetetlen halottak milliói és eltemetetlen problémák légiói tanúsítják, hogy a fasizmust, a rasszizmust nem lehet engedményekkel megszelidíteni. Engedmények, bármennyit licitálunk is rájuk, nem csillapítják, de fokozzák a megszállott diktátorok étvágyát.

Egyébként is áldatlan feladatra vállalkozik az a rendszer, amely a jogfosztást törvényesíteni próbálja. És ez nem a történész utólagos szentenciája. A filoszemitizmussal nem vádolható Werth Henrik vezérkari főnök állapította meg, hogy az 1939. IV. törvénycikk a zsidókat másodrendű állampolgárokká degradálta, minden tekintetben „második vonalba helyezte őket", és hogy ezután a zsidóságot törvényesen is, a társadalom által is „megbélyegezettként" kezelik.[1] A katonák előtt is nyilvánvaló volt ugyanis, hogy az 1939. IV. tc. szellemében rendezni kell a zsidók helyzetét a hadseregben, elsősorban a tisztikarban, de a legénységi állományban is.

A minisztérium és a vezérkar vezetői számára nem is volt kétséges, hogy zsidónak sem a tisztikarban, sőt az altiszti és tisztesi állományban sem lehet helye. A zsidó hadkötelesek szolgálati beosztását illetően azonban megoszlottak a vélemények. A további fegyveres szolgálat mellett szólt, hogy a fölöttébb valószínű háborúban a zsidók ne maradhassanak polgári foglalkozásukban, ne henyéljenek és gazdagodjanak, amíg a keresztények a vérüket ontják a hazáért.[2] Ez ellen szólt viszont, hogy adható-e fegyver a törvény által is deklaráltan megbízhatatlan és kártékony elem kezébe. Werth Henrik vezérkari főnök a legveszélyesebb helyekre állított fegyveres szolgálat mellett érvelt. Sónyi Hugó gyalogsági tábornok szerint a zsidóknak nem szabad megadni a lehetőséget, hogy a honvédelemben megint érdemeket szerezve, tovább mételyezzék a magyarságot, hiszen nem is várható el tőlük, hogy jogfosztottan eleget tegyenek honvédelmi kötelezettségüknek. Ő munkásosztagokba szervezést ajánlott, s ez lett utóbb a megoldás, mert a leleményes találmány, a „közérdekű munkaszolgálat" kiválóan megfelelt a legalitás alapjára helyezett diszkriminációnak és önkénynek.[3]

Érdemes felfigyelni arra, hogy a munkaszolgálat intézményesítése során, a gondolat felvillantásától kezdve, két irányzat vitázott, keveredett, harcolt egymással. A józan konzervatív a munkaszolgálat intézményét a németbarát reálpolitikából szükségképpen következő kompromisszumnak fogta fel, amelynek realizálásánál a szükségest a hasznossal kívánta párosítani, vagyis a jogellenes diszkriminációt az országra és a hadköteles zsidókra egyaránt hasznos munkával, amelynek feltételeit jogszabályokkal kell meghatározni. A másik, pregnánsan antiszemita irányzat kezdettől a büntetés eszközének, jogszabályoktól nem korlátozott keretének, egyfajta fogolytábornak szánta a munkaszolgálatot. A végrehajtással megbízott tisztikar és az altiszti keret zöme azonban jórészt tartalékosokból, maradékokból, erősen jobboldali elemekből rekrutálódott, ami keresztezte, főként kritikus időszakokban, az első irányzat mérsékletét. Hogy a tisztikar nagy része milyen együttérző rokonszenvvel viseltetett a zsidó bajtársak iránt, arra Szakály Sándor hadtörténész világított rá nagy elmeéllel. A zsidókérdés hadseregen belüli megoldásával a tisztikar emberies része nem értett egyet, ezt a minisztérium egy 1941. évi véleménye is érzékelteti. „A honvédség tisztikara — idézi Szakály —, amelynek el kellett viselnie, hogy a törvény végrehajtása folyamán sok, igen értékes bajtársát vesztette el, méltán elvárhatja nemcsak azt, hogy egyéb állami szolgálatban... hasonló szigorúsággal és ütemben hajtassanak végre a zsidótörvény rendelkezései, hanem azt is, hogy zsidó vonatkozásúak vezető állásokban más területeken se alkalmaztassanak." Valóban, megható bizonyítéka a bajtársi szolidaritásnak.[4]

*

Az 1939 nyarán bevezetett munkaszolgálat valóban a honvédség kiegészítő szervezetének számított. Amint a honvédelmi minisztérium megfogalmazta: *„a közérdekű munkaszolgálat bizonyos mértékig a katonai szolgálatot hivatott pótolni, amennyiben elsősorban a katonai szolgálatra igénybe nem vettek nemzeti és katonai szellemű nevelését és fegyelmezését szolgálja".*[5] Ez a munkaszolgálat még nem volt sem kifejezeten büntető, sem túlnyomóan zsidó jellegű. Szervezete és kezelése nem sokban különbözött a honvédségétől, csak tagjai nem fegyverrel, hanem ásóval-lapáttal vitézkedtek.[6] S ámbár a németek villámháborús sikerei jócskán kiélezték a hazai jobboldaliak antiszemita radikalizmusát, és ámbár a munkaszolgálatban is előfordultak bizonyos kilengések, egészében véve a jogállamiság és az önkény kompromisszuma egy jó

másfél éves *átmeneti* időszakban, egészen Magyarország hadba
lépéséig fennmaradt.[7]

*

A Bárdossy-kormány háborús felkészülése, majd az ország had-
ba lépése súlyos csapást mért a zsidó munkaszolgálatosokra. A sze-
vezet irányítása fent és lent rasszista megszállottak kezébe került.
1941 tavaszától a megkülönböztetés és a megalázás, a diszkrimki-
náció és a destrukció vált a munkaszolgálat rendező elvévé. A
bánásmód minden vonalon megkeményedett: a kegyetlenkedés
uralkodott el. A szervezetet többé nem kezelték a honvédség ki-
egészítő részének.[8] A zsidók nem viselhettek honvéd egyenruhát,
hanem saját civil ruhájukban kellett járniok. 1941 májusától a sárga
karszalag viselése fokozatosan kötelezővé vált.[9] Rohamosan rom-
lott az élelmezés, ugyanakkor a csomagküldést megtiltották, élel-
miszer vásárlását, de még elfogadását is szigorúan büntették.
Munkaszolgálatos legfeljebb havonta egyszer fogadhatott látogatót,
szabadságra csak kivételesen mehetett, levelezését szigorúan cen-
zúrázták.[10] A levelek elkobzása a lelki kínzások kedvelt eszköze
lett. Megindult s elharapózott, amit addig a jogállamiság köteléke
visszatartott, *a munkaszolgálatosok likvidálása.*[11]

Visszaemlékezések, tanúvallomások megrendítő képet rajzolnak
a frontra küldött munkaszolgálatosok szenvedéseiről. Utat, erődí-
tést, bunkert építettek, lőszert, hadianyagot, élelmet szállítottak —
hóban-fagyban, lenge ruhában, lyukas bakancsban, sovány koszton.
Napirenden volt a kéz- és lábfagyás, a fagyhalál, a tüdőgyulladás,
a végkimerülés. Zsidó munkaszolgálatosok pusztításának kedvelt
formája volt az aknaszedés, amihez nemcsak a képzettség, de a
felszerelés is hiányzott. Joggal adta Karsai Elek kétkötetes
okmánygyűjteménye címéül: *„Fegyvertelen álltak az aknamező-
kön".*[12] Az 1941 végén és 1942-ben frontra hajszolt századokból
csak töredék jött vissza. A 401-es századból csupán 28 ember
(vagy emberformájú roncs), 80–90 fő éhen halt, 120-at pedig
kivégeztek.[13] Bátyám századából mindössze 17-en maradtak meg,
és ő, aki orvos létére kedvezőbb helyzetet élvezett, súlyos betegen
érkezett meg. Összefoglaló adatok szerint a szovjet frontra küldött
50 ezer munkaszolgálatosból csupán 6–7 ezer került haza.[14]

Számos dokumentum bizonyítja, hogy a fronton — és gyakran a hátországban is — terjedt a bírói ítélet nélküli kivégzés, magyarán szólva: a gyilkolás. Ezt gyakran előzte meg fizikai kínzás, még gyakrabban éheztetés. A reggeli többnyire cukor nélküli cikória-kávé volt, délben üres leves, némi szárított konzerv („dörgemüze"), este konzerv, szalonna, hagyma, és egész napra fél kiló kenyér. Szombathelyi Ferenc vezérkari főnök állapította meg, hogy a zsidókérdés ilyen „megoldása" katasztrofálisan hatott a hadseregre is. Az emberi értékek devalválódtak. *„A kegyetlenségből hazasze-retet lett, az atrocitásokból hősiesség, a korrupcióból erény... A fe-gyelem kétféle lett. Egy a zsidókkal szemben, ahol minden szabad volt, és egy másik fegyelem, ahol a szabályzatoknak megfelelően kellett volna cselekedni. Természetesen ez utóbbi nem sikerült. Így az egész hadseregnek a fegyelme alá lett ásva, parancsnak, ha zsidó ügyekben történt, nem engedelmeskedtek, hanem egyenesen szabotálták. Zsidókat nem mertem hazarendelni a harctérről, mert ezeket útközben eltüntették... Felszólításra vagy sürgetésre méltat-lankodtak, hazudtak, mindez pedig erény volt és magasabb haza-fiságszámba ment..."*[15] Kár, hogy az egykori vezérkari főnök ezeket a konzekvenciákat csak a háború után, a bíróság előtt vonta le. 1942 márciusában Bárdossyt Kállay Miklós váltotta fel a miniszter-elnöki poszton. Kállay nem volt feltétlen németbarát, de kezdetben nem változtatott elődje irányvonalán. Áprilisban megindította a II. magyar hadsereg kiszállítását a frontra — félszázezer zsidó munka-szolgálatossal együtt. Tragikus sorsukat már említettem, most ehhez hozzátehetem: hosszú hónapokig a hazai századok helyze-tében sem mutatkozott kedvező változás, még akkor sem, amikor szeptemberben nagybaczoni Nagy Vilmos került a honvédelmi mi-nisztérium élére. Az új miniszter nyilatkoztai irányváltást ígértek. Hosszú évek után az ő szájából hangzott el először „az emberies-ség" szó: „szándékunk az, hogy ezt a kérdést [zsidókérdést] a tör-vény és az emberiesség szellemében oldjuk meg... A bevonultak ne tekintsék ezt a munkás-századba való bevonulást megalázásnak. Ez honvédelmi szolgálat, ez kötelező mindenkire... Viszont azon-ban legyenek meggyőződve arról is, hogy a parancsnokok olyan beosztottaknak tekintik őket, akikről ők emberségesen és tisztes-ségesen gondoskodni tartoznak."[16] Ezt a szellemet öntötte jogi formába a miniszter 1943. márciusi rendelete „a hátországban alkalmazott zsidó munkaszolgálatosokkal való bánásmódról", amely az önkényt, a kegyetlenkedéseket akarta felszámolni, s a rasszista elemeket fékezni-fegyelmezni.[17] A szándék egyelőre szó maradt. 1942 őszét a keretlegénység kegyetlenkedése, a tisztikar alig korlátozott önkénye árnyékolta be.

*

Remélem, nem vétek a történetiség szelleme ellen, ha ezen a ponton személyes élményeimet is beiktatom az elbeszélésbe — nem azért, hogy a zsidóság kozmikus panaszfalát még fél négyzetméternyi bejegyzéssel bővítsem, hanem hogy az általánosat az egyedivel színezzem. 1942 októberében vonultam be Mohácsra, a IV/1 munkaszolgálatos századhoz. Egy tágas, szellős és koszos hombárban helyeztek el bennünket, amely a napsütéses kora őszben kellemes, egészséges, utóbb, a zimankós novemberben fölöttébb kellemetlen volt. Utász kiképzést kaptunk, a Mohács-szigeten és a Dunán, ami ugyan nagyon kimerítő volt, de azért érdekesnek, még szórakoztatónak is nevezhetném, ha nem tette volna ellenszenvessé a sok oktalan fenyítés, s még inkább az a sok megalázás, amely leginkább bennünket, értelmiségieket ért a keretlegénység többsége, az urak cselédjéből most szemétdombi hatalomra jutott csőcselékemberek részéről. Hamarosan rá kellett jönnünk, hogy a megalázás nem csupán az egykor megalázottak bosszúja volt, hanem egy made in Germany pszichológiai manőver része: permanens megalázás a zsidóság, főleg az értelmiség önbecsülésének, ellenállásának megtörésére, hogy törődjék bele a reá váró pária-sorsba, rosszabb esetben a megváltó *Endlösung*ba.

Fagy, fáradtság, az önvesztés szenvedései törtek ránk a téli hónapokban, amelyeket a baranyai Palotabozsokon pályafenntartási munkákkal és a vajdasági Szenttamáson családiház-építéssel töltöttünk. A csaknem állandó hideglét, a sok kilométeres ki- és bevonulások, az étkezés nélküli hosszú munkaidő, s utána az önkényes és szeszélyes fegyelmezés a sivár körletekben nagyon megviselt bennünket. A helyzet csak 1943 tavaszán kezdett valamelyest javulni. Főként a tavasz, a kedves erdélyi táj, Marosvécs hozta a

könnyebbülést, no meg a reptérépítési munka a reptérépítő parnacs-
nokság emberibb legénységének felügyelete alatt. Valószínűleg
közrejátszott a változásban a Kállay-kormány óvatos irányváltása
és Nagy Vilmos miniszter működésének hatása is. Ámde az volt
a tapasztalatunk, hogy századparancsnoki szinten, vagy a keret
hangadói körében alig érvényesült a felső vezetés irányvonala. Ezt
a magam bőrén is megtapasztaltam 1943. július 9-én.

Ezen a forró nyári napon a repülősök törzsőrmesterétől meg-
tudtam, hogy az angolszászok partra szálltak Szicíliában. Túláradó
örömmel rohantam a körletbe, az uradalmi istállóba, és ordítoztam:
Vége! Végük! Az angolok partra szálltak Olaszországban! Pechemre
éppen ott tartózkodott a legvérengzőbb altiszt, aki azonnal elcsí-
pett, eltángált, és mint hazug rémhírterjesztőt kihallgatásra rendelt.
Ezt maga a századparancsnok, Orbán százados tartotta. Megállt
előttem, és gúnyos dühvel kérdezte: Te hazudozol? Te nekik druk-
kolsz? — és feleletet sem várva nádpálcájával a fejemre húzott:
Szóval te az ellenség győzelmének örvendsz? Mi? — Százados úr,
alásan jelentem, igen. — Mi az hogy igen? — Alásan jelentem,
én a fasiszták győzelmének nem drukkolhatok. Az a mi halálunk!
— A tietek? Hát kik vagytok, mik vagytok ti? — A mienk, tettem
hozzá, magyaroké és zsidóké. Ötven év után is azt hiszem, életem
legbátrabb tette volt ez.

Zuhogtak a szitkok és a pálcaütések. Az ítélet három hét esti
fogság volt a juhakolban, minden harmadnap böjttel. A juhakol
nem zavart, jól megvoltam a birkákkal, de a böjt kemény dolog
volt, mégha ezeken a napokon hoztak is ételt a bajtársak. Egyik
éjjel aztán kiszöktem a kastély gyümölcsösébe, a Kemény báróéba,
és teleraktam a hasam és a nadrágom aranyranet almával. Az eset
kitudódott. Újabb kihallgatás, verés, büntetés. Ámde ezt a báró va-
lahogyan megtudta, és egy láda almát küldött az éhes muszosok-
nak.[18] Orbán százados fojtott dühvel hozatta le a ládát, és — a
báróval ujjat húzni nem mervén — eme szavakkal osztotta szét:
„Disznók! A kegyelmes báró úr küldi, mert kedveli az állatokat.
Itt van, zabáljatok." Ezzel felrúgta a ládát. Az almák szanaszét
gurultak, mi meg marakodva szedegettük össze őket. Ettől kezdve
a keret pribékjei kiszúrtak engem és velem. De meg kell monda-
nom, titkos védelmezőim is akadtak a jólelkű parasztfiúk között.

Tényleges javulást voltaképpen 1943 őszétől észleltünk. Ekkor Hajdúböszörménybe helyezték át a századot, rendes házaknál laktunk, volt kimenő, szabadság, csaknem előzékennyé vált a bánásmód. Vagy inkább: a szeszélyes szigort a nemtörődöm lazaság váltotta fel. De ezek az aranynapok hamar véget értek. 1944 januárjában a frontra vezényeltek bennünket. A Kárpátok hegyi községeiben, ruszinok között éltünk, az utakat, a szorosokat aknáztuk alá, ami nem volt veszélytelen munka. Sokakat a szétrobbanó kövek sebesítettek meg, mások az aknákba zuhantak, illetve nem tudtak belőlük időben kimászni. Március után aztán a felügyelet is szigorodott, a hang is. Ismét a verés és a kínzás harapódzott el, amit némikép enyhített, hogy augusztusban megindult a fejvesztettnek mondható visszavonulás. Jól emlékszem október 15-re. Langyos vasárnap volt, délelőtt mostunk a Ljuta folyóban, fürdőztünk, és még napoztunk is, amikor kora délután sürgés támadt. Betereltek, és valósággal bezártak bennünket a bohémnek nem nevezhető padlásszobába. A körletet egész szokatlan módon fegyveres őrség vette körül. Éjszaka a suttogó szájak távírdája adta tudtul a nyilas puccs hírét.

Ezzel kezdetét vette a végjáték — az *Endspiel* —, amely sok esetben a tragikus *Endlösung*ba torkollott. A mi századunkat novemberben Németországba vitték, egészen pontosan: deportálták. És onnan csak nagyon kevesen, a megnyomorítás tanúi, jöttek vissza. Ezt a végjátékot azonban én már nem vártam meg. Két sikertelen kísérlet után, egy vészjósló hadbíróság árnyékában, harmadszorra sikerült a szökés: 1944 október 25-én, egy Ungvár alatti kis magyar faluban csendesen elváltam a századtól, a kényszermunkától, a régi világtól. Ezt a vakmerő elhatározást nem a későbbi történész racionális helyzetértékelése, hanem a menekülés riadt ösztöne sugallta.

*

Az 1944. március 19-i német megszállás országosan is gyökeres változást hozott a hazai zsidóság sorsában. Dokumentumok tömege bizonyítja, hogy a legalitás alapján álló, közérdekű munkaszolgálatból a fasiszta önkényuralom kényszermunkatábora, a Holocaust infernójának egyik bugyra lett. Jelentőségéhez képest emlékezete halványabb, irodalma szegényesebb, mint a deportálásé, a közvetlen népirtás hírhedt táboraié. Terjedelmesebb és tartalmasabb tanulmány kidolgozását egyelőre a részmonográfiák hiánya, a századtörténetek, a személyes emlékezések szűkössége s a forráskritika gyengesége, az összehasonlítási alap és módszer tisztázatlansága is késlelteti. Ezért bárminő összfoglalás helyett, befejezésül csupán egyetlen kérdést kívánok felvetni: *mi volt a munkaszolgálat létrehozásának, működésének és eltorzulásának belső logikája?*

Amint a bevezetésben utaltam rá, a munkaszolgálat a második zsidótörvény (1939. IV. tc.) és a vele összefüggő honvédelmi törvény (1939.II. tc.), a tételes jogszabályon alapuló emberi jogfosztás logikus következménye volt. Ebben a sajátos minőségében a jogállam és a tekintélyuralmi állam, a zsidó létvédelem és a diszkrimináció kompromisszumát szándékozott megvalósítani. Születésének eme ambivalenciája magában hordozta felnövekedésének ellentmondását: az országos munkaszolgálat és a helyi egységek jellege, belélete mindenkor a jogállamiság és az önkényuralom párbajának állásától, közvetlenül a közép- és alsószintű vezetés beállítottságától, közvetetten pedig a Németországhoz fűződő viszony és a világháború forgandóságától függött. Amint az ország hányattatásaiban a Teleki- és a Kállay-kormány hintapolitkájának erőszakos elnyomása, a kiugrási kísérlet meghiúsítása után a feltétlen német csatlósság katasztrófapolitikája kerekedett felül, ugyanúgy a munkaszolgálat sorsának alakulását a keretet alkotó tisztikar, altiszti és tisztesi állomány zömének elvakult antiszemitizmusa és némethűsége határozta meg.

A kiválasztás, a szemlélet és alkat sokfélesége természetesen teret engedett az emberiesség és a törvényesség szellemének megőrzésére, a humánus bánásmódra is. Igen, voltak emberséges parancsnokok, együttérző altisztek, nem is kis számban, sőt a német megszállás után éppen a munkaszolgálat kereteit használták fel sok helyütt a zsidómentésre,[19] amiről még ilyen rövid előadásban is nagy elismeréssel kell megemlékeznünk. De a humánus példák még élesebb háttérül szolgálnak a zöm megvadult rasszizmusának riasztó képsorai mögött. Dehát mi motiválta a parancsnoki gárda nagy részének rasszizmusát? Nyilván az *érdek:*

pozíciók szerzése, a vagyoni és hatalmi redisztribúcióban való részesedés. Nyilván: az *opportunizmus*, helyezkedés a győztesnek látszó hatalom oldalán. Nyilván: örökölt *rokonszenvek és ellenszenvek* a hajdani dzsentri kései lumpen elemei és egyes német csoportok részéről. De mindezek a motívumok értéküket, időszerűségüket, vonzerejüket vesztették 1944 őszén. Akkor mi maradt meg, mi mozgatta a katasztrófába zuhanó, sőt a katasztrófát jócskán túlélő nemzedéket? Azt hiszem: a *gyűlölet*, az örökölt, az indoktrinált *ellenségkép*, amely szadista indulatokat mozgósított a rossz vagy romlott jellemekből, amely bűnbakot talált saját hibái, bűnei áthárítására. Mert világosan kell látnunk: a Németh László által meghirdetett „minőség forradalma" a fasizálódó Közép-Európában ambiguus utópia maradt, és csak a valósághozadéka, a csőcselék lázadása lett egy kontraszelektív mobilitás végeredménye. És ez az irracionális gyűlölség ötven évvel ezelőtt is, a zsidóság sorsának döntő pillanataiban is éppen olyan fontos, olykor még fontosabb tényezőnek bizonyult, mint a realitásérzék, mint az érdekracionalitás, mint a humánum.

Ez bizony keserves tapasztalat. Az ítélet, még a virtuális és a szimbolikus is, elmaradt. Katarzis nem volt. Tanulság nincs.

Jegyzetek

1. „*Fegyvertelen álltak az aknamezőkön*". Dokumentumok a munkaszolgálat történetéhez Magyarországon, ed., Karsai Elek, (Budapest: MIOK, 1962), vol. I. p. 250. (A továbbiakban: Karsai, *Dokumentumok*).

2. Szakály Sándor, „A zsidótörvények és a hadsereg". *Valóság*, vol. 28, no. 9, 1985, pp. 97-98.

3. Szakály, op. cit.; Karsai, *Dokumentumok*, op. cit., vol. I. pp. 22-33., Randolph L. Braham, *A magyar Holocaust* (Budapest: Gondolat Kiadó, 1988), vol. I. p. 242.

4. Szakály, op. cit., p. 100.

5. Karsai, *Dokumentumok*, op. cit., vol. I. p. XXII.

6. Braham, op. cit., vol. I. p. 243.

7. Ibid., 245. Szakály, op. cit., p. 297.

8. Karsai, *Dokumentumok*, op. cit., vol. I. pp. 124., 148-158.

9. Ibid., pp. 333-336.; Braham, op. cit., p. 256.

10. Karsai, *Dokumentumok*, op. cit. vol. I. p. 156.

11. A munkaszolgálatosok helyzetéről s a keret „rémuralmáról"hiteles képet rajzol Nemeskürty István, *Requiem egy hadseregért* (Budapest: Magvető Kiadó, 1972), pp. 242-245.

12. Karsai, *Dokumentumok,* op. cit., vol. I. pp. LXVI-LXX.

13. Ibid., p. 199.

14. *Encyclopedy of the Holocaust* ed., Y. Gutmann. (Jerusalem: 1990), p. 1008. Az angol kiadvány „Munkaszolgálat" címszava jelzi, hogy ezt az intézmézményt magyar sajátosságként tartják számon.

15. Karsai, *Dokumentumok,* op. cit., vol. I. p. LXI.

16. Karsai, *Dokumentumok,* op. cit., vol. II. p. 173.

17. Karsai, *Dokumentumok,* op. cit., vol. II. pp. 286-298.

18. Marosvécs volt a Kemény bárók, a jeles kultúrapártoló és bátor antifasiszta mágnáscsalád s az *Erdélyi Helikon* székhelye.

19. Karsai, *Dokumentumok,* op. cit., vol. II. pp. 556, 577, 597.

——— *** ———

Summary

Jewish Labor Service During the Holocaust

The Jewish forced labor service in Hungary was a logical consequence of anti-Jewish legislation before and during World War II. It excluded all male citizens of Jewish origin from the regular military service and instead organized them into unarmed units that had to perform hard physical work under often extremely dangerous conditions. In practice, it meant that the government humiliated these men and deprived them of their freedom, leaving them at the mercy of racists and Nazis among their guards.

The paper details the organizational structure of the system and the various kinds of work performed by the labor servicemen. It describes the treatment and vicissitudes of the Jews in the labor camps in Ukraine and Russia as well as within Hungary during various military operations. It is pointed out, on the basis of the conditions described, that despite some favorable exceptions the men's treatment in the average camp was inhumane and in many cases, especially in 1941–42 and 1944, relentless and destructive. An approximate account of the losses, injuries and deaths is given.

László Endre, Frontrunner of the Final Solution in Hungary

Nicholas M. Nagy-Talavera

During his trial in April 1946, Endre said (to the Press), that he did not consider himself an anti-Semite, "just an a-Semite." But in June 1944, the Jews of Pécs, before being carted away to Auschwitz were driven to the football stadium. As they were forced to stand at attention, Endre reviewed them, asking: Why does your famous God Jehovah not work a miracle for you now?"[1]

How could—as the late Prof.Hugh Seton-Watson called it—Annus Horibilis 1944" occur in Hungary? How could more than 800,000 Jews, surviving until mid-944—while death enveloped almost all Jewish communities around them—be engulfed in a few weeks by the Holocaust, a terrible darkness descending before dawn, a short time before the fall of Naziism in Hungary? Endre played a formidable role in this, but he alone does not answer the question; neither does László Baky, Adolf Eichmann, not even Hitler. To perceive the unusual character of the Hungarian Holocaust, one must at least go back to the lost war, to 1919, and to the Szeged Idea."

After her defeat in the Great War, Hungary lost in the Peace Treaty of Trianon[2] two-thirds of her territory and more than three million Hungarians came under unfriendly foreign domination, becoming the largest minority of Europe. So much for self-determination. The psychological effects were tremendous. The unanimous answer of Hungarians to Trianon was: "No, No. Never!" For the next twenty-five years, an exaggerated revisionism was the keynote of Hungarian life aggravated later first by the rise of Mussolini, and later by that of Hitler. The Trianon wound became incurable.

It would serve no purpose to ask how the Hungarians treated their minorities before 1918; neither would it do any good to ask why were the borders not drawn wider. In that case, the majority of the three million Hungarians would have remained in Hungary—but not Kolozsvár (Cluj), or the Szekler regions.

By the Fall of 1918 the defeat resulted in Hungary in traumatic upheavals. A radical republic was formed under Count Mihály Károlyi, which evolved by the Spring of 1919 into a Communist régime under Béla Kun. During the Summer of 1919, after the Romanian Army crushed the anti-national Kun régime, a new gevornment took charge of the country representing the counter-revolutionaries gathered in Szeged.

Hungarian Jews (by their majority an assimilated, patriotic, chauvinistic middle class), were now turned by these Szeged counter-revolutionaries into scapegoats for the lost was, the radicalism of the Károlyi government, and expecially for the Communist régime. True, there were Jews in Károlyi's government. And in the despicable Kun régime Jews weere overrepresented. It was not the "Hitközség" (Jewish Community) which appointed them, but the Szeged men did not admit, nor did they understand such distinctions. A radical intelligentsia usually arises from middle class background. In Hungary a considerable segment of the middle class was Jewish, and radicalism was blamed on it. In other Western countries, with the middle class more broadly based, radicals could not be identified by race or religion, although most middle class Jews were rather conservative and had little to do with Jewish radicals. The violent contemporary attacks by Rabbis and Jewish community leaders on Prof. Oszkár Jászi (et al.) prove this.

After the Szeged Counteer-Revolution triumphed, its nebulous ideology, the "Szeged Idea" emerged. Its "rasion d'être" was an integral revision, an anti-Communism which was equated with a violent anti-Semitism, and a vague "social reform."

The new régime was born amidst violent pogroms, and manifestations of indiscriminate anti-Semitism. The government severely limited the enrollment of Jews to universities, and with this act also violated the Versailles Peace Treaty, which guaranteed equality. The powerful "Alliance Israelite" just forced the victorious Romanian ally to grant equality to its non-assimilated Jews. Now the "Alliance" offered its services to the Hungarian Jews. But it was not in Hungarian-Jewish tradition to seek foreign help against their Fatherland. The answer of Hungarian Jews, pronounced by their leader, Dr. Vilmos Vázsonyi, was: "The treaty of Trianon is a sorrow for our nation — it cannot become the source of our rights." After that, the Paris "Alliance" understood that Hungarian Jews are Hungarians, first and foremost.[3]

Speaking about Jewish radicals, or the Kun régime, one should remember the disproportionally high number of Jews killed by the Communists,[4] since Jews were a bourgeois element, obviously little interested in War-Communism. One should remember the 10,000 Jewish war-dead, tens of thousands of Jewish war-invalids and veterans. The Jews in territories torn from Hungary, against their best interests, remained loyal to Hungary — even in Thomas Masaryk's democratic Czechoslovakia. When the Romanians offered Transylvanian Jews Jewish schools instead of Hungarian ones, the Jews protested: "We are Hungarians of Jewish faith; born with the Hungarian language, with it our soul is united. Our spirit is bounded with the spirit of St. Stephen and that of St. Ladislaus. We form a moral community with them. Do not relegate us to the Zorobabel of Jerusalem." Wrote a bitter Iorga: "The Romanian Jews (...) should learn patriotism from them!"[5]

But during the 1920's the conservatives consolidated their hold on Hungary. Miklós Horthy became Head of State, Count István Bethlen was the Prime Minister. The conservatives dampened the radicalism and anti-Semitism of the younger Szeged counter-revolutionaries. But these Szeged radicals interpreted later the "Szeged Idea" as the foundation of which Hungarian Fascism rested. Almost all protagonists of Hungarian Fascism came from Szeged radicals.

Notwithstanding the consolidation of Hungary under conservative leadership, anti-Semitism became, after 1919, an almost official ideology. The administration, the military, also education and the Churches, and much of the press were permeated with it. With the Depression and the rise of Hitler, anti-Semitism worsened to the point that an entire Hungarian generation was infected by it. In 1944, in one of his reports, Raoul Wallenberg explained that "most Hungarians blame exclusively the Germans" for the tragedy of 1944. He retorted: This is untrue. Anti-Semitism has longstanding roots in Hungary."[6] Anti-Jewish legislation was passed in 1938, 1939 and 1941, bringing up racial laws to the level of Nuremberg Laws, in some aspects exceeding them. In consequence, about a quarter million Jews lost their livelihood.

Meanwhile, with the help of Hitler and Mussolini, Hungary regained from Czechoslovakia, Romania and Yugoslavia almost 75.000 km^2 of territory. Mainly because of revision Hungary became an unwilling satellite of Hitler. Although the conservatives were unwilling, many Hungarians in the military and the bureaucracy, and within the non-Jewish middle class were willing and eager to stake everything on Hitler. Many of them hoped to acquire Jewish property and positions.

With the start of the war, the conservatives — while no filo-Semites—understood that the Szeged Fascist clamor "to change the guard" was as much directed against them as against Jews, they also understood the evil nature of Naziism, and preferred a Western victory. Although they were sometimes blatantly associal, they had the limited Christian values of their class, by far superior to the "Szeged Idea".

It should be pointed out: effective resistance against Naziism in Hungary came not from the non-existend "Communist partisans," not even from the small, goodwilling, democratic anti-Nazi groups. It came from Horthy, Bethlen, Miklós Kállay, and their friends.

By 1942 Hitler got the Final Solution" underway. By 1943, with the smashing defeats the Axis suffered, the Szeged element's greed and hatred was suffused with alarm: What — if?...

However, in 1941 some 12,000 Jews without Hungarian citizenship were deported; and in January 1942, Jews in Újvidék (Novi Sad) were exterminated; and there was the continuous calvary of the mistreated Jewish Labor Service, yet almost one million Jews were safe. One man stood between them and death: Miklós Kállay, the new Prime Minister, a Bethlenite conservative. Tha Germans and Hungarian Nazis hated him. Ugly arbitrary anti-Jewish initiatives occurred often spontaneously on the local level, quickly suppressed by Kállay. In Máramarossziget (Sighet), for example, soldiers on liberty had nothing better to do than to tear out the beards and locks of religious Jews; in Nagykároly, (Carei), soldiers broke into the local Jewish Temple, demolished the interior, then urinated and defecated on the Holy Scriptures. When Col. Gyula Kádár reproached some high-ranking staff officers because of anti-Jewish excesses, a remarkable exchange develped. Another Colonel turned to Col. Kádár: "Why are you defending the Jews?!" Col. Kádár asked him whether he would consider the best solution for the Jewish question in Hungary to exterminate 800.000 Jews? The answer came swiftly: "Exactly so!"[7] But the conservatives still kept the Szeged radicals out of power.

Endre was always active in pro-Nazi politics. He watched development closely from his position as "alispán" (Deputy County Chief—the one really in charge), of the pivotal Pest County, waiting for his hour. He did not wait in vain.

By the Spring of 1944 Kállay sufficiently infuriated Hitler with his attempts to conclude a separate peace with the Western Allies, and on March 19, 1944 the German Army occupied Hungary, installed a Quisling type government with Döme Sztójay as Prime Minister. The motivating force of the government became Béla Imrédy's party, which represented the worst form of the "Szeged Idea." The seething beast was unshackled.

After what has happened in Hungary since 1919, one could not expect a Danish reaction to the unfolding persecution of the Jews; not even a Bulgarian one, where King, Church, Parliament, and above all, the Bulgarian people rushed to the defense of the Jews. But Hungary occupies a special place in the history of the Holocaust. Not only because almost a million Jews survived until the Summer of 1944, but because, as Prof. Raoul Hillberg pointed out — in Hungary alone did the Government, which carried out these measures, know that the war was lost already; these measures were implemented in full view of the public; finally, the Jewish leaders had full knowledge about Auschwitz.[8] This cannot be taken lightly.

In early April 1944, two Slovakian Jews made a truly unique escape from Auschwitz. They made their way home to Slovakia, and in Žilina they dictated in the Jewish Council a 38-page report, describing every detail of the functioning of Auschwitz. Their goal: to warn the next prospective victims, the Hungarian Jews. They knew that, for the reception of the Hungarian Jews, special preparations were already underway in Auschwitz.[9] Typed in German, copies were dispatched to the Papal Nuncio in Bratislava, to Jewish organizations in Geneva and Istanbul, and during May, to Hungary. There, after translating the test into Hungarian, early in June — it is not quite clear when — the heads of Christian Churches, the Foreign Ministry, and the Jewish Council in Budapest received copies of this "Auschwitz Protocol." The Hungarian government dismissed it as "propaganda".

By the end of the March 1944, Soviet forces overran the Bucovina and stood 30-40 miles from the most heavily Jewish populated area of Hungary: Ruthenia. And there they stopped for months. By the time they arrived to Ruthenia, most Jews had been killed.

The Sztójay government had an ambitious program for a Hungarian renewal. It also intended to solve "the Jewish question". Although 1944 was a crisis year for Hungary, there seemed to be no other problem in Hungary, only the Jews.

Immdiately after becoming Minister of Interior, Andor Jaross, the corrupt Imrédist, visited Endre, offering him the post of Secretary of the Interior in charge of Jewish Affairs. Endre gladly accepted. Thus, the most pathetic Jew-hater in Hungary was put in charge of more than 800.000 Jews. Who was the man who became — so to speak — the Lord of the Holocaust in Hungary?

The father of Dr. Vitéz Endre László was a wealthy landowner in Pest county. His mother was a Swabian (ethnic German) from Temesvár (Timisoara). Endre served with distinction in the war (hence his title vitéz meaning "hero," member of the "Order of Heroes," a creation of Horthy, where no Jewish veterans were admitted, even if they were decorated way beyond admission requirement).

He earned a law degree, which in Hungary is the equivalent of a doctorate, entered the administration and rose rapidly within the bureaucracy, partly because of being an efficient administrator, partly because he was a member of many "Social Organizations" — all of them professing the "Szeged Idea." Endre was a member of the same "Social Organization," the Alliance of Hungarian Life" as Ferenc Szálasi, the leader of the Arrow Cross Party, was.[10] When he became főszolgabíró (District Chief) of the Gödöllő district — where Horthy's estate was — he could render services to the Regent and curry his favor. Endre preceded during his years in Gödöllő the anti-Jewish Laws, hiding there anti-Jewish terrorists, and harrassing the hapless Jews on every pssible occasion. (*Inter alia,* he called his dog, "Jew.") Worse, he was a syphilitic, resulting not only in excentricities but his derangement developed with the years into a sadistic cruetly. His other excentricities included designing a special uniform for himself, bodyguards, etc. (According to Horthy, mental derangement was a trait in Endre's family: two of his uncles died in insane asylums.) His imbalances resulted in sadistic persecution of Jews and Gypsies.

During the 1930's Endre became the leader of an ephmeral Fascist group, "the Race-Protecting Socialist Party," which fused with Endre's friend, Szálasi's Arrow Cross". Endre brought to Szálasi as a gift of fusion his own party headquarters, at 60 Andrássy Street in Budapest, which will thereafter become the seat of the "Arrow Cross."[11] (It later became the headquarters of the terrorist secret police of the Communists, the dreaded "AVH") Yet, when Endre in January 1938 was offered the all-important position of "alispán" (Deputy-County-Chief, the one really in charge) of Pest County, in order to qualify, he quit Szálasi's party and joined the Government Party.

The other new secretary in the Ministry of Interior next to Endre was László Baky, a former major in the Hungarian Gendarmerie. He had to leave the Gendarmerie because of his politics: he was one of the leaders of the "Hungarian National

Socialist Party," which was a kind of contractual agent of the
Gestapo and at this point the political ally of Imrédy's Party. The
appearance of Baky was friendly and good-humored; on superficial
contact, it was difficult to discern his real nature. Baky worked in
three directions; concerning Hungarian Nazis, he reported to
government authorities; and concerning both the government and
Hungarian Nazis, he reported to the Gestapo.[12] But it was Baky
who assured through his "old school ties" the indispensible
cooperation of the Gendarmerie during the gignatic ani-Jewish
sweep planned. Since the Hungarian Army refused any
involvement, and Eichmann had but a little staff for concentrating
and deporting more than 800.000 people, the help of 20.000
Gendarmes was vital. Jaross was worried: "if there will be no
Hungarian help during the deportations), the Germans will take all
Jewish property."[13] The unsavory competition for Jewish property
started.

The Gendarmerie was the Praetorian Guard of the Horthy
régime. Deployed only in the villages (towns had a more civilized
police) it was a disciplined, incorruptible, efficient force, but
imbued with a brutality, which an SS-officer called an "Asiatic
one." Horthy, in a letter written to Hitler later called the treatment
of Jews (by the Gendarmes) "...The Government employed (...)
such methods, which no other nation ever used, and (which)
provoked also the disapproval of the German authorities.."[14]
Indeed, during the 1930's, the Gendarmerie slipped out of the
hands of the Horthy régime.

By the end of March, the anit-Jewish ordinances began to pour
out. Jews were marked with a yellow star, despoiled, humiliated
and banished from all aspects of national life. But there was no
intimation of a "Final Solution." Jews, who earned high
decorations during the war, or were faithful to Hungary during the
rule of the Succession States, or fought in the Counter-Revolution,
were to be exempted. Endre did not like this. He issued
confidential instructions, that, "if shown, these exemptions should
be declared to be false." If the Jew insists, one should tell (during
the deportations), that "...the Germans will check the validity of
the exemptions on the border."[15] He also issued instructions that

exempted Jews were to be taken to Auschwitz in special boxcars. Endre assured the Germans that "Hungarian anti-Semitism is no imitation." (of Nazi or other anti-Semitism).[16] In another interview he outlined his policy: "The government decided to solve the Jewish Question according to a coherent plan. The time of experiments of half-way solutions has passed..." He continued saying that "the goal is not the humiliation of Jews."[17] Although by this time Endre knew well what the "goal" of the "Final Solution" was. Endre meant business. Eichmann placed right avay a liaison next to the office of Endre, and the concentration and subsequent deportation of Jews was a smooth teamwork of Endre, Eichmann, and that of Baky.[18]

Eichmann arrived with the spearhead of German occupation. During his trial in Jerusalem, he remembered that — based on his experiences elsewhere — he expected difficulties in organizing the transports to Auschwitz. "But everything went like a dream." He added: "Hungary was the only country where we were not fast enough for them. They turned their Jews over to us like throwing out sour beer."[19] No one deserves so much credit for this as Endre does.

On April 7, 1944, the Council of Ministers meet secretly and issued Ordinance No. 6161/1944, "to cleanse Hungary from Jews."[20] At this point this did not mean deportations to Auschwitz, just the concentration of Jews within Hungary into camps and ghettos. This was to start in Northeastern Hungary (with the front 30 miles away) and the operation was to move across the country westward, coming to a great, final flourish in Budapest.

This action, begun in the second half of April, turned Hungary into one huge torture chamber. Hungary's 1,000 year old history arrived to its Nadir. Jews were dragged out of the villages by bestial Gendarmes in the most savage fashion, dumped into barns, brick factories, or under open skies in the countryside. The sick from the hospitals and the insane were also fetched. There was little or no food, even less sanitation or medical attention. In provincial towns, Jews, were congested beyond imagination within ghettos consisting of a few blocks. Mistreatments, even killings, multiplied daily. Endre, always an efficient administrator, from mid-April on made field trips, personally organizing, supervising, and often hardening the process during the concentration of the Jews. He was more often than not an eyewitness to what was going on. Abandoned Jewish residences were broken into and thoroughly plundered by the local population. The greedy leprosy to acquire Jewish property reached its zenith. Hitler, who felt nothing but contempt for Hungarians, knew this. Following closely the destruction of the last large Jewish community in Europe, the Führer did not consider it demeaning to offer some practical advice: sending in May a message to the German Ambassador, Edmund Veesenmayer, he pointed out that "...if the Hungarian population would help in our actions against the Jews, perhaps we could reward them with Jewish property. (Such reward) would motivate their cooperation."[21] Hitler was not wrong. The incentive worked. Wrote an outraged Bethlen from illegality to Horthy about this plunder, "...which has become the soure of the most atrocious corruption, robbery, and theft, in which alas, very considerable portions of the Hungarian intelligentsia are also involved."[22] All this happened in full public view. No effort was made to conceal it.

During the second half of April Endre, Baky and Eichmann traveled together to northeastern Hungary to inspect the concentration of Jews there. Endre wished to start deportations right away. He should not have fretted. Under the conditions described, in no time contagious diseases broke out, the situation became fast untenable. If one maintains that deportations were not planned originally, nevertheless no such conditions could be tolerated for long, even if such things were witnessed often by Endre. Events converged in a tragic fashion: the Germans asked for 50,000 Jewish workers. Then, on April 20, a conference discussed the conditions of Jews concentrated in northeastern Hungary. Eichmann suggested that if the Hungarians make the request, "he is ready to take over all Hungarian Jews." The fateful request was made at 4:00 p.m. by Baky on the same day. Eichmann was ready to oblige.[23] The "Final Solution" got underway.

A new chapter of horrors started, while the concentration of Jews moved through Hungary from east to west in the same unspeakable fashion. But on May 15, the first trains started to leave Hungary loaded with Jews for Auschwitz, followed by four trainloads daily. The Germans offered two trains daily, the Hungarians requested six; finally they compromised with four trains daily.[24] Never anything like this occurred during the Holocaust. Within six weeks, the whole of Hungary (with the exception of Budapest) was cleared of Jews! All this happened in the middle of war, with the front so near, and Hungary under heavy air attacks. Endre, Eichmann and Baky wished to finish it before internal revulsion or foreign reactions would intervene. It was during these weeks that Col. László Ferenczy, in charge of the transports and the liaison to the Germans reported the ultimate goal of the operation: "Extermination by selection."[25]

Before being carted away to Auschwitz, a new wave of brutality started as the Gendarmes — with the help of local civilian volunteers — tortured the Jews to reveal where they had hidden their valuables. The unsavorly competition continued: the Hungarians wished that Jews leave with as little as possible, while the Germans wished that Jews were forced into a boxcar, with as much property as possible and the train could leave for Auschwitz. It seemed that the Devils left Hell. They all came to Hungary. In Nyíregyháza, before being driven into the boxcars, the Gendarmes, in a blowing wind, searched the Jews once more along the train. The population waited along the tracks, grabbing what they could, chasing banknotes blown into the wind, etc. Finally the Jews of Nyíregyháza left the scene. Forever. Before the anti-Jewish sweep, the Gendarmes were enlightened by their superiors that nobody would have to answer for one or two "atrocities" committed.[26]

As the deportations moved from East to the West across Hungary (following the framework of Gendarmerie Districts), Endre always held planning and strategy sessions with the local authorities about the next sweep, in close contact with Eichmann's staff. Sometimes (like in Pécs) Endre personally inspected the final stages of the deportations, keeping always tabs on the savageries. From the beginning, Endre was the motor of this action.

As for resistance — there was practically none. Many non-Jews were overwhelmed by the speed and brutality of the measures, disapproved of them and were in a state of shock and apathy; the bureacracy on the other hand, in its majority, helped eagerly and only such help made the speed of the measures possible. Many people helped themselves to Jewish property and approved of the measures; yet, thousands of Hungarians took great risks hiding Jews. It is impossible to determine how many Hungarians felt one way or the other. By June, the Jewish leaders in Budapest had read the "Auschwitz Protocol," and knew everything. So did the Zionist leader Rezső Kasztner in Kolozsvár (Cluj). They failed to warn the prospective victims. The "Jewish Councils" were always an unwilling, but integral part of the "Final Solution." The average Jew was ignorant of hard facts; he did not wish to believe horrendous rumors and was hopeful. He was (with the exception of Budapest) oveerwhelmed by the speed and the brutality of the sweep. It is also true that Jews who were young and strong eneugh to resist were by then mobilized by the Army into Labor Battalions by the time Endre struck. Those left were mostly women, children and the old. Without leadership, there could be no Jewish resistance.

Until the end of June, Horthy was ignorant of that what was really happening with the Jews. Being a man of another age, he considered it sufficient for his honor to refuse to sign the anti-Jewish decrees of the government. Horthy remained always a conservative (in an east-central European sense!), a revisionist, and a moderate anti-Semite. Thus, speaking to Endre, he approved of Jewish deportations, hoping that when they were done with, the Germans would get out of Hungary. He greeted Baky as "my old officer from Szeged" and said he wished to get the Jews out of Hungary, yet, Baky should understand the necessity of saving the Jewish financiers. He said to Veesenmayer that he was interested only saving "the Jews of Budapest, which are well off." As for the rest — (he used an expletive) — he did not care if they were taken to work to the Reich, or "elsewhere."[27]

Thanks to the mass-brutalization of Jews in public view, by the second half of June a reaction developed internationally, without precedent during the Holocaust. This international reaction triggered a mighty revulsion inside Hungary. The Pope protested and instructed the Hungarian Catholic Church to condemn the anti-Jewish excesses. Hungarian Catholicism was not that of the Vatican mold. Until now, it was the very motor of anti-Semitism. But they wished to convert — not to exterminate. When the Primate, Cardinal Justinian Serédi received the "Auschwitz Protocol," he said: "We must protest — regardless of the risks involved."[28] But the government knew how to deceive and to sidetrack the Church. The deeply humane Bishops Vilmos Apor, Áron Márton, and Endre Hamvas and other Bishops did also their best, with little result. Yet, the Church saved individual Jews on every level. Endre paid due attention, commenting: "Unfortunately—and one must pint his out frankly—in saving Jews, the hierarchy of the Christian Churches is prominent. (...) The Priests and the Pastors say that, in saving Jews, they are motivated by Christian love."[29] The Reformed and the Evangelical Churches also intervened, with little result.

Meanwhile, the indiscriminate deportations continued unchecked, with an unprecedented efficiency, delivering daily thousands to the ovens of Auschwitz. Never was the assembly-line killing there at such high pitch as it was during these weeks. Since the crematories could not anymore handle the burning of corpses—they were now burnt in open pits by the thousands.

By the second half of June, protests in the world multiplied. Swiss, Swedish, and other neutral papers wrote daily reports about the atrocities with a strong condemnation. American Quakers protested, the Red Cross presented specific demands. Edged on daily by the Papal Nuncio, the neutral envoys in Budapest lodged strong protests. One should remember the Spanish Chargé Angel Sans-Briz, the champion of the Jews. But not only the neutrals and Generalisimo Francisco Franco were revolted. Antonescu's Romania offered transit facilities for 100.000 Jews to emigrate to Palestine. Endre was deeply worried: "Romania made it possible for Jews to infiltrate—they want to ingratiate themselves with the English..."[30] President Franklin Roosevelt, Anthony Eden protested. Roosevelt threatened military retaliation. Within a week, extremely heavy American air attacks hit Budapest, while Cordell-Hull repeated Roosevelt's warnings.

The Council of Ministers convoked Endre and Baky to question them about the alleged atrocities. Several of the ministers dismissed the rumors about Auschwitz as "hostile propaganda."

When Endre reported to the Council of Ministers, this self-styled "a-Semite" (and "no anti-Semite") put up his best show, declaring that "...the provincial ghettos had an air of sanatoria. At last, Jews have taken up an open-air life, and exchanged their former lifestyle for a healthier one." Also: "...apart from minor mishaps, everything was done in a Christian spirit." And: "...the attitude of the Jews starts to resemble the one of old liberal times, when they did not have to worry about anything..." Endre explained that the Jews think to be transported to be exchanged with German P.O.W.'s in English hands — and with Hungarian Americans. This, coupled with his naming his dog "Jew"; his suggestion to take exempted Jews in special boxcars to Auschwitz; his gleeful address to the Jews in Pécs, shows the pathological, sadistic self-indulgence of this sick man within the immeasurable human suffering he orchestrated.

The Council of Ministers accepted Endre's version of the truth. Only a high official of the Foreign Ministry, Deputy Foreign Minister Géza Jungerth-Arnóthy — who was there to convey to the ministers the outrage in the world — made the acid remark that "...he regrets not being Jewish, and missing out on these pleasant excursions..."[31] Now Endre left for Siófok, to organize the shipments of Transdanubian Jews to Auschwitz. By the end of June only the Jews in and around Budapest remained.

During June Horthy became more and more upset. He received from Bethlenite conservatives terrible eyewitness accounts about the anti-Jewish excesses. By the end of June he also received personal letters from the King of Great Britain and Sweden, asking his intervention to end abuses. It was about the end of June that Horthy received, through the widow of his son, the Countess Ilona Edelsheim-Gyulai, (a friend of the Jews), the "Auschwitz Protocol." Horthy's wife read it first and, still in tears, handed it to Horthy. Horthy was shattered. He first did not want to believe the horrors but later concluded to understand now everything, at last.[32] For June 26 he convoked a Crown Council, removed Endre and Baky from their posts—calling them "filthy sadist" and forbade explicitly any deportations from Budapest.[33]

Easier said than done. Already a few weeks previously, Horthy wanted to remove Endre but was forced to change his mind because of the Germans. He did not succeed now removing Endre right away, nor Baky either, but he confronted them successfully. By the end of June the Jews of Budapest were congested in "Jewish Houses" and a gigantic operation was prepared for their deportation. Neither Endre nor Eichmann considered the deportation of a quarter million Jews to come easily. Elaborate measures were prepared: thousands of Gendarmes were approaching the city; all public transport was to be requisitioned for the transportation of Jews; finally, explosives were to be "discovered" in Jewish Temples, "to forestall atrocity propaganda." Zero-hour was to be June 30. As the Gendarmes were closing in on Budapest, Endre and his staff (unperturbed by Horthy's anger) were holding in Endre's office in the "County House" a strategy session to get things underway.[34] But Horthy stood firm: no deportations in Budapest!

Baky answered this with attempting a coup with his formidable force of Gendarmes, converging now on Budapest. He, the ally of Imrédy until now, was very frustrated: his "Hungarian National-Socialist Party," reggardless of being a Gestapo agency, was kept out of power. To mount insult on injury, Horthy vetoed deportation in Budapest — with almost limitless possibilities of plunder there. Baky's coup had two goals: to take power and to deport the Jews of Budapest. Endre, still in office, also stood for deportations against the will of Horthy — if needed. Horthy was warned about all this by many sources — from the "Arrow Cross" to the Jewish Council. He found a loyal officer, Col. Ferenc Koszorus, whose loyal armoured unit forced Baky to withdraw his Gendarmes from the suburbs of Budapest by July 6. Baky abandoned his plans definitely, the danger hanging over the heads of almost a quarter million Jews had passed for now. Most of the credit for this goes to Col. Koszorus, who acted timely and resolutely.[35] But about a half million Hungarian Jews had perished. Although the Minister of Public Supply, Lajos Szász explained that the anti-Jewish measures were not motivated by hatred, "but only by race protection, (which is) permeated by love."[36]

But the matter was still unresolved. Jaross was also ready to defy Horthy and deport the Budapest Jews. Hitler protested also, and amidst threats, demanded deportations in Budapest. It did no good. Without Hungarian assistance, the Germans could not do much, as the statements of Veesenmayer show.[37] But under German pressure, Endre and Baky had to be temporarily reinstated, even if they lacked power. By the end of July Endre was formally suspended, and Baky was neutralized. As Horthy made attempts to transform his government, suddenly Heinrich Himmler proposed that Endre to be appointed as Minister of Interior. Nothing came out of this, even if Himmler threatened Veesenmayer with dire consequences in the case he would not succeed to impose Endre on Horthy.[38]

Endre disappeared until the Fall, when his friend, Szálasi assumed power. Szálasi appointed Endre as "Commissioner of the Operational Zones" — Hungary being a battlefield by then. But Endre could do little. Each region yet unoccupied relapsed into isolation and a semi-autonomy. A Fascist deputy described the condition of Jews driven now on foot towards Germany, ravaged by contagious diseases, walking on the roads next to Hungarians, etc. The deputy explained: "Something should be done (with those Jews) which are dying; they should not be allowed to groan all day-long, lying in roadside ditches. (...)"; "...one must not permit the population to witness the massive death of Jews," (...) because thanks to such excesses, "the people already feel pity towards the Jews." Here we have an ever-recurring fear among Hungarian Fascists: Jews may be — as it was called — "rehabilitated" in the eyes of other Hungarians. Endre had the same fear. In circulars, he gave strict orders forbidding Hungarian civilians and military personnel to have contacts with Jews.[39]

After the war, the Americans caught up with Endre and handed him back to Hungary as a war criminal. There, during the Spring of 1946, he was tried and hanged. During his trial, he showed no remorse. In his last words to the court, he expressed hope that the Hungarian people would appreciate the service Endre rendered to Hungary.

These last words are not without meaning, since during all his life Endre was motivated by the desire to protect the Hungarian people from the "nefarious" Jewish influences. Thus, his decisive help in the extermination of 500.000 Hungarian Jews was — according to Endre — something to be appreciated by Hungarians.

What can we say about Endre's unusual career? It is written in the Scriptures: "And the Lord will give (the Evil One) great power." It is easy to appropriate blame half a century later, yet, as the President of Germany, Richard von Weizsäcker said: "There can be no forgetting, without remembering (first)."

Endre was no Machiavelian, or a Borgia-type; he had rather the repressed drives of a deeply miscarried human being. This, combined with a whim of history, allowed him — like Cleon was once allowed in Athens — to play for a time with the levers of this gigantic machinery. I believe that all this coincided with the bursting of an abcess of Hungarian nationalism carefully nurtured for twenty-five years on by the "Szeged Idea." And there was the historical fatality of Trianon. Without this, Endre could not have accomplished his task.

But it was the Conservative British historian, Prof. Macartney, a true friend of Hungary, who established the balance: "The worst testimony which history could offer on the Hungarian system" is, that this man, whose vices and madness were well known..." could enter the Hungarian political scene on an enormously important level.[40]

Hungarian responses to the anti-Jewish excesses of 1944 were inadequate and apathetic. While the humiliations and horrors which the Jews had to endure before they arrived to Auschwitz were inflicted not by Germans but by Hungarians, there were also thousands and thousands of Hungarians who were risking a lot while helping Jews. Finally, under foreign pressure, Horthy acted. He could not have acted without Col. Koszorus, and Hungarians like him. Had the world and Horhy acted before, with every week, they could have saved tens of thousands of lives. The new Hungarian generation should know who Endre was, what he did, and what enabled him to do it.

Notes

1. Lévai, Jenő; *Fekete könyv a magyar zsidóság szenvedéseiről,* (Budapest: Officina, n.d.), p. 150.

2. Hungary signed with the victorious Allies her Peace Treaty at the Trianon Palace, on June 4, 1920.

3. Lévai, op. cit., p. 8. Iván Vannay, the leader of one of the most vicious anti-Jewish terror squads ("officer's detachments," as they were called), made an unsuccessful attempt on Dr. Vázsonyi's life. After that, he went into hiding with the help of the subject of our study, Endre, who hid Vannay in Gödöllő, where he was District Chief. Neither Vannay nor Endre were impressed by Dr. Vázsonyi's Hungarian chauvinism. Dr. Vázsonyi was a Jewish leader, and he defended Hungarian Jews against the White Terror. Endre (and Vanny) did not need Hungarian-Jewish patriots.

4. Málnási, Ödön; *A magyar nemzet igaz története* (München, 1959), p. 149. The works of Dr. Málnási, who was an "Arrow Cross" historian, were used with great reluctance. But there islittle likelihood Dr. Málnási exaggerated the number of Jewish victims of "Jewish Bolshevism."

5. *Neamul Romanesc* (Bucuresti), Sept. 20, 1923.

6. Lévai, Jenő; *Raoul Wallenberg regényes élete, hősi küzdelmei,* rejtélyes eltűnésének titkai (Budapest: Magyar Téke, 1948), p. 58.

7. Kádár, Gyula; *A Ludovikától Sopronkőhidáig* (Budapest: Magvető, 1984), vol. 2, pp. 506-507, 639-640.

8. Hillberg, Raoul: *The Destruction of the European Jews* (Chicago: 1961), p. 150.

9. Braham, Randolph L.; *The Politics of Genocide: The Holocaust in Hungary* (New York: Columbia University Press, 1981), vol. 2, pp. 709-714.

10. Török, András; *Szálasi álarc nélkül: Öt év a Szálasi mozgalomban* (Budapest: Fővárosi ny., 1941), p. 16.

11. Ibid., p. 18.

12. Macartney, C. A.: *October Fifteenth:* A History of Modern Hungary 1929–1945 (Edinbourgh: University Press, 1956), vol. 2, pp. 188-189.

13. Ránki, György; *1944. március 19,* (Budapest: Kossuth, 1968), pp. 175-176.

14. *Horthy Miklós titkos iratai,* ed., Szinai Miklós, Szűcs László (Budapest: Kossuth, 1963), p. 468.

15. Lévai, *Fekete könyv,* op. cit., p. 175.

16. *Deutsche Zeitung* (Budapest), March 31, 1944.

17. *Pester Lloyd* (Budapest), April 1, 1944.

18. Macartney, op. cit., vol. 2, p. 285.

19. Arendt, Hannah; *Eichmann in Jerusalem* (New York: 1963), p. 125, and Time, May 2, 1961.

20. Karsai, Elek; *A budai vártól a gyepűig* (1941-1945), (Budapest: Táncsics, 1965), pp. 471-472.

21. Szenes, Sándor; *Befejezetlen múlt* (Budapest: 1986). The photocopy of the original documeent is reproduced in this volume.

22. *Horthy Miklós titkos iratai,* op. cit., pp. 457-465.

23. Ránki, op. cit., p. 173-174.

24. Ibid., p. 176.

25. Lévai, *Fekete könyv,* op. cit., p. 140.

26. Ibid., p. 175.

27. Macartney, op. cit., vol. 2, p. 283, note. Also, Lévai, *Fekete könyv,* op. cit., p. 128.

28. Szenes, op. cit., p. 127.

29. *Magyarország* (Budapest), no. 22, 1984.

30. Lévai, *Fekete könyv,* op. cit., p. 288.

31. Ibid., pp. 125, 132, 172.

32. Szenes, op. cit., pp. 214-215.

33. Ránki, op. cit., pp. 189.

34. Lévai, *Raoul Wallenberg,* op. cit., p. 11.

35. *Magyar Hírlap* (Budapest), July 5, 1993.

36. Ránki, op. cit., p. 192.

37. Lévai, *Fekete könyv,* op.cit.,p. 129.

38. Macartney, op. cit., vol. 2, p. 310.

39. *Magyarország* (Budapest), no. 27. 1984.

40. Macartney, op. cit., vol. 1, footnote, pp. 186-187.

—— *** ——

Összefoglalás

Endre László, a „végső megoldás" magyarországi élharcosa

A tanulmány bevezető része az 1919 utáni a magyarországi antiszemitizmus legfontosabb gondolati elemeit tekinti át majd a nem zsidóbarát, de a radikális zsidóellenes intézkedéseket ellenző konzervatív politikusok szerepéről ír. Az utóbbiaknak fontos szerepe volt a 800 000 magyar zsidó életének megmentésében 1944 tavaszáig. Részletesen elemzi a szerző Endre László személyiségét, életútját, beteges szadizmusát és zsidógyülöletét. Az igen jó szervező, adminisztratív képességekkel rendelkező ambíciózus politikust nevezik ki Magyarország német megszállása után a zsidó ügyek kormánybiztosának. Endre igen nagy szerepet játszott az auswitzi deportálások megszervezésében és súlyos felelősséggel tartozik a deportáltakat kísérő kegyetlenkedésekért is. Horthy 1944. június 26-án mozdította el Endrét pozíciójából — a tanulmány szerint Horthy ekkorra jutott megbízható információkhoz a deportált zsidók valóságos sorsáról, ekkor kapott figyelmeztető leveleket a svéd és a brit uralkodótól és ekkorra sikerült megfelelő erőket mozgósítania a zsidódeportálások leállítására. A nyilas hatalomátvétel után Endre Szálasi szolgálatába áll és vele együtt menekül. A tanulmány röviden ír amerikai fogságba eséséről és 1946 tavaszi budapesti peréről és kivégzéséről, befejezésül pedig néhány Endre László pályáját elemző véleményt idéz és értékel.

Megtorlás vagy konszolidáció?
Délvidék 1941–1944

Sajti Enikő

Az 1941. áprilisi, Jugoszlávia elleni katonai támadással Magyarországhoz csatolt délvidéki területeken a magyar uralkodó körök politikáját kezdettől fogva sajátos asszimetria jellemezte. Már a határt átlépő katonaság eltérő utasítást kapott a németekkel, horvátokkal, szerbekkel és zsidókkal szembeni magatartás tekintetében. Werth Henrik vezérkari főnök első bizalmas katonai közigazgatási parancsa értelmében a németeket ugyanazok a különleges jogok illették meg, mint Magyarország területén, a horvátokat „barátságos bánásmódban" kellett részesíteni mindaddig, amíg „a Legfelsőbb Hadúr kiáltványában előlegezett bizalommal nem élnek vissza".[1] A szerbeket — olvashatjuk Werth parancsában — erélyesebb kézzel kell kezelni, mint „annak idején a románokat", mivel azok valamennyien csetnikek, azaz Magyarországgal szemben kollektíve ellenséges, revízióellenes csoportot alkotnak. Idesorolták a zsidókat is, mint a szerbekkel „harmóniában lévő elemeket", valamint nemzetiségi hovatartozás nélkül a kommunistákat.[2]

A „csetnik lövöldözés" megtorlása következtében a bevonuláskor, 1941 áprilisában, magyar adatok szerint 2142, jugoszláv számítások szerint pedig 3506 halálos áldozata volt a terület visszafoglalásának, a magyar hadsereg 75 katonát veszített.

Az első pacifikálás elmúltával a további lehetséges ellenállást úgy próbálták elfojtani, hogy az 1918 után betelepített dobrovoljácokat (a szó eredetileg az első világháború délszláv önkénteseit jelentette) összeszedték, internálótáborokba zárták és kezdetben az átmeneti táborokból tömegesen átdobták őket a németek által megszállt Szerbiába. A németek azonban, hosszas huzavona után, nemcsak az eredetileg tervezett 150 ezer szerb befogadását tagadták meg, de mereven elzárkóztak egy paritásos alapon történő lakosságcserétől is, amely csupán 6 ezer szerbiai magyar és 6 ezer bácskai szerb áttelepítését irányozta volna elő. A németek azzal magyarázták elzárkózásukat, hogy Szerbia, ez a „túlfűtött gőzkazán" felrobban, mivel a feldarabolt ország különböző területeiről, elsősorban Horvátországból, néhány hét alatt több százezer menekült és kitelepített érkezett Szerbiába, komoly belpolitikai, közellátási gondokat okozva a megszálló német parancsnokságnak.[3]

A horvátokat nem érte kollektív büntetés, s a magyar kormányok mindvégig toleránsabb politikája mögött nem csupán azt kell látnunk, hogy mindkét ország ugyanazon szövetségi rendszer tagja volt, hanem azt is, hogy az usztasa Horvátország azonnal az ottani magyarokon torolta meg a délvidéki horvátokat ért legkisebb sérelmet is, a leigázott Szerbia részéről viszont ilyen válaszlépéstől nem kellett tartani.

A délvidéki zsidóságot is elkerülte egyelőre a kollektív megtorlás, az antiszemitizmus azonban — a terület sajátos határhelyzete és a visszacsatolás katonai jellege miatt — különös, az ország más területein eddig nem tapasztalt jelenségeket is produkált. Bajor Ferenc, Újvidék városparancsnoka mintegy ötmillió pengő sarcot vetett ki a város zsidóságára a bevonuláskor, Szendrey Ágoston pedig Zomborban kényszerített ki félmillió pengő „felajánlást". Bajort ezért 1942-ben letartóztatták, lefokozták és kétévi börtönre ítélték. Szálasi hatalomra jutása után rehabilitálták, a háború után kiadták Jugoszláviának, s mint háborús bűnöst kivégezték.[4] Szendrey ellen nem indítottak eljárást. De említhetek egy másik esetet is. A partizánharcok és az azt követő usztasa és német megtorlások elől menekülő horvátországi magyarokat például befogadta Magyarország, de a görögkeleti vallásúakkal együtt a magukat magyarnak valló zsidók előtt is lezárta határait.[5] Utalni szeretnék arra is, hogy a Délvidék visszacsatolsáa után az itt élő zsidókra is kiterjedt a zsidótörvények hatálya, míg Jugoszláviában a két világháború között nem hoztak hasonló, antiszemita törvényeket.

Az első pacifikálások után látszólag engedelmessé szelidített Délvidék azonban július végétől, augusztus elejétől ismét haragosabb arcát mutatta — megkezdődtek az első szabotázsakciók. Az emögött sejtett, majd bizonyítottan is felfedett kommunista csoportok felszámolására azonban 1941 nyarán, őszén még elégségesnek tartották a statáriális, katonai bíráskodás bevezetését, az ún. repülő bíróságok felállítását. Ez közvetlenül a vezérkar főnökének alárendelt, Dominich Vilmos hadbíró százados által vezetett rögtönítélő bíróság onnan kapta a nevét (repülő), hogy ítéleteit, a nagyobb elrettentés céljából, a helyszínen, a Délvidék különböző városaiban, községeiben hozta meg. 1941 decemberéig 342 hűtlenséggel vádolt kommunistát ítéltek el, 99-et kötél általi halálra, 71-et kivégeztek, közöttük kiskorúakat is. 28-nak Szombathelyi megkegyelmezett.[6]

A zsidók nemzetietlen elemként történő kezelése, szerbekkel és kommunistákkal történő azonosítása e perekben is nyomon kísérhető. A bácskai katonai közigazgatás utolsó napján tárgyalta a déli hadsereg rögtönítélő bírósága Licht József és társai perét. Mivel a vádlottak többsége zsidó származású volt, a per különösen nagy publicitást kapott a délvidéki sajtóban, s alkalmat adott arra, hogy a jugoszláv párthoz tartozó kommunisták által végrehajtott szabotázsakciókat a „nemzetközi cionizmus szolgálatába állt bolsevizmus" felforgató tevékenységeként interpretálják.[7]

A Délvidék politikai, gazdasági integrálásának igénye 1941 nyarától — a „rendcsinálás" első nagy hulláma után — a kollektíve bűnös szerb nép álláspontjának egyenlőre csak óvatos korrekcióját eredményezte. Május végén például megkezdődött az internáltak ügyének felülvizsgálata, s augusztus közepén visszaállították a polgári közigazgatást. Elcsendesedett az antiszemitizmus első délvidéki hulláma is.

1942. január elején azonban ismét a hadsereg vált domináns politikai tényezővé a déli részeken. Amint ismeretes, a 40 fős Sajkás-vidéki partizánosztag felszámolása után a tömeges megtorlást Újvidékre is kiterjesztették. Ma már források is igazolják, amit korábban a történetírás csak sejtett, hogy a razziának a kormány és a hadsereg elsősorban külpolitikai szerepet szánt. Ribbentrop német külügyminiszter budapesti látogatása alkalmával — aki az egész magyar hadsereg keleti fronton történő bevetését követelte — azt igyekeztek bebizonyítani, hogy a Jugoszlávia-szerte egyre erőteljesebb kommunista lázadás átcsapott magyar területre, és máris komoly katonai erőket köt le. Fóty Ferenc csendőr alezredes, akit a Vezérkari Főnökség 2. osztályának D., kémelhárító alosztálya még 1941 novemberében rendelt ki a kommunistaellenes nyomozások irányítására és a Vkf. Bírósága közötti kapcsolattartásra, az újvidéki razzia résztvevőinek 1943. december 14-én kezdődő főtárgyalásán azt vallotta, hogy január 6-án parancsot kapott, hogy Ribbentrop érkezésének idejére „országos érdekből" bizonyítékokat kell szereznie arra, hogy a lázadást kívülről, a Bánát területéről irányítják, s az átcsapott magyar területre is.[8] Ennek bizonyítására került sor az újvidéki razziára.

A razzia azonban — különösen Újvidéken — már túllépte a kormány által kívánatosnak tartott méreteket és bumerángként ütött vissza. Súlyos nemzetközi és belső következményei voltak. Mint ismeretes, a keleti frontra küldendő csapattestek számát sikerült ugyan mérsékelni, de nem a razzia eredményeként, hanem az SS magyarországi toborzó akciójának engedélyezésével. A razzia következtében a délvidéki konszolidáció teljesen megszakadt. A magyar katonai ügyészség Feketehalmy-Czeydner és társai ellen 1943 őszén összeállított vádirata szerint a halottak száma 3309 volt, az V. hadtest parancsnoksága által 1944-ben összeállított statisztika szerint pedig 3340. 2550 szerb, 743 zsidó, 11 magyar, 13 orosz, 7 német, 2 horvát, 1 szlovák, 13 ruszin. Közülük 2102 volt férfi, 792 nő, 299 öreg és 147 gyermek.[9]

Az egyre erőteljesebb nemzetközi és hazai tiltakozások hatására — s itt elsősorban Bajcsy-Zsilinszky Endre nevét kell megemlíteni — 1942 márciusában már a hatalmon lévő körök angol orientációjú csoportja és személyesen Bethlen István is nyomozást követelt az ügyben, amelyet Horthy áprilisban rendelt el. A Babos József hadbíró ezredes által vezetett Vkf. bizottság több száz oldalas jelentése igazolta a „keringő rémhíreket", több ezer ember ártatlan legyilkolását.

1942. július közepén Kállay miniszterelnök is elérkezettnek látta az időt, hogy a képviselőházban kifejtse kormánya ezzel kapcsolatos álláspontját. S bár a hivatalos verzió továbbra is az volt, hogy a partizánok Újvidékre húzódtak, Kállay nyilvánosan elismerte, hogy voltak ártatlan áldozatok. Mindezt a lakosság „oktalan" magatartásával és karhatalmi erők „felbőszítésével" magyarázta, de egyúttal kilátásba helyezte a „túlkapások" résztvevőinek felelősségre vonását. Ahhoz azonban, hogy a jóvátétel és a felelősségre vonás kimozduljon a holtpontról, sem a belső tiltakozás, sem pedig Kállay ígérete nem volt elegendő. Az európai frontokon végbement változások, a szövetséges hatalmak felé tett közeledő kísérletek hatására döntött úgy Horthy 1943. október 11-én, hogy visszavonja korábbi elhatározását és újra elrendelte Feketehalmy-Czeydner, Grassy és Deák László bíróság elé állítását. Horthy döntéséhez minden bizonnyal döntő módon járult hozzá az, hogy 1943 májusában a nyugati hatalmak egyértelműen a magyar kormány tudomására hozták, hogy mindenféle további tárgyalás előfeltétele többek között a „megfelelő jóvátétel" a bácskai vérengzés miatt.[10]

Így került sor arra a háborús Európában egyedülálló esetre, hogy 1943. december 14-én megkezdődött 15 magas rangú katona- és csendőrtiszt hadbírósági pere. Mint ismeretes, Feketehalmy-Czeydner, Grassy és Zöldi még az ítélethozatal előtt a németek és Albrecht főherceg segítségével megszöktek, tizenegy csendőrtisztet azonban 10–15 évig terjedő fegyházra ítéltek. Ha lassan is, de megkezdődött az áldozatok hozzátartozóinak kártalanítása is, a zsidókat azonban akkor sem kártalanították, ha az összeíró bizottság jogosnak ítélte meg igényüket.[11]

A Kállay-kormány azonban nemcsak ily módon próbálta megnyerni a szerbek lojalitását. Több, a visszacsatolás után elkövetett nemzeti sérelmet is orvosolni próbáltak. S bár a rögtönítélő bíróságok ítéleteinek Keresztes-Fischer Ferenc belügyminiszter által követelt felülvizsgálatára nem került sor, 1943 tavaszán megkezdődött az internáltak ügyének felülvizsgálata. 1943 augusztusában ismét megkezdte munkáját a nagy múltú Matica srpska, s bár az intézmény nem kapta vissza korábbi autonómiáját, visszakapta azonban elkobzott vagyonát a bácskai görögkeleti püspökség, engedélyezték a Szerb Olvasókör működését, a román és szlovák híradások mellett a magyar rádió megkezdte félórás szerb nyelvű adásait.

A toleránsabb nemzetiségpolitika feltétele, mint a kormány félreérthetetlenül hangsúlyozta, az új állam iránti teljes lojalitás, az ellenállási mozgalomtól történő világos és nyilvános elhatárolódás volt. Erre 1943. október 18-án került sor, Milan L. Popović délvidéki szerb képviselő közvetítésével. A nyilatkozatot az egyetlen szerb nyelvű napilap, a Nova Pošta és a magyar sajtó is teljes terjedelemben közölte.[12]

Kállay bukásával újabb érdekes fordulatot vett a magyar–szerb viszony a Délvidéken. Most ennek csak egyetlen, paradox vonatkozását emelném ki, amely már az ország német megszállásának idejére esett. A „kemény kéz" politikájának felújításával párhuzamosan — a Lakatos-kormány idején — kísérlet történt a Draža Mihajlović vezette ellenállás bácskai híveiből toborzandó, ún. szerb véderő létrehozására. A Hennyey Gusztáv külügyminisztertől származó terv szerint ez a bácskai szerbekből álló fegyveres alakulat addig tartotta volna Magyarország déli határán a frontot, amíg a magyar és a német csapatok azt vissza nem foglalják. Ennek érdekében tárgyalásokat folytattak az 1943 októberében Mihajlovićpárti szervezkedés vádjával halálra ítélt, majd váratlanul szabadlábra helyezett volt jugoszláv tisztek egy csoportjával, és kalandos úton megpróbálták felvenni a kapcsolatot magával Mihajlovictyal is. S bár a szerb véderő terve már születése pillanatában nélkülözött minden realitást, az ötlet mégis jól szemlélteti a magyar kormányok szerb politikájának ívét. A végveszély óráiban hajlandók lettek volna fegyvert adni azok kezébe, akik ellen a bevonuláskor éppen csetnik-gyanú, a jugoszláv államhoz való feltételezett hűség miatt tisztogató akciókat folytattak, s kollektíve nemzetellenes népcsoportnak tartottak.[13]

Mint láttuk, a Bárdossy-kormány szerbekkel szemben alkalmazott „kemény kéz" politikája, a megtorlások nem kerülték el a délvidéki zsidóságot sem, s Újvidéken olyan, több száz zsidó életét is követelő megtorló akció szenvedő alanyai lettek, amelyhez hasonlók Magyarország egyéb területeinek zsidóságát egyenlőre elkerülték. Pedig, mint korábban utaltam rá, e megtorlás nem elsősorban ellenük, hanem az állam egységét és területi gyarapodását potenciálisan veszélyeztető szerbek ellen irányult. A Kállay-kormány konszolidációs igény által diktált, szerbek irányába tett gesztusai azonban a jóvátétel és kártérítés kérdésében már nem terjedtek ki rájuk, az antiszemitizmus mondhatni hagyományos reflexei ebben az esetben is működtek.

1944. március 19-én hajnalban — Magyarország esetleges kiugrását megakadályozandó — a német csapatok megkezdték az ország megszállását. A Délvidéken állomásozó magyar katonai alakulatok is azt az utasítást kapták, hogy a németekkel szemben semmiféle ellenállást ne tanúsítsanak, hanem az „eddigi hagyományos barátság" szerint viselkedjenek. A vezérkar főnöke egyúttal nyomatékosan felhívta a katonai parancsnokok figyelmét, hogy „minden körülmények között" tartsák fenn a rendet és verjék vissza az esetleges usztasa- vagy partizánbetöréseket. A csendőrörsökre pedig az a parancs érkezett, hogy figyeljék a „nemzetietlen elemek" mozgását, akadályozzák meg a zsidók menekülését, azokat pedig, akik menekülni próbálnak, adják át a németeknek. A német megszállás első napjaiban, elsősorban a Bácskában, a német nemzetiség fegyveres osztagait (Deutsche Mannschaft) olyan utasítással látták el, hogy a német csapatok egységeivel közösen fegyverezzék le a csendőrséget. Újvidéken például a Deutsche Mannschaft egységeit német katonai parancsnokság alá helyezték, így vettek részt a középületek megszállásában és a zsidó túszok összeszedésében.[14] Ettől kezdve már nem csupán arról esett szó, hogy a szerbekkel szemben felújított „kemény kéz" politikája az antiszemitizmus révén mintegy „megérintette" a délvidéki zsidóságot, mint eddig, hanem az ország egyéb területeihez hasonlóan áprilisban a Bácskában is megkezdődött a zsidók gettóba hurcolása, majd Németországba szállítása. Újvidéken április 26-án jelent meg az ezzel kapcsolatos hirdetmény Nagy Miklós polgármester és Zombory Gyula rendőr főtanácsos aláírásával. Mint ismeretes, megtiltották, hogy reggel 5 órától elhagyják lakásukat, a zsidó házak bérlői e naptól nem a tulajdonosnak, hanem a városi adóhivatalnak fizették a lakbért, zsidóktól senki sem fogadhatott el pénzt vagy értéktárgyat megőrzésre, s aki azt már megtette, 48 órán belül köteles volt bejelenteni a polgármesteri hivatalban. Aki e rendelet ellen vétett, a legszigorúbb büntetés várt rá — fejeződött be a hirdetmény.

Az újvidéki zsidók deportálásának híre azonban a szigorú intézkedések ellenére is kiszivárgott. Losonczy Endre újvidéki tanácsnok április 24-én figyelmeztette a gettósítás tervére a város zsidó vezetőit. Az ügy kitudódott, Losonczyt felfüggesztették állásából, s a korabeli irat szerint a „legszigorúbb eljárást" alkalmazták vele szemben. Sajnos arra nem találtam adatot, hogy Losonczy figyelmeztetésének milyen eredménye lett, s személyes sorsáról sem szólnak az általam ismert források. A Muraközben partizánok mentettek át zsidókat a deportálás elől a felszabadított területekre, ami annál is nehezebb volt, mivel a gettósítás idején a német katonaság mindenütt lezárta a magyar–horvát határt.[15]

A délvidéki zsidó gettósítás és Holocaust alapos feltárását a magyar történetírás még nem végezte el — a jugoszláv történtírás szerint csak a Bácskából 16 034 zsidót deportáltak, közülük 2614-en élték túl a haláltáborokat.[16]

A megtorlás vagy konszolidáció „történelmi dilemmája" nem ért véget 1944 őszén, a történelem bizonyos értelemben megismételte önmagát. A „hideg napokat" a „még hidegebb napok" követték, a jugoszláv partizánok az ottani magyarokat és németeket kollektíve tették felelőssé a pacifikáló hadműveletekért, az internálásokért és a razziákért, valamint a náci Németország jugoszláviai rémtetteiért, az ország megszállásért és feldarabolásáért. „Csupán" az áldozatok nemzetisége változott, akik ezúttal nem szerbek és zsidók, hanem magyarok és németek voltak. A németeket kitelepítették és internálótáborokba zárták, jelentős részük ott pusztult el, sok tízezren szovjet munkatáborokba kerültek. Bánát és Bácska csaknem 200 ezres német lakossága megszűnt számszerűleg kimutatható kisebbségként létezni. A kivégzett magyarok számát ma sem tudjuk pontosan. Jugoszláviai történészek becslése szerint az áldozatok száma 10 ezer és 27 ezer közé tehető.

A délvidéki szerbek, zsidók, magyarok és németek tragikus sorsa kapcsán, Geoff Eley szavaival szólva nem feledhetjük: „A halott nemzedékek lidérces álomként kísértik az élők emlékét. [...] Tudjuk viszont, hogy a rossz álmokat többféleképpen is kezelhetjük. El lehet őket nyomni, be lehet szorítani az ébrenlét sötétebb zugaiba, de felszínre is lehet hozni, hogy jobban megértsük lényegüket."[17]

Jegyzetek

1. HIL VKF 1941-1 eln. 1. sz. Bizalmas katonai közigazgatási parancs. 1941. április 11.

2. Ibid.

3. Bővebben lásd A. Sajti Enikő, *Délvidék 1941–1944. A magyar kormányok délszláv politikája* (Budapest: Kossuth Könyvkiadó, 1987), pp. 44–53.

4. HIL VKF 1942-1-5006 eln.; Kádár Gyula, *A Ludovikától Sopronkőhidáig* (Budapest: Magvető Könyvkiadó, 1978), p. 378.

5. OL K-28 ME Kisebbségi osztály 1943-R-31614., 34415.

6. A. Sajti Enikő, op. cit., p. 151.

7. HIL HM 1941-13-58776 eln., *Délvidéki Magyarság*, 1941. augusztus 16., 17.

8. A. Sajti Enikő–Markó György, „Ismeretlen dokumentum az 1942. januári délvidéki razzia résztvevőinek peréről. 1943. december 14–1944 január 14.", *Hadtörténelmi Közlemények*, vol. 32, no 5, pp. 426–456

9. A razziára lásd Buzási János, *Az újvidéki „razzia"* (Budapest: 1963).; Zvonimir Golubović, „Racije januara 1942. u južnoj Bačkoj," *Zbornik za društvene nauke Matice srpske*, vol. 35, 1963, pp. 165–192, Vladislav Rotbart, „Čije je delo novosadska racija?", *Jevrejski almanach 1965–1967.* (Beograd, 1967), pp. 168–188., A. Sajti Enikő op. cit., pp. 152–168.

10. *Magyar–brit titkos tárgyalások 1943-ban* ed., Juhász Gyula. (Budapest: Kossuth Könyvkiadó, 1978), 25b., 25c. sz. iratok. 146–147.

11. A. Sajti Enikő, op. cit., p. 188.

12. *Nova Pošta*, 1943. október 19., *Újvidéki Reggeli Újság*, 1943. október 19.

13. A. Sajti Enikő, op. cit., pp. 228–238.

14. OL Mikrofilm. 12405-4., Muzej Socijalističke revolucije (MSRV) MK 9.reg.br. 40., Josip Mirnić, *Nemci u Bačkoj u drugom svetskom ratu* (Novi Sad, 1974), p. 287.

15. OL K-149 BM res. 1944-4-1006.

16. MSRV AK 23410.

17. Geoff Eley, „Nácizmus, politika, múltkép", *Világosság*, vol. 31, 1990, no 4, p. 256.

———— *** ————

Summary

Reprisal or Consolidation? The *Délvidék*, **1941–1944**

The study examines the condition of the Jews in the so-called *Délvidék*, the area annexed by Hungary in April 1941 following the defeat of Yugoslavia, on the basis of archival materials and in light of the policies of the Hungarian governments. It contrasts the position of the Jews under both Hungarian and Yugoslav administrations, concluding that after the annexation the Jews were subjected to the anti-Jewish laws then in effect in Hungary. Moreover, the Jews of the area were also subjected to atrocities in early 1942, and those of Újvidék (Novi Sad) were illegally compelled to pay several million Pengös in tribute. Many of the trials that were held in the area were anti-Semitic in nature, identifying „Bolshevism as an instrument of international Zionism". The study reveals that the so-called raids conducted in the area in early 1942, aimed, among other things, to justify the retention of the Hungarian army within the country, counteracting the Germans' demand that it be deployed on the eastern front. The country's needs induced the Kállay government to come to terms with the Serb minority and bring to trial those involved in the massacres. Finally, the study analyzes the situation after the German occupation of Hungary on March 19, 1944, and the issues of reprisal and consolidation during the postwar period, when many Germans and Hungarians in the *Délvidék* fell victim to vengeful actions.

A közigazgatás és a Holocaust az V. (szegedi) csendőrkerületben

Molnár Judit

Azt vizsgálom elsősorban, hogy a német megszállást követően az V. szegedi csendőrkerület területén az egyes városok, vármegyék, járások közigazgatási vezetői hogyan viszonyultak a zsidókérdés „megoldásához".

Mindenekelőtt le kell szögeznem, hogy 1944. március 19. után az a közigazgatási rendszer működött Magyarországon, amelyet az 1887-es alapokon a Friedrich-kormány állított helyre 1919. augusztus 7-én. Bár a közigazgatás reformjára, különösen az 1918–19-es forradalmakat követően több kísérlet történt, valójában teljes átszervezésről nem volt szó. „A közigazgatás rendezéséről" szóló 1929. évi XXX. tc. június 29-én lépett életbe[1], melyben a kormány központosító és szakszerűsítő törekvése tükröződik, de alapvetően nem nyirbálta meg a helyi autonómia jogkörét. Formálisan a vármegyék és a törvényhatósági jogú városok élén a belügyminiszter előterjesztésére a kormányzó által kinevezett főispán állt, akinek felügyeleti, ellenőrző jogköre minden helyi közigazgatási szervre kiterjedt. A törvény a virilisták arányát 50%-ról 40%-ra csökkentette ugyan a törvényhatósági bizottságban, de ugyanakkor kimondta a választható tagok ugyanilyen arányban való csökkentését. A fennmaradó 20% pedig örökös tagokból, érdekképviseleti, vallásfelekezeti, szakszerűségi (pl. rendőrség főkapitánya, pénzügyigazgató, egyetemi rektor stb.) képviselőkből, valamint tisztviselőkből tevődött össze. A közgyűlés mellett létrehoztak egy szűkebb körű testületet, az ún. kisgyűlést. A kormány a tc. 36. § 1. pontja értelmében a törvényhatósági bizottságot feloszlathatta, ha az állam érdekeit veszélyeztető magatartást tapasztalt, tartós munkaképtelenség, vagy válságossá vált gazdasági helyzet esetén. A mindennapi életben azonban a valódi irányítás a vármegyékben a törvényhatósági bizottságban választott alispán, a járásokban a neki alárendelt főszolgabíró, a megyei városokban és törvényhatósági jogú városokban a szintén törvényhatósági bizottság által választott polgármester kezében volt. Az önkormányzati hatáskör fokozatos szűkítésének betetőzését az 1942: XXII. tc. jelentette[2], amely a korábban választás útján betöltendő tisztviselői állások betöltését a belügyminiszterre bízta. Sőt a 8. § (1) bekezdése értelmében — bár a fenti állásokra „rendszerint országos pályázatot kell hirdetni" — a „pályázat hirdetését mellőzni lehet, ha azt az állás betöltésére jogosult hatóság a *közszolgálat érdekében* (kiemelés tőlem — M. J.) szükségesnek nem tartja, vagy ha a közszolgálati érdek az állás sürgős betöltését kívánja". 1944. március 19. után a tömeges köztisztviselői leváltások, illetve áthelyezések e törvényre hivatkozással történtek. A helyi közigazgatás vezetői a városokban a rendőrségre, a községekben és a falvakban a csendőrségre támaszkodtak. A csendőrség szervezeti felépítése nem a vármegyei beosztáshoz igazodott, hanem a honvédség felépítését, illetve az országos honvédkerületi beosztást követte. Így az V. szegedi csendőrkerület területéhez az alábbi vármegyék tartoztak részben vagy egészben: Csongrád, Bács-Bodrog, Csanád-Arad-Torontál, Jász-Nagykun-Szolnok, Pest-Pilis-Solt-Kiskun, Békés.

Eltérően a rendőrségtől, amely a Belügyminisztérium felügyelete alá tartozott, a csendőrség a Belügyminisztérium és a Honvédelmi Minisztérium kettős irányítása alatt állt. A csendőrség katonai szervezetű közbiztonsági testületként működött. A legénységi és a tiszti állomány egyaránt erőteljes militarista kiképzésben részesült, melybe beletartozott a feltétlen kormányzóhűség hangsúlyozása is. A csendőrség, mint közbiztonsági szerv, a belügyminiszternek volt alárendelve, ugyanakkor a csendőrség legmagasabb katonai parancsnoka, a csendőrség felügyelője 1942 novemberétől Faragho Gábor altábornagy volt, aki a kiképzés irányítása mellett a katonai rendet és fegyelmet biztosította. 1944. június 21-én a minisztertanács Jaross belügyminiszter előterjesztésére elfogadta azt a rendelettervezetet, melynek értelmében a rendőrség is katonailag szervezett testületté alakítandó, s a csendőrség és rendőrség egységes vezetésével Faraghót bízták meg.[3] A német megszállást követően három napba tellett, míg Veesenmayer, Horthy és a jobboldali pártok vezetői megállapodtak az új kormány összetételében. A Sztójay-kormányban a kormánypárt németbarát tagjai mellett a Magyar Megújulás Pártja és a Baky László vezette Nemzetiszocialista Párt is képviselve volt. A miniszterelnök Kaltenbrunnerrel, az RSHA főnökével folytatott megbeszélésre hivatkozva március 22-én tájékoztatta az első minisztertanácsot a zsidókérdés tekintetében megoldandó problémákról.[4] A második minisztertanács (1944. március 29.) már sorozatban tárgyalta a „zsidórendeleteket". Bár Antal István igazságügyminiszter megjegyezte, hogy a kormányrendeletekhez Horthy előzetes hozzájárulása szükséges, Sztójay rögtön megnyugtatta: „a Kormányzó Úr Őfőméltósága az összes zsidórendeletekre vonatkozólag szabad kezet adott az Ő vezetése alatt álló kormánynak, és ezek tekintetében nem akar befolyást gyakorolni". [5]

A minisztertanács által megtárgyalt és a hivatalos lapban, a Budapesti Közlönyben megjelent rendeletek, melyek a zsidónak minősített magyar állampolgárokat megfosztották vagyonuktól, legelemibb jogaiktól és létfeltételeiktől, a törvényesség látszatát az 1939: II. tc.-re hivatkozással kívánták megteremteni. A honvédelmi törvény 141.§-a kivételes hatalommal ruházta föl a kormányt, valamennyi tagjának felelőssége mellett, háború vagy az országot fenyegető háborús veszély esetén. Így a törvényes kormány rendeleteit a helyi közigazgatási és közbiztonsági szervek többsége törvényesként fogadta el. Sőt a bizalmas (res.) jelzésű, nyilvánosságra nem hozott rendeleteket is, melyek nélkülöztek bármilyen törvényre való hivatkozást (mint pl. a zsidók összeírása, a kárpátaljai, észak-erdélyi, délvidéki akciókhoz kapcsolódó gyűjtőtáborrendelet), zökkenőmentesen végrehajtották a helyi apparátusok szakemberei.

A helyi közigazgatás számára a kontinuitás látszata fennmaradt, hiszen Horthy, a kormányzó a helyén maradt, sőt aláírása ott volt a miniszteri és államtitkári felmentéseken és kinevezéseken, s hivatalosan a parlamentet sem oszlatta föl. Horthy tehát aktív szerepet vállalt az új kormány létrehozásában, a közigazgatás átalakításában akkor, amikor a Gestapo parlamenti képviselőket tartóztatott le — köztük a volt belügyminisztert, Keresztes-Fischer Ferencet — és tartott fogságban hónapokig.

Mégis, Veesenmayer április 14-én Sztójaytól nyomatékosan követelte a fő- és alispánok leváltását.[6] Április 28-án már arról számolhatott be Ribbentropnak, hogy 19 főispánt mentettek fel, s „megtörtént már a lényegesen jobb garnitúrát képező megfelelő utódok kinevezése".[7] Május 6-án újabb 9 főt cserélt le Horthy, Jaross Andor belügyminiszter javaslatára.[8] Az V. csendőrkerület területén valamennyi törvényhatósági jogú városban új főispánt neveztek ki, s a hat vármegyében hármat felmentettek. Valamennyi törvényhatósági jogú városban május 6-án történt az új főispánok kinevezése, kivéve Hódmezővásárhelyen. Vásárhely polgármesterét, Endrey Bélát előbb április 26-án vásárhelyi főispánná, majd május 13-án Baja első számú közigazgatási vezetőjévé *is* kinevezték. Polgármesteri helyére azonban csak június 3-án nevezték ki az utódot Sárkány Gyula személyében. Addig Hódmezővásárhelyen a zsidókra vonatkozó rendeleteket — mint azt később látni fogjuk — emberségesen, s a lehetőségekhez mérten korrekten hajtotta végre Beretzk Pál polgármester-helyettes. A főispáni helyek többségét, mivel Jaross Andor javaslatára történtek a kinevezések, az Imrédy Béla vezette Magyar Megújulás Pártja tagjaival töltötték be. Elsődleges szempont a politikai megbízhatóság volt. Példa erre a szegedi főispán esete. Igaz ugyan, hogy Tukats Sándor leváltásáig minden zsidó vonatkozású rendeletet habozás nélkül végrehajtott, már április 29-én, szombaton, azaz a gettó-rendelet megjelenését követő napon fölszólította a szegedi polgármestert, hogy a szükséges intézkedéseket azonnal tegye meg.[9] Mégis, mint a Magyar Élet Pártja tagja megbízhatatlannak minősült. Helyére Magyary-Kossa Aladárt nevezték ki, aki nem volt ugyan szegedi lakos, de a Magyar Megújulás Pártja embereként, Jaross bizalmával tüntette ki. (Megjegyzendő, hogy nyilvánvalóan a hatalmi harcok eredményeként szeptemberben ismét Tukats Sándor lett Szeged főispánja.)

Veesenmayer — amint azt már említettem — a fő- és alispánok leváltását követelte Sztójaytól. Május 10-én elégedetten jelentette a birodalmi külügyminiszternek, hogy „a magyar vidéki közigazgatás tisztogatása kielégítően halad".[10] Az iratok tanúsága szerint az V. csendőrkerület területén a „tisztogatás" a főispánok mellett a járások élén álló főszolgabírókra kiterjedt ugyan, de a vármegyék tényleges irányítását ellátó alispánokat, illetve a városokban a polgármestereket nem érintette június végéig, a deportálások befejezéséig. Mindössze két változás történt. Hódmezővásárhelyen a főispánná kinevezett Endrey Béla polgármester helyére június 3-án áthelyezték a ceglédi polgármestert, Sárkány Gyulát, valamint Pest-Pilis-Solt-Kiskun vármegyében Endre László helyére, aki április 8-tól a Belügyminisztériumban mint a zsidó ügyekért felelős államtitkár tevékenykedett, május 31-én vitéz Sági József másodfőjegyzőt léptették elő. A német megszállást követően elvétve akadt olyan közigazgatási vezető, mint Pálfy József, Szeged város polgármestere, aki lemondott posztjáról, pontosabban május 31-i hivatalos nyugdíjazásáig visszavonult a közélettől. Igaz, Tóth Béla helyettes polgármester március 22-én, Pálfy nyugdíjazási kérelmének beadását követően azonnal átvette a város ügyeit, s a zsidó vonatkozású rendeleteket szigorúan végrehajtotta. Sőt nemegyszer az országos érvényű rendeleteken túlmenő intézkedéseket foganatosított. Így pl. június 10-én, a két belügyi államtitkár szegedi látogatása napján, s talán éppen az ő érkezésükkel összefüggésben Tóth Béla telefonon utasította a szegedi Központi Gáz- és Villamossági Rt. vezetőségét, hogy az ún. törzsgettó területén az áram- és gázszolgáltatást, beleértve a közvilágítást is, azonnal szüntessék meg.[11]

Az alispáni, polgármesteri leváltásokra valószínűleg azért nem került sor, mert a helyi vezetők többsége, még az emberségesebb része is, már az első hetekben bizonyította, hogy törvényesnek ismeri el az új kormányt és a zsidónak minősített állampolgárok jogait korlátozó rendeleteket. Bibó István szavaival „ha kedvetlenül csinálták is, azért a szabályos kötelességteljesítés jegyében s komoly ellenkezést nem kockáztatva engedelmeskedtek feletteseiknek és a rendeleteknek... Odáig csak nagyon kevesen jutottak el, hogy az államhatalmat gengszterbandának, rendeleteit papírcafatoknak, s a velük szemben való engedetlenséget, kijátszást és hamisítást erkölcsi kötelességnek tekintsék."[12] Holott a Belügy-

minisztérium élén a letartóztatott Keresztes-Fischer Ferenc helyén
a Magyar Megújulás Pártja egyik vezetője, Jaross Andor állt.
Államtitkáraivá Baky László nyugállományú csendőr őrnagyot,
nyilaskeresztes országgyűlési képviselőt, a németek bizalmi embe-
rét és Endre Lászlót, a hírhedt antiszemita alispánt neveztette ki.
Rövid idő alatt a belügyminisztériumi osztályok vezetőinek több
mint felét lecserélte. A VII. közbiztonsági osztály élére Király
Gyula csendőr ezredest nevezte ki.

Ugyanakkor a csendőrkerületek élén egyetlen változás sem tör-
tént. Így az V. csendőrkerületben az irányítást továbbra is Liptay
László csendőr ezredes látta el. Viszont a nyomozóalosztály
parancsnokává április 1-jén Finta Imre csendőr századost nevezték
ki. Finta, bár a Szolgálati Szabályzat 86. pontjára hivatkozással —
mely kimondja: „a csendőr olyan szárnynak a felügyeleti területén,
amelyben születési vagy illetőségi helye fekszik, illetőleg, ahol pol-
gári életében huzamosabb ideig tartózkodott, s végül ahol magának
vagy nejének rokonsága van, állandó szolgálati beosztást nem
nyerhet"[13] — kérhette volna, hogy mentsék föl az áthelyezés alól,
ezt nem tette.

A közigazgatásban voltak, akik a kormányt megelőzve, helyi
szinten érvényes korlátozó utasításokat, határozatokat adtak ki.
Közülük is talán Endre László diszkriminációs rendeletei az elsők
az országban. Endre, mint az ország legnagyobb vármegyéjének,
Pest-Pilis-Solt-Kiskun vármegyének az alispánja, már március 21-
én — tehát a Sztójay-kormány megalakulása előtt — utasította
valamennyi járás főszolgabíráját, hogy „a zsidók és kommunista-
gyanús elemek távbeszélő-készülékeinek azonnali kikapcsolása
iránt az illetékes igazgatósággal lépjen érintkezésbe és az elintézést
szorgalmazza".[14] A hasonló tartalmú, de nem kikapcsolásról, ha-
nem a zsidó távbeszélő-előfizetők adatszolgáltatási kötelezettségé-
ről szóló kormányrendelet március 29-én jelent meg a Budapesti
Közlönyben.[15] Egyébként a főszolgabírák 7–10 napon belül jelen-
tették Endre rendeletének végrehajtását.

A zsidók lakásának igénybevételéről szóló ún. gettó-rendelet
április 28-án lépett hatályba.[16] Endre már március 21-én úgy vélte,
hogy „tekintettel arra, hogy a zsidók általában a közhasznú tevé-
kenységekből nem veszik ki a részüket, katonai szolgálatot nem

teljesítenek, azonkívül legtöbbször a foglalkozásuk sem olyan, hogy egy bizonyos helyhez hozzá lennének kötve, általában egy zsidó család jogos lakásszükségletét egy szobával kielégítve látom", ezért „saját fajtánk" lakásigényeinek kielégítésére „a zsidó fajú egyének tulajdonát vagy bérletét képező lakásokat" kell elsősorban igénybe venni.[17] A Kiskőrösi járás főszolgabírája május 1-jén e rendeletre hivatkozva jelentette, hogy „a zsidókat kivétel nélkül járásom minden községében egy szobába családonként összeköltöztettük, és a megürült lakásokat arra jogos igénnyel rendelkező keresztény családoknak kiosztottam".[18] Endre László március 22-én újabb három rendeletet adott ki: egyrész utasította a hatálya alá tartozó főszolgabírákat, hogy a „megbízhatatlan zsidók és egyéb kommunistagyanús elemek ellen az internálási eljárást haladéktalanul tegye folyamatba".[19] A hasonló tartalmú belügyminiszteri bizalmas rendeletet Baky László államtitkár március 31-én adta ki.[20] Másrészt szintén március 22-én Endre alispán a főszolgabírókon keresztül utasította a csendőrörs-parancsnokságokat, hogy „az utazóközönséget a vasúti és hajóállomásokon igazoltassák és a zsidó fajú egyének utazását gátolják meg".[21] A zsidók utazási korlátozásáról szóló kormányrendelet április 7-én jelent meg.[22] Végül a harmadik alispáni rendelet a zsidónak tekintendő személyeket a vármegye területén fekvő üdülő- és fürdőhelyekről, valamint fürdőüzemekből tiltotta ki.[23] Egyébként Endre már a korábbi években a zsidótörvények lelkes végrehajtója volt, s ez utóbbi rendelethez hasonló tartalmú utasítást már 1941 májusában is kiadott, amit az akkori belügyminiszter, Keresztes-Fischer Ferenc törvénytelennek minősített és megsemmisített.[24] A Sztójay-kormány belügyminisztere azonban messzemenően támogatta Endre Lászlót, s már 1944. március utolsó napjaiban maga mellé vette, és április 8-i hatállyal kinevezte belügyi államtitkárrá. Endre felügyelete alá a vármegyei, városi lakásügyi osztályok tartoztak. Emellett május 13-án Jaross Andor Endre hatáskörébe utalta a „zsidók kitelepítésével és táborokban elhelyezésével kapcsolatban felmerülő és más osztály ügyköréhez nem tartozó ügyeket" is. Így nem csodálkozhatunk azon, hogy a gettó-rendelet megjelenését követően néhány nappal, május 2-án belügyminiszteri rendelet lépett hatályba a „zsidóknak a nyilvános fürdők látogatásától eltiltása"-ról.[25] S miközben tömegesen érkeztek az alispánokhoz, polgármesterekhez a zsidó vonatkozású rendeletek, többségük azon volt, hogy azok utasításait minél pontosabban és gyorsabban végrehajtsák, még akkor is, ha pl. olyan irreális helyzet állt elő, hogy már nincs is kit kitiltani a fürdőből. Dobay Andor Csongrád vármegye alispánja május 5-én adta ki utasítását a járási főszolgabíráknak és megyei városok polgármestereinek a zsidóknak fürdőkből való eltiltásáról.[26] A mindszenti főszolgabíró május 11-én válaszolt, hogy hatósága területén nincs ugyan nyilvános fürdő, de nem javasolja azt sem, hogy nyáron a Tiszára a kijelölt strandfürdőre járhassanak a zsidók.[27] Egyébként a járás területén a zsidók létszáma összesen 159 fő volt.

Szentesen a május 13-án felvett jegyzőkönyv tanúsága szerint a Sportuszoda vezetősége a zsidók teljes eltiltását kérte, a városi meleg fürdő és uszoda bérlője hetenként egyszer hajlandó volt engedélyezni a zsidóknak a „tusalatti melegfürdőt".[28] Május 31-én Berend József főrabbinak, a zsidó tanács elnökének kérésére a bérlő abba is beleegyezett, hogy „ha a gettóban lakó zsidóság legalább 150 személy fürdését tudja biztosítani, akkor a hét valamelyik napján péntek és vasárnap kivételével gőzfürdőt, túsalatti melegfürdőt és közös meleg medence fürdőt tud részükre biztosítani". Kanász-Nagy Sándor polgármester június 14-én hozta meg a végleges döntést, miszerint szerdánként használhatják a fenti feltételeknek megfelelően a zsidók a gőzfürdőt.[29] Hozta ezt a döntést abban a biztos tudatban, hogy két nap múlva a szentesi gettó 398 „lakóját" a szegedi gyűjtőtáborba fogják szállítani, majd onnan deportálni.

A szegedi gőzfürdő üzemvezetősége a belügyminiszteri rendeletet megelőzve már április 28-án közölte a Szegedi Új Nemzedék című jobboldai napilapban, hogy a gőzfürdőben zsidókat nem szolgálnak ki.[30] A rendelet megjelenését követően a városi üzemi bizottság május 8-i ülésén vitéz Irányi László üzemvezető bejelentette, hogy a zsidókat kitiltotta a fürdőből.[31] Egyben kérte a város hatóságát, hogy bár a „rendelet módot ad arra, hogy a kitiltott zsidók részére a fürdőtulajdonos fürdés céljából megfelelő napot és időpontot állapíthat meg", „ezt ne engedje meg, mert az üzemet élősdiekkel áraszthatják el, és ennek folytán ragályt terjeszthetnek". A tiszti főorvos június 6-án, amikor már állt a gettó, helyeselve a kitiltó határozatot azt a megoldást javasolta, hogy a „zárt területen belül" külön „zuhanyozó fürdőket" állítsanak fel.[32]

A helyi közigazgatásban, a járások élén álló főszolgabírák legalább olyan fontos szerepet töltöttek be, mint városokban a polgármesterek. Sőt kapcsolatuk a néhány ezer fős községekben, falvakban talán közvetlenebb volt a helyi lakossággal, mint a tízezres nagyságrendű városok élén álló polgármestereknek. Éppen ezért, ha Jarossék gyorsan és zökkenőmentesen végre akarták hajtani az ország zsidótlanítását, megbízható főszolgabírákra volt szükségük. Ugyanakkor szem előtt kellett tartani azt is, hogy a közigazgatási törvények értelmében megfelelő képzettséggel rendelkező szakemberekkel kellett betölteni ezt a posztot. A belügyminiszter — valljuk be, rendkívül leleményesen — egyeztette össze a két szempontot. Ha végiglapozzuk a Budapesti Közlöny 1944. évi tavaszi, nyár eleji számait, azt látjuk, hogy Jaross Andor minden esetben az 1942:XXII. tc-re hivatkozva, úgymond a „közszolgálat érdekében" nevezte ki az új főszolgabírákat. De ezek a kinevezések nem szolgabírák vagy aljegyzők előléptetései voltak, hanem *áthelyezések*. Azaz pl. Bács-Bodrog vármegyében a Kulai járásba Nyitra-Pozsony vármegyéből, Bácsalmásra Szabolcs vármegyéből, Zsablyára a Kalocsai járásból helyezték át a főszolgabírákat. Az elv valószínűleg az volt, hogy lehetőleg minél távolabbi járásból érkezzenek a szakemberek, s így az előzetesen kiépített helyi, baráti kapcsolatok ne éljenek tovább, ne legyen érdekük késleltetni a diszkriminációs rendeletek végrehajtását, ne tudjanak segíteni esetleges zsidó barátaikon. Ezt a feltevést támasztja alá, hogy a főszolgabírákhoz hasonlóan, alsóbb szinteken, így szolgabírák, aljegyzők, mérnökök esetében is ugyanez az elv érvényesült. Nem példa nélküli a Sopronból Kiskunfélegyházára, Esztergomból Csongrádra, vagy Zomborból Miskolcra történt áthelyezés. Hangsúlyozom, áthelyezésekről és nem előléptetésekről van szó. Ugyanakkor meglepő, hogy miközben Bács-Bodrog és Pest vármegye területén szinte az összes főszolgabírót lecserélték, Csongrád és Csanád-Arad-Torontál vármegyében egyetlen áthelyezés sem történt. A kutatás országos méretű kiterjesztése nyilván közelebb visz ezen ellentmondás feloldásához. Mindenesetre elmondható, hogy a Belügyminisztérium alá tartozó helyi közigazgatási vezetők beváltották a hozzájuk fűzött reményeket.

Bécsy Bertalan, Makó város polgármestere büszkén hangsúlyozta 1944. július 2-án a Makói Újság vezércikkében, hogy „azok a férfiak, akik a vármegye (Csanád-Arad-Torontál vármegyék — M. J.) és a város közéletének ormán állunk, *évtizedek óta* (Bécsy B. kiemelése) a nemzeti irányú jobboldali eszme, az eredeti tisztaságú szegedi gondolat hűséges szolgái voltunk", így nem véletlen, hogy a „politikai változás ellenére itt mindenki a helyén maradt".[33]

A gettó-rendelet megjelenését követően április 29–május 5. között az V. csendőrkerületben a fő- és alispánok utasították az alájuk tartozó hatóságokat, hogy azonnal kezdjék el a szükséges intézkedéseket a gettók felállítására. Igaz, hogy a 8. és 9. § feltételes módot használt: „a törvényhatóság első tisztviselője akként rendelkezhetik", senki számára nem volt kétséges, hogy a szöveg felszólításként értelmezendő.

Csanád-Arad-Torontál vármegye alispánja, Ferenczy Béla május 5-én szóban, majd 6-án írásban rendelkezett úgy, hogy a vármegye területén a zsidók május 20-ig kötelesek kijelölt lakhelyükre költözni.[34] A mezőkovácsházai főszolgabíró már május 15-én jelentette, hogy a zsidók átköltöztek a község határában lévő méntelepre.[35] A makói polgármester, Bécsy Bertalan eredetileg 3 napot engedélyezett a zsidóknak az ún. történelmi gettóba költözéshez. A több mint 2000 embernek ez a határidő kevésnek bizonyult, így Bécsy május 23-ig további 3 nappal meghosszabbította a határidőt.[36]

Csongrád vármegyében Dobay Andor alispán május 5-i utasítására már május 13-án azt a választ kapta a főszolgabíráktól és polgármesterektől, hogy „a rendeletet végrehajtottam".[37] Dobay június 14-én elégedetten állapította meg a közigazgatási bizottság ülésén: bár „a közigazgatósági hatóságoknak jelentős munkatöbbletet okozott ... a kiadott rendeleteknek gyakorlati keresztülvitele ... , ennek dacára a végrehajtás általában nagyobb zökkenő nélkül zajlott le. A zsidóknak gettóba tömörítése szintén idejében megtörtént".[38]

Baja város polgármestere, Bernhart Sándor május 5-én telefonált Endre László államtitkárnak, s kérte, jöjjön Bajára a keresztény lakosságot megnyugtatni. Ugyanis híre járt a városban, hogy azoknak a keresztényeknek, akik a gettóvá kijelölt városrészből nem költöznek el, „fehér csillagot kell majd hordani, ugyanazokat az élelmiszeradagokat kapják, amit a zsidók, s általában a zsidókkal szemben életbe léptetendő rendelkezések és korlátozások rájuk is vonatkozni fognak", ezért „a felizgatott lakosság tiltakozó gyűléseket tartott".³⁹ Endre nem utazott el Bajára, de utasította Bernhartot, hogy a keresztények kiköltözését ne erőszakolja, nyugtassa meg őket, hogy velük szemben nincsenek tervbe véve korlátozó rendelkezések, viszont a zsidókkal szembeni intézkedéseinek „eréllyel" szerezzen érvényt.

Kecskemét polgármestere, Liszka Béla több értekezlet összehívása után, május 24-én jelölte ki a zsidók lakhelyét, részben zsidó házakban, részben barakklakásokban és a rézgálicgyár raktáraiban, személyenként 2 m² férőhelyet engedélyezve.⁴⁰ Schönberger Dezső, a kecskeméti zsidó tanács elnöke kétségbeesetten írta, hogy „tömegek elhelyezése a rézgálicgyár raktáraiban katasztrófális ... az egyik helyiség egy kis ajtóval, ki nem nyitható ablakokkal bíró hodály, szórt homokos, egér- és patkánylyukaktól felszántott talajon, a tisztálkodás minden lehetősége nélkül".⁴¹

Szeged helyettes polgármestere, Tóth Béla május 17-én hozta nyilvánosságra gettó-határozatát.⁴² A helyi közigazgatás és rendőrség összehangolt intézkedései következtében június közepéig összesen 3827 embert zsúfoltak a szegedi gettóba és zsidóházakba, ahol szigorú katonai fegyelem alatt tartva 4-5 családot költöztettek egy-egy lakásba.⁴³ Pap Róbertnek, a szegedi zsidó tanács elnökének kimutatása szerint mindössze 2,2 m² jutott egy személyre.⁴⁴

Hódmezővásárhely polgármester-helyettese, Beretzk Pál azzal a feladattal bízta meg Orsai Antal tanácsnokot május 1-jén, hogy „alkalmas időben" utazzon el Szeged, Szentes, Kecskemét városokba és „a kérdésnek miként történt elintézését tanulmányozza".⁴⁵ Endre államtitkár május 12-én, amikor már a községek, megyei városok többségében a kényszerlakhely kijelölése megtörtént, táviratilag rendeletet küldött ki valamennyi közigazgatási vezetőnek: „Mindazon városokban és községekben, ahol zsidóknak gettókban való tömörítése valamilyen ok miatt akadálytalanul nem hajtható végre, azzal a Belügyminisztériumból kiküldött tanácsadók megérkezéséig várni kell."⁴⁶ Az V. csendőrkerületben — eddigi kutatásaim alapján — csak Beretzk intézett olyan értelmű levelet a

Belügyminisztérium elé, miszerint a város területén gettó létrehozása akadályokba ütközik.[47] Amint a május 31-i gettó-értekezleten mondta, a kérdés megoldása során „senkivel szemben erőszak alkalmazására nem gondoltunk".[48] Beretzk saját hatáskörén belül az utolsó pillanatig húzta az időt, június 15-én azonban egy 50 fős csendőregységet vezényeltek Hódmezővásárhelyre a zsidók összeterelésére és a szegedi gyűjtőtáborba szállítására.[49]

Véleményem szerint az eddig feltárt dokumentumok megerősítik R. Hilberg elemzését: a magyar bürokratikus apparátus többsége is, részben megvárva az országos érvényű rendeleteket, részben azt megelőzve, öntevékenyen, rugalmasan, nemegyszer lelkesen oldotta meg a „zsidókérdést".[50] A telefonon, értekezleteken kiadott szóbeli utasításokat, melyek még a törvényesség látszatát is mellőzték, azonnal végrehajtották. Ahogyan 1944. május 13-án Tóth Béla Szeged helyettes polgármestere nyilatkozta: „A zsidók ügyében nem a rendeletek betűin rágódunk, hanem azoknak szellemét, célját nézzük, és ehhez igazodik a végrehajtás módja."[51]

Csak elvétve akadt olyan közigazgatási vezető, mint Beretzk Pál Hódmezővásárhely polgármester-helyettese, aki a rendeletek adta lehetőségeken belül próbált és mert enyhíteni a zsidóság helyzetén. Tevékenysége azt bizonyítja, hogy volt lehetőség emberséges gesztusokra, s ha szűk keretek közt is, arra, hogy a „zsidókérdés" megoldásának ütemét lassítsák.

Jegyzetek

1. Az 1929. XXX. tc. szövegét lásd: *Magyar Törvénytár, 1929* (Budapest: Franklin Társulat, 1930), pp. 333–407.

2. Az 1942. XXII. tc. szövegét lásd: *Magyar Törvénytár, 1942* (Budapest: Franklin Társulat, 1943), pp. 171–177.

3. Országos Levéltár (továbbiakban: OL), Minisztertanácsi jegyzőkönyv, 1944. június 21.

4. Kaltenbrunner magyarországi látogatására és tárgyalásaira lásd: *Az Endre–Baky–Jaross per* eds., Karsai László és Molnár Judit (Budapest: Cserépfalvi Kiadó, 1994), pp. 136., 180., 196–197., 326–328. (továbbiakban: EBJ)

5. OL, Minisztertanácsi jegyzőkönyv, 1944. március 29. Közli: *Vádirat a nácizmus ellen. Dokumentumok a magyarországi zsidóüldözés tör-*

ténetéhez eds., Benoschofsky Ilona–Karsai Elek (Budapest: MIOK, 1958), pp. 50–51. (továbbiakban: Vádirat I.)

6. *A Wilhelmstrasse és Magyarország.* *Német diplomáciai iratok Magyarországról 1933–1944* eds., Ránki György, Pamlényi Ervin, Tilkovszky Loránt, Juhász Gyula (Budapest: Kossuth Kiadó, 1968), pp. 824. (továbbiakban: Wilhelmstrasse)

7. *Wilhelmstrasse,* op. cit., p. 837.

8. *Budapesti Közlöny,* 1944. május 7. p. 1. A tanulmányban szereplő valamennyi leváltásra, kinevezésre, áthelyezésre vonatkozóan a Budapesti Közlöny 1944. évi számait, valamint *Magyarország tiszti cím- és névtára* 1944. évi kötetét és pótfüzetét használtam.

9. Csongrád Megyei Levéltár (továbbiakban: CsML), szegedi főispáni iratok 386/1944.

10. *Wilhelmstrasse,* op. cit., p. 845.

11. CsML, szegedi polgármesteri i. 9090/1944.

12. Bibó István, *„Zsidókérdés Magyarországon 1944 után"* in Bibó István, *Válogatott tanulmányok 1945–1949* (Budapest: Magvető Kiadó, 1986), vol. II. p. 638.

13. *Szervezeti és Szolgálati Utasítás a m. kir. csendőrség számára* (Budapest: Hivatalos kiadás, 1927), pp. 44.

14. Pest Megyei Levéltár (továbbiakban: PML) Pest vármegye alispánjának i. 18.902/1944.

15. *Vádirat I.* op. cit., pp. 58–59.

16. *Vádirat I.* op. cit., pp. 244–250.

17. PML, Alsógöd község i. 1.333/1944.

18. PML, Pest vármegye alispánjának i. 18.913/1944.

19. PML, Törökbálint község i. 2.495/1944.

20. OL, K 149-BM res. – 287. csomó (1943–44), 5.999/1944. BM. VII. res.

21. PML, Alsógöd község i. 1331/1944.

22. *Vádirat I.* op. cit., pp. 127–129.

23. PML, Nagymaros község i. 1335/1944.

24. *EBJ,* op. cit., p. 483.

25. *Vádirat I.* op. cit., pp. 285–286.

26. CsML - Szentes, Mindszenti járás főszolgabírájának i. 1.160/1944.

27. Ibid.

28. CsML - Szentes, szentesi polgármesteri i. 1.581/1944.

29. Ibid.

30. *Szegedi Új Nemzedék,* 1944. április 28. p. 5.

31. CsML, szegedi polgármesteri i. 9.240/1944.

32. Ibid.

33. *Makói Újság*, 1944. július 2. pp. 1–2.

34. CsML, csanádi alispáni i. 7.979/1944.

35. Ibid.

36. Ibid.

37. CsML – Szentes, Csongrád vármegye alispánjának i. 4.490/1944.

38. *Szentesi Napló*, 1944. június 15. p. 3.

39. Bács-Kiskun Megyei Levéltár (továbbiakban: BKML), bajai polgármesteri i. 53/1944. res.

40. BKML, kecskeméti polgármesteri i. Zsidó lakások csomó, 1944.

41. Ibid.

42. CsML, szegedi főispáni i. 847/1944.

43. Ibid.

44. CsML, szegedi polgármesteri i. 7.776/1944.

45. CsML – Hódmezővásárhely, hódmezővásárhelyi polgármesteri i. 121/1944. eln.

46. Ibid.

47. Ibid.

48. CsML – Hódmezővásárhely, hódmezővásárhelyi polgármesteri i. 8.804/1944

49. CsML – Hódmezővásárhely, hódmezővásárhelyi polgármesteri i. 11.856/1944, 12.690/1944.

50. R. Hilberg, „The Bureaucracy of Annihilation" in: *Unanswered Questions. Nazy Germany and the Genocide of the Jews* ed. by François Furet (New York: Schocken Books, 1989), pp. 119-133.

51. *(Vásárhelyi) Népújság*, 1944. május 13. p. 5.

——— *** ———

Summary

Local Administration and the Holocaust in the 5th Gendarmerie District of Szeged

The paper examines the attitudes of the leaders of the various towns, districts, and counties within Gendarmerie District V, Szeged, on the "solution" of the Jewish question during Hungary's occupation by the Germans. While the leaders of the town governments relied on the police authorities, those in the villages relied on the gendarmerie for the implementation of the anti-Jewish measures in the counties that belonged, wholly or partially, in Gendarmerie District V: Bács-Bodrog, Békés, Csanád-Arad-Torontál, Csongrád, Jász-Nagykun-Szolnok, and Pest-Pilis-Solt-Kiskun. While most of the county prefects were replaced after the German occupation, the deputy prefects, the district heads, and mayors remained in their positions and remained loyal to the Sztójay government that was appointed over the signature of Regent Miklós Horthy. With Horthy providing legitimacy, these civil servants also accepted as legal the anti-Jewish measures that were enacted by the government. With the partial exception of the leaders of Hódmezővásárhely, most of the civil servants of these counties, like those elsewhere in Hungary, carried out the anti-Jewish measures with various degrees of enthusiasm. A few administrative leaders attempted to help Jews within the limits defined by the decrees, proving that with good-will more could have been done to help the Jews.

Parancsra tették?
Közigazgatás, őrségváltás,
törvénytisztelő állampolgárok 1944-ben

Ságvári Ágnes

Az elmúlt három év százezernyi iratot megmozgató levéltári forrásfeltárásai új megvilágításba helyezik a vészkorszakbeli közigazgatás, a társadalmi intézmények, valamint a magyarországi zsidó szervezetek viszonyával kapcsolatos ismereteinket. 19 megyei levéltárral közös kutatásaim arról tanúskodnak, hogy az évtizedes diszkrimináció, a hagyományos közigazgatási szervezetek szakszerű munkavégzése, a törvények tisztelete, nem utolsósorban pedig az általános emberi morál és a személyes egzisztenciális érdek szembesodródásának halálos következménye lett a magyar Holocaust.[1]

Tény, hogy a Horthy-rendszer évtizedei alatt fizikai létükben zsidókat sérelem nem érte. De az sem kevésbé tény, hogy az 1992-ben újra utcával megtisztelt Haller István nevéhez fűződött a 20. századi Európában elsőként elfogadott zsidótörvény, a „numerus clausus". Ez a törvény már 1920-ban rendelkezett a zsidó főiskolai hallgatók számáról. Arányuk nem haladhatta meg a „népfajokhoz és nemzetiségekhez tartozó" lakosság arányát. Ekkor jelentkezett először az őrségváltás nyílt érve. Egyszerűen „kellett a hely" — elsősorban értelmiségi pályákon — az elcsatolt területekről áttelepült tisztviselőknek, az elszegényedett dzsentrikből, fegyveres szervezetek és a frissen alakított Vitézi Szék tagjaiból verbuválódó új elit számára.

Ettől a naptól szoktatták hozzá a magyar társadalom egészét az antiszemitizmushoz, s ennek szerves részeként a diszkriminációhoz.

Igaz, hogy később, nyolc év múltán a konszolidálódó Bethlen-rezsim az 1928. évi XIV. tc.-kel a numerus clausust némileg módosította, a százalékos arányt néhány egyetemen és főiskolán felemelte. A döntés jogát minden egyes esetben külön e célra minősített bizottságnak juttatta. A zsidók felvételének korlátozását azonban továbbra is indokolt szociálpolitikai rendszabálynak, mi több, az oktatás színvonalát biztosító pedagógiai célzatú létszám-stopnak minősítette. Zsidók felvételét már 18 éves korban is „nemzethűség és erkölcsi tekintetben megbízhatósághoz" kötötte. A törvény hivatalos szövegben utasította vissza a zsidóság panaszát, és kijelenti, hogy a törvény nem áll ellentétben a trianoni béke kisebbségvédelmi fejezetével.[2]

Nem részletezem a zsidótörvényeket. Az alapvető diszkriminációs törvények és rendeletek 1938–1943 között léptek életbe. Közös vonásuk, hogy 1938-tól, tehát kezdettől fogva nyíltan, az állami beavatkozás eszközével korlátozni kívánták a zsidó vallású magyar állampolgárok részvételét a magyar gazdasági, társadalmi, szellemi életben. A zsidótörvényeket és a megvalósításukra hivatott intézményrendszert azonnal kiterjesztették Szlovákia déli részének, Kárpátukrajnának, Vajdaságnak, valamint Észak-Erdélynek Magyarország által megszállt területére. 1942-ben törvényi rendelkezés nyomán a zsidó vallás többé már nem számított bevett vallásnak. Megszűnt a zsidó vallási szervezetek önkormányzata. 1938-tól a parlament és a kormány, valamint a kormányzó viszszamenőleg eltörölte az 1840. évi XXIX. tc-kel, a kereskedelmi, iparűzési, iskolázási és letelepedési joggal megkezdett, majd az 1867. évben törvénybe iktatott emancipációt. A törvények kezdettől egyértelműen megjelölték a zsidók rovására kedvezményezettek körét is.

Ezek aligha tekintendők német diktátum teljesítésének, eltévelyedésnek, netán az előretörő nyilasok elleni önvédelmi reflexnek, a „keresztény-nemzeti társadalom" biztonságérzetének növelésére törekvő kényszerű intézkedésnek... Többről van szó. A magyar kormányzat és társadalmi intézmények a törvénytisztelő társadalmat immáron felkészítették a faji megkülönböztetés elfogadására, és arra, hogy azt „törvényes"-nek ismerjék el. Történt mindez elsősorban a magyar kormányzati körök és személyükben nekik elkötelezett új elit életrehívása érdekében, s nem — legalábbis 1944-ig nem — közvetlenül a német állami-katonai célok szolgálatában.

1920-tól az államigazgatás egyébként a diszkriminációs igényeknek már jórészt megfelelt: a főtisztviselők körében, bírói testületekben, fegyveres erők tisztikarában, valamint hatósági intézményeknél kezdettől elenyészően kevés zsidó kapott helyet. Az 1938. évi „a gazdasági élet egyensúlyának hatályosabb biztosítására" irányuló törvény indokló része azonban már kezdettől világossá tette, hogy az „egyensúly biztosítására" a mindenkori kormány milyen pozíciókat, foglalkozási ágakat kíván a magát „nemzeti-keresztény"-nek nevező középosztály számára biztosítani. Parlamenti névsorok, pontos gazdasági felmérések készültek, bizottságok, állami intézmények és társadalmi szervezetek egész sora szerveződött a tulajdon- és tisztségváltásra.

A választójogi törvény, amely szerint a választói jogosultsághoz a magyarországi lakóhelyet és családfát 1867-ig visszamenőlegesen igazolni kellett, majd százezer zsidó vallású állampolgárt fosztott meg választójogától. Az 1941-es törvény, amely a faji megkülönböztetést hivatalosan is bevezette, számszerűleg is kiterjesztette a zsidótörvények hatályát. Ezzel a gesztussal a kormányzat a zsidóknak a magyar társadalomból való kiiktatására szolgáló minden további lépést megalapozott, nem kevesebb mint három évvel a német megszállás előtt.[3]

A fajüldözés hivatalos megnyilvánulása volt, hogy tételes törvény minősítette károsnak a „zsidó szolidaritás és etnikum döntő hatását" a „nemzeti lélek kialakulására". Az országegyesítést követő hónapokban már megkülönböztetett megtorlás várt a több mint százezer szlovákiai és kárpátukrajnai, az akkori szóhasználat szerint „keleti zsidóra", akik — úgymond — „20 esztendőn keresztül támaszai voltak az ellenséges Csehszlovákiának".[4]

Az 1941. XV., házassági jogról szóló tc.-nek az 1884. XXXI. tc.-t módosító intézkedése a nem zsidók és zsidók házasságának tilalmát vezette be. Kimondta, hogy „a fogalommeghatározás a lehetőségek határain belül a tiszta faji megoldásra törekszik". Indoklása szerint a tilalom hiányában „a jövőben növekedhetnék a nemzeti szempontból nemkívánatos fajkeveredés által létrejött ivadékok száma"[5].

A jogalkalmazói és végrehajtói apparátus a törvények szellemének és végrehajtásához mindenben megfelelt. Az 1920-tól következetesen kiépített államigazgatás stabilizálódott. Ekkorra egyébként a diszkriminációs igényeknek már jórészt megfelelt: a főtisztviselők körében, bírói testületekben, fegyveres erők tisztikarában, valamint a hatósági intézményeknél kezdettől elenyészően kevés zsidó kapott helyet. Így aztán 1944-ben e tekintetben nem kellett új rendeletet hozni, legfeljebb a néhány ezerre tehető kormányzói és belügyminiszteri mentesítések számát tovább csökkenteni.

Az 1942. XV. tc., amely földjük „átengedésére" kötelezte a zsidó tulajdonosokat és elűzte a földekről a zsidó bérlőket (s velük együtt a „visszacsatolt területeken" a nem magyar nemzetiségűeket is), már kezdetben több mint 170 000 embert, illetve vállalkozást érintett, majd hamarosan kiegészült kb. 3000 mezőgazdasági üzem „árjásításának" elrendelésével. A törvényt végrehajtásáról intézkedő 5300/1942 ME rendelet, valamint a földművelésügyi miniszter gyakorlati utasításai gondoskodtak a földek új tulajdonjogának azonnali telekkönyvbe iktatásáról. S történt mindez a megnagyobbodott Magyarország 41 megyéjében.[6]

A leiratok gondoskodtak az 5 holdon aluli zsidó birtokok azonnali „átadásáról" és az új tulajdon azonnali telekkönyvbe iktatásáról. Az eljárás menete a következő volt: a) a főispán kijelölte az elosztó bizottságot, b) ezzel párhuzamosan a vármegyei közigazgatási bizottság számba vette a telkeket, c) a gazdasági bizottság felszólította a zsidó tulajdonost tulajdonjogáról való a lemondásra (ha távol volt, pl. munkaszolgálatos az orosz hadszíntéren, levélben szólították fel lemondásra), d) a telekkönyvbe akkor is beiktatták a tulajdont, ha az ár még nem volt kiegyenlítve.[7]

Újra kezdődött többek között a vitézi telkek adományozása is. 1928-ra ugyanis elfogyott az a központi alap, amelyből a kormányzó az 1920-as rendszer létrehozásában élen járó fegyveres alakulatok tagjainak, főleg azoknak, akik továbbra is fegyveres szolgálatot teljesítettek ún. vitézi telket adományozott. Már 1941-től a „felszabadított" zsidó birtokokból mint rendelkezésre álló „szabad" földekből újra megindult a vitézi telkek adományozása. Sőt, a rendelet kiterjesztette a kedvezményezettek körét a köztisztviselői karban szolgálatot teljesítő vitézi tisztekre, sőt a tiszthelyettesekre és a vitézi legénységre is.

Megjegyzendő, hogy a Földművelési Minisztérium alá tartozó, újraelosztással foglalkozó ún. közjóléti bizottságok javaslatára a megyei főispán felügyelete alatt működő közigazgatási bizottságok és gazdasági albizottságok a politikai-gazdasági eliten kívül a hadirokkantaknak, hadiözvegyeknek, hadiárváknak és sokgyerekeseknek is juttattak földet. Innen ered, hogy vannak történészek, akik földreformkísérletnek minősítik ezt az akciót.

Az ingatlanokat a kormányzat 1938-as értéken, 3%-os kamattal, 25 évi részletfizetésre adta el. A vitézeknek sem az ingatlanért, sem a lovakért, sem a szeszegyed-árusítási jogért, általában a megszerzett vagyonért nem kellett térítést fizetniük, sőt azokat illetékmentesen adhatták tovább. Az így kedvezményezettek száma a Vitézi Szék Hivatalos Értesítője szerint 1942-ben a tiszti vitézek közül 4100, a legénységi vitézek közül 9120 főt tett ki. Az elosztást és általában a birtokok újraelosztását vármegyei közjóléti bizottságok hálózata végezte, csúcsszerve pedig a Földművelési Minisztérium alá tartozó Országos Szociális Felügyelőség volt.[8]

A zsidó vallású magyarok dezintegrálása szakaszosan és szakosítva ment végbe.

Nem térek ki a nemzeti jövedelem és értéktermelés volumenjére, amelyből a statisztikák alapján plusz-mínusz 10 százalékos nagyságrendbeli eltéréssel kiszámítható, hogy a zsidó részesedés „árjásítása" milyen új jövedelmi és tulajdoni viszonyokat teremtett Magyarországon. A még zsidó tulajdonban maradt nagyvállalatok ügye különben is bonyolult. Termelésük egy részét a Hadügyminisztérium megrendelésére főleg a front ellátására használták fel. Másrészt Magyarország a Németországba irányuló export zömét is ezek termékeiből fedezte. (Tették pedig ezt hitelre, az állam a termelőknek, Németország pedig a magyar államnak tartozott.)

Feladatom bemutatni a közigazgatás, társadalmi intézmények együttműködésének, az új elit létrehozásának és a hozzájuk csatlakozó rétegek megnyerésének folyamatát. Erre vonatkozó adataimat a zsidótörvények indokló részeiből, a korabeli hivatalos statisztikákból, részben pedig az 1945–46-ban készült felmérésekből merítem. Az adatok nem térnek ki a más néven, más szerkezetben működtetett, de zsidó tulajdonú vagy érdekeltségű intézményekre. Az árjásítás haszonélvezőinek felsorolásától is eltekintek.

Bár a megyei levéltárak iratainak ezrei tanúskodnak igénylésekről, tulajdonba vételekről, zsidótörvények végrehajtásában történt részvétel díjazásáról, a gettó területéről kiköltöző keresztények zsidó vagyonból történő kárpótlásáról, sőt magáról a gettósítás és vagonírozás technikai feltételeinek megszervezésére és realizálására kiállított számlákról is.[9]

Adataim kizárólag vállalkozásokra, személyekre, funkciókra szorítkoznak, s a trianoni Magyarország területére korlátozódnak. Mivel a bécsi döntések következtében jelentős területek a Holocaust idején közigazgatásilag Magyarországhoz tartoztak, teljes adatokkal majd csak akkor rendelkezünk, ha jelenlegi ismereteink Ukrajna, Szlovákia, Románia és Szerbia levéltárainak és statisztikáinak idevonatkozó adataival kiegészülnek. Az őrségváltás e területeken több mint 50 000 zsidó vallású keresőt és több mint 200 000 zsidó lakost érintett. Bővült a „velük foglalkozó" köztisztviselők köre is. A Belügyminisztérium „közigazgatási" azaz zsidókérdéssel foglalkozó osztályán 40%-os létszámemelést hajtottak végre. Kárpátukrajnában külön kormánybiztosságot szerveztek, az „országegyesítés" keretében a határ menti megyékhez csatolták az új területeket, ezzel a fő- és alispánok hatásköre bővült, új körjegyzőségeket létesítettek, 1942-ben a belpolitikával foglalkozó állami hivatalnokok száma megduplázódott.

Eddig — mivel az iratok kutatása tilalom alá esett — csak a nagy általánosságokat ismertük. Az utóbbi években feltárult a „helyi Holocaust" teljes borzalma és vele együtt a magyar közigazgatás e célra szakosodott gépezetének szerkezete is. Az összes rendelet, miniszteri utasítás, ezek sorszámával és saját iratszámmal ellátott alispáni leirat, majd körjegyzői utasítás végrehajtását több vonalon ellenőrizték. A végrehajtás részkérdéseit a minisztériumok megyei szakszervei dolgozták ki; a rendeleteket a főispánok kapták meg, s ők hivatalból értesítették a csendőrséget, rendőrséget, a helyi képviseleti szerveket és bizottságokat. Az alispánok a miniszterelnöki rendeleteket a végrehajtási utasítással együtt a Belügyminisztériumtól kapták meg. Ők ezeket önálló alispáni körlevelek vagy utasítások formájában közölték a helyi közigazgatással. A helyi közigazgatási vezetők (polgármesterek, jegyzők stb.) a saját szintjükön egyeztették az eljárásról a BM-től már saját hálózatukon keresztül informált csendőri és rendőri szervekkel. A központi nyilvántartás szakosodott volt: a nem honos vagy honosságuktól megfosztott állampolgárok adatait a Külföldieket Ellenőrző Országos Központi Hatóság (KEOKH) tartotta nyilván, a különböző foglalkozási ágakban működő zsidók fölött ellenőrzési jogot kaptak a kamarák (orvosi, ügyvédi, sajtó, színész stb). Hangulatjelentéseket adtak a helyi havi jelentések alapján a Vitézi Szék Törzsi Alakulatai. A tulajdoni viszonyokban beállt változást regisztrálta (esetenként kezdeményezte is) a Munkanélküliség Miniszteri Kormánybiztossága. Ezt a szervet eredetileg a kormány 1930-ban a munkanélküliek segélyezésére hozta létre, 1942-ben alakította át a zsidótlanítás céljára.

A Magyar Királyi Pénzügyminisztériumban a zsidóktól elvett földtulajdonért befolyt összeg tartására külön számla létesült 157 880 PM sz. alatt. Ez a számla azután az ország felszabadításáig érvényben volt. Ezen a számlán különítették el a zsidó közösségek készpénzes vagyonát, majd ide foly be többek között a gettóban a zsidóktól elvett, majd deportálásuk után összegyűjtött és a bizományi áruházak útján értékesített vagyon-, műtárgyak ellenértéke is. A M. kir. Belügyminisztérium XI. osztályának számvevősége erről a letéti számláról hívta le többek között a zárolt zsidó ingatlanoknál a zárolás után (!) felmerült adókat és közterheket, majd a deportálás idején, a „zsidók elszállításánál fölmerült és a polgármesterek által kifizetett és okmányokkal igazolt költségeket", még 1945 februárban is.[10]

Az őrségváltás méreteire álljon itt néhány adat — a teljesség igénye nélkül:

1938-ban az országban 80 507 zsidó kereskedő működött. Ezek közül 1942. január 1-jéig 29 193, 1943. január 1-jéig összesen további 35 920 zsidó kereskedőnek kellett üzletét átadnia. A 73 877 iparos közül első menetben 30 483-nak, majd további 17 465-nek kellett beadnia iparát. A 8583 magyar gyógyszerész közül majd minden harmadik zsidó volt, közülük 475-nek azonnal el kellett mennie, a 888 magyar állatorvos közül 237-et köteleztek praxisa, ezzel hivatása feladására. A 892 zsidó hírlapíró közül a

Sajtókamara javaslata alapján 732-nek mondtak fel, a Magyarországon működő lapok éléről minden harmadik lapszerkesztőt, szám szerint 508-at faji alapon azonnali hatállyal kitiltottak.[11] Nem sorolom az adatokat. Hiszen még ezek a tiltások is csak átmenetet képeztek 1944-hez. De törvényszerű átmenetet. A teljes nyilvántartás készen állt, a szervezet is, a társadalmi közeget a jobboldali és keresztény érdekegyesületek biztosították. Az addig nemzetgazdasági, jogfolytonossági és egészségügyi érdekből hivatása területén működő zsidó állampolgárt jogaitól teljesen megfosztották. A gettósítással hermetikusan elzártak őket. 1944-ben aztán minden zsidó „helye üresen maradt", szabaddá vált az őrségváltás számára: többek között 49 996 ügyvéd és ügyvédbojtár, 12 976 mezőgazdász, 638 mérnök „helye".

A mérnökökről és orvosokról külön is kell szólnom. Munkájuk nélkülözhetetlen volt. A hatósági orvosok 14, illetve 12%-a, a magánorvosok 54%-a volt zsidó (a már említett korlátozások miatt az előbbiek viszonylag kevesen, 693-an, az utóbbiak többen voltak, a zsidó magánorvosok száma 1488 főt tett ki). A háborús viszonyok között azonban ennek a két szakmának az ellehetetlenítése az egész magyar egészségügyet, sőt még a háborús erőfeszítéseket is veszélyeztette. Ezért őket jobb esetben a frontra ment keresztények helyére katonai behívóval besorozták, másokat „munkaszolgálatra hívtak be". Ők javadalmazás nélkül, hozzátartozóiktól elszakítva, rabként, sárga karszalaggal, fenyítések mellett végezték feladatukat.

A parlamenti viták, a Földművelésügyi és az Iparügyi Minisztérium aktái és főleg a megyei szakszervek iratai mutatják, hogy az egyénieken túl hogyan folyt szakmánként is a kisajátítás. A teljesség igénye nélkül megemlítem a Keresztény Bortermelők és Borértékesítők, a Keresztény Malmosok Egyesületének, a kereskedőket tömörítő Baross Szövetségnek és a mezőgazdasági cikkeket értékesítő Hangya Szövetkezetnek a törvényes felhatalmazását, amelyben jogosultságot szereztek zsidó vagy nagyrészt zsidó tulajdonban lévő vállalatok részvényeinek, raktárkészletének, kintlévőségeinek átvételére.

A magyar Parlament és Miniszterelnökség 1938 és 1944 márciusa között az 5 törvényen kívül részletes végrehajtási utasításokat

125 miniszterelnöki, illetve miniszteri rendeletet léptetett életbe.
Ehhez csatlakozott 41 megye főispánjának és alispánjának, valamint Kárpátalja és Észak-Erdély kormánybiztosainak 10 600 utasítása és a járási főjegyzők, városi polgármesterek, községi jegyzők leiratai.

Ilyen előzmények után nem volt nehéz dolga a náci megszállás alatt a Horthy Miklós kormányzó külön felhatalmazásával rendeleti kormányzást bevezető kormánynak, hogy újabb 120 rendelettel a zsidó állampolgárokat minden joguktól megfossza.

Az 1944. március 19-i német megszállás kétségtelenül új helyzetet teremtett, a közvetlen német parancsuralom periódusát. Ugyanakkor egyértelmű, hogy a fegyveres és adminisztratív hatalom évtizedes folytonossága megmaradt. Sőt, a rendeletalkotás és -alkalmazás során manifesztálódott, hogy a náci célokat az apparátus magáévá teszi, saját eszközeivel elősegíti, legalizálja. Az apparátus — akár felesküdött Szálasira, akár nem — a nyilas érában is pontosan teljesítette a gyakori és már-már kétségbeesett utasításokat. Ezen az alaptendencián egyes személyek szubjektív meggondolásai aligha változtattak bármit is.

Horthy kormányzói tisztségének fenntartása, illetve az, hogy a jogfolytonosság hangsúlyozásával ő nevezte ki a a németek által javasolt Sztójay-kormányt; hogy a törvény- és rendeletalkotás folyamatosan tovább működött; hogy a hagyományos magyar államapparátus szaktudásával a nácik, majd a nyilasok rendelkezésére állt, a törvényesség látszatát erősítette, egyben megbénította a potenciális ellenállás tartalékait is.

A rendeletek végrehajtása azért is ellenállás és akadály nélkül ment végbe, mivel a polgármestereknek a törvénytisztelő és pontos könyvelést vezető hitközségek részletes listát adtak tagjaikról, intézményeikről, s ezek vagyoni helyzetéről. Mindössze négy nap alatt, a BM 6136/1944 VII. Res 101. sz. utasítására. A lista egy példányát a rendőrkapitányság, egyet a csendőrkapitányság és egyet a Belügyminisztérium kapott meg. Az adatokat a csendőrkerületi felügyelőknek és a polgármestereknek benyújtott listákkal vetették össze. Rendelkezésünkre áll a 10 közül az egyik csendőrkerület csecsemőket is lajstromba vevő részletes jelentéshalmaza. Érdekes, hogy a Vitézi Szék ún. törzsszékei a csendőrség felépítéséhez al-

kalmazkodtak, 1941-től havi bontásban és községenként hangulat-
jelentéseket, ún. nemzetvédelmi helyzetjelentéseket szolgáltattak.[12]
A gettósítást a megnagyobbodott országban 1353 csendőrörs és
780 rendőri egység végezte. A csendőrség létszáma 15 826 fő, a
rendőrségé 11 000 fő volt, együttesen ezen fegyveres testületeké
a budapestivel együtt 60 000 főt tett ki. A Belügyminisztériumban
már évek óta működő két osztály és hat alosztály létszámát meg-
emelték, a Pénzügyminisztériumban, a Vallás- és Közoktatásügyi
Minisztériumban külön kormánybiztosságokat is létrehoztak. Az
1944 augusztusában Turvölgyi Albert vezetésével felállított kor-
mánybiztosság a zsidók anyagi és vagyonjogi ügyének megoldá-
sára 10 osztályból állt. A gettósítás idején a rendőrséggel és
csendőrséggel együttműködő „begyűjtést" és leltározást végző
pénzügyőrség megyénként kerületi biztosságokkal és szakaszokkal
rendelkezett, összlétszáma 6368 fő volt.[13]

A sok tennivaló ellátására azonban rendeletileg más közalkal-
mazottakat is kirendeltek. Tanítókat leltározásra, rajztanárokat mű-
tárgyak minősítésére és beszállítására, egészségügyi dolgozókat az
orvosi rendelők felszerelésének felleltározására, szülésznőket nők
motozására stb.[14]

A sok közül hadd említsem példaként a közellátási hivatalok
3147 alkalmazottjának feladatkörét. Az értékcikk kezelőségek
kapták a 804.218/1944 rendelet alapján a felhatalmazást, hogy a
csendőrség által összeállított listák szerint a zsidóknak külön élel-
miszerjegyet állítsanak ki, s azon — ha az utasítás úgy rendelte
— az élelmiszeradagot csökkentsék (a tejet pl. megvonták). A get-
tók, majd gyűjtőtáborok élelmezésével valamennyi törvényhatóság
első tisztviselőjéhez intézett külön közellátásügyi döntés foglalko-
zott: a 357.987/1944 XV. sz. rendelet, amely további 3 körrende-
lettel egészült ki.[15]

A rendeleteket végre kellett hajtani. A rendeletek, miniszteri,
helyhatósági utasítások minden részletre kiterjedtek, és ezért nyil-
vánvalóan alkalmazásukban közvetlenül és közvetve részt vettek a
közalkalmazottak, akiknek száma 200 511 volt. (Egy 1946-os
állami becslés szerint 287 065).

A gettóba szállításhoz sátorlapot, élelmet többnyire a Hangya
Szövetkezet tagjai adtak, a vagonírozáshoz szükséges drótok be-

szerzésére és felszerelésére kisiparosok kaptak megrendelést. (Munkalapok, számlák rendelkezésre állnak, a vagonírozást felügyelő csendőrök normaszerinti napidíj-elszámolása esetenként magasabb összeget tett ki, mint a vagonok „utasainak" teljes élelmezése.)

A szállítást végző MÁV-nál ez időben 34 263 alkalmazott volt (a szállítóleveleket mindmáig keressük). A falvakból a gettókba, gettókból a vagonírozáshoz a fuvarozást egyedül Szabolcs megyében 80 fuvaros végezte, kettősfogatú járművel 190 fuvart bonyolítva le. Távolabbi helyekről 19–20, közelebbiekről 6,40 P volt a díj.

Mindezen költségeket a községi elöljárók a Hitközség zárolt vagyonából fedezték, csakúgy, mint a gettósított területről kiköltöző más vallásúak költözési és renoválási költségeit is.

Az irodákhoz, üzletekhez, vállalatokhoz a szakminisztériumok, illetve megyei szakszerveik az ún. társadalmi szervek javaslatára (ezek voltak az Ipar- és Kereskedelmi Kamara, Vitézi Szék, Baross Szövetség, Cserkészszövetség stb.) pontos szóhasználattal „vállalatvezetőket", illetve irodavezetőket rendeltek ki.

A kirendeltek száma százezrekre tehető. Az arányokra csak kevés példát hozok fel. Csanád-Csongrád megyében 251 ügyvéd közül eredetileg 151 volt zsidó. 78 „keresztény-nemzeti" ügyvéd vállalkozott volt kollégáik irodájának, felszerelésének, folyó ügyeinek és kintlevőségeinek „árjásítására". Kisvárdán egyetlen hét alatt 40 üzlet cserélt gazdát. Az orvosi rendelők teljes felszerelésének elosztásáról a BM keretében működő „Orvosi Munkaerők Kormánybiztossága" rendelkezett. A felszereléseket a front, a kórházak és magánorvosok közt osztották el. A visszaélésekről számos dokumentum tanúskodik. Azt az állami, községi vagy biztosítótársasági orvost, aki nem vett részt a rablásban, főnökének jogában állt elbocsátani.

Végül a kiürült lakások ügye. Durva számítások szerint ezek száma meghaladta a 150 000-et. Az „elhagyott" lakásokba, házakba a helyi igazgatás gondnokot jelölt ki, aki a bért a helyi hatóságoknak fizette. Gyakrabban a hatóság a helyiségeket kiutalta az igénylőknek. Hivatalos miniszteri leirat rendelkezik az igénybevétel sorrendről: 1. német hatóságok, 2. magyar hadsereg, 3. helyi főtisztviselők, 4. intézmények (közigazgatás, posta, pénzügyőrség, csendőrség stb.), 5. szervezetek, egyesületek (leventeotthon, cserkészek, nyilaskeresztes párthelyiség stb.), 6. kibombázottak, keletről menekültek, hadiözvegyek, rászorulók.

Miután a zsidó vallású magyar állampolgárok tömegesen haltak meg, az elfoglalt helyiségek később rövid úton a bent lakók tulajdonába mentek át. A deportáltak sorsáról többnyire tudtak. Iratok sora idézi a döntéseket a zsinagógák más célra történő felhasználásáról. Sőt volt, ahol még a nyáron a zsidó temetők felszántását is tervezték.[16]

Külön kell szólnom a szegények sorsáról.

Számos irat áll rendelkezésre a zsidóktól elkobzott ruhák kiárusításáról, kiigényléséről. Kisbéren pl. a teljes nyilas pártszolgálatos egység zsidók fekete öltönyeiből alakította ki egyenruhatárát. A legjobb ingóságokat az elsőség jogán a helyi és járási tisztviselők kapták, de postáskisasszonyok, egyházi személyek, tanítók sem voltak restek az igénylők közé állni.

A bútorokból, fehérneműkből, konyhafelszerelésekből és ruhákból részesedtek mások, mezőgazdasági és ipari vagyontalan dolgozók, sokgyermekes anyák, hadirokkantak, kibombázottak, munkaképtelenek is. (A listák, igénylések rendelkezésre állnak.)

Nem lehet megrendülés nélkül olvasni a jegyzéket, ahol három zsidó birtokos földjéből 300–500 négyszögöl közti földek „juttatását" hitelesítik az aláíró parasztemberek.

A séma egyszerű volt: a zsidóktól elvett minden ingó és ingatlan értéket államosítottak, ezzel igazgatási hatáskörbe vontak. Az új elit így keresett és talált szövetségeseket nemcsak a nyerészkedőkben, hanem a két világháború közti Magyarország nyomorgó nincstelen falusi és városi lakossága körében is. Százezrek jutottak így földhöz, felszereléshez, bútorhoz. Ha háborogtak is az elosztás gyalázatos módján, elfogadták a javakat.[17]

Ha figyelembe is veszem, hogy a zsidók elleni rendszabályok megsértőit a rendeletek komoly büntetésekkel sújtották, hogy az emberségért fenyítés járt, s ennek ellenére sokan vettek részt a mentésben, végső soron a végrehajtásban és közvetlen vagy közvetett kedvezményezésben részesülők és családtagjaik száma majdnem milliós nagyságrendet tesz ki.

Meggyőződésem, hogy az erkölcsi (és anyagi) elszámoltatás hiánya nagyban hozzájárult a — jobb szó híján ezt kell mondjam — lelkiismeret-furdalásból eredeztethető antiszemitizmushoz.

Ha ma a történésznek ezen számok, listák összeállításával majdnem olyan manuális kutatómunkát kell végeznie, mint például a 18. századi urbáriumok összevetésénél, annak elsősorban az az oka, hogy eddig nem foglalkoztunk érdemben a Holocausttal statisztikailag, sem jogi, sem gazdaságtörténeti, de szociológiai megközelítésből sem.

Pedig a feldolgozás és elszámolás az egyetlen lehetséges metódus, amely a lelkiismereti válság megoldását vonhatja maga után.

A történet folytatása: azaz az elpusztultak holttá nyilvánításával, a hazatértek és örökösök ingó és ingatlan vagyonának, azok tulajdonjogával kapcsolatos eljárások a leírása külön tanulmány tárgyát képezi. Sajátos módszerekkel, gazdasági statisztika alkalmazásával, deduktív elemzéssel, komparatív módszerekkel mérhető fel az 1942-től 1945-ig, majd 1945-től 1950-ig újraelosztott, később államosított, az utóbbi években kárpótlás körébe vont, majd privatizálás révén különböző tulajdonosok, vállalatok kezébe került korábbi zsidó közösségi és egyéni tulajdonok sorsa, értékük mai értékre történő átszámolása. Egyértelmű, hogy amíg a kormányzat a kutatásokat nem engedélyezi, egzakt eredményre nem juthatunk.

Készült felmérés a nemzetgazdaság méreteihez viszonyított zsidó vagyonról, nagyjából áttekinthető a zsidó lakosságtól elrabolt nemesfém, ékszer és műtárgyak vagyoni értéke is. A WJRO részére összeállítást készítettem a volt hitközségek ingatlanjairól, a Rabbiszeminárium irattára tartalmazza az 1944 előtti hitközségi tagok egyházi adó szempontjából készített vagyonbevallását. Tanulmányom tárgya ezúttal mégsem az anyagi veszteség nagysága és aránya, hanem a vagyon, mint a társadalmi gondolkodás tényezője, mint a társadalmi változások indikálója. Hatása alól ma sem tudjuk kivonni magunkat.

A Holocaust utóélete közvetlen függvénye a politikai fejleményeknek, gazdasági érdekeknek és egyúttal szociológiai, szociálpolitikai kutatások tárgyát is képezi.

1945-ben ugyan történt erőtlen kísérlet a közelmúlt feldolgozására, de csak a trianoni Magyarország területére vonatkozólag. A felszabadulás utáni magyar kormány, amelyet egyébként a demokratizálásra nemzetközi szerződések is köteleztek, több mint 16 rendeletet hozott a faji megkülönböztetések megszüntetésére.

Másrészről a hazai békeelőkészítő tárgyalások során a Miniszterelnöki Hivatallal egyetértésben a zsidó hitközségek igazolták, hogy a Nyugatra szállított értékek zsidó tulajdonosoktól származnak. Ezzel elérték, hogy a Nyugatra szállított óriási értékek ne a náci Németország oldalán háborút vesztett Magyarország tulajdonának minősüljenek, amelyet azután a győztes szövetségesek hadizsákmányként kezelve, saját tulajdonukba vegyenek, hanem visszakerüljenek Magyarországra. A zsidó közösség a többi egyházzal együtt az 1947-es békeszerződés tárgyalásánál síkraszállt a magyar békecélokért.[18]

De mégis, szinte elháríthatatlan akadályok tornyosultak a kiengesztelődés és jóvátétel útjába. A többszörösen elosztott javak visszaszolgáltatására nem került sor. Az Elhagyott Javak Kormánybiztossága gyakorlatilag folytatta a Szálasi-rezsim gyakorlatát, amely államosította a zsidók értékeit. A horthysta közigazgatás és fegyveres erők, a kisnyilasok bűntudata, valamint a kommunisták mániákus félelme filoszemitának való minősítésüktől, azonos irányba vezetett: a Horthy-rendszer átkozása mellett annak elemzése és kritikája elmaradt.

Az elhagyott javakat az új rendszer kedvezményezettjei és újra csak a rászorultak kapták. Akiket gondnoknak neveztek ki a gyámhatóságok 1944 júliusában, a következő év folyamán már a demokratikus rendszer által legitimizálva tulajdonossá váltak.

Született törvény a zsidóüldözés elítéléséről, az 1946. XXV. tc. Igaz, abban a magyar közigazgatás és egyes rétegek felelősségéről és a diszkrimináció folytonosságának nemzeti tragédiájáról nem esik szó. Arról sem, hogy a Holocaust hogyan szigetelte el Magyarországot a nemzetközi demokratikus közvéleménytől. A törvény csupán 1941-et tekinti fordulópontnak a „nemzetiszocialista irányú magyarországi jogalkotásban". De kimondta, hogy „az üldözöttek munkalehetőségeinek fokozatos csökkentésével párhuzamosan nőtt a becsületes munkával meg nem szolgált, pusztán a származás címén élvezett bőséges jövedelmek száma, ami társadalomerkölcsi szempontból súlyos hátránnyal járt".

Ez a szöveg és gondolkodásmód sem akkor, sem mai ismereteink tükrében nem pontos. Kérdés, miért is nem kötelezte az új, demokratikusan választott Országgyűlés a parancsot teljesítőket bocsánatkérésre, az egzisztenciális haszonélvezőket jóvátételre? S miért maradt el a nemzetközileg alkalmazott pozitív diszkrimináció? Miért nem követték meg a nemzetet a közalkalmazottak? A népbíráskodási felelősségre vonás csak a hóhérokat érintette. A közigazgatás demokratizálása során sem jelentett hátrányt a „törvényes" Holocaustban való részvétel. Az 1946. évi B-listázás célja sem a politikai felelőség megállapítása, hanem az őrségváltás volt. Formailag az Igazságügy-minisztérium az „államháztartás egyensúlyának érdekében szükséges egyes rendelkezések végrehajtására" tett javaslatot, amelyet a 5000/1946. sz. ME rendelet követett. Az 1937–38-as létszám 10%-ának eltávolítását tervezték. Mindent egybevetve 287 065 állami alkalmazott volt 1938-ban. Ezek száma 1946-ra 350 383-ra nőtt. Az elbocsájtandók számát a tárcák 72 659 főben állapították meg, az elbocsájtás végül 80 041 főt érintett. Tehát a B-listázás során az előírtnál több embert távolítottak el, az indokoltnál kevesebbet vontak felelősségre. Az elbocsájtás szempontjai végül is teljesen szubjektívek voltak.

Aztán újabb megkülönböztetések kezdődtek. Rövidesen következett a sváb kitelepítés, majd évek múltán az osztály-, vagy népellenesség irracionális szólamai alapján történt kitelepítés. Ez utóbbi kitelepítettek között az aktuális kategóriáknak „megfelelő" zsidók is voltak.[19]

Mindez elmosta a zsidók dezintegrálásával és megsemmisítésével kapcsolatos elszámolás ügyét.

Súlyosan terhelte a zsidók üldözése és kiirtása az 1947. évi párizsi békeszerződések során visszacsatolt területek sorsát, Magyarország és a szomszéd országok viszonyát.[20]

Tárgyunk szempontjából ezek szerint néhány évtized elmúltával kell a következtetéseket levonnunk:

a) A magyarországi Holocaust-iratok forrásértéke azért egyedülálló, mert a zsidóüldözést és megsemmisítést folyamatosan azonos apparátus hajtotta végre, s iratai ezért zömében hivatalos irattári rendben megmaradtak. A hiányzók vagy a kutatás elől elzártak —

mint mindig — a rendelkezésre álló irategyüttesek alapján rekonstruálhatók.

b) A Trianon utáni fejlődés paradoxona éppen abban rejlik, hogy akkor, amikor az ország formálisan elnyerte függetlenségét, éppen akkor utasította el a magyar liberalizmus tanításait, szakított a magyar közjogi hagyományokkal, elvetette a múltbeli alkotmányos gyakorlatot, szembekerült az asszimilációval, s fenntartotta a nemzetiségek elnyomásának igényét.

c) Törvények megfogalmazása vagy elfogadása nem azonos a törvényességgel. Bármely etnikai vagy egyéb faji és osztálygondolat közigazgatási és törvényes rögzítése — bárhogy is nevezi magát, bármiként igyekszik magát újra meg újra legitimálni — egyszerűen rendeleti kormányzás, s nem alkotmányos, mint azt egyre gyakrabban állítják.

A tartalmát tekintve rendeleti kormányzás szemben áll a valódi törvényességgel, alkotmányossággal. Túl az alkotmányjogi vitán, mérgező hatása abban rejlik, hogy működtetése olyan tudati viszonyokat hoz létre, amelyek a kiváltó okok elmúltával is permanens politikai tényezőként játszanak szerepet.

A „parancsra tette" szindrómája, valamint az abból adódó egzisztenciális előnyök súlyos társadalmi konfliktusok forrásává válnak, sebeket vájnak a nemzet testébe.

d) Az organikus kibontakozásban többször megszakított és újra mesterségesen kedvezményezett elitek problémája az 1920–94 közötti magyar történelem egyik legjelentősebb szociológiai, ezért máig ható politikai jelensége.

e) És még egyet. A Vészkorszak bennünk és velünk él. Ma már tudjuk, hogy a másodlagos sebek nem gyógyítják, sőt nem is fedik el az elsőt. Ellenkezőleg — nem engedik begyógyulni azt. Aminthogy az sem igaz, hogy a közelmúlt irracionális diszkriminatív eljárásait, a régi végrehajtók tetteit igazolná, hogy „parancsra tettem".

Jegyzetek

1. A dokumentumok másolataiból lelőhelyszerinti nyilvántartás és leírás készült: Ságvári Gyűjtemény Politikatörténeti Intézet Levéltára, Budapest (A továbbiakban SGy). A magyarországi és budapesti esemé-

nyek térképes feldolgozását, a felhasznált dokumentumok jegyzeteit l. *A magyarországi zsidóság holocaustja 1944* ed., Ságvári Ágnes (Budapest: The Jewish Agency for Israel, 1994), illetve *A budapesti zsidóság holocaustja 1944* ed., Ságvári Ágnes (Budapest: The Jewish Agency for Israel, 1994). *A Holocaust Magyarországon: Dokumentumok a zsidóság üldöztetésének történetéhez* ed., Ságvári Ágnes (Budapest: Magyar Auschwitz Alapítvány–Holocaust Dokumentációs Központ, 1994). Iratok 19 megyei levéltárból. A sorozat 19 füzetet tartalmaz, összeállítói megyei levéltárosok.

2. Az egyetemekre való beiratkozás szabályozása 1920:XXV. tc. *Magyar Törvénytár* (Budapest: Franklin-Társaság, 1921), pp. 145–146., (továbbiakban MTT), valamint 1928:XIV. tc. *MTT,* 1929, pp. 330–332., 230–272.

3. Már az 1938:XV. tc. kimondta, hogy a kilépés a hitközségből a faji hovatartozást nem módosítja. Az 1939:IV. tc., az ún. második zsidótörvény lehetővé tette, hogy a Keletről 1919 után bevándorolt zsidóknak, „akiket életviszonyai nem kötnek az országhoz... hatálytalanítani lehet a honosítását". *MTT,* 1940, p. 132. Ugyanezen törvénycikk 5. paragrafusa rögzíti, hogy zsidó „tisztviselőként, vagy egyéb alkalmazottként nem léphet az állam, a törvényhatóság, község, úgyszintén bármely más köztestület vagy közüzem szolgálatába". *MTT,* 1940, p. 134. Nem lehet továbbá: időszaki lap szerkesztője, kiadója, munkatársa sem, „bármely névvel megjelölt olyan munkatársa, aki a lap szellemi irányát megszabja". Ugyanez a kitétel vonatkozott a színházakra is. Ibid., pp. 135–137.

4. *MTT,* 1940, pp. 137., és 138.

5. *MTT,* 1942, pp. 63–68.

6. *MTT,* 1943, pp. 89–108. „Egészen különösen sokat jelent a föld nekünk magyaroknak... a földnek ez a felsőbbrendű értékelése az államhatalmat arra kötelezi, hogy ...védje meg az országot gazdasági létének aláaknázásától." l. A zsidók mező- és erdőgazdasági ingatlanairól Ibid., p. 91. A fent idézett törvényt megelőzte a 1942:XVI. sz. tc. „a mezőgazdaság fejlesztéséről" és 53000/1942 ME rendelet, amelyek a törvény szavai szerint „együttesen a termelési rendet az államhatalom erejével biztosítják". *MTT,* 1943, pp. 109–111., 136. A birtokok listája és számszerű összesítése a MOL FM szekció zárt anyagában található.

7. Megyei levéltárak Közigazgatási Bizottság iratai 1942–1943.

8. *Vitézi Szék Hivatalos Értesítője,* 1940. és 1943.

9. *Dokumentumok... Iratok a Veszprém megyei levéltárból* ed., Lichtneckert András.; *Iratok a Vas megyei levéltárból* eds., Bajzik Zsolt, Mayer László.; *Iratok a Szabolcs-Szatmár-Bereg megyei levéltárból* ed.,

Nagy Ferenc.; *Iratok a Békés megyei levéltárból* ed., Cseh Edit (Budapest: Magyar Auschwitz Alapítvány–Holocaust Dokumentációs Központ, 1994).; SGy 2. őrzési egység (ő. e.); MOL BM K 149. Alispáni jelentések és elszámolások, közte Győr város iratai.

10. A mechanizmusról: Ságvári Ágnes, „Összefoglaló a magyar közigazgatás szerveinek feladatköréről a zsidótörvények végrehajtása kapcsán: Összefoglaló a hivatalokról és a magyarországi zsidó holocaustra vonatkozó adatokat tartalmazó levéltári anyagokról" (SGy), és Botos János, A Magyar Nemzeti Bank részvétele a zsidó származásúaktól elkobzott vagyontárgyak összegyűjtésében és tárolásában 1940–1950", S Gy. 11. ő. e. MOL KEOKH Elnöki Iratok K 490., 491. sz. irategyüttesek. A megyei levéltárak fent jelzett sorozatban közölt iratai közül elsősorban a főispáni, alispáni iratok, a községi állagoknál pedig a főszolgabírói iratok. Ezenkívül: A megyékből a Magyar Királyi Pénzügyigazgatóságok iratai SGy 57. ő. e. Értelmiségi Munkanélküliség Kormánybiztosságára l. Veszprém Megyei Levéltár Balatonfüred 1942. PM-számla és ott nyilván tartott vagyonok: MOL K 498 A zsidóüldözésben való részvételért fizetett munkadíjakról többek között Zala Megyei Levéltár Sopron 25/1945. sz. leirat. M. Kir. Pénzügyigazgatóság 17.018/1944. szept. 11-i utalványozása, Szabolcs Megyei Levéltár alispáni iratok 1944.

Működött számos ún. fedőszerv is. Ilyen volt például a Nemzetközi Beraktározási és Szállítmányozási Kft, amely Ferenczy csendőr alezredes vezetésével a deportálásokat végezte.

A köztisztviselői létszámról l. *Csendőrség Évkönyve*, 1940 és 1943. Az 1944. évi köztisztviselői létszámra 1946. évi BM B-listázási iratok, amelyeket Zinner Tibor volt szíves rendelkezésemre bocsátani.

11. Az adatok a zsidótörvények és BM-rendeletek mellékleteiből valók.

12. Hajdú-Bihar Megyei Levéltár VI. csendőrkerület zsidó nyilvántartása, SGY 78. és 79. ő. e. és Vitézi Szék Székkapitányi nemzetvédelmi hangulatjelentések.

13. Az évtizedek óta kiépített csendőrparancsnoksági körzetek lettek a deportálási zónák: állományuk hajtotta végre a gettósítást és deportálást is.

14. *Dokumentumok... Iratok a Bács-Kiskun megyei levéltárból* eds., Kemény János, Molnár Györgyné, Péterné Fehér Mária.; *Iratok a Nógrád megyei levéltárból* eds., Dupák Gábor, Á. Varga László (Budapest: Magyar Auschwitz Alapítvány–Holocaust Dokumentációs Központ, 1994).

15. SGy 1. ő. e. és MOL K 250. szekció anyagából

16. *Dokumentumok... Iratok a Békés megyei levéltárból* ed., Cseh Edit.; *Iratok a Jász-Nagykun-Szolnok megyei levéltárból* eds., Czégény Istvánné, Nánási Mihály, Papp Izabella.; *Iratok a Vas megyei levéltárból*

eds., Bajzik Zsolt, Mayer László (Budapest: Magyar Auschwitz Alapítvány–Holocaust Dokumentációs Központ, 1994).

17. Országos Szociális Felügyelőség 549.000)1944. sz. rendelete. SGy 81. ő. e.

18. SGy 7. ő. e.

19. Rátki András, „Kitelepítés, 1951", *História*, vol. 7, no. 3, 1985, pp. 17.

20. Ságvári Ágnes, „A Holocaust utóélete a Kárpát-medencében" *Freibeuter Wagenbach* (Berlin), April, 1995.

——— *** ———

Summary

Did They Do It on Order? Public Administration, Changing of the Guard and Law-Abiding Citizens in 1944

This study examines the role of the Hungarian civil service in preparing and executing the Holocaust by retracing the structural, local, and "routine" implementation of the laws in force and analyzes the processes of the "lawful" condemnation to death of Jewish-born Hungarian citizens. Some of the material presented comes from hitherto unpublished materials from national and county archives.

Detailed data is presented to show that the government, the civil service, and various social bodies cooperated in bringing about a so-called "changing of the guard" through the implementation of the anti-Jewish laws. Data is also presented to show that those who took a share of the Jewish assets — even if basically for economic reasons — committed themselves in favor of anti-Semitism for decades to come. The study also provides a succinct overview of the aftermath of the Holocaust in Hungary.

The Halutz Resistance as a Revolt Against Assimilation

Asher Cohen

The history of Hungarian Jewry prior to World War II was shaped by a century of assimilation: since the middle of the nineteenth century the modernization of Hungary was linked with the integration of the Jews into the Magyar nation. "Assimilation" is used here to mean the complete merging of local Jewry with Hungarian nationality, inclusive of language, culture and, above all, national identity. Assimilation in this sense required, over and beyond anything else, the complete renouncing of any kind of Jewish national identity.

On the one hand the Jewish community, including the new immigrants from Galicia, was generally in favor of rapid assimilation as an integral part of the policy of Magyarization being pursued by the Hungarian part of the Dual Empire. On the other hand, the leading Magyar elite enthusiastically accepted this form of Jewish assimilation, which seemed highly successful and advantageous for both sides. The newly assimilated Jews partially counterbalanced the existence of a large number of national minorities in the country.[1]

All this happened at the time the term "anti-Semitism" was being coined in Germany. European anti-Semitism of the late nineteenth century, which was actively manifested in Hungary as well, was only partially a continuation of traditional Christian anti-Jewish feelings. Principally it expressed a new opposition by nationalists to Jewish assimilation and social achievement in the modern industrialized urban society. The result of this opposition, even though it had no decisive political impact at the time, was that Jews became entirely dependent on the "liberal" convictions of the national elites and their protection against anti-Semitism. These are the unique circumstances that defined Jewish assimilation into Hungary's semifeudal, politically liberal yet socially ultratraditional, and dynamically modernizing society. The Jews integrated into an urban society in the making, while partially also embracing the value system of the non-urban nationalist ruling strata. Although not all Jews were equally assimilated, and some not at all, the majority truly became national Hungarians.

The apparently successful process of Jewish assimilation ended with World War I. After the signing of the Treaty of Trianon in 1920, Hungary was transformed into a national state that was practically without minorities. The violent anti-Semitism of the White Terror was new and completely unexpected in liberal Hungary. The stabilization of the conservative right-wing government helped somewhat to moderate the violent outbreaks, but at a cost of the first anti-Jewish legislation in Europe during this period, the *numerus clausus* law of September 1920.

The fundamental change in the status of the Jews resulted from the objective conditions created by the dissolution of the Austro-Hungarian Empire and the loss of political control by the ruling "liberal" aristocracy. It was a direct outcome of the national and social crises that surfaced after the defeat and subsequent dissolution of the Dual Monarchy. In 1919 the aristocracy was first forced to share power with the "traditional middle class," the gentry, and later with other anti-Jewish urban social strata.

The White Terror and the *numerus clausus* were obvious signs of the crisis in assimilation. The assimilationist trend of Hungarian policy was replaced in the early 1920s by its opposite, a call for dissimilation." Leading intellectuals such as Gyula Szekfű and Dezső Szabó repeatedly maintained that Jews could not be regarded as an integral part of the nation, and that it was desirable for at least a portion of the Jews in the country to be expelled from the national state.[2]

The integrated process of dissimilation imposed on the Jews was felt on the political, cultural, economic, and legislative levels, and reached catastrophic proportions on the eve of World War II.

The alarming success of the Arrow Cross in 1939 was more than a sign of the aggravation of the crisis; together with the first two anti-Jewish laws it was an evident demonstration of the failure of assimilation. The process of eliminating Jews from the national framework reached the next stage with the promulgation of the third major anti-Jewish law in August 1941. The "failure of assimilation" was explicitly cited as reason for the law.[3]

Yet, despite several obvious inherent social distinctions which always existed, and still more the unmistakable negative development in the attitude of the Hungarians toward the Jews, the latter continued to ignore and deny the existence of any serious problem; they regarded assimilation to be clearly an achievement. Since in the earlier period the basic process of assimilation had depended mainly on the ability of Jews to blend into the Hungarian culture and environment, they saw in the success of this phase a *fait accompli*, and themselves as an integral part of the nation.[4]

But assimilation is of necessity bilateral. What in relatively mild cases some leading intellectuals had called "dissimilation" and others found an incitement to violent anti-Semitism was the nonacceptance of assimilation. The peculiarity of the situation was the failure of the Jewish population and elites to realize the strength of this feeling. Jews who fought against anti-Semitism, and they were many, preferred to invent a thousand-years-old common history, rather than to try to justify a two or three generations-old assimilation. Thus the deep crisis of assimilation remained unsolved: the right to assimilate was really not debated, and anti-assimilationist Jewish attitudes were practically nonexistent.

At the beginning of World War II the Jews of Hungary learned of the terrible conditions of the Jews in the neighboring countries from the accounts of refugees, as well as from the media. The dire events in Hungary had by then weakened the status of the Jews considerably, in both economic and social terms. The steady worsening of the situation was quite obvious even to contemporaries but as compared to the increasing peril to Jews in other European states, the Jews in Hungary lived in relatively good and stable conditions between 1942 and 1944. They concluded from the comparison that "Horthy would not permit any harm to come to his Jews," a judgment that appeared to be justified anew each day. Thus Hungary became a haven even for some Jewish refugees.

In January 1942 the Wannsee Conference to coordinate and implement the Final Solution took place in Germany. It opened a new era in the process of annihilation, that of mass deportations and death camps. Early in March the roundup of Jews, especially young people earmarked for deportation, began in Slovakia. It was followed by the first great wave of refugees from that country to Hungary. Among them there were also Jews from Poland who had fled to Slovakia earlier, and some members of the Zionist youth movements.

The refugees were convinced that no legal framework could guarantee their lives and their continued stay in Hungary. But despite the failure of assimilation in Hungary, between March 1942 and 1944 the government of Miklós Kállay refused to exclude the Jews completely from the national framework. Not only was there no ghettoization and no deportations, but even anti-Jewish legislation seemed to have been halted. At this stage Hungary was still a country ruled by law, and Hungarian Jewry relied on the country's legal guarantees for their security. They believed, quite reasonably in retrospect, that the law which had safeguarded their existence during the years of the great German victories would continue to be their salvation.

The refugees, most of them illegal who numbered well over 10,000 by the beginning of 1944, represented a new and insoluble challenge to the legalistic orientations dictated by assimilation, which for local Jewry appeared to be the very foundation of their existence. The refugees expected to be helped by their Jewish brethren, and to get the kind of help that could not have been proffered by law-abiding Hungarian citizens: no organized Jewish body could afford to undertake an illegal act to help refugees.

This was actually the *raison d'être* of a small group of Zionists known later as the Relief and Rescue Committee — the *Vaadah*.[5] Unlike most Hungarian Jews, this group was "unassimilated," both by virtue of the origins of its founding members and by their methods of action. The founding members were Joel Brand, born in Transylvania and living previously in Germany; Rudolf Kasztner, who was formerly secretary of the Jewish Party in the Romanian Parliament; and Shmuel Springmann, who was of Polish nationality. They were supported by some Zionists and by members of the Zionist youth movements. These men were prepared to operate along unconventional lines — illegal for the most part — in order to help refugees who were streaming into Hungary at the time. This readiness was entirely voluntary and based neither on any formally vested authority nor on the prestige of any acknowledged leadership.

The dispatch of a delegation from *Eretz-Yisrael* to Istanbul, in December 1942, decisively transformed the status of the rescue workers in Budapest, and helped to improve the Rescue Committee's situation. This delegation gathered information on the fate of European Jewry and sought to support the rescue work of the *halutz* movements in areas under Nazi rule. The Budapest Zionists fulfilled a major function in both types of operation. The consolidation of relations with the representatives in Istanbul gave the Committee, for the first time, some "international recognition" as well as effective public power because of the funds it controlled.

The reports that had made their way to Budapest, and thence to Istanbul, Palestine and to the Jewish world at large, were shocking. The news of what was going on in Poland and the mass slaughter of Jews there was already known by the end of 1942; but only the reports brought by the couriers sent to Poland, and the testimonies of the refugees who had managed to escape in 1943, made the full scale of the *Shoah* clear. The first eyewitness report of the Warsaw Ghetto Revolt came in June. In July it was reported from Budapest that apparently there was no Jewish community left in Poland. Information on the extermination of Polish Jewry traveled from Budapest to the world, not vice versa.[6]

There is no doubt that widespread knowledge of the total destruction in Poland existed in Hungary by the end of 1943.[7] It cannot be demonstrated how many heard the "horror stories" of the refugees; surely many did. Nevertheless, on the eve of the invasion there seemed to be no reasonable cause for a sudden worsening of the situation in Hungary. The German occupation was completely unexpected, and that so many Hungarians would such a short time later be mobilized to carry out deportations to the death camps was surely even less anticipated.

On Sunday, March 19, 1944, the German army suddenly swept into Hungary and within a few hours transformed the Jews from faithful and dedicated Magyar citizens into Jews condemned to death.[8] Immediately following the invasion, the Gestapo assembled the leadership of the two Budapest *kehillas* and ordered the establishment of a Jewish Council to serve as the sole unified representation for the entire country. There was an almost complete break in communication between the capital and the countryside. The first shock was followed by a state of paralysis.

In provincial towns the Jews were to be rounded up and transferred to a specially designated area that would serve as a ghetto, totally isolated from the other parts of the city. The internal administration of the these shortlived ghettos was entrusted to a local Jewish Council consisting of the traditional leaders of the community. These local bodies were for the most part isolated, with no contact with the outside world. Rumors were artificially spread that the transfer would be to some other locality in Hungary, the most commonly mentioned place being Transdanubia. The rare contacts between the local "leaders" and the Jewish Council in Budapest were confined to spurious calming messages. The warnings of the refugees, even if they reached the ears of some ghetto dwellers, were of no avail.

In some cases the *halutz* youth movements sent emissaries to alert the communities and their local leaderships of the danger of the deportation. We know of a few dozen such undertakings. Relative to the needs and the problems of hundreds of thousands of Jews in many cities, these self-sacrificing brave missions were a drop in the ocean. But when they did establish contact with the local leaders, no one would listen or pay heed. It should hardly be cause for surprise that well-established Jews were not prepared to listen to the stories of some youthful outsider of 17 or 20, when the reputable leadership was announcing that no harm would come to anyone if they only maintained law and order. They did not believe the youngsters' "horror stories," or were psychologically incapable of breaking the laws of "their own country," or the young people who could here escaped were simply not ready to abandon their families in their tragic situation. Practically every Jew was still convinced that Regent Horthy would never abandon "his Jews" to be deported and annihilated, especially at a time when the Red Army had advanced so close to the Carpathians. For any possible realistic response to take place, a thorough and comprehensive reevaluation would have been be needed. Unfortunately a reevaluation of deep-rooted popular beliefs based on a century-old assimilation into the Hungarian nationhood is painful and requires time. After March 1944, there was no time for reconsideration for those who for so long had been unprepared.

The fate of the majority of the Jews of Hungary brought to a tragic conclusion the dissimilation process that had begun 24 years earlier. The responsibility for the deportation in the general sense rests, evidently, on Germany. Nevertheless in Hungary it encumbers the Regent and his government, and the administration as well. The response of Hungarian Jews was determined by the character of the Jewish community in the country and the nature of its leadership, by the special relationship between Hungarians and Jews which had developed before and between the two wars, but also by the nature of the deportation.[9] On the other hand, the pace of the deportations, speedier than any other in the entire history of the *Shoah*, was only possible because of the ideological and psychological preparation of the masses, within a single generation, for just such a possibility.

The ineffectiveness of the Jewish response cannot be explained merely by the lack of information about the Final Solution, or by disinformation concerning German policy. These may have existed; but some Jews, or even many of them, were informed and even well informed. The inadequacy of response was rather the direct and inevitable result of the peculiar situation, which on one hand had been created by the failure of assimilation, and on the other by the misinterpretation of the situation by the Jews who could not abandon an assimilationist perspective that had practically no connection with the realities of 1944.

While the impotence of the nominal Jewish leadership during the first period of the German occupation has been noted, the tiny Zionist movement was very active and played an unexpectedly important role. It involved four nearly unconnected sources: the Rescue and Relief Committee, the *halutz* youth movements, the secretary of the Palestine Office Miklós (Moshe) Krausz, and the president of the Hungarian Zionist Association Ottó Komoly. For the moment we shall concentrate entirely on the *Halutz* Resistance.

The resistance of the Hungarian Zionist youth movements began to be organized during this period. The integration of the refugees and their absorption into the local movements prior to March 1944 had altered the character and the structure of these movements. The presence of the refugees for two years had made clear the possibility of maintaining an illegal existence and had shown that under extreme conditions this was the only possible way for survival. During the first days of the occupation each movement numbered only a few dozen members in Budapest. By the end of June they had a total membership of no more than 500 to 600, including the refugees. The first stage was to secure Aryan papers to guarantee the members' lives and make it possible for them to take action. In the second stage an attempt was made to concentrate a majority of members in Budapest, or send as many as possible out of the country. This was called the *tiyul* (Hebrew for "trip" or "excursion"). Between April and August, Romania became the only practicable escape route. There are no statistics regarding the number of fugitives, but it can be estimated that the figure approached 7,000. The majority were Jews from Northern Transylvania who had come to understand the dangers of the deportation and saved themselves.[10]

When, as a result of the government's new "liberal" policies, Horthy put an end to the deportation on July 7, 1944, a separate organization independent of the Central Jewish Council was created for "Jewish converts." Many Jews had also newly registered for conversion, and some were even converted at this time.[11] To be sure they had been promised nothing, but the uncertain atmosphere impelled people to grasp at any opportunity, however faint. Ironically, the two "necessities" most in demand during these weeks were either a certificate of baptism or a permit to emigrate to Palestine — the latter was the legal basis for the protection provided by the Swiss *Schutzpass*.

After the establishment of the Arrow Cross government on October 15-16, 1944, the deportations were resumed.[12] This time the destination was Germany, and these deportations were quite different from those carried out up to July. All persons of working age were ordered to report. Hungarian police, accompanied by Arrow Cross men, raided the Yellow Star houses and took away everyone who had not reported, leaving behind the aged, pregnant women, the ill, and the children. Among the most horrifying and familiar sights in the ghettos of Eastern Europe were abandoned children dying of starvation. This did not occur in Budapest, because of the short period of time of the Arrow Cross rule and because of the efforts of Komoly's Department A of the Red Cross and of the Resistance, who took care of running and furnishing the children's houses and, above all, feeding their inhabitants. Alongside this successful children's rescue, the resistance movement continued its production of false documents and began to produce large numbers of forged protective passes, generally of good quality.

When it was no longer possible to get Jews out of the city, an orgy of mass murders took place on the banks of the Danube. Killing in the streets became a common occurrence. Night after night thousands of Jews were murdered and their bodies tossed into the river. Protective passes and "protected houses" were now worthless, and at times it even seemed that the Arrow Cross gangs singled out "protected" Jews for their fury, leaving the others to starve in the congested ghetto with its disease, vermin, and bombings. In some cases Raoul Wallenberg or Resistance members, armed and dressed in some uniform or other, were able to rescue Jews already on their way to the Danube. It is impossible to estimate how many people were massacred or how many lives were saved by these feats; nor is it possible to know how many of those saved in this way survived to the end.[13]

On January 18, 1945, liberation came to the ghetto, the largest to survive in Europe, and to the entire east bank of the Danube where almost all the surviving Budapest Jews were concentrated. The survival of this large community of Jews resulted from a variety of factors, some of them independent of the Jews and some the result of their direct efforts. Among the latter, the most important was the *Halutz* Resistance.

The distribution of protective passes by the neutral legations and the efforts of the International Red Cross to organize the emigration of children — which the Arrow Cross, now anxious for recognition, formally approved — would certainly have saved some Jews under any circumstances. But it was the *Halutz* Resistance's use of these legal frameworks for its rescue activities that multiplied their effectiveness: only this well-organized illegal movement was able to turn them into an efficient enterprise of mass rescue. This was done by the first relatively large organization that rejected assimilation as its ideological basis, and thus became the first notable revolt against the assimilationist trend. It received its first impetus from Zionist youth fleeing deportation in Slovakia and in Poland. Its legitimation, operational directives, and financial support came from the Zionist delegation in Istanbul. The first important deviation from the major trend of contemporary history of the Jews in Hungary emerged at the historic moment of 1944 when assimilation proved itself a total failure. Even though the majority of the *Halutz* Resistance members were Hungarian-born and Hungarian-educated youth, prior to and immediately following March 1944 they hardly had any non-Jewish contacts. The group's national identification was Jewish.

Beyond the importance of the *Halutz* Resistance as the element responsible for a relatively successful undertaking of mass rescue, the *Halutz* Resistance made its mark during the initial period following the *Shoah* as a considerable anti-assimilationist force. What can be defined as the direct post-*Shoah* period in Hungary was of rather short duration, and ended with the Communist takeover in late 1948 and early 1949. It was marked, among other things, by two serious pogroms — in May 1945 in Kunmadaras, and in June 1946 in Miskolc. Since the period is still in need of substantial research, we limit ourselves here to a few general remarks.

With the liberation, Jews appeared once more in the streets of Budapest, emerging from the ghetto and coming out of hiding; some deportees and labor servicemen soon also began making their way back. They had to adapt not only to the new situation in the country, but above all to their immediate past and the fact that the majority of their kin had perished, a circumstance for which many of them held the Hungarian people largely responsible. They had to open a fresh dialogue with the latter and with the new regime, and had to reorganize their own community.[14]

It was evident to both sides that Hungarian-Jewish relations had to be redefined. Among certain Hungarians there were obvious guilt feelings. Gyula Szekfű, the historian who had advocated dissimilation in the early 1920s, writes in his memoirs that he advised Prime Minister Ferenc Nagy to beg the forgiveness of the Jews on the occasion of the reopening of the Hungarian parliament. This was not done, and Nagy does not mention the proposal. The Calvinist Bishop László Ravasz publicly declared that the Church had sinned in not helping the persecuted; he was criticized for this declaration. Newspaper articles dealt extensively with the problem. The most important and honest declaration came from a young writer, István Bibó, in which he acknowledged the responsibility of the Hungarian people for permitting and promoting the persecutions. Bibó's position concerning the national moral responsibility was soon forgotten and banned, to be reexpressed only some thirty years later by György Száraz and a few others.[15]

While these attempts at clarification went on, with little progress, the Jewish community began to rebuild its institutions. In March 1945 a new board of the *Kehilla* was constituted. Its most significant innovation was that it included some Zionists. Theirs was an important presence, since it was the first time that Zionists were represented in any community organization. While the change was inevitable and followed the pattern of all other countries, in Hungary it had resulted mainly from weighty local causes: the rescue activities of the Zionist organizations, especially of the *halutz* youth.

Still, it is unclear to what extent Hungarian Jewry had really become Zionist. What are the criteria for measuring this? If we examine emigration to *Eretz-Yisrael*, we find a marked increase in *aliyah*. However, the numbers remained small. While the number of emigrants was nearly four times greater in 1944-1951 than during the preceding twenty years, the choice of the vast majority of over 100,000 survivors was to remain in Hungary for the time being. During these same years, under the new regime in Hungary large numbers of Jews were to be found in government ministries, entrusted with political and economic responsibilities, and even in the political police that had been inspired and created by the communists. Substantial clarification is required with regard to Jewish office holders in the government or in economic organizations. We know little of the nature, scope, and socio-political characteristics of this group. Nevertheless, if Jewish participation in the regime was indeed as large as it seems to have been, it would tend to confirm that Hungarian Jewry had remained assimilated, and had retained strong ties with Hungarian culture and adhered to its Hungarian national identity. Thus in the completely new socio-political surroundings the basic character of Hungarian Jewry remained unchanged. It is no accident that even today the largest Jewish community in Eastern Europe is in Hungary.

The revival of a deep and intensive assimilationist trend is, in fact, the continuation of the traditional trend among Hungarian Jewry, and not only the result of the communist anti-Zionist measures after 1948. Thus it becomes even more evident that the *Halutz* Resistance was a one-time deviation, merely a brief revolt, against the dominant trend of assimilation. And though it can certainly be regarded as a relatively successful rescue organization, it undoubtedly failed in the long term as a revolt against assimilation.

Notes

1. Péter Hanák, ed., *Zsidókérdés, asszimiláció, antiszemitizmus* (The Jewish Question, Assimilation, Antisemitism) (Budapest: Gondolat,

1984); Béla Vágó, ed., *Jewish Assimilation in Modern Times* (Boulder, CO: East European Monographs, 1981).

2. Gyula Szekfű, *Három nemzedék és ami utána következik* (Three Generations and What Follows) (Budapest: Mecénás, 1989), Preface by Ferenc Glatz, pp. 434-444; Dezső Szabó, *Az elsodort falu* (The Swept Away Village) (Budapest: Csokonai, 1920); Gyula Juhász, *Uralkodó eszmék Magyarországon, 1939-1944* (Dominating Ideas in Hungary) (Budapest: Kossuth, 1983).

3. Nathaniel Katzburg, *Hungary and the Jews, 1920-1943* (Ramat Gan: Bar Ilan University Press, 1981); Miklós Lackó, *Arrow-Cross Men, National-socialists, 1935-1944* (Budapest: Akadémia, 1968).

4. These analyses are developed in my paper, „Continuity in the Change—Hungary, March 19, 1944," *Jewish Social Studies,* vol. XLVI, Spring 1984, pp. 131-44.

5. Ernst Landau, ed., *Der Kastner Bericht* (München: Kindler, 1961); Alex Weisberg, *Advocate for the Dead, The Story of Joel Brand* (London: Andre Deutsch, 1958).

6. Asher Cohen, *The Halutz Resistance in Hungary 1942-1944* (New York: Columbia University Press, 1986), pp. 16-51.

7. All the elements of the policy of extermination were widely know in Hungary. This was systematically demonstrated and analyzed by Braham in his study, „What Did They Know and When?" in Yehuda Bauer and Nathan Rotenstreich, eds., *The Holocaust as Historical Experience* (London: Holmes & Meier, 1981), pp. 109-31. See also, Randolp L. Braham, *The Politics of Genocide: The Holocaust in Hungary,* Bevised and Enlarged Edition (New York: Columbia University Press, 1994), pp. 806–849.

8. Randolph L. Braham, ed., *The Destruction of Hungarian Jewry: A Documentary Account* (New York: World Federation of Hungarian Jews, 1963); *The Hungarian Catastrophe. A Selected and Annotated Bibliography* (New York: Columbia University Press, 1984); Ilona Benoschofsky and Elek Karsai, eds., *Vádirat a nácizmus ellen* (Indictment of Nazism) (Budapest: Magyar Izraeliták Országos Képviselete, 1958-1967); György Ránki, *1944. március 19.* (March 19, 1944) (Budapest: Kossuth, 1978); Randolph L. Braham and Béla Vágó, eds., *The Holocaust in Hungary: Forty Years Later* (New York: Columbia University Press, 1985).

9. On the essential role of the administration, see the important contribution by Elek Karsai, "Deportation and Administration in Hungary" in *The Holocaust in Hungary: Forty Years Later,* op. cit., pp. 107-27.

10. Cohen, *The Halutz Resistance*, op. cit., pp. 52-127.

11. For some important new data, see Victor Karády, „Assimilationist Identity Management Under Duress: Trends of Baptism and Mixed Marriages in Hungarian Jewry in the Period of the *Shoah*, 1938-1949" in the present volume.

12. Éva Teleki, *Nyilas uralom Magyarországon* (Arrow Cross Rule in Hungary) (Budapest: Kossuth, 1974).

13. Cohen, *The Halutz Resistance*, op. cit., pp. 155-241.

14. Viktor Karády, ed., *Zsidóság az 1945 utáni Magyarországon* (Jewry in Post-1945 Hungary) (Paris: Magyar Füzetek, 1984); Péter Kende, *Röpirat a zsidókérdésről* (A Leaflet on the Jewish Question) (Budapest: Magvető, 1989); Braham, The Polics of Genocide, op. cit, pp. 12-95.

15. Bibó István, Erik Molnár Száraz György in Péter Hanák, ed., *Zsidókérdés, asszimiláció, antiszemitizmus, op. cit. pp. 117-354;* György Száraz, *Egy előítélet nyomában* (Tracing a Prejudice) (Budapest: Magvető, 1976).

―――― *** ――――

Összefoglalás

A "Halutz" ellenállás mint forradalom az asszimiláció ellen

A 19. század közepétől Magyarország korszerűsítése összefüggött a zsidóság beolvadásával a magyar nemzetbe. Ez a látszólag sikeres zsidó asszimilációs folyamat az első világháborúval befejeződött. A magyar politika asszimilációs irányzatát az 1920-as évek kezdetén ennek ellenkezője váltotta fel, amit „disszimilációnak" hívtak. E félreérthetetlenül negatív irányzat dacára, a zsidóság többsége továbbra sem vette tudomásul és tagadta bármilyen komoly probléma fennállását. A háború kezdetekor, amikor tudomást szereztek a szomszédos országokban élő zsidók szörnyű helyzetéről, az összehasonlítás alapján arra következtettek, hogy „Horthy nem fogja engedni, hogy az ő zsidóinak baja történjék".

1942 januárjában a Wannsee-i tanácskozással újkorszak nyílt a zsidóság megsemmisítésének folyamatában, a tömeges deportálások és a haláltáborok korszaka. A zsidóság felszámolása Szlovákiában kezdődött áprilisban, amit az ebből az országból Magyarországra menekülő zsidók első nagy hulláma követett. Ezek között lengyel zsidók is voltak, akik Lengyelországból már korábban menekültek, valamint a Cionista Mozgalom néhány tagja. A „Halutz" ifjúsági mozgalmak ellenállási tevékenysége ebben a periódusban kezdődött.

A megszállás első napjaiban Budapesten mindegyik mozgalom csak néhány tucat tagot számlált. Június vége felé összesen legfeljebb 500–600 tagjuk volt, a menekülteket is beleszámítva. A gettók létesítésének idején küldötteket menesztettek a hitközségekhez, hogy felhívják figyelmüket a deportálások veszélyére. A többszázezer főnyi, sok városkában élő zsidóság szükségleteihez és problémáikhoz képest, ezek az önfeláldozó hősi küldetések nem voltak több mint egy csepp a tengerben.

Az Ellenállás megkísérelte tagjai többségét Budapesten összpontosítani, vagy, amennyit csak lehetett az országból kiküldeni. Április és augusztus közt Románia lett az egyetlen felhasználható menekülési út. A menekültek száma megközelítette a 7000-et. A legtöbb észak-erdélyi volt, akik felismerték a deportálás veszélyét és mentették magukat.

A nyilas kormány uralomra jutása után újra kezdték a deportálásokat. Komoly Otto A osztályával együtt az Ellenállás vette kezébe kb. 30 gyerekház felállítását és irányítását, elsősorban a gyerekek táplálását. Kb. 3–4000 gyereket mentettek így meg. Ezzel együtt az Ellenállás folytatta a hamis iratok produkálását és nagyszámban elkezdte a Védlevelek (Schutzpass) gyártását, általában kitűnően hamisítva. Amikor már lehetetlenné vált a zsidókat kivinni a városból, a tömeggyilkosságok orgiája kezdődött el a Duna partjain. Wallenberg és az Ellenállás tagjai, felfegyverezve és különböző egyenruhákban, néha meg tudtak menteni, a Duna felé hajtott zsidókat.

A semleges Követségek és a Nemzetközi Vöröskereszt által kiosztott védlevelek kétségtelenül mentettek zsidókat. Valójában azonban csak a „Halutz" Ellenállás volt képes felhasználni e dokumentumokat egy sikeres és tömeges akcióhoz. Ez csak azáltal volt lehetséges, hogy Magyarországon aránylag nagy olyan organizációk voltak.

A „Halutz" Ellenállás tehát aránylag sikeres mentőakciót szervezett; a Shoáh után pedig — akárcsak korábban — fellépett az asszimiláció ellen. Asszimiláció-ellenes működése azonban teljesen sikertelen volt.

A magyarországi egyházak
és a Holocaust

Gergely Jenő

Az 1930-as évek végétől 1944-ig a keresztény egyházak vezetői, így elsősorban Serédi Jusztinián bíboros hercegprímás és Ravasz László református zsinati és konventi elnök az ünnepélyes alkalmakat megragadták ahhoz, hogy kifejtsék az emberi személyiség méltóságáról, az alapvető emberi szabadságjogokról vallott evangéliumi tanítást. Következetesen elutasítottak mindenféle kollektív felelősséget, és büntethetőnek csak az egyéni delictum fennforgását ismerték el. Ezen kijelentéseik és beszédeik akkor is megfelelő publicitást nyertek, azóta is több munkában feldolgozták őket.

Ugyanakkor azonban ezzel a valláserkölcsi és természetjogi argumentációval nem egy esetben ellentétbe került a történelmi keresztény egyházak vezetőinek politikai magatartása, így elsősorban az ún. zsidótörvények kapcsán.

Az *első zsidótörvény* mint olyan — miután a tervezetet a kormány előzetesen nem ismertette az egyházakkal — némi zavarodottságot okozott. Az egyházak nyilvános tiltakozásának elmaradását a kereszténypárti gróf Széchenyi György országgyűlési képviselő tette szóvá: „igenis a keresztény Isten- és emberszeretet megköveteli azt, hogy szeresd a zsidót... aki ezt megtagadja, az nem tartozik a keresztények közé. Szeretném, ha ezt papi, sőt főpapi részről mondanák, de azok sajnos hallgatnak" — mondta a képviselőházban.[1]

A törvényjavaslat felsőházi vitájában Serédi és a csanádi püspök fejtették ki az egyház álláspontját, kifogásolva a kollektív felelősség és büntetés elvét, és főként azt, hogy a keresztség szentségét állami törvénnyel hatálytalanítják. Végül is mint „szükséges rossz"-at a felsőház egyházi tagjai megszavazták a javaslatot. Mindez 1938. május 24-én történt, és másnap a bíboros hercegprímás megnyitotta a budapesti Eucharisztikus Világkongresszust, a keresztényi szeretet és béke nemzetközi demonstrációját...

A sokkal szigorúbb és egyértelműen faji jellegű, így a konvertiták tízezreit is sújtó *második zsidótörvény* tervezetét a püspöki konferencia előzetesen megtárgyalhatta. Az elnöklő prímás — a már ismertetett elvi álláspontja részletezése során — ugyancsak következetlenül különbséget tett a nemzet és a társadalom szempontjából úgymond „jó", illetve „rossz" zsidó között, ez utóbbiak felelősségére, netán bűneire is utalva. Glattfelder Gyula csanádi püspök azonban világosan figyelmeztette a magas grémiumot, hogy „e javaslatban hazánkban első hangját hallja megcsendülni a vér és faj idegen eszmekörben született mythoszának, melynek nyomán továbbmenő felforgatást, hatalomátvételt és vallástalanságot akaró áradat indulhat meg".[2]

Ugyancsak a nyilas veszélyre hivatkozott gróf Teleki Pál miniszterelnök is a hercegprímással és a protestáns egyházi vezetőkkel folytatott személyes tárgyalásain is, amelyek a törvényjavaslat körüli kompromisszumot célozták. Fő érve az volt, hogy ha a javaslatot megbuktatják, a túlfűtött hangulatban a soron lévő, 1939. tavaszi választásokon tényleg a nyilasok győznek. Ez nem volt merő hipotézis, hiszen 1938–39 a nyilas mozgalom csúcspontja. A keresztény egyházi vezetők előtt megint nem látszott reális alternatíva, a „kisebbik rossz" vállalásának elve alapján döntöttek.

Az egyházak módosító javaslatainak célja a törvény hatálya alóli kivételezettek lehető legtágabb körének kiharcolása volt. Főként Serédi érvelt azzal, hogy erre van olyan jogalapja az egyháznak, ami kikezdhetetlen. A számos módosító javaslatot a felsőházban keresztül is vitték, de a képviselőház ezek többségét visszautasította. A sovány engedmények árán a felsőház egyházi tagjai a második zsidótörvényt is megszavazták.

A felsőházban az egyházi tagok igazából a *harmadik zsidótörvény* (1941) ellen tudtak fellépni egységesen és határozottan. A javaslat vitájában a református egyház vezérszónoka Ravasz László püspök volt, aki beszéde végén felolvasott egy deklarációt, miszerint a négy református egyházkerület püspökei és főgondnokai e törvényjavaslat ellen tiltakoznak és érte a felelősséget magukról elhárítják.

Tegyük hozzá, hogy bár a felsőház katolikus egyházi tagjai, beleértve a püspököket is, egységesen nemmel szavaztak a javaslatról — már akik jelen voltak —, de az ő esetükben nem került sor kollektív deklarációra.

A protestáns egyházak, elsősorban Ravasz László püspök már a háborúba lépést követően felfigyeltek a munkaszolgálatos zsidókkal való kegyetlen bánásmódra. A Galíciában folyó tömeggyilkosságokról br. Weisz Edit tájékoztatta Ravasz püspököt, aki ennek nyomán Keresztes-Fischer Ferenc belügyminiszterhez fordult. Arra hívta fel a figyelmét — amivel egyébként a konzervatív politikai garnitúra valószínűleg tisztában volt —, hogy a háború után a győztesek előtt számot kell majd adni a magyarországi zsidóság sorsáról is. Intervenciója bizonyára közrejátszott az atrocitások megszüntetésében.

Míg egyik oldalon a főpapok a törvényhozásban megszavazták a zsidótörvényeket, másik oldalon — ha nem is a nagy nyilvánosság előtt — támogatták a jogfosztás következményeit enyhíteni akarók törekvéseit.

A zsidónak minősített állampolgárok növekvő jogfosztásának hatására 1939 tavaszán — a második zsidótörvény elfogadását követően — br. Kornfeld Móricz felsőházi tag kezdeményezésére megalakult a *Magyar Szent Kereszt Egyesület*, amelynek formális célja ekkor a zsidótörvények által érintett katolikusok védelme volt. Az egyesület elnöke Almásy József, a Központi Szeminárium vicerektora lett.

Az 1939. őszi püspöki konferencia elhatározta egy bizottság felállítását, amelynek feladata az egyesület felügyelete és támogatása volt. A bizottság elnöke gr. Zichy Gyula kalocsai érsek, főtitkára pedig Cavallier József publicista-szerkesztő lett. A két testület gyakorlatilag összefonódott, hiszen a püspökkari bizottságnak tagja volt Almásy, a Szent Kereszt világi elnökévé pedig Cavalliert választották meg. (A tagok között találjuk még pl. Badalik Bertalan domonkos atyát, a későbbi veszprémi püspököt; Baranyai Jusztin ciszterci egyetemi tanárt, Eckhardt Sándor professzort, Jánosi József jezsuitát, a nuncius bizalmasát; Katona Jenő haladó katolikus politikust, Slachta Margit szociális nővért, Schrotty Pál ferencest, s a plébánosok között a kisgazdapárti Varga Bélát.) A Szent Kereszt Egyesület a gyakorlatban nem tett különbséget a segítségnyújtás során zsidó és keresztény, katolikus vagy protestáns között. Működéséhez pénz is kellett, amit nagyrészt a Weiss Manfréd család adott, 1944-ben már 411 843 pengőt, plusz 500 000 pengőt a munkaszolgálatosok támogatására. Cavallier kapcsolatba lépett Weiss Edit bárónővel, aki az Izraelita Pártfogó Iroda vezetője volt, illetve a budapesti zsidóság vezetőivel, elsősorban Stern Samuval. (Az egyesület tevékenysége a nagyobb vidéki városokra is kiterjedt.)

A Szent Kereszt püspök védnöke, Zichy érsek szomorú tapasztalatai alapján már 1940 őszén — tehát még a harmadik zsidótörvény meghozatala előtt — memorandumban javasolta a püspöki karnak, hogy közös, ünnepélyes tiltakozó pásztorlevelet adjanak ki a zsidók jogfosztása ellen és a törvény embertelen végrehajtása miatt. A testület többsége, élén a hercegprímással, ezt nem tartotta célravezetőnek. (Zichy érsek halála után, 1942 őszétől br. Apor Vilmos győri püspök lett a Szent Kereszt egyházi védnöke, míg lelkész-elnökké Jánosi József jezsuitát nevezték ki. A gyakorlati szervező-irányító munka azonban Cavallier Józsefre hárult.)

A keresztény egyházak meglévő intézményeik mellett kimondottan a segítési, mentési munkálatok szervezésére és irányítására külön szervezeteket is létrehoztak. Ezek formailag az egyházakhoz tartozó kikeresztelkedett zsidók ügyével foglalkoztak volna. Ilyen szervezet volt a fentebb tárgyalt Szent Kereszt Egyesület mellett a reformátusok által magánkezdeményezésként létrehozott ún. *Jó Pásztor Bizottság.* E testületből 1942. október 20-án lett a református egyház hivatalos szerve, amely a Konvent — s annak elnöke, Ravasz László dunamelléki püspök — felügyelete alatt működött. Vezetőjének a konvent Éliás József lelkészt nevezte ki, míg az evangélikusok részéről a bizottságba Sztehlo Gábor lelkészt delegálták, aki főleg a német megszállás után kapcsolódott be annak munkájába.

A német megszállás nemcsak a zsidóság sorsának alakulására volt döntő jelentőségű, hanem alapvetően megváltoztatta az egyházak és szervezeteik segítő és mentési működését is. Ez addig legálisan és törvényesen folyhatott, most egyfajta féllegális állapotba kényszerültek e téren. A Szent Kereszt és a Jó Pásztor egyesületek önmaguk nem tudtak bújtatni és ellátni, ezért funkciójuk ennek megszervezése volt. A másik hatékony forma a keresztlevelek szerzése, illetve a katolikusok esetében a pápai menlevelek megszerzése és továbbítása volt. E téren elsősorban Jánosi páter említendő, aki valóban a kulcsfigura volt, afféle katolikus Wallenberg. A nunciatúra által adott formanyomtatványt a katolikus kőnyomatos, a Magyar Kurir sokszorosította több ezer példányban, s a bianco okmányokba írták a személyi adatokat. (A nuncius uditorejának visszaemlékezései szerint kb. 15 000 ilyen menlevelet adtak ki.) Ebben a tevékenységben elsősorban a budapesti svéd követséggel tudtak jól együttműködni.

A protestáns Jó Pásztor Bizottság is hasonló módszerekkel dolgozott. Éliás és Sztehlo részint az egyházi vezetők segítségével, részint kormányzati pozíciókban lévő összeköttetéseik révén (pl. Mester Miklós h. államtitkár révén) tudtak közbenjárni a mentesítések érdekében. Ők is egyik fontos lehetőségnek a keresztlevelek szerzését tekintették, így kb. 1500 családon tudtak segíteni.

A Sztójay-kormány zsidóellenes rendeleteinek megjelenése után és azok végrehajtása során az egyházak nem maradhattak szótlanok. A kérdés az volt, hogy a keresztényi alapállásból totálisan helyezkedjenek mindezzel szembe, vagy próbáljanak meg a siker nagyobb reményében a részkérdésekben engedményeket elérni. Hosszú ideig ez utóbbi történt, mert abból indultak ki, hogy a nem egyházi törvények értelmében is a saját egyháztagjaik vonatkozásában kompetensek.

Így elsőként azt sürgették, hogy a kényszerűen létrehozott ún. Zsidó Tanács hatásköréből vegyék ki a konvertitákat. A reformátusok részéről Ravasz püspök, az evangélikusoktól Kapi Béla dunántúli püspök, míg a katolikusoknál Apor püspök sürgette ezt memorandumban a kormánynál. (Apor beadványát a hercegprímás is támogatta.) Ennek a fellépésnek lett az eredménye, hogy létrehozták a Keresztény Zsidó Tanácsot.

1944. március végétől, április elejétől a hercegprímáshoz a levelek, beadványok, kérvények és kétségbeesett könyörgések tömege érkezett a legkülönfélébb egyházi méltóságoktól és konvertitáktól annak érdekében, hogy az egyház emelje fel szavát az üldözések ellen. A keresztény felekezetek mindegyikét érintették a rendelkezések, így az azok elleni közös fellépés nyilván hatékonyabb lett volna, mint az egyéni akciók. A közös fellépés azonban Serédi aggályosságán megbukott, aki ebben a tragikus helyzetben is óvakodott az „elegyedéstől" a nem katolikusokkal.

A létükben fenyegetett kisemberek és egyszerű klerikusok mellett a katolikus püspöki kar egyes tekintélyes tagjai is egyre türelmetlenebbül sürgették Esztergomot az erélyesebb fellépésre és a nyilvános és ünnepélyes tiltakozás megtételére. A már nyugállományba vonult gr. Mikes János volt szombathelyi püspök, címzetes érsek 1944 nagycsütörtökjén konkrét javaslatot tett egy közös pásztorlevél kiadására. Kétségkívül a legtöbb erőfeszítést az üldözöttek mentésére Apor Vilmos győri püspök tette. 1944. április 12-i, Serédihez írt levelében saját akcióinak eredménytelenségével indokolta a közös fellépés szükségességét. A prímás azonban ezt továbbra sem tartotta célravezetőnek, és a győri püspök leveleit ad acta tétette. Scheffler János szatmári püspök április 20-án, majd 27-én ismételten interveniált Esztergomban a közös fellépésért.

Serédi elzárkózása a nyilvános és ünnepélyes fellépés elől nem az ügy iránti meg nem értésből fakadt, hanem mint módszert nem tartotta célravezetőnek. Jogászi és diplomata jellemének jobban megfeleltek a közvetlen bizalmas tárgyalások, egyezkedések és kompromisszumkeresések. Ilyen irányú, 1944. március végétől május 17-ig tett lépéseiről a püspöki kar tagjait — konferencia összehívásának lehetetlensége folytán — részletes körlevélben informálta. A prímás tárgyalási módszere és főként azok sovány eredményei nem egyforma visszhangot váltottak ki a püspöki karon belül sem.

Ami a protestáns egyházakat illeti, Ravasz püspök 1944. április 3-án adta át a Sztójay-kormány belügyminiszterének első tiltakozó iratát, amelyben kivételeket kért a konvertiták számára a sárga csillag viselésének következményei alól. Április 6-án már a Konvent és az Evangélikus Egyházegyetem közös memorandumban szorgalmazta a kivételezettek körének bővítését. Kétségtelen azonban, hogy viszonylag kevés pozitívum származott az egyházak ilyen közbenjárásából.

A keresztény egyházak a konkrét mentesítések tekintetében a legnagyobb eséllyel a kikeresztelkedettek közül is azok érdekében tudtak fellépni, akik valamilyen egyházi funkciót viseltek. Így a katolikusoknál a papok és apácák esetében, a protestánsoknál ez a kör kibővült a világi tisztségviselők, a presbiterek mentesítésével. Ezáltal sok zsidó származású presbiter és családja megmenekült.

A magyar egyházi vezetőknél a deportált zsidók sorsáról jobban tájékozott Vatikán egyértelműbben és határozottabban tiltakozott a zsidók üldözése ellen. A budapesti apostoli nuncius, Angelo Rotta címzetes érsek már a Sztójay-kormány első zsidóellenes rendszabályainak publikálásakor felkereste a miniszterelnököt, és „követelte a humánus eljárást mindazokkal szemben, akiknek a származásukon kívül nem volt semmi más bűnük".[3] A vatikáni diplomaták már hiteles források alapján tudták, hogy a deportálásra kerülő zsidók sorsa a tömeges megsemmisítés. Ezért nemcsak és nem elsősorban a konvertiták mentéséért emelték fel szavukat, hanem általában az embertelenség ellen. Angelo Rotta nuncius 1944-ben ezrével írta alá azokat az oltalomleveleket, amelyek a Vatikán diplomáciai és spirituális tekintélyére támaszkodva igyekeztek védelmezni az üldözötteket.

A deportálások megkezdésekor, 1944. május 15-én a nuncius formális tiltakozó jegyzéket küldött a kormányhoz. A jegyzék a természetjog érvelését követte: „ha Isten életet adott egy emberi lénynek, ezt az életet senki sem veheti el, hacsak az illető törvénybe ütköző, halálos ítéletet vonzó bűncselekményt nem követett el. De üldözni — halálba üldözni — emberek egész tömegét kizárólag származásuk, faji hovatartozásuk miatt, ez jogtalan."[4] A nuncius lépéseit igyekezett összehangolni Serédi hercegprímással, és sürgette az ő határozottabb fellépését is. 1944. május 16-án megküldte Serédinek a kormányhoz intézett tiltakozó jegyzékének másolatát, és bizalmas levélben tájékoztatta a hercegprímást a Vatikán álláspontjáról.

Míg Esztergomban és Budapesten a deportálás elleni szószéki tiltakozás mérlegelése folyt, addig a kisebbségi sors tragédiái iránt fogékony erdélyi püspök, Márton Áron a habozókat megszégyenítő bátorsággal lépett fel. Tette ezt annak ellenére, hogy püspöki székhelye, Gyulafehérvár Dél-Erdélyben, Romániában maradt. Márton

Áron szinte a deportálások megindulásának másnapján, május 18-án a kolozsvári Szent Mihály-plébániatemplomban tartott papszentelési ünnepséget felhasználva mondta el legendássá vált beszédét. Nemcsak tiltakozott, hanem erkölcsi útmutatást is adott. Ő félreérthetetlenül, a virágnyelv óvatos célzásait messze kerülve az elhurcoltak védelmére kelt. Arról tett tanúságot, hogy az egyháznak a rendeltetése az ember és ember közötti különbségtételek elutasítása. Rámutatott, hogy „a felebaráti szeretet pozitív parancsa mellett a kereszténység alapvető hittétele, mely szerint mindnyájan Isten gyermekei és Krisztusban mindnyájan egymás testvérei vagyunk"[5], tekintet nélkül vallási vagy nemzeti hovatartozásunkra.

Márton Áron beszédét — ami előre megtervezett demonstráció volt, de szabadon hangzott el — valószínűleg gyorsírással rögzítették, és azt Budapesten a Szent Lélek Szövetség irodájában sokszorosították és terjesztették, ezzel is bátorítani akarván az illetékeseket.

1944 júniusában maga a pápa, XII. Pius — akinek székhelye június 4-én szabadult fel — intézett személyes táviratot Horthy kormányzóhoz, hogy szüntesse be a deportálásokat. Ennek megfelelően a budapesti nuncius újabb, erélyes hangú jegyzéket küldött a kormányhoz a deportálások folytatódása miatt. Esztergomban is határozottabban sürgette a nyilvános tiltakozást. Azt javasolta ő is, hogy a prímás pásztorlevélben, tehát a szószékről tiltakozzon a deportálások ellen.

A fentiekkel egyidejűleg — 1944. június 15-én — Ravasz püspök kezdeményezte újból a keresztény egyházak közös fellépését. Serédihez írt levelében — amit Cavallier továbbított — azt javasolta, hogy személyesen találkozzanak, és fogalmazzák meg egyházaik közös álláspontját. A hercegprímás azonban hű maradt önmagához: továbbra is elzárkózott a közös fellépés elől.

A pápa, a nuncius és számos püspök sürgetésére — és az addigi tárgyalások nyilvánvaló csődje hatására — június végén Serédi is késznek mutatkozott a nyilvános, ünnepélyes szószéki tiltakozás megtételére. Ennek tragikuma azonban abban van, hogy ekkorra a főváros kivételével a deportálások már befejezett ténnyé váltak. 1944. június 29-éről keltezve megszületett a tiltakozó pásztorlevél Serédi aláírásával, de „a magyar püspöki kar nevében". Ennek a dokumentumnak nagy jelentősége van, mert általa először emelte volna fel nyilvánosan, hivatalosan és ünnepélyesen a magyar katolikus egyház tiltakozó szavát a zsidóüldözés, a deportálások, az üldözöttek tömeges megsemmisítése ellen. A Serédi-féle pásztorlevél azonban tükrözte az eddigi felemásságot is. Míg következetesen elutasítja a kollektív felelősség elvét, így a zsidóság mint olyan deportálását, mégis engedményeket is tesz a kollektív büntetés elvének. „Mi nem vonjuk kétségbe, hogy a magyar gazdasági, társadalmi és erkölcsi életre a zsidóság egy része bűnösen bomlasztó befolyást gyakorolt. Az is tény, hogy a többiek e tekintetben hitsorsosaik ellen nem léptek fel. Nem vonjuk kétségbe, hogy a zsidókérdést törvényes és igazságos módon rendezni kell...”[6] — olvashatjuk a fel nem olvasott körlevélben.

Az egyházi vezetés magatartásának felemássága nyilvánult meg a tiltakozó pásztorlevél sorsában is. Bár annak végén utasították a plébánosokat, hogy a körlevelet a megérkezést követő vasárnapon (ez július 9-én lett volna!) a misén fel kell olvasni, erre csak részben került sor. A kormánnyal kötendő újabb kompromisszum reményében ugyanis a prímás táviratilag letiltotta a körlevél felolvasását. (Ahol ezzel nem vártak, pl. az egri főegyházmegyében, ott minden templomban a majd egymilliónyi hívő előtt felolvasták.[7])

Ha már valamennyi történelmi keresztény egyház közös tiltakozása nem volt megvalósítható, a protestánsok úgy vélték, hogy legalább létre kell hozni az ő közös akciójukat. Így került sor a Ravasz László által fogalmazott memorandumra, amelyet mind a kilenc püspök aláírt, s egy küldöttség 1944. június 23-án adott át a Sztójay miniszterelnöknek. Ebben világosan és egyértelműen tiltakoztak a zsidók deportálása ellen, de választ nem kaptak.

Ekkor nemigen maradt más útja a gyakorlati mentési akciók támogatása és szorgalmazása mellett a politikai fellépésnek, mint a nyilvános és ünnepélyes szószéki deklaráció. A protestáns egyházak közös tiltakozó pásztorlevelét Ravasz László püspök-elnök készítette el.[8] Ez a dokumentum az „1944. június utolsó vasárnapján” keltezést kapta (ez június 25-e), de a felolvasást ők is július 9-re írták elő. A dokumentumot célszerű összevetni a hasonló célú katolikus közös pásztorlevéllel, és akkor kitűnik, hogy ebből hiányzik bármiféle utalás a zsidók, akár egyesek, akár a „közösség bűneire" és a „zsidókérdés megoldásának szükségességére". A Ravasz által fogalmazott szövegbe csak utólag, más püspökök javaslatára kerültek be azon passzusok, amelyek szóvá tették a szövetségesek bombázásai által ártatlanoknak okozott szenvedéseket. Ezt a protestáns pásztorlevelet mintegy 2000 parókiára juttatták volna el és került volna sor templomi felolvasására. Ez azonban éppen úgy elmaradt, mint a katolikusok esetében, nagyjából hasonló okokból és körülmények között. Bármiként is keressük, kutatjuk utólag az ünnepélyes szószéki tiltakozás elmaradásának mérlegelendő okait, azok nem állnak arányban azzal az erkölcsi felelősséggel, ami annak elmaradásából származott.[9]

Tekintsük át röviden a keresztény egyházak *mentési munkálatainak* egyes mozzanatait a teljesség igénye nélkül. Kétségtelen, hogy sok keresztény család és sok lelkipásztor megosztotta saját hajlékát az üldözöttekkel, ellátta őket, s ami igen lényeges, „kölcsönadta" saját keresztlevelét, ha ilyent az illetékes lelkész nem tudott, vagy nem mert kiállítani.

Voltak kísérletek a zsidó érdekvédelmi szervezetek vezetőivel való együttműködésre is. A Magyar Cionista Szövetség elnöke, Komoly Ottó a református Bereczky Alberttel tartotta a kapcsolatot. 1944 szeptemberében pedig Bereczky és a jezsuita Jánosi József páter — aki a nuncius egyik bizalmasa volt — összehívta a budapesti rabbikat, és tájékoztatták őket a Jó Pásztor Bizottság és a Szent Kereszt Egyesület munkájáról, és együttműködési készségükről. Ugyancsak szorosan együttműködtek a Keresztény Zsidók Szövetségével is, amelynek a vezetője Török Sándor író volt.[10]

A Szent Kereszt Egyesület, illetve a Jó Pásztor Bizottság működése a nyilas uralom alatt egyre nehezebbé vált, hiszen maguk a mentési munkát végzők is életveszélybe kerültek. Így pl. 1944. november 17-én egy nyilas különítmény megrohanta a Szent Kereszt Egyesület Múzeum körúti helyiségeit, s a nunciatúrai mentesítő iratokra várókat elhurcolták, Cavallier Józsefet pedig megverték.[11]

Az üldözöttek mentésében és segítésében az egyházi személyek és szervezetek általában a főpásztorok hallgatólagos tudtával jártak el. Ilyen utasítást nyilván nem adhattak, hiszen több feljelentést is találhatunk az egyházi levéltárakban, amelyek pl. keresztlevelek szabálytalan kiadása vagy más mentési akciók miatt érkeztek az ordinariusokhoz. Egyes főpapok azonban saját maguk jártak elöl követendő példával. A már említett Márton Áron mellett elsősorban báró Apor Vilmos győri püspök említendő, aki nemcsak a nyilvános tiltakozást szorgalmazta, s nemcsak a Szent Kereszt Egyesület püspökvédnöke volt, hanem saját házában százával fogadott be üldözötteket, és személyesen ment a győri gettóba, hogy mentse, ami menthető. Ő valóban kitűnt személyes bátorságával is e téren.[12] De ugyancsak egyértelműen és részint eredményesen lépett fel Hamvas Endre csanádi püspök is az üldözöttek védelmében.

A protestáns egyházi és világi vezetők a tiltakozásokban és az együttes fellépésekben nemegyszer kezdeményezők voltak. Az együttes fellépés meghiúsulása nem rajtuk múlott.

Fontos szerep jutott a szociális-karitatív célú egyházi szervezeteknek, intézményeknek is a mentésben. Így pl. az EMSZO vezetői, bekapcsolódva az ellenállásba, főleg a katona-, illetve munkaszolgálat-köteles ifjakat, igyekeztek bújtatni amiért két pap vezető, Eglis István és Benkő István Dachauba került.[13] Az egyházi kézben lévő kórházakban, de olyan kórházakban is, ahol egyházi személyzet dolgozott, számos lehetőség nyílt a bújtatásra, rejtésre. Ennek a munkának lett mártírja Kálló Ferenc tábori esperes, aki mint tábori lelkész a fővárosi katonakórházban teljesített szolgálatot, és elsősorban iratok szerzésével igyekezett menteni a munkaszolgálatosokat.[14]

Ami a protestáns egyházakat illeti, ott Éliás és Sztehlo irányításával folyt a mentési munka, és mintegy 1500 keresztlevél megszerzésével is hozzájárultak a mentesítéshez. Külön is meg kell említenünk a budapesti *Skót Missziót,* amelynek eredeti hivatása a zsidóságnak szóló igehirdetés, a kikeresztelkedni kívánók hitoktatása volt. (Ez a tevékenység főleg 1938-tól, az első zsidótörvénytől vált fontossá.) 1944. november 14-én a Skót Misszió megnyitotta Gyermek- és Anyaotthonát a Svéd Vöröskereszt védelme alatt, így kb. 70 embernek tudott menedéket nyújtani. Ezért a munkáért halt mártírhalált a Gestapo által letartóztatott Miss Jane Heiningen, a misszió internátusi felügyelője. Magát az intézményt a rendőrség 1944. december 12-én felszámolta.[15]

A katolikus egyháziak részvételét az üldözöttek mentésében, segítésében nem annyira az Esztergomba zárkózó hercegprímás inspirálta, hanem a német megszállás, sőt a nyilas hatalomátvétel után is a helyén maradó budapesti apostoli nuncius, Angelo Rotta és munkatársai. A pápai követ részint további diplomáciai lépésekkel próbálkozott, így pl. a gyalogmenetben nyugat felé hajtott zsidók ügyében az itt maradt semleges követekkel együtt közösen tiltakoztak Szálasinál. A dokumentumot a nuncius személyesen adta át. De az ilyen reménytelen akcióknál eredményesebb volt a menlevelek ezreinek kiadása, illetve a kikeresztelkedettek számára kijelölt házak — mintegy 25 objektum — vatikáni felségterületté nyilvánítása, amelyekre kitűzték a pápai lobogót.[16]

Véleményünk szerint az üldözöttek mentésében az egyes keresztény családok lehetőségeiktől és szándékuktól függően vettek részt, hiszen a mentés–mentesítés nem egyszeri aktusként értelmezhető, hanem előre nem látható ideig való elrejtést, élelmezést és egyéb gondoskodást is jelentett. Ezért is voltak erre talán a legalkalmasabbak az egyházak és egyházi szervezetek, amelyek számára mindez küldetésük lényegéből fakadó kötelesség is volt vagy lett volna.

Ezen belül is talán a legtöbb lehetőséggel a *szerzetesrendek* rendelkeztek, hiszen azok élete korábban sem a nyilvánosság előtt folyt, ugyanakkor a lakosság tisztelete és szeretete övezte őket, s a reverenda és a megszentelt hely még a legordasabb eszméktől vezéreltek számára is bizonyos visszatartó tényező volt.

Ugyancsak a teljesség igénye nélkül megemlíthetjük a Pannonhalmi Bencés Főapátságot, amely a Nemzetközi Vöröskereszt védelme alatt állt, felhasználva lehetőségeit, több ezer üldözöttnek nyújtott biztos menedéket.[17] Ha nem is volt minden rendnek olyan alkalmas épülete és struktúrája, mint Pannonhalma, de számos más rendház és kolostor is így cselekedett.

Tragikusan alakult — besúgás nyomán — a budapesti marista iskolatestvérek sorsa. A francia eredetű rend iskolája, a *Champagnat* a svéd követség égisze alatt működött, és az épületben főként zsidó fiatalokat bújtattak, élelmeztek. Munkájukat a piarista Egyed András paptanár támogatta. 1944. december közepén buktak le, s az öt marista szerzetest, köztük egy franciát, a Gestapo elhurcolta.[18]

A közel tízezer apáca, akik iskolákban, kórházakban és szociális intézményekben dolgoztak, nagyrészt a mai napig az ismeretlenségbe, névtelenségbe burkólózva mentették a menthetőt. Sokszor inkább személyes beszélgetésből derül csak ki, hány gyermeket, fiatal leányt vagy asszonyt mentett meg az, hogy a zárdába fogadták, hogy rendi ruhát kaptak, és senki sem akarta őket erőszakkal megkeresztelni. Ez a hétköznapi hősiesség szerintünk több konkrét eredménnyel járt, mint a beadványok, tiltakozások vagy akár a kétségbeesett fegyveres akciók.

De azért nem maradt meg minden titok a zárdák falai között. Hogy csak a talán legbátrabbakat említsük, Slachta Margitot, a Szociális Testvérek Társaságának főnöknőjét, aki Thököly úti székházban — szemben az út másik oldalán a nyilasok tanyáztak — végezte a mentési akciókat. (Slachta egyébként már korábban, 1942–43-ban fellépett a szlovákiai zsidók deportálása ellen, és közbenjárásért még audencián is volt Rómában.[19]) A nővérek közül került ki az a Salkaházi Sára, akit a nyilasok az általa bújtatott zsidókkal együtt lőttek a Dunába.[20]

De az egyéni hősiességnek is szép példájaként említhető Bernovits Vilma, aki a budapesti Bokréta utcai munkás-leányotthon hitoktatónője volt. Őt is a zsidók bújtatása és keresztlevelek szerzése miatt jelentették fel, s 1944. december 27-én a nyilasok kivégezték. Fő bűne az volt, hogy a Belvárosi Főplébánián 1944. július 11. és október 11. között áttértek közül huszonnégynek ő volt a keresztanyja.[21]

A keresztény felekezetek lelkészei, papjai saját erkölcsi indítékaik szerint jártak el a keresztlevél kiadása során. Sokan akadtak, akik ragaszkodtak az előírásokhoz, ami aligha tette lehetővé szükséghelyzetben a gyors segítést. Mások viszont éppen a segítést tartották az elsődleges keresztényi kötelességnek. Így pl. a Budapest-Rókusi plébánián lévő anyakönyvek tanúsága szerint 1944. július 1. és 19. között 114 felnőtt keresztelés történt. Ez a gyakorlat a nyilas uralom alatt is folytatódott, november 11-én pl. egy napon 80 keresztelést jegyeztek be.[22]

A magyarországi keresztény egyházakban már közvetlenül a háború befejeződése után felmerült *az önvizsgálat és a számvetés* igénye. A református egyházban egy kisebbségi csoport — Bereczky köré szerveződve — az egyház kollektív bocsánatkérését szorgalmazta a zsidókkal történtek miatt. Az egyház felső vezetése azonban ezelől elzárkózott.[23]

A katolikus egyházban is voltak törekvések a lelkiismeret-vizsgálat ilyetén elvégzésére, de kézzelfogható eredményként csak egy jól összeállított dokumentumkötet jelent meg 1947-ben, azt igazolandó, hogy az egyház minden tőle telhetőt megtett az üldözöttek mentésére.[24]

Ezek a kezdeményezések nagyrészt amiatt nem voltak reálisak, mert nem lehetett sem akkor, sem most elfogadni a kollektív felelősség vagy bűnösség elvét e téren sem. Miképp a keresztényi alapállással erkölcsileg és teoretikusan is ellenkezett a zsidóság úgymond kollektív felelőssége az állítólagos „bűnökért" és ezért járó büntetésben való kollektív felelősségre vonás, úgy nem beszélhetünk a katolikus vagy a protestáns egyházak, felekezetek valamiféle kollektív felelősségéről sem. Felelősség igenis terhel egyeseket, akik nem mertek, nem akartak megtenni mindent, amit lehetett volna.

Azonban ahelyett, hogy ítélkeznénk, fejezzük be tanulmányunkat a II. Vatikáni Zsinaton 1965. október 28-án elfogadott *Nostra aetatae* kezdetű nyilatkozat idevágó passzusának felidézésével: „Mélyen sajnálja az egyház, mely megemlékezik a zsidókkal közös örökségről, mindazt a gyűlöletet, üldözést és az antiszemitizmusnak sokféle megnyilatkozását, amely bármikor és bárki részéről a zsidók ellen irányult" — olvasható a dokumentumban.[25]

Úgy véljük mi is, hogy az egyházak szerepét, lehetőségeit, bátor cselekedeteit és felelősségét is ebben a szellemben célszerű vizsgálni.

Jegyzetek

1. *Képviselőházi napló*, 1938. március 31., p. 419.
2. Esztergomi Prímási Levéltár (továbbiakban EPL). Püspökkari konferenciák jegyzőkönyvei. 1939. január 13. 2. napirendi pont.
3. Gennaro Verolino c. érsekkel, az akkori budapesti nunciatúra uditorejával készített interjú. Közli Bokor Péter, *Végjáték a Duna mentén* (Budapest: RTV-Minerva, Kossuth Könyvkiadó, 1982), p. 117. A nun-

ciatúrára, illetve a Vatikánra vonatkozó idézett dokumentumokat lásd *La Saint Siege et les victimes de la guerre, janvier 1944 — juillet 1945* (Róma, 1981).

4. Ibid., p. 117–118.

5. *Márton Áron a lelkiismeret apostola* ed., Virt László (Budapest: Ecclesia, 1988), p. 108.

6. Az EPL-ben lévő hiteles szöveget közölte Gergely Jenő ed., *A püspöki kar tanácskozásai: A magyar katolikus püspökök konferenciáinak jegyzőkönyveiből, 1919–1944* (Budapest: Gondolat Kiadó, 1984), pp. 339–341.

7. A katolikus egyház 1938–1945 közötti idevágó tevékenységének dokumentumait közölte Meszlényi Antal, *A magyar katolikus egyház és az emberi jogok védelme* (Budapest, 1947).; Gergely Jenő, op. cit., illetve Gergely Jenő, „A katolikus püspöki kar és a konvertiták mentése (dokumentáció)", *Történelmi Szemle*, vol. 27, no. 4, 1984, pp. 580–616.

8. A protestáns egyházak hasonló dokumentációjára lásd Bereczky Albert, *A magyar protestantizmus a zsidóüldözés ellen* (Budapest: Ref. Traktátus, 1945).

9. A közös tiltakozó körlevelek visszavonását a kormány azzal érte el, hogy ellenkező esetben lemond, és a nyilasok alakítanak kormányt. Így a „kisebbik rossz" választása kínálkozott magyarázatként.

10. Egyes források szerint Török Sándor közvetítésével jutott el már jóval az ország megszállása előtt Horthyhoz az ún. „auschwitzi jegyzőkönyv".

11. Cavallier József, haladó szellemű újságíró 1945 után az egyesület elnökeként az 1950-es évek közepéig tevékenykedett e minőségben.

12. Aporról lásd Balássy László, *Apor Vilmos: A vértanú püspök* (Budapest: Ecclesia, 1989).

13. EMSZO= Egyházközösségi Munkásszakosztályok nevű katolikus munkásszervezet. A nevezettekről Hetényi Varga Károly, *Akiket üldöztek az igazságért: Papi sorsok a horogkereszt és a nyilaskereszt árnyékában* (Budapest: Ecclesia, 1985), pp. 19–52.

14. Ibid., pp. 243–299.

15. Bereczky Albert, op. cit., pp. 38–40.

16. Salusinszky Gábor, „Budapest, 1944: A pápai nuncius jelenti..." *Élet és Irodalom*, 1985. március 22.

17. Várszegi Asztrik OSB, *Kelemen Krizosztom 1929–1950* (Budapest: METEM, 1990). (Pannonhalmi főapátok 1.)

18. Hetényi Varga Károly, op. cit., pp. 191–243. és még több helyen.

19. Palkó Magda, „Slachta Margit" in *Politikuspályák* ed., Sánta Ilona (Budapest: Kossuth Könyvkiadó, 1984), pp. 146–155.

20. Hetényi Varga Károly, op. cit., pp. 384–451.

21. Ibid., pp. 125–142.

22. A Budapest-Rókusi (VIII. ker.) plébánia anyakönyvei.

23. *Képes Figyelő*, 1946. augusztus 31. p. 17.

24. Meszlényi Antal, op. cit.

25. *A II. vatikáni zsinat tanítása: A zsinati döntések magyarázata és okmányai* eds., Cserháti József és Fábián Árpád, (Budapest: Szent István Társulat, 1986), p. 412.

——— *** ———

Summary

The Churches in Hungary and the Holocaust

The study provides an overview of the ambivalence of the Hungarian Christian churches toward the "Jewish question." Although the Christian churches rejected racial discrimination and crimes on an ethical basis, they were not always able to refuse all forms of anti-Semitism. The parliamentary representatives of the churches supported the adoption of the first two major anti-Jewish laws (1938–39), but were opposed to the deportation and murder of the Jews. However, much of this opposition was expressed only in private negotiations with the officials; they failed to protest the anti-Jewish measures publicly. Several church organizations, including the Holy Cross Society and the Good Shepherd Committee, which were originally formed to help the converts, provided support for many of the persecuted Jews. Assistance was also provided by the Papal Nuncio as well as the priests, ministers, and nuns of various orders and monasteries.

A magyarországi református egyház és a „svájci" ökumené a Soáh idején

Egy lehetőség lehetetlenségének története

Majsai Tamás

Előzmények

1) A reformáció kora óta elsődlegesen nemzeti-lokális kötöttségben élő protestáns egyházak körében erjesztőleg hatottak a 18–19. század olyan, individuális értékeket tükröző szekuláris eszméi, mint a világpolgárság, az egyetemes humanitás. E gondolatoknak, valamint a pietisztikus tradíciókban gyökerező „hitre jutott", ún. „felébredt" ember vallásos ideáljának találkozása hozta magával a keresztény önértelmezés ama, eladdig kevésbé hatásos mintájának fokozatos előtérbe kerülését, amelyben az ember elsődleges referenciakeretét nem a náció és más partikularitások jelentették, hanem a hit és az Istenhez/Krisztushoz tartozás egységében közösséget alkotók transznacionális és bizonyos értelemben transzkonfesszionális köre. A századelő más szellemi áramlataitól, továbbá az egyház és a nemzet egybekapcsolódásának evidenciájából kijózanító első világháború tapasztalatai nyomán újabb impulzusokhoz jutva, e paradigma értékrendje lett az elsődleges rendezőelvévé annak az egyháztörténeti nóvumot is jelentő 20. századi, protestáns felekezetközi, egységkereső irányzatnak, amit úgy ismerünk, hogy ökumenizmus, s amelynek fő sodrásirányát az 1930-as évektől szervezdés alatt álló és végül 1948-ban Amszterdamban megalakult Egyházak Világtanácsa (World Council of Churches – Ökumenischer Rat der Kirchen; továbbiakban: WCC) jelölte ki.

A mozgalom túlnyomórészt angolszász gyökerei és a tagegyházak eltérő történelmi tapasztalatainak e választóvonalak mentén rögzíthető különbözőségei már önmagukban véve is kihatással voltak az ökumenizmus és a német, illetve a német érdekszféra által befolyásolt keleti egyházak közötti kapcsolatok alakulására. Igazán meghatározóvá a különbözőségek azonban Hitler hatalomra kerülésével váltak. Akkor, amikor világpolitikai méretekben is fenyegető veszélyként kellett immár számolni a keresztény önértelmezés számára egyértelműen kihívást jelentő német nacionalizmussal és a nemzetiszocializmus expanziós törekvéseivel, továbbá más országok általa lelkesített rokon vonású szellemi-politikai áramlataival. Az 1930-as évek második felétől pedig immár a mozgalom nagy és szinte mindent eldöntő problémájává vált annak a kérdésnek a megválaszolása, hogy a kereszténység miként őrizheti meg a maga egyetemes értékekre épülő identitását az Európa-szerte bekövetkezett mentális és politikai elbizonytalanodás közepette, illetve a mind nyíltabban brutalizálódó különféle nacionalizmusokkal, az ezekkel együtt járó partikuláris ideológiákkal és az üdvüzenetet e partikularitások jegyében újrafogalmazó, azt kisajátítani törekvő „pogány" hullámmal szemben.

A WCC legfontosabb elődszervezetét is jelentő Life and Work 1934-es fanö-i konferenciája volt az, ahol teljes egyértelműséggel eldőlt, hogy a mozgalom a kereszténységnek a szekuláris ideológiáktól és üdvtanoktól független önértelmezése szellemében kívánja profilírozni a maga további működését, eszmei-politikai irányvonalát. (Ebben az állásfoglalásban különös érdemei voltak a későbbi főtitkárnak, Willem Adolf Visser't Hooftnak[1] és Alphons Koechlinnek.[2]) De itt került sor arra a pillanatra is, amitől kezdve a WCC mérvadó erői teljes határozottsággal elkötelezték magukat a németországi hitvalló egyház, az ún. Bekennende Kirche (a nemzetiszocialista irányvonalat kiszolgáló államegyházi Deutsche Christen irányzat belső oppozíciója) mellett, s amely döntésükkel, legalábbis politikai vonatkozásban, az angolszász oldal érdekeit tették magukévá a mind inkább kibontakozó nagy világkonfliktusban.[3]

A fanö-i döntésnek, valamint a WCC alapjait lefektető, e vonalat megerősítő 1937-es oxfordi konferenciának, ahol a „Die Kirche muß Kirche bleiben!" jelmondat alatt véglegesen búcsút vettek az egyház és nemzet szövetsége, valamint a Volkstum-teológia gondolatától, értelemszerűen megvoltak a maga következ-ményei a minket elsősorban érdeklő zsidókérdés megítélésére nézve is. Lényege ennek abban összegezhető, hogy a szervezet szellemiségében szinte hitvallásos érvényű axiomatizmussá vált az antiszemitizmus elleni küzdelem. Megfogalmazást nyert az a bib-likus ihletettségű gondolat, hogy a zsidókérdés nem elsősorban szociológiai probléma, hanem elvi-hitbeli kérdés, mert „die Juden-frage berührt das Zentrum der christlichen Botschaft", s hogy az antiszemitizmus, illetve a nemzetiszocialista zsidóüldözés olyan istentelenség, amivel szemben nem felvenni a küzdelmet egyenlő lenne a keresztény üzenet képviseletének megcsúfolásával. „Es ist daher die Aufgabe der christlichen Kirchen, und insbesondere ihrer oekumenischen Vertretung [...], sich stellvertretend für die Verfolg-ten einzusetzen."[4] Avagy, amint a WCC által is messzemenően osztott 1938-as svéd püspökkari nyilatkozatban olvashatjuk: „Ein jeder von uns muß auf der Hut sein, daß er nicht von der Epidemie des Rassenhasses angesteckt wird und das christliche Gebot der Kirche an jedem notleidenden Nächsten verrät."[5] E szellemiség gyakorlati lecsapódása volt, hogy a mozgalom és munkatársai az 1940-es években már szinte „nagyiparilag" folytatták a fasizmus zsidó üldözötteinek igen intenzív, jószerével egész Európára ki-terjedő támogatását. (Összességében nézve mindez persze csak egyik, bár igen hangsúlyos oldalát jelentette a birodalmi őrület áldozataiért vállalt szolgálatuknak. Az „árja" lengyel menekültek-kel való törődésnek például magyar vonatkozású összefüggései is vannak.)

2) Az embermentő küzdelmek fellegvára az alakuló WCC genfi központja és „agytrösztje" volt, élén a holland származású Visser't Hooft főtitkárral. Diplomáciai, svájci és nemzetközi egyházközi, valamint humanitárius vonalakon egyaránt igyekeztek mindent elkövetni a bajba jutottak helyzetének könnyítéséért. (Lehetősége-iket hallatlan mértékben növelte különleges svájci „geopolitikai" helyzetük és a világ egyházaihoz fűződő belső kapcsolatrendsze-

rük.) Az együttműködés szoros szálait építették ki az olyan világviszonylatban is jelentős szerveződésekkel, mint a World Jewish Congress (WJC),[6] JOINT, Comité International de la Croix-Rouge (CICR), Union Organisatia Sanitaria Eugenica (UOSE), illetve ezek Svájcban tevékenykedő képviselőivel (pl. Gerhart Riegner, Saly Mayer), valamint a zsidók mentése érdekében munkálkodó különféle svájci intézményekkel, és természetesen elsősorban az egyházi közegekkel.[7] Utóbbiak közül hadd említsük meg a későbbiek során magyar szempontból is fontos szerepet játszó Schweizerisches Kirchliches Hilfskomitee für Evangelische Flüchtlinge-t (SKHEF) és a Schweizerischer Evangelischer Kirchenbund-ot (SEK).

A WCC keretében zajló munka jelentős szeletét képezte többek között a különféle egyházi csatornákon át szerzett gazdag információknak (pl. a német koncentrációs táborokkal kapcsolatban) a társszervezetek és a nyugati szövetséges kormányszervek felé való továbbítása, a mentés tényezőinek e módon való mozgósítása. 1941 októberétől a WCC főtitkára, Visser't Hooft például több ízben is megpróbálta fölhívni a CICR figyelmét a Lengyelországba deportáltak helyzetére, a főkormányzóság területén létesített táborokban uralkodó állapotokra. Javasolta egy delegátus helyszínre küldését, és egyúttal fel is ajánlotta a szükséges anyagi támogatásnak az amerikai egyházak körében való megszervezését.[8] 1942. decemberi, utolsó ilyen irányú intervenciójára azok a bizalmas úton tudomására jutott drámai hírek indították, miszerint „a un seul endroit en Pologne 6000 Juifs — hommes, femmes et enfants — sont fusillés chaque jour. Ces exécutions sont faites en trois parties, soit de 2000 personnes chaque fois, et cela se passe depuis bien des semaines déja."[9]

Tanulmányunk további részében, szűkítve a fenti témakört, azzal foglalkozunk, hogy kutatásaink alapján elemezzük a WCC és egyes hozzá közel álló struktúrák, valamint a magyarországi református egyház és részint a magyarországi protestantizmus egyéb ágai között a Soáh időszakában fennálló kapcsolatokat, s megvizsgáljuk, hogy mit jelentettek, milyen összefüggései voltak e kapcsolatoknak az üldözött magyar zsidóság mentése szempontjából.

I. A magyar református egyház és az ökumenikus kapcsolatok

1) A múlt századi liberális korszak világából az 1918 utáni ellenforradalmi periódusba átlépő magyarországi református egyház — különféle, itt nem részletezendő tehertételek és az első világháború, valamint a forradalmi események következményeként — fő vonalaiban magáévá tette a korszak konzervatív-népi-nacionalista társadalmi alapértékeit, köztük nem utolsósorban az antiszemitizmust. Mindössze utalásszerűen említjük meg ez utóbbival kapcsolatban az ún. nemzeti sorsproblémák körébe sorolt szociális kérdések megoldására Ravasz László püspök[10] által kínált „radikális, de Krisztus-hívő szocializmus" szólamszerű eszméjét,[11] ami azon kívül, hogy — egyfajta program-filozófiai vezérfonalként — meglehetősen pontosan érzékelteti a református egyházi közegeken belül a Horthy-korszakban mérvadónak tekinthető (egyik) társadalompolitikai alapkoncepció lényegét, rámutat az imént körvonalazott értékkeret egyik fontos motorjára is. Nevezetesen arra a megtévesztő erejű, sokáig és sokak számára mindvégig látens belső platformra, ami a népérdek felkarolásának hangzatos területén keletkezett a nemzetiszocialista újpogány szellemiség és az egyházi ideológia között.

Ebben az összefüggésben volt valóban pótolhatatlan veszteség Baltazár Dezső tiszántúli református püspök, a református egyház két évtizeden át vezető személyiségének 1936-ban bekövetkezett halála. Baltazárral ugyanis nemcsak a magyar reformátusság, sőt protestantizmus nagy formátumú, szingulárisnak mondható liberális beállítottságú 20. századi püspöke távozott az élők sorából, de szinte vele együtt szállt sírba — avagy vált legalábbis végzetesen szárnyaszegetté — a magyar protestantizmusnak egyik, már egyébként is erős ostrom alatt álló artikulációs lehetősége, egyúttal e keresztény egyházi irányzat egyik potenciálisan adottnak tekinthető történelmi teljesítménye. Nevezetesen, hogy — legalábbis bizonyos mértékben, struktúrája egyes szegleteiben — nyitott legyen a modernizációs tendenciák 20. századi történelemformáló hatásaira, a velük való szervült találkozásra. A Baltazárt követő érában, ebben a hallatlan feszültségek terhelte korszakban, a református egyház és valójában az egész magyar protestantizmus politikai és ideológiai profiljának meghatározó tényezőjévé ugyanis a korszak arculatába maradéktalanul beleillő, az ellenforradalmi kormányzattal és politikai kurzussal többnyire meggyőződésszerűen azonosuló, konzervatív szellemiségű Ravasz László, a Dunamelléki Református Egyházkerület immár hosszú ideje osztatlan tekintélynek örvendő, mérvadó egyházpolitikusi és ideológusi ténykedést kifejtő, kultúrprotestáns beállítottságú püspöke és köre vált.

Az egyházvezető témánk szempontjából nem lényegtelen antiszemita szellemi horizontjára, lévén az meglehetősen közismert és irodalmilag is jól dokumentált, külön részletezve nem térünk ki.[12] Annál elmélyültebben kell ellenben foglalkoznunk — lévén tanulmányunk egyik lényegi kérdése — egyházkormányzói működésének szinte alig feltárt külpolitikai vonatkozásaival.

Kiindulópontunk ebben Ravasz László egyházképe, amely egy olyan, a keresztény gondolat egyetemességének princípiumait szubordináló, sajátosan újkori protestáns ekkleziológiai koncepció mentén épült fel, amelynek axiomatikus pillére az önmagát és küldetését a nemzeti érdekek szolgálatában, de azzal legalábbis szoros összetartozás-tudatban definiáló egyház ideája volt, illetve ennek az úri-konzervatív eszmeiség, valamint egyes szocialisztikus és rasszisztikus felhangú etnoprotekcionalista törekvésekkel színezett sajátos együttese. Megállapításunk érzékeltetéséhez bőségesen idézhetnénk megnyilatkozásaiból, terjedelmi okok miatt azonban csak két, tematikailag is közel álló illusztrációs körre szorítkozunk. Az elsőt a püspöknek az 1941-es, ún. harmadik zsidótörvény tárgyalásakor elmondott felsőházi beszédéből vesszük: „Lehet-e fontosabb kérdésünk nekünk, mint a magyar faj védelme?" Illetve: „A magyar fajta védelmét kívánom s óhajtom, hogy minden törvényhozásban ez legyen a legfőbb parancs, a legelső törvény."[13] A másikat a WCC által a háború utáni rendezés kérdésében kibocsátott alapiratra[14] általa elkészített református egyházi álláspont szövege kínálja. Ebben az egyetemesség és a partikularitás viszonyának zavaros megoldásaként egyfelől az egyháznak a társadalmi-politikai rendszerektől való függetlenségét hangsúlyozta, mondván, hogy

annak üzenete alapvetően a Krisztus által megváltani kívánt „halhatatlan lelkeknek" szól, másfelől pedig azt húzta alá, hogy az egyház tagjait „lehetetlenség kiszakítani annak a népnek vagy nemzetnek közösségéből, amellyel évszázadokon át összeforrt s amelynek politikai igazságait legszentebb meggyőződéssel vallja, mert ez a nemzetárulás bűnébe sodorná Krisztus tanítványait."
Majd így folytatta: [Éppen ezért, ha az] „egyház nem ért egyet hadviselő nemzete politikájával, ebből nem következik az, hogy nyíltan föllépjen ellene s ezzel az ellenség pártjára álljon, csak az következik, hogy a felelős kormányzatnak ott, és úgy, ahogy a józan okosság ezt megkívánja és a prófétai kötelesség megparancsolja, Isten igéjének igaz értelmét világosan felfejtse."[15] A püspök és felfogásában osztozó hierarchián belüliek és kívüliek széles köre ennek a szemléletnek a velejárójaként természetesen elemi értetlenséggel fogadtak minden olyan teologikus gondolatot, amely a nemzethez való viszony kérdésének megválaszolásánál elutasította a nacionalisztikusan okkupált ekklesiológia legitimitását.[16]

Az 1936-tól immár egyértelműen Ravasz László irányította református egyház[17] külkapcsolatain még ennél is egyértelműbben éreztette hatását a kormánypolitikai orientáció.[18] Körülményesebb kutatások nélkül is igazolja ezt a püspöknek az ország tengelypolitikai célkitűzéseivel azonosuló felfogása. Hogy csak a legjellemzőbbeket említsük egyházvezetői ténykedésének idevágó területéről: a) A különféle célú tanulmányutak keretében rövidebbhosszabb ideig Németországban, valamint a németek által uralt vagy más országokban tartózkodó missziói munkásoktól, stipendistáktól és egyéb egyházi emberektől származó és az egyházvezetéshez el is juttatott (igaz, nem nagy számú, de igen egyértelmű és folyamatosan érkező) „szigorúan bizalmas" helyzetjelentések, a nácizmus terrorja alá került német egyházak belső élethalálharcáról készített elvi-teológiai elemzések, a sajtóban ugyanezzel kapcsolatban megjelent írások, valamint a nemzetiszocializmus abúzusairól informáló más autentikus hírek[19] komolytalan megítélése és figyelmen kívül hagyása; e tények önálló kiértékelésének hiánya, jelentőségüknek megfelelő számbavételük prediszpozíciós eredőjű elmulasztása. b) A fasiszta Németország iránti, elsősorban is a revizionista pragmatizmus motiválta rövidlátásban fogant szimpátia olyan markáns epizódja, mint Karl Barthnak[20] Csehszlovákia német szétdarabolása előtt tett prófétai megnyilatkozásával[21] kapcsolatos, később is fenntartott, elvi alapállást kifejező reflexió. Ebből idézünk: „Nagy tisztelettel veszem tudomásul Professzor úrnak e kérdésben már többször kifejtett véleményét, bár az a meggyőződésem, hogy a nacionálszocializmus egyház- és Krisztusellenessége inkább járulék, mint lényeg. Megtörténhetik, hogy belső tisztulás, vagy az alapelvek elhalványulása folytán semmivel sem lesz nagyobb az ellentét a keresztyénség és a nemzetiszociálizmus között, mint amekkora az ellentét jelenleg a keresztyénség és ama szociáldemokrácia között, amely tudvalevőleg domesztikált bolsevizmus; a bolsevizmus pedig szellemi alkatánál és dinamikájánál fogva eddigelé a keresztyénségnek legnagyobb ellensége, nem véve ki a római imperiális pogányságot, az izlámot és a nacionális szocializmust sem. Mindez különben nem annyira ténykérdés, mint inkább prófétai beállítottság kérdése."[22]

A Ravasz-féle irányvonal kizárólagosságát egyszerre igazolta is és erősítette is, hogy alapjában véve az egyházvezetés egyetlen tényezője sem adott hangot (lényegesen) eltérő álláspontnak (kiváltképpen nem az egyház politikai arculatának alakításában jelentős szerepet játszó ún. világi vezetés elemei), s hogy a revizionista-nacionalista alapértékek a magyar reformátusok körében is messzemenő népszerűséget élveztek. (A hierarchiát illetően említést érdemel még, hogy a szekuláris nacionalizmussal, valamint a pogány fajelmélettel szemben lényegesen rezerváltabb, s szellemileg is számottevően felvértezettebbnek mondható, ún. hitvallásos irányultságú tiszántúli református püspök — a Baltazár szignálta, jó értelemben vett „debreceni szellem" egyfajta továbbvivője, Révész Imre, már csak „topológiai" okok és röpke hivatali múltja miatt is, teljesen marginális szerepre kényszerült az egyházirányítás korabeli közegében.[23]) Ha pedig mindehhez hozzávesszük a WCC és az általa fémjelzett egyéb egyházaknak és nemzetközi egyházi szervezeteknek a német expanzió szellemi és fizikai manifesztációit (köztük a Csehszlovákia elleni agressziót is!) egyértelműen elutasító, „anglofil" álláspontját, akkor valójában természetesnek is mondhatjuk a püspök (egyúttal az egyházi külügyek legfőbb irányítója) és környezetének azt az előbb csak ösztönös, majd egyre inkább „elvi" alapokra helyezkedő politizálását, amely fokozatosan szűkítette a barátságnak eme — kifejezetten is ellenségesnek ítélt — egyházi körökhöz vezető ösvényeit, s az egyházi külkapcsolatokat pedig teljes mértékben az „államraison" medrébe terelte.

Amint azt egyik alkalommal összegezte is Ravasz László: a református egyház „a protestáns egyházak világszövetségi szervezeteivel" az 1940-es évektől „a külügyminisztérium tudtával, támogatásával és közvetítésével" tartotta fenn az érintkezést,[24] s ez irányú munkáját „mindenkor a kormány külügyi politikájával teljes összhangban, azt egyházilag alátámasztva és az illetékesekkel való előzetes megtárgyalás alapján" végezte.[25]

(2) Az érvényes „nemzetpolitika"-felfogás kritika nélküli akceptálásának egyik külügyi következménye az volt, hogy az angolszász érdekszféra képviselőjének elkönyvelt egyházi alakulattal, a WCC genfi központjával, a református egyházvezetés 1941-től felfüggesztette az érintkezést.[26] Annak ellenére, hogy nem sokkal megelőzően, 1940-ben még a tagegyházak közé való belépési szándékát nyilvánította ki,[27] s hogy a mostani döntés a magyarországi református egyházat egyszerűen elszigetelte a világprotestantizmus túlnyomó többségétől, egyúttal az egyik elsődleges spirituális és érdekérvényesítő kontextusától is.[28]

Változást e döntésen csak a „nemzetpolitikának" a Bethlen–Kállay-féle angolszász irányú kiútkeresés idején felhangzó új parancsszava hozott. Így történhetett meg, hogy 1943 januárjában, amikor az egyik jeles egyházi személyiség, Soos Géza miniszteri titkár[29] a béketapogatódzások keretén belül Svájcot és egyes skandináv országokat is érintő misszióra indult,[30] egyszersmind felkereste a genfi világszervezet vezetőit is, és kifejezésre juttatta előttük a magyar reformátusok „őszinte" érdeklődését a világszervezettel való együttműködéssel kapcsolatban.

Némileg elébe vágva mondanivalónknak, közbeiktatjuk itt azt az értékelést, amit a háború szörnyűségeiből bizonyos konzekvenciákat leszűrő Ravasz László maga adott a vizsgált fejleményekről: „Mi a mellé a nagyhatalom mellé állottunk, amely az integritást megígérte. Így lettünk a fasiszta államok szövetségesei. Ebben rossz vásárt csináltunk: integritásért fasizmust. Még hozzá csak megígért integritásért ugyancsak nagy adag valóságos fasizmust.

Ma már látjuk, amit én akkor nem láttam, hogy a fasizmus halálos métely s minden nacionalizmus kísértése a fasizmus. Nekünk a demokrácia lett volna az egyetlen menedékünk."[31]

A bethleni felfogás vonzkörében élő,[32] s a híres szürke eminenciást mostani akciójában is támogató kortárs Ravasz László és környezete e látáshiány folytán bizonyult képtelennek arra is, hogy az 1943-ban jelentősen kitáguló ökumenikus mozgásteret a lehető önállósággal, s ne elsősorban a kormánypolitika szolgálatában értelmezze. Megállapításunkat jól érzékelteti Boér Elek felsőházi tagnak, a Református Egyetemes Konvent Külügyi Bizottsága ügyvezető alelnökének 1943 tavaszán papírra vetett, Ravasz Lászlóhoz intézett emlékirata. Az elmúlt hónapok során reálissá vált német vereség és a katolikus pozíciók világszerte tapasztalható megrendülése felett sajnálkozó Boér pro memoriája különösen is azt hangsúlyozta ki a püspök előtt, hogy azonnal és gőzerővel neki kell látni a külföldi egyházi lehetőségek „hazánk érdekében" való hasznosításának, s hogy az ebbeni legfontosabb feladatot — tekintettel az erősen demokratikus és liberális beállítottságú nyugati protestantizmus magyar érdekekkel szemben úgymond nem egyértelmű magatartására — olyan magyarok munkába állítása jelenti, akik alkalmasak rokonszenvet kelteni az ország iránt.[33] És valóban, a magyar református (és evangélikus) egyház ezt követő külpolitikai aktivitását elsősorban a Kállay–Bethlen-féle kiútkeresés propagandisztikus támogatása jellemezte. Kétségtelen, buzgólkodásuknak volt egynémely, „önálló" jelzővel is illethető olyan motivációja, amelyeket leginkább talán úgy jellemezhetnénk, mint a fentebb körvonalazott eszmei előfeltételekkel szoros összhangban álló, speciális egyházi „nemzetpolitikai" bővítmények. Közülük a legfontosabbak: a remény, hogy szóban forgó szerepvállalással előmozdíthatják a revíziós területeken élő egyházrészek békekötés utáni jobb pozícióit (kifejezetten is ölelkezésben a politikai nacionalizmussal[34]); hogy hozzájárulhatnak a magyarhoni protestantizmus történelmi szerepének igen ambicionált felértékelődéséhez;[35] hogy sikerül mérsékelniük az evangélikus egyházra a német egyházak felől rávetülő negatív megítélés kellemetlen tehertételét.[36]

Tevékenységük különösen is kitüntetett célállomása az a WCC volt, amelynek jelentős befolyást tulajdonítottak a szövetségesek győzelme esetén bekövetkező, háború utáni rendezés érdekérvénye-sítési folyamataiban.[37] A Soos Géza-féle genfi utat követően ennek megfelelően kezdtek is hozzá igen lázas tempóban különböző olyan, Genf címére szóló elaborátumok kidolgozásához,[38] amelyek-ben (szerzőjük lényegileg Ravasz László volt) egyfelől a magyar külpolitika egyes fontos üzeneteire (konkrétan: a magyar törvény-hozás és közélet antiszemita megnyilvánulásainak, a revíziós-naci-onalista gondolatnak és az ország tengelybarát politikájának az apológiájára, valamint a szovjet megszállás esetén az országra váró bolsevik veszedelmek ecsetelésére), másfelől pedig az ökumenikus külkapcsolatok szempontjából leginkább zavaróan ható, alább rész-letesebben is ismertetett, kérdések tisztázására helyezték az elsőd-leges hangsúlyokat.[39] Érdekes módon mindeközben még véletlenül sem merült fel, hogy nagy reménnyel útjára bocsátott irataiknak lehetnek bizonyos másodlagos konnotációi is. A szerzői szándékok folytán már eleve bizonyos belterjességre predesztinált iratokban ennélfogva még a respektus minimális kifejezését is elmulasztották a most hirtelen fontossá vált testvéregyházak gondolkozásmódja, az őket mozgató primer eszmék és gyakorlati ideálok iránt, nem is szólva keresztény felebarátaik nácizmus elleni küzdelmeiről. (A kétfajta diktatúra között például még a távoli hasonlóság feltétele-zését sem engedték meg.) Az állampropagandista szerepkörében végzett külszolgálat groteszk voltát érzékletesen fejezi ki az az 1943. márciusi jelentés, amelyben az egyik németországi kül-missziós lelkész többek között arról számol be egyháza vezetőinek, hogy a német Bekennende Kirche egyik szimpatizánsa „egészen kétségbeesve mondotta, hogy a magyar protestáns sajtószolgálat tájékoztatásaiból olyan képet kapnak a hazai protestáns püspöki karról, mintha a jelenlegi háborút ők maguk is szent háborúnak tartanák. Állítása szerint [...] püspök és más egyházi vezető emberek is fejcsóválva emlegetik és kérdezik, hogy magyar bará-taink nem látják világosan, hogy miről van szó?"[40]

A magyar fél álláspontjának zavaró momentumait természetesen Genfben is érzékelték. „[...]nem helyes a [zsidó-]kérdés kezelését úgy beállítani, mintha Magyarországon mindent kitűnően csináltak volna [...]" — magyarázta az WCC képviseletében nem sokkal ko-rábban Magyarországon járt Nils Ehrenström Radvánszky Antalnak, a magyarországi Ökumenikus Bizottság képviselőjének. „Megjegyezte továbbá, [hogy] egyes urak nálunk mindent a bolsevizmus és anti-bolsevizmus szempontjából néznek [...], pedig ez veszélyes szemlélet, mert akadályozza a nemzeti szocializmus előítéletmentes kritikáját. [...] A zsidókérdésnek magyar hivatalos és egyházi részről történt kezelése iránt Visser't Hooft sokkal kevesebb megértést tanúsított, mint Ehrenström úr, mert folyton azt hangoztatta, hogy csak relatíve kezeltük jobban a zsidókat, mint a németek vagy szlovákok, de alapállásfoglalásunk nem volt tiszta és nem volt keresztyén teljesen." Éppen ezért, összegezi Radvánszky, „a Magyarország által, illetve a magyar egyházak által esetleg elkövetett hibák nyílt és méltóságteljes bevallása jobb propagandisztikusabb hatást kelt, mint annak az állandó hangoztatása, hogy a nyugati civilizációt védtük és egyébként is mindent kitűnően csináltunk. [...] Szociális téren szeretnék látni az egyházak konkrét terveit és nem elégednek meg általános szólamokkal: itt is a leghelyesebb, ha a múltra nézve azt tudjuk kimutatni, mit tettek egyházaink szociális téren a fennálló nehézségek ellenére s nem azt, hogy mindent milyen tökéletesen csináltak, ilyen beállítás a jövő munkaterv irányában is bizalmat kelt."[41]

3) A magyar egyházvezetők azonban nem tudtak fölébe emelkedni annak a látásnak, ahonnan nézve a genfi ellenérzések mindössze taktikai problémaként jelentek meg: kezdve az Egyetemes Egyháztanács Magyarországi Bizottságának (Ökumenikus Bizottság) „formai" okokból való (és kormányzati támogatással végbevitt) 1943. júniusi létrehozásával,[42] s folytatva a Genfből szorgalmazott tanulmányi munkákba való bekapcsolódással, valamint a genfi elvárásoknak ímmel-ámmal való megfelelés egyéb szellemi bűvészmutatványaival, el egészen addig a jellegzetes végpontig, hogy közvetlen feladataik lényegét a „másik fél" olyan funkcionális célú megtévesztésében jelölték ki, amihez a magyar belpolitika szféráin keresztül vezet a legegyenesebb út. Legsürgetőbb teendőjüknek így azt tekintették, hogy minél több, a „nemzetpolitika" „érdekeivel" szoros összhangban tevékenykedő egyházi bázist hozzanak létre külföldön (ösztöndíjak keretében, vagy valamilyen diplomáciai státus fedezéke alatt: lelkészeknek, teológiai tanároknak a legfrekventáltabb magyar követségek mellé

történő kinevezése formájában) és olyan előadókat, egyházi küldetésben (is) járó diplomatákat juttathassanak ki Svájcba és a skandináv államokba (ide főként az evangélikus kapcsolatok okán), illetve más helyekre, akik „a magyarországi viszonyokról és közgondolkozásról helyesen informálják" a külföldet.

A WCC és más egyházi közegek munkájába való bekapcsolódást vitális nemzeti érdekként feltüntető lobbizás[43] eszközhasználati stílusát is tükrözik Ravasz László alábbi sorai: „Az így kiküldött és beosztott protestáns lelkész természetesen kifelé kizárólag mint magyarországi református vagy evangélikus egyházaink egyházi ügyekben való megbízottja kell, hogy szerepeljen. Utasításait egyházainkon keresztül, de természetesen mindenkor Nagyméltóságod [ti. a külügyminiszter] részéről is kívánatosnak tartott formában és tartalommal kell, hogy kapja és tisztán egyházi vonalon kell szolgálnia. Tapasztalataink szerint csakis ilyen esetben lesznek irányában a külföldi egyházi körök teljes bizalommal, amelyet elvből nem mutatnak a hivatalos diplomáciai személyzettel szemben."[44]

A nacionál-ekklesiológia evidenciájával folytatott ökumenizálás repertoárja ezzel persze egyáltalán nem merült ki. Mindössze ízelítőül említünk fel még néhányat a további példák közül. Az egyik legjellegzetesebb esetre 1943 nyarán került sor, amikor a kormánynak abba az akciójába, amelynek keretében havonkénti rendszerességgel vitamindús táplálékot juttattak volna el — a Vöröskereszt fedezéke alatt — az éhező holland gyermekek megsegítésére, a miniszterelnök bevonta a református egyházat is. Mint bizalmasan közölte Ravasz Lászlóval, azért, mert „Hollandiából nyert információk szerint az irántunk való ottani hangulat nagymértékben elhidegült, úgy hogy nagyon szükséges volna, hogy református egyházunk ismert egyházi összeköttetései révén [...] theologiai tanáraink közül legalább egy-egy embert mielőbb kiküldjön és helyzetünkről és abból folyó eljárásunk okairól való részletes felvilágosítás mellett igyekezzenek a régi baráti összeköttetéseket helyreállítani." (Az elképzelt egyházi közreműködés formai keretét a szállítmánykísérői megbízatás adta volna.)[45] Az eset azért is érdekes, mert ugyanaz a Ravasz László nem sokkal korábban még teljesen figyelmen kívül hagyta a Külügyi Bizottság „holland albizottsága" egyik tagjának, Pákozdy László Márton lelkésznek[46] azt

a hozzá írt, „egészen bizalmas, személynek szóló" (de a Külügyi
Bizottságnak szánt) április 3-i beadványát, amelyben friss informá-
ciói hatása alatt állásfoglalást és kormányzati szintű intervenciót
javasolt a szenvedő holland nép és a hollandiai keresztény egyházak
mellett „a lelkiismeretért és a református egyház egységéért", külön
is rámutatva arra, hogy mennyire hiteltelen a bolsevizmus elleni
retorika a náci barbarizmus árnyékában, s „hogy az esetleg győztes
egyesült nemzetek mérlegén [...] nagyobb súllyal esik egyetlen má-
sok igazáért ejtett szó, a magunk igazának-igazságának ezerszer elő-
adott panaszánál."[47] Nem kevésbé jellegzetes azonban a Külügyi
Bizottságnak és az Ökumenikus Bizottságnak 1943 végén, 1944 ele-
jén tervbe vett „felvilágosító" kiadványa sem, amely azt a célt szol-
gálta volna, hogy „a Magyarország ellen irányuló feudális és
antiszociális vádakkal szemben [...] igazolja, hogy Magyarország
minő korszerű szociális reformokat létesített Trianon óta, és hogy
az egyházak ezt a munkát milyen mértékben mozdították elő és
támogatták."[48] S végül, adott vonatkozásban ugyancsak szimptoma-
tikus volt a reformátusok és evangélikusok közötti szolid, ám fo-
lyamatos rivalizálás is, amit a külmissziói státusokért folytattak,
illetve az, hogy nem utolsósorban e szembenállásnak köszönhetően
futottak szinte kivétel nélkül vakvágányra mindkét fél fontosabb
külpolitikai elképzelései.[49] (Itt említjük meg, hogy az 1943 tavaszá-
tól kialakuló ökumenikus tevékenységet formailag ugyan reformá-
tus-evangélikus kooperációként kell minősítenünk, különösen is az
ennek szervezetileg keretet adó interkonfesszionális Ökumenikus
Bizottság létrejötte óta, a valóságban ez mégsem így nézett ki. A
református egyház folyamatos túlsúlya folytán ugyanis az ÖB mű-
ködése alig volt más, mint a református Külügyi Bizottságnak
néhány vezető evangélikus személyiséggel kiegészített duplikációja.
Amikor pedig a református érdekek érvényesítésének mégis akadá-
lyai támadtak, akkor a kálvinisták egyszerűen „külügyi bizottsági"
szintre vették vissza az ügyet.)

4) Radvánszky Antal fent idézett optimista javaslatával ellen-
tétben, a Genf és Budapest között fennálló, szakadéknyi elvi
különbség áthidalásában a propagandisztikus ügyeskedés végül is
vajmi keveset eredményezett. A két fél közötti kapcsolatokban
ugyanis elsősorban éppen azoknak a „genfi szellemű" eredmények-

nek lett volna súlyuk és a maguk módján „nemzetmentő" kisugárzásuk, amelyeket magyar oldalról inkább csak rejtett céljaik álcázásaképpen, propagandisztikus okokból vettek komolyan. Különösen is a zsidókérdés–antiszemitizmus ügyében bizonyult nehézkesnek a kooperáció, amit pedig az ökumenikus világ megkülönböztetett figyelme kísért, és rendszeres témája volt az érintkezéseknek (már csak Magyarország e vonatkozásban különleges helyzete miatt is).[50] Az érdekek inkongruenciáját elégségesen érzékelteti, hogy a WCC azon kérése, hogy a magyar tagegyházak állítsanak össze egy tájékoztatót arról, milyen nyilatkozatokat tettek vezetőik az elmúlt időszakban a zsidókérdésről, s hogy milyen egyházi szervezetek tevékenykednek a zsidók megsegítése érdekében az országban, tulajdonképpen sohasem teljesült. Nem véletlenül. Hiszen a válasz később sem lehetett volna alapvetően más, mint amit márciusban egyszer már megfogalmaztak. Márpedig ez a memorandum komoly visszatetszést keltett Visser't Hooftban és környezetében. A Világtanács köreiben ugyanis egyszerűen nem tudtak mit kezdeni az egyházias-teologikus gondolkozás és a zsidó sors iránti mélyebb empátia jószerével minimális jegyeit is nélkülöző, s az antiszemitizmust és zsidótörvényeket a nemzeti összelégedetlenség érthető kifejeződéseként beállító, statisztikai logikával felépített magyar érveléssel s ezen az impresszión nem sokat enyhíthettek azok a sorok sem, amelyek a keresztény egyházfőknek a zsidótörvényekkel kapcsolatos korrekciós fáradozásairól, s a Magyarországi Református Egyház részéről az „elkerülhetetlen" antiszemita jogtalanságok orvoslására létrehozott „Jó Pásztor" Konventi Missziói Albizottságról adtak megelégedettséget tükröző információkat.[51] De nem vált a helyzet előnyére az sem, hogy a Svájcban megforduló, avagy ott rezidáló magyar egyházi képviselők maguk is teljesen a „vádakat" elhárító logika szellemében tevékenykedtek,[52] s minden erejükkel azon fáradoztak, kiváltképpen a német megszállást követő időszakban, hogy eltussolják a tényleges helyzetet, és fokozottan pozitív színben tüntessék fel a magyarországi protestánsoknak a zsidókérdésben tanúsított magatartását.

5) Végül tekintsük át még röviden azokat a tényeket, amelyeknek köszönhető, hogy a kapcsolatok a WCC-vel és köreivel a fen-

tiek ellenére sem fagytak be teljesen, sőt bizonyos értelemben és adott szinten határozott élénkséget mutattak.

a) Ilyennek számított mindjárt a menekült lengyelek, valamint az 1943 őszén és 1944 elején lengyelországi német internálásból magyar területre szökött holland katonatisztek patronálásában vállalt, elsősorban az egyéni iniciatívákra visszavezethető[53] egyházi közreműködés, amihez a WCC-től is kértek és kaptak is bizonyos nagyságrendű támogatást.[54]

b) A külfölddel való érintkezésben gyakran emlegetett, ám az egyházvezetés részéről szinte teljes mértékben magára hagyott, tevékenységében nem különösen ambicionált „Jó Pásztor" Albizottság széles körű munkálkodása.[55]

c) Az „egyházi" embermentő szolgálatban működők azon maroknyi serege, akik e vonatkozásban igyekeztek kapcsolatba kerülni a WCC-vel is.[56]

d) Az 1943 júniusában Magyarországra látogató, s a fentieket és az említettek fáradozásait szubjektíve szimpátiával fogadó Nils Ehrenström közvetítő fáradozásai.[57]

III. Az ökumené és a magyar református (és evangélikus) egyház 1944-ben

A német megszállást követően gyakorlatilag is jelentősen megnehezültek a magyarországi egyházak és Svájc közötti kapcsolatok. Üzenetváltásokra, információk cseréjére és különféle küldemények célba juttatására mindazonáltal voltak bizonyos lehetőségek: a diplomáciai kurír, a CICR csatornái, alkalmi utazások, valamint a kapcsolatok fenntartását szorgalmazó személyek (Magyarországról Pap László, Soos Géza, Svájcból pedig az ott tevékenykedő rezidensek: Genfben Bónis Béla, Bázelben Bertalan Imre református teológiai ösztöndíjasok, s ismét Genfben Radvánszky Antal, a magyar Ökumenikus Bizottság tagja, aki 1944 tavaszán nem tért vissza Budapestre).

Vagyis ahhoz, hogy a végveszélybe került magyar zsidóság problémáját igen komoly aggodalommal szemlélő WCC és más svájci egyházi intézmények gyakorlatilag is érvényesíthessék segítő szándékaikat, a legelemibb feltételek azért adottak voltak.

A) Ökumenikus erőfeszítések a magyar zsidók mentéséért nemzetközi és svájci relációban

(1) A magyar zsidók megsegítéséért az ökumenikus mozgalom közegeiben tett erőfeszítések egyik legaktívabb tényezője a WCC főtitkára volt. Willem Adolf Visser't Hooft már a német okkupáció első óráiban erőteljes diplomáciai mentőtevékenységbe kezdett. Azonnal kapcsolatba lépett a WJC svájci rezidensével, Gerhart Riegnerrel, s a két szervezet titkársága részéről még március 19-én közös aide-memoire-t juttattak el a Népszövetség menekültügyi biztosához. Az iratot a főtitkár még aznap megküldte Leland Harrison berni amerikai követnek is, kérve őt annak előbb az USA kormányához, majd onnan a Federal Council of the Churches of Christ in America-hoz és a WJC amerikai szekciójához való továbbítására. Március 23-án, valószínűleg G. Riegner propozíciójára, Adolf Freudenberggel, a WCC Ökumenischer Ausschuß für Flüchtlingshilfe (ÖAF) nevű szervezetének igazgatójával együtt táviratot intézett George Bellhez, Chichester püspökéhez, a WCC Előkészítő Bizottsága tagjához, kérve őt arra, hogy a halálos veszedelembe jutott 800 000 magyar zsidók ügyében vegye fel a kapcsolatot Sidney Silvermannal, a WJC brit szekciójának elnökével, valamint a skót egyházzal. (Ez utóbbi felhívást néhány nap múlva megismételték.)[58] Hasonlóképpen megpróbálkozott azzal, hogy a CICR elnökét egyházi részről is serkentse a hatékonyabb segítségnyújtásra. Ennek érdekében indítványozta június 6-án a zürichi rabbi, Zwi Taubes (a magyar származású Bányai Mihály által tavasszal szervezett, zürichi székhelyű, Schweizerisches Hilfskomitee für die Juden in Ungarn [SHJU] tagja) CICR-nél intervenciót kérő megkeresése nyomán Alphons Koechlinnél, hogy a SEK elnökeként intézzen „autoritatív egyházi oldalról" is megkeresést Max Huberhez.[59]

2) A WCC genfi stábjának egyik legfontosabb akciója az a bátor megnyilatkozás volt, amit az Auschwitz-jegyzőkönyvként ismert tudósítás kézhez vétele után jelentettek meg az ÖAF nevében a Világtanács kőnyomatosa, az Oekumenischer Presse- und Nachrichtendienst (OePN) júniusi számában Der Schicksal der Juden in Ungarn címmel. Ebben annak adtak hangot, hogy a gyakorlati segítség elérkezhet egy olyan határhoz, ahol „die einzige

Hilfe, die uns noch zu Gebote steht, ein feierlicher und öffentlicher Protest ist." Majd így folytatódott a kommüniké: „Dies ist heute der Fall. Nach zuverlässigen Nachrichten sind über 400 000 ungarische Juden unter unmenschlichen Bedingungen deportiert und, soweit sie nicht schon unterwegs umkamen, ins Lager Auschwitz, Oberschlesien, gebracht worden, in dem seit über zwei Jahren viele Hunderttausende von Juden planmäßig ermordet worden sind. Christen dürfen zu diesem Verbrechen nicht schweigen. Wir fordern unsere christlichen ungarischen Brüder auf, mit uns ihre Stimme zu erheben und alles Menschenmögliche zu tun, um dieser furchtbaren Sünde ein Ende zu setzen. Wir fordern die Christen aller Länder auf, in gemeinsamer Fürbitte dafür eintreten, daß Gott Erbarmen mit dem Volk Israel haben möge."[60] A közlemény horderejét elsősorban az adta meg, hogy — eltekintve az Exhange Telegraph Company által június 24-én kibocsátott tudósításoktól — másodmagával[61] ez az írás jelentette a nyitányát annak a hatalmas sajtókampánynak, ami a magyarországi zsidók sorsának és az auschwitzi haláltábor működésének nyilvánosságra kerülését követően Svájcban kibontakozott.[62]

3) A WCC és néhány más egyházi szervezet, valamint magánszemély fenti eseménnyel szorosan összefüggő másik emlékezetes tette volt a budapesti Palesztina Hivatal vezetőjétől, Krausz Miklóstól néhány nappal korábban Svájcba (Chaim Poznerhez, az Office Palestinien de Suisse képviselőjéhez[63]) juttatott dokumentumok, köztük az említett Auschwitz-jegyzőkönyv, terjesztésében és nyilvánosságra hozatalában nyújtott segítség. Miután Lévai Jenő alapvető munkái felmentenek a részletek bővebb ismertetése alól, mindössze a leglényegesebb és nála nem szereplő mozzanatokra térünk ki. Időrendet tartva, elsőként említjük meg Visser't Hooft és Freudenberg két június 24-i táviratát, amelyben — megismerkedve a szóban forgó iratokkal — arra kérték a canterbury érseket, William Temple-t (az WCC elnökségi tagját) és Samuel Cavertet, az Amerikai Protestáns Egyházszövetség főtitkárát, hogy rádiószózatban figyelmeztessék és szólítsák fel a magyar népet kötelességére.[64] (Temple ennek nyomán még Churchillt is felkereste, kérve őt a magyar zsidóknak nyújtandó segítségre, s július 8-án pedig elhangzott a rádiószózat is, amelyben többek között remé-

nyét fejezte ki, hogy a magyarországi keresztények mindent meg-
tesznek az ártatlanok megmentésére.[65])

Közben Zwi Taubes és George Mantello kapcsolatba léptek
Alphons Koechlinnel és Karl Barth bázeli teológussal, továbbá a
nagy szervezővel, Paul Vogt lelkésszel és másokkal (illetve felte-
hetően még ezt megelőzően Mantello Genfben a WCC főtitkárá-
val). A több szinten és alkalommal folyó beszélgetések egyik
minket érdeklő eredménye lett, hogy a nevezett egyházi prominen-
ciák a Krausz-féle dokumentumokat — intervenciót és segélynyúj-
tást sürgető kísérő sorokkal — megküldték a svájci kormányzathoz
és az országban működő képviseletekhez, fontos világszervezetek-
hez, azok vezető munkatársaihoz. Karl Barth június 25-én Ernst
Nobs szövetségi tanácsoshoz fordult. Koechlin június 26-án a SEK
nevében a Bundesratot kereste meg[66] (levele másolatát külön is
megküldte Edmund von Steiger és Marcel Pilet-Golaz miniszterek-
nek[67]), de levelet intézett a SEK elöljárósága tagjaihoz (és a CICR-
hez) is. Ugyanakkor par retour du courrier kért felhatalmazást az
egyházvezetéstől egy olyan iratnak a SEK kantonális egyházveze-
tőihez való kiküldésére, amelyben a magyarországi zsidókért és a
magyar testvéregyházért való könyörgések tartására hívja fel a gyü-
lekezeteket. A hozzájárulást nyilván megkapta, mert 29-én kiment
a szóban forgó körirat.[68]

A dokumentumcsata másik jeles résztvevője, Paul Vogt, töme-
ges sokszorosítvány formájában juttatta el június 27-én többekhez
is a Krausz-féle két dokumentumot, kérve a címzetteket minden
lehető elkövetésére.[69]

Krausz-iratok nagyhatású svájci felhasználása volt végül még
az a július 4-i keltezésű, Karl Barth, Visser't Hooft és Paul Vogt,
valamint Emil Brunner zürichi teológiai professzor[70] kísérősoraival
ellátott, s e jeles személyiségek révén még külön, rendkívüli mo-
rális legitimitáshoz is jutó dokumentumanyag sokszorosítása,[71] amit
— több nyelvre is lefordítva[72] — ezrekhez juttattak el Svájcban
és határain kívül. (A SKHEF által létesített, Hans Schaffert lelkész
vezette Evangelische Freiplatzaktion für Flüchtlinge például 3000
helyre postázta ki — köztük minden svájci református lelkészhez
— e dokumentumanyag rövidített összefoglalását.[73])

4) A magyar zsidók érdekében tett svájci egyházi és ökumenikus fáradozások futólag bár, de külön is említendő fejezetét jelentették a már említett SEK-felhívás nyomán országszerte megtartott könyörgő istentiszteletek, a svájci protestantizmus részéről úgyszólván egyöntetűen megnyilvánult állásfoglalás, a különféle, sajtóban is megjelentetett kantonális és helyi egyházi nyilatkozatok, tiltakozások, kormányzati és nemzetközi segítségnyújtást sürgető felhívások. Jelentőségüket rendkívüli mértékben növelte, hogy — nemcsak mint elemi erejű híranyag, de úgy is, mint morális támasz — alapvető szerepet játszottak az addig uralkodó, főként a kritikusnak számító, német vonatkozású külpolitikai témákra nézve 1940-től érvényben lévő svájci sajtócenzúra áttörésében,[74] s abban, hogy ettől kezdve szinte szabad folyást kapott a világközvéleményt a magyar zsidók sorsáról és Auschwitz borzalmairól tájékoztató sajtótevékenység. Itt említhetjük meg azt az igen nagyszámú, magyar zsidó vonatkozású híranyagot, ami az egyházi publicisztikában — elsősorban is az OePN, valamint a Zürichben kiadott Schweizerischer Evangelischer Pressedienst — hasábjain jelent meg a június–júliusi és a későbbi időszakban.[75] A híressé vált svájci sajtókampány egyéb eredményeinek, köztük a magyarországi fejleményekre gyakorolt hatásának elemzése nem tartozhat ugyan vizsgálódásunk körébe, utalunk azonban rá, hogy a magyar külképviseleti jelentések meglehetős szorongással adtak számot e fejleményekről.[76]

5) A Soáh (és egyáltalában véve a nemzetiszocializmus) áldozatainak a Világtanács főtitkárához fogható formátumú másik kiemelkedő svájci patronálója volt Paul Vogt, a menekültek és szenvedők élő lelkiismereteként buzgólkodó, fáradhatatlan zürichi menekültügyi lelkész.[77] A már említetteken kívül elsősorban is megrendítő bázeli és zürichi istentiszteleteivel,[78] a legkülönbözőbb instanciákhoz intézett ötletgazdag — s olykor a cselekvő szeretet hirtelenségében fogant — beadványaival, valamint a gyakorlati segítés apró jeleivel tüntette ki magát. A Bundesrathoz címzett július 14-i levelében például 50 svájci diplomata haladéktalan Magyarországra küldését sürgette a mentési munkálatok elősegítése céljából, s javasolta 10 000 magyar zsidó Svájcba való ideiglenes (harmadik országba való kivándorlásukig tartó) befogadását. Idéz-

zük e levelének záró sorait: „Herr Bundespräsident! Herren Bundesräte! Ich weiß, daß der Plan groß und schwer ist. Groß und entsetzlich ist aber auch die Not der Todgeweihten. Pflicht von uns Schweizern ist es zu helfen, so gut wir nur können. Ich wäre in meinem Gewissen belastet, wenn ich Ihnen diesen Plan nicht unterbreitet hätte und bitte Sie sehr herzlich, im Namen der zahlreichen Hilfsuchenden aus dem jüdischen Volke die bei mir anklopfen und im Namen unseres Meisters Jesus Christus, der durch die geringsten seiner Brüder mächtig an die Türe unseres verschonten Schweizerhauses und an unsere Herztüre anklopft, alles zu tun, was den Helferwillen des Schweizervolkes in die helfende Tat umsetzen könnte."[79] De tudunk a lelkésznek későbbi, kormánytisztviselőkhöz és a CICR-hez intézett leveleiről is. Szeptember 19-i, Max Huberhez címzett beadványában például tehetetlenkedésnek minősítette a CICR addigi tevékenységét (illusztrációként az augusztusban Svájcba várt gyermektranszport vízum hiányában való elakadását hozta fel) és aktívabb diplomáciát sürgetett az elnöknél.[80] Október 12-én távíratilag fordult a svájci kormányhoz és a CICR-hez, megbízható hírforrásokra hivatkozással figyelmeztetve őket egy újabb budapesti tömegdeportálás veszélyére, s azonnali beavatkozást követelve.[81]

B) Ökumenikus erőfeszítések a magyar zsidók mentéséért magyarországi relációban

1) A Világtanács főtitkárának ténykedése ebben a relációban is meghatározó volt. Pap László teológiai tanárhoz, a Magyarországi Ökumenikus Ifjúsági Bizottság elnökéhez, az embermentés kiemelkedő személyiségéhez[82] írott, egyéb vonatkozásban is igen fontos, 1944. május 17-i levele példaértékű bizonysága felfogásának és cselekvőkészségének. Idézzük: „Wir hoffen natürlich, daß Ihrer Kirche in dieser Zeit ein klares Bekenntnis gegeben wird. Dabei denken wir in ganz besonderer Weise an die tragische Situation der Mitglieder des alten Volkes, von denen Sie so viele in Ihrem Land haben. Es ist in den anderen Ländern schon deutlich geworden, daß diese Frage nicht nur eine politische oder soziale Frage ist, aber auch in ganz direktem Sinne eine Lebensfrage der Kirche. Was die Kirche sagt und tut auf diesem Gebiet, zeigt was sie wirklich verstanden hat von den Warnungen und Versprechungen Ihres

Herrn. Von uns aus wollen wir alles tun, Ihnen in dieser Sache
zu helfen, und Sie sollen nicht zögern, uns in dieser Beziehung
praktische Vorschläge zu machen."[83] Meglehet, a levél valóban
csak két hónappal később jutott el a címzetthez, amint azt Pap
állítja. Mivel azonban az irat csak egyik dokumentuma a Világ-
tanács és a körülötte felsorakozó tényezők személyesen és más for-
mák között gyakran ismertetett felfogásának, s mert tudjuk, hogy
ennek fő vonásai a magyarországi egyházvezetés körében kellően
ismertek is voltak, és az egyes üzeneteket pedig általában véve
több expedíciós vonalon is útnak indítottak, az időbeliség e vonat-
kozásának lényegileg nincs jelentősége. Különösen, hogy a kapcso-
lattartás egyik médiuma az a Radvánszky Antal volt, aki egyfelől
igen közeli viszonyt ápolt a WCC vezetőivel és széles körű
összeköttetései révén jó „postai" lehetőségekkel is bírt, s másfelől
pedig — messze kimagasodva külszolgálatos kollégái köréből —
a maga részéről igyekezett is mindent elkövetni annak érdekében,
hogy a külföldi egyházaknak a zsidókérdéssel kapcsolatos felfogá-
sa félreérthetetlenül álljon a hazai tényezők előtt.[84] Radvánszky
tevékenységének egyértelmű nyomait ismerhetjük fel például a
protestáns főpásztoroknak a miniszterelnökhöz írott június 21-i
levelében, amelyben egyebek mellett azzal indokolták a deportá-
lások elleni tiltakozásukat, hogy eddigi hallgatásukért őket máris
„a világkeresztyénség vezető testületeinek vádja és felelősségre
vonása" éri.[85] De hasonló irányba mutatott az a — más összefüg-
gésben sem érdektelen — vita is, amit a zsidóüldözés ellen június
21-ét követően fontolóra vett nyilvános tiltakozásuk tartalmi elemei
körül folytattak a protestáns egyházfők, s amikor Ravasz László
(végül is eredménytelenül) azzal érvelt püspöktársai előtt, hogy az
első demonstrációba nem lehet más szempontot bevenni (pl. a
bombázásokat), mert — lévén, hogy „ezzel már rég tartozunk" —
egy kombinált tiltakozás nem nyerné el „a külföldi egyházak hely-
benhagyását". Ugyanakkor, hangoztatta a püspök, éppen az előb-
bire tekintettel, nem fontos, hogy hány helyen olvassák azt fel,
mert ha csak egyetlen templomban is megteszik, „célunk [már] el
van érve".[86] Talán ezeknél is egyértelműbben tükrözi azonban a
külföld álláspontjának a magyar egyházvezetés előtti nyilvánvaló-
ságát, illetve az információk „megfelelő" áramlását Ravasz Lász-

lónak ama, taktikai fegyelem nélküli őszinteségben fogant feljegy-
zése, amely még a „legitim" kormányzat iránti lojalitás és az egy-
ház zavartalan intézményi működéséhez való ragaszkodás,
valamint az ezeket alapjaiban megkérdőjelező nyilvános demonst-
ráció alternatívái közötti őrlődés kritikus lélektani pillanataiban
születhetett, közvetlenül a június 21-i beadványt követően. Ebből
idézünk: „Egy nyilvános bizonyságtételre esetleg lehet szükség, de
ez a legádázabb kultúrharc megindulását, minden híd felégetését
és az egyház életének partizánharcokra való elözönlését jelentené,
tehát csak az ultima ratio lehet. [... Az egyház] ugyanakkor hang-
súlyozza: tiltakozik az ellen, hogy meg nem próbált, idegen orszá-
gok[,] kényelemben élő egyházak bírói székbe üljenek, felette
pálcát törjenek és mártíromságát rosszul vegyék számba. [...] Látva
azokat a gyermekeket, akiknek szemük kifolyt, lábuk csonka lett,
mert repülőgépekből robbanószerekkel töltött játékokat dobtak le;
végignézve a tömegtemetéseket, a szétfreccsent gyermekkórházak
udvarán összeszedett apró kezeket és lábakat, orvosoknak és ápo-
lónőknek szétroncsolt koponyáit, beomlott pincékben éhenhalt
asszonyoknak és öregeknek százait, nem tudná elfogadni, hogy
azoknak a nemzeteknek az egyházai, amelyek ezt a veszedelmet
küldték reánk, még rossz osztályzatot adjanak a magyar református
egyháznak, mert a zsidókérdésben [nem] kezdte meg az utcai
barikádharcát a bíborosok és püspökök vezetése alatt."[87]

2) Visser't Hooftnak a magyar egyházak felé irányzott akciói
sorában önálló helyi értékkel bírnak a diplomáciai úton való nyo-
másgyakorlásra tett lépései. Az első ezek körében egy 1944. április
18-án kelt levél Alphons Koechlinhez. Ebben eljuttatta hozzá azt
a táviratot, amellyel George Bell püspök sürgette a magyarországi
eseményekkel szembeni fellépést. A jeles ökumenikus személyiség,
aki a rádió hullámain át korábban már felhívást bocsátott ki a
magyarországi zsidók megmentésére, most is valami hasonlóra
gondolt: „Is it possible arrange broadcast appeal to people of Hun-
gary and Rumania to befriend Jews and help them to safety and
also ask heads of Churches in neutral countries to help?" Megje-
gyezve, hogy Svájcból erre sajnálatosan nincs lehetőség, hiszen
úgy tűnik, még a táviratot is hosszan késleltette a cenzúra, többek
között ezt írja a főtitkár a SEK elnökének: „[...] Nun haben wir

von hieraus schon versucht, einiges zu unternehmen, und wenigstens die Juden zu retten, von denen wir wissen. Radvánszky hat auch schon einige Botschaften in diesem Sinne weitergegeben. Vielleicht wäre es möglich, daß Sie Ihrerseits auch ein Wort an Ravasz richten, das dann natürlich auf inoffiziellem Wege weiter befördert werden sollte."[88] S hasonló értelemben írt június 9-én is Koechlinhez, indirekte serkentve őt az intervencióra: „Sie äußerten ja selbst die Ansicht, eine Erklärung oder einen Brief des Schweizerischen Kirchenbundes an die ungarische Schwesterkirche zu erwägen."[89]

3) A szó tetté válását hamarosan váratlan esemény sürgette. Az auschwitzi borzalmak ismertté válása. Június 26-án Koechlin a SEK nevében és minden más, személyes minőségét is megemlítve kérte Ravasz Lászlót a nyilvános tiltakozásra és a leghatékonyabb fellépésre Izrael megpróbált népe érdekében. Intervencióját a teológus Budapesten nemigen ismert logikájával indokolta: a magyar zsidók kiirtásának folyamatban lévő szörnyűsége támadás az ellen a nép ellen, „das trotz allem für jeden Christen Gottes erwähltes Volk bleibt und dem von Gott, der seine Verheißung nicht zurücknimmt, das Heil zugesagt ist. Die Schuld, die Ungarn durch die Ausrottung der innert seiner Grenzen vorhandenen Juden auf sich nimmt, ist deshalb besonders schwer." Majd így folytatta: „Sie [die Schuld] wird die Zukunft Ungarns und seines Verhältnisses zu den andern Völkern auf lange hinaus belasten. Sie könnte auch die innere Verbundenheit der Kirchen in gegenseitigem Vertrauen aufs schwerste gefährden, wenn nicht die ungarische Kirche alles ihr nur Mögliche tun würde [...]."[90] Ugyanebben az időben Visser't Hooft, Nils Ehrenström és Adolf Freudenberg külön is interveniált a püspöknél, eljuttatva kezeihez a kőnyomatosban megjelentetett június végi WCC-deklarációt. A két küldemény napokon belül meg is érkezett Budapestre.[91]

Közvetlen befolyást azonban már nemigen gyakorolhattak az események menetére. Ravasz László ugyanis, a Horthy körüli konzervatív körök ez idő szerinti deportálásellenes akcióitól bátorítva, továbbá a Serédi Jusztinián hercegprímás által tervbe vett pásztorlevél hírének kiszivárgása, s mindenekelőtt is a június 25-i pápai intervenció hatására, már pár nappal korábban indíttatva érezte magát arra, hogy elmozduljon a miniszterelnökhöz június 21-én átnyújtott közös református-evangélikus beadványban még aktuálisnak látott lojalitás platformjáról,[92] s június 26-án úgy döntött, hogy a protestánsoknak vállalniuk kell a nyilvános demonstrációt.[93] (Megjegyzendő, Ravasz ezt a tervet — részint a később is szerepet játszó okok hatására, részint pedig az antiszemita végmegoldás Budapestre való „begyűrűzése" előjeleit látva — homályos formában már június 15-én felvetette egy Serédihez írott titkos levélben.[94]) A püspök kezdeti felbuzdulása persze nyomban el is halt,[95] mihelyt szembesült a kormányzat tárgyalásokat kezdeményező ajánlataival.[96]

A Bónis- (és Radvánszky-?)féle, s egyéb tényezők által is folytatott dezinformáció, amit persze a Magyarországról érkező félretájékoztatás is éltetett, mindazonáltal hallatlan jelentőséget tulajdonított a júniusi egyházi aktivitásoknak, s sikeresen terjesztette azt a hovatovább kanonizálttá vált eseményinterpretációt, amely szerint a zsidókérdés embertelen megoldását — úgymond — kezdettől fogva igen ellenző protestánsok végül is azért tekintettek el a demonstráció erőteljes eszközétől, mert ez volt az az alkualap, aminek fejében a kormányzat elállt a budapesti zsidóság deportálásától.[97] (Az előadott értelmezésnek sajátos plauzibilitást kölcsönzött, hogy az elvetélt deklaráció helyett a június 21-i beadvány szövegét tették meg a június végi, július elejei fordulat mindent eldöntő kulcseseményévé.[98]) Első gyümölcse e propagandafogásnak minden bizonnyal az a július 3-i levél volt, amelyben az említett WCC-figyelmeztetés aláírói köszönettel nyugtázták Ravasz Lászlónak a zsidóüldözés elleni tiltakozó fellépését. (A nácizmussal szembeni magatartás „ideáltípusát" a norvég, a holland és a német hitvalló egyház példáiból eredeztető Visser't Hoofték számára mintha lélektani igény is lett volna ilyen retusált ábrázolásban látni a magyar egyházakat. Mutatja ezt, hogy augusztusban Radvánszky Antal a WCC nevében és a főtitkár aláírásával küldhette szét mintegy ötven svájci egyházi prominencia számára azt a dokumentációt, amely a magyarországi egyházaknak a zsidóüldözéssel szembeni helytálló magatartásáról volt hivatva tanúskodni.[99])

A külmissziós tájékoztatás további nem lebecsülhető eredménye volt az, hogy a különféle svájci orgánumok hasábjain lassan nemcsak alábbhagyott a magyar egyházakkal szembeni kritikai hang, de szinte az ellenkezőjébe csapott át, immár inkább a helytállás tényeit kiemelve a közvélemény előtt.[100] Természetesen e felfogás jegyében született meg Ravasz László Kolechlint informáló válaszlevele is, amelynek itt csak az impurumából idézzük azt a végül is kihagyott kitételt, hogy ha betegsége nem gátolta volna meg őt az események menetének kézbentartásában, akkor gondoskodott volna róla, „hogy Önök kellő időben minden részletről tájékoztatva legyenek és a magyar egyházak törekvéseit az ökumenikus erők programszerűen támogassák."[101]

4) A külföldről nyújtott támogatás másik igen lényeges megnyilvánulási módja volt a gyakorlati segítségnyújtás. Legjelentősebb kerete ennek az Ökumenischer Ausschuß für Flüchtlingshilfe volt. (Egyebek között azért is, mert a gyér és kezdetleges külföldi kapcsolatok értelemszerűen a WCC felé tendáltak.) A WCC szinte egész Európára kiterjedő segélyügyi tevékenységét koordináló (ámbár csak igen korlátozott hatékonysággal működni tudó), Londonból nemrégen Genfbe áttelepített munkaág magyar vonatkozású tevékenységét vázlatosan áttekintő alábbi összefoglalónkban esetről esetre utalunk mindazokra a további segélyorganizációkra is, amelyek elsősorban e szervezet közbejöttével kapcsolódtak be az eseményekbe.

a) Az ÖAF első akciójára 1943 októberében került sor, amikor vezetője, Adolf Freudenberg lépéseket tett Ernst Staehelin lelkésznél, a Schweizerisches Verein für die Evangelischen im Osten nevű segélyszervezet irányítójánál, arra kérve őt, hogy segítsék a „Jó Pásztor" Ehrenström budapesti látogatásakor megismert munkáját. A kezdeményezés eredményéről csak annyit tudunk, hogy kisebb összegű segély átutalására azonnal sor került.[102]

b) A következő esetet már 1944 márciusából ismerjük, amikor Freudenberg azon kezdett el dolgozni, hogy Saly Mayerrel, a JOINT svájci rezidensével karöltve (aki jelentős összegekkel támogatta a bizottság munkáját) megszervezzen egy pénzügyi segélyakciót Magyarországra.[103]

c) Hasonló jellegű együttműködést próbált meg kiépíteni Freudenberg ugyancsak áprilisban Gertrud Kurzcal is, aki egyfelől a Kreuzritter-Dienst Abteilung für Flüchtlingshilfe (Bern) munkatársa, másfelől pedig a Paul Vogt-féle SKHEF keretén belül létesített Evangelisches Sozialheim „Sonnenblick" in Walzenhausen vezetője volt.[104]

d) Júniusban többször kísérletet is tett arra, hogy a zürichi Friedrich Siegmund-Schultze, a Weltbund für Internationale Freundschaftsarbeit der Kirchen svájci képviselője, az Internationaler Versöhnungsbund munkatársa közbejöttével a bizottság felhatalmazást nyerjen az American Committee for Christian Refugees egy nagyobb összegű (10 000 Fr) adományának Magyarországon (elsőképpen a „Jó Pásztor" Bizottság által) történő felhasználására. (A problémát az okozhatta, hogy az amerikai adományozó — nyilván a megfelelő kapcsolatok szinte teljes hiánya miatt — a pénznek a Svájcba érkező magyar menekültek közötti felhasználásáról rendelkezett.) Siegmund-Schultze szervezete egyébként több Svájcba jutott magyar menekültet is patronált. Ő maga 1944 nyarán levél útján két ízben is megkereste Ravasz Lászlót veszélyben lévő emberek ügyében, egyidejűleg hangsúlyozva előtte, hogy alapvető fontosságúnak tekinti a zsidókért végzett szolgálatot.[105] A vele való intenzívebb együttműködés elmulasztása azért is kiugró veszteség, mert szervezetének humanitárius segélyei hangsúlyozottan az ún. nem árja keresztények támogatását célozták, s mert a WCC-vel való kezdeti kapcsolatok kiépítése jegyében tett 1940-es magyarországi látogatása folytán erre különösen jó esélyek lehettek volna.

e) Freudenberg más irányú segítő kísérletei közé tartoztak azok a tárgyalások, amelyeket júliusban folytatott Jean-Etienne Schwarzenberggel, a CICR Division d'Assistance Special vezetőjével a zsidó-keresztények részére tervbe vett segélyszállítmányok Magyarországra juttatása ügyében. Miután azonban kiderült, hogy ez nem megfelelő útja a segítésnek, Schwarzenberg pénzküldemények megfelelő kanalizálására tett ajánlatot.[106]

f) A Freudenberg-féle hivatal jelentős tette volt annak a nyári elképzelésnek a felkarolása (Gertrud Kurzcal és a SKHEF-fel együtt), amelynek lényege 10 000 magyarországi zsidó származású gyermek Svájcba való felvétele lett volna. Igyekezetük elsősorban az ügynek a berni kormánynál és a CICR-nél való sürgetésére irányult.[107] (A munkálatokba bekapcsolódott a magyarországi helyzetről információkkal szolgáló Bónis Béla is.[108])

g) Szeptemberben közelebbi kapcsolat létesült az ÖAF és a Bányai Mihály-féle SHJU-csoport között. Együttműködésük elsősorban különféle gyakorlati segélyekben, információk továbbításában és Bányaiék mentési javaslatainak támogatásában öltött testet.[109] (A cselekvésnek a magyarországi fejleményekhez képest nemegyszer kényelmes ütemére is példa, hogy a Vogt-féle Freiplatzaktion Bányaiékat és Freudenberget már május 1-jén kölcsönösen egymás figyelmébe ajánlotta.[110])

h) Az intézményeknek és az ezek keretében tervezett elgondolások megvalósításához adott támogatások mellett fontos volt a személyeknek szóló patronázs, küldemények, hírek továbbításában megnyilvánuló segítség is. Ebben magyar részről különösen is a már említett Pap László dolgozott együtt a WCC-vel (ahonnan érzékelhetően egyre inkább őt tekintették az ökumenikus keretek közötti humanitárius-szociális munka gyakorlati letéteményesének) és a Vöröskereszttel.

A tervbe vett célok persze csak igen nehézkesen realizálódhattak. A leghatékonyabban értelemszerűen Svájcban lehetett dolgozni, mindenekelőtt is a menekültek patronálásában. (Ennek további részletei egyelőre még kevésbé ismertek. Kétségkívül számosan voltak azonban azok, akiket Siegmund-Schultze szervezete[111] és a Paul Vogt-féle intézményhálózat karolt fel. De megemlíthetjük itt a SKHEF-nek a Bergen Belsen-i csoportot segítő fáradozásait is.[112]) A kezdetben elképzelt, több oldalról is tervbe vett természetbeni segélyek célba juttatása szinte teljesen lehetetlennek bizonyult. Maradt a sokkal racionálisabb megoldás, a pénzsegély. Az így folyó támogatás minden részlete azonban a dolog természete miatt is nehezen nyomon követhető. Az egyedüli kivétel ez alól az a minden előzmény nélküli kezdeményezés, amelynek keretén belül Freudenbergnek sikerült a CICR-en keresztül előbb július folyamán, majd szeptemberben és az év végén eljuttatni Pap Lászlóhoz az amerikai metodisták összesen mintegy félmillió pengős adományát. A pénzt az adományozók konfesszionális különbség nélküli felhasználásra szánták, kifejezetten megjelölve annak a „Jó Pásztor", a Magyarországi Keresztény Zsidók Szövetsége és a Zsidó Tanács közötti szétosztás arányait.[113] (A „Jó Pásztor" esetében külön kifejezésre juttatták még azon óhajukat is, hogy a szervezet a szükséges esetekben vegye fel a nem keresztény zsidók gondjait is.) Ugyanitt kell végül még szólnunk arról az igen fontos és elkötelezett tevékenységről, amit Radvánszky Antal játszott a „Jó Pásztor" felé irányuló külföldi pénzek kanalizálásában s a szolgálat érdekeinek a WCC és a CICR köreiben való képviseletében.[114]

IV. A református (és evangélikus) egyház és az ökumené

Összegezés

Vizsgálódásaink befejezéseként szinte magától adódik az a feladat, hogy — mintegy összegzéseként is az eddigieknek — átgondoljuk azokat a legfontosabb szempontokat, amelyek nemcsak rendező koordinátái voltak az önmagukban véve is fontos és a múlt ismerete szempontjából emlékezetre érdemes apróbb részleteknek, de egyszersmind fémjelzői, lényegi, tartalmi vonásait is jelentették a történéseknek. Kiemelve a legfontosabbakat: milyen responzust váltott ki a magyarországi református egyház felelős tényezőinek körében a zsidók sorsa iránt külföldről megnyilvánuló igen jelentékeny érdeklődés és segítőkészség. Avagy, a válasz némiképpeni elővételezésével: milyen külső és belső akadályai voltak annak, úgy az ökumenikus külvilág különféle tényezői, mint a magyar református (és evangélikus) egyház részéről, hogy a segítés különféle szálai a hatékonyság implicite bennük rejlő lehetőségei szerint tudjanak egymással egybefonódni? Mennyiben befolyásolta, szenzibilizálta, milyen konkrét cselekvésre indította a magyarországi reformátusokat (protestáns egyházakat) a külföldön „felgyülemlett", fentiekben körvonalazott humanitárius potenciál; még akkor is, ha annak tényleges volumenével aligha lehettek maradéktalanul tisztában. Volt-e, s ha igen, mennyiben és mifajta készség a honi egyházvezetés részéről ennek a forrásnak a saját feladatai szempontjából való igénybevételére, volumenének felderítésére, minél alaposabb kihasználására? (Megállapításaink, mint az eddigiekben is, az adott limitált értelemben, az evangélikus egyházra is vonatkoznak.)

1) A közeledésre és a kapcsolatok intenziválására, mint láthattuk, lényegileg csak akkor került/kerülhetett sor, amikor azt a magyar fél — hirtelen támadt érdeklődése valódi mozgatórugóinak meglehetős palástolásával — kezdeményezte. (A kapcsolatokra akadályozóan ható primer célok elrejtését, s vele együtt a külső kritika mérséklését is segítette az az erkölcsi tőke, amit a lengyel menekültek és az országba szökött holland katonatisztek támogatása jelentett.)

2) A református egyháznak a világprotestantizmus fő áramától való fokozatos izolálódását, illetve az ez irányú érintkezések milyenségét több, átfogóbb jellegű és mélyebbre visszanyúló tényező befolyásolta. Röviden:

a) Az ökumenikus mozgalom és a magyar egyház önértelmezésében megnyilvánuló bifurkáció. Közelebbről: azoknak a kérdéseknek a magyar részről való eljelentéktelenítése, olykor teljes negligálása, amelyeket a nemzeti referenciakeretből kiindulóan megalkotott egyházkép és a keresztény hit egyetemességének gondolatára támaszkodó ökumenikus mozgalom magától értetődő prioritásai közötti lényegi eltérések vetettek fel.

b) A keresztény értékekkel egyre kevesebb érintkezési pontot felmutató eszme, a nacionalista partikularitás szempontjainak a magyar egyház(ak)on belüli előtérbe kerülése, eredményül az olyan újabb következményeket involváló elemekkel, mint a revizionista törekvések quasi hittétellé lényegülése; az államkormányzat iránti lojalitás levethetetlen béklyóvá válása; az 1943-as kiútkeresési próbálkozásokban rejlő lehetőségekkel szembeni szellemi önállótlanság; a nemzeti érdekek autonóm egyházi-keresztény szempontok szerinti megfogalmazásának hiánya etc.

c) Az általános világpolitikai helyzet ama sajátossága, aminek folytán egészen a legutolsó háborús esztendőig — legalábbis nemzetközi madártávlatból szemlélve — éppen a magyar egyház(ak) vonatkozásában merült fel az ökumenét is foglalkoztató a legkevesebb gyakorlati probléma.

d) A zsidókérdéssel jelölhető problémáknak a politikai-ideológiai kurzus normáival egybecsengő értékelése a magyarországi egyházak részéről, továbbá a zsidóellenesség egyháztörténelmi és teológiai kvalitásának a gyökeres félreismerése, a zsidó szenvedéssel szembeni jelentős mértékű érzéketlenség és demoralizálódás.[115] (Gondolunk itt olyan jelenségekre, mint annak a belső legitimációnak a törvényszerűen fellépő, diszfunkcionális erejű hiányára, amit az addig önmagát antiszemita retorikájával kitüntető és ezzel nem csekély népszerűséget elkönyvelni tudó egyházvezetés igényelt volna akkor, amikor 1944 őszén, immár a maga által is gerjesztett fejleményektől visszariadva, szükségesnek ítélte megálljt parancsolni az eseményeknek; annak a lehetőségnek az elmulasztására, amit a végmegoldás híreinek, netalán a lehetséges módon május végén, kora júniusban ismert Auschwitz-jegyzőkönyv[116] — meglehet romantikusan hangzó, ám ott és akkor egyáltalán nem irreális — külföldre juttatása jelentett volna etc.)

e) A posttrianonális kurzussal való olyan mértékű azonosulás, ami kérdőjel nélkülivé tette — a már nyilvánvalóan akut politikai és humanitárius helyzetekben is — az egyházi külpolitikai potenciálnak teljes mértékű, kormányzati célú funkcióba állítását. (Mint igen jellemző további adalékot lehet itt megemlítenünk, hogy a református egyház Sztójay Döme kérésére 1944. március 19-től fogva újfent felfüggesztette az angolszász protestantizmussal való kapcsolatokat, amin ez alkalommal is csak akkor változtatott, amikor elnyerte a külügyi kormányzat egyetértését: ősszel, amikor a küszöbönálló katonai összeomlás időszakában megkapta a beleegyezést a WCC-től való segélykérés megtételéhez,[117] magyar egyházi delegátusok Svájcba küldéséhez,[118] s ahhoz, hogy az Ökumenikus Bizottság nevében SOS kérjék egy nemzetközi összetételű protestáns egyházi bizottságnak, valamint egyéb missziós közegeknek „sürgősen ide való leküldését", a szovjet „megszállás bekövetkeztére egyházaink, híveink és keresztyén intézményeink védelmére".[119] — A kormányzattal való együttműködésnél természetesen most is nyomatékosan hangsúlyozták a teljes titoktartás kívánalmát, „mert akcióink sikerének előfeltétele, hogy tisztán egyházi szempontból és érdekből dolgozunk".[120])

3.1.) Amíg Magyarországon a politikai helyzet nem jutott el az 1944-es akut állapotba, addig az ökumenikus partnereknek az itt élő protestáns egyházak politikai-ideológiai viselkedésével kapcsolatos reagálása kényszerűen passzívnak jellemezhető. Eddigi ismereteink alapján nem tudunk róla, hogy — eltekintve a személyes találkozások során udvarias formák között kifejezésre juttatott olykori rosszallásoktól — valaha is kísérletet tettek volna a náci diktatúra és a nacionalizmus mellett túlságos egyértelműséggel elkötelező́dő magyar egyházak erélyesebb, vagy éppen bizalmas „testvéri" jellegű, ám mégis határozott figyelmeztetésére. Sajnos még 1943-ban sem! Kétségtelen, egy egységre törekvő, alakulóban lévő szervezettől, kezdetleges struktúrákkal, megfelelő érintkezési praxis hiányában, s nem utolsósorban azokkal a tehertételekkel, amelyeket a merőben új történelmi kihívást jelentő totalitarista diktatúra rótt a vállára, mindez túlzó elvárásnak is tekinthető. Figyelemmel azonban mindenekelőtt is a WCC, illetve tagegyházainak a magyarországi egyházakétól gyökeresen eltérő történelmi tapasztalataira, az ezek alapján mintegy évtizeden át kikristályosított teológiai és politikai prioritásaik egyértelműségére, valamint az intézmény általános és magyar részről is élvezett tekintélyére, nem lehet nem deficitet látni e fellépés elmaradásában.

3.2.) Miután a WCC a rendelkezésére álló anyagi erőket javarészt a nyugati hemiszférában használta fel (igaz, innen is kapta), és elsősorban a német, a francia és holland, valamint a lengyel ügyekre koncentráltan tevékenykedett, bizonyos értelemben le is mondott a magyar egyházak figyelmének a humanitárius feladatokra irányításáról és az ezzel mobilizálható erőik kihasználásáról.[121]

3.3.) Noha a német megszállást követően kétségkívül felértékelődött a magyar egyházakkal való együttműködés helyiértéke, az adott körülmények közötti kooperációhoz fokozottan szükséges bizalmi viszony, a megfelelő kapcsolati és intézményi mikrostruktúra hiánya, valamint az egyéb külső akadályok jelentősen csökkentették is annak a befolyásnak a mértékét, amit a nyugati partnerek a fejlemények menetére gyakorolhattak. Nem beszélve arról, hogy a nemzetközi diplomácia egyéb, lényegesen kézenfekvőbb és számottevően nagyobb hatékonysággal kecsegtető lehetőségei még külön is relativizálták e távol eső egyházakkal való konkrét kapcsolatoktól remélhető eredmények stratégiai értékét. Ez okozhatta többek között, hogy a világszervezet részéről egyáltalán nem merült fel valamely alkalmas misszió Magyarországra küldésének gondolata. Márpedig, különösképpen is a zsidóüldözéssel szembeni magyar bizonytalankodások és az ökumenikus világnak, valamint az angolszász egyházaknak magyar szempontból tulajdonított presztízse olyan rést jelentett, amit egy ilyen delegáció, akár a jelképes reprezentáció keretei között is, eredménnyel próbálhatott volna meg hasznosítani.[122]

4.1) A korábbi évek során jellemzővé vált egyházkülpolitikai attitűd szerves folytatásaként értékelhetjük, hogy a magyar protestantizmus részéről akkor sem tapasztalhatjuk még nyomát sem valamilyen tudatos, politikailag és operatíve átgondolt ökumenikus diplomáciai cselekvésnek, amikor a zsidókat immár a Kárpátmedencében is utolérő végzet mérséklése volt a tét. Ez vonatkozik úgy a genfi és más ökumenikus kapcsolatok célirányos igénybevételének, mint az ezekben a kapcsolati lehetőségekben rejlő segítő potenciál magyar részről történő aktiválásának és esetleges bővítésének az elmulasztására. Valójában még a WCC-nek azon támogatási kezdeményezései sem találtak intézményesen nyitott fogadtatásra, amelyek a felemás buzgósággal másfél évvel korábban létrehozott „Jó Pásztor" céljait, avagy a magyar fél egyéb, spontán kezdeményezésből kinövő akcióit szolgálták volna. A legtöbb, amire e vonatkozásban sor került, kimerült a Pap László-féle, tiszteletre méltó, de horderejét tekintve óhatatlanul szerény volumenű kooperációban.

4.2) Az egyházakat Svájcban (és Svédországban) képviselő rezidensek, alkalmi missziósok aktivitása is lényegét tekintve egy olyan propagandatevékenységben csúcsosodott ki, ami, folytatva az 1944-et megelőző egyévnyi időszakban kialakult gyakorlatot, inkább visszavetette, mint elősegítette a valós helyzet érdemi reflexióját.[123] (Az angolszász világ és a humánum szempontjainak megértésében, valamint a külföldi lehetőségek kamatoztatásában mindenképpen elismerést érdemlő Radvánszky Antal is érezhetőn aktívabb volt az említett augusztusi tájékoztató, vagy éppen a magyar Ökumenikus Bizottság őszi SOS-felhívása körüli teendőkben, mint a zsidók érdekében végezhető fáradozások területén.[124])

5) A zsidókérdés, mint számos vonatkozásban láthattuk, magyar szemszögből nézve mindvégig kényszerű tehertétele volt csak az

egyházi külpolitikának. Az 1943. januári kapcsolatfelvétel és a WCC érdeklődésére adott magyarázkodások például annyira az önigazolás komolytalansága és a genfi vonal prioritásainak ismeretlensége (és figyelmen kívül hagyása) jegyében születtek, hogy a júniusban Magyarországra látogató Nils Ehrenström egyik feladata volt megérdeklődni: „[...] Gibt es ein kirchl[iches] oder sonstiges Hilfswerk für Ungar[ische] Protestanten jüdischer Abstammung? [b] Welche Organisation kümmert sich um evangelische ausländische Flüchtlinge, speziell um Polen, seien sie interniert oder frei? Wir würden gern mit einer kirchlichen Organisation in Verbindung treten."[125] — Hogy a teendők szükségességét persze érezték, ahhoz nem fér kétség. Világos jele volt ennek már az is, hogy politikai drapériaként többször is igyekeztek, mindenekelőtt 1944-ben, „pozitív" jelentéseket eljuttatni Genfbe (többnyire a „Jó Pásztor", mint egyetlen e tekintetben szóba jövő egyházi munkaág, tevékenységének előtérbe állításával).

Epilógus

A Soah időszakában a sajátos történelmi körülmények folytán Svájcban világpolitikai léptékkel mérve is jelentékeny koncentrációja alakult ki a nemzetiszocializmus-ellenes és közelebbről az üldözött zsidóság mentése érdekében támogatást nyújtani kész ökumenikus és más egyházi erőknek. A magyarországi református egyház, egyáltalában, a protestantizmus szolgálatának egyik rendkívüli lehetőségét jelentette e vele sajátosan rokon intézményi-spirituális közeg humánenergiáinak legkésőbb 1943–44-től való, karitatív-életmentő célú igénybevétele. Egyebek mellett oly módon, hogy igyekeznek kiépíteni a kapcsolatok operatív kereteit (pl. a külmissziók révén); a nyugati egyházak körében megfelelő „propagandával" tudatosítani a segítség szükségességét; mobilizálni és intenziválni a segítő erők működését (a dolgozatban vázlatosan bemutatott, igen sok szálon tevékenykedő tényezők munkájának eredményessége elé jól kitetsző korlátokat állítottak a megfelelő információk és a magyar helyzetismeret hiánya, továbbá az egymás közötti együttműködés önmagában véve érthető inkongruenciái). A magyarországi református egyház, a magyarországi protestantizmus egészének történelmi felelőssége e páratlan lehetőség kihasználatlanul hagyása. A mulasztást értelmezni segítő tényezőket a fentiekben összegeztük. Hozzátenni az ott elmondottakhoz talán csak annyit érdemes, hogy van bizonyos mély értelmű összefüggés aközött, ahogy a korszak nacionálekklesiológia műszóval illethető egyházpolitikai bűvkörében élő református(-evangélikus) egyházkormányzat egyfelől nem ismert fel még prózai, „machiavellista" nemzeti-egyházi evidenciákat sem a zsidóság 1944-es magyarországi tragédiájában, és másfelől pedig ama félelmetes grimasz között, amit az elszáguldó történelem mutatott felé akkor, amikor 1944 őszétől hirtelen transzcendens erejű megtartó közeget vélt felfedezni a hitlerizmust, fasizmust, vérvetést hozó nacionalizmust határozottan elutasító „szabad" világ demokráciáiban és egyházaiban.

Jegyzetek

Szerző ezúton mond köszönetet a munka elkészítéséhez kapott támogatásért a Soros Alapítványnak, valamint „A Magyarországi Nemzeti és Etnikai Kisebbségekért" Alapítványnak.

1. Willem Adolf Visser't Hooft (1900–1985) — A WCC első főtitkára (1938/48–1966). Egész élete az ökumenikus mozgalmak körében végzett tevékenységben telt el. A Soáh idején a zsidó életek mentéséért folytatott küzdelmekre emlékezve írja, hogy „... ich in jenen Jaren die Juden, mit denen ich ständige Verbindung hielt, außerordentlich schätzenlernte, so daß ich auf einer jüdischen Tagung bei Kriegsende mit Überzeugung erklären konnte, das jüdische Volk habe während des Krieges in mir einen Freund gewonnen." (Visser't Hooft, W. A., *Die Welt war meine Gemeinde: Autobiographie*, München: R. Piper/Co. Verlag, 1972, p. 209.)

2. Alphons Koechlin (1885–1965) — evangélikus lelkész, 1941–1954 között a Schweizerischer Evangelischer Kirchenbund (SEK) elnöke, az ökumenikus mozgalom másik nagy pionírja, a WCC elnökségének tagja; oroszlánrésze volt a szervezet szellemi arculatának kialakításában.

3. Ld. ehhez: *George Bell–Alphons Koechlin, Briefwechsel 1933-1954*. Herausgegeben, eingeleitet und kommentiert von Andreas Lindt, Geleitwort von W. A. Visser't Hooft (Zürich: EVZ-Verlag, 1969).

4. In: Memorandum zur Lage in Polen. (1941. október 29. Archives du Comité International de la Croix-Rouge [Geneva; továbbiakban: ACICR] G. 59/7. Organisations israélites XXVII. Ct. 2. Comité oecuménique pour les réfugiés.) — „Für die Judenfrage muß sich die Kirche immer verantwortlich fühlen. Den besonderen Anliegen der jüdischen Flüchtlingsfürsorge sollte brüderliches Verständnis entgegengebracht werden. Der Antisemitismus ist als Gottlosigkeit zu brandmarken und von der Kirche radikal abzulehnen. Sie hat auf allen ihr möglichen Wegen dafür einzutreten, daß der Haß gegen die Juden bekämpft und überwunden wird. Die Kirche muß in ihrer Verkündigung die Judenfrage von der Bibel her immer neu in das richtige Licht stellen." In: Ergebnisse einer Besprechung über Nachkriegsfragen der Flüchtlingshilfe [...]. Walzenhausen, vom 13. bis 15. Dezember 1943. (Archives of the WCC [továbbiakban: AWCC]: WCC/IMCA: Miscellaneous Organisations.)

5. „Appel der schwedischen Bischöfe für die Hilfe an jüdischen Flüchtlingen". (AWCC: Life and Work - Study Department. Jewish Problem. D/70. 1938-1954.)

6. Ld. erről: Gerhart Riegner, *A Warning to the World. The Efforts of the World Jewish Congress to Mobilize the Christian Churches Against the Final Solutinon* (Cincinnati, Ohio: Hebrew Union College-Jewish Institute of Religion, 1983).

7. Részletesen ld. Visser't Hooft, Op. cit.

8. AWCC: WCC és a CICR 1942-1943.

9. AWCC, ACICR, ibid. — A WCC vezetése egyébként is osztozott azon tényezők felfogásában, akik kívánatosnak ítélték volna a CICR aktívabb és kezdeményezőbb szerepvállalását a zsidók sorsának enyhítése érdekében. Ld. erről Jean-Claude Favez, *Une mission impossible? Le CICR, les déportations et les camps de concentration nazis* (Lausanne, 1988). A kötet közli a WCC említett beadványát is. (pp. 91–93.)

10. Ravasz László (1882–1975) — 1921-től a Dunamelléki Református Egyházkerület püspöke, 1936-tól pedig — Rákosi felszólítására bekövetkező 1948-as visszavonulásáig — a református egyház zsinatának és konventjének elnöke.

11. Ravasz László, *Emlékezéseim* (Budapest: A Református Egyház Zsinati Irodájának Sajtóosztálya, 1992), p. 300.

12. Ld. ehhez: Kádár Imre, *Egyház az idők viharában: A Magyarországi Református Egyház a két világháború, a forradalmak és ellenforradalmak idején* (Budapest: Bibliotheca Kiadó, 1957). [= Imre Kádár, *Die Kirche im Sturm der Zeiten. Die Reformierte Kirche in Ungarn zur Zeit der beiden Weltkriege, der Revolution und Konterrevolutionen.* (Bu-

dapest: Bibliotheca, 1958).]; Ravasz László, *Válogatott írások 1945-1968* ed., Bárczay Gyula. (Bern/Budapest: Európai Magyar Protestáns Szabadegyetem, 1988).

13. Ravasz László, *Korbán Beszédek, írások,* vol. II. (Budapest: Franklin-Társulat), pp. 270-281. (Idézet: 270 sq).

14. „The Church and International Reconstruction. (An analysis of agreements and disagreements concerning the message of the Church about the creation of just and durable peace.)". Study Department. WCC. No. 3 E/43. International Order. January 1943. (AWCC)

15. Magyarországi Református Egyház Zsinati Levéltára (Budapest; továbbiakban: REZSL) 2/f. 1860/1943. (1943. április 30.)

16. Ebbéli teológusi attitűdjének kritikájához ld. Czeglédy Sándor igen lényegre tapintó recenzióját a püspök Isten rostájában című könyvéről. *Theologiai Szemle,* vol. 17, no. 3, 1941, pp. 169-180. Püspöktársa, Révész Imre maga is többször kényszerült Ravaszt mérséklő irányba korrigálni. (Cf. 23. sz. j.)

17. Igen jellemző, hogy pl. a 15. sz. j. alatt említett dokumentum három másik püspöknél teljes egyetértésre talált. (Révész válasza hiányzik ugyan, ám nyilvánvalóan a 32. sz. j. alatt ismertetett körülmény miatt.)

18. A felesleges részletek kerülése céljából is álljon itt illusztrációként Ravasz saját értékelése: „Református egyházunk konventje külügyi bizottsága tevékenységének mindenkor egyik igen fontos részét alkotta theologusainknak, lelkészeinknek és tanárainknak a külföldi testvéregyházak theologiai fakultásaira való kiküldése. Ezáltal nem csupán azt értük el, hogy állandó és közvetlen összeköttetést tarthattunk fenn a külföldi református egyházak theologiai munkájával, de minden külföldi és nemzetközi egyházi mozgalomról is idejekorán megbízható értesüléseket szerezhettünk és ha az egyházi és nemzeti érdekekből szükségesnek mutatkozott, ezekkel mindig kellő időben fel tudtuk venni a kapcsolatokat. Ezenfelül kiküldött theologusaink, lelkészeink és tanáraink által szerzett személyes ismeretségek útján nem csupán magyar református egyházunk érdekeinek, de ettől elválaszthatatlan magyar nemzeti érdekeinknek is jóindulatú szószólókat és sokszor igen befolyásos barátokat tudtunk szerezni." (REZSL 2/f.: Ökumenikus anyag. /Külföldi akció/. [Továbbiakban: KA] 3793/1943.)

19. Egyháztörténeti kuriózumnak számítanak az 1944-es esztendőben az embermentésben (Bereczky Albert munkatársaként) is jelentős szerepet vállaló, nemzetközi hírű teológus, Pákozdy László Mártonnak 1934–35-ben Hollandiából professzorához, Kállay Kálmánhoz írott, a nácizmus egyházi-teológiai veszélyeit taglaló terjedelmes elemzései, valamint az

egyházvezetést 1943-ban figyelmeztető egyik beadványa (ld. 46. sz. j.). A korabeli külföldi sajtóban megjelent írásokról szóló belső tájékoztatás meglétéhez ld.: Dunamelléki Református Egyházkerület Ráday Levéltára (Budapest; továbbiakban: RL) A/1/c. 2051/1942. A magyar egyházi sajtó jelzéseiből ld. pl. Bíró Sándor, „A német protestántizmus helyzete 1938-ban", *Az Út*, vol. 21, no 2, 1939, pp. 55-60.

20. Karl Barth (1886–1968) a 20. századi teológiatörténet óriása, a német Bekennende Kirche első számú teoretikusa (aki 1935-ben emigrálni kényszerült Németországból), az ökumenikus mozgalom kiemelkedő egyénisége.

21. „Brief an Prof. Hromadka (19. September 1938.)" in: Karl Barth, *Eine Schweizer Stimme 1938-1945* (Zollikon-Zürich: Evangelischer Verlag A. G. 1945). (A levelet magyar fordításban Barth tanítványa, az 1944-es embermentésben is részt vevő sárospataki teológiai tanár, Nagy Barna publikálta. Ld.: „Barth Károly politikai theologiája" (I.), *Sárospataki Református Lapok*, vol. 33, no. 46, 1938, pp. 234-235. Továbbá: Ibid., no. 47, pp. 239-241.)

22. *Magyar Kálvinizmus*, vol. 5, no. 4, 1938, pp. 191-192. — Ravasznak a hitlerizmus és az angolszász demokráciák közötti lényegi különbséget nem látó szemléletét fejezi ki a Presbiteriánus Világszövetség (Presbiterian Alliance) budapesti konferenciáját előkészítő, 1938. decemberi tanácskozáson tett inadeqat felszólalása is: „... a kálvinizmus nem állíthatja szembe ezt a két kormányzati rendszert mint fehéret és feketét, vagy mint abszolut jót és abszolut rosszat, mint ördögöt az angyallal szemben." (Jegyzőkönyv a Presbiteri Világszövetség budapesti konferenciáját előkészítő bizottságnak az egyetemes konvent székházában 1938. évi december hó 17. napján délelőtt tartott üléséről. REZSL 2/a. 8206/1938.)

23. Erőiből legfeljebb csak arra tellett, hogy támogassa Budapest esetenkénti legjobb törekvéseit (pl. 1944-ben), s hogy figyelmeztessen a „normatív" irányvonal buktatóira. A 32. sz. j. alatt említett példa melletti másik, témánkat érintő megnyilvánulása volt ennek az alábbi eset is. 1943 nyarán az egyik lelkész azt az indítványt terjesztette fel Ravasz Lászlóhoz, hogy — az addigi holland pénzügyi források elapadása miatt — a református egyház vállalja magára az ukrán nyelvű református vallásos iratok kinyomtatását, mert „ha most, azonnal hozzá nem kezdünk visszamagyarosításukhoz és evangelizálásukhoz, egy ránk nézve nem kedvező kimenetelű háború és békekötés után teljesen elveszítjük őket". A propozíciót lelkesen felkaroló zsinati elnök intézkedéseit csak Révész történetszociológiai és tiszta látású teológiai érvei terelték úgy-ahogy mérsékelt vágányra. (RL A/1/c. 1082/1943.).

24. RL A/1/c. 1224/1944.

25. Magyarországi Evangélikus Egyház Országos Levéltára (továbbiakban: EOL) 2/a. 2863/1943.

26. REZSL 2/f. (KA) 1618/1943.; RL C/141/16.

27. RL A/1/c. 1169/1939., 2651/1939., 351/1940.

28. A magyar egyház(ak) nemzetközi izolálódását érzékelteti a svájci székhelyű és mintegy 25–30 menekültügyi segélyszervezetet tömörítő Europäische Zentralstelle für Kirchliche Hilfsaktionen 1942. évi márciusi találkozásának egyik felszólalója: „Es gibt in Polen doch noch eine Anzahl evangelischer Christen, die auch auf unsere Hilfe angewiesen sind. Wir dürfen diese Kirche nicht fallen lassen. Die Ungarische Kirche dagegen scheint unsere Hilfe nicht mehr zu verdienen, da sie sich ganz auf nationalsozialistischen Boden gestellt hat." (Protokoll der Konferenz Schweizerischer Hilfsvereine vom 11. März 1942. Eidgenössisches Technische Hochschule [Zürich]: Paul Vogt Nachlaß [továbbiakban: ETH: PVN]. — A megjegyzés Prof. E. Vischer, a Protestantisch Kirchlicher Hilfsverein képviselőjétől származik, aki az idézettekhez még azt fűzte hozzá, hogy „besser steht es dagegen im annektierten Siebenbürgen".)

29. Soos Géza (1912–1953) — királyi törvényszéki bíró, 1940-ben a Miniszterelnökségen, 1941-től a Külügyminisztérium 3/b: kulturális osztályán dolgozott 1944-ig, 1940-től a Soli Deo Gloria (SDG) Református Diákszövetség országos elnöke, a Magyarországi Ökumenikus Ifjúsági Bizottság munkatársa volt. A németellenes törekvések elkötelezett híve, az 1944-es ellenállás jeles szereplője, Szent-Iványi Domokos közeli munkatársa. Tagja volt a Magyar Közösségnek, részt vett az ifj. Horthy-féle Kiugrási Iroda munkájában, főtitkárként tevékenykedett a Magyar Függetlenségi Mozgalomban. 1944 őszén Olaszországba repült, ahová katonai jellegű híranyagot vitt magával. (Életéhez ld.: Gergely Ferenc, „A házigazda: Soos Géza emlékére", *Confessio*, vol. 7, no. 1, 1983, pp. 22-28.)

30. Ld. ehhez: AWCC: General Correspondence (továbbiakban: GC): Soos Géza. Továbbá: Gergely, op. cit. és 29. és 28. sz. j.

31. Ravasz László, *Emlékezéseim*, op. cit., p. 157.

32. Ld. ehhez: Romsics Ignác, *Bethlen István: Politikai életrajz* (Budapest: Magyarságkutató Intézet, 1991), pp. 278-297. Ravasz bethleni befolyásoltságának egyik igen meggyőző momentumát láthatjuk a nyugati hatalmak és a Szovjetunió közötti, győzelem esetén éveken belül várható újabb konfliktusról ápolt feltételezésében. Ld. ehhez a már említett (15. sz. j.) 1860/1943. sz. alatti konventi iratot (amelynek elkészítésében való közreműködésre — ismeretlen eredménnyel, ám mindenképpen jellemző-

en — felkérték Bethlen Istvánt is). A korabeli egyházvezetés gondolkozásának ideologikus-politikai okkupáltságára és eluralkodó pánikhangulatára jellemző adalék az említett iratnak a WCC-dokumentum (No. 3 E/43.) VII/a sz. pontjára adott válasza. A tagegyházak körében felmerült vélemények ama, differenciált szemlélettel összegzett tételéhez, amelyben említést nyer, hogy a háború utáni periódusban totalitárius módon viselkedő államalakulatokkal szemben extrém esetben kényszer alkalmazása is jogossá válhat (pl.: „political and military force schould only be used when a totalitarian power breaks the peace", p. 17.), a magyar ref. egyház (valójában Ravasz László, illetve egy, sorait betekintőleg véleményező szűk körű grémium) mindössze a következő megjegyzést teszi: „Ennek a szakasznak a jellemzője, hogy a benne felállított elvek csak akkor érvényesülhetnek, ha a szövetséges hatalmak győznek. Akkor lesz a győztes demokráciának feladata, hogy szövetséges társával, a szintén győztes szovjettel, mint a legerősebb tekintély-állammal szemben az isteni és az emberi jogok demokráciáját érvényesítse. Az a gondolat tehát, hogy az ilyen állammal szemben szükség esetén fegyverrel kell eljárni, igen okos és helyes gondolat és méltó a keresztyénség lelkiismeretéhez, de aggódom, hogy az csak jószándék marad s a küzdelemben megfáradt demokrácia nem fogja megtámadni a szovjetet diktatúrája miatt, inkább megállapítja róla, hogy kezd fokozatosan érdeklődést mutatni a keresztyénség alapelvei iránt. Eközben pedig a szovjet elpusztítja azoknak az országoknak a keresztyénségét, amelyek felett főhatalmat szerzett." Egyáltalán nem véletlen, hogy ezt az iratot a református egyház részéről hamarosan vissza is vonták, és egy újabbat készítettek és juttattak el 1944 januárjában Genfbe, immár a protestáns egyházak egészét magában foglaló Magyarországi Egyházak Ökumenikus Bizottsága [továbbiakban: ÖB] nevében. (Ld. ehhez EOL 2/a. 2107/1943. és RL A/1/c. 1224/1944. Megjegyezzük: Ez előbbi verzió elkészítéséhez Ravasz László felhasználta azt a véleményt is, amit a tiszántúli egyházkerület két teológiai tanára, Török István és Vasady Béla dolgozott ki a WCC-alapirattal kapcsolatban. A hivatalos válasz szellemisége azonban szöges ellentétben állt a két debreceni tanár elaborátumával, annak ellenére, hogy Révész Imre írásban is jelezte az abban foglaltakkal való egyetértését. RL C/141/16. Cf. 17. sz. j.) — Ravasz általunk ismert irathagyatékából nem állapítható ugyan meg, ám valószínűsíthető, hogy maga is tagja volt (már csak a Serédi Jusztiniánnal való paritás okán is) annak a németellenes ellenzéki társaságnak, amelyet Bethlen hívott életre az 1942-es novemberi katonai események hatására. S ha nem is tartozott az ebből hamarosan kifejlődő, ugyancsak Bethlen irányította Nemzeti Társaskör tagjai közé, több szálon, pl. Tildy Zoltánon keresztül jó információi lehettek az ott formálódó nézetekről. [Ld. ehhez: *Shvoy Kálmán titkos naplója és emlékirata 1918-1945* (Budapest: Kossuth Könyvkiadó, 1983), p. 262.)] — A püspök Bethlenhez fűződő viszonyát jól érzékelteti végül még önéletírásának egyik megjegyzése: „Én őt szerettem és csodáltam; nemzedékem legnagyobb politikai talentumának tartottam, azonkívül, hogy csupa nemes előkelőség volt a lénye. Ezzel azt is megvallottam, hogy külpolitikáját magamévá tettem." (Ravasz, op. cit., p. 155.)

33. Pro memoria Ravasz László őkegyelmessége részére. (RL C/141/16.)

34. Egy ösztöndíjpályázatot a VKM-hez felterjesztő beadványában például, annak előzetes ecsetelésével, hogy a románok milyen népes számban küldenek ki stipendistákat külföldre, ekként zárja kérelme indoklását Ravasz László: „[...] s mi eddig még mindig nem tudtunk kellő számú ösztöndíjast kiküldeni és el kell néznünk, hogy ezek a velünk szemben ellenséges érzületű hallgatók mindenütt, minden társadalmi rétegben összeköttetéseket szereznek és ellenünk hangulatot keltenek." (REZSL 2/f. /KA/ 3793/1943.)

35. Ld. pl.: REZSL 2/f. (KA) 1200/1944. (Ez utóbbi magyarázza azt, hogy az államkormánnyal közös elvi alapokon folytatott akcióknál miért volt gyakran maga az egyházi fél a kezdeményező.)

36. Amerikai presbiteriánus körökben kapott hangot a háború második felében a lutheranizmust államlojalitással illető kifogás. A magyar „védekezést" az motiválta, hogy „ez a vád a háború után különösen kellemetlenné válhat a hivatalos német evangélikus egyház működésének kritizálásával kapcsolatban." A feladat éppen ezért az, hogy elmélyült tanulmányokban „hangsúlyozzák ki" a külföld előtt a magyar evangélikus egyház szervezetének demokratikus jellegét és nagyfokú szociális nyitottságát. Ld. ehhez: EOL 2/a. 2107/1943., 2205/1943., 2269/1943., 2272/1943., 2302/1943., 2303/1943., 2305/1943., 2427/1943., 2446/1943., 2471/1943. etc.

37. Pl.: Ibid. és REZSL 2/f. (KA) 1200/1944.

38. Közelebbről három iratról volt szó. Forrás: REZSL 2/f. (KA) Időrendileg: a) Válasz Visser't Hooft 1943. február 2-án kelt (Soos Géza útján küldött) levelére. (1618/1943. sz. Kelt: 1943. március 22.); b) A Konventi Külügyi Bizottság előterjesztése a WCC főtitkárához a bolsevizmus veszedelme tárgyában. (1750/1943. sz. Kelt: 1943. március 30. [?]); c) A Konvent Külügyi Bizottságának válasza a WCC No. 3 E/43. sz. iratára. (Kelt: 1943. április 30.) — Az elsőként említett irat egyes részletei napvilágot láttak két publikációban is: a) Gergely Ferenc, „Törté-

nelmi kálvinizmus és megújulás. Az SDG Szövetség 1943-ban," *Világosság*, vol. 25, no. 5, 1984, pp. 306-313. b) Szenes Sándor, *Befejezetlen múlt. Keresztények és zsidók, sorsok* (Budapest: Szerzői kiadás, 1986), pp. 40-45.

39. A kifogások, nyilván taktikai okok miatt, többnyire szóbeli formában fogalmazódtak meg. Ld. RL A/1/c. 27/1943., 125/1943., 224/1943. (RL C/141/16.) A leghevesebb szemrehányást a zsidókérdésben érzékelhette Soos. Aligha volt véletlen, hogy Ravasz Lászlóék éppen e kérdés tisztázásával kívánták megkezdeni a kapcsolatok hivatalos helyreállítását Genffel. A Külügyi Bizottság által jegyzett, s Visser't Hooft főtitkárhoz címzett, tizenkét oldalas monumentális levél a bolsevizmussal kapcsolatos megállapítások mellett mintegy fele részben csak azzal foglalkozott, hogy magyarázza a református egyháznak az antiszemita kurzust lényegileg támogató évtizedes gyakorlatát, elsősorban is persze a zsidótörvényekre tekintettel. (REZSL 2/f. /KA/ 1618/1943.)

40. Aláírás nélküli Pro memoria. Konventi iktatási dátum: 1943. március 21. (RL C/141/16.)

41. Radvánszky Antal a Magyar Nemzeti Bank vezértitkáraként tett külföldi útjait felhasználta ökumenikus egyházi ügyek intézésére is. Az idézet az 1943. júliusi svájci útja során egyházi körökkel folytatott beszélgetéseiről készített szigorúan bizalmas feljegyzésből való. (EOL 2/a. 2107/1943.)

42. Ld. mindenekelőtt: REZSL 2/f. (KA) 1616/1943. és 3552/1943.

43. Ld. ehhez REZSL 2/f. (KA) 1615/1943., 1616/1943., 2723/1943., 3467/1943., 3626/1943., 3793/1943., 4247/1943., 6165/1943., 1200/1944. és 18. Ők. T.[/1943.] sz. konventi iratokat, valamint RL A/1/c. 1224/1944. és EOL 2/a. 1613/1943., 1799/1943., 2602/1943., 2611/1943., 2612/1943., 2617/1943. — Az egyházi missziók fontosságát is igyekeztek demonstrálni azzal, hogy az angolszász aktuálpolitika felől bizonyos következtetéseket megengedő bizalmas ökumenikus iratokat rendszeresen eljuttattak illetékesnek ítélt kormányzati körökhöz.

44. REZSL 2/f. (KA) 1200/1944. Ld. még: 3793/1943.

45. REZSL 2/f. (KA) 6165/1943. — A püspök a teendőket értelemszerűen elvállalta, ám kérte annak teljes finanszírozását. A többször küszöbönállónak látszó akcióra végül is nem kerülhetett sor. Ld. a szállítmánykísérői minőségben e feladatra kiszemelt Pap László emlékiratát: *Tíz év és ami utána következett 1945-1963: Adalékok a Magyarországi Református Egyház XX. századi történetéhez* ed., Bárczay Gyula. (Bern–Budapest: Európai Protestáns Magyar Szabadegyetem), p. 13. Ld. még Pap László Visser't Hoofthoz írott 1944. január 11-i és 1944. július 31-i

leveleit. AWCC: GC: Pap László 1943-1946. — Egészen meglepő a korabeli egyházkülügyi események e közeli és aktív résztvevőjének, a háború utáni idők nyugati külkapcsolatait mintegy 5-6 éven át irányító, kitűnően tájékozott vezető egyházi embernek a tárgyalt periódust naivan idilli, steril egyértelműséggel bemutató ábrázolása. (op. cit., pp. 11-19.)

46. Pákozdy a bolsevizmus veszedelméről összeállított külügyi irat fordítója volt. (Ld. 38. sz. j.) Szóban forgó levelében egyértelműen utalt az egyházvezetés vázolt irányú törekvéseinek problematikus jellegére.

47. RL C/141/16. — A szekuláris politika foglyaként tevékenykedő püspök önállótlanságának már-már költői esete volt az az „illegális" támogatás, amikor előzetesen biztosítva Kállay miniszterelnök titkos beleegyezését és pénzügyi szubvencióját, segítően melléállt annak a kezdeményezésnek, amelynek keretén belül előbb a lengyelországi fogolytáborokban, majd szökésüket követően pedig Magyarországon patronálták a németek által elhurcolt holland katonatisztek egy csoportját. (Ld. pl.: Majsai Tamás–Nagy Edit, „Egy elfelejtett Igaz Ember", Egyház és Világ, vol. 5, no. 5–6, 1994, pp. 41-60.)

48. EOL 2/a. 2471/1943., REZSL 2/f. (KA) 1339/1944.

49. A VKM júniusban például határozottan elutasította a reformátusok „ökumenikus" akciószervezéssel kapcsolatos anyagi és személyi kéréseit. (REZSL 2/f. /KA/ 1615/1943., 1616/1943. és RL A/1/c. 1028/1943.) Az „ökumenikus" rivalizálás mellett nyilván szerepet játszott ebben az is, különösen a politikai mozgástér óvatosságra intő körülményei között, hogy a külpolitikai kormányzat átlátta az egyházi lehetőségek erősen korlátozott hatékonyságát.

50. A zsidókérdés iránt tanúsított érdeklődést jelzi, hogy a magyar ÖB és munkatársai rendszeresen foglalkoztak egy Genfből igényelt, Die ungarischen Kirchen und die Judenfrage című összefoglaló irat elkészítésével. (EOL 2/a. 2471/1943. Ld. még Ehrenström 1944 januárjában Sooshoz és 1943 októberében Paphoz írott sorait: AWCC: Ehrenström-Files [továbbiakban: EF], valamint Radvánszky 41. sz. j. alatt említett beszámolóját.) — A munka érzékelhetően nagy nehézségek elé állította a bizottságot, különösen is a röviddel megelőző Ravasz-féle irat negatív fogadtatása miatt. (Ld. még 125. sz. j.) 1943. októberi 29-i ülésükön egy szűkebb körű albizottságot küldtek ki a feladat elvégzésére, ám a dokumentum elkészítésében, a közbejött gyakorlati nehézségek miatt, állítólag csak a Bizottság néhány könnyen elérhető tagja vett részt. (A szöveg mindmáig ismeretlen, nem lelhető fel a WCC archívumában sem.)

51. REZSL 2/f. (KA) 1618/1943. Az 1943. március 22-i keltezésű irat kizárólagos szerzője Ravasz László volt. (Ld. ehhez 52. sz. j.) Bővebben

idéz belőle Szenes és Gergely. (ld: 38. sz. j.) (Gergely Ferenc írásának témánkkal kapcsolatos megállapításai elsőként irányították rá a figyelmet a magyarországi protestantizmus külpolitikájának jelen munkában is elemzett jellegzetességeire. Írásának korhoz kötött szemléleti sajátosságai és a kutatási korlátok okozta hiányosságai, valamint a kérdéssel egészében véve csak periférikus jellege teszik indokolttá vizsgálódásai kiegészítését. — Éliás fejtegetéseit az irat hozzá jutása körülményeiről, továbbá Soos Gézának az abban foglaltakkal kapcsolatos álláspontjáról a historiográfiai legendárium világába kell utalnunk.)

52. „A Visser't Hoofthoz írott leveled olyan politikai mestermű, amely a zsidókérdésben való helyzetünknek és állásfoglalásunknak teljes megvilágítása mellett ellenségeink kezéből előre kicsavarja a fegyvert" — írja Ravasz Lászlónak a püspök 1618/1943. sz., fentebb említett levele kapcsán Boér Elek, az ÖB ügyvezető alelnöke. (RL A/1/c. 409/1943.) Ld. még a református Külügyi Bizottságnak ugyanebben a szellemben fogant ama 1943. március elején kelt elképzelését, hogy az egyes egyházkerületek állítsanak össze olyan, a vezető embereiktől származó nyilatkozatgyűjteményt, amely bizonyítaná, „hogy a magyar református egyház az elmúlt időben megőrizte Urához való hűségét, az evangéliumot tisztán prédikálta [...] és volt bátorsága nemcsak általánosságban figyelmeztetni egy megvadult világot Isten örök törvényeire, hanem konkrét esetekben ezeket a törvényeket hitvallásunk szellemében értelmezte is. Nem politikai nyilatkozatokat értünk, mert ez ellenünk bizonyít, hanem olyan bizonyságtételeket, amelyekből nyilvánvaló, hogy minden fenyegetéssel vagy kísértéssel szemben az Isten pártján állottunk." (REZSL 2/f. /KA/ 1314/1943. A beérkezett anyagokat ld.: Ibid., 1512/1943., 1560/1943., 1598/1943.)

53. Ld. ehhez: Majsai–Nagy, op. cit. A Pákozdy László javasolta karakteresebb cselekvés hiányában holland relációban egyedül ez a tett maradt a reformátusok egyetlen elismerést érdemlő megnyilvánulása.

54. Ld. Pap László és Nils Ehrenström levélváltásait: 1943. október 14./1943. október 29., 1944. február 28. (AWCC: EF) Továbbá: Pap, op. cit., és AWCC: GC: Pap László 1943-1946.

55. Ld. Szenes, op. cit. és Majsai Tamás, „A protestáns egyházak az üldözés ellen", in *Magyarország 1944: Üldöztetés — embermentés* (Budapest: Nemzeti Tankönyvkiadó — Pro Homine — 1944 Emlékbizottság 1994). — A munkaág hivatalos egyházi intézményi jellegéből származó erkölcsi tőke természetesen jelentékeny funkciós tényező volt.

56. Mindenekelőtt Pap László, Éliás József (a „Jó Pásztor" gyakorlati irányítója) és Soos Géza (főként a lengyel vonalon).

57. Ld. 1943. október 29-i levelét Pap Lászlóhoz, illetve az itt jelzett bizalmas raportját, amelyben „hatte ich an Hand der mir in Ungarn gegebenen Informationen u.a. all das kräftig unterstrichen, was die ungarischen protestantischen Kirchen für die Glaubensbrüder jüdischer Abstammung trotz der bestehenden Schwierigkeiten tun; das sind ja Dinge, die, wie Sie wissen, die Kirchenmänner hier und anderswo sehr interessieren." (AWCC: EF.)

58. Idézett iratok: AWCC: 261.1.

59. AWCC: GC: Alphons Koechlin 1933-1944. Ld. még: Protokoll der Ausschuß-Sitzung der SKHEF 7. Juli 1944. Archiv-SEK (Bern; továbbiakban: ASEK). — Max Huberhez írott június 26-i levelét és annak a CICR részéről való fogadtatásához ld.: Arieh Ben-Tov, *Holocaust: A Nemzetközi Vöröskereszt és a magyar zsidóság a második világháború alatt* (Budapest: Dunakönyv Kiadó, 1992), pp. 106-119. (Ld. még Favez, op. cit., pp. 322-323.) Huber július 3-án kelt válaszát ld.: ACICR: G. 82/19. Conseil Oecuménique (továbbiakban: COe).

60. *Oekumenischer Presse- und Nachrichtendienst*, vol. 11, no. 26, (július), 1944. Szövegezésére június 26-án került sor. (Ld. AWCC: Freudenberg-Files [továbbiakban: FF]: 1. Jewish Question.) A megjelenés jelzett időpontját egyértelművé teszi a *Basler Nachrichten*, vol. 100, no. 273, 1944., július 29-i száma, amely átvételben közli a WCC-forrást.

61. A másik írás „Drei Krematorien arbeiten Tag und Nacht.»Die größte deutsche Totenfabrik« címmel jelent meg a *Thurgauer Arbeiter Zeitung* hasábjain.

62. A sajtókampány fejleményeiről és jelentőségéről ld. Lévai Jenő, *Zsidósors Európában* (Budapest: Magyar Téka, 1948). Átdolgozott változata: Jenő Lévai, *Abscheu und Grauen vor dem Genocid in aller Welt... Diplomaten und Presse als Lebensretter. Dokumentationswerk anhand der „streng geheim" bezeichneten Akten des Reichsaußenministeriums* (New York: Diplomatic Press, 1968). (A tanulmány Lévai Jenőre hivatkozó részeinél — módszertani okokból — ez utóbbit vettük alapul.)

63. Abban a vitában, hogy Krausz kinek címezte levelét, Mantellóhoz vagy Poznerhez, minden bizonnyal az utóbbi állítás a megfelelő. Legalábbis ezt támasztja alá Edouard de Haller (a svájci szövetségi kormány delegátusa a CICR-nél) 1944. július 1-jei feljegyzése, miszerint ő személyesen látta a Krausz által Poznernek szignált levelet. Ld.: Bundesarchiv (Bern; továbbiakban: BA) E 2001 (D) 1968/74. Bd. 14. (Ld. itt még a Max Huberhez intézett június 6-i levelet is.)

64. A szöveget csak Lévaitól ismerjük. op. cit., p. 40.

65. A szózat szövegét közli: *Vádirat a nácizmus ellen: Dokumentumok a magyarországi zsidóüldözés történetéhez.* [Továbbiakban: VaN] vol. 3. *1944. május 26.–1944. október 15: A budapesti zsidóság deportálásának felfüggesztése* ed., Karsai Elek, (Budapest, 1967), pp. 109-110. (Megjegyzés: A *VaN* névmutatója tévesen jegyzi Canterbury érsekeként Hewlett Johnsont.)

66. Mindkettejük beadványai: BA E 2001 (D) 1968/74. Bd. 14.

67. BA 4000 (C)/1. Bd. 262.

68. Az említett iratokat ld.: ASEK: Korrespondenz Vorstand 1943-1949. Utóbb említett körlevelet közli Lévai, op. cit., p. 45.

69. BA E 2001 (D) 3. Bd. 172., valamint ETH: PVN.

70. Lévai nyilván George Mantellótól származó információja szerint Brunner (akinek korábbról is jó egyházi kapcsolatai voltak Magyarországgal) már ezt megelőzően, márciusban is részt vett magyar zsidók mentése érdekében folytatott akciókban. (Lévai, op. cit., p. 26).

71. A teljes anyagot ld.: Karl Barth-Archiv (Basel). A dokumentumanyag egyik textusvariánsát, ismeretlen forrásból származó tájékoztató levél megjelöléssel, közli: *VaN. vol. 2. 1944. május 15.–1944. június 30. A budapesti zsidóság összeköltöztetése* eds., Benoschofsky Ilona–Karsai Elek. (Budapest: A Magyar Izraeliták Országos Képviselete kiadása, 1960), pp. 145-272. A Mantellónak címzett verziót közreadja még Lévai, op. cit., pp. 350-361.

72. Az AWCC: FF-iratok között fellelhetőek a dokumentumok francia és angol nyelvű fragmentumai. Ld. még Lévai, op. cit., p. 55.

73. Levél Carl J. Burckhardthoz. 1944. augusztus 11. (ACICR ut ld: 4. sz. j.)

74. Ld. ehhez Lévai–Erland Herkenrath, *Die Freiheit des Wortes. Auseinandersetzungen zwischen Vertretern des schweizerishen Protestantismus und den Zenzurbehörden während des Zweiten Weltkriegs* (Disszertáció), (Zürich: Juris Druck Verlag, 1972).

75. E periodikák részletesebb átvizsgálása és tartalmi elemzése még várat magára. A Lévai-féle munkában közölt, s a berni Staatsbibliothek Presseabteilungjának adatgyűjtésén alapuló áttekintés (pp. 381-386) érthetetlen módon szinte egyet sem említ közülük. Annak ellenére, hogy maga Lévai több konkrét szöveget is publikált. Az 1944-es magyar zsidó-üggyel kapcsolatban Svájcban megjelent valamennyi (mintegy félezres nagyságrendű) korabeli publikációt tartalmazza a Schweizerischer Israelitischer Gemeindebund zürichi központi hivatalának irattárában őrzött, a teljesség igényével összeállított sajtógyűjtemény.

76. A magyar külszolgálat jelentéseit ld.: Magyar Országos Levéltár: K 84: Berni követség. 193., 280., 282., 296. (Utal rájuk: VaN. vol. 2, p. 245.) A sajtókampánynak a magyar illetékesekre gyakorolt hatásáról ld. Sárossy Béla feljegyzését: Lévai, op. cit., pp. 219-222. és Carl Lutz George Mantellóhoz írott július 20-i levelét: Lévai, op. cit., pp. 248-249.

77. A deklaráltan filoszemita beállítottságú Vogt egyúttal a Schweizerisches Evangelisches Hilfswerk für die Bekennende Kirche in Deutsch land mit Flüchtlingsdienst című segélyszervezet lelkésze is volt.

78. Dokumentumait ld. Lévai, op. cit., pp. 41-43., valamint *Soll ich meines Bruders Hüter sein? Weitere Dokumente zur Juden- und Flüchtlingsnot unserer Tage* (Zollikon-Zürich: Evangelischer Verlag A. G., 1944). pp. 5-11.

79. BA 2001 (D) 3. Bd. 172. A dokumentumot közli: Lévai, op. cit., pp. 51-52. A kormány július 26-án kelt válaszában felhívja Vogt figyelmét javaslata kivitelezésének leküzdhetetlen külpolitikai akadályaira, utal a nemzetközi diplomáciával karöltve elért eddigi eredményekre és kéri a lelkészt, hogy újabb egyéni kezdeményezésekkel ne veszélyeztesse a hivatalos politika további sikereit.

80. ACICR: Ct. Israelites, 873. G. 59/4: Appels, gouvernement, organisations particuliers du CICR des Croix Rouges.

81. BA 2001 (D) 3. Bd. 172. és ACICR ibid. (Határtalan buzgalmában novemberben még az államügyészséggel és a honvédelmi minisztériummal is összeütközésbe került rémhírterjesztés vádja miatt.)

82. Pap László 1944-45 fordulóján Friedrich Born közeli munkatársaként is bekapcsolódott az embermentésbe. Ld. Majsai, „A protestáns egyházak az üldözés ellen", op. cit., és ACICR: G. 3/48. (carton: 216): Mission de M. Leclerc [...]: „Kinderheime. Gyermek-akció (pesti). Pap tanár. (Andrássy út)."

83. AWCC: GC: Pap László 1943-1946. (Kiemelés: M. T. Pap válasza 1944. július 31-én kelt. Ibid.)

84. Radvánszkynak a fejleményekkel kapcsolatos felfogását tükrözi az a június 9-én kelt „szigorúan bizalmas" „Persönliche Botschaft"-ja, amit, ismételve korábbi szóbeli felhívásait, Visser't Hooftékkal egyetértésben juttatott el a magyar protestantizmus vezetőihez. Ebben élesen kritizálta a hazai egyházaknak a szenvedők iránti szelektív érzékenységét, a nyilvános demonstrációtól ódzkodó hezitálását és biblikus-férfias helytállást sürgetett a gyilkos zsidóüldözés áradatával szemben. Egyúttal hangsúlyozta azt is, hogy a békekötés után csak a tettektől nem visszariadó politika fog jelentőséggel bírni. (AWCC: GC: Alphons Koechlin 1933-1944.) Az egyik címzettnek, Ravasz Lászlónak a levélre tett meg-

jegyzése szerint az üzenet hozzá csak szeptember 22-én érkezett el. (RL A/1/c. 1225/1944.) Meglehet, Ravasz datálása ellenőrizhetetlen, a kézhezvétel kérdése az adott összefüggésben érdektelen. Az irat lényegi üzenete ugyanis egyértelmű. Jelzi, hogy a világprotestantizmus székhelyén milyen magatartást reméltek a tagegyházaktól, s hogy szinte várták a magyar kezdeményezést és javaslatot az operatív együttműködésre.

85. Pro memoria. Egy fejezet Ravasz László készülő püspöki jelentéséből. Szigorúan bizalmas kézirat gyanánt. (30 oldalas litografált nyomtatvány. [A továbbiakban: PM] RL A/1/b. 91/1945., p 10. — A kizárólag a református egyháznak a zsidóüldözéssel szembeni magatartását vizsgáló, erősen retusáló szellemben fogant összefoglaló ebben a formájában nem szerepelt a püspöki jelentésben. Ismertetésére csak a szűk körű dunamelléki egyházkerületi tanácsülés 1945. április 10-i összejövetelén került sor. Bővebben ld. ehhez: Majsai Tamás, „A magyarországi református egyház és a Holocaust. A nyilvános tiltakozás története", *Világosság*, vol. 36, no. 5, 1995, pp. 50-80. — A PM legfontosabb dokumentumai fellelhetőek Bereczky Albert, *A magyar protestantizmus a zsidóüldözés ellen* (Budapest: Református Traktátus Vállalat, 1945). (Reprint 1984). = Albert Bereczky, *Hungarian Protestantism and the Persecution of Jews* (Budapest: Sylvester, [1945]).

86. Ibid., pp. 22-23. Ilyen példát jelent azonban Ravasznak az az intervenciója is, amit a PM szerint 1941-ben tett a kőrösmezei deportálás áldozatai érdekében. Állítása szerint ekkor nem utolsósorban azzal érvelt a belügyminiszternél, hogy „nekem majd — a háború után — [...] be kell számolnom többek között arról is, hogy Magyarországon milyen volt a zsidók helyzete. Természetesen, ha olyan dolgokat kellene mondanom, melyek hazámra árnyékot vetnek, inkább hivatali állásomtól válnék meg, mintsem hazám ellen éppen én tegyek bizonyságot. Arra kértem őt, intézkedjék, hogy felemelt fővel és jó lelkiismerettel szólalhassak meg bármely külföldi nemzetközi egyházi testület, vagy egyesület előtt." (p. 3.) (A valóságban mindez egészen másként játszódott le. A történtekkel kapcsolatban ld.: Majsai Tamás, „A kőrösmezei zsidódeportálás 1941-ben", in *Ráday Gyűjtemény Évkönyve*, vols. IV-V. (Budapest: 1986), pp. 59-86.

87. RL C/141/16. Az iratot közzéteszi: Majsai Tamás, „Bíborosok és püspökök a zsidómentés barikádharcában", *Budapesti Negyed*, vol. 3, no. 2, 1995. pp. 169-180.

88. AWCC: GC: Alphons Koechlin 1933-1944.

89. Ibid.

90. RL A/1/a. 1012/1944. Közli Lévai, op. cit., p. 362.

91. Visser't Hooft Koechlinnek felajánlott „megbízható kurírjáról" szóló 24-i levele értelmében az intervenciók már 27-én, legkésőbb 28-án megérkeztek Budapestre (AWCC: FF 1. Jewish Question.) — A levélnek a budapesti püspöki hivatali iktatóban július 17-ére történő besorolása csak technikai jellegű. (Igazolja ezt a deportálások miatt nyilvános tiltakozás ellen kiadni tervezett protestáns pásztorlevéllel kapcsolatban július 3-án tartott tanácskozás jegyzőkönyve is. Ravasz Lászlónak itt elhangzott érvelése egyértelműen előfeltételezi e levél ismeretét. Ld. Majsai, „A magyarországi református egyház és a Holocaust", op. cit.

92. A memorandumban azt hangsúlyozták, hogy kerülendő Sztójay helyzetének megnehezítését, „tiltakozásunkat a magyar közvélemény elé egyelőre nem visszük", jóllehet a kormányzat zsidókkal szembeni bánásmódjának lehetetlensége ekkor már teljesen nyilvánvaló volt. PM, p. 19. (Bővebben ld.: Majsai, „A magyarországi református egyház és a Holocaust", op. cit.)

93. Az eseményekhez ld.: Randolph L. Braham: *A magyar Holocaust* (Budapest: Gondolat/Wilmington: Blackburn International Incorporation, 1988). vol. II. pp. 133-149. — Serédi Jusztinián ez időbeni fellépéséről ld. az üggyel kapcsolatos körlevelét a püspöki karhoz, in: *VaN* vol. 3. pp. 115-121.; és pp. 126-129. (Ld. még: Majsai, op. cit.)

94. PM, p. 16. — A többségi keresztény felekezet vezetőjénél kopogtató Ravasz lépésének elsődleges okát abban látjuk, hogy a katolikus egyház bevonásával mérsékelni akarta a kormánnyal való szakítás eshetőségéből valószínűsíthető kellemetlen konzekvenciákat. Serédi gyakorlatilag elutasító viselkedése érthető ugyan, ám aligha menthető.

95. Részletesen ld. ehhez Majsai, „A protestáns egyházak az üldözés ellen", op. cit. pp. 151-162., és 85. sz. j.

96. A deklaráció elmaradásának okai között valóban meghatározó volt az akció kitudódása és az ezt követő kormányzati fellépés. A helyzet kialakulásában ennél is fontosabb szerepet játszott azonban az, hogy a püspöki kar egészében véve értetlenséggel fogadta egy ilyen radikális lépés szükségességét, s erősen ódzkodott is a vele járó esetleges kellemetlen konzekvenciák vállalásától.

97. Bónisnak az egyházkormányzat lépéseiről „tájékoztató" kritikátlan tevékenységéhez ld. némely 1944-ben kelt feljegyzését: AWCC 261.1., valamint: FF: l. Jewish Question. — A propagandaakciók sikerét le lehet mérni olyan eseteken, mint a Bázeli Egyháztanácsnak a magyar zsidókérdés ügyében összehívott rendkívüli ülése, ahol maga Koechlin állapította meg: „Neueste Nachrichten besagen, daß auch die ungarischen Kirchen, die reformierte wie die lutherische zum Schutze der Juden getan

haben was sie vermochten." (Protokoll der 17. /Extra-/Sitzung des Kirchenrates vom 11. Juli 1944. 255. jkv.-i pont.)

98. E mítosz elterjesztésében a legnagyobb felelősség — paradox módon — az egyházi embermentés egyik vezéregyéniségét, Bereczky Albertet terheli, aki a békekötés magyar pozícióit erősíteni hivatott propagandatevékenység keretében, saját neve alatt megjelentette az események tendenciózus összegzését kínáló Ravasz-féle PM némileg bővített változatát. (Ld. 85. sz. j.)

99. AWCC: General Secretariat: 2. és 261.1.

100. Szerencsétlen módon még maga Friedrich Born budapesti CICR-delegátus is hozzájárult a hamis propaganda sikeréhez azzal, hogy július 30-i, No. 86. sz. felterjesztésében úgy küldte meg a Sztójayhoz címzett június 21-i közös protestáns beadvány és a nyilvános deklaráció — egyébként egyházi részről titkosan kezelt — szövegét, mint amit minden protestáns egyház szószékéről felolvastak. (ACICR: G. 59/4[c]: Fr. Born levele a Division Spéciale-hoz.) — A CICR-rel való jó információs együttműködés folytán a Born-féle egyházi vonatkozású jelentések általában eljutottak a WCC-hez és (feltételezhetően innen) más egyházi szervezetekhez is. Hogy a szóban forgó téves információ milyen hatást váltott ki, pontosan nem felmérhető.

101. RL C/141.

102. Ld. Ehrenström 1943. október 29-i levelét Pap Lászlóhoz. AWCC: GC: Pap László 1943-1946.

103. AWCC: FF: Saly Mayer.

104. 1944. április 11. (AWCC: FF.)

105. AWCC: GC: Siegmund-Schultze; RL C/141.; AWCC: GC: Siegmund-Schultze.

106. Levelezésüket ld.: ACICR: G. 82/19. COe.

107. Levél Schwarzenberghez. 1944. július 28. (ACICR: G. 82/19. COe.) Ld. még: Protokoll der Ausschuß-Sitzung von 15. September 1944. (ASEK)

108. AWCC: Study Department: Correspondence 1939-1948. (Hungary)

109. AWCC: FF: Suisse, 1944. Bányai.

110. AWCC: FF: Suisse, 1944. Alphab. Corresp./M. (Elsa Menkes)

111. AWCC: GC: Siegmund-Schultze.

112. Protokoll der Ausschuß-Sitzung von 15. September 1944. (ASEK)

113. Ld.: ACICR: G. 59/2: Secours a la Hongrie III; carton: 866.; (lettres envoyées; No. 270 = szept. 8; No. 284 = szept. 21.); RL: D/7:

Elnöki levelezés: M 243/1944. (1944.10.31.) és K 130/1944 (1944.XI. 2.).
Továbbá: AWCC: G. 82/19. COe: Freudenberg és Schwarzenberg levél-
váltásai; Freudenberg levele Pap Lászlóhoz (szeptember 2.)., valamint:
AWCC G. 59/7. (Ld. 4. sz. j.) — Ezek voltak azok a pénzek, amelyek
útba indítását virágnyelven könyvküldeményként jelezték. A nevezetes
akcióról többen is említést tesznek. Ld. pl.: Pap, op. cit., p. 13.

114. Ld. ACICR: G. 82/19. COe.

115. A megállapítás az 1944-es esztendő ez ügybeni egyéb belpoli-
tikai megnyilvánulására is érvényes.

116. Az elérhető adatok birtokában nem állíthatjuk kétely nélkül, hogy
a protestáns egyházvezetők ismerték az ún. Auschwitz-jegyzőkönyvet.
Bizonyított ellenben az, hogy május második felétől voltak Auschwitz-
információik. Az ügyhöz ld. Éliás József emlékezését: a) in Szenes, op.
cit., b) „... akkor már minden egyházfő asztalán ott volt az Auschwitz
Jegyzőkönyv...". Szenes Sándor interjúi, Valóság, vol. 26, no. 10, 1983,
pp. 75-90. Továbbá: Majsai, „A magyarországi református egyház és a
Holocaust", op. cit.

117. RL A/1/a. 1224/1944.

118. Ravasz László egy 1944. október 7-én kelt magánlevélben kérte
Alphons Koechlint a berni kormánynál való nyomatékos közbenjárásra
Péter János vízumának kiállítása ügyében. Mint írja: „Es bietet sich
nähmlich eine gute Gelegenheit dazu, daß ein Pfarrer der Ungarischen
Reformierten Kirche in die Schweiz gelangen könnte und wir durch ihn
die Verbindung in für uns besonders wichtigen Angelegenheiten mit un-
seren schweizerischen Glaubensbrüdern aufnehmen könnten." (ASEK:
Korrespondenz Vorstand 1943-1949.) Novemberben Pap László és Teleki
László kiutazását tervezték (eredménytelenül). (Ld.: ACICR G. 59/7.)

119. RL A/1/a. 1224/1944. (Szeptember 22.) Az egyes propozíciókról:
AWCC: GC: Pap László 1943-1946; Radvánszky Antal. — Illusztráció-
ként idézünk a szeptember 12-én, az ÖB elnöksége által elküldött levélből:
„Kindly take with the usmost urgency the necessary steps in order that a
Commission be immediately formed of delegates of Protestant Churches
in Amerika, Britain, Holland, Sweden and Switzerland and be sent without
delay to Hungary with the aim to protect the clergy, the professors, the
teachers and all our Protestant Brethrens: without such Christian help and
protection the fate of the Hungarian Protestantism will be sealed. Without
such intervention the Hungarian protestantism that has been forced on the
soil of our Country through many centuries of suffering, bloodshed and
heavy struggles and which forms the most eastern bastion of the Evange-
lical Churches will be entirely wiped out and annihilated..." (Ibid., Pap)

120. RL A/l/a. 1224/1944.

121. Részlet Nils Ehrenström Soos Gézához írott 1944. január 1-i leveléből: „Ich hatte seiterzeit nach meiner Rückkehr aus Ungarn die hiesigen Zuständigen Stellen u.a. auf die Hilfsbedürftigkeit der jüdischen Flüchtlinge, die aus Polen kommen, aufmerksam gemacht. [...] Auf meine Bitten hin hat unser Flüchtlingssekretär daraufhin einen Vorstoß bei der großen jüdischen Flüchtlingszentrale in Zürich gemacht. Wir sind, muß ich leider gestehen, nicht besonders optimistisch in Bezug auf die Möglichkeiten, hier etwas zu erreichen; die Hilfsorganisationen hierzulande sowohl mosaischer wie christlicher Prägung sind durch die große Zahl von Flüchtlingen, denen sie hier im Lande sowie in Frankreich helfen, bis aufs letzte beansprucht." (AWCC: GC: Soos Géza)

122. Ennek az effektusnak a hatását ismerhetjük föl abban, hogy a zsidókérdéssel kapcsolatban a kormány felé benyújtott szerencsésebb hangvételű beadványaikat és kapott válaszokat igyekeztek fordításban eljuttatni a WCC-hez.

123. Bónis Béla például azzal volt elfoglalva június 30-án, hogy az ökumenikus központ munkatársai számára lefordítsa Ravasz László talán egyetlen olyan 1944-es írását, amelyben, a sok disszonáns kitétel mellett, éppen a zsidókérdésben lehetett felismerni egy-két, a nyugat-európai demokratikus fül számára sem idegen gondolatot, s hogy mindezt olyan impressziót keltve tálalja, mintha benne a püspököt általában véve is jellemző hang szólalna meg. (AWCC: Hungary 284/439/. Ravasz szóban forgó írása: „Milyen legyen a mai igehirdetés?" *Református Élet*, vol. 11, no. 23, 1944, július 3. pp. 1-2.)

124. ACICR: G. 59/2: Secours a la Hongrie III; carton: 866.; (lettres envoyées; No. 989.) és: AWCC: GC: Radvánszky Antal.

125. AWCC: EF. (A Notiz für Ungarn című irat kelte: 1943. június 17.) — A 38. sz. j.-ben b) alatt említett irat a végén szól ugyan a „Jó Pásztorról", de a levél tartalma és a benne foglaltak képviseletét felvállaló Soos Géza nézetei olyan súlyos elégedetlenséggel töltötték el Visser't Hooftot és munkatársait, hogy jelezték, az iratban foglaltakat nem tekintik az utolsó szónak, hanem várnak valami más szellemű elemzésre a magyar egyházak részéről. (Ld. Pap, op. cit., p. 14-15. Pap legendássá vált közlése arról, hogy az iratot Visser't Hooft nem is vette át, nem felel meg a valóságnak. Így Éliásnál sem; ld. 51. sz. j. A szöveg — legalábbis másolati formában — fellelhető a WCC archívumában. Ld.: EF.)

— ∗∗∗ —

Summary

The Hungarian Reformed Church During
the Holocaust

Using Hungarian and international sources that were not previously examined, the author analyzes the foreign affairs activities during World War II of the Protestant churches, especially the Reformed (Calvinist) Church in Hungary, with particular attention to the Holocaust.

The paper details the characteristic theoretical and practical stance with regard to opposing Nazism and anti-Semitism of Hungarian protestantism, the so-called ecumenical movement's officials of Anglo-Saxon extraction, and some Swiss ecclesiastical circles. It deals in detail with the plans worked out among these parties for aiding the Jewish victims of Nazism-fascism, and analyzes the extent to which Hungarian protestantism took advantage of the significant possibilities these plans opened up for easing the tragedy of the Jews in Hungary.

It is concluded that while the agents of ecumenical and other forces working outside of the German sphere of influence all rejected the values of National Socialism/new paganism that were manifested in concrete actions as well as anti-Semitism, Hungarian protestantism simply proved itself unable to do so. This was so because its self-definition was based on national-ecclesiastical particularity as well as because of the determining role of the community, heavily influenced by the nationalistic and anti-Semitic policy of the state, and a misinterpreted patriotic zeal which led it to act in a way that was contrary to its own longer-term self-interest.

THE POSTWAR ERA

_____ *** _____

A HÁBORÚ UTÁNI KORSZAK

Holocaust, és ami utána...

Varga László

A *Schindler listája,* a fogaranyból kiöntött gyűrű révén világszerte ismertté vált a Jad Vasem talmudi mottója, amely szerint „aki megment egy életet, egy egész világot ment meg". Témánkra fordítva tehát úgy kellene megfogalmazni ezt a jelmondatot, hogy aki egyetlen életet elpusztít, az az egész emberiséget semmisíti meg. De hát tudjuk, ez a módosított talmudi bölcsesség egyáltalán nem igaz, hiszen 6 millió embert öltek meg, az emberiség él, az anyák újabb gyermekeket szülnek, ahogy tették ezt Auschwitzban is, a gyermekek színes rajzokat álmodnak, mint Theresienstadtban. A költők pedig verseket írnak.

Az antiszemiták, jobbról és balról a zsidó világ-összeesküvésről cikkeznek, mi meg vitatkozunk az antiszemitákkal, holott Auschwitz után ennek már nem sok értelme van. Vitatkozunk azon, hány is az a 6 millió, mintha valóban hinnénk, hogy 100 ezer több vagy kevesebb bármit is változtatna a lényegen, a megbocsáthatatlanon, a jóvátehetetlenen.

Azt sem igazán érzékelem, hogy témánk szempontjából mi a különbség a „Holocaust kora" és a „második világháború időszaka" között. Mi az, ami a háború következménye, tragikus, de mégiscsak elkerülhetetlen velejárója, s mi az, ami már a módszeres tökélyre fejlesztett, vagy néha éppen tökéletlen népirtás része.

(Erről jut eszembe, s ez is csak zárójelben: nemrég kérdezte egy tanítványom, hogy miért éppen a zsidók, az antiszemitizmus az, amire a világ, s különösen az Egyesült Államok felfigyel, ha kell pártállástól függetlenül tiltakozik, emeli fel a szavát, kéri ki magának, ha valaki megpróbálja az áldozatok számát, súlyát kisebbíteni. Éppen ez az, a tökélyre fejlesztett népirtásból megtanulni azt, hogy az antiszemitizmus nem Auschwitzcal kezdődik, hanem ott végződik.)

Szóval nem igazán tudom, hogy témám szempontjából mi az, amit nem a Holocaustot tárgyalva kell elmondani, s mi az ami ide, csakis ebbe az előadásba tartozik. Hadd idézzek Majsai Tamás nyomán, szó szerint tőle átvéve, egy 1941-ben megtörtént konkrét esetet: Toronyán, vagyis Kárpátalján „egy katonai osztag behatolt három rokon zsidó házába, kihurcolták őket a határba s mindőjüket megölték. Az ügy szemtanúját, aki a látottakat elmesélte, a nyílt utcán, fényes nappal lelőtték... Az illetékes hatóságoknál a vizsgálat során megnevezett tanúkat rémhírterjesztés vádjával perbe fogták." Része-e a fent elmondott eset a Holocaustnak, vagy tekintsük egyszerűen faji indíttatású gyilkosságnak? S akkor már eleve elvetettük a rémhírterjesztés változatot.

Egyszer megkérdezte tőlem egy barátom, hogy a történészek miért nem merik azt mondani, hogy nem tudom, miért próbálják ismereteik hiányát gyakran kétes értékű hipotézisekkel, magyarázatokkal pótolni. Azt kellett mondanom, hogy nem tudom. Nézzük meg tehát, hogy mi az, amit témánk szempontjából nem tudunk.

Nem tudjuk, hogy hányan érkeztek külföldről illegálisan Magyarországra. (Számukat egy korábbi tanulmányomban 50 ezerre becsültem, s hangsúlyozni szeretném: becsültem.) A KEOKH 1940-es kimutatása szerint számuk alig haladta meg a 10 ezret, egy évvel később mégis több mint 17 ezer idegen honos zsidót deportáltak. Tudjuk, számosan közülük nem is voltak idegen honosok, de — s ekkor a KEOKH erre még nemigen figyelt — az Ausztriából az Anschluss után visszatértek egy része, ha elnyerték időközben az osztrák állampolgárságot, akkor értelemszerűen (nem lévén kettős állampolgárság) nem számíthattak magyar állampolgárnak. Tény az, hogy viszonylag nagy volt a lengyelországi menekültek száma, még 1944 márciusa, vagyis a német megszállás után is nem kis részben ők képezték a zsidó ellenállás egyik fő bázisát. De hát éppen ez a lényeg, illegálisan tartózkodtak az országban. Itt tehát azokról beszélek, akik valóban külföldiek voltak, és nem azokról, akik valamilyen oknál fogva nem tudták igazolni magyar állampolgárságukat, vagy a visszahonosítás réme fenyegette őket, s akiknek számát akkoriban Weiss Edit, Weiss Manfréd lánya szintén 50 ezerre becsülte.

Nem tudjuk, hogy hány zsidónak sikerült a megsemmisítés elől külföldre menekülnie. (Az ő számukat említett tanulmányomban 16–17 ezerre tettem, de megint csak hangsúlyozni szeretném: feltételeztem.) Végkép nem tudjuk, s ezt már meg sem próbáltam felbecsülni, hogy hányan voltak azok, akik külföldről érkezve Palesztina felé eredményesen használták tranzitállomásként hazánkat. Hányan szerepelnek közülük a becsült 50 ezerben és hányan a feltételezett 16–17 ezer között. Tény viszont, hogy egyedül 1940-ben a JOINT támogatásával 1376 zsidó hagyta el az országot.

Nem tudjuk, hány zsidó menekült el, vagy hányat kergettek el, a későbbiek ismeretében akár azt is mondhatnánk „békésen", állampolgárságukat el nem ismerve a visszacsatolt területekről. Majsai említett tanulmányában egy KEOKH-jelentésre hivatkozva 2000-re teszi számukat a Felvidéken és Kárpátalján. A Délvidék kapcsán Sajti Enikő ír az 1918 októbere után betelepült zsidók kiutasításáról.

Nem tudjuk pontosan, hányan élték túl a deportálásokat, hányan tértek közülük haza, s hányan vándoroltak ki egyenesen a haláltáborból kiszabadulva, vagy akár rövid itthoni tartózkodás után, még mielőtt bármilyen nyilvántartásba vehették volna őket. Azt azonban ne felejtsük, mielőtt szárnyalni hagyjuk fantáziánkat, hogy a hazai, elhurcolt, túlélő zsidóság túlnyomó többségét nem az amerikaiak, hanem az oroszok szabadították fel. Másrészt 1945–46-ban kicsit huzatos volt az út Palesztinába.

Sokféleképpen értelmezhetjük ismereteinknek ezeket a hiányait. Csak egyet nem tehetünk: nem helyettesíthetjük őket valósnak tűnő számokkal. S mégis válaszolva az eddig feltett összes kérdésre, a történész dolga, még ha ismeretei nagyon is végesek, hogy elszámoljon a halottakkal: 1944 halottaival ugyanúgy, ahogy azt tette 1956 halottaival.

Megfordítva tehát: hozzávetőlegesen tudjuk a hazai zsidóság korabeli lélekszámát. Az 1941-es népszámlálás szakmai szempontból — megítélésem szerint — aligha vitatható. Nemrég előkerültek a német „megrendelésre" összeállított, eddig rejtőzködő 1944-es zsidó összeírások. Senkit ne lepjen meg: nem láttam még, csak hallottam róluk, egészen biztos, jóval kevesebb nevet fognak tartalmazni, mint ahány zsidó valójában akkor Magyarországon még élt. Ezekhez az összeírásokhoz képest a németek is sokkal pontosabb számadatokkal rendelkeztek. Saját korábbi számításaim egyébként meglehetősen egybevágtak az említett, a németek számára is rendelkezésre álló adatokkal.

Hozzávetőlegesen ismerjük a deportáltak számát is, még akkor is, ha egyes transzportok létszáma, de még akár útvonala, majd későbbi „felhasználása", végül sorsa ma még nem tisztázott. Ismerjük a deportálások által nem vagy csak alig érintett budapesti zsidóság lélekszámát, s itt még viszonylag megbízható becslések állnak rendelkezésünkre az áldozatokról is.

Számos félreértésre ad okot és a napi politika egyfajta menekülési szándékát jelzi, hogy az elődök által elkövetett bűnök súlyát csökkenteni törekszik. Amikor még Ránki Györggyel Jeruzsalemben jártunk, a Jad Vasemben az észak-erdélyi zsidóságot a romániaihoz számolták, az ottani áldozatokat pedig Magyarországhoz. Lehet, hogy megcsal az emlékezetem, s nem pontosan ebben rejlett a matematikai bűvészmutatvány, de az érződött, hogy messze elért Rosner főrabbi keze.

A másik oldalon is lehet játszani a számokkal, pontosabban a területi változásokkal, s tudomást sem venni az akkori határokról. Szeretném tehát nagyon határozottan leszögezni, hogy a történelmi felelősségtől függetlenül is a mai terület nem vehető alapul, legalábbis ha valóban össze akarjuk számolni az áldozatokat. Erre kiváló példa Molnár Judit disszertációja, aki megkezdte, illetve részben el is végezte egy teljes csendőrkerület feldolgozását. Egyébként is nagyon örvendetes, ha fiatal történészek szakítanak végre az általunk folytatott globális számításokkal, s végre egyenként kezdik megvizsgálni az egyes csendőrkerületeket. Tudtommal, s szerencsére, nem Molnár Judit az egyetlen e területen.

A német megszállás előtt a zsidó áldozatok három fajtájával van dolgunk. Elsőként az említett ún. idegen honosok kerültek sorra. Az áldozatok száma kereken 15 ezer fő volt. A délvidéki mészárlások pedig 1200–1300 zsidót érintettek. E két tételnél a vonatkozó szakirodalom, ami a számadatokat illeti, kisebb eltérésekkel egységes (bár a délvidéki halottak számát a külföldi, s nemcsak a jugoszláv vagy szerb, hanem pl. a német szakirodalom is kissé magasabbra tartja, mint a hazai). A harmadik tételt a munkaszolgálatosok alkották. Róluk már az ismereteink hiányjegyzékénél kellett volna szólnom. Valóban nem tudjuk, legfeljebb csak feltételezhetjük, hogy hány munkaszolgálatos esett el, s milyen körülmények között, hány került közülük hadifogságba, és hányan pusztultak ott el. Kíváncsi voltam, hogy milyen számot ad meg Horn Emil Holocaust-kiállításának forgatókönyvében. Akik ismerik Horn kiállításait, azok tudják róla, felkészültségben, adatismeretben bármelyik történészt megszégyeníti. Nos a válasz nála is csak egy kérdőjel.

Valóban nem könnyű a felelet. Szembe kell nézni azzal, hogy a II. magyar hadsereg tisztjei, tisztesei módszeresen gyilkoltak, vagy „csak" elnézték a zsidó munkaszolgálatosok gyilkolását. S ehhez legfelsőbb helyről, magától a nemrég hősnek kiáltott, s a független magyar „igazságszolgáltatás" által rehabilitált Jány Gusztávtól kapták a biztatást.

Babos József hadbíró ezredes (bizonyára vannak, akik ezt a nevet ismerik, majd elmondom azt is, miért is illik) kapta azt a feladatot, hogy 1942 nyarán kivizsgáljon egy konkrét gyilkossági esetet. „Sok rosszat hallottam a II. hadseregnél lévő állapotokról, ahol kettős bíráskodást vezettek be — állította a hadbíró ezredes — Jány parancsára (mely állott abból, hogy egyes partizánokat, musz[os]okat bírói elítélés nélkül a hadbírák kiadták a tábori csendőrségnek kivégzésre)." A konkrét gyilkossági ügy is beigazolódott. Babos intézkedett a gyanúsított tizedes őrizetbe vételéről. Szerinte „a II. hadsereg parancsnoka, Jány Gusztáv [vezér]ezredes nem volt hajlandó ennek a megkeresésnek eleget tenni, ezért a vezérkar főnöke és a kormányzó külön rendeleteit kellett kikérnem és intéztetni Jányhoz, hogy a gyilkost adja ki." Miután végül valóban maga a kormányzó intézkedett, Jány még ekkor is megtagadta a letartóztatást, csak arra volt hajlandó, hogy a gyanúsítottat menetlevéllel Budapestre rendelje.

Babos Lajos volt egyébként — s ezért lehet neve ismerős — néhány nappal a német megszállás előtt a délvidéki per, Feketehalmy-Czeydnerék megfélemlíthetetlen hadbírája. Tanúvallomását 1993-ban a Magyar Köztársaság Legfelsőbb Bírósága Jány felmentésekor nem vehette figyelembe, az ugyanis Jány 1947-es tárgyalásán már el sem hangozhatott. Nem sokkal a vezérezredes tárgyalása előtt Babost a magyar hatóságok kiadták az oroszoknak. Lehet, hogy inkább őt kellett volna rehabilitálni? Mindez sem visz minket közelebb a hiányzó számokhoz, így magam is azok közzé tartozom, akik a korabeli becslések alapján 40 ezerre teszik — hangsúlyozom: a német megszállás előtt — a munkaszolgálatos áldozatok számát (beleértve viszont azokat is, akik nem tértek vissza a hadifogságból).

Ismertek a német megszállást követő deportálások tényei, az egyes övezetek, illetve a csendőrkerületek szerepe, a vagonok összeállítása, száma, teljesítőképessége stb. A nyilas puccsig 444 152 zsidót deportáltak az országból. Félreértés ne essék, ez nem becsült szám, ez azoknak a száma, akikről bizonyítható, hogy erre a sorsra jutottak. Vannak még olyanok is — hozzájuk képest azonban már valóban nem sokan —, akikről tudunk ugyan, de pontos számukat nem ismerjük, őket tehát az említett adat nem tartalmazza.

A nyilas hatalomátvétel idején az eredetileg kereken 800 ezres magyar zsidóságnak már csak negyede volt az országban. Ezek felét szállító eszközök hiányában már képtelenség volt a magyar fővárosból elhurcolni. A másik felét azonban megpróbálták, gyalogmenetben, erőltetett menetben. 76 209 fő élve jutott el a határig, legalábbis ennyi átvételét igazolták a németek. Később, 1944. december 1-je után már nem vesződtek ilyen formaságokkal.

A legkülönbözőbb számításokat összesítve azt kell mondanunk, hogy bizonyíthatóan minimálisan 550 ezer magyar zsidó pusztult el az üldöztetések, a megsemmisítés során. Ez a szám a valóságban lehet több, kevesebb azonban — sajnos — nem.

Erős Ferenc Schindler kapcsán kimondottan örvendetes jelenségről számol be, mondván, sem a hetvenes évek végén készült amerikai Holocaust-sorozatot, sem Lanzmann nyolcvanas években keletkezett Shoah című monumentális hosszúságú filmjét nálunk nem mutatták be. A tárgykörünkbe tartozó nálunk be nem mutatott filmek listáját hosszan lehetne sorolni. (Hadd utaljak legalább a Budapesten forgatott, de Budapesten soha be nem mutatott Szenes Hanna-filmre.) Mindezekkel együtt, s bármennyire is örvendetes a Schindler bemutatása, a kettő nem ugyanaz, az egyik ugyanis a zsidóság megsemmisítéséről szól, a másik, a Spielbergé, zsidók mentéséről. Mi is előbb beszéltünk itt a mentésről, s csak utána a megsemmisítés borzalmas számairól.

Németországban Wolfgang Benz hatalmas kötetet szerkesztett az európai zsidóság elpusztításáról, majd ennek elkészülte után hozzálátott, hogy részben a régi szerzőgárdával, részben fiatalokkal most már megírassa a zsidómentések történetét is.

Németországban, de még Ausztriában is óriási hatása volt 1979-ben a Holocaust-filmsorozatnak. Ahogy Erős Ferenc írja, megindította a kibeszélés folyamatát. „A filmnek és fogadtatásának — írja Erős — óriási szerepe volt abban, hogy megtört az évtizedek óta tartó hallgatás, s elindult a múlttal való szembenézés kínos, keserves, de mégis felszabadító folyamata."

Mi szeretnénk úgy tenni, mintha csak Schindlerek lettek volna, Holocaust nélkül. Talán azért tartunk a Spielberg-film bemutatása után is ott, ahol tartott Nyikita Szergejevics Hruscsov a leningrádi filharmonikusokkal: számolgatjuk, az előadók között ki a zsidó, s ki nem az. Tessék mondani, a belgák hova álljanak?

──── *** ────

Summary

The Losses of Hungarian Jewry

Research on the Holocaust in Hungary requires the use of incompletely specific data. It is not known, for example, how many Jewish refugees lived in Hungary illegally, how many Jews succeeded in escaping deportation by fleeing abroad, and how many were in Hungary only as a transit stop on their way to Palestine. Whatever the completeness of the information they can access, though, historians have a responsibility to provide an accounting of the victims in light of the data available to them. The author finds it comforting that several younger historians have broken with the approach of global accounting and are pursuing on-the-scene research to investigate the losses in specific regions. A major problem is that the data and facts they have already unearthed have not yet penetrated the public consciousness.

A magyar zsidóság vesztesége
a Vészkorszakban

Stark Tamás

Nem könnyű feladat a magyar zsidóság veszteségéről beszélni, mert áldozat volt mindenki, akit az ún. zsidótörvények érintettek. Áldozat volt mindenki, függetlenül attól, hogy munkaszolgálatra kényszerítették, deportálták vagy gettóba hurcolták. Mégis, mint ahogy a katonai statisztika megkülönbözteti az elesettet a sebesülttől, a történésznek is különbséget kell tennie a meggyilkoltak és a túlélők között. A nemzetiszocializmus embertipró politikáját legjobban konkrét adatokkal mutathatjuk be. Sajnos azonban épp a konkrét statisztikai adatoknak vagyunk leginkább híján. Pedig ha átnézzük a Vészkorszakkal foglalkozó szakirodalmat, az első pillanatban az adatok bősége a szembetűnő.

A háború után közvetlenül meginduló kutatások eredményei rendkívül változatosak. Az elsők között készült el Jacob Lestchinskynek, a Zsidó Világkongresszus New Yorkban székelő kutatóintézete tagjának másfél íves tanulmánya. Ebben a szerző a magyar zsidóság veszteségét 200 ezer főben állapította meg.[1] Ugyancsak 1945 végén a Joint Distribution Committee 123 ezer áldozatáról írt a jelenlegi területre vonatkozóan.[2] Az American Jewish Yearbook 1949. évi kiadása pedig 220 ezer mártírt említ.[3] Az adatok sora még folytatható.

A veszteségi adatok másik csoportja a magyar zsidóság köréből származik. A kérdést Vihar Béla, Róth Szigfrid, illetve a Zsidó Világkongresszus Statisztikai Tudósító Irodája dolgozták fel, s eredményeik lényegesen részletesebbek és kidolgozottabbak az említetteknél.[4] Különösen vonatkozik ez az utóbbi összesítésre, amely már valódi tudományos munka. Erre a munkára épít számos hazai és külföldön élő kutató is, mint Varga László, Yehuda Z. Moor, Várdy Péter.[5] A köztudatba is a Statisztikai Tudósító Iroda 564 507 fős végeredménye került, felkerekített formában.

A Vihar Béla, Róth Szigfrid és a Zsidó Világkongresszus budapesti irodája által készített összegzések közös jellemzője, hogy a veszteségeket nemcsak a jelenlegi, hanem a háború alatti területen is számba veszik. Azonos a számítások módja is. A szerzők levonták a zsidóság Vészkorszak előtti számából a túlélők számát és az eredményt a veszteséggel azonosították. A módszer elvben jó, a gyakorlatban mégis pontatlan következtetések levonásához vezet, mivel nem tudjuk pontosan az üldözöttek 1941-es létszámát, a túlélőkről pedig csak rendkívül bizonytalan adatok állnak rendelkezésre. Róluk pontos kimutatás nem is készülhetett, bár lajstromszerű adatfelvételre több kísérlet is történt. Tény, hogy a kisebbítendő és a kivonandó a szerzők becslésétől függően változott. Alapvetően ebből adódik a külföldi és a hazai szakirodalomban megjelent adatok sokfélesége.

Kutatásaim során a veszteségi adatokat időrendi sorrendben tételesen próbáltam számba venni és összegezni. Az adathiány miatt pontos eredményhez természetesen ez a módszer sem vezet. A háborús veszteséggel, kényszermigrációval foglalkozó történész olyan régészhez hasonlít, aki edényt keres, de csak cserepet talál, és azokból következtet a keresett tárgy nagyságára és formájára. A háborús népességmozgással foglalkozó történész számára is csak részadatok állnak rendelkezésre, hisz a polgári és a katonai közigazgatás és adatszolgáltatás a hadi helyzet miatt szükségszerűen éppen akkor omlott össze, amikor a statisztikai adatgyűjtésre a legnagyobb szükség lett volna, így az 1944 őszétől 1945 őszéig tartó sorsdöntő időszak demográfiai-migrációs folyamatait sohasem fogjuk teljes egészében megismerni. Ezért nem tudjuk pontosan meghatározni a katonai veszteséget, valamint a földi és légi harcok polgári áldozatainak számát. Ezért nem tudjuk, hányan estek szovjet fogságba, és hányan tértek onnan vissza. Ugyanígy meghatározhatatlan a Vészkorszak áldozatainak és túlélőinek száma.

Miközben „pontos" adatok jelentek meg a sajtóban, Lévai Jenő a számítások nehézségeire, buktatóira hívta fel a figyelmet. Az 1946 elején kiadott *Fekete könyv*ének függelékében a következőket írta:

„A veszteség — amely a magyar zsidóságot érte — hiteles pontossággal meg nem állapítható, miután nem rendelkezik semmiféle hatóság sem pontos adatokkal arra nézve, hogy mennyi azoknak a »zsidó fajú« egyéneknek a száma, akik a Sztójay–Szálasi-féle rendelkezések révén üldözésnek voltak kitéve, deportáltattak és megsemmisíttettek. Ugyancsak nincsenek hiteles adatok arra nézve sem, hogy ez idő szerint mennyi a ténylegesen életben lévő — fasiszta törvények szerinti — zsidók száma, hiszen ilyen összeírás ma lehetetlen lenne. Leküzdhetetlen nehézséget jelent az ország megkisebbedése folytán a régi terület adatainak ellenőrizhetetlensége."

De nézzük, mit mondanak a konkrét adatok, tekintsük át a Vészkorszak egyes állomásait a veszteségi statisztika szempontjából.

A magyar zsidóság fizikai megsemmisítése a Szovjetunió elleni hadjárat megindulásával kezdődött el. Ekkor Kelet-Európában a gettósítások, pogromok már mindennapos eseménynek számítottak. A zsidóság elleni atrocitásokban élen járt a szomszédos Románia és Szlovákia. Magyarországon ekkor már több tízezer, túlnyomóan lengyel származású menekült, illetve hontalan zsidó tartózkodott. 1941 nyarán az egyre erősödő német nyomás azonban bizonytalanná tette sorsukat.

A viszonylag kedvező bánásmódot a Belügyminisztérium 192/1941. sz., július 12-én kiadott rendelete függesztette fel. A rendőrhatóságok utasítást kaptak, hogy a zsidó származású külhonosokat szállítsák a kárpátaljai Kőrösmezőre és ott adják át a katonai hatóságoknak. Így került sor körülbelül 18 ezer fő Kelet-Galíciába történő deportálására.[6] Az adat az „áttelepítés megszervezését irányító" Külföldieket Ellenőrző Országos Központi Hatóság tisztviselőitől származik. Német források ugyanakkor 11 ezerre teszik az elhurcoltak számát.[7]

A magyar állampolgársággal nem rendelkező deportáltak Galícia különböző községeiben szóródtak szét, de a legtöbben Kamenec Podolskba kerültek. Augusztus második felében az ukrán rendőrség azzal az indokkal, hogy a terület zsidómentes lesz, összeterelte az elhurcoltakat. Az ezt követő tömeggyilkosságot feltehetően az Einsatzgruppe C hajtotta végre. A halálos áldozatok száma maximum 15–16 ezer fő lehetett, mivel legalább kétezer elhurcolt később visszaszökött Magyarországra.

Elszigetelt esemény volt az újvidéki vérengzés. 1942. január elején a vezérkar az V. szegedi hadtest parancsnokának, Fekete-halmy-Czeydner altábornagynak azt az utasítást adta, hogy a Délvidéken tevékenykedő partizán erőket semmisítse meg. A Grassy József vezérőrnagy közvetlen irányítása alatt végrehajtott akció során 4 ezer partizángyanús személyt végeztek ki. Ezt a számot az ügy 1943. évi honvédségi kivizsgálása során állapították meg. A hazai és a nemzetközi szakirodalom elfogadja az adat hitelességét. Az áldozatok közül mintegy ezren zsidók voltak, akiket származásuk miatt sújtott az ellenséggel azonos elbánás.

Kállay Miklós halogatással, időnyeréssel tért ki a zsidóság elleni drasztikus fellépést sürgető német követelések elől. Tette ezt konzervatív-liberális meggyőződéséből, de ezt követelte az angolszász hatalmak jóindulatára igényt tartó külpolitikai érdek is.

Az ország német megszállásával gyökeresen megváltozott a helyzet. A zsidóellenes intézkedések áradata 1944. március végén indult el. Az április 7-én tartott külügyminisztériumi értekezleten már az elkülönítés, a gettóba zárás módját tárgyalták a magyar „szakértők" az Eichmann-csoport tagjaival.

Ma sem tisztázott a deportálások gyakorlati megindulásának közvetlen előzménye. Tény, hogy államközi szerződés nem készült a több százezernyi magyar zsidó kiszállításáról.

A deportáltak számának meghatározása kulcsfontosságú mozzanat a veszteség megállapításának folyamatában. Az elhurcolások szomorú statisztikájának legrészletesebb képét Veesenmayer napi jelentéseiből kaphatjuk. Információit a kiszállítást közvetlenül irányító Eichmann-csoport tagjaitól, illetve a magyar csendőri szervektől kapta. Adatai szerint május 15–július 8. között 437 402 főt deportáltak.[8] Veesenmayer statisztikáját korabeli források is megerősítik. A deportálások végrehajtásának magyar részről kinevezett referense, Ferenczy László 434 351 személy átadásáról számolt be a belügyminiszternek.[9]

A háborús bűnösök pereiben elhangzott számok összességében megerősítik Veesenmayer és Ferenczy adatait. Az Eichmann-csoport két tagja: M. Krumey és D. Hunsche ellen az 1969-ben Frankfurt am Mainban lefolytatott perben a vádlottakat 443 351 zsidó deportálásában való közreműködésért tették felelőssé.[10] Az

1963–65 között ugyanitt lefolyt „Auschwitz-per" szintén tartalmazott magyar vonatkozású adatokat. Az auschwitzi pályaudvar helyettes állomásfőnöke, Willi Hilse tanúvallomásában azt állította, hogy 1944 májusától július közepéig mintegy 120 szerelvénnyel több mint 400 ezer magyar zsidót szállítottak koncentrációs táborba.[11] Idevág egy, a közelmúltban felfedezett dokumentum, mely a Kritika 1988. januári számában jelent meg. Dr. Gaskó Miklós kassai ügyvéd barátja, a vasútállomás parancsnokságán szolgálatot teljesítő Vrancs István segítségével figyelemmel kísérte a deportáltakat szállító vonatok mozgását. Összesen 137 vonat állt meg Kassán. A marhavagonokba zárt áldozatok száma 401 439 fő volt.[12] Az Auschwitzba hurcoltak imént megadott számán érdemlegesen nem változtat az a tény, hogy nem minden halálvonat ment át Kassán. Meg kell még jegyezni azt is, hogy a gettóba zárt zsidó lakosok egy húszezres csoportja műszaki okok miatt Strasshofba került, tehát W. Hilse és dr. Gaskó adata hozzávetőlegesen 420 ezer deportáltat takar.

1944. október 15-e után a magyar zsidóság szenvedéseinek újabb fejezete kezdődött. A totális mozgósítás értelmében a zsidóságot eredetileg hazai erődítési munkálatoknál kívánták felhasználni. Erőteljes német kérésre azonban Szálasi hozzájárult 50 ezer zsidó átadásához a németeknek. A deportálást vonatok hiányában nagyrészt kíméletlen gyalogmenetekben hajtották végre. A zsidó munkaerőt a birodalmi határ mentén húzódó Süd-Ost Wall építésénél használták fel. A deportálások, ha csökkentett intenzitással is, de december elejéig tartottak. Veesenmayer, Eichmann, Raoul Wallenberg és Batizfalvy Nándor illetékes rendőrfőkapitány jelentéseiből arra lehet következtetni, hogy az átadott zsidók száma 50 ezer alatt van. Szita Szabolcs a munkaszolgálatról írt tanulmánykötetében 30 ezerre tette a Süd-Ost Wall építésében részt vett üldözöttek számát.[13] Az egyenesen a koncentrációs táborokba szállítottakkal, valamint az útközben meghaltakkal együtt az áldozatok számaként ugyancsak 40–50 ezret kapunk. Nagyjából hasonló eredményre jutott Macartney, Gerald Reitlinger, Martin Gilbert, az osztrák Burgenland-kutató Leopold Banny és Ránki György is.[14]

Az elhurcolások 1944. december eleji megszűnésével még nem ért véget a budapesti zsidóság szenvedése. A nyilas rémuralom és az ostrom áldozatainak számát nem lehet külön-külön és pontosan megállapítani. Lévai Jenő szerint „a Népbíróság már az első hónapok működése után 6200 bebizonyított nyilas gyilkosság ügyével kellett, hogy foglalkozzon".[15] A gettó területén 2600 mártír van eltemetve.[16] A háború utáni halálozási statisztikák 8 ezer többlethalálozást mutatnak ki az izraelita lakosság körében.[17] Figyelembe véve a nem regisztrált haláleseteket, valamint a nem izraelita vallású, de zsidónak számított egyének relatíve tekintélyes számát, ez az adat legalább 15 ezer áldozatot takar.

1944 októberéig viszonylag pontos adatok állnak rendelkezésre a hadműveletek közepette elszenvedett munkaszolgálatos veszteségről. A Honvédelmi Minisztérium veszteségi osztályának kimutatásai szerint az áldozatok száma 39 194 fő. Közülük 5442 személy bizonyíthatóan elesett. A sebesültek száma 1606, a 29 474 eltűntnek legalább fele meghalt, míg a többiek a foglyok számát növelték.[18] A munkaszolgálatosok veszteségei, a bori kényszertáborban elhaltakkal együtt, mintegy 25 ezerrel növelik a zsidó mártírok számát.

1944 októberéig szovjet fogságba — a fenti adatokból következtetve — mintegy 20 ezren kerültek. A fogolyszedés a magyarországi harcok idején is folytatódott. Korabeli sajtóközlemények utalnak rá, személyes beszámolókból pedig konkrétan tudjuk, hogy a Vörös Hadsereg különleges egységei az előírt hadifogoly-kontingens kitöltésére civileket, köztük az épp felszabadított zsidókat is tömegesen fogták el és szállították ki az országból. A szovjet fogságba került magyar zsidók számát ezért összesen 20–30 ezer főre teszem. Ezeket a határértékeket több forrás is megerősíti.

Max Domonkos, a Pesti Izraelita Hitközség titkára a Magyar Zsidók Országos Társadalmi Szövetségének (MAZOT) 1946. október 28-i ülésén 25 ezer honfitársának hazahozatalát sürgette.[19] Klár Zoltán, a MAZOT elnöke — menekülése után 1953-ban, Párizsban — már 30 ezer kényszermunkásról beszélt.[20] Meggyőzőbb azonban az a 8617 nevet tartalmazó lista, melyet a foglyok családtagjai állítottak össze és küldtek el Moszkvába az Antifasiszta Zsidók Szövetségének.[21] A hozzátartozókat keresők túlnyomó része budapesti volt. A „mikor juthatott orosz fogságba?" kérdésre gyakran a következő volt a sztereotíp válasz: „felszabadulás után az oroszok elvitték" vagy „Németországban esett szovjet fogságba..." A magyar zsidóság tragédiájának nagysága már közvetlen a háború után kirajzolódott. A Kamenec Podolszk-i és az újvidéki tömeggyilkosságok, a munkaszolgálat, valamint a nyilas vérengzések következtében mintegy 55 ezren vesztették életüket. Az elhurcoltak száma közel félmillió volt, és a szovjet táborokban is 20–30 ezren várták szabadulásukat.

Ha a háború alatti területen 1941-ben élő zsidó népesség számát 800 ezerre tesszük, akkor a Vörös Hadsereg által felszabadítottak száma meghaladja a 200 ezret. A túlélők nagyobb részét a budapesti zsidók alkották.

A védett házakban, az úgynevezett nemzetközi gettóban mintegy 20 ezren húzták meg magukat. A pesti nagy gettó lakóinak számát a korabeli források 70 és 100 ezer közé teszik.[22] A hamis papírokkal bujkálók száma is megközelíti a 20–25 ezret. A Vészkorszakot tehát Budapesten — számításaim szerint — 120–140 ezren élték át.

A felszabadítottak másik csoportját a vidéken bujkálók, valamint a munkaszolgálatosok adják. Sajnos a vidéken bujkálókról és a felszabadult munkaszolgálatosok számáról összefoglaló adat nem áll rendelkezésünkre. Tudomásunk szerint nem is készült összeírás a vidéki túlélőkről sem a háború végén, sem közvetlenül utána. Irányadóként álljon itt egy mondat a Pesti Izraelita Hitközségnek Dálnoki Miklós Béla miniszterelnökhöz írott, 1945. április 20-án kelt leveléből:

„...A vidéki zsidóságból is megközelítően 20 000 személy bujdosott és ezek most már túlnyomó részben hazatértek, de visszajöttek és visszatérőben vannak a munkaszolgálatban, bel- és külföldi táborokban volt személyek, akiknek száma 20–30 000-re tehető."[23]

Észak-Erdély területén is sok munkaszolgálatos szabadult fel. Számukról és helyzetükről G. Bertrand Jacobson, a HICEM–HIAS bukaresti képviselője számol be 1944. december 29-i jelentésében. Randolph Braham professzor a birtokában lévő irat tartalmát A magyar Holocaust című munkájában így foglalja össze: „Rajtuk kívül (ti. a Romániába menekült magyar zsidókon kívül) is még 11 200 magyar zsidó élt Romániában: mintegy 3200 zsidó munkaszolgálatos, akik korábban a bori rézbányában dolgoztak, és 1944 késő nyarán, kora őszén, amikor Tito csapatai felszabadították őket, átmehettek Romániába, valamint 8000 további munkaszolgálatos, akiket a szovjet–román csapatok szabadítottak fel. Jacobson említést tesz még arról, hogy a 12 700 Romániában lévő magyar zsidón kívül ugyanebben az időben 4000–8000 munkaszolgálat alól felszabadított magyar zsidó élt Észak-Erdélyben is. Ez utóbbiak száma a csapatok győzelmes előrenyomulásával tovább növekedett."[24]

Az idézett szemelvények arra utalnak, hogy vidéken a túlélők létszáma meghaladja a 60 ezret. A felszabadulás örömteli pillanatait a kétségbeesett várakozás hónapjai követték. Vajon hányan jönnek vissza az elhurcoltak közül? — a hazai túlélők számára ez volt akkor a legfontosabb kérdés.

Számos egyéb feladata mellett 1945 májusától a DEGOB (Deportáltakat Gondozó Országos Bizottság) vette nyilvántartásba a visszatért elhurcoltakat. Adataik szerint 1945 májusában és júniusában 47 500-an érkeztek. Júliusban 14 800, augusztusban 9 757, szeptemberben pedig 4 600 személyt regisztráltak, azaz összesen 76 657-et.[25] A lista itt megszakad, pedig ha kisebb számban is, de 1946-ban is folyt a túlélők visszavándorlása. A Népjóléti Minisztérium 1/2 Menekültek, Deportáltak és Hadifoglyok Szociális Gondozási Osztályának hiányos statisztikái 1946-ra vonatkozóan mintegy 5 ezer visszatértről tesznek említést.[26] (Az adathiány legfőbb oka az, hogy a minisztérium az említett ügykört csak 1946 júniusában vette át.)

Figyelembe véve az 1945 májusa, azaz a DEGOB megalakulása előtt nyilvántartásba vett 4000 főt és a Népjóléti Minisztérium által 1946-ban regisztrált 5000 főt, az ország jelenlegi területére viszszatértek teljes számát 80–85 ezerre tehetjük.[27]

A Kárpátaljára, Észak-Erdélybe, Felvidékre és Délvidékre visszatérő deportáltak számáról csupán egy összesített adattal rendelkezünk. A Zsidó Világkongresszus Magyarországi Képviseletéhez Joint-forrásból érkezett végösszeg: 56 500 fő.[28]

Összesen mintegy 140 ezer visszatérővel számolva az 1944 nyarán és késő őszén elhurcolt közel félmillió magyar zsidó közül

360 ezren a német megsemmisítő- és kényszermunka-táborokban haltak mártírhalált.

A szovjet fogságból visszatértek számbavétele olyan nehézkesen és rendszertelenül történt, mint a deportáltak esetében. Viszonylag pontos adataink csak az 1946 júniusa után érkezettekről vannak, mivel a hatósági regisztrálást és gondozást ekkor szervezte meg a Népjóléti Minisztérium. A Debreceni Hadifogoly Átvevő Bizottság jegyzőkönyvei 1948 őszéig mintegy 2 ezer munkaszolgálatos adatait rögzítették.[29] Feltehetően ugyanennyien érkeztek meg 1946 júniusa előtt, és még néhány száz visszatérővel számolhatunk az 1948 utáni szórványos hazaszállításokkal összefüggésben. Tehát mintegy 20 ezren a szovjet fogság áldozatai lettek.

Ez utóbbi számmal a magyar zsidóság összvesztesége — a háború alatti területet alapul véve — eléri a 435 ezret. E pontosnak tűnő szám azonban csak a lehetséges eredmények középértékének tekinthető, hisz számos részadatot csak bő határok között tudtunk megbecsülni. Mégis feltehetően nem tévedünk, ha a magyarországi Vészkorszak áldozatainak számát 400–450 ezer közé tesszük.

A zsidóság nagy részének elvesztésével a Kárpát-medencében élő népek pótolhatatlan veszteséget szenvedtek.

A magyar zsidóság vesztesége az 1944-es területen
(Becslés)

Az 1941. júliusi deportáció áldozatainak száma:	kb.	15 000
A munkaszolgálat során meggyilkoltak száma:	kb.	25 000
A szovjet fogságban meghaltak száma:	kb.	20 000
(Fogságba estek kb. 25 ezren, visszatértek kb. 5 ezren)		
Koncentrációs táborokban meggyilkoltak száma:	kb.	360 000
(1944 nyarán deportáltak száma kb. 450 ezer		
1944 őszén deportáltak száma kb. 50 ezer		
Az 500 ezer elhurcoltból mintegy 140 ezren tértek vissza)		
A nyilas terror áldozatainak száma		
+ a háborús többlethalandóság	kb.	15 000
		435 000
A magyar zsidóság becsült összvesztesége: 400–450 ezer		
A túlélők becsült száma Budapesten 1945 márciusában:		120–160 ezer
A túlélők becsült száma vidéken 1945 márciusában:		60 ezer

Jegyzetek

1. Lestchinsky, Jacob, „Balance Sheet of Extermination" in *Jewish Affairs*, vol 1. no 1, febr. 1. 1946. issued by the Office of Jewish Information, American Jewish Congress in *The Jews: Their History, Culture, and Religion* ed., Finkelstein, Louis (London, 1961), p. 1534., Továbbá: *A Zsidó Állam* (Budapest: Általános Cionista Blokk kiadása, 1948), p. 209.

2. *Egyleti Élet. A New York-i magyar egyletek hivatalos közlönye*, 1945. dec. 29.; *Új Élet. A magyar zsidóság lapja*, 1946. március 14.

3. *American Jewish Yearbook 1947–48.* (Philadelphia: The Jewish Publication Society of America, 1948), vol. 49. p. 740.

4. Vihar Béla, *Sárga Könyv. Adatok a magyar zsidóság háborús szenvedéseiből 1941–45* (Sao Paulo: O Papel kiadása, 1945. május) pp. 223–224.; Lévai Jenő, *Zsidósors Magyarországon* (Budapest: Magyar Téka, 1948), pp. 464–469.; *Új Élet*, 1945. november 17.

5. Moór, Yehuda Zoltán, *Budapest 1944, a magyar zsidóság sorsa a második világháborúban* (Kézirat, OSZK) pp. 109–111.; Varga László, „A magyarországi zsidóság megsemmisítése 1944–45", in *MIOK Évkönyv*, 1984.; Várdy Péter, „A magyarországi zsidó üldözések a hazai történetírásban", in: *Zsidóság az 1945 utáni Magyarországon* (Párizs: Magyar Füzetek kiadása, 1984), pp. 191–193.

6. Geyer Artur, „Az első magyarország deportálás", in *Új Élet Naptár 1960–61.* (Budapest), pp. 80–81.

7. Hilberg, Raul, *The Destruction of the European Jews* (Chicago: Quadrangle Books Chicago, 1961), p. 520.

8. *A Wilhelmstrasse és Magyarország* eds., Ránki György–Pamlényi Ervin–Tilkovszky Loránt–Juhász Gyula, (Budapest: Kossuth Könyvkiadó, 1977), p. 214.

9. Braham, Randolph, *The Politics of Genocide* (New York: Columbia University Press, 1981), p. 667.

10. Gárdos Miklós, *Nemzetvesztők* (Budapest: Táncsits Kiadó, 1971), p. 151.

11. Naumann, Bernd, *Az Auschwitz-per* (Budapest: Kossuth Könyvkiadó, 1966), p. 333.

12. *Kritika* (Budapest), 1988. január

13. Szita Szabolcs, *A fasizmus végnapjai Nyugat-Magyarországon, különös tekintettel a munkaszolgálat és a hadimunka történetére 1944–45* (Kézirat) (Budapest, 1987), V. fejezet.

14. Reitlinger, Gerald, *Die Endlösung* (Berlin: Colloquium Verlag, 1961), pp. 504–507.; Gilbert, Martin, *The Atlas of the Holocaust* (New

York, 1992) p. 211.; *Magyarország története vol. VIII/2.* ed., Ránki György (Budapest: Akadémia Kiadó, 1984).

15. Lévai Jenő, *Zsidósors...* op. cit., p. 386.

16. Ibid.

17. *Budapesti Statisztikai Évkönyv*, 1948. p. 32.

18. Hadtörténeti Levéltár (Budapest) HM 1945. 47. 675 eln.

19. *Új Élet*, 1946. október 31.

20. *National Jewish Monthly*, 1953. February

21. Hadtörténeti Levéltár. KÜM Moszkvai Nagykövetség 39. doboz.

22. Domokos Miksa, a Zsidó Tanács egyik vezetője 69 ezerre tette a pesti gettóba zsúfoltak számát, [lásd: Karsai Elek–Karsai László, *A Szálasi per* (Budapest: Reform Kiadás, 1988), p. 248.], míg Kasztner Rezső visszaemlékezésében 100 ezer főről írt. [*Der Kastner-Bericht über Eichmanns Menschenhandel in Ungarn* (München, 1961), p. 241.] Friedrich Born a Nemzetközi Vöröskereszt képviselője viszont 100 ezernél több gettólakót említett 1944 novemberében írt feljegyzésében. [Arieh Ben Tov, *Facing the Holocaust in Budapest: The International Committee of Red Cross and the Jews in Hungary 1943–1945* (Geneva: Henry Dunant Institute, 1988), p. 323.

23. *A magyarországi zsidóság holocaustja, 1944* ed. Ságvári Ágnes (Budapest: The Jewish Agency for Israel kiadása, 1994), p. 23.

24. Randolph Braham, *A magyar Holocaust* (Budapest: Gondolat Könyvkiadó, 1988), vol. II. p. 263.

25. *Világ* (Budapest), 1945. szeptember 28.

26. Országos Levéltár (volt UMKL részleg) XIX–C–1–n 8. doboz.

27. *Haderech (A Borochov kör lapja)*, Budapest, 1945. április 26.

28. Lévai Jenő, *Zsidósors...* op. cit. p. 469.

29. Országos Levéltár (volt UMKL részleg) A Debreceni Hadifogoly Átvevő Bizottság jegyzőkönyvei.

——— *** ———

Summary

The Losses of Hungarian Jewry During the Holocaust

The losses of Hungarian Jewry fall into a number of widely disparate categories, which are examined separately. The total loss can be estimated as 400 000 to 450 000.

In the fall of 1941 about 20 000 Jews of non-Hungarian nationality were deported, mostly to Galicia; most of them were killed near Kamenets-Podolsk. In January 1942, 1000 Jews lost their lives in the Újvidék (Novi Sad) massacre. The systematic extermination of Hungarian Jewry began after the German occupation of March 19, 1944. By August, when deportation was halted, nearly 450 000 Hungarian Jews had been deported from the country.

When deportations were resumed after the Arrow Cross takeover on October 15, 1944, approximately 50 000 Jews, mostly from Budapest, were sent off on foot toward the German–Hungarian border for fortification work. At the same time, a minimum of 15 000 Jews fell victim to the Arrow Cross reign of terror and the siege of Budapest.

About 25 000 Jewish forced labor servicemen lost their lives up to October 1944. During the war about 25 000 fell into Soviet captivity and 20 000 of them died in prisoner of war camps.

Of the 500 000 or so Hungarians who fell within the scope of anti-Jewish laws and were deported to territory held by the German Reich, about 360 000 were killed in extermination camps. Of the 140 000 or so who returned to their former home, about 80 000 returned to places within the current borders of Hungary and 60 000 or so to places in the Subcarpathian region, Ukraine, or Northern Transylvania.

Losses Among Hungary's Jewish Ecclesiastic Professionals During the Holocaust

József Schweitzer

The large-scale deportation of Hungary's Jewry took place during the summer of 1944. Within a period of two and a half months, the well-planned drive resulted in the destruction of local communities and deportation of all Jews throughout the entire country, excepting only the capital city of Budapest. In this paper I shall concentrate on the heavy losses that occurred in Jewish religious life, especially those involving the synagogues and Jewish education. The losses suffered by a large number of Jewish humanitarian institutions will also be dealt with.

To establish the background it should be kept in mind that by 1944 Jews had been living in the area that is now Hungary for over a thousand years, except for a very short period during the fourteenth century. As early as the year 896, when the Magyar conquest took place, the Hungarian tribes arriving in the Carpathian Basin found settlements with Jewish inhabitants in the area.

Skipping now to this century, on March 19, 1944, Hitler's army marched into Hungary and occupied the country. Soon afterwards a quisling Hungarian government was established which was subservient to the Germans in every respect.

The formation of the Döme Sztójay government was followed by a deluge of anti-Jewish legislation, which among other things started the preparatory measures leading to the deportation of the Jews. Although the government and the Germans never openly admitted this cruel, dreadful plan or its implementation, at that time they still had the necessary strength and means — for example, railway freight cars to accomplish their goal. Although this was just a few months before the end of World War II, within two and a half months the entire Jewish population of the country outside of Budapest was deported. The only exceptions were the men of military age who were serving in the forced labor service companies attached to the Hungarian army. After the October 15, 1944, resignation of Governor Miklós Horthy and the subsequent reign of terror of the so-called Arrow-Cross government, most of the labor servicemen were also deported from Hungary, to the extent possible in view of the worsening military situation and the steady advance of the Soviet army.

A detailed study of the tragedy of Hungary's Jewry has been presented by Randolph Braham.[1] One of the topics he discusses and I also, jointly with Rabbi György Landeszmann, have written elsewhere about is that the situation of Hungarian Jewry at the time can be considered an exception to the situation elsewhere in Nazi-dominated Europe.[2] Although the German state exercised a very strong influence over Hungary's internal and international policies, and the Jews of Hungary like those elsewhere were subjected to atrocious acts and hardships of all kind until 1944 the worst deportation had been avoided. This was due in large part to the efficient, determined policies pursued by Prime Minister Miklós Kállay and Minister of the Interior Ferenc Keresztes-Fischer.

In what follows, I do not intend to dwell on the motives that led to the avoidance of large-scale deportation from Hungary in the early 1940s, nor on the conditions under which Hungarian Jews lived during those years. However, I must emphasize very firmly that, as already mentioned, despite the heavy atrocities inflicted on Hungarian Jews since the late 1930s and their very limited economic situation, during the years preceding their deportation in 1944 the Jews of Hungary were living under far better conditions than those of all surrounding countries except perhaps Romania. In fact, they were living better than the Jews of Germany itself or those of any European country under German occupation.

During the period between World Wars I and II Hungary's territory had expanded significantly, partly making up for the losses that had been imposed on the country under the Trianon Treaty following the end of World War I. The territorial changes were accompanied by equally large changes in the Jewish population. After the end of World War I there were approximately 401,000 Jews within the so-called borders of 1919 or Trianon Hungary. In 1938, approximately 68,000 additional Jews came under Hungarian jurisdiction when the Felvidék (Upper Province) was reannexed from Southern Slovakia, and in 1939 another approximately 78,000 with the reannexation of Kárpátalja (Carpatho-Ruthenia) which is currently part of Ukraine. In addition, 164,000 Jews came under Hungarian jurisdiction in 1940 when the northern part of Transylvania was reannexed, and about 14,000 additional Jews in 1941 with the acquisition of the Délvidék, i.e., the Bácska and some adjacent areas in Yugoslavia.

Thus, 725,000 Jews were in mortal peril within the borders of Hungary at the time of the country's occupation by the Germans on March 19, 1944. They represented 4.3 percent of the total population according to the 1919 census data, and 4.9 percent of the total population on the basis of the expanded territory. The local Jewish communities were of three types. In 1930, 136 of them were Orthodox, 96 Neolog, and 24 of the so-called status quo ante type. Hungary's communities of the Neolog type may be regarded as practically identical with the conservative type of Jewish community in the United States, except for the latter's characteristic of excluding women from all active parts of synagogue life. The Orthodox communities need no definition. The status quo ante congregations use a ritual that is adapted from Orthodox roots.

In 1930 the Jewish communities were well able to cope with all the basic requirements of religious and cultural life. As contemporary statistics show, most communities had their own rabbis; in larger communities there were enough rabbis, and it goes without saying that all the communities had enough staff to maintain the dietary laws. Even in the Neolog communities the butchers were of Orthodox mentality, practiced an Orthodox way of life, and had acquired their halachical education at yeshivoth.[3] According to this source, the number of Jewish communities was 740 and that of the rabbis ranged from 500 to 600. However, this source is also incomplete; it fails, for example, to include data on the Debrecen status quo and the Budapest Orthodox Jewish communities.

The Jewish high schools of Pest — one for boys and one for girls — were among the most visible high points of Hungarian secondary-school Jewish education. There were also respected Jewish secondary schools in the provinces, for example at Debrecen, Ungvár, Munkács, and Kolozsvár, and so-called higher elementary schools in Munkács, Debrecen, and Beregszász. At Miskolc there was a teacher-training institute and a separate Lyceum for girls.

The situation with regard to primary Jewish education was more complex. After the end of World War I but before any territory had been reannexed, there were 84 Jewish primary schools in the country. This number increased substantially with the reannexation of the Felvidék, Kárpátalja, Northern Transylvania, and the Délvidék. Additionally, there were some extremely backward villages in Carpatho-Ruthenia where the use of Ruthenian in public primary education was replaced by Hungarian. The Jewish inhabitants in the region managed to establish separate primary schools for their children.

According to the statistics of the Jewish educational directory of 1940,[4] 36,000 Jewish children of school age were attending Jewish schools at that time. In addition to the regular school system, extracurricular educational activity was also reported in both the Orthodox and the other Jewish communities. In the former they were offered through the Tiferett Bachurim associations, while in the latter there were youth groups that operated both within and outside of the Jewish schools. Zionist movements played an important role in the activities of Jewish young people, at first especially in the Transylvanian and Southern-Slovakian regions but eventually in Budapest as well.

The religious, cultural, and social life of pre-Holocaust Hungary was centered in the Jewish communities. We shall consider here the situation in 1944, before the German occupation of the country. It should be noted that the detailed information on the communities for 1944 is still being printed, so that what follows is based in some instances on detailed figures for 1941; on the whole, for the Neolog and Orthodox communities there was very little difference between 1941 and 1944 data.

In 1941 there were 285 Orthodox Jewish communities in Hungary and 117 Neolog ones. Additionally, there were 74 so-called subcommunities, smaller, non-independent groups that operated under the supervision of large Neolog communities and 24 communities of the status quo ante type. Thus about 500 communities were in charge of the religious life of Hungary's Jews. There were 370 officiating rabbis, of whom 266 were Orthodox, 91 Neolog, and 13 status quo ante. These numbers include only the chief rabbis of the Neolog and Orthodox communities and the dayans of the Orthodox ones; they do not include the rabbis of the numerous prayer societies, trained rabbis working as teachers of religion, or the educational leaders of the yeshivoth. They also specifically exclude the data for the capital, which did not share the deportation experience of the rest of the country. If all holders of rabbinical degrees working outside of Budapest were included, there would surely have been approximately 500. The estimated number of rabbis on the staffs of Orthodox communities who fell victim to the 1944 deportations is over 300 and that of rabbis on the staff of Neolog communities 110.[5]

A commemorative tablet in the entrance hall of the National Rabbinical Institute of Budapest bears evidence to the sad fact that 89 students at that institution fell victims to Hitlerism. The Institute itself lived through the catastrophe, although most of the other institutions for training Orthodox rabbis were hard hit by Nazi vandalism.

In 1944 there were 75 yeshivoth with high enrollment operating in Hungary. After the devastation caused by the Holocaust only a few of them started up again, and even those, unfortunately, on a temporary basis. Between 1945 and 1948, as a result of political and social changes in Hungary, the majority of the Orthodox Jews who had managed to survive extermination finally left the country, and the yeshivoth closed permanently. To the best of my knowledge the yeshiva of Paks, under the leadership of Chief Rabbi Bernt Moskovits, was the last one in Hungary to shut down, in 1956. After the closing of the yeshiva, Chief Rabbi Moskovits temporarily worked as Chief Rabbi of the Budapest Orthodox community; later he emigrated to Vienna where his former students from Paks continued to care affectionately for him and his wife.

In 1945, after the great devastation, the Jewish communities of Hungary did their best to reconstruct their organizations despite the drastically reduced number of Jews. According to a summary published in 1949 for internal use by the Hungarian branch of the World Jewish Congress, there were then 251 Jewish communities in Hungary in addition to those of Budapest.[6] However, 163 of these 251 communities had less than 100 members each and 76 had 100 to 499; only 7 communities had 500 to 999 members, and only 5 communities had over 1,000 members.

Among the communities having over 1,000 members were both the Orthodox and the status quo ante communities of Debrecen and the community of Szeged, which shared a lucky break: when the Germans were carrying out the deportations from Hungary, for some political consideration they directed the trains from Debrecen and Szeged to Austria rather than to Auschwitz; owing to the more humane treatment there as well as the help rendered by the Austrian civilian population, the majority of the deportees on these trains were able to survive and eventually returned to their home towns.

In 1949 the two largest Jewish communities within the territory outlined by the Trianon Treaty boundaries were those of Miskolc and Ujpest. Of the communities outside of the capital, 93 were Neolog, 136 Orthodox, 20 status quo ante, one mixed, and one Sephardic. The officiating clergy consisted of 34 Orthodox rabbis and a total of 21 Neolog and status quo ante ones. All the Neolog rabbis had studied at the National Rabbinical Institute of Budapest. In addition to serving their own communities, these rabbis also performed rabbinical duties in the smaller congregations in their areas. The officiating rabbis of that time included a number of men of great prestige and authority all over the country, for example Rabbi Solomon Strasser of Debrecen, Rabbi József Zitron of Budapest, Rabbi Sándor Jungreis of Budapest, Rabbi Dávid Moskovitz of Bonyhád, Rabbi Bernt Moskovits of Paks and Budapest, and many more. Some of the Orthodox rabbis, of course, especially those in the smaller congregations, were less known. But it must be stressed that all these devout religious leaders not only attended to the needs of their congregants but also acted as interpreters of their prayers in the synagogue, and that presumably many among them fulfilled their shechita responsibilities for their own community as well as the neighboring smaller ones.

It is indeed remarkable that after the great catastrophe and devastation the Jewish communities of Hungary found the strength to recover and found talented and qualified religious leaders, thus assuring an ongoing religious life for the Jews of Hungary and maintaining Jewish religious services in the country.

Notes

1. Randolph L. Braham, *The Politics of Genocide. The Holocaust in Hungary* (New York: The Rosenthal Institute for Holocaust Studies of The City University of New York, 1994), 2 vols.

2. György Landeszmann and József Schweitzer, „*A magyar zsidóság a német megszállás és a deportáció kezdete közötti időszakban*" (Hungarian Jewry During the Time of the German Occupation Until the Beginning of the Deportation) in *Évkönyv 1985–91* (Yearbook 1985–91), ed. József Schweitzer (Budapest: Országos Rabbiképző Intézet, 1991), pp. 85-93.

3. For the list of the rabbis and community leaders active before the Holocaust, see *A Magyar Izraelita Hitközségek, hitközségi rabbik és elnökök névsora* (List of the Communal Rabbis and Presidents of the Hungarian Jewish Communities) in *Hetven év a betegek szolgálatában* (Seventy Years in the Service of the Ill), ed. Salamon Stern (Budapest: Bicur Cholim Egyesület Kiadása, 1941). See also *Magyarországi Zsidó Hitközségek. 1944. április. A Magyar Zsidók Központi Tanácsának összeírása a német hatóságok rendelkezése nyomán* (Jewish Communities

of Hungary, April 1944. Registry Prepared by the Central Council of Hungarian Jews on Order of the German Authorities). Part I. *Adattár* (Data), eds. József Schweitzer, Kinga Frojimovics, and Géza Komoróczy (Budapest: MTA Judaisztikai Kutatócsoport, 1994).

4. *Izraelita Tanügyi Értesítő* (Jewish Education Newsletter), ed. Ferenc Vilner (Budapest, issues of 1938, 1939, and 1940).

5. Moshe Carmilly-Weinberger, ed *The Rabbinical Seminary of Budapest 1877-1977* (New York: Sepher Hermon Press, 1986).

6. *Hungarian Jews Before and After the Persecution* (Budapest: Statistical Department of the Hungarian Section of the World Jewish Congress, n.d.)

––––– *** –––––

Összefoglalás

A magyar zsidó egyházi értelmiség vesztesége a Holocaust idején

Magyarország területén több mint ezer éve éltek már zsidók a Holocaustot megelőző évszázadokban.

A magyar zsidóság nagyarányú deportálása — nagyrészt Kállay Miklós miniszterelnök és Keresztes-Fischer Ferenc belügyminiszter határozott politikája következtében — csak 1944 nyarán kezdődött. Minden nehézség, a zsidóellenes törvények, a munkaszolgálat stb. ellenére a magyar zsidóság helyzete jobb volt mint a német megszállás alatt lévő országok zsidóságának vagy magának a németországi zsidóságnak az élete.

Az 1944. március 19-i német megszállás idején 725 000 zsidó került halálos veszélybe Magyarországon. Az 1941-ből származó, de túlnyomó részt 1944-ben is érvényes adatok szerint 285 ortodox és 117 neológ valamint 98 egyéb jellegű hitközség működött Magyarországon. A Budapesten kívüli országrészek hitközségeiben mintegy 500 rabbi dolgozott — közülük több mint 400 lett a Holocaust áldozata.

A budapesti Rabbiképző Intézet 89 diákjának életét követelte a Holocaust — de maga az intézmény túlélte a vészkorszakot. A hatalmas veszteségek ellenére 1945 után (1949-es adatok szerint) Budapesten kívül 251 zsidó hitközség kezdhetett új életet — bár ezek közül 103-nak 100-nál kevesebb tagja volt, 55 rabbi dolgozott a zsidó vallási élet újraindításán — a magyarországi zsidóságban az óriási katasztrófa dacára megvolt az erő az újrakezdésre.

Halálba üldözött írók

Nemeskürty István

Magyarország 1867-ben a Habsburg Birodalmon belül nemzeti függetlenséget, önálló, szabadon választott kormányt vívott ki magának. Nagyarányú gazdasági és kulturális fellendülés kezdődött. A magyar nyelvű nemzeti irodalom is felvirágzott. Ennek a magyar irodalomnak kiváló művelőivé váltak a hazai zsidóság jelesei. A múlt század végén olyan Mózes vallását követő — így nevezték akkor a zsidó felekezet tagjait — magyar írók váltak közkedveltté, majd klasszikussá, mint Kiss József, Bródy Sándor, Molnár Ferenc, Szomory Dezső, Szép Ernő és velük több száz szerkesztő, hírlapíró, könyvkiadói vállalkozó.

A magyar zsidóság önkéntes, nyelvi beolvadásának következményeként az első világháborúban számos mózeshitű író harcolt hősiesen, kitüntetéseket szerezve, így Komlós Aladár vagy Balázs Béla. Molnár Ferenc haditudósítóként szerzett érdemeket, harctéri beszámolóinak kötete irodalmi klasszikus, éppúgy, mint Balázs Béla *Lélek a háborúban* című emlékirata. Úgy tűnt, a magyar zsidóság örök helyet szerzett magának a magyarországi népek kultúrközösségében.

1938 májusában a szomszédunkká vált német hatalomra, valamint arra is hivatkozva, hogy a rövid életű 1919-es magyarországi kommün legtöbb vezetője zsidó volt és ártott az országnak, a képviselőház zsidótörvényt szavazott meg, amelyet a felsőház jóváhagyott, a kormány pedig végrehajtott. Ez a törvény eleinte részleges korlátozást jelentett; elvileg feltételezhető, hogy előterjesztői nem számoltak a törvény által sújtott emberek elpusztításával. A törvényt azonban a háború éveiben fokozatosan szigorították, így pél-

dául 1941 tavaszán elrendelték, hogy a zsidó férfiak saját ruháza-
tukban, fegyver nélkül kötelesek katonai szolgálatra bevonulni. Az
így kiszolgáltatott férfiakat különleges alakulatokba osztották be,
amelyekben eleve pusztulásra voltak ítélve. Az 1944 tavaszán tör-
tént német megszállást követő csaknem egy esztendőn át pedig a
civilizáció és kultúra, az emberi és vallási erkölcs minden vívmá-
nyát és tanítását meggyalázó módon üldözték a zsidóságot. A kál-
vária vége a Németországba történt deportálás volt.

E rövid megemlékezésben a halálba küldött magyar zsidó írók
előtt kívánok fejet hajtani.

Újra hangsúlyozom, hogy a megemlítendő írók a magyar iro-
dalom jelesei, sőt klasszikusai voltak; a magyar nemzeti nyelv és
érzés virtuóz művészei. Vagy a harctéren, munkaszolgálatosként
pusztultak el, vagy pedig az 1944 nyarától kezdődött deportálások
következtében váltak a haláltáborok áldozataivá.

A magyar történelemben nem fordult elő, hogy egyetlen évben
ennyi véres áldozata legyen a magyar irodalomnak; az 1943–44-es
háborús esztendők, azon túlmenően, hogy zsidó emberek pusztul-
tak el tömegesen, a magyar irodalom pótolhatatlan vérveszteségé-
nek évei. E rövid idő alatt több neves magyar írót küldtek a
halálba, mint ahányan száz vagy kétszáz évvel korábban összesen
léteztek!

Jelképesen a legjobbak neveit említem, akiknek magas fokú
költői tudásához és magyar hazaszeretetéhez nem férhetett kétség.

Bálint György (1906–1943) költő, újságíró a hírlapi tárcát emel-
te az irodalmi tanulmány szintjére; *Búcsú az értelemtől* című, har-
mincnégy éves korában kiadott kötete a háborúk okozta
szörnyűségek könyörtelen logikájú számbavétele és bírálata.

Bárd Oszkár (1893–1944) orvos-költő az Erdélyi Szépmíves
Céh tagja volt, Liszt Ferencről írott drámája elismerést aratott.
Mintha sejtette volna sorsát, már a húszas években így írt:

E ránkszakadt, bolond világban,
hol senkisem mutatja azt, ami,
e félrelódult, zagyva árözönben
én meg akarom magam tartani.

Érem vagyok, merev, földberejtett egykor
menekülő gazdám, kopott érem, régi,
de ha kiásnak s az új kor kikérdez,
legendás titkokat árulok el néki,

a titkait annak, hogy volt ember, tiszta,
lidércek kergették, vérviharban ázott,
de a vészen büszkén hurcolta a fejét,
melyre önarcképet Isten formázott.

S ha az Úr az embert: elkopott, rossz tükrét
félredobta s aztán végleg elfeledte,
a tükör megmaradt s mutatja a képet,
hogy egyszer az Alkotó nézett el felette.

Gelléri Andor Endre (1906–1945) óbudai lakatossegéd, kelme-
festőinas, tizenhét éves ipari tanulóként írta első novelláját, amelyet
Az Est című napilap 1924. augusztus 28-i száma le is közölt. 1930
őszén már egy regényét közli folytatásokban a Magyar Hírlap: *A
nagymosoda*. Ezzel elnyerte a Mikszáth Kálmán-díjat. Kétkezi
munkások, nyomorgó kisemberek világát elevenítette meg költői
erővel.

Halász Gábor (1901–1945) irodalomtudós, könyvtáros, korának
legígéretesebb tanulmányírója volt; íróbarátaival szemben is részre
nem hajlóan igényes, kutatómunkájában a legapróbb részletekre is
gonddal figyelő. Ő állította össze máig legteljesebb Madách-köte-
tünket. *Magyar viktoriánusok* című könyve a múlt század utolsó
harmadának újraértékelése.

Karácsony Benő ügyvéd, mielőtt lemészárolták volna a faj-
elmélet megszállottjai, százezreknek hozott gyönyörűséget és
vigaszt szolid humorú regényével: *Napos oldal*. „Lesz-e Goethének
centenáriuma száz év múlva?" — tűnődik egyik regényhőse és
meg is felel a kérdésre: „Ez attól függ, hogy lesz-e még száz év
múlva civilizáció Európában."

Kemény Simont (1882–1945), akinek első verseskötete 1909-
ben jelent meg; a Nyugat munkatársát, Kosztolányiék kortársát egy
nyilas pribék lőtte agyon 1945 januárjában budai házának kertjé-

ben. Halála után kiadott naplójegyzeteiben sorsát sejtve mégis szív-
szorító, gyengéd szeretettel aggódik háborúba sodródott hazájáért.

Komor András (1898–1944) a magyar zsidó nagypolgárság be-
illeszkedési problémáit írta le családregényeiben (*Fischmann S. és
utódai*), kegyetlen realizmussal és mégis finom humorral.

Ligeti Ernő (1891–1944) az Erdélyi Szépmíves Céh egyik meg-
alapítója, az erdélyi magyarság sorsának harcos tudósítója számos
regényén kívül a két háború közötti erdélyi magyarság problémáit
ábrázoló emlékiratával tűnt ki (*Súly alatt a pálma*).

Mihály István (1892–1945) a két háború közötti évek sikeres
filmírója, máig dalolt „slágerszövegek" szerzője tömegeket szóra-
koztatott főleg Kabos Gyula számára írott dialógusaival (*A papucs-
hős*); első színműve a magyarországi avangárd színpadi törekvések
jeles példája (*Béla, aki huszonhat éves volt*).

Mohácsi Jenő (1886–1944) egy életet szánt Madách Imre és
Katona József drámáinak külföldi népszerűsítésére; németre fordí-
totta Az ember tragédiáját. 1941-ben Jehuda ha-Lévi héber költő
életéről írt monográfiát.

Pap Károly (1897–1945), a szintén írogató soproni rabbi fia
édesatyjával egy évben pusztult el, de különböző helyeken. *Meg-
szabadítottál a haláltól* című regénye a harmincas évek magyar írói
társadalmában nagy elismerést váltott ki. Drámai erejű novelláit
későbbi nemzedékek előszeretettel filmesítik meg és dramatizálják.

Radnóti Miklós (1909–1944) az első háború után fellépett köl-
tőnemzedéknek József Attila mellett legjelentősebb alakja. 1936-
ban írott költeményében mitha saját sorsát érezte volna meg:

Járkálj csak, halálraítélt!
bokrokba szél és macska bútt,
a sötét fák sora eldől
előtted: a rémülettől
fehér és púpos lett az út ...

Ó költő, tisztán élj te most
mint széljárta havasok
lakói s oly bűntelen,
mint jámbor, régi képeken

pöttömnyi gyermek Jézusok
S oly keményen is, mint a sok
sebtől vérző, nagy farkasok ...

Radnóti szenvedései és megalázottságai között is megmaradt az egyetemes magyarságért aggódó költőnek; hazája változatlanul az egész haza, még ha az ki is tagadta őt:

Hisz bűnösök vagyunk mi, akár a többi nép
s tudjuk, miben vétkeztünk, mikor, hol és miképp
de élnek dolgozók itt, költők is bűntelen
és csecsszopók, akikben megnő az értelem

(Nem tudhatom)

Ebben a versében írta ama nevezetes sorokat, hogy

Nem tudhatom, hogy másnak e tájék mit jelent,
Nekem szülőhazám itt e lángoktól ölelt
kis ország...

A Szerbiából Magyarországon át Németországba hajszolt halál-menet közben is verset írt; egy lelőtt társa láttán írta:

Mellézuhantam, átfordult a teste
S feszes volt már, mint húr, ha pattan.
Tarkólövés. Így végzed hát te is...

(Negyedik razglednica)

Halálának helyén, a Győrből a határ felé vezető országút men-tén ma szobra áll.

Reichard Piroska (1884–1943) 1912 óta publikált a Nyugat nemzedékének tagjaként; halkszavú líráját nem kisebb egyéniség méltatta, mint Füst Milán: „Azok közé tartozom, akiknek Reichard Piroska verseit olvasni nagy élvezet. Érdekes figyelem a művészi kifejezésnek azt a módját, mikor egy belső, halk sugallat biztatja, hogy ha kimerülten is, mégiscsak beszéljen." A költőnő leánygim-náziumi tanárnőként egész nemzedékeket nevelt a magyar haza szeretetére...

Rejtő Jenőt (1905-1943) halála előtt a ponyvaírók népes gárdájába sorolta az irodalom világa, kirekesztve őt a parnasszusról. Példányszámban ki sem fejezhető, elképesztő sikere kisemberek millióit vigasztalta, szórakoztatta, akik észre sem vették, hogy a felületes kalandleírások mögött az emberi élet könyörtelen igazságai rejtőznek. Most, manapság, utólag olvasva például a *Csontbrigád* című regényt, az ember úgy érzi, az író saját sorsát látta előre, s mindaz, amit a regény megjelenésekor még izgalmas lehetetlenségnek éreztünk, a mából visszanézve dermesztő valóság.

Révész Béla (1876-1944) *Vonagló falvak* című, 1914-ben megjelent regényével a kortársak szerint a később népinek elnevezett irodalmi irányzat előfutárává vált. Ez a regény a kivándorolt parasztok otthon hagyott asszonyainak testi-lelki szenvedéseit ábrázolja. Ady Endre jóbarátjaként ő nyitotta meg Ady előtt a Népszava című szociáldemokrata napilap hasábjait.

Salamon Ernő (1912-1943) székelyföldi születésű költő a munkásság sorsának ábrázolója és a munkásmozgalom elkötelezett híve dacos öntudattal írta 1942-ben: „Gyönyörűnek kell látnunk azt a sorsot, mely hőssé avat bennünket."

Sárközi György (1899-1945) a népi írók mozgalmának egyik megszervezője volt, kiadói lektorként elindította a *Magyarország felfedezése* című szociográfiai sorozatot. Műfordítóként (Thomas Mann, Goethe, Mauriac), költőként és regényíróként egyaránt jelentős.

Hová foszlottak az angyali harcok?
Fények, mennyek?
Jákobi álmok?
Üszkök s romok hullámzanak körülöttem
Roncsolt hajók libegnek
S itt állok, keselyűktől is elhagyott,
Fekete bitófa
S csak én virrasztok:
Egy széttört világ felett
Egy széttört ország felett
Egy széttört élet felett
Értetek s értem.

(Virrasztók)

Tompa Mihály nevezetes verssorára utaló, *Mint oldott kéve* című történelmi regénye a magyar szabadságharcról és Mednyászky Cézár báró tábori főlelkészről századunk legjelentősebb történelmi prózai eposza.

Szerb Antal (1901–1945) középiskolai tanárként, jeligés pályázatban nyerte el a kolozsvári Erdélyi Szépmíves Céh pályadíját, mint a legjobb magyar irodalomtörténet szerzője. A *Magyar irodalomtörténet*, mely először 1934-ben Kolozsvárott jelent meg, a mai napig a legkedveltebb összefoglalás, a legszélesebb nagyközönség kedvelt olvasmánya. Finom humorral átszőtt, szellemes regényei is maradandó értékű alkotások. (*Utas és holdvilág*; *A királyné nyaklánca*)

És most, példaképpen, két könyvkiadóról:

A Singer és Wolfner Kiadóvállalat a múlt század vége óta a legsikeresebb magyar irodalmi vállalkozás volt. Azóta klasszikussá vált szerzők tucatjait ismertette meg a közönséggel, Új Idők című képes hetilapja pedig fél évszázadon át a legkedveltebb irodalmi hetilap volt. Wolfner József fia, Farkas István festőművészként vált hazánkban halhatatlanná, de mint a kiadó két háború közötti irányítója irodalmunkban is nevet szerzett. Farkas István (1887–1944) párizsi festőműtermét hagyta ott, hogy átvegye atyai örökségként a kiadó vezetését.

Tolnai Simont (1868–1944) hetvenhat évesen érte az auschwitzi halál. 1912-ben alapította nevezetes kiadóvállalatát és képes hetilapját, mely a legszélesebb tömegek kedvelt olvasmánya és számtalan magyar író anyagi gondjainak enyhítője volt. Tolnai filléres papírfedelű kiadásban hozta forgalomba a világirodalom remekműveit. Lexikonokat, tudományos munkákat is kiadott.

E szomorú, szégyenletes, jelképes lista ismeretében égető kínnal merül fel bennünk, bennem is a magyar nemzet történelmi felelősségének kérdése. Végül is a zsidótörvényt az országgyűlés szavazta meg, a felsőház jóváhagyta, még akkor is, ha mindkét házból számos jeles hazafi ellene szavazott. A kormányok végrehajtották, egyre szigorítva a paragrafusokat. A megölt magyar írók fel nem támaszthatók. Ugyanakkor tagadhatatlan, hogy a felsoroltak és általában: a magyar irodalom történetének zsidó írók írta fejezetei kitörölhetetlenül benne vannak, benne maradtak a magyar köztudatban. Magam a háború éveiben, amikor Szerb Antal már munkatáborokba kényszerített férfi volt, az ő irodalomtörténetéből készültem az érettségire. Tanárunk egyenest előírta számunkra, hogy Szerb Antal irodalomtörténetéből készüljünk. És ugyanekkor lelkesülten olvastuk Sárközi György történelmi regényét, és erőt merítettünk Radnóti Miklós csodálatra méltó költeményeiből. Mindezt nem mentségünkként írom, egyszerűen tényt rögzítek. Megöltek és életben maradottak, emigráltak és jóval az üldözések előtt elhunytak, Bródy Sándortól Molnár Ferencig, Szomory Dezsőtől Szép Ernőig, Gelléri Andor Endre, Karácsony Benő, Kemény Simon, Pap Károly, Radnóti Miklós, Sárközi György, Szerb Antal művei máig rendszeresen megjelennek, változatlanul a magyar nemzeti nyelvű irodalom értékei. Iskolákban tanulják, színházakban nézik, filmeken, mozikban élvezik műveiket, nincs hónap, hogy a televízió képernyőjén meg ne jelennének. Ők tehát, hiába ölték meg őket, halhatatlanok. A magyar olvasók fenntartások nélkül tisztelik és kedvelik őket — lehet-e ennél nagyobb bosszú a gyilkosok ellen?

———— *** ————

Summary
Writers Driven to Death

   The subject of the study are the Hungarian-language writers of Jewish origin who lost their lives during the Holocaust. They included some of the country's most outstanding literary figures, virtuoso masters of the Hungarian language. Many of them were killed on the Eastern fronts while labor servicemen or as a consequence of the 1944 deportations and death camps; more well-known writers were killed in 1943–1944 than the total number of writers 100 or 200 years earlier. After surveying the various writers, the author stresses the bearing of their death on the historical responsibility of the Hungarian nation for this tragedy. In conclusion, he notes that the anti-Jewish laws were adopted by both houses of the Hungarian Parliament and implemented by the respective governments, but that nevertheless the chapters of Hungarian literature written by Jewish writers will remain an indelible part of the Hungarian consciousness.

A Holocaust-szindróma megjelenése a pszichoterápiás gyakorlatban

Virág Teréz

Nagyszüleim, Weisz Manó (1872–1944, Auschwitz) és Hoffmann Johanna (1879–1944, Auschwitz) emlékére

I. A KÚT rendelő története

Bevezetésként röviden ismertetem a KÚT pszichoterápiás szakrendelő történetét. 1990-ben a Magyar Zsidó Kulturális Egyesület keretében megszerveztem az első magyar Holocaust beszélgető csoportot. A csoport neve többszörös utalást hordoz. Utal a Thomas Mann-i „múlt mélységes mély kútjára", és felfogható úgy, mint a KÖZÖS ÚT TALÁLKOZÓ vagy a héber KEDOSIM U TEHORIM — szentek és tiszták — kifejezések kezdőbetűiből alkotott betűszó. Az utóbbi, a KEDOSIM U TEHORIM, imáinkban a 6 millió mártír megszólítása.

A csoport 30 fő körüli létszámmal, változó összetételben, folyamatosan működik. A csoportülésekről a Hunnia Filmstúdió dokumentumfilmet készített Sipos András rendezésében.

A csoportnak, bár tagjai önmagukat egészségesnek tekintik, mégis van terápiás hatása. Ismeretes, hogy Magyarországon a Holocaust okozta trauma feldolgozását megnehezítette a háborút követő, 40 évig tartó diktatórikus rendszer. Nagyon sok zsidó család eltitkolta származását; múltjáról, szenvedéseiről nem beszélt. A csoport azt a célt szolgálja, hogy megkönnyítsük a résztvevőknek, beszéljenek a múltjukról, és ezzel feloldjuk a generációk közötti kommunikációs zárlatot is. Több alkalommal hangzottak el olyan beszámolók az első generációs résztvevők részéről, amiről saját gyermekeikkel, házastársukkal soha nem tudtak beszélni. A fiatalabb résztvevők ezzel olyan titok ismerőivé válnak, amit viszont szüleiktől eddig soha nem tudhattak meg. Mindez — érthető módon — egyben mindhárom generációnál a zsidó identitás megerősödését, vállalását eredményezi.

Fontosnak tartom megjegyezni, hogy a csoport megalakulásától kezdve néhány nem zsidó barátunk is részt vesz a munkában.

A csoporttagok közül többen (Szilárd Gyula, Róthné Pollák Erzsébet, Herskovics Lenke) nemcsak elmondták, meg is írták élményeiket. A Soros Alapítvány támogatásával, Hanák Gábor igazgató segítségével 10 résztvevővel készített, egyenként 4-5 órás videofelvétel is őrzi a múlt emlékét.

A KÚT találkozókon pszichológusok, pszichiáterek, pedagógusok is részt vettek. Velük szerveztem meg egy, a társadalmi traumatizáció-, elsősorban a Holocaust-túlélők és leszármazottaik terápiájára specializálódott szakrendelést, melynek ugyancsak KÚT a neve, és amelyet 1992. április 29-én indítottunk, kezdetben csak a Bné Brith helyiségében, kétszer egy héten, délutánonként. Később, mivel forgalmunk nőtt, a népjóléti miniszter segítségével az Orvosegyetem Oktató Kórházában és a Haynal Imre Orvostovábbképző Egyetemen is kaptunk egy-egy helyiséget, heti egy-egy délutánra.

A második éve működő rendelőben természetesen anyagi ellenszolgáltatás nélkül állunk a hozzánk fordulók rendelkezésére.

1993-ban a rendelő intézményes megalapozására létrehoztuk a KÚT Alapítványt a Rich Foundation 5000 és a J. and O. Winter Fund 1000 dolláros adományából. A későbbiekben a Stichting Katholieken Noden 21 000 Guldennel, a Leumi Bank 50 000 Ft-tal és a Soros Alapítvány 1 800 000 Ft-tal járult hozzá az alapítványhoz. Célunk elérni, hogy saját helyiséggel rendelkezzünk. Ez lehetővé tenné tevékenységünk kiterjesztését és beillesztését a társadalombiztosítás hálózatába.

Tevékenységünk iránti igényt bizonyítja, hogy a korlátozott lehetőségek ellenére jelenleg 39 személynek nyújtunk folyamatosan segítséget, heti forgalmunk 21 fő, esetenként családostul. Négy súlyos agorafóbiás beteget, akik képtelenek lakásukat elhagyni, rendszeresen mi keresünk fel otthonukban.

Mi vettük gondozásba a skinheadek által megkéselt leányt. A parlament előtt, sárga csillaggal a mellén önmagát felgyújtó, Auschwitzot megjárt 65 éves asszony is bennünket keresett fel a kórházi ápolás után.[1]

II. Esetismertetések

A következőkben arról szeretnék képet adni, hogy a Holocaust-túlélők és leszármazottaik egyéni és csoportos terápiái során milyen tapasztalatokat szereztem. A konferencia — alapvetően történészi — témakörében megfigyeléseimmel azt az aspektust szeretném képviselni, hogy hogyan él az egyénben, a társadalom legkisebb alkotóelemében és a családban, a társadalom legkisebb sejtjében a múlt. Elfelejtődik-e vagy megőrződik? Megbetegít vagy alkotásra ösztönöz? Kimutathatók-e azok a közvetítő láncszemek, amelyek az emlékezés kontinuitását biztosítják? Hogyan működik a tradíciók átadása, ha elpusztították a szülőket és nagyszülőket, akik a tradíció átadói lennének?

1. Indukált neurotikus kórképek

Esetismertetéseimet, melyekkel ezekre a kérdésekre kívánok választ adni, gyermekek terápiája során tett megfigyeléseimmel kezdem. 1982-ben egy ötéves kisfiú esetében találkoztam először a magyarországi Holocaust-túlélők gyermekeinél jelentkező neurotikus tünetképzéssel. Az ötéves Balázs álmában kitört a világháború, éhező embereket látott, „felbombázott házakat és legéppuskázott embereket". Balázs nagymamáját fiatal lányként deportálták saját édesanyjával, akit Mengele gázkamrába küldött. Balázs anyja 8-10 éves lehetett, mikor anyja benzinben egy pulóvert mosott, a benzin felrobbant, szemöldöke leégett a robbanástól, a kislány rémülten nézte végig az eseményeket. Balázs számára anyja és nagyanyja közvetítette a világháború szörnyűségeit.

Emese tízéves cigány kislány, asztmás köhögés miatt került terápiába. Álmáról így számolt be: „Egyszer rosszat álmodtam a kórházban. Éjjel volt, későn tudtam elaludni, és féltem, anyával együtt lágerbe vittek, és jött Hitler és azt parancsolta a katonáknak, hogy vessenek a tűzbe, hirtelen felébredtem — akkor még engem nem öltek meg, mert hallottam anyukám sikítását, és befulladtam és kaptam két spray-t." — Kérdésemre, hogy mit tud Hitlerről, a következőket mondta: „A lágerbe Hitler vitte el a zsidókat." A nagymama mesélte, Emese látott egy filmet és utána megkérdezte, hogy igaz-e, ami a filmben volt? A nagymama azt mondta, igaz. „Az embereket a Duna szélére állították, lenyírták a hajukat. Mama azt is mondta, hogy még rohadtabb dolgokat is csináltak. Csillagot tettek ide nekik a szívükre."

A nyolcéves Dávid mindkét szülője zsidó. Bár igen jó képességű gyerek, iskolai teljesítménye gyenge. Már első beszélgetésünk alkalmával elmondja a „világ legrosszabb álmát". Álma a horogkeresztesekről szólt: „A horogkeresztesek nagyon csúnya emberek voltak, nem a szívükben, hanem a csúnyaságukban." Álmában egy csontváz jött felé, mellén egy szaggatott fekete anyag volt, és annak a közepén volt a horogkereszt. „A zsidókat és az ártatlan embereket bántották. Nagyon csúnyán bántak velük, a zsidókat szolgáikká akarták tenni." Ez a nyolcéves kisfiú, aki 1986-ban született, az álmában látott eseményekről közvetlenül semmit nem tudhat. Szülei zsidók, Dávid a szülőkön, nagyszülőkön, esetleg a televízión keresztül kerülhetett a témával kapcsolatba.

Péter tízéves, mindkét szülője keresztény! A TV-ben látja a Duna-parti tömegsírokról készült riportot. Anyjának a következőket mondja: „Ha a nagypapám zsidó lett volna, nékem nem élne a nagypapám."

A következőkben megkísérlem egy rövid esetismertetés keretében bemutatni, hogy jutnak el a gyerekekhez a szülők feldolgozatlan traumái.

A négyéves Ágnest székletproblémák miatt első alkalommal apja hozza pszichoterápiára. Ágnes hol bekakil, hol 4-5 napig nincs széklete. Utóbbi esetben az apa bélcsavarodástól fél, ezért kúppal, hashajtóval próbálják a székelést megindítani. A hashajtást bekakilás követi otthon is és az óvodában is, emiatt a közösség előtt megszégyenítik. Az a legnagyobb fájdalma, mondja az apa, hogy képtelen megvédeni Ágnest a megszégyenítéstől. Az apa a gyereket soványnak tartja, kiállnak a csontjai, mondja, úgy kell beletömni az ételt.

Terápiám során megfigyeltem, hogy mindig megjelenik egy olyan utalás, mely megkönnyíti a neurotikus tünet megértését. Ágnes esetében ez az utalás az apa tehetetlensége volt amiatt, hogy nem tudja lányát megvédeni a lebüdösözéstől. A kiálló csontok is azt a gyanút ébresztették, hogy ebben az esetben Holocaust-túlélési szindrómáról van szó.

Már az első találkozáson fény derült az apa tragédiájára. Amikor ő nyolcéves volt, apját deportálták, aki a bécsi országúton vérhasban meghalt. Néhány hét múlva derült ki, hogy az anya is érintett a társadalmi traumatizálódásban. Ő 1950-ben született, szülei keresztények. Egyéves volt, amikor apját a munkahelyén politikai okokból letartóztatták. Anyja hetekig szaladgált különböző intézményekbe, hogy megtudja, mi lett a férjével. Ezalatt az egyéves kislányt a szomszédasszony gondozására bízta. Az anya szavaival: őt otthagyta a kakában. Szomorúan emlékszik arra, hogy amikor apja két év után, 1953-ban kiszabadult a börtönből, sokáig nem ismerte meg.

A terápia során megértettük, hogy az apa számára milyen ősfélelmet jelentettek Ágnes székletével kapcsolatos bajai, hiszen számára apja halálát is egy, a széklettel kapcsolatos betegség okozta. Az anya, akit egyéves korában otthagyott az anyja, hogy bebörtönzött férjét megkeresse, az anyai-apai gondoskodással együtt elvesztette az ősbizalmat, mely Erikson szerint a mentális épség legalapvetőbb előfeltétele. Az anya „ősbizalmatlansága" Ágnessel szembeni türelmetlenségében nyilvánult meg. A terápia előtt önmagát tartotta rossz anyának, aki képtelen arra, amit más anyák könnyűszerrel elérnek: gyermekük tisztára szoktatását és egészséges táplálását. Akkor tudtak csak a szülők Ágnes felé megértő, elfogadó attitűdöt közvetíteni, amikor el tudták mondani gyermekkorukban átélt traumájukat. Ezzel párhuzamosan Ágnes szobatiszta lett, és soha többé nem szégyenítették meg az óvodában.

Az indukált traumatizáció, a traumaátadás szemléltetésére egy 22 éves fiatal lány és egy 40 éves asszony esetét ismertetem.

A 22 éves Annának gyermekkorától kezdve voltak különböző neurotikus tünetei, de ezek nem zavarták meg életét. Érettségi vizsgája után szerelme, aki mellett pedig teljes biztonságban érezte magát, elhagyta. A váratlan szakításra nem várt módon reagált.

Képtelen volt arra, hogy kimenjen a lakásukból. Berendezkedett otthonuk 6 m²-es személyzeti szobájában, melynek csak egy kis, magasan elhelyezett ablaka volt. Mivel szülei tízéves korában elváltak (a tünete akkor kezdődött, mikor szerelme „elvált" tőle), apja elköltözött a közös lakásukból, így anyjával kettesben éltek. Beszélgetésünk már első alkalommal felszínre hozta Anna családjának tragédiáját. Anna édesanyja vegyes házasságból született, anyja zsidó, apja keresztény. A család egy vidéki városban élt, az ott élő zsidóságot mind egy szálig deportálták. Anna nagymamáját Auschwitzba vitték, soha többé nem tért vissza. Anna édesanyját, aki zsidónak számított, keresztény nagyszülei bújtatták. A háború után Anna édesanyja egy keresztény férfi felesége lett. Így lett Annának 1 zsidó és 3 keresztény nagyszülője.

Anna első neurotikus tünete 3-4 éves korában kezdődött. Pesten éltek, az anyai nagyapja pedig, aki a háború után újranősült, a régi vidéki városban lakott. A hétvégeken a szülők autóval mentek családjukat meglátogatni. Anna odafelé menet végighányta az utat. Hogy ez a hányás neurotikus eredetű volt, azt semmi sem bizonyítja jobban, mint az, hogy a visszafelé vezető úton soha nem hányt. Erre a történetre jól emlékszik, a következőt csak elbeszélésből tudja. Apja mindig rászólt anyjára, hogy ne úgy tolja a gyerekkocsit, hogy egész testével rádől. Úgy dőlt a kocsira, mintha testével kellene a gyereket megvédenie.

Anna anyja, szülővárosa felé utazva, ismételten átélte szörnyű gyászát, édesanyja gázhalálát. Erről soha nem esett szó, de arról igen, milyen nehezen viseli el apja második feleségét. Anna „ideges hányását" anyja feldolgozhatatlan gyásza okozta. A kocsira ráhajló anya alakjában már csírájában megjelent a gyermekét kényszeresen rejtegető anyai magatartás, ami aztán végletekig felerősödött, amikor képtelenné vált arra, hogy segítsen Annának abban, hogy 4 éven keresztül ne „bújkáljon" a kis, levegőtlen szobában. Úgy bújtatta gyermekét 1990-ben, mint őt bújtatta keresztény nagyanyja 1944-ben.

Sára 40 éves, tízéves leány anyja. Panasza: nem képes kislányának szerető anyja lenni, gyakran ideges gyermekével, férjével sem jó az érzelmi kapcsolata. Egy alkalommal saját anyai magatartásáról átcsúszik anyja viselkedésének leírására. Anyja hideg, elutasító, soha nem tudott számára érzelmi támaszt nyújtani. Férjével is sokat veszekszik, sokat gondol arra, hogy könnyebben nevelné kislányát egyedül, férje nélkül, talán jobb lenne elválni. Ezek után a közlések után számol be egy összefüggő, hosszú álmáról. Álmában lakásuk a Mártírok útján van. Apja, lánya nagyapja, a fürdőszobát kék csempével rakja ki, majd a gyerekszoba felé vezető egyetlen ajtót befalazza. Apja a rendetlen, piszkos lakást a fürdőszoba rendbe hozásával kezdi. Ennek Sára örül is, és szorong is. Örül a tisztaságnak, de szorong a befalazott fürdőszobaajtó miatt. Önmagát a lakás ablaka előtt látja. Kinéz az utcára — a Mártírok útjára —, ahol megpillantja anyja közeledő alakját. Az az érzése, hogy csak apja képes a piszkos, elhanyagolt lakást rendbe hozni. Álmát nagyon érdekesnek és világosnak tartja, mégis képtelen megérteni. Megdöbbenve hallgatom álmát, a befalazott fürdőszobát. Ekkor derül ki, hogy négy nagyszülőjéből egy zsidó volt. Nagyapja valóban végigment a Mártírok útján, egészen a „befalazott fürdőszobáig". Anyja közeledő alakja mögül a mártír nagyapa tízéves kislányának képe jelenik meg, aki egész gyermekkorát apja utáni várakozásban és vágyakozásban élte le. Az álom, mint traumafeldolgozási kísérlet, a befalazott ajtót két jelentéssel ruházza fel. Keresztény apja lezárja az ő kislánya felé a megismétlődő, félelmetes múlt átadását, félzsidó anyja sorsának ismétlődését. Emlékezzünk álma szövegére: csak apja képes az elhanyagolt lakást rendbe hozni. Értelmezésemben azt a gondolatot kínálom fel, hogy álma kettőt jelez: átéli a Mártírok útja minden keservét és vágyódik otthona rendbe hozására. Az utcán közeledő anya alakja jelezheti, hogy kezdi őt megérteni, közelednek egymáshoz. Itt jegyzem meg, hogy noha majd két éve visszaváltoztatták a Mártírok útja nevét az eredeti Margit körútra, de Sára végig az utca régi nevét mondja. Mikor erre felhívom a figyelmét, nevetve mondja, hogy milyen realitás húzódik meg álma mögött. A kisvárosi régi gyermekkori otthonuk utcájában most vezetik be a gázt, de apja, pénzhiányra hivatkozva, nem akarja a házukba — melyet a család nyaralóként használ — bevezettetni. A gázbevezetéssel teljessé válik Auschwitz minden borzalma, az említett kisvárosból szinte minden zsidót elgázosítottak. Álma megfejtéséhez még hozzáteszem, hogy álmából azt az örömöt hallom ki, hogy mivel az ő keresztény apja él, anyja is túlélte a borzalmakat, ő megszületett, neki is van egy kislánya, így a mártír nagypapának unokája és dédunokája is van. Családjukban megtörtént a generációs túlélés.

Anna és Sára esetében szembetűnő a hasonlóság, mindketten „negyed-zsidók". Anna nagyanyjának, Sára nagyapjának gázhalála mélyebb meghatározói életüknek, mint a biztonságot jelentő keresztény családtagok. Eseteim számomra teljes biztonsággal jelzik: a Holocaust olyan mértékben meríti ki az énerőket, olyan mértékben rombolja le az alapvető bizalom érzését, hogy szinte mindegy, hogy hány nagyszülő szenvedte el a tragédiát, a Holocaust-érintettséget a vegyes házasságok nem csökkentik.

2. Első generációs kórképek

A következő két esetismertetéssel a közvetlen — tehát nem indukált — traumatizáció tüneti képét kívánom demonstrálni.

Erzsébet 1934-ben született, jómódú, rendezett családi körülmények között élt 1942-ig. Ekkor apját behívták munkaszolgálatra, majd a Don-kanyarban életét vesztette. Anyját és 3 évvel idősebb nővérét deportálták, így a tízéves Erzsébet egyedül maradt. Egy nagybátyja vette gondozásba. Tarkójára szorított puskával vezette be egy nyilas a gettóba. Nagybátyjával együtt megélték a felszabadulást. Hamar megtudta szülei és nővére halálát. Első fóbiás tünetére pontosan emlékszik. Hazafelé tartva a gettóból nagybátyjával egy kis kocsit toltak megmaradt holmijukkal. A ház előtt a nagybácsi arra kérte, várja meg őt a kocsi mellett, míg felmegy megnézni, mi maradt meg a régi otthonukból. Erzsébet páni félelembe esett, képtelen volt elengedni nagybátyját, de arra is képtelen volt, hogy ő menjen fel egyedül a lakásba. Már nem emlékszik arra, hogyan is oldódott meg a hazaköltözés, de arra igen, hogy bár sokszor félt egyedül maradni, 1964-ig mégis mintha erőt tudott volna venni félelmein, mintha elfelejtődtek volna a szörnyű emlékek. Megházasodott, keresztény férjével nagyon szerették egymást, gyermeket vártak. Úgy érezte, gyermeke kárpótolni fogja meggyilkolt családtagjaiért. Vágya nem teljesült, halott gyermeket hozott a világra. Az újabb gyász levette a lábáról, ettől kezdve képtelenné vált arra, hogy egyedül közlekedjen.

A feldolgozatlan gyászreakció másik példája Ráchel története. Ráchel 1937-ben született, anyai nagyanyja keresztény, másik három nagyszűlője zsidó volt. A család az anyai nagyszülőkkel lakott együtt nyugodt, kiegyensúlyozott polgári légkörben. Az első tragikus esemény életében apja munkaszolgálatra való bevonulása. „Az első gond, amit felfoghattam, apám távolléte és emiatt anyám szomorúsága volt." 1943-ban apjáról ellentmondó értesítések jönnek: az egyik szerint bokatöréssel kórházba került, a másik szerint hadifogságba esett. 1944 novemberéig még volt kibe kapaszkodnia. Anyjával a kijárási időben időnként a Duna-partra mentek sétálni, de hazafelé majd mindig rohanniuk kellett, vagy a légiriadó, vagy a kijárási tilalom beállta miatt. 1944 novemberében anyját deportálták. A keresztény nagymama megkísérelte unokáját rejtegetni, de a házmester megfenyegeti őket a nyilasokkal. Így a nagypapa minden könyörgése ellenére követi férjét és unokáját a gettóba. A gettóból való szabadulás után Ráchel minden pillanatát anyja utáni vágyódás tölti ki. Szüntelenül hazavárja, míg 1952-ben — szinte véletlenül — tudja meg, hogy Lichtenwörthben tífuszban meghalt. Ráchelnél is azt tapasztaltam, hogy egy időre mintha elfelejtődött volna a múlt. Férjhez ment, férje zsidó, életük zavartalannak tűnt. Nagyanyja halála, majd anyósa betegsége és halála megviselte, éppen akkor, amikor annyi idős lett, mint anyja, amikor deportálták. Ettől kezdve fokozatosan felerősödött félelme, rettegett attól, hogy lakásukat egyedül elhagyja. Ahogy fóbiájának gyökereit kerestük, emlékezete előhívta a Duna-parti séták során átélt félelmet. A lakás az egyedüli biztos menedéke, az állandóság képviselője életében: „Abba a budapesti belvárosi lakásba hoztak haza a szülészetről, ahol ma is lakom." Mit mondhat agorafóbiájáról a terapeuta, aki nem ismeri Ráchel életének valódi történetét? Mit segíthet esetében a gyógyszer, a nyugtató, ha feltáratlan marad tünetének valódi oka? Feldolgozhatatlan gyászát így fogalmazza meg: „Elhatároztam, nekem sohasem lesz gyermekem, mert én sem tudnám megvédeni. A szüleim még nem tudhatták, amikor engem életre hívtak, mi történhet meg egy zsidóval, de én már tudom, és ezt hogyan magyaráznám meg a gyermekemnek, semmiféle biztonságot nem ígérhetnék neki. Isten pedig vagy nincsen, vagy gonoszságáért hitet nem érdemel."

Beszélgetéseink során feltűnt szavainak megjelenítő ereje. Bár — elmondása szerint — soha nem voltak írói ambíciói, biztatásomra elkezdte megírni visszaemlékezéseit. Talán ezzel kezdetét veszi öngyógyítása.

Ráchel és Erzsébet történetének tragikus azonossága, hogy egyikük számára sem adatott meg a generációs túlélés, mindketten gyermektelenek.

3. Pszichotikus betegek

Sajnos több olyan betegünk is van, akiknek tünete túlmutat a klasszikus neurózisok tüneti képén, akik már pszichotikusnak minősülnek, és ennek megfelelő terápiát igényelnek. A múlt félelmetes átfolyása a jelenbe talán náluk a legszembetűnőbb.

A paranoid téveszme demonstrálására a következő esetet ismertetem:

Klára egyetemi oktató, ő hozza pszichotikus lányát rendelőnkbe. Klára maga 1928-ban született, vegyes házasságból. 1944-ben keresztény anyjával el kell hagyniuk a gettó területére eső lakásukat, sánta apját elhajtják, és mint később megtudták, a Dunába lövik. Apai nagybátyját a nyilasok agyonverik, unokatestvérét is megölik. A háború után mintha elfelejtődne a múlt, keresztény férfihoz megy feleségül, egyetemet végez, két gyermeke születik. Férje azonban 1985-ben öngyilkosságot követ el, jó úszó létére a Dunába ugrik. Mindezt már első alkalommal, pszichotikus lánya előtt mondja el.

Az 1959-ben született lány szintén keresztény férfival kötött házasságot, iskoláit nehezen fejezte be, háztartásbeli, 3 gyermeke van. Többször vált szükségessé kórházi kezelése. Paranoid téveszméje, hogy férje tönkre akarja tenni az egész családot: vagy öngyilkosságba kergeti, vagy a Dunába öli őket. Nem nehéz a téveszme mögött a valóság modelljét, a Dunába lőtt nagyapa, az öngyilkos apa árnyát felfedezni.

A pszichoanalitikus felfogás szerint a paranoid téveszméknek is valóságos élménymodelljük van. Ezeket a terápia során hosszas elemzéssel fel lehet tárni. A Holocaust-túlélőknél azonban az egykor átélt traumatikus élmények közvetlenül, szinte áttétel nélkül befolyásolják a téveszmék tartalmát.

4. Halmozott társadalmi traumatizáció

A halmozott társadalmi traumatizációt Angyal István és családja történetével kívánom bemutatni. Sorsukat nem terápiás kapcsolatból, hanem Eörsi István szerkesztette, az utókor számára írt *Sajátkezű vallomásait* és az ehhez kapcsolódó dokumentumokat tartalmazó könyvből ismertetem.[2] Angyal István apjának, Angyal Ivánnak két lánya és egy fia volt. István 1928-ban született, az 1956-os forradalomban a Tűzoltó utcai fegyveres felkelő csoport egyik vezetője volt. A népbíróság a népköztársaság megdöntésére irányuló tevékenység miatt kötél általi halálra ítélte, 1958. december 1-jén kivégezték. Angyalt 1944-ben anyjával és két nővérével Auschwitzba deportálták. Anyját gázkamrában ölik meg. Nővére szökést tervez vele együtt. Az SS leleplezi a tervét, ő véletlenül kimarad a megtorlásból, de a felsorakoztatott rabok között ő is kénytelen végignézni nővére akasztását. Angyal István megpróbáltatásait a bírósági orvosszakértői vélemény száraz megállapításai alapján ismertetem: „Anyja és testvére deportálás során pusztult el... 16 éves korában deportálás alatt vérhason és valószínűleg kiütéses tífuszon is átesett... Idegrendszerét a deportálás erősen megviselte, 1944 őszén nővérét szeme előtt akasztották fel, és ezt követően hosszabb ideig nem tudott enni. 1945-ben hazatérése után évekig élményei hatása alatt állt, és zárkózott magatartású volt, később azonban fokozottan feloldódott... Sokáig az volt az érzése, hogy zsidó származása miatt hátrányos helyzetben van... törekedett arra, hogy magatartásával ezt a véleményt igyekezzék megváltoztatni... Vizsgálatkor tudata tiszta, ...hangulata normális. Értelmi működése átlagot meghaladó.” Személyiségfejlődésére nyilván nagy hatással volt szabadságáért életét kockáztató, az elnyomókkal szembeszálló nővérének példája, az a vágya, hogy méltó legyen hozzá. Hamar felismerte a rendszer elnyomó, embertelen természetét. Állítólag már 1950-ben fejjel lefelé akasztotta fel Sztálin képét a WC-ben.

A forradalom leverése után — mint bebizonyosodott, joggal — nem bízik a beígért amnesztiában. Már ekkor felrémlik előtte saját biztos pusztulásának képe: „Amnesztia ide vagy oda, bizonyosan kivégeznek.” Rabtársaitól tudjuk, Auschwitzot, a náci üldöztetést könnyebben viselte, mint a fegyházat, ahol a halálraítéltek kivégzésükre várakoztak, mert — mint mondotta — most a volt bajtársak ölik egymást.

A börtönben egyszer sírt: Nagy Imre kivégzésekor. Ekkor már teljesen világos előtte a két rendszer lényegi azonossága, és — mint Eörsi írja — „határozott léptekkel siet a halál felé". A másodfokú tárgyaláson ezt mondja: „Én mindig elsősorban állampolgárnak tekintettem magamat, a törvények számomra 1945-ig halált jelentettek, sok esetben ezt jelentettek 1945 után is. ... Kérem a bíróságot, hogy hagyja meg az ítéletet, mert olyan tényállást állapítottak meg terhemre, melyért halál jár."

A Holocaust túlélői között gyakori a lélek mélyén meghúzódó bűntudat. Hányan tették fel magukban a kérdést: „miért én maradtam életben?" És sokan, mint Primo Levi vagy Bettelheim, azzal adták meg a választ, hogy saját magukon hajtották végre a halálos ítéletet. Angyal István ugyan nem önkezével vetett véget életének, de — amikor a forradalom leverése után kiégett belőle az élni akarás — nemcsak a védekezéssel hagyott fel, de szavaival, a bíróság előtti magatartásával szándékosan hozzájárult, hogy beteljesedjen rajta mártír nővére végzete.

Az Angyal család folyamatos jelene még tart. Angyal István fia, Péter 1953-ban született, Sztálin halála évében, amikor — Nagy Imre első miniszterelnöksége idején — felcsillant némi remény a rendszer demokratizálódására, humanizálódására. A remény nem tartott sokáig. Angyal Péter ötéves volt, amikor apját kivégezték. Ötéves korától nemcsak nagyanyja, nagynénje elpusztításának feldolgozhatatlan gyászát hordozza, hanem apja meggyilkolásának rettenetes terhét is, azt, hogy a rettegés, a félelem és gyász mindig újrakezdődik, ismétlődik.

III. A közvetítő láncszem kérdése

Megkíséreltem a demonstrált eseteimmel követni, hogy a túlélő családok hogyan közvetítik gyermekeik felé az átélt múlt szörnyű emlékeit. Természetes, hogy a túlélő családok leszármazottai az életben rendszeresen találkoznak olyan jelenségekkel, melyek a szülő számára asszociatív összefüggésbe kerülnek az elfojtott félelmetes emlékekkel. E jelenségek a túlélő szülő számára súlyos emlékek hordozói.

Az evésnél, ürítésnél a szülők, nagyszülők megemelkedett érzelmi feszültsége, hiperaktivitása az, ami felhívja a gyerek figyelmét arra, hogy e jelenségek mögött valami ismeretlen, fájdalmas, szégyelt titok húzódhat meg. Az évek során a gyermeknél a déja vu-hoz hasonló pszichés élmény jön létre. A felsorolt családok el akarták felejteni gyermekkori szenvedésüket, de az elfojtás rosszul sikerült. Megfigyelésem szerint az említett konkrét elemek alkalmasak arra, hogy a nagyszülők, szülők által átélt társadalmi megpróbáltatások egész érzelmi feszültségét átadják. A túlélő családok számára a gáz, a vagon, a tábor, a drótkerítés, a szappan, az evés, a kórház szavak elszakadtak eredeti jelentésüktől, és a gyerek számára e szavak által közvetített emocionális feszültség hőfoka jelzi egy elhallgatott múlt emlékeit, melyekkel az iskola, a tömegkommunikációs eszközök hírei, a nagyszülők történetei összekeverednek, és a gyermek a „pszichés realitás" talaján vonódik be a szülők, nagyszülők által átélt félelmetes múltba.

IV. Modellhiány, terápiás attitűd

A népirtás legszörnyűbb következménye, hogy felnőtt egy generáció, mely elpusztult vagy meghurcolt szülőktől származik. Eseteimben jól követhető, hogy milyen megnehezített helyzetbe kerül az a túlélő, akitől elszakították, majd meggyilkolták apját, anyját, gyermekeit, élettársát. Az újonnan alapított házasságban született gyermek mögött állandóan ott lebeg az elvesztett család árnyképe, a szülői szerep betöltésekor pedig az elvesztett szülő hiánya miatt nincs követhető viselkedési modell.

Az 50 év túlélési tapasztalataiból szeretném felvillantani a gyógyulás, a remény lehetőségét. Jól tudjuk, hogy a Holocaust során átélt traumák nem minden esetben okoznak neurózist. Olyan kiemelkedő személyiségek, mint Viktor Frankl, Szolzsenyicin vagy a magyar Mérei Ferenc képesek voltak traumás élményeiket egy magas szintű cselekvésbe, intellektuális vagy művészi tevékenység-be átvinni. Éppen traumás élményükből nyert energiájuk felhasználásával váltak a kor kiemelkedő alkotóivá.

Példájuk arra ösztönzött, hogy — mint arra Ráchel esetében már utaltam — betegeimnek is felkínáljam az öngyógyításnak ezt a lehetőségét, azt, hogy alkotásban jelenítsék meg átélt szenvedéseiket.

A négy éve működő KÚT csoportban, és a második éve működő rendelőben arra törekszünk, hogy megtörjük a majd 50 éve tartó hallgatást.

Sem a Holocaustról, sem a Holocaust-betegek terápiájáról nem lehet személytelenül beszélni. Számomra, mint terapeuta számára az a legfájdalmasabb, hogy Ágnes, Balázs, Ráchel, Klára, Sára, Anna, Erzsébet sorsa nem kivételes történet. Saját, több mint 12 éves és munkatársaim többéves praxisában nap mint nap előforduló esetek.

Az utolsó 50 év Magyarországában nem kivételes Angyal István és Péter sorsa sem. Sokan vannak, akik ismét áldozatok lettek, mint a Nagy Imrével 40 éves korában kivégzett Gimes Miklós, akinek édesapját 1944-ben a leiberitzi koncentrációs táborban ölték meg. Anyja, dr. Hajdú Lilly pszichiáter, világhírű pszichoanalitikus képtelen volt elviselni férje meggyilkolása után fia elpusztítását, és öngyilkosként követte őket a halálba. Mások viszont, és ez az út sem kevésbé fájdalmas számunkra, maguk váltak agresszorrá.

A terapeuta számára a fájdalmas múltra való együttes emlékezés az egyetlen lehetőség, hogy megállítsuk a múlt kényszeres ismétlődését, hogy a szenvedő, bajaikat elfojtó családok ne cipeljék tovább szüleik és nagyszüleik keresztjét.

Jegyzetek

1. 1994 októbere óta — a Soros Alapítvány és más adományozók jóvoltából — a rendelés saját helyiségben működik, és a betegforgalom lényegesen megnőtt.

2. *Angyal István Saját kezű vallomásai* ed., Eörsi István, (Budapest: Pesti Szalon Könyvkiadó, 1991).

Summary

The Emergence of the Holocaust Syndrome as Reflected in Psychotherapeutic Practice

The paper is based on approximately 30 case studies conducted by the author since 1990. The difficulties in dealing with Holocaust-caused trauma in these cases were due, among other things, to the fact that many Jewish families denied their origin during the communist era, and completely failed to talk about their past and sufferings. In therapeutic groups, the survivors discussed their horrible experiences, frequently erasing the lack of communication between generations. The younger participants became acquainted with "secrets" they had never heard from their parents, strengthening their Jewish identity. The author concludes that the collective remembrance of the terrible past is one of the major means for the victims not to carry the burdens of their parents and grandparents.

The Current Stage of Research on Raoul Wallenberg

George Barany

As indicated in the concluding part of my first talk on Raoul Wallenberg, held at the March 1960 meeting of the Michigan Academy of Science, Arts, and Letters in Ann Arbor:

"The Wallenberg case retains great historical interest, especially for Swedish historians. Yet Wallenberg's humanitarian dedication and self-sacrifice lead far beyond the borders of his fatherland...

Historians in Hungary, who cannot deal with Wallenberg today, will have much to say about him in the future, because Raoul Wallenberg's name cannot be removed from the history of Hungary..."[1]

One generation ago, of course, Hungarian research on Wallenberg had to rely largely on the pioneering work of Eugene (Jenő) Lévai. The important collection of documents, edited by Ilona Benoschofsky and Elek Karsai, *Vádirat a nácizmus ellen* (Indictment of Nazism), which opens with the German occupation of Hungary in March 1944, and began publication after the Revolution of 1956, mentions Wallenberg once, in the third volume.[2] It is good to know that in the past few years, as shown by the commemorative exhibition organized on the occasion of the Swedish humanitarian's eightieth birthday in Budapest in 1992, and the concomitant international meeting as well as by the present conference, Hungarian scholars have again started to contribute to a realistic appraisal of the significance of Wallenberg's mission in Hungary and on the international scene. It suffices to refer here to the publications of Mária Ember, László Karsai, and Szabolcs Szita.[3]

In this context it is particularly fortunate that Randolph L. Braham's two-volume classic, *The Politics of Genocide* (1981), which sketches the broader historical aspects of the persecution of Jews in twentieth century Hungary, was published in a Hungarian translation: the Hungarian version of the second enlarged edition, published in New York earlier this year,[4] is currently in press. As to the literature on Wallenberg, may I mention above all the book by Wallenberg's senior colleague in Budapest, Per Anger, which has the value of a primary source.[5] Also extremely useful is Leni Yahil's chapter in Volume 9 (1989) of the multi-volume set on the Nazi Holocaust edited by Michael R. Marrus: relying on Swedish, German and other sources in the Yad Vashem archives, the Israeli historian attempts to shed light on the American, mainly Jewish American, complex financial background of Wallenberg's rescue mission.[6]

Mention should be made here of those, mainly American authors, whose works appeared in the early 1980s around the time of the granting of honorary U.S. citizenship to Wallenberg, a rare distinction indeed. I have in mind primarily the books by Elenore Lester, John Bierman, Harvey Rosenfeld and a few others. Even though not professional historians, these writers critically elaborated on the source material made public by the War Refugee Board (WRB), the CIA and the Department of State in the seventies,[7] hardly known in Hungary. For example, it was a shortcoming of the otherwise very carefully assembled Wallenberg exhibition displayed in Buda Castle in 1992 that it failed to mention the role of the WRB in the implementation of the Swedish diplomat's humanitarian activities, acknowledged again and again in Wallenberg's own correspondence.

Let us say a word about the triple roots of the Swedish diplomat's humanitarian mission. First, one may recall that the traditions of Swedish neutrality can be traced back, through World War I to the Napoleonic wars, in which Sweden still participated. Humanitarian ramifications of this neutrality were manifest during World War II, as exemplified by Sweden's efforts not only to protect Jews with Swedish citizenship in Norway after that country had been overwhelmed by Hitler but also to grant asylum to Norwegian Jews who managed to reach Swedish soil. Via diplomatic channels, to be sure, the Swedes offered to Germany to give shelter to Norway's entire Jewish population but the Nazis rejected the offer. Hence, in October 1943, when the Jews of Denmark were forced by the Germans to flee for their lives, the Swedish government announced in public its willingness to grant a haven to all Danish Jews. This gesture greatly contributed to the survival of the war by 95 percent of Denmark's Jewish population on Swedish territory.[8]

After Hungary's occupation by the Third Reich on March 19, 1944, the Swedish Legation in Budapest, directed by Minister Carl Ivan Danielsson, began without delay to offer protection to persons persecuted by the German and Hungarian Nazis. This protection was not confined to Sweden's Jewish citizens in Hungary, but was gradually extended to all those who for reasons of family relationship, business contacts, or other legitimate grounds were able to apply for Swedish citizenship. Although significantly broadened after Wallenberg's arrival in Budapest on July 9, 1944, the process itself had begun well before that date. Members of the Swedish Legation and the Red Cross mission endeavored to live up to their humanitarian duties, further, by conscientiously informing their superiors in Sweden in detail about the horrors in Hungary. Thus, Envoy Danielsson's major report of June 24, 1944, included among its annexes a German-language memorandum of over a dozen densely typed pages. It detailed the anti-Jewish measures enacted since March 20, a description of the wave of terror that commenced on March 19 with arbitrary arrests in railway stations and affected not only Jews but also other potential opponents of the newly installed regime and that culminated with the ghettoization of Jews living in the countryside, and their mass deportation from Hungary (illustrated with numerical data) between May 15 and June 10. The second annex of the same report comprised the German translation of the so-called "Auschwitz Protocols" typed on 23 single-spaced pages, which contained the testimony of two Slovak Jews who had succeeded in escaping from Auschwitz, where they were imprisoned from April 1942 till April 7, 1944, i.e., preceding the mass deportation of Hungarian Jews. According to their testimony, the number of prisoners of various nationalities sent to the gas chambers during this two-year period was approximately 1,765,000. A third attachment to the Danielsson report included the testimony of a Jew deported from Munkács on May 17, and the letter of a Jewish woman from Szolyva deported on the same day: both managed to escape immediately after their arrival in Auschwitz.[9]

The Budapest report of June 24 reached Stockholm four days later. Its impact was reflected in the telegram sent by Sweden's King to the Regent of Hungary, Admiral Miklós Horthy, on June 30, which urged him "in the name of humanity... to save those of this unfortunate people who can still be saved." A few days later information and copies of the same report were sent to the British and American envoys in Stockholm. But as Professor Braham's detailed analysis proved, both the leaders of the Western world, the Vatican, and from the end of April even the leaders of the Christian churches in Hungary (not to mention members of the Sztójay government) had been apprised of the monstrosities of Auschwitz and other German death camps and of the annihilation of Hungarian Jews. The admonitions of Pope Pius XII and President Roosevelt, of June 25 and 26 respectively, in fact preceded the request of Sweden's Gustaf V and it was largely due to this widespread foreign pressure that on July 7 Horthy ordered that the deportation of the Jews from Budapest, already predetermined by the German and Hungarian Nazis, be stopped. All this did not change the fate of the more than 437,000 Jews taken out of the country between May 15 and July 9: only 10 percent of them were found fit for work in the process of "selection" at Auschwitz the rest were gassed upon arrival.[10]

Appointed secretary to the Swedish Legation of Budapest in answer to Danielsson's requests asking for reinforcement during the spring of 1944, and to the simultaneous American prodding suggesting the same, Wallenberg no doubt read the reports sent from Hungary to Stockholm. These, as well as his encounters with U.S. Minister in Stockholm, Herschel Johnson, and the representative of the WRB in Sweden, Iver C. Olsen, prompted him to leave for his new post without delay.[11] He arrived in Hungary on July 9, two days after the Regent had halted the deportation of the Budapest Jews. This brings us to the second major source of Wallenberg's rescue mission. The American WRB, whose policies though of course independent of Sweden's foreign policy, were nevertheless coordinated with the latter by the end of spring 1944, regarding the urgency of the rescue of Hungary's Jewish population.

Established by presidential executive order on January 22, 1944, for the purpose of giving, "consistent with the successful prosecution of the war," urgent and effective assistance to the victims of enemy oppression and imminent danger of death and to secure temporary haven for them, the WRB included the secretaries of State, War, and Treasury.[12] The huge bureaucracies of these departments did not always cooperate smoothly, even in the middle of a war far from won. The question of refugees, especially Jewish ones, was of concern to the Allies, mainly Great Britain, and the Departments of War and State as well as the President as Supreme Commander could not possibly ignore this. We mention here only in passing that when the WRB's representative in Stockholm, Olsen, resolved to support Wallenberg's mission in Hungary and to finance it essentially without reservation, the new Swedish diplomat became a part, with the consent of his superiors in Stockholm, of a global American rescue action which extended, in addition to Hungary, to the Baltics, the Balkans, the Mediterranean, and the Central European, i.e., the main German war theaters as well. The Jewish aspects of this complex set of operations were analyzed in detail by two highly respected authors. David S. Wyman's volume, *The Abandonment of the Jews*, appeared in 1984 and concentrates on the war years of 1941-1945. The book by Richard Breitman and Alan M. Kraut, *American Refugee Policy and European Jewry*, casts its net wider, dealing with the entire Nazi period from Hitler's ascent to power in 1933 and focusing on U.S. refugee policy in general and its ramifications for European Jewry. Understandably, both works devote considerable attention to

Wallenberg's mission because the WRB's assistance to the
Swedish diplomat was not confined to finances. The first detailed
instructions to guide Wallenberg's rescue action was sent by the
WRB on July 7, 1944, when the Swede was in Berlin en route
to Hungary, and the latter reported regularly via Swedish
diplomatic channels to the WRB through its representative in
Stockholm, Olsen.[13]

It is noteworthy in this context that when a reluctant Hungarian
government ultimately yielded to international pressure in mid-July
of 1944, in its reply it mentioned repeatedly the WRB along with
other institutions such as the International Red Cross (IRC) and
the Jewish Agency for Palestine. Specifically approved was the
WRB's proposal to send children under the age of ten years to
Palestine under the auspices of the IRC and to give material help
to Jews interned in Hungary.[14] It may be noted that of the
approximately $20 million in private funds approved by the U.S.
Treasury for transfer abroad for private rescue and relief projects
nearly $16.5 million were provided by Jewish organizations and
less than half of the initially allocated $1 million from the
President's Emergency Fund was spent.[15]

It is evident from the WRB's directives sent to Wallenberg
through Olsen but via Swedish diplomatic channels, and also from
his entire activity in Hungary, that the WRB did not mind if its
representatives (meaning not only Wallenberg) did not always
strictly observe the rules of traditional diplomacy. This
"non-traditional" American diplomacy, which Wallenberg in a
sense joined but which the Department of State often failed to
approve, had its precedents before the creation of the WRB.
Following the French collapse in June 1940, i.e., prior to the
entrance of the U.S. into the war, an American Emergency
Committee was formed that provided hundreds of needy persons
with regular assistance in France. The representative of the
Committee, Varian Fry, helped more than a thousand political and
intellectual emigrés to leave France, mostly for the U.S.A., at times
overriding the reservations of the Department of State with the aid
of Eleanor Roosevelt. The refugees included the painters Marc
Chagall, André Breton, and Max Ernst, the sculptor Jacques

Lipshitz, Nobel prize winning biochemist Otto Meyerhoff, the writers Franz Werfel, Golo Mann, and Hans Habe, the political scientist-philosopher Hannah Arendt, the medical writer Fritz Kahn, the Spanish Catholic philosopher Alfredo Mendizabel, and many others.[16]

Naturally, the rescue action in France, which preceded the Final Solution and ended shortly after Pearl Harbor, cannot be compared in proportion or character with Wallenberg's mission. But the person heading each of these enterprises had to be a determined, unselfish, and deeply humane person, with outstanding leadership qualities. Wallenberg did possess these qualities, proved to be an excellent organizer, and also inherited his mother's indomitable character as a fighter. His success in saving so many lives in Hungary was attributable to the support of Sweden's flexible and humanitarian diplomacy and government *and* to the American war machine's purposeful single-mindedness, validated by the WRB's financial might, which aimed at saving human lives. But without appreciating the young Swede's steely humaneness rooted in his innermost and unbreakable convictions, neither his victory over German Nazism nor his tragic fate at the hand of Stalin's terror apparatus can be comprehended. And this third deep root, sprouting from Wallenberg's ethical individuality, constitutes the key to understanding his human greatness.

All this also implies that in spite of the extant rich literature on him, the future biographer of Wallenberg will have to overcome a variety of difficulties before he can complete the work on this truly heroic figure of the twentieth century. There are two reasons for this. First, we still cannot be quite certain why the Russians arrested him on January 17, 1945, and what his ultimate fate turned out to be. Second, it is a fact that from 1989 on, as Wallenberg's half-brother, Professor Guy von Dardel stated in his paper presented in Budapest in July of 1992,[17] the Russians turned over to the family a number of important personal documents and also made accessible to historians a large quantity of materials, the evaluation of which may take considerable time. It is also without precedent that Professors von Dardel and Marvin W. Makinen were allowed to study thousands of documents in archives of Russian prisons for extended periods.[18] Obviously, the significance of this work, conducted under the auspices of an official Russian (initially Soviet)-Swedish Working Group on Raoul Wallenberg," founded in May 1991, which holds its sessions several times a year,[19] goes beyond research on Wallenberg, however important he may be. It is also evident that the study of microfilmed prison registers and other materials may take years, and that in case of a change in political circumstances the continuity of the work may suffer.

As indicated by Mária Ember's paper at this session, Hungarian historians have their task cut out for them. I found it interesting, for example, that in the spring of 1952, Hungarian authorities transferred to the Soviet Union documents pertaining to the trial of a group of Arrow Cross men held in 1948, because they contained information insinuating that Wallenberg might have been assassinated by the Arrow Cross during the fighting in the Hungarian capital.[20] I was also surprised to learn that the Hungarian Foreign Ministry sent an official inquiry to its Soviet counterpart in May 1957, three months after the Soviet government acknowledged Wallenberg's capture and claimed that he had died in the Lubyanka, which raised questions concerning the fate of Wallenberg's chauffeur, Vilmos Langfelder, on behalf of the latter's family. Less surprising, yet characteristic, was the snub received from Moscow: "Comrade [Imre] Horváth [Hungary's Foreign Minister at the time] must be informed" that this kind of nosiness would only play into the hands of reactionaries in Sweden.[21]

It would be desirable, of course, to resume inquiries into the disappearance and alleged death of Langfelder, which according to the Soviets occurred well after Wallenberg's, in the spring of 1948. It would be even more necessary to investigate the peculiar relationship between the Hungarian Revolution of 1956 and the Soviet note of February 6, 1957, informing the Swedish government about Wallenberg's alleged death. In the high-level secret discussions that preceded the publication of the note less than two months after the Hungarian Revolution had been crushed by Soviet forces, the argument emerged that it would be better to acknowledge Wallenberg's death at a time when the Swedish public's indignation had culminated in the wake of the events in Hungary than to wait until anti-Soviet sentiments subsided and then generate another wave of hostility against the Soviet Union. This line of argument seems to be related to Soviet allegations according to which leading Swedish politicians, such as Prime Minister Erlander and Foreign Minister Undén, expected public animosity toward the Soviet Union to fade in time, and all but insinuated that perhaps the whole Wallenberg affair might well be blamed on Lavrenty Beria, the head of the Soviet security police.[22]

One can see that there is a good deal of work to be done by both Russian and Swedish historians. Newly emerging information on Wallenberg raises new questions, e.g., regarding the conduct and methods of the Soviet high command and top leaders of the state. Thus, according to the hand- written marginal notes of a Russian coded cable sent to Moscow on January 15, 1945, Wallenberg was not arrested because he himself sought to make contact with Soviet authorities in Benczur Street in Budapest (*sam pereshol*)—yet Soviet prison records, as recently restored, clearly refer to him as though he were a prisoner of war (*voennoplennii*) and not the diplomatic representative of a neutral country. One of the notes reveals that the secretary of the Swedish Legation felt that he was responsible for 7,000 Swedish citizens. This information coincides with the number of Jews who found shelter in the so-called Swedish protected houses according to Wallenberg's last report from Budapest, dated December 8, 1944. Hence, the figure quoted in the Soviet telegram of January 15 must indeed have come from Wallenberg. The language used in the first Soviet documents regarding his capture leaves no doubt that there was no mistake about the identity of the Swedish Legation's secretary. Whatever other information was generated and disseminated regarding such a possibility was attributable to a Soviet campaign of disinformation. It is of interest that even though the telegram ordering Wallenberg's isolation from the outside world and transfer to Moscow was sent in Bulganin's name, its copy was provided to the head of Soviet counterintelligence (SMERSH), Viktor Abakumov.[23] Hence, according to official Soviet documents in our possession so far,

Abakumov appears to be the alpha and omega of the Wallenberg affair's Soviet phase. Having said that, however, it can also be taken for granted that Bulganin, and through him Stalin and his confidants, were informed of what happened to the Swedish diplomat. The Soviet documents handed over to the Swedes suggest that Wallenberg's case was handled at the highest level of the Soviet party and state leadership.

The attitude of the Russian press and historiography toward Wallenberg has undergone a remarkable change in recent years. Articles in *Izvestiia* and *New Times* acknowledge his human greatness, but doubt that he survived the ordeals afflicted upon him.[24]

At this point we must consider two possibly interlocking factors connected with the Wallenberg case. In an article on "Hitler and Hungary," which appeared in *Századok* (Centuries) at the end of 1993, John Lukacs warns that the Germans' attitude toward Wallenberg is far from sufficiently clarified for a most critical period, the second half of 1944, especially following the coup of October 15. He points out that some of the German leaders, such as Himmler, may have connived at Wallenberg's rescue mission because by using the Swedish diplomat they intended to build a bridge for themselves to the Western Allies, at the same time driving a wedge between the latter and the Soviets.[25] As will be shown below, Lukacs is not alone with this view, and it is quite possible that similar suspicion may have motivated at least some Soviet leaders. However, before moving in this direction, let us examine another factor complicating the strange case of Wallenberg.

In December 1993, the CIA declassified a set of documents that admitted for the first time that Wallenberg's liaison man in Stockholm, Olsen, was not only a representative of the WRB and a financial officer of the U.S. Legation but also an agent of the Office of Strategic Services (OSS).[26] Whether Wallenberg, the Swedish foreign ministry or the Swedish secret service had any knowledge of Olsen's triple role is problematic. But this is perhaps less important from the point of view of Wallenberg's rescue mission than we are inclined to believe today. Olsen's repeated assurances that he never intended to use Wallenberg for intelligence work are probably true. Moreover, in order to improve cooperation between their corresponding agencies, the Americans transferred a substantial quantity of material collected by the OSS on the Baltic area to the Soviet Union, in hopes of reciprocity, which however failed to materialize.[27] It is possible that the names of both Olsen and Wallenberg may have occurred in the information shared with the Soviets. If in the affirmative, one would still have to determine which member of the Wallenberg family aroused Soviet suspicion or antagonism. It is well to remember that Jacob Wallenberg and his younger brother, Marcus, Wallenberg's cousins, who were the owners and directors of the Enskilda Bank, were the really influential members of the family. A substantial portion of the Swedish economy belonged to the sphere of interest of the Enskilda Bank. Especially during the first years of the war, neutral Sweden gave the Third Reich considerable economic as well as military-strategic assistance, first in the war against the Franco-British and later in its struggle against the Anglo-Soviet-American forces. Jacob Wallenberg had close ties with leading circles in Germany and was considered the best-informed Swede on German intentions in the war. His brother, Marcus, appears to have been in contact with both the group of Carl Goerdeler opposing Hitler and the American secret service, including Allen W. Dulles, in the last phase of the war.[28]

Wallenberg, who was younger and grew up in the home of his mother's second husband, Fredrik von Dardel, did not belong to the innermost circle of the senior members of the Wallenberg family, his uncles and older cousins. These fine threads of power and family relationship, however, may not have been known to outsiders or Soviet agents. Hence, the cause of his tragedy may have been not his mission of rescuing persecuted Jews, but rather his name, which connected him with that branch of the family that had its hands on the pulse of Sweden's economy and political life, and on which the Soviet leadership wanted to exert pressure. The fact that Marcus Wallenberg played the role of an important intermediary in Finnish-Soviet negotiations[29] must have confirmed the ideological predisposition of the Soviets that the Wallenbergs, as representatives of the bastion of capitalism in Sweden, must by definition hold the key to the control of the Swedish government[30] and this in turn may be a significant factor in the process of reshaping a new balance of power in the northern part of postwar Europe.

Thus, there remains room for hypotheses and speculation inasmuch as the most recently acquired documents and other evidence do not provide complete answers to many fundamental questions either. International interest in the Wallenberg case appears to persist, as evidenced by yet another documentary on Wallenberg shown on March 9, 1994, on Channel 2 of Dutch TV entitled "The American Connection."[31] But no matter how conscientiously a documentary film may be researched, the final word, if ever spoken, will have to be uttered by the historian, balancing carefully whatever additional evidence can be found in a matter that has so far refused to be laid to rest. Let me refer here, above all, to some new Swedish efforts in which researchers of other countries, such as Hungarians, also frequently participate.

Special consideration should be given to the Wallenberg Project conducted under the auspices of the Carolina Rediviva Library of Uppsala University. Among the Hungarians contributing to the work begun in 1989 were László Karsai, Tamás Stark, and Péter Bajtay. In the course of the project, several groups of international researchers collected over 200 interviews in eight countries, including Hungary, Israel, the U.S.A., Russia, Germany, Italy, and, of course, Sweden. The tapes have been transcribed in the original language of the interview and then translated or summarized in English. The transcripts and indexes of the interviews amount to about 10,000 pages, but the archival processing of the Oral Project has not been completed as yet. As far as could be established on the basis of a rather short visit, the material concentrates primarily on Wallenberg's activity in Hungary. It also abounds in information about other Swedish and non-Swedish rescue actions during the last and perhaps most barbaric phase of World War II. But even though this new treasure house of information has been opened for both scholarly research and instruction, critical evaluation and annotation of the material has yet to be completed—a substantial task, as it is very uneven.[32]

While the Wallenberg Project at Uppsala stresses his rescue mission in Hungary, most recent historical writings in Sweden tend to focus on the Soviet period following his capture in January 1945. In a comprehensive study entitled "Glasnost and the Opening up of Soviet Archives. Time to Conclude the Raoul Wallenberg Case?," Helene Carlbäck-Isotalo presents a critical survey of the significance of the documents released by the Russians from 1989 until the summer of 1992. Her thorough analysis relies on both the older and the new Swedish literature, and also formulates questions as yet unsolved. Aside from some oversimplifications or debatable statements, such as the allegation that it was President Ronald Reagan who made Wallenberg an honorary citizen of the United States, or the assumption that the authenticity, let alone truthfulness of the report of Lubyanka's Dr. Smoltsov about Wallenberg's alleged death on July 17, 1947, may be determined on the basis of graphologists' opinion,[33] the article's major contribution consists of an evaluation and chronological arrangement of the diplomatic correspondence and behind-the-scene negotiations relative to the Wallenberg case, primarily on the basis of hitherto unavailable Russian documentary evidence. It is difficult to disagree with Carlbäck-Isotalo's suggestion that it would be desirable if researchers could have access to the minutes taken at the time of the return of those members of the Swedish Legation in Budapest who were also detained by the Soviets in early 1945, but were subsequently allowed to return to Stockholm. Unknown to the author at the time of writing her article was the earlier mentioned coded cable sent in Bulganin's name which ordered Wallenberg's transfer from Budapest to Moscow. Had she known about it, Carlbäck-Isotalo would perhaps have considered the likelihood that both Bulganin and Stalin had personal knowledge of the kidnapping of an important neutral country's prominent diplomat, which was bound to arouse international repercussions. It is highly improbable that Abakumov would have undertaken this kind of action without Bulganin's knowledge in view of the fact that since 1944, Bulganin served on the five-member State Defense Committee headed by Stalin.[34] It is quite possible, however, that Bulganin's order was issued on Stalin's command.

To supplement the hypothesis just mentioned, and to document the need for further investigation, one may point out that according to recent Swedish information there is at least indirect proof of the Soviet dictator's personal "activity" in the initial phase of Wallenberg's calvary. Less known than the Swedish diplomat's case is the affair of two employees of the Swiss Legation in Budapest who were also taken to Moscow in March 1945 and whose capture was not acknowledged by Soviet authorities until early 1946. But while the Swiss government managed to recover its diplomats as a quid pro quo for the delivery to Moscow of Soviet refugees in Switzerland, we have no firm knowledge of either Soviet or Swedish attempts to enter into a similar deal of dubious ethical value in the case of Wallenberg. The point to be made here is that the instruction to bring the two Swiss diplomats to Moscow was allegedly given personally by Stalin, with the stipulation that the pattern of the Wallenberg case be followed.[35]

This information, apparently, was not known to Bernt Schiller at the time he wrote his book on Wallenberg, the significance of which was duly stressed by Carlbäck-Isotalo.[36] In a separate section of his work, Schiller draws a parallel between the two diplomatic incidents involving the Swiss and Swedish diplomats, perhaps synchronized by Stalin himself. Even though Schiller's analysis is not flawless, he is right in observing that the Soviet accusations brought against the Swedish diplomat must be evaluated in the context of Moscow's attitude toward the entire Wallenberg family.[37] Despite occasional errors and exaggerations,[38] Schiller's study is the most important book on Wallenberg in the last decade. This is so because Schiller, as Carlbäck-Isotalo has stated, attempts to trace those divergent threads of which the rescue of the Jews of Budapest was only one, but which, when woven together, constituted the cobweb of Wallenberg's capture by the Russians.

Wallenberg arrived in Budapest one month after the opening of the "real" second front in France, which the Russians had demanded all along, and which many high-ranking Nazis had dreaded. Wallenberg's mission to Hungary came at an opportune time for Himmler and other leaders of the SS, according to Schiller, because they were in a position to control and regulate the Swede's rescue activities in accord with their own goals. One must keep in mind that although earlier Nazi offers to "sell" Jews to the Anglo-Saxon powers had been rejected by the latter because their acceptance would have strengthened the German war machine and led to the prolongation of the war, contacts among Jewish and other rescue agencies as well as the belligerents continued, especially in some neutral countries, such as Sweden, Switzerland, and Turkey. While representatives of Jewish organizations and the WRB tried to gain time and thereby save lives in these negotiations, the Germans aimed increasingly to make contact with the Western Allies to feel out the conditions and possibilities of concluding a separate peace agreement. Schiller repeatedly stresses that Carl Goerdeler, one of the leading figures of the anti-Hitler conspiracy of July 20, the former Lord Mayor of Leipzig, was in close contact with Jacob and Marcus Wallenberg in order to eventually make use of the latter's connections with leading British circles. Further, he underscores that after the liquidation of the conspiracy, in the autumn of 1944, Himmler himself endeavored to put out a feeler to Jacob Wallenberg by using the imprisoned Goerdeler, already condemned to death.[39]

Furthermore, Schiller tells us that in February-March 1945, when Germany's foreign minister, Joachim von Ribbentrop, decided that the time for a separate peace with the Western Powers had come, one of his emissaries, Fritz Hesse, who was the press spokesman of the foreign ministry, turned to Jacob Wallenberg asking him to relay Germany's peace proposals to Churchill. Since it was also Hesse's task to find an intermediary to contact Roosevelt, he used the occasion of his visit to Stockholm to look up Iver Olsen in charge of the American financial backing of Wallenberg's mission in Hungary. By that time, naturally, the Swedish diplomat was a prisoner in Lubyanka, and even though we do not know how much the Russians knew about the details of Hesse's unsuccessful negotiations in Sweden, they certainly must have become aware of Ribbentrop's soundings in Stockholm. And as Wallenberg's "hosts" had in their possession his pocket calendar and phone booklet, which listed the names of both Olsen and Eichmann as well as of Himmler's other high-ranking representative, Kurt Becher, the circle closed around him: in the eyes of Soviet officials, promotion of the Germans' cause rather than the rescue of Hungarian Jews could have been their Swedish victim's primary task.[40]

Yet however logical Schiller's line of argumentation may appear, it is well to remember its hypothetical nature. After all, so far the Soviet charges against Wallenberg are known to us only from secondary sources, i.e., from fellow prisoners. Soviet documents made accessible in recent years mention only once (paraphrased by Molotov in April of 1956) the alleged reason for the Swedish diplomat's arrest: accordingly, he was spying for the Germans against the Soviet Union and its allies. Schiller claims, correctly, that the Germans, in particular Himmler and the SS, who held the fate of the remaining Jews in their hands, have engaged in negotiations with Jewish and non-Jewish rescue organizations in several places in part to save their own skin by releasing certain groups of Jews, and in part to be able to repel the advancing Soviet forces at the price of a separate peace with the Western Powers. Wallenberg's Hungarian rescue action fitted particularly well into Himmler's plans because his banker relatives in Stockholm were known to be advocates of a separate peace with the West, while Wallenberg himself conducted, with a measure of success, direct negotiations with Himmler's lieutenants in Budapest, reaching over the head of the German Legation in Hungary. This, however, could not but compromise neutral Sweden's newly appointed representative in the Russians' eyes. Hence, and this is the thesis of Schiller's book, "Wallenberg fell a victim to the sinister and desperate plans of Himmler to escape his ultimate fate, plans which Wallenberg to the difference of the Russians [sic!] probably never was aware of."[41]

Thus, Schiller interprets Wallenberg's humanitarian mission as well as his ultimate fate in the Soviet Union as a tragic incident of power politics on the international scene. This is the forte of his book. In this respect, Schiller's analysis is comparable to John Lukacs's relevant observations in his article on Hitler and Hungary, cited above. Lukacs is right in pointing to the need for further investigation into the Swedish diplomat's German connections. To discover the full measure of the historical truth, it would be highly desirable if, for example, documents presumably extant in the archives of the Enskilda Bank in Stockholm as well as papers of the erstwhile owners, the brothers Jacob and Marcus Wallenberg, were to be made available for historical research.

Although Schiller pays due respect to Wallenberg's courageous efforts in the interest of humanity in his rescue work on behalf of Hungary's Jews, he nevertheless presents his hero as a kind of pseudo-diplomat, who uses his Swedish diplomatic passport as a protective shield to hide his true identity as an American agent. This is a surprising shortcoming of his book: such an interpretation cannot be justified by the genesis of Wallenberg's appointment by the Swedish government to its Budapest Legation in June of 1944. Schiller's analysis also appears to deviate in this respect from those Swedish authors' pioneering views according to whom "humanitarian diplomacy" constitutes a modern and crucial new trend in the development of international relations. The fact that Wallenberg's selection by his government was coordinated with American authorities to the point of securing the latter's financial support does not invalidate the point.

Like Helene Carlbäck-Isotalo, who accepts the truthfulness and authenticity of prison physician Smoltsov's report about Wallenberg's death alleged to have occurred on July 17, 1947, Schiller also believes that in all probability Wallenberg died in 1947, and that all the testimonies claiming the contrary belong to the world of legends. Yet neither Carlbäck-Isotalo nor Schiller undertake to describe the way in which Wallenberg died or was executed. This is exactly what has been attempted in a highly controversial book published in New York shortly after the 1994 Holocaust conference ended in Budapest.

The author of the work, Pavel Sudoplatov, was a high ranking officer of the NKVD in charge of "Special Tasks" (e.g., the assassination of Trotsky) from 1939 till the fall of Beria in 1953.[42] Chapter 9 of the memoirs, entitled "Raoul Wallenberg, LAB X, and Other Special Tasks," is of particular interest, and not only because of its observations regarding the case of the Swedish diplomat. In fact, Chapter 10, "The Jews: California in the Crimea," is relevant as well. According to Sudoplatov, who disclaims any direct link to the case, Wallenberg, arrested in Budapest by Soviet military intelligence, was executed clandestinely in the Lubyanka in 1947. Wallenberg's arrest and the type of treatment meted out to him, says Sudoplatov, "all fit the pattern of a recruitment effort gone bad. Fear that the attempt to recruit him would be exposed if Wallenberg were released led to his elimination as an unwanted witness." Sudoplatov scrutinizes Wallenberg's fate in the context of the whole Wallenberg family's relationship with the Soviet Union. He points out that the clandestine links of the bankers with the Soviet government began in 1942, when the Soviet aviation industry managed to get desperately needed Swedish high-tensile steel thanks to the good offices of the Enskilda Bank. Likewise important was the role of the Wallenberg brothers, particularly Marcus, in the Swedish mediation in the negotiations that ultimately led to the conclusion of a Finno-Soviet armistice in September of 1944.[43]

As to Wallenberg's far-from-accidental arrest in Budapest, Sudoplatov explains it by Stalin's and Molotov's intention to blackmail the family whose Western contacts they wanted to exploit to create a better bargaining position for the Soviet Union at the end of the war. Sudoplatov believes that Stalin intended to recruit Wallenberg as a Soviet agent in order to enlist his help in promoting greater participation of international capital in the postwar reconstruction of the Soviet Union by insinuating the possibility of the establishment of a Jewish national home in the Crimea. He cites an order allegedly given to him orally by Beria in 1945, telling him to disseminate rumors about the establishment of an autonomous Jewish republic in the Crimea in order to allay British worries regarding Palestine. Soviet military intelligence, accordingly, had instructions to closely watch Wallenberg's activities, especially his contacts with the Germans. Since

Wallenberg had to negotiate with German security organs rather frequently, precisely in the interest of his Jewish protégés, this rendered him particularly vulnerable. In this context, Sudoplatov refers to his erstwhile colleague, Lieutenant-General Aleksander Belkin, a former deputy head of SMERSH, the counterintelligence service, who was supposed to have seen Wallenberg's file before its disappearance; there, Wallenberg was identified as "an established asset of German, American, and British intelligence." Sudoplatov also mentions a Russian emigré turned Soviet agent in Budapest, Kutuzov, whose reports described the Swede as a German spy or double agent; hence, presumably, the Soviet idea "to recruit Raoul Wallenberg and through him promote the cooperation of his family with Soviet representatives in Scandinavia."

According to Sudoplatov's account, Wallenberg travelled in a luxury railroad car, received special food, and was regarded as a guest when brought to Moscow, even though under guard. As a prisoner, first in Moscow's Lefortovo prison and then in the internal jail of the Lubyanka, where he was moved after "tough interrogation"—and where "VIPs and foreigners were held who were scheduled for either recruitment or liquidation"—the goal of the upper leadership was "to develop him as an agent," i.e., to obtain his cooperation to manipulate his family and/or the Swedish government. To be sure, Sudoplatov admits that in spite of the relative comfort of the hotel-like internal jail of the Lubyanka, during Stalin's time "this was a dangerous place because it was next door to the office of the Kommandatura of the NKVD, where all death sentences were carried out..."[44]

With the expertise of the insider, Sudoplatov details the operation of the toxicological laboratory that operated under the auspices of the NKVD, mentioned as LAB X in official documents. The director of the laboratory, Professor G. M. Maironovsky, did research on lethal gases and the impact of poisons on malignant tumors. But in addition to their research, Maironovsky and his coworkers used their poisons to carry out death sentences ordered by chiefs of the secret police or their deputies, such as Beria or his predecessor, Nikolay Yezhov, on

persons designated by the highest party and state authorities. On
the basis of alleged testimonies of unnamed witnesses, Sudoplatov
thinks that when Wallenberg's case reached a dead-end in
mid-1947 because he was unwilling to cooperate with his Soviet
custodians, he "was killed by Maironovsky, who was ordered to
inject him with poison under the guise of medical treatment." The
pertinent order was supposedly issued by Molotov, following a
report of May 13, 1947, submitted by deputy foreign minister
Andrej Vishinsky; Molotov also instructed minister of security
Abakumov to report to him about the execution of the order.

Aside from describing the procedures followed in such highly
classified matters, Sudoplatov suggests that there must be
additional secret documents on Wallenberg's case, in spite of the
disappearance of his file. He specifically refers to a sealed
envelope marked "Top Secret," which would have contained the
detailed records of those poisoned in Maironovsky's laboratory,
including the names of those who carried out the executions of
the unwanted victims on higher orders. According to Sudoplatov,
the envelope was taken to the secretariat of the Politbureau after
Beria's arrest, but its contents should still exist. He offers a number
of clues as to which archives and papers of leading Soviet
personalities should be thoroughly researched for still missing
reports and other documents relevant to the cover-up of the
Wallenberg affair, which he compares to that of the Polish officers
assassinated at Katyn and in other camps and to a number of other
infamous cases. Sudoplatov also believes, ironically, that "it is
likely that the ashes of Wallenberg, Yezhov, and Beria are buried
in the same common grave" of the Donskoi crematory, Moscow's
only one until 1965...[45]

It may well be that Sudoplatov overestimates the reliability of
the management of secret Soviet archives. One may also assume
that there are errors and overly speculative allegations in those
sections of his reminiscences which deal with Wallenberg, as there
were misleading statements and arbitrary distortions pointed out at
the time of the book's publication by critics in the media regarding
his treatment of nuclear research and scientists in the U.S.A. Even
if it is true that his involvement in the case of Wallenberg may

have been only indirect and confined to passive awareness of what was going on, he was not a neutral and disinterested observer. In fact, the credibility and significance of his account derive from the circumstance that Sudoplatov is so far the first former responsible leader of the Soviet state security apparatus whose memoirs attempt to give a coherent, albeit not always complete or satisfactory, picture of the Swedish diplomat's removal to the Soviet Union by force, of the way he was murdered, and of the presumed rationale of both his kidnapping and ultimate fate. His impressive knowledge of persons, institutions, as well as methods and instruments of killing in the upper echelons of the Soviet state make it impossible to ignore either Sudoplatov's factual or hypothetical interpretations, let alone the leads suggested by him for further research of the Wallenberg case, which he rightly regards, without explicitly saying so, as a paradigm for the comprehension of the essence of the *modus operandi* of the Soviet brand of *raison d'état*.

The authenticity of Sudoplatov's tract about the biological laboratory attached to the NKVD for the purpose of executing those Soviet or foreign persons designated as enemies of the state or as potentially dangerous eyewitnesses of crimes committed by party or state authorities is borne out by his close friendship with the director of the laboratory, Professor Maironovsky, as well as by the fact that they were both Beria's men and that after the latter's fall Sudoplatov too was imprisoned for fifteen years. Among the three charges of the original indictment against him, the second accused him of having "carried out secret assassinations of people hostile to Beria by administering poisons" and the third of having "supervised the work of the toxicological laboratory that tested poisons on people condemned to death" from 1942 to 1946. Whatever validity one may attribute to these charges, Sudoplatov's first-hand knowledge of the work of LAB X at the time of Wallenberg's imprisonment in the Lubyanka appears to be certain.

In the course of discussing his own trial, Sudoplatov mentions three sealed envelopes which he kept in his safe and which contained official requests for the elimination of several persons "made by the highest authority, which was then Stalin, Molotov,

Malenkov, Khrushchev, and Bulganin." He admits that in four of
these cases he participated in making it seem that the executed
persons died of natural causes. Not without professional pride,
even as a bow to historical necessity, he describes in detail his
leading role mandated by Stalin and Beria in organizing Trotsky's
assassination in Mexico. In spite, or perhaps because of his
rehabilitation in October 1991, 33 years after his sentencing by that
Soviet power which had *de facto* collapsed in August,[46] there can
be little doubt that there is plenty of blood on the hands of this
loyal servant of twentieth century Europe's second-most criminal
regime. Nevertheless, Sudoplatov's observations on the Wallenberg
case cannot be taken lightly by future researchers. Nor did
members of the Swedish-Russian Working Group wish to ignore
them: since the memoirs appeared just on the eve of the Group's
Moscow session in April, the Swedish delegation formulated a set
of questions to which it hoped to get a reply with the assistance
of its Russian counterpart.[47]

Yet, even if this official inquiry somehow manages, perhaps
with the help of Sudoplatov's coauthor son, to establish direct
contact with the by now 87 year old Sudoplatov, research must
go beyond the allegations of this former lieutenant general of the
NKVD. To be sure, Sudoplatov is the first in the vast literature
on Wallenberg to see a direct link between the Swede's
imprisonment and the alleged plan to establish a Soviet Jewish
Autonomous Crimean Republic of which the great Soviet Jewish
actor, Solomon Mikhoels, was the foremost advocate and also the
first victim, assassinated upon Stalin's instruction.[48] If Sudoplatov's
claims turn out to be correct in this respect, it may well happen,
in an irony of history, that just as Himmler wanted to save his
own skin by putting up for sale Jewish survivors of the Holocaust,
Stalin also intended to play the Jewish card"—also without
success. In both cases, the fatal blow fell on the unfortunate Jews
and a man who helped them, Wallenberg.

In less rhetorical terms, Schiller's important analysis of
Wallenberg's fate and Sudoplatov's far-from-disinterested yet
provocative account do not necessarily contradict but may rather
supplement one another. And if further research proves true that

Wallenberg, who successfully opposed the Nazis' inhumanity, did indeed have the moral strength to refuse to cooperate with his jailers even after two-and-a-half years of physical and psychological torment inflicted on him during his illegal imprisonment in Russia, and that he had to pay with his life for his stand, one may well conclude that this Swedish hero of the twentieth century managed to attain the rare virtue in history of remaining true to himself and to the humanitarian values he set out to preserve.

Notes

This essay is a revised and considerably enlarged version of the paper given in Budapest at the three-day International Scholars' Conference on "The Holocaust in Hungary: Fifty Years Later" on April 6, 1994. I should like to seize this opportunity to express my thanks to the Rosenthal Institute for Holocaust Studies of the Graduate School and University Center of The City University of New York and to the University of Denver Center for Internationalization for their financial assistance, which made my participation in the Budapest conference and research in Sweden, respectively, possible.

1. G.B. Freed (pseud. George Barany), "Humanitarianism vs. Totalitarianism: The Strange Case of Raoul Wallenberg," *Papers of the Michigan Academy of Science, Arts, and Letters*, vol. XLVI, 1961, p. 526.

2. Jenő Lévai, *Raoul Wallenberg: Hjälten i Budapest* (Raoul Wallenberg: Hero of Budapest) (Stockholm: Saxon & Lindströms, 1948); Ilona Benoschofsky and Elek Karsai, eds., *Vádirat a nácizmus ellen* (Indictment Against Nazism) (Budapest: Magyar Izraeliták Országos Képviselete, 1958-1967), 3 vols. (See p. 592 of vol. 3). Presumably vol. 4 of the set, to be edited by László Karsai, which will deal with the period following October 15, 1944, will include several hitherto unpublished documents referring to Wallenberg.

3. Mária Ember, *Ránk akarták kenni* (They Wanted to Blame It on Us) (Budapest: Héttorony Könyvkiadó, 1992); —., "A Wallenberg-ügy szovjet levéltári anyagok fényében" (The Wallenberg Affair in the Light of Soviet Archival Materials), presented at the International Scholars' Conference on the Holocaust in Hungary: Fifty Years Later, April 1994, Budapest; László Karsai, Raoul Wallenberg, Budapest, October 15,

1944-January 17, 1945," presented at the International Conference held in July 1992, in Budapest, on the occasion of Raoul Wallenberg's eightieth birthday; Szabolcs Szita, "Wallenberg naptára" (Wallenberg's Calendar), *Mai Nap* (Today), March 6, 1993; —., "Zum Budapester Wirken und Verschwinden von Raoul Wallenberg," *David*, vol. V, no. 19, December 1993, pp. 26-30.

4. Randolph L. Braham, *The Politics of Genocide: The Holocaust in Hungary*. Revised and enlarged edition (New York: The Rosenthal Institute for Holocaust Studies/CUNY, 1994), 2 vols.

5. Per Anger, *With Raoul Wallenberg in Budapest* (New York: Holocaust Library 1981). A useful supplement to Anger's book is an eight-hour long interview, prepared by Paul A. Levine, with the Swedish diplomat in Stockholm in March 1990, for the Wallenberg Project at Uppsala University. Its English typescript can be found in the library's manuscript division: W.R. 002.

6. Leni Yahil, "Raoul Wallenberg - His Mission and His Activities in Hungary" in *The Nazi Holocaust*, Michael R. Marrus, ed. (Westport, CT: Meckler Corporation, 1989), Vol. 9, pp. 398-444.

7. Elenore Lester, *Wallenberg: The Man in the Iron Web* (Englewood Cliffs, NJ: Prentice-Hall, 1982); John Bierman, *The Righteous Gentile* (New York: Viking, 1981); Harvey Rosenfeld, *Raoul Wallenberg: Angel of Rescue* (Buffalo, NY: Prometheus Books, 1982); Kati Marton, *Wallenberg* (New York: Random House, 1982); Frederick E. Werbell and Thurston Clarke, *Lost Hero: The Mystery of Raoul Wallenberg* (New York: McGraw Hill, 1982). The collection of congressional documents, *H.J.Res. 220, U.S. House of Representatives*, 97th Congress, 1st Session (June 4-9, 1981), printed for the first time numerous records of the State Department, CIA, and WRB pertinent to Wallenberg's rescue mission: it was compiled in connection with awarding honorary U.S. citizenship to Raoul Wallenberg, a distinction conferred previously to only two foreigners, the Marquis de Lafayette and Winston S. Churchill. It was the Hungarian-born California Congressman Tom Lantos who initiated the legislation: he and his wife were both eyewitnesses and victims of Nazi persecution in Hungary.

8. Steven Koblik, *The Stones Cry Out* (New York: Holocaust Library, 1988), pp. 33, 38, 59-66, 203, 208-9, 220-22. Koblik's pioneering study, which includes a section of important documents, is an exemplary analysis of the reaction of Swedish society and politics to the persecution of Jews between 1933 and 1945. In addition to the role of humanitarianism, it also stresses the interest of Swedish foreign policy

in developments of World War II as reflected in the unfolding of a variety of rescue actions.

9. Report of Minister Danielsson, No. 127, June 24, 1944. *Swedish Blue Book* I, The Raoul Wallenberg Committee of the United States. Canadian Professor Rudolf Vrba, co-author of the "Auschwitz Protocols," was a participant in the 1994 Budapest Conference on the Holocaust in Hungary.

10. Koblik, *The Stones Cry Out*, pp. 67-69, 241-45; Braham, *Politics of Genocide*, vol. 2, 792-805, 824-49, 880-87 and *passim*.

11. For the Swedish Legation's humanitarian activities prior to Wallenberg's arrival in Budapest, see, in addition to Braham's and Koblik's works mentioned above, Paul A. Levine's paper at the 1994 Budapest Conference, "Sweden's Response to the Holocaust in Hungary (March-July, 1944)." The date of the cable informing the Swedish Legation in Budapest about Wallenberg's appointment is June 21, 1944. On the same date, Stockholm also notified the Legation about Professor Valdemar Langlet's appointment as representative of the Swedish Red Cross; Langlet had taught in Budapest earlier. U.S. Minister Johnson reported both appointments to the Department of State in his cable of June 21, 1944, from Stockholm. Koblik, *The Stones Cry Out*, pp. 240-41. In Wallenberg's pocket calendar, returned by representatives of the Soviet government to his family in October 1989, the entries of June 12, 15, and 28, 1944, refer to his encounters with WRB representative Olsen and Minister Johnson. Cf. Nina Lagergren and Sonja Sonnenfeld, "First-hand Report From Moscow," *Newsletter*, no. 6, December 1989, The Raoul Wallenberg Committee of the United Sates, pp. 1, 4. (For a copy of the pocket calendar and Wallenberg's Budapest telephone booklet I am indebted to Ms. Susanne Berger, Kensington, Maryland.) For the humanitarian activities of Professor Langlet and his wife, see Nina Langlet, *Kaos i Budapest* (Chaos in Budapest) (Vällingby, 1982); Hungarian translation by Ágnes Harrach: *A svéd mentőakció, 1944* (The Swedish Rescue Campaign, 1944) (Budapest: Kossuth, 1988).

12. *United States Government Manual*, p. 59, "War Refugee Board" (Summer 1944). For the refugee policies of England and the U.S.A. preceding the establishment of the WRB and their justification, see Monty N. Penkower, "Jewish Organizations and the Creation of the U.S. War Refugee Board" in *Reflections on the Holocaust*: a special Issue of *The Annals of the American Academy of Political and Social Science*, July 1980, pp. 122-39.

13. David S. Wyman, *The Abandonment of the Jews* (New York: Pantheon Books, 1984), pp. 235-54; Richard D. Breitman and Alan M. Kraut, *American Refugee Policy and European Jewry, 1933-1945* (Bloomington and Indianapolis: Indiana University Press, 1987), pp. 210-17.

14. Braham, *Politics of Genocide*, vol. 2, pp, 885-86.

15. *H.J.Res. 220, U.S. House of Representatives*, pp. 32-33.

16. Varian Fry, *Assignment: Rescue*. With an introduction by Dr. Albert O. Hirschman (New York: Scholastic, n.d. [1992]), pp. 109-12, 160-69, 181-83.

17. Guy von Dardel, "The Search for Raoul Wallenberg." The international seminar was held on the occasion of Wallenberg's eightieth birthday in Budapest in July 1992, under the joint auspices of the Institute of History of the Hungarian Academy of Sciences and the Swedish Raoul Wallenberg Institute for Human Rights. I should like to express my thanks to Dr. Attila Pók, secretary of the Institute of History for having made available to me, in copy, the papers presented at the seminar.

18. Dr. Marvin W. Makinen, Professor of the Biochemical Department of the University of Chicago, who was himself arrested and taken to Vladimir prison when he was an exchange student during the 1960s, is the only American member of the Swedish-Russian Working Group. Its last session was in Moscow in April 1994.

19. The earlier international committee, which tried to locate Raoul Wallenberg, initiated and chaired by Professor von Dardel, is currently not in session.

20. *Sluzhebnaia zapiska v 5 evropeiskii otd'el i spravka vengerskoi prokuraturi, poluchennaia iz posolstva SSSR v Vengrii, o dannich na Raula Vallenberga. 13 marta 1952 g.* (Memorandum to the 5th European Department and Transcript of the Hungarian Public Prosecutor's Office, Received from the Embassy of the USSR in Hungary About Data Relevant to Raoul Wallenberg, March 13, 1952). From the Russian material given to the Swedish side on October 30, 1991. U.S. Committee on Raoul Wallenberg, New York. People's Court, Budapest, Case No. 1,3355/1948: Against Sándor Bokor and his accomplices; Report by State Procurator Dr. László Egri, January 29, 1952. Károly Müller, an alleged close co-worker of Wallenberg, refers in his testimony to his encounter with Wallenberg on January 15, 1945.

21. *Soprovoditelnoe pismo posolstva SSSR v Vengrii i spravka, poluchennaia ot MID Vengrii, otnositelno ustanovlenia mesta nachozhdenia V. Langfeldera. 7 maia 1957 g.* (Cover Letter of the

Embassy of the USSR in Hungary and Note, Received from the Foreign Ministry of Hungary Regarding the Establishment of the Whereabouts of V. Langfelder, May 7, 1957). *Ibid.*

22. *Zapiska V.M. Molotova i I.A. Serova v TsK KPSS s prilozheniami i chernovimi variantami. 28 aprelia 1956 g.; Dokladnaia zapiska zam. nachalnika Komiteta Informatsii pri MID SSSR I.I. Tugarinova A.A. Gromiko. 30 dekabra 1956 g.* (Memorandum of V. M. Molotov and I. A. Serov to the Central Committee of the Communist Party of the Soviet Union with Enclosures and Draft Versions, April 28, 1956; Report of I. I. Tugarinov, Deputy Head of the Information Committee of the Foreign Ministry of the USSR to A. A. Gromyko. December 30, 1956). *Ibid.* It is evident from the Soviet documents that on the basis of testimonies given primarily by former German prisoners permitted to return home from the Soviet Union from 1955 on, who spent time with Wallenberg and Langfelder in Soviet prisons, the Swedish government succeeded in convincing the Soviet leadership that Wallenberg's kidnapping to the Soviet Union can no longer be denied. By the end of April 1956, Molotov and KGB head Ivan Serov reached agreement concerning the essence of the reply to be given to the Swedes as well as the dilatory tactics to be followed in admitting Soviet responsibility for Wallenberg's alleged death. Accordingly, in their joint proposal to the Communist Party's Central Committee, they suggested to dispatch the Soviet note to Stockholm two to three months after the Swedish elections to be held in September 1956. But due to the Hungarian anti-Soviet October Revolution and its brutal quelling by Soviet forces, Swedish-Soviet relations hit a low point comparable to their status at the time of the Finno-Soviet war. A memorandum prepared for Soviet deputy foreign minister Gromiko on December 30, 1956, intended to solve this dilemma by arguing against any further delay in answering the renewed Swedish inquiries. For further details, cf. Helene Carlbäck-Isotalo, "Glasnost and the Opening Up of Soviet Archives: Time to Conclude the Raoul Wallenberg Case?" *Scandinavian Journal of History*, vol. 17, 1992, pp. 191-98.

23. For copies of this exchange of telegrams, I am indebted to Professor Makinen.

24. See Ella Maksimova's articles in *Izvestia*, no. 63, April 6, p. 7 and no. 103, June 3, p. 5, 1993. (The co-author of the first article is Valerii Reshetnikov); also, the earlier piece by Vladimir Peshchersky, "Legends and the Truth About Raoul Wallenberg," *New Times*, 1989, no. 22, May 30-June 5, pp. 38-41. Cf. the report quoted above by

Wallenberg's half-sister, Nina Lagergren and Sonja Sonnenfeld (see Note 11).

25. John Lukacs, "Hitler és Magyarország" (Hitler and Hungary), *Századok* (Centuries), vol. 127, no. 1993, pp. 753-54.

26. The Office of Strategic Services (OSS) was the intelligence-gathering agency of the U.S.A. during World War II, and thus the predecessor of the CIA. The latter was established by law only in 1947, whereas the OSS ceased after the end of hostilities in 1945. Regarding Wallenberg, see the two memoranda of January 9 and February 21, 1990, respectively, in RG 263. *Records of the C.I.A. Raoul Wallenberg. Personality Files.* Boxes 1-2. National Archives Military Branch, Washington, DC. My thanks are due to Mr. John E. Taylor for the kind assistance with which he helped me during my research in Washington, DC, as well as in the course of my inquiries over the phone and in writing.

27. Tom Bower, *The Red Web* (London: Aurum Press, 1989), pp. 42-43. For Olsen's activities in German-occupied Lithuania, Latvia, Estonia, and Finland, as well as Romania, Hungary, Germany and even Sweden, see his letters of August 10 and 14, 1944, to J. W. Pehle, President of the WRB, in Pehle to Secretary of the Treasury Henry Morgenthau, Jr., "August 31, 1944." *Morgenthau Diary*, Book 767, pp. 183-190. Copy in the Manuscript Department of the U.S. Committee on Raoul Wallenberg, New York. My thanks to President Rachel Oestreicher Haspel and her coworkers for their generous help in my research conducted on the premises of the Committee as well as the friendly guidance given me whenever I needed it.

28. For Sweden's role in World War II, cf. Gerhard L. Weinberg, *A World at Arms* (Cambridge; Cambridge University Press, 1994), pp. 72-73, 77-78, 103-5, 119-20, 174-75, 195, 278, 358, 395-96, 781-82, 810. For the interlocking of Swedish public works companies, the Enskilda Bank, and the private affairs of the Wallenberg family, as well as for the considerable increase in the exportation of Swedish iron ore, ballbearings, communications and other military equipment to Germany during the war, cf. the data gathered by the OSS. The same material also contains rather interesting character sketches of the brothers Jacob and Marcus Wallenberg as well as references to the American blacklisting of the Wallenberg brothers and the Enskilda Bank at the end of the war for their alleged assistance in helping German enterprises and other property holders in the U.S.A. to escape wartime American restrictions and control measures aimed at "blocking" enemy property. RG 226,

Entry 125A. National Archives, Washington, DC. I am grateful to Professor Christof Mauch (Tübingen - Cologne) for having called my attention to the contacts between Allen Dulles and Marcus Wallenberg, and to the peace feelers both Goerdeler and Himmler intended to put out through the latter to the Western Allies. For additional information on the contacts between Allen Dulles, the Enskilda Bank in Stockholm, and Marcus Wallenberg, see Peter Gross's *Gentleman Spy* (Boston: Houghton Mifflin, 1994), pp. 135, 319.

29. Marcus Wallenberg's role as a go-between during the Finnish-Soviet negotiations in 1941-1944 is stressed by John A. Lukacs, *The Great Powers and Eastern Europe* (New York: American Book Company, 1953) pp. 285-86, 429-30, 760, n. 17.

30. See Foreign Minister Molotov's characterization in his report of April 2, 1956, to the Central Committee of the Party Presidium: "...the Wallenberg family is one of the great monopoly-capitalists, who has influence on Swedish business and government..." Cited by Carlbäck-Isotalo, "The Opening Up of Soviet Archives," p. 193.

31. Information kindly provided by Dr. John Eliot, one of the editors of the documentary. Dr. Eliot was also good enough to let me have a video cassette of the film, the Dutch co-editor of which is Mr. Bert Vos. It is interesting to note that according to former CIA Director William Colby, who was interviewed in the documentary, the very fact that Wallenberg sent his reports under his own name to Olsen contradicts the assumption that he might have been a secret agent of the OSS; nor do American reports refer to him by a code name.

32. Tamás Stark, "The Raoul Wallenberg Project," paper presented at the international seminar held on the occasion of Wallenberg's eightieth birthday in Budapest, July 1992; Paul A. Levine, "Oral History and the Holocaust," *Multiethnica*, vol. 10, 1992, pp. 6-10. I should like to express my gratitude to Mr. Levine for his manifold assistance extended to me during my stay in Uppsala.

33. Carlbäck-Isotalo, "Glasnost and the Opening Up of Soviet Archives," pp. 179-181.

34. Donald W. Treadgold, *Twentieth Century Russia*, 7th ed. (Boulder, CO: Westview Press, 1990), pp. 339 and 428.

35. I am indebted to Dr. Hans Magnusson, Assistant Under Secretary in the Swedish Foreign Ministry and Chairman of the Swedish Section of the Swedish-Russian Working Group on Wallenberg, for this information (March 22, 1994).

36. Carlbäck-Isotalo, "Glasnost and the Opening Up of Soviet Archives," pp. 202-4.

37. Bernt Schiller, *Raoul Wallenberg* (Berlin: Neues Leben Verlag, 1993), pp. 164-68.

38. For example, when he refers to Vilmos Böhm, an important leader of the Hungarian Social Democratic Party who lived in exile in Stockholm during the war and cooperated with the British and American secret services, as a Soviet agent. *Ibid.*, pp. 178-81. Likewise questionable is Schiller's contrast to the two Swiss diplomats, who according to him "were real employees of the legation unlike Wallenberg, who used his diplomatic status to cover up the task assigned to him by the Americans." Schiller ignores the fact that on December 24,1944, one of the two Swiss diplomats in question, Harald Feller, signed on behalf of the Swiss Legation that collective diplomatic note, which was initiated by Swiss Consul Carl Lutz and Wallenberg together and was signed by Papal Nuncio Angelo Rotta as well as Sweden's Minister Danielsson, and which protested in the name of the neutral countries against the intended transfer ordered by the Szálasi regime of 6,000 Jewish children from houses protected by the Red Cross to the ghetto. Braham, *The Politics of Genocide*, vol. 2, pp. 983 and 1015, n. 99. Schiller also fails to take into account that long before Wallenberg's arrival in Budapest, as indicated above, the Swedish Legation had asked Stockholm to send an employee especially assigned to the handling of Jewish affairs, a request also submitted quite independently to the Swedish government by the American side, i.e., the WRB.

39. Schiller, *Raoul Wallenberg*, pp. 104-10.

40. *Ibid.*, pp. 171-78. Schiller claims that the main subject of the negotiations between Wallenberg and Becher was to provide Swedish protective passports for 100 employees of the major Hungarian industrial enterprise Manfred Weiss, whose owners had been permitted to leave Hungary before Wallenberg's arrival in return for "selling" the enterprise to the Germans. To implement the deal, however, Eichmann's consent was also needed. *Ibid.*, pp. 90-101, 125-29.

41. The quotation is from the English-language abstract of the original Swedish edition of Schiller's book, which is not included in the German version. Bernt A. Schiller, *Varför ryssarna tog Raoul Wallenberg?* (Why Did the Russians Take Wallenberg?) (Stockholm: Bokförlaget Natur och Kultur, 1991).

42. Pavel Sudoplatov and Anatoli Sudoplatov, with Jerrold L. and Leona P. Schecter, *Special Tasks* (Boston: Little Brown, 1994). Chapter

9 (pp. 265-84) focuses on the Wallenberg case. The main controversy surrounding Sudoplatov's memoirs was generated by the claim that in addition to the western "atom spies" Klaus Fuchs and Bruno Pontecorvo, scientists such as J. Robert Oppenheimer, Enrico Fermi, Niels Bohr and Leo Szilard are also alleged to have provided the Soviet Union with top secret information about nuclear research in the United States.

43. *Ibid.*, pp. 265-67. See also the text above and Note 29.
44. *Ibid.*, pp. 267-69.
45. *Ibid.*, pp. 269-76.
46. *Ibid.*, pp. 396-99 and 482.
47. I am indebted to Professor Makinen for this information.
48. Sudoplatov, *Special Tasks*, pp. 295-98.

——— *** ———

Összefoglalás

A Raoul Wallenberg kutatás helyzete

Bevezetőképp a tanulmány rámutat, hogy bár Wallenberg embermentő magyarországi missziója a vészkorszak szerves része, 1947 óta magyar történészek csupán a legutóbbi években fogtak újból hozzá a svéd humanista-diplomata 1944 júliusban megkezdett tevékenységének kutatásához. Erre az indítékot a kommunista egypártrendszer összeomlása, történelmi keretét Randolph L. Brahamnek a Holocausttal foglakozó, magyarra is lefordított műve, és a magyarországi Holocaust irodalomnak még a rendszerváltást megelőző izmosodása adták meg. A magára Wallenbergre vonatkozó legfontosabb nemzetközi irodalom áttekintése után részletesen szó esik a Wallenberg küldetését megelőző svéd és amerikai, az 1944 márciusi német megszállást követő diplomáciai és humanitárius erőfeszítésekről, melyek együttesen vezettek hivatalos kinevezéséhez, ill. missziójának a War Refugee Board által történt anyagi fedézéséhez. Rámutat a tanulmány Wallenberg etikus egyéniségének fontosságára, majd rátér az oroszok 1989 óta Wallenberg családjának, ill. a svéd kormánynak átadott személyi tárgyak és okmányanyag rövid elemzésére és kutatásuk néhány fontosabb problémájára. Utal az oroszok Wallenberg-kutatással kapcsolatos megváltozott magatartására, az amerikai CIA által legújabban felszabadított okmányokra, s a svédek uppsalai Wallenberg archivumára, melynek gyűjtéséhez és feldolgozásához magyar kutatók is hozzájárultak. Foglalkozik a cikk a legújabb svéd Wallenberg irodalommal, így különösen Berndt Schiller művével, amely az SS egyes vezetőinek, főképp Himmlernek a nyugati különbékére vonatkozó háborúvégi terveit hozza összefüggésbe a Wallenberg családdal, s mérlegeli a szovjet vezetőség erre történt reagálását. Végül ismerteti a tanulmány kritikailag Szudoplatov volt NKVD tábornok budapesti konferenciát követően megjelent emlékiratai Wallenberggel foglalkozó részeit. Ezek jelentőségét az adja meg, hogy a könyv első ízben ad magasrangú, Berijához közelálló szovjet főtiszt tollából átfogó képet arról, hol, hogyan, s miért is mérgeztette meg Sztálin nemzetközi feltünést kockáztatva egy prominens svéd család diplomata sarját.

A Wallenberg-ügy szovjet levéltári anyagok fényében

Ember Mária

Dolgozatomnak azt a címet adtam ugyan, hogy a Wallenberg-ügy „szovjet levéltári anyagok fényében", de helyesebb lett volna úgy fogalmazni, hogy szovjet levéltári anyagok homályában. Az a többkilónyi aktamásolat, amit a volt szovjet külügyi-belügyi hatóságok 1989 és 1991 között a Wallenberg-ügyre vonatkozóan átadtak a svéd királyi külügyminisztériumnak, valójában nem segít megvilágítani az ügyet, hanem továbbra is homályba burkolja azt.

Mindezeket az iratmásolatokat áttanulmányozva sem tudjuk meg ugyanis, miért tartóztatták le a szovjet szervek 1945. január közepén Budapesten Raoul Wallenberg svéd követségi titkárt, miért rabolták el, vitték Moszkvába, börtönözték be és — bármilyen halállal halt is — gyilkolták meg. Mivel vádolták, mi keltette fel gyanújukat, mit akartak fogva tartása révén elérni? Ha ezt reméltük volna kihámozni azokból az iratokból, amelyeket részben a KGB titkos irattárából, részben a szovjet külügyminisztérium legszigorúbban őrzött archívumából, részben a Szovjetunió Kommunista Pártja Elnökségének zárt irattárából gyűjtöttek össze és küldtek Stockholmba ezzel megbízott szovjet szakemberek, akkor mélységesen csalódnunk kellett. Az ügyről magáról semmit sem tudunk meg.

A körülményekről ellenben, amelyek között ez az ügy lejátszódott, számos olyan információ birtokába jutunk, amelyekről eddig nem lehetett tudomásunk. Induljunk ki mindenekelőtt a hírhedt Visinszkij-jegyzékből, amelyet 1947. augusztus 18-án nyújtottak át Moszkvában a svéd követnek, Robert Sohlmannak. Ebben az írásműben olvasható a sokat idézett sor (szovjet részről, hivatalosan, tíz éven át kitartottak mellette): „Gondos vizsgálat eredményeként

megállapítást nyert, hogy Wallenberg nem tartózkodik a Szovjet-
unióban, és személye előttünk nem ismeretes."

Ahhoz képest, hogy nem tartózkodott a Szovjetunióban és nem
is ismerték, elég sokat foglalkoztak vele! — gondolhatnánk a
Stockholmnak átadott aktakötegeket tanulmányozva. Mégpedig a
legeslegmagasabb szinten, fel, egészen Sztálinig. Legyen szabad
most egyelőre még csak a dátumokat felsorolnom, olyan napok
keltét, amikor Raoul Wallenberggel kapcsolatban legfelső szinten
szentelődött figyelem az ügynek:

1945. november 18.
1946. február 3.
    március 20.
    július 17.
    december 13.
1947. április 2.
    május 14.
    július 7.
    július 22.
    augusztus 9.
    augusztus 18.
    augusztus 19.

Az 1948-as évre vonatkozóan az átadott aktamásolatokban nincs
adat. 1949-ben, 1950-ben, 1951-ben ugyancsak nem foglalkoztak
vele (ha igaz). 1952-ben azonban hirtelen megélénkül a Wallen-
berg-ügy iránti érdeklődés a legfelső szovjet szinteken, ezt jelzik
a dátumok:

1952. február 11.
    február 26.
    március 1.
1952. március 13.
    március 18.
    április 12.
    április 16.
    május 26.
    június 10.
    július 29.

E váratlanul meglódult érdeklődés magyarázatát korábban már megkíséreltem felfedni, azaz megtalálni Visinszkijnek 1952. március 18-án J. V. Sztálinhoz írott levelében. Andrej Visinszkij, a főügyészből lett külügyminiszter-helyettes magyarországi koncepciós per ötletét teszi le Sztálin lábai elé; Visinszkij elvtárs, aki magát ebben a feljegyzésben „Visinszkij elvtárs"-nak nevezi, azt írja a „Gazdá"-nak, hogy „a Szovjetunió Állambiztonsági Minisztériuma célszerűnek látná a Visinszkij elvtárs 1947. augusztus 18-án kelt... jegyzékében megfogalmazott álláspont megváltoztatását". Erre a tervezett koncepciós perre, amelynek vádlottjai a kezdeti elgondolások szerint nyilasok, a későbbi elhatározás alapján zsidók lettek volna, s amelynek előkészületi szakaszában letartóztatási hullám futott végig Budapesten, most részletesebben nem térnék ki.[1]

1953-ban, Sztálin halálának évében, a megkapott aktamásolatok tanúsága szerint, csak egy ízben: június 5-én foglalkozott a magas grémium Wallenberggel, 1954 folyamán még három ízben: október 12-én, 13-án és november 3-án. 1955-ben egyszer sem, hogy azután 1956-ban annál többször:

1956. február 9-én,
    február 28-án,
    február 29-én (szökőév volt),
    március 1-jén,
    március 9-én,
    március 14-én,
    március 19-én,
    március 29-én,
1956. március 30-án,
    március 31-én,
    április 1-jén,
    április 2-án,
    április 3-án,
    április 13-án,
    április 16-án,
    április 28-án,
    május 3-án és (hosszabb szünet után)
    december 30-án.

E sorozat folytatódik
1957. január 12-én,
  február 2-án,
  február 5-én,
  február 7-én,

tehát egészen addig (sőt, még azután is), amíg át nem adják az immár Andrej Gromiko külügyminiszter-helyettes nevével elhíresült jegyzéket az immár svéd nagyköveti rangban szolgáló Robert Sohlmannak. E jegyzékben a Szovjetunió kormánya elismeri, hogy Raoul Wallenberg az állam foglya volt, bejelenti, hogy „feltehetően szívroham következtében" „cellájában váratlanul elhunyt" (1947. július 17-én), s nem mulasztja el kinyilvánítani őszinte együttérzését a svéd kormánynak, valamint Raoul Wallenberg hozzátartozóinak.

Az, hogy 1956 folyamán — miként a svéd kormánynak több mint harminc évvel később betekintésre átengedett aktamásolatok közül tizennyolc jelzi — többször foglalkoztak Wallenberggel, annak a tizennyolc tanúvallomásnak a következménye, amelyet 1955-ben szabadult német rabok — Wallenberg és vele együtt elrabolt sofőrje, Langfelder Vilmos egykori zárkatársai — mondtak jegyzőkönyvbe nyugatnémet földön. Itt erre a tényre sem térhetek ki bővebben, pusztán annak jelzésére szorítkozhatom, hogy e tizennyolc volt rabtárs vallomásának — és a szovjet kormány nemzetközi botránytól való félelmének — volt köszönhető, hogy szovjet részről beismerő vallomás hangzott el az ügyben. A svéd diplomata-útlevéllel felruházott Wallenberg bebörtönzésének okairól azonban továbbra sem tudott meg a világ semmit.

Térjünk rá akkor az iratok néhány fontosabbikának tartalmi ismertetésére. Listánk szerint a legközelebbi a február 19-i (már túl vagyunk a Gromiko-jegyzék átadásán, ami február 6-án megtörtént): Sohlmann nagykövet válaszjegyzéket nyújt át Zaharov szovjet külügyminiszter-helyettesnek. A svéd nagykövet távozása után Zaharov feljegyzést készít az elhangzottakról, egészen odáig menően, hogy „A beszélgetés 20 percig tartott. Jelen volt a skandináv osztály másodtitkára, J. A. Vorozsejkin elvtárs." Az igazán figyelemre méltó információ azonban ezen a feljegyzésen az a névsor, hogy ki mindenki kapott belőle. „Kapják: Bulganyin, Vorosilov, Kaganovics, Kiricsenko, Malenkov, Mikojan, Molotov, Pervuhin, Szaburov, Szuszlov, Hruscsov, Zsukov, Brezsnyev, Muhitgyinov, Sepilov, Furceva (a művelődési miniszter — E. M.), Svernyik, Arisztov, Kozlov, Beljajev, Poszpjelov, Szerov (!), Gromiko, Zorin, Kuznyecov, Patolicsev, Szemjonov, Fedorenko, Iljicsov, Rogyionov, Tugarinov elvtársak", továbbá az ellenőrzési csoport, a stockholmi szovjet nagykövetség, és két példány csatolandó az ügyirathoz; készült 35 példányban!

Nos, igen — mondhatnánk erre, akik már éltünk akkor —, ez a Szovjetunióban éppen a „kollektív vezetés" időszaka volt, mint emlékszünk, még színházba is kézen fogva jártak, s azt, hogy Lavrentyij Pavlovics Berija lebukott, onnan tudhattuk, hogy nem jelent meg a „Dekabristák" című opera második előadásán, ahová pedig az egész Politbüro kivonult... De azért a korábbi, sokkal éberebb időkben, amikor a kollektív vezetésnek még a leghalványabb sejtelemszerű fuvallata is szentségtörésnek számított volna, akkor is sokkal szélesebb volt a Wallenberg-ügybe beavatottak köre, mint gondoltuk: Andrej Visinszkij 1947. augusztus 18-i jegyzékének tervezetét „kapják: Sztálin, Molotov, Berija, Zsdanov, Malenkov, Mikojan, Voznyeszenszkij, Abakumov, Malik és Novikov elvtárs", valamint a szovjet külügyminisztérium 5., európai osztálya, s két példány lerakandó az ügyiratokhoz.

Mindebből természetesen még mindig nem tudható, ki milyen fokon volt beavatva. Az iratok tanúsága szerint bizonyosra vehető, hogy Vjacseszlav Mihajlovics Molotov szovjet külügyminiszter az ügynek szinte minden fordulatáról értesülve volt. Megkockáztatnám a feltevést, bár ennek bizonyítása vagy elvetése még további vizsgálódást kíván, hogy Molotov későbbi bukásába belejátszott a Wallenberg-ügy.

Kezdeném az elején. Az iratcsomó elején K. V. Novikovnak, a Szovjetunió Külügyi Népbiztossága kollégiumi tagjának levele olvasható V. Sz. Abakumovhoz, a „Szmers"[2] elhárítási osztály vezetőjéhez, 1946. február 3-áról. Ebben a „titkos" jelzést viselő és mindössze két példányban készült levélben Novikov felvilágosítást kér bizonyos „Wallenberg-anyagokra vonatkozólag", és hivatkozik egy már korábbi, két és fél hónappal korábbi megkeresésére ugyanebben a tárgykörben. Hat héttel később Novikov megint sürgetni próbál valamiféle választ Abakumovnál. 1946. július 17-én már a felettese próbálkozik Abakumov felettesénél — Sz. A. Lozovszkij helyettes külügyi népbiztos fordult levélben V. V. Csernisev belügyminiszter-helyetteshez: „Kérem Önt, közölje, rendelkezik-e bárminemű információval Raoul Wallenbergre és gépkocsivezetőjére vonatkozólag." Választ látszólag ő sem kap, egy kissé talán merész következtetést azonban az eddigiekből is levonhatunk: miután a belügyminisztériumban dolgozókhoz képest a külügyminisztérium munkatársai kevésbé zárt világban élnek, nekik van több érintkezésük az élettel, sőt, a külfölddel, sőt, az úgynevezett „imperialista környezetben" is mozogni kénytelenek, ez idáig és a továbbiakban is mindig a külügyminisztérium lesz a Wallenberg-kérdés kezdeményezője a belügyminisztériummal szemben.

Az időrendben következő, 1947. április 2-án kelt dokumentumban M. Sz. Vetrov, a külügyminisztérium 5., európai osztályának helyettes vezetője tájékoztatja „Szigorúan titkos! Saját kezű felbontásra!" jelzetű levélben Visinszkij elvtársat, hogy „Fedotov elvtárs [SZU Állambiztonsági Minisztériuma] februárban szóban közölte Novikov elvtárssal, hogy Wallenberg az Állambiztonsági Minisztérium rendelkezése alatt áll. Fedotov elvtárs megígérte, hogy jelentést tesz V. M. Molotov elvtársnak Wallenberg őrizetbe vételének okairól, és javaslatot tesz az ügyben foganatosítandó további intézkedésekre. Fedotov elvtárs közlése szerint azonban a jelentés még nem ment el, de már elő van készítve." Visinszkij elvtárs 1947. május 14-én e tárgyban levelet ír felettesének, Molotov elvtársnak. Bepanaszolja nála Abakumovot: „...Minthogy a Wallenberg ügyben mind a mai napig nem mutatkozik előrelépés, kérem Önt, kötelezze Abakumov elvtársat, hogy érdemben számoljon be az ügy állásáról, és tegyen javaslatot [az ügy] felszámolására." A levél tetején kézzel írt sorok, Molotov kezétől: „Abakumov elvtársnak. Jelentést kérek. 1947. május 18."

Hogy Abakumov jelentett-e, és mit, Molotovnak — erre vonatkozóan hiába keresünk választ az aktakötegben. Megerősödni kezd azonban bennünk az a felismerés, hogy a CSEKA, NKVD, KGB — vagy ahogyan épp hívták — valóban állam lehetett a (szovjet) államban, jóllehet korábban az ezzel való védekezéseknek nem kívántunk hitelt adni.

1947. július 7-én Visinszkij elvtárs újabb levélben fordul Abakumov elvtárshoz. Óvatos levelében nem hivatkozik korábbi megkereséseire, úgy tesz, mintha most próbálna tájékozódni ebben az ügyben először: „Amennyiben Önnek módjában áll információt adni e kérdésekre vonatkozólag — írja —, kérem, adjon utasítást ezen információk összeállítására és megküldésére." Két héttel később, július 22-én, megint ír Visinszkij Abakumovnak. Csak a két héttel ezelőtti információkérésre hivatkozik: „Kérem Önt, amennyire lehetséges, sürgesse meg a választ 1947. július 7-én kelt, 425/B jelű levelünkre." E levél alján idegen kézírással a következő megjegyzés olvasható: „Megválaszolva Abakumov — személyes levélben V. M. Molotov elvtárs nevére — no. 3044/a alatt." 1947. július 23.

A Gromiko-jegyzék ismerőinek bizonyára eszébe jutott már a dátum, Raoul Wallenberg állítólagos halálának dátuma: 1947. július 17. A halál tényéről a most talán megszeppent Abakumov csakis személyes, azaz névre szóló és saját kezű felbontásra benyújtott levélben tájékoztathatta a Politbüro tagját? Amiként a korábban megszeppent börtönorvos Abakumovot: „Jelentettem személyesen a miniszternek... Az Ön által jól ismert Wallenberg nevű fogoly ... Az Öntől kapott instrukció értelmében, miszerint személyesen kell gondját viselnem Wallenbergnek..." Ha tudnánk, mit válaszolt Abakumov Molotovnak, tudnánk, el kell-e hinnünk, hogy Raoul Wallenberg halott?

Az aktatömegben olyan mellékszálakra is bukkanunk, mint Zsirjagin szovjet állampolgár esete. A külügyminisztérium skandináv osztályának vezetője értesíti a KGB egyik funkcionáriusát, hogy „a Szovjetunió külügyminisztériumához levél érkezett I. Sz. Zsirjagin vovgyenyinói lakostól (harkovi járás), amely levél bizonyos adatokat tartalmaz Raoul Wallenberg svéd diplomatáról.

Nem kizárt, hogy Zsirjagin elvtárs — abbeli őszinte jószándéktól vezéreltetve, hogy elősegítse Wallenberg felkutatását — más személyekkel is közölni fogja levele tartalmát, s az végül eljuthat a svéd nagykövetséghez.

Nem tartaná-e célszerűnek — az Önök rendelkezésére álló csatornákon keresztül — óvatosan azt tanácsolni I. Sz. Zsirjaginnak,

hogy hozzátartozói és ismerősei körében ne terjessze a Wallenbergre vonatkozó, tudomására jutott adatokat?"
A levél dátuma 1956. április 13. Melléklete még egy levél, mely egy, azaz egy oldalból állt, és nem találtatott meg; buzgó titoktalanítók valamely korszakban eltávolították, és csak a kísérőlevelet hagyták meg. Novellisztikus élességgel tárul fel előttünk egy emberi sors. Hogy mit tudhatott Zsirjagin, egyszerű szovjet állampolgár Raoul Wallenbergről, nem is sejthetjük. Hogy mi történt vele, amikor a KGB helyi szerve óvatos tanácsokkal látta el — azt el tudjuk képzelni.

Visszatérve még egyszer a Wallenberg-ügy szovjet aktamásolatok nyomán tudható dátumaira, amelyek felsorolását 1957. február közepén hagytuk abba, annyit még megemlítenék, hogy a Wallenberg sorsa iránti érdeklődés nem marad abba a Hruscsov-, Brezsnyev-, sőt Gorbacsov-érában sem, legfeljebb kevésbé volt vehemens. A szovjet válaszok pedig rendre ugyanazok: „illetékes szovjet szervek nem rendelkeznek semmiféle újabb adatokkal..."
„...a kérdést a Szovjetunió külügyminisztériuma már megválaszolta, és ahhoz semmiféle hozzátennivalója nincs", „a szovjet kormány, legnagyobb sajnálatára, más, újabb információkkal nem rendelkezik", „a szovjet fél nem lát alapot arra, hogy a kérdéssel továbbra is foglalkozzék", „Wallenberg sorsával kapcsolatban nem került, és nem is kerülhet elő újabb adat..."

Ilyen és ehhez hasonló válaszokat küldtek már a külföld — elsősorban a svéd kormány — érdeklődésére, nemegyszer sajnos tétova és kollaboráns kérdéseire, a szovjet szervek. Csupán az a fájdalmas különbség az 1945-ben, 1946-ban, 1947-ben adott „nyet" és a — mondjuk — 1991. december 2-án adott elhárító válasz között, hogy 1945–46–47-ben Raoul Wallenberg és vele együtt elrabolt sofőrje, Langfelder Vilmos még biztosan élt.

Jegyzetek

1. Ember Mária, *Ránk akarták kenni* (Budapest: Héttorony Könyvkiadó, 1992).
2. „SZMERS": a „Szmerty spionam" (Halál a kémekre!) jelszóból

Az orosz nyelvű dokumentumokat Előd Nóra fordította.

Summary

The Wallenberg Case as Reflected
in Soviet Archival Materials

The paper analyzes the Wallenberg case in light of the documents the Soviet authorites placed at the disposal of the Swedish Foreign Ministry between 1989 and 1991. Although these documents provide some additional hitherto unknown details, they do not shed light on the basic questions relating to the arrest, disappearnce, and ultimate fate of Raoul Wallenberg. In contrast to the earlier cold war era, when the Soviet authorities simply refused to cooperate, the documents provided after the collapse of communism reflect the evasiveness of the post-soviet officials on this very sensitive issue.

The Banality of Goodness:
The Problem of Evil and Good
in Representations of the Holocaust

Robert Braun

Traditional historical representation of the Holocaust characterize individual actors and groups participating in that sequence of events in the past as perpetrators, bystanders, or victims. Thus, Holocaust historiography speaks about perpetrator, bystander, and victim history.[1] Such grouping of actors and accepted suitable representations of their acts seems to be a direct consequence of the implicit moral contents of historical narratives representing the Holocaust. According to recent theories of historical representation it is impossible to exclude moral contents from narratives of the past.[2]

Stories about the Holocaust, like other historical discourses aiming to represent the real, should posses a formal coherence only narratives can display. These narrative representations of historical reality display a complete and closed past world in which elements are but parts of a moral drama contained in the plot. If, as Benedetto Croce has said, where there is no narrative there is no history and narratives employ strategies of emplotment that contain a moral element, then historical discourse employs a language which is of a moral nature: historical representation gives form to an attempt at a moral understanding of the past. Not only do stories about the Holocaust have a moral meaning; in order to be accepted as real stories, like other historical narratives, they must also represent their world as desirable, albeit, given the experienced and apparent horror of the events, in a negative way.

The moral content of the narrative does not lie out there in the past to be explored by the historian — the past as it really happened is, morally speaking, value- neutral, since we are facing merely its representation in lifeless documents and other artifacts. Rather, the story is endowed with moral value by the narrator in order to make it real, and so believable. The source of the moral meaning infused by the narrator can only be in the present: it is not only informed by the moral awareness of the present but, as Hayden White put it, by the author's moral authority.[3]

In connection with representations of the Holocaust these problems gain special significance and become intensely delicate as well. Given the intellectual, political, and moral magnitude of the effects of the Holocaust, debates concerning these questions are extremely intense and also very polarized. Psychological, cultural, and social problems confronted by survivors, as both individuals and groups, are, unfortunately, too well known to be given easy treatment. One of the sources of the problems may be the experienced incommunicability of the moral meaning and depth of the events felt by survivors. There seems to be an unbridgeable gap between the experience of the individual and its narration.[4] A representation of the Holocaust can, by definition, not reach the depth sought by survivors as narrators: it is always a representation and not reality itself. Moreover, in every representation of the past, be it those of events and acts preserved in documents or of personal feelings and impressions perpetuated in memories and experiences, there is an inexpungible duality similar to that suggested by Ludwig Wittgenstein in connection with the representation of reality through language. Formally, since no one can have a direct access to past reality, historical discourse is the representation of representation: documents, memories, artifacts. Historical language, however, faces a problem of legitimation embedded in the referential relationship of narrative representation as language, and the object of the narrative, historical reality as a textually understood representation itself. Historical reality as referred to in historical discourse is thus at the same time part of the real (i.e., outside language), understood as something about which we hope to form objective knowledge, and part of the representational (i.e., language) about which we can have opinions but which cannot be empirically verified. Besides shedding light on the inexpungible relativism in historical representation, and the possibility of its constructed nature, this representational duality poses a unique problem to those aiming to represent their own experience. Survivors may often note that the further representation is removed from the reality behind the experience, the more impossible it will become for them to identify their own experiences with that representation. And since for many survivors the communication of their experience as it really happened became a categorical imperative and their only hope to give purpose to their life after their Holocaust experiences, the felt incommunicability of the experience as well as the lack of identification with its narration pose severe psychological problems. The hope of a Hungarian author and Holocaust survivor that we may form a realistic view of the Holocaust, this incomprehensible and confusing reality, with the help of our aesthetic imagination alone is but a final and helpless appeal to art in order to find meaning in the incomprehensible by going beyond the limits of the demonic sublime.

The traditional historiographical claim to different kinds of limitations imposed on Holocaust histories, the often ascribed implicit uniqueness and lack of comparability of the meaning of events, impart inherent moral contents to historical events manifested in historical representation.[5] This aims at establishing a close, referential connection between the experience of historical actors and the representation of these experiences.[6] Both these assumptions are questions often discussed in connection with historical writing in general by structuralist and post-structuralist critiques of the realist project in historical representation, and are extremely problematic when applied to historical representations of the Holocaust.[7]

A moral equivalent of the traditional historiographical grouping of Holocaust narratives would be to discuss the moral value of acts committed during the Holocaust in terms of evil, neutral, and good. This grouping might seem to be too general and simple to be related to the Holocaust, since all acts may be termed either evil, neutral, or good. However, the designation of people and their acts in these terms, the apparent unequivocality of these moral categories otwithstanding, has stirred several controversies and has proved to be problematic ever since any discussion about the Holocaust was attempted. Several theoreticians as well as survivors such as Bruno Bettelheim, Primo Levi, or Hannah Arendt have drawn our attention to the blurred borders between these moral categories in the face of the gas chambers. This may be one of the main reasons why astonishingly few philosophical works have been published that deal explicitly with moral questions related to the Holocaust. Moral problems have more often been discussed in relation to religious, legal, political, aesthetic, and historical approaches to the Holocaust. Among others, the works of Emmanuel Levinas, Karl Jaspers, Jürgen Habermas, and T. W. Adorno should be mentioned in this respect.

A moral approach to acts committed during the Holocaust was presented by Hannah Arendt in her report on the Eichmann trial in Jerusalem. As she wrote to her teacher and friend Karl Jaspers before the trial, she wanted to go and look at this walking disaster face to face in all its bizarre vacuousness.[8] Arendt wanted to get an idea of what this form of evil really was like. Her question was: Do Nazi crimes really overstep and shatter any and all legal systems in a way that the perpetrators proved to be an emanation of unintelligible and unforgivable evil?[9] Her philosophical presumptions, already applied to totalitarian forms of evil in her *Origins of Totalitarianism,* were based on the Kantian idea of radical evil as presented in his essay, *Religion Within the Borders of Pure Reason.* In Jerusalem, after Arendt had met Eichmann in his bizarre vacuousness, she realized that evil as represented by Eichmann was not at all radical. It lacked any depth: its base was sheer thoughtlessness rather than a base motive or — negative — moral maxim. Leaving Jerusalem, she came to see evil differently and, using a word suggested to her by her husband Karl Blücher, came to understand evil in terms of its superficiality. In her book on the Eichmann trial, subtitled *Report on the Banality of Evil*, she represented Eichmann and his acts in a historical narrative in order to counter the narrative presented by the

Jerusalem court. She believed that the trial, as conducted by the Israeli Chief Prosecutor, Gideon Hausner, transcended the limits of a legal process. Its purpose was not solely to examine the guilt or innocence of the accused and mete out punishment after guilt had been established, but also to present a narrative account of the Holocaust in order to endow it with a moral meaning that could be used for political purposes. To refute the moral meaning arrived at by the Jerusalem court — which, for the purpose of the moral drama unfolding in the courthouse, presented Eichmann as a perverted sadist in order to illustrate the concept of the radical evil in the Holocaust — she presented a counter-narrative in which she arrived at a different moral meaning. Her narrative of the Holocaust did not concentrate on the psychological nature of perpetrators and the tragic experiences of the victims, as did that of the court, but focused on the working of the Nazi system. She was interested in the technical and mechanical process of the Final Solution and not the manifestation of evil in the individuals who carried it out. Using documents, evidence, and testimonies presented to the Jerusalem court she gave a different historical interpretation to the events related to Eichmann. From a historical point of view she examined the outcome of the two hundred years of social process she had analyzed in her *Origins of Totalitarianism.* She wanted to illustrate the process she termed, in a different essay, the collapse of the respectable European society. She was interested in the individual via his social existence: is the social collapse of European society final and is evil unredeemable? Morally speaking, her question, framed in Kantian language, was not what man is *like* but what man is *capable of.* She dropped the concept of evil being radical and replaced it with that of evil as banal. Consciously and willfully however, since her aim in that book was to report the trial, she did not support her thesis about the banality of evil with a philosophical argument.[10]

The concept of the banality of evil runs counter to an everyday understanding of the moral meaning of the Holocaust as well as the moral-postwar political consensus of the liberal West. The basis of this moral-political consensus was the exceptionality and lack of comparability of the crimes committed during the Holocaust, as described and condemned in the legal judgments arrived at in Nuremberg. The judgments, as political means, served as the basis for the controversial political process of denazification and reeducation in Germany and also as the foundation of sympathy for the cause of the Israeli people as heirs to the victims who perished in the Holocaust. Auschwitz as a name came to symbolize the manifestation of the deepest evil of humankind after which, to use Adorno's famous dictum, it was barbaric to write poetry — in Wittgenstein's formulation, whereof one cannot speak one must be silent. In terms of the limits of representation in connection with the Holocaust, this understanding of the manifestation of radical evil during the Holocaust led to the conflict between evil as *experienced* reality and the impossibility of the representation of this evil: the Holocaust came to stand for the limits of representation.[11] On the other hand, however, since Nazi evil is understood as being radical, there was a hidden assumption that there must be some kind of depth and meaning in evil which can, rationally or with the help of aesthetic imagination, be revealed.[12]

Historical research since the trial seems to have supported the ideas of Hannah Arendt about the nature of evil during the Holocaust. Her viewpoint was historically supported by the work of German historian Hans Mommsen about the cumulative radicalization of the Nazi system as well as by the implicit theoretical basis of the functionalist arguments about the nature of the Nazi system during the Final solution.[13]

A modern illustration of Arendt's theory is to be a found in the narrative of Christopher Browning reciting the horrifying story of Police Battalion 101 in Poland in 1942. Its theoretical merits notwithstanding, the concept of the banality of evil in connection with the Holocaust stirred loud controversy.[14] Most of her critics found the concept improper, historically and philosophically unfounded, and superficial. Her old friend and colleague Gershom Scholem, in a letter addressed to Arendt, found it to be a catchword: one that is more a slogan than a historically valid concept. The exchange of letters between Scholem and Arendt is interesting for one more reason. In her reply to Scholem, besides refuting his accusations and indicating that she will elaborate on her concept seriously in a more appropriate context, she writes that in contrast to evil, which is thought-defying and banal, only good has depth and can be radical.[15] It is exactly this statement I would like to use as a starting point for the discussion of evil and good, as understood by Arendt, in the Holocaust.

In this paper I will briefly examine the concept of the banality of evil as developed by Hannah Arendt in a philosophical context in her last work, *The Life of the Mind*. Then I will turn to the concept of good and analyze, using some historical examples from the Holocaust as well as some theoretical examples from moral philosophy, whether her insight about the philosophically opposite nature of goodness, the concept of the radicality of good, can be sustained.

In his essay about the radical nature of evil Immanuel Kant, in accordance with his general theory of morals as a faculty of reason, claims that evil is radical if the individual adopted evil into his/her moral maxim. Since the individual is not good or evil *per se* but becomes evil when he bases his acts on a maxim that may be evil, reason and thus thinking is a decisive factor in choosing between good and evil. The Kantian understanding of radical evil is concerned with the decision to adopt an evil maxim as the basis of an act. This is intelligible and is open to judgment.

Hannah Arendt starts her posthumously published major philosophical work where she left off in her exchange of letters with Scholem. She explains that her interest in examining the faculty of thinking was aroused by her meeting with Eichmann and asking herself the Kantian question: Is our faculty for telling right from wrong connected with our faculty of thought? Arendt explains that she felt a double urge to examine this problem from a Kantian perspective: one reason was the Kantian "yes" to this question, and another was Kant's remark in his notes that when one is put in possession of a concept, the question by what right one possessed and used it must be asked.[16] She takes up the Kantian notion of radical evil and attempts to drive it back to the original source of *philo-sophia*, literally "friendship with thoughts":

to the dialogues of Plato, in accordance with what Whitehead has said about post-Platonic philosophy being but footnotes to the thoughts of the great master.

Arendt's analysis of the concept of evil is based on two sentences of Socrates taken from *Gorgias*, the dialogue about rhetoric:

It is better to be wronged than to do wrong *and* it would be better for me that my lyre or a chorus I directed should be out of tune and loud with discord, and that multitudes of men should disagree with me, rather than that I, being one, should be out of harmony with myself and contradict myself.[17]

Though it is generally accepted that Plato had little to say about the connection of good and evil except the famous lines that it is impossible to do wrong without knowing that wrong is being committed. In Platonic language, evil is only the lack of good and therefore a concept for which thinking that looks for the original meaning dissolves into meaninglessness: as a negative concept, evil has no root of its own.

It is this Platonic understanding of evil that Barel Lang uses to explain the moral uniqueness of Nazi acts during the Holocaust. He claims that there is circumstantial evidence that the Nazis knew that their acts were morally wrong; for example the language used for hiding what was being done, deceptive euphemisms for the process of extermination, the elimination of death camps in the final phase of the war, etc. Thus, if one accepts the Platonic definition of wrong as an act being committed without the knowledge of its being evil, the moral uniqueness of Nazi evil is exactly this transcendence of the limits of normal morals: Nazi acts were willfully and consciously evil.[18] Arendt, in her analysis of Eichmann, used evidence presented to the court in Jerusalem about the working of the Nazi system, the apparatus of the deportation and extermination process, and cases in which some individuals and groups resisted the automatization of the killing procedure, in an attempt to show exactly the opposite: that there was no morally relevant intellectual activity behind the mechanization of the deportation and extermination process. The most notorious perpetrators, like Eichmann, were motivated by

otherwise acceptable human ideals: fulfillment of duty, pleasing
one's superiors, receiving another stripe or higher salary, in the
end simply completing a task as tirelessly as may be expected from
a zealous civil servant and diligent intelligence officer. His
motivation, as Arendt puts it in an other essay, was the motivation
of the good *pater familias*: to work as hard as possible and thus
keep a well paid and satisfying job suitable for supporting a
family.[19]

In her *Life of the Mind* Arendt connects Socrates's two
sentences and explains moral decisions in Kantian language to
refute Kant's thesis of radical evil. She claims that it is the faculty
of thinking that is the key element in Socrates' concept of it being
better to be wronged than to do wrong. It is the unique faculty
of thinking, in a special way, by which the self can be itself and
at the same time for itself in the Socratic "Two-In-One": when
the I can be one with itself.

It is not the thinking activity that constitutes the unity, unifies
the two-in-one; on the contrary, the Two-In-One become One
again when the outside world intrudes upon the thinker and cuts
short the thinking process. Then, when he is called by his name
back into the world of appearances, where he is always One, it is
as though the two into which the thinking process had split clapped
together again. Thinking, essentially speaking, is a solitary but not
a lonely business; solitude is the human situation in which I keep
myself company.[20]

Thus, thinking is carried out in solitude, when the partners in
the dialogue must be in accord with one another. But evil as a
thought-intention in the self, to use Kantian language, cannot be
in accord with itself as wanting to do evil. As Arendt puts it:

It is better to suffer wrong than to do wrong, because you can
remain the friend of the sufferer; who would want to be a friend
of and have to live with a murderer?[21]

In this sense evil can only be committed as a thoughtless act:
once the faculty of thinking is involved, with the wanting of evil
the unity of the self needed to remain a normal human being can
no longer be achieved. It is not the Platonic lack of goodness but
rather a matter of acting without thinking. This lack of thinking

prevents the wrongdoer from losing the unity of the self, in which the self is for itself. This is why evil cannot reside in the depth of thought and why, when the rational mind approaches it, there is nothing behind it. This is the superficial, thoughtless banality of evil.

When goodness is considered in relation with the Holocaust, the well-known lines from the *Mishna* are often quoted:

He who saves one life of the human race according to the Book, it is as if he saved the whole world.

This sentence became the motto of Yad Vashem (House f the Righteous) in Jerusalem, where among other things individually designated trees are planted to honor the righteous deeds of individuals who saved a life during the Holocaust. If we are to accept that this is an appropriate description of our concept of ultimate goodness, it seems a good point to start from the implicit moral meaning of this sentence.

First, deconstructing the sentence, we have to separate good as an *act*, which can be understood morally, from the consequence of that act which, according to Kant, is not related to moral thinking since it is not concerned with the free decision between right and wrong based on reason. In our context this means that to save a life is not good because, as a consequence, the whole world is saved, but rather saving one life is good in itself, as an act independent of the practical consequence or reward that by this act the whole world is saved. Or, in other words, the whole world is saved not as a consequence of but by the very act of saving one life: the act itself and not the effect, the life saved, accounts for the saving of the world. Thus, goodness lies in the rational decision of choosing to save someone when not saving can be chosen.

According to the "second formulation" of the categorical imperative, the moral agent should "act so that you treat humanity, whether in your own person or in that of another, always as an end and never as a means merely."[22] This implies that we must consider saving one life as something which is good independent of is consequences (i.e., as a means to save the world) manifested in empirical facts, real time, and real space. In Kantian language, saving one life should be a morally intelligible act that can be understood by reason, governed by a universal maxim, alone. Our every-day moral sense would tell us to consider saving one life as an act according to the categorical imperative: "Act only under that maxim by which you can at the same time will that it should become a universal law."[23] We then have to examine the saving of a life: can it be a universal maxim to be applied without moral considerations, or is it dependent on contingent circumstances?

It is not difficult to find examples in which saving one life cannot be considered the only act that qualifies as morally good based on the universal moral maxim of the moral imperative. If two lives are threatened, as in the well-known example of two people climbing up a mountain when one of them starts to fall and may be saved only by sacrificing the life of the other, it seems morally justified not to save the other life in exchange for one's own. Thus, in the case of self-defense it seems that saving one life is not necessarily the only morally good decision. But this may be so in the case when no self-defense is involved.[24]

Let us suppose a situation in which a robber with a gun is chasing someone in a small street. A bystander sees that from a side street a truck is coming which will hit the man with the gun. If the bystander shouts, the man with the gun can avoid the truck, and shoot the person he is chasing. If the bystander keeps quiet the truck hits the man and he dies. There is no third possibility.

It is clear that if the bystander shouted he would save one life, and if he did not shout someone would not be killed. In this case it seems justified not to shout, thus not save the life of the gunman. It seems that, in this case, not saving a life may be considered as morally good. There may be other examples when saving one life would be in conflict with other moral principles, such as the right to property (as in the case of someone owning a medicine that would be life-saving for someone else but may be needed in the long run for oneself) or the right to one's own body (as when the donation of a non-indispensable organ is needed from someone to save someone else's life). In these cases one can save a life, but the maxim of saving a life as good cannot be applied as an exclusive moral imperative.

In connection with the Holocaust, the moral imperative of saving one (several) lives while sacrificing others was the source of a deep controversy.   In the case of the Jewish Councils (*Judenräte*) in the ghettos of Eastern Europe, several theorists argued that saving the life of one (several) potential victims by taking over the decision on individuals from the Nazis, i.e., choosing some of the innocent in order to save other innocents, was not morally justified.   In this paper I cannot go into the discussion of the moral problems involved in the conflict imposed upon the leaders of the Jewish Councils; it can be said, however, that in cases similar to these there are considerable arguments for choosing to do nothing, i.e., for not saving one life at the cost of others.[25] All this seems to confirm that saving one life as a moral imperative may not be universally valid.

Both in public memory and in the House of the Righteous special homage is paid to such people as Raoul Wallenberg, Jorge (Giorgio) Perlasca, Oscar Schindler, or the people of the French village of Le Chambon.   Though the Wall of the Righteous contains many names, these figures stand out as exceptional, mainly because of the number of lives saved by them. Although historical consciousness is in the habit of creating heroes as objects of mythic remembrance and forgetting about ordinary people (and the Holocaust is no exception), in these cases, it seems, given the extreme circumstances under which these individuals acted and the effectiveness of their acts, our special attention is deserved. Not only were these people exceptional by saving lives in times when the opposite was the rule, the number of lives saved shows a special commitment to a moral value which is considered to be good.

The story and fate of Raoul Wallenberg inspired many books, though few people have attempted to examine the historical details of his activities in Budapest.   Historical narratives emplotted his story in the tragic mode which seemed especially appropriate for the Wallenberg case.   Most narratives depicted Wallenberg as the individual hero who alone organized the international ghetto in Budapest and the distribution of protective passes, and personally took care of the people he could rescue from the hands of the

Hungarian Arrow Cross (*Nyilas*) and the Gestapo. His fate after the war became part of a Cold War era myth and the parable of the wickedness of the Soviet Evil Empire. The few, however, who bothered to look behind the façade of the myth, like American historian Paul Levine, argued that in the case of Raoul Wallenberg, counter to the popular myth of the righteous individual acting according to the maxim of saving as many lives as one can, he may have acted on very different principles. His activity in Budapest, as part of the political-diplomatic mission of Sweden during Word War II, was based on the context of "bureaucratic resistance": a complicated web of political-diplomatic moves centered on the negotiation of Sweden's political interests with Germany, in which the Jews saved by the documents of the Swedish Legation were but an element.[26]

The concept of bureaucratic resistance typified in this instance may be looked at from various moral viewpoints. In Kantian language it may not even be understood as a moral act, since it used the act of saving the lives of Jews as a means to an end in the diplomatic game between Sweden and Germany. If we turn to the activities of Wallenberg, who could have been ignorant about the higher stakes involved in his acts, it may still be supposed that his effectiveness (the reason why we, rightly, keep him in our dearest memory) was not based on thinking about his deeds and basing his decisions on the moral maxim of saving lives, but rather on his diligent effort to act as effectively as he could as a diplomat. If we accept that the lives saved depended not on Wallenberg alone but on a complicated interplay of diplomatic moves that were executed according to diplomatic rather than moral rules, we can view the moral meaning of his acts in a different light. As Levine puts it: "Swedish diplomats did something which few others during the war even tried to do; they took advantage of an opportunity which had, in fact, long existed. And by doing so, they saved lives."[27]

A similar, in a way even more characteristic, example for the "thoughtlessness" of goodness is the story of now famous Oscar Schindler. His acts, due mainly to the Oscar-winning film by Steven Spielberg, are well known by now. There is one particular scene from the film about Schindler that should be remembered: the departure from the camp after liberation. Though this scene cannot be found in Thomas Kenneally's historico-fictional narrative about Schindler, it is an elegant and, in my opinion, apt characterization of the moral value of Schindler's acts. It is this time when he first starts *to think* about what he has done. He bursts out crying: had he spent less money more lives could have been saved. In the case of Oscar Schindler, or rather the historical representation of it, it is not only, to paraphrase Hans Mommsen's words in a different context, the cumulative radicalization of economic usefulness that coincides with the morally good, but also the lack of forethought of his good acts: had he thought about it and spent less money, then, contrary to his subsequent claims, he probably would have been able to save considerably fewer lives.

Other historical examples could be cited as well. The range from the widespread willingness to help those who asked for help in the case of the population of the French village Le Chambon to the swashbuckling courage of Jorge (Giorgio) Perlasca, who, as an Italian citizen, broke into the Spanish Legation after its evacuation and issued diplomatic documents in the name of the Spanish government. All these seem to illustrate the "thoughtlessness," understood as not acting according to a maxim of universal validity, of these acts of goodness.

It seems that Arendt's interpretation of the Socratic Two-In-One can be applied to the case of goodness as well. If the criterion of thinking was the unity of the self for itself, that is, in Arendt's formulation, the ability to carry on a loving dialogue with oneself and live in friendship with the one under the same roof, thinking may not be the prerequisite for a good act, in this case for saving one life. It seems that, just as in the case of committing evil, the splitting up of "me" and "myself," i.e., thinking, may cause more trouble for the self than good for the world. We can assume that had Wallenberg not acted according to the rules of bureaucratic resistance or Schindler along the lines of his economic welfare, fewer lives, if any, could have been saved. Thinking about what could have been done, or what was being done, could have resulted in the breaking up of the self. Had fewer lives been saved, the

Arendtian question could have been asked once again: who wants to live under the same roof with a murderer? Politically speaking, if we are to accept that saving several lives is better than saving just one, it may be said that "thoughtlessness" understood as not acting according to a moral maxim but according to a political-diplomatic or economic rule, may be more effective than individual acts reflecting courage, good intentions, and bravery.

One may be justified in asking: why is all this important? After all, Wallenberg, Perlasca, and Schindler did save lives while Eichmann did kill people. That is all we need to know. From a historical point of view, arguing from the classical nineteenth century Rankean paradigm of representing past reality as it really happened, this argument may be justified.

From a different perspective, from the point of view of a pragmatic understanding of historical representation, I think that this argument is erroneous. In historical representation we never deal with the past; we deal with historical texts as propositions that replace the past. This makes direct referential relations between text and reality problematic. If we are to look at historical representation as a text that substitutes for the past, the text itself as a linguistic entity, as opposed to historical reality, gains unique importance. From this perspective, it seems that it is not the importance of historical reality, that is who killed and who saved lives, we have to concentrate on. Historical texts are narrative constructions that endow the past with a moral meaning carried in the narrative expression of the representation. Since texts are linguistic entities, language games in Wittgenstein terminology, we can use them as tools rather than as representations, in order to make sense of our moral concepts. This understanding of historical narratives would call for a pragmatist understanding of historical representation.[28]

To use William James' characterization of the pragmatist method ...you must bring out each word in its practical cash value, set it at work within the stream of your experience. It appears less as a solution, then, than as a program for more work, and more particularly as an indication of the ways in which existing realities may be changed.[29]

It seems to me that by accepting the Kantian-Arendtian principle of radical good we are accepting a truth that has no practical cash value and also ends our quest for changing existing realities. If to save as many lives as possible is a universally valid moral principle, then we have arrived at the ultimate moral understanding of the world around us. Unfortunately, as we saw from the theoretical examples used to counter the claim of universal validity for the goodness of saving one life as well as the historical examples where "thoughtlessness" seemed to be an important element in the effectiveness of morally good acts, the Kantian-Arendtian concept of radical good may not stand. In place of the Kantian conception of a moral maxim Richard Rorty has suggested, in a more limited context, the application of the idea that a liberal person is one who accepts the contingent moral claim that the worst that can be done is to be cruel.[30]

It seems to me that a pragmatist understanding of history, as a text used as a tool to achieve change for the better, would be better off accepting the limited idea of not to be cruel instead of the universal maxim of saving lives. Concentrating on saving lives may cause harm in some cases or lead to an ineffective practice of humane righteousness in other cases.

If we adopted this suggestion, we could understand both the banality of evil and the banality of goodness. We could accept that acting according to the call for saving one life as a moral maxim may do less good than acting without moral forethought, and that being evil in a "thoughtless" manner may do more harm than anything we have ever imagined. Thus the concepts of both the banality of evil and the banality of good could both serve a pragmatist goal. Should we ever have to face such a situation, this suggestion could help us act so as to save as many and kill as few as possible.

Notes

1. Raul Hilberg, *Perpetrators, Victims, Bystanders* (New York: PUBLISHER, 1989); Christopher Browning, "German Memory, Judicial

Interrogation, and Historical Reconstruction: Writing Perpetrator History from Postwar Testimony" in Saul Friedlander, *Probing the Limits of Representation* (Berkeley, CA: California University Press, 1992), pp. 25-26.

2. Hayden White, *The Content of the Form* (Baltimore, MD: Johns Hopkins University Press, 1987), p. 25.

3. Ibid., pp. 21-22.

4. For problems of experience and representation see J. W. Scott, "Experience as Evidence," *Critical Inquiry*, vol. 17, Summer 1991, pp. 773-97.

5. See, for example, *Forever in the Shadow of Hitler? Original Documents of the Historikerstreit, the Controversy Concerning the Singularity of the Holocaust*, James Knowlton and Truett Cates, translators (Atlantic Highlands, NJ: Humanities Press, 1993).

6. See J. W. Scott, "Experience as Evidence," op. cit.

7. For my reservations see my "The Holocaust and Problems of Historical Representation," *History and Theory*, vol. 33 May 1994, pp. 172-97.

8. Hannah Arendt and Karl Jaspers, *Correspondence* (New York: Hartcourt Brace Jovanovich, 1992), p. 410.

9. Ibid, p. 54.

10. Hannah Arendt, *Eichmann in Jerusalem. A Report on the Banality of Evil* (New York: Viking, 1963).

11. Saul Friedlander, *Probing the Limits of Representation* (PLACE?: University of California Press, 1992).

12. I. Kertész, *A Holocaust mint kultúra* (Holocaust as Culture) (Budapest: Századvég, 1993).

13. Hans Mommsen, *From Weimar to Auschwitz* (Princeton, NJ: Princeton University Press, 1991). For some details on the functionalist arguments, see Michael R. Marrus, *The Holocaust in History* (Hanover, MA: University Press of New England, 1987).

14. Christopher Browning, *Ordinary Men* (New York: Macmillan, 1993); For some aspects of the controversy sorrounding Arendt's book, see *Die Kontroverse*, ed. E. Krummacher, (Munich: Piper, 1963).

15. "Eichmann in Jerusalem. An Exchange of Letters Between Gershom Scholem and Hannah Arendt," *Encounter*, January, 1964. For an analysis of the exchange see my "Egy barátság vége" (The End of a Friendship), *Szombat* (Saturday), April, 1994.

16. Hannah Arendt, *The Life of the Mind.* Vol. I: "Thinking" (New York: Hartcourt Brace Jovanovich, 1978), p. 5.

17. Plato, *Gorgias*, 474b, 483a, b.

18. Berel Lang, *Act and Idea in Nazi Genocide* (Chicago: Chicago University Press, 1989).

19. Hannah Arendt, "Organized Guilt and Universal Responsibility" in *The Jew as Pariah. Jewish Identity and Politics in the Modern Age. Hannah Arendt*, ed. Ron H. Feldman (New York: Grove Press, 1978), pp. 225-36.

20. Arendt, *The Life of the Mind*, p. 185.

21. Ibid, p. 188.

22. Immanuel Kant, *Foundations of the Metaphisics of Morals* (Indianapolis, IN, 1959), p. 47.

23. Ibid, p. 39.

24. The examples and line of argumantation are taken from either in original or in a modified form from János Kis's *Az abortuszról* (On Abortion) (Budapest: Cserépfalvi, 1992), pp. 41-69.

25. See Lang's *Act and Idea in Nazi Genocide*, op. cit., pp. 62-77.

26. Paul Levine, "Bureaucracy, Resistance, and the Holocaust: Towards a Theoretical Understanding of the Success of Swedish Diplomacy in Budapest, 1944-1945." (Paper presented at the International Scholars' Conference on the Holocaust, Washington, D.C., December 5-8, 1993.

27. Ibid, p. 17.

28. See my "The Holocaust and Problems of Historical Representation," op. cit.

29. William James, *Pragmatism* (Buffalo, NY: Prometheus Books, 1991), p. 26.

30. Richard Rorty, *Contingency, Irony, and Solidarity*, (Cambridge: Cambridge University Press, 1991), p. xv.

——— *** ———

Összefoglalás

A jóság banalitása

A tanulmány a történeti megjelenítés morális tartalmát vizsgálja a Holocaust kapcsán. Kiindulópontja Hannah Arendtnek a „gonosz banalitásáról", valamint a „jó mélységéről" szóló elmélete. A tanulmány bemutatja, hogyan változott meg Arendtnek a gonoszról alkotott felfogása, illetve, hogy utolsó filozófiai művében, a *The*

*Life of the Mind*ban hogyan kísérelt meg felfogásának filozófiai igazolást adni. Hannah Arendt saját, a gonosz filozófiai banalitásáról szóló elemzését alkalmazva a jó mélységére a szerző igazolja, hogy a jó fogalmának értelmezése lehet nem kevésbé banális mint a gonoszé. A filozófiai példákat ugyanakkor történeti érvelés is alátámasztja: a szerző felfogása szerint az embermentőként és morális hősként a jelen emlékezetében méltán megőrzött Raoul Wallenberg és Oscar Schindler történetei is elsősorban a banális jó morális hatékonyságáról és nem annak filozófiai mélységéről szólnak. A tanulmányban előadott érvelésnek ugyanakkor nem csupán történeti jelentősége lehet. A történeti megjelenítés pragmatikus felfogása, valamint — ezzel kapcsolatban — a jó és a gonosz kapcsán a morálfilozófiai mélység elvetése praktikus morális tanácsot is adhat: olyan helyzetben, mikor szélsőséges morális választás elé kerülünk, érdemes a választásban az aktuális és közvetlen morális lehetőséget mérlegelni, s választásunkat nem egy morális abszolútumhoz — a Holocausttal kapcsolatos példákban ahhoz, hogy egy embert megmenteni mindig feltétlenül jó — mérni.

The Effect of the Holocaust on the Study of East-European Jewish Music

Judit Frigyesi

Mr. Friedmann never invited me to his apartment. As for Mr. Lang, I did not even know where he lived. He came to Budapest every Friday and stayed till Sunday because he was the Torah-reader of a synagogue in Pest. We recorded the music of the Jewish liturgy half-secretly in the synagogue on the Sabbath — he said that this was all right and that it was unnecessary for me to visit him in his town. Mr. Kertész agreed to meet me only once, at the rabbinical seminary; he sang a few songs and postponed any further meeting indefinitely.

Ten years later, in the late 1980s, it was suggested that I record Mr. Herskovics. These were different times, and he immediately invited me to his home. He waited for me in the living room together with his wife. She asked me: "Do you want to record something? Well, record this." They told the story of their suffering and escape during the Holocaust. It was a tale of helplessness, of evil and darkness. I did not dare to ask anything; it suddenly seemed superfluous, even immoral, to speak of music. But the next week, Mr. Herskovics was alone and we worked wonderfully together. The immediateness of his speech-singing had a magical effect on me. After a few recording sessions, Mr. Herskovics died at the age of 84.

The past seventeen years, during which I made an attempt almost singlehandedly to document the oral musical tradition of the Hungarian Orthodox Jews were replete with frustration and embarrassment of the kind I tried to present with the true stories above.[1] My experiences are not only of personal significance; they capture, in small, what happened to the study of Ashkenazi Jewish music in general as well as to other social studies whose focus was the lives of East-European Jews. There are libraries filled with literature on the Holocaust telling us how these people died but there is precious little about how they lived. There is not one single comprehensive book on their music.

This is an irreparable loss. Contrary to some other times and places in the history of Judaism, the intellectual and artistic achievements of the East-Ashkenazi Jews were often not put into writing, being expressed instead in the oral culture, in the living practices of the people. With the destruction of the people, the Holocaust largely destroyed the historical evidence of this culture as a whole.

Since the culture of the East-Ashkenazim was largely oral, the documentation of their fading culture is much more urgent than the study of archival, written historical material. It can be carried out only as long as there are still people among us who remember. Paradoxically, it was precisely for this reason that scholars shied away from such research — because it involved a face to face interaction with the survivors.

For the scholarly world, the traumatic experience of the Holocaust was stronger than the need for historical preservation. In the eyes of survivors and the children of survivors, it seemed almost frivolous to speak of a "life before" without speaking about how it ended. The frustration I felt when during my fieldwork I concentrated purely on music mirrored the communal experience of the Jewish scholarly world as a whole. And by now, when some of the tension has been released, so that we can speak of the sufferings more openly and there is also a willingness to understand the life that preceded the Holocaust, it is almost too late.

In fact, some of the frustration did not diminish with the passing years. The Holocaust instantaneously turned a living, every-day present into the past and even into oblivion. In 1939, recording Jewish prayers or a wedding of the Orthodox communities in a village in Hungary would have been easy and would have been considered documentation of a flourishing contemporary practice. A few years later there was no trace of this culture. It is on the borderline of absurdity to deal with a musical tradition which we know was an every-day commodity a few decades ago and now belongs to an almost legendary past. We know that this culture really existed: my informants saw it with their own eyes. At the same time, it is somehow distant and, in a sense, unreal. There were villages which were totally destroyed, with only one remaining survivor. And when such a survivor reports on a musical practice that disappeared without a trace and that only she alone had seen, both the scholar and informant hesitate for a moment: did this life really exist or was it all fantasy?

I do not mean to say by this that I doubt the credibility of memory or that I do not consider oral information to be a form of historical evidence. I am only trying to describe the frustration of the scholar who has to piece together the past of a few decades ago as though it had been dead for centuries. And also, I emphasize again that trying to understand this life reminds one constantly of how it disappeared.

Yet, despite these problems, I feel that we, that is the Jewish and non-Jewish scholarly community, have done great wrong by not being able to overcome our frustration. It is well known that one result of the traumatic experience of the Holocaust was a sense of shame and self-hatred. The Jews who were humiliated and literally expelled from society felt as if their culture had no value for mankind. This was even more painful after the Holocaust, when the non-Jewish population seemed to forget the horrors only too fast and showed little sincere remorse. But not only the sufferings were forgotten: their Jewish existence, the possibility of something inherently Jewish in culture, continued to be ignored.

I believe that the neglect to interview these people about their lives contributed to their sufferings. We failed to assure them that they were the creators of a unique culture and not just a victimized mass. The old stereotypes of the Jew may perhaps have been suppressed, but there was nothing that would have defined the past of this group in a positive manner.

In most European countries there have been virtually no attempts on the part of the leading cultural and scholarly institutions to document the remnants of Jewish oral culture. The little work that was accomplished was done very late, and usually focused on material aspects such as architecture or remained an isolated attempt at case-study. There was absolutely no question of giving Jewish folk culture the kind of place that the folk cultures of other ethnicities received in the institutional framework. In such an environment, the survivors came to doubt whether they had an autonomous culture at all. I met many people, even among Orthodox Jews, who tried to convince me that the Jews had no music. At the same time, those who had the inner strength to believe in the importance of their culture became deeply depressed and bitter. The tension between their belief in the value of the cultural treasure they possessed and society's indifference to it could not be resolved. Almost without exception, my informants were suspicious of me at the beginning; they could not believe that a young, modern-minded woman would want to hear old melodies of Jewish prayer.

Ironically, the Jewish community at large showed the same indifference toward the culture of the East-European Jews, and this indifference cannot be explained away merely as a result of the emotional difficulty of research. Simply, the basic character of this culture was incongruous with the image of group identity the developing new Jewish societies were striving for. In particular, there were two characteristics of the East-European Jewish traditional culture that contradicted the idea of modern Jewish nationalism: that it was expressed in oral practice, and that it manifested itself in a multiplicity of local customs. The East-Ashkenazi communities placed great emphasis on a personal expression of religious life. In terms of music, for instance, this meant that within a common framework every person had his own style of praying and, in relation with these personal styles, every community had its unique musical arrangement of the service. There were certain general regional features, but the tradition was essentially shaped by local practices. All members of every community were very sensitive to nuances in music and could express themselves only within the constraints of a particular pronunciation, musical tempo, accentuation, and gestures. The stress on individuality demanded that the tradition remain oral, since it had to be recreated with each religious act of each person.

Obviously, such emphasis on adherence to local practice could not be maintained after immigration to Israel and the United States. Indeed, it would have been suicidal for the future of Jewish existence; after all, the life of these new communities depended upon the belief in a common Jewish culture. And in fact there *was* such a common culture. What Jews shared all over the world was the monumental body of sacred texts, a sacred language, certain basic religious and moral practices, and a more or less commonly accepted ancient Jewish history. All of these aspects of Judaism were intimately tied to writing. The written word, which has always been a main carrier of Jewish identity, now became valued as the national uniting force among Jews.

This ideology did not encourage respect for the fading tradition of the East-European Jews. To look at Eastern Europe meant not only to look at the past and at suffering, it also meant to value autonomous local practices and orality; in brief, things that hinder the future of the Jews. Moreover, many of the philosophical, moral, and artistic achievements of the core East-Ashkenazi culture were of a type that defies a modern intellectual approach this culture presented itself not only and not even primarily in the verbal-intellectual domain. However, the post-Holocaust revival of Jewish culture was led largely, although not exclusively, by a secular intelligentsia that could relate more easily to cultural products which were written and which one could interpret verbally. Apart from all other difficulties, the thought that music or behavior could express philosophical ideas was largely suspect in the eyes of this intelligentsia, and the religiousness of this culture was even considered despicable.

But one may ask why it is at all important to document the life and the music of the East-Ashkenazi Jews. Is it worthwhile to tear the wounds open just to learn something about a chapter of Jewish history? After all, why should we dwell on looking to the past when there is a possibility to build a brighter future? So

many cultures have disappeared, so many musical traditions died
out, why should we not let this chapter of human history die as
well?

These questions were frequently answered negatively even by
Jews. In his lecture at the World Congress of Jewish Music in
1978, Bruno Nettl said the following:

> *Music has always been changing, humans have always been moved
> around, we now have more rapid change and different technology for
> bringing it about, but I don't know whether there has really been a
> change in essence, perhaps it is only one of degree. And while we may
> wish indeed to preserve whatever we can, I wonder whether a great deal
> of emphasis should be placed on the specifically preservative aspects of
> ethnomusicological field research. That it is found in so much of
> ethnomusicological activity is no doubt related to a feeling that the
> cultural norm of human beings is stability, that change is exceptional
> and the result of undesirable events...*[2]

Even if Nettl was not specifically speaking about the change
in the life of the East-European Jews, it is astonishing that at a
meeting on Jewish music a scholar could say coolly that "humans
have always been moved around, we now have more rapid change
and different technology" and that we should not think that
"change is... the result of undesirable events." This attitude would
seem utterly cynical if we did not grant that the author merely
forgot what his words might seem to mean in the context of the
Holocaust. But the basic attitude expressed by Nettl is
representative of the general atmosphere of the time and, to some
extent, even of our era. Many Jews see no virtue in the
preservation of the local variants of East-Ashkenazi culture. I was
reproached by Israeli scholars for transcribing, in my musical
examples, the particular Hebrew pronunciation of my informants.
I was also asked many times why I focused on those few old
communities of Hungary instead of documenting the flourishing
new developments among the Orthodox communities in Israel.
The Orthodox students in one of my courses on Jewish music in
the United States criticized me for playing in class some pieces
of East-European *hazzanut*, particularly those of Pierre Pinchik,
because the singer did not follow the Hebrew phrasing. An

Orthodox Jew and a well-known musicologist in the United States criticized my recordings for the same reason, because my informants did not articulate the text according to the rules of literary Hebrew, and therefore considered my entire collection as documentation of the corruption of the core Jewish style. In Israel too, some scholars saw as the main value of this collection that it was an interesting documentation of corruption.

It must be remembered that so far no major institution has considered it really worthwhile to invest mental resources, let alone money, in the study of the musical culture of the East-European Jews. Of course, this is not to say that nothing has been done; but there has not been a comprehensive project that would have aimed at the reconstruction of the system of local variants of the Ashkenazi musical culture.

This is not a new problem. Since its inception, Jewish ethnomusicology has considered the European traditions to be of secondary importance. The reasons for this neglect are manifold and it is not possible to explain them here. Let me simply state that on the eve of World War II the oral tradition of the East-Ashkenazi Jews was largely unexplored and its value was almost entirely unknown to enlightened, modernized Jews. And for the reasons I discussed above, its study was not carried out after the Holocaust either. As a result, we do not have a grasp of this musical practice even today; someone trying to approach this music has to start by asking basic questions, such as what the function of music was in the community and, in fact, what was considered to be music.

*

I regard the lifestyle, and within it the music, of the East-European Jews as a unique tradition of great value. The most striking feature of this tradition is that it created a unified experience of life with a religious-philosophical-moral outlook as its cohesive force. In this culture, religion became more than religion, it transcended its boundaries, giving occasion to deep artistic and philosophical thoughts. To the East-European Jews, life appeared as an integrity in which sacred and secular, practice and thought, intellect and emotion were not separable but one and the same thing. This attitude was the main strength in Hasidism and it was why Buber regarded it "the greatest phenomenon in the history of spirit":

> *The Baal-Shem belongs to those central figures of the history of religion whose effect on others has arisen through the fact that they lived in a certain way. These men did not proceed from a teaching, but moved to a teaching, in such a way that their life worked as a teaching not yet grasped in words... Within [their] community... arise a series of men with the same kind of life... In an otherwise not very productive century... the "unenlightened" Polish and Ukrainian Jewry brought forth the greatest phenomenon in the history of the spirit, greater than any individual genius in art and in thought: a society that lives by faith.*[3]

The logic of this paragraph is significant. It is not simply that religious consciousness found expression in the life of a great man. What Buber is suggesting is that religious consciousness was derived from a way of life. Even though this life was obviously saturated with an already existing religious tradition, it developed its particular teachings from practice.

Within this practice, music was of utmost significance. It was entrusted to express philosophical ideas embedded in the text more directly than the words do. As an example, I would like to mention the musical approach to transcendental prayer. When East-Ashkenazi Jews pray in an extremely fast manner, which renders the words of the prayer virtually unrecognizable, they are using this musical performance to express a thought deeper than the immediate meaning of the words themselves. The inarticulate continuity of chanted speech embodies a kind of transcendental timelessness, the ultimate spiritual state sought in both religion and music. Reading the theoretical writings of the Hasidim and other Orthodox scholars, we understand that such practice of prayer did not come about incidentally but was a result of deep thinking on the part of the spiritual leaders of the community.

The greatest achievement of the East-European Jewish culture was that it was able to transfer the philosophical knowledge of an intellectual elite to the practice of the community at large and could transfer this knowledge in such a way that it did not remain exclusively in the domain of the verbal arts. And unfortunately it is exactly due to its inherently oral and often nonverbal nature that many aspects of this culture were not transmitted or even researched after the Holocaust.

Notes

1. All the stories presented in the opening paragraph of this paper are true, except for the names which had been changed. The ideas presented in this paper were formed in the course of the past 17 years, during which I carried out fieldwork and archival research regarding the musical tradition of the Hungarian Jews. I owe thanks first of all to my informants for their invaluable help and patience in working with me. I am especially indebted to Emerich Deutsch, Márton Fóti, Emil Goitein, Dezső Gartner, Ervin Klein, Dr. László Mészáros, Viktor Feuerlicht, Mrs. József Oberländer, Jenő Róth, and Sándor Zelmanovics. I have learned enormously from my discussions with Péter Laki, who collaborated with me in this project for many years, and from David Polnauer, who has been a resourceful supporter of this project since its inception. I am greatly indebted to the musicologists who supported my work, especially Benjamin Rajeczky and László Dobszay in Hungary, Simha Arom in France, and Israel Adler, Hanoch Avenary, and Edwin Seroussi in Israel, Harold Powers, Mark Slobin, Kay Shelemay, and Walter Feldman in the United States.

2. Bruno Nettl, "The Concept of Preservation in Ethnomusicology" in *Proceedings of the World Congress on Jewish Music, Jerusalem, 1978* (Tel-Aviv: The Institute for the Translation of Hebrew Literature, 1982), p. 49.

3. Martin Buber, *The Origins and Meaning of Hasidism*, ed. and transl. Maurice Friedman (Atlantic Highlands, NJ: Humanities Press International, 1988), pp. 35-37. It is also interesting to consider Scholem's explanation for the reason of the popular appeal of mystical thought in Hasidism. See Gershon Scholem, *Major trends*, pp. 36-37 and much of the "Ninth Lecture: Hasidism: The Latest Phase," pp. 325-50.

Összefoglalás

A Holocaust hatása a kelet-európai zsidó zene kutatására

A második világháború kezdetéig Kelet-Európában több millió zsidó élt olyan közösségekben, amelyek kultúráját népi kultúrának lehet nevezni. E tradicionális zsidó közösségek sajátos egységét hozták létre a szellemi alkotás különböző formáinak; elvben és gyakorlatban is megvalósították a vallás, a filozófia, a hétköznapi élet, és a művészi kifejezés egységét. A különböző szellemi és kulturális aspektusok összekapcsolásában a zene különösen jelentős szerepet játszott: zene nélkül nem volt elképzelhető a szövegek felolvasása, tanulása, az imádkozás, a filozófiai szintű gondolkodás, a transzcendentális életérzés. Az ily módon létrehozott repertoár nagyságában és összetettségében a legnagyobb kutérákkal vetekszik: egy közösségen belül is több tucat órányi liturgiai repertoárról és csaknem ugyanakkora para-liturgikus, népi és hangszeres anyagról beszélhetünk. A kelet-európai zsidóság egészének zenei kultúrája azonban ennél jóval nagyobb, mivel minden terület, azon belül minden közösség, és azon belül minden egyén saját, a közösségihez hasonló, de részleteiben egyéni repertoárral rendelkezik. Hangsúlyozni kell, hogy a zenét ezekbena közösségekben elsősorban nem „művészetnek" tekintették, hanem a vallási-filozófiai megismerés szerves részének.

A repertoár nagyságát és a zene központi funkcióját tekintve, felmerül a kérdés, hogy miért nem volt számottevő zsidó zenei kutatás sem a két világháború között, sem a második világháború után. Az ok részben a holocaust utáni nemzedék pszichológiai zavarával magyarázható — ezt a jelenséget a cikk írója saját népzenegyűjtő útjainak tapasztalataival illusztrálja. Hasonlóképpen jelentős ok lehet a modern értelmiségi zsidóság ideológiai hozzáállása. A tradicionális közösségek mentalitása ellentétben áll a modern, értelmiségi, írás-központú és nacionalista zsidó szemlélettel. A tradicionális élet három döntő eleme tűnhetett konzervatívnak — vagy sokak szemében egyenesen a zsidó újjászületés ellenségének —, az, hogy vallásos, szájhagyományos és kevésbé a zsidó egységet, mint inkább a lokális, egyéni tradíciót hangsúlyozó kultúra volt. Bár a zsidó zene kutatásának hiánya háború után érthető jelenség, a mulasztás a túlélő zsidóság részéről megbocsáthatatlan és a veszteség pótolhatatlan. A zene és a szöveg elválaszthatatlan egységének vizsgálata nélkül a kelet-európai tradicionális zsidóság gondolkodását valódi mélységében sosem tudhatjuk megérteni, és feledésbe merült ily módon ennek a kultúrának az a mozzanata, amelyben a legeredetibb volt: zene, mozgás, szöveg és gondolat elválaszthatatlan — és mindig az egyént és közösséget egyszerre kifejező — összekapcsolása.

Kisebbség a kisebbségben

Gáll Ernő

A térségünkben láncreakcióként egymást követő kisebbségi tragédiák, az európai biztonságot, sőt a világbékét veszélyeztető kérdés akuttá válása, valamint a nacionalizmus és az idegengyűlölet elharapódzása idején időszerűnek tűnik a *kettős kisebbségi státus* megvizsgálása. Tanulságosnak mutatkozik felvillantani egy olyan kollektivitás sorsát, amelyre a dupla megkülönböztetettség, a több oldalról is jelentkező bizalmatlanság, veszélyeztetettség volt jellemző. Az 1918 után Romániához került erdélyi magyar zsidóságról van szó. Egy ilyen visszapillantás, mert a vizsgálódás már csak a múlt immár lezáruló fejezetére vonatkozhat, egyben a magyar zsidóság asszimilációjának egy különösen viszontságos változatát mutathatja be. Egy sajátos szimbiózis kialakulását, tündöklését, hanyatlását, majd pusztulását készülünk felidézni.

A tegnap városa — ez a címe a váradi zsidóság emlékkönyvének,[1] amely — Dutka Ákos e közösség legvirágzóbb korszakát felelevenítő könyvének címét (*A holnap városa.* Budapest, 1964) variálva — jelképesen, általánosító érvénnyel fejezi ki egy nem is rég még életerős népcsoport eltűnését. A tegnapi virágzó lét maradványai, egyes intézményei, egyedek még léteznek. Az emlékek s a nosztalgiák még nyomon követhetők, a múlt faggatásával azonban sietni kell. A tanulságok levonásával úgyszintén. Feltehetően ez a felismerés is ösztökélhette a kolozsvári *Korunk* szerkesztőségét, hogy — a továbbfejlesztendő kisebbség- vagy nemzetiségtudomány égisze alatt — e kérdésnek szentelt tematikus számot állítson össze.[2]

A dicséretes vállalkozás (a jelen kísérlettel együtt) egy olyan történelmi pillanatban született, amikor vendettaszerű konfliktusok, véres polgárháborúk közepette _maga a kisebbségi lét válik egyre tarthatatlanabbá._ Amikor újabb és újabb etnikumoknak kell „zsidósors"-ra jutniuk. Midőn tömeges exodusok, menekülők százezrei tanúsítják, hogy Makkai Sándor, Tavaszy Sándor és Bibó István egykori tételeiben — fájdalom — mindmáig sok érvényes, aktuális megállapítás rejlik. A „kisebbségi kérdés megoldhatatlan", állította — Erdélyből való távozását igazolva — Makkai Sándor, és sietett kijelenteni: „nem tudom elképzelni a kisebbségi életnek semmiféle _emberhez méltó_ elrendezését, mert _magát a »kisebbségi« kategóriát tartom emberhez méltatlannak és lelkileg lehetetlennek."_ A napjainkban ismét szenvedélyes vitákat kiváltó _Nem lehet_ című írásában (1937) a volt erdélyi református püspök azt bizonygatta, hogy a kisebbségi sors „merőben ellenkezik az emberi méltósággal", és tartós elviselése erkölcsileg lehetetlen.[3] Tavaszy Sándor víziójában „a kisebbségi nemzettesthez tartozók életét úgy egyéni, mint közösségi vonatkozásban annyiféle veszedelem és kísértés fenyegeti, rettenti, hogy az egyenesen kiszámíthatatlan". A Kierkegaard hatását magán viselő látlelet azt sugallja, hogy a kisebbségi ember egy „démonikus világ"-ban él, amelynek minden zuga és ösvénye rá leselkedő veszélyekkel van tele.[4] E rossz szellemektől fenyegetett közegben az ember életérzése elkerülhetetlenül tragikussá válik. Unamuno kifejezésével élve, a kisebbségi lét szorításában alakuló szemlélet Don Quijote-ivé deformálódik. _Bibó István_ a kelet-európai zsákutcás történelmeknek az itteni kis államok — általa feltárt és leírt — nyomorúságának a feltételei között jutott arra a konklúzióra, hogy „a kisebbségi élet lassan lehetetlen állapottá válik", mert ez az élet „megszűnik teljes értékű emberi élet lenni".[5] A változás reménye ideig-óráig kompenzálhat, ám ha mégsem valósul meg, akkor foglyait a „hiú fantazmagóriák és csüggedt letargia" közötti kilengésekbe sodorja.

Ilyennek látták/láttatták a kisebbségi létet, tudatot és lelket azok, akik diagnózisaikat a kisebbségi keretein belül vagy sors kívül készítették el. De milyen sérüléseket, torzulásokat szenvedhetett a kétszeres kisebbségi nyomás alá került ember? Milyen reményekbe, pontosabban: milyen illúziókba kapaszkodhatott? E kérdésekre adandó válaszok egy történelmi jellegű *erdélyi magyar zsidó* *„traumatológiá"-ba* kívánkoznak.

Kliót, a történelem múzsáját vallatva, tudjuk, hogy a megkettőzött kisebbségi diszkriminációk bölcsője Trianonnál ringott, ám az erdélyi zsidóság krónikája sokkal régebbi, letűnt századokba visszanyúló kezdetekről tudósít. Ezekbe enged betekintést Bethlen Gábor fejedelem 1623. június 18-án Kolozsvárt kibocsátott engedelemlevele is, amely — nyilván gazdasági megfontolásokból — az anabaptistáknak biztosított mentességekben, kedvezményekben részesíti a zsidókat is. Először Gyulafehérvárt telepedhettek le, s itt szervezkedhettek közösségbe. A 18. századtól fogva újabb és újabb bevándorlások növelik számukat, s a kezdeti szefárd, spanyol rítusúak után egyre inkább az askenáziak, a német–lengyel irányból érkezők kerülnek túlsúlyba. E század végén a megnagyobbodott népcsoport helyzete, státusa rendezésre szorul; II. József reformjai az erdélyi zsidóságot is érintik. A Németországból, Cseh- és Morvaországból, Ausztriából, Nyugat-Magyarországról, Lengyelföldről betelepülők előbb Máramarosban, majd Szatmár, Bihar, Közép- és Belső-Szolnok, Kraszna, Doboka, Torda vármegyében, a Bánságban stb. teremtenek maguknak egzisztenciát. E területen bontakozik ki közösségi életük, itt jönnek létre intézményeik. Az 1784–1789-es összeírás szerint 400 családból, azaz közel 2000 lélekből tevődik össze az erdélyi zsidóság, amely a 19. században, a polgárosodás, a modernizáció folyamatában tovább növekszik és elindul az emancipáció útján. Erdélyben szintén kezdetét veszi a magyarsághoz való asszimiláció oly sok sikert és nem kevés megpróbáltatást, kudarcot ismerő menete. A magyar reformnemzedék nagyjai napirendre tűzik a zsidóknak is megszavazandó polgárjogok kérdését, a zsidók közül pedig a forradalmi átalakulás, majd az 1848-as szabadságharc sok lelkes híve emelkedik ki. A Világos utáni megtorlás nyilván őket is sújtja.[6]

A századfordulón Eisler Mátyás joggal állapította meg az - *Erdélyi Múzeum* oldalain, hogy az erdélyi zsidóság történelmét meg kell írni.[7] Az összefoglaló monográfia azóta is várat magára, ám nem maradt titok, hogy — az egész magyarországi asszimiláció sodrában — az erdélyi zsidóságé is sokáig sikeresnek volt minősíthető. A kérdés nemzetközileg elismert kutatója, Karády Viktor rámutatott, hogy az erdélyi zsidó asszimiláció mindenkor elsősorban a magyarság felé irányult. Ezt az uralkodó tendenciát olyan tényezők ösztökélték, mint a magyar társadalomban viszonylag hosszú időn át kevésbé virulens antiszemitizmus, a nemesi uralkodó csoport anyagi érdekeltsége a befogadásra, a térségünkben legkorábban jelentkező egyenjogúsítási kezdeményezések, a zsidók részvétele az 1848-as szabadságharcban, majd az az *„asszimilációs társadalmi szerződés"*, amely a kiegyezéssel lépett életbe. Karády munkahipotézisében abból indul ki, hogy mindaz, ami a magyar-zsidó közeledést pozitívan jellemezte, *Erdélyben hatványozottan érvényesült.* E feltételezés reális alapjait bizonyítja, hogy több erdélyi város (Nagyvárad, Kolozsvár, Arad és Temesvár) a magyar-zsidó asszimiláció gócaivá váltak (Budapest és Szeged mellett). „Nemcsak a vegyes házasságok rátája érte el itt a legmagasabb szintet — szögezi le Karády —, de erősen túl volt képviselve a helyi zsidóság a névmagyarosítók vagy a magyar elemi iskolába járók között is."[8]

E folyamatnak, amely vidékenként s a különböző csoportokat tekintve eltérő ütemben haladt előre a letelepedés, az integráció és a beolvadás szakaszain, világosan körvonalazódó állampolitikai háttere volt. *Nemzetiségi területeken, s így főként Erdélyben, a zsidók magyarosodása a statisztikai mutatókat javította,* a fennálló uralmi rendszert, a magyar nyelv és kultúra terjedését szolgálta. A területi integritás és a nemzeti hegemónia parancsoló követelményei visszafogták a dzsentri, a magyar „úri középosztály" látens zsidóellenességét is. Az említett „asszimilációs társadalmi szerződés" évtizedeken át hatékonyan működött.

A Habsburg-monarchia felbomlását elemző nagy művében Jászi Oszkár mélyrehatóan s ugyanakkor érthető empátiával elemezte a jelenséget. Kiemelte, hogy noha az energikus és virágzó zsidó középosztály kialakulása zavarta a korábbi nemesi osztályok vezető pozícióit, e réteggel az együttműködés szükségesnek mutatkozott mind az állam gazdasági hatékonysága, mind a szellemi színvonal biztosítása érdekében. Ugyanakkor nyomatékosan hangsúlyozta azt is, hogy *„a zsidók magyar nacionalizmusa",* a magyar állameszme iránti hűsége őszinte érzelem és viszonyulás volt. „Deák és Eötvös liberális hagyománya — írta — sokáig nagy hatást gyakorolt a magyar társadalom félig asszimilált elemeire. Emellett, míg Ausztriában hangos és izgató antiszemitizmus uralkodott a közhangulatban, a magyar zsidóságnak nem kellett ilyen áramlattól tartania, felső rétege pedig egyenesen a kormány kedvence volt."[9]

Bibó István nem kerülte, nem is kerülhette meg a kérdést, ám a zsidók beolvadását szorgalmazó állampolitikát ő kemény kritikával illette. Nem kevesebbet állított, mint azt, hogy a magyar társadalom kezdettől fogva tisztességtelen, nem becsületes feltételek között bátorította az asszimilációt. Becsapta önmagát, s egyben az asszimiláltakat is félrevezette. A magyar vezető körök egy nagy illúziónak, az egész történelmi Magyarország nyelvi megmagyarosodásának a függvényében kezelték a zsidók asszimilációját, az utóbbiak pedig (a németekkel együtt) *programszerűen* léptek a beolvadás útjára. „...ezért lett — állapítja meg Bibó — az asszimiláció a maga valóságos folyamatától teljesen függetlenül olyan mértékben egyetlen lehetséges és kötelező programja mindenféle hitbuzgalmi, társadalmi, kulturális és egyéb szervezeteiknek, ahogyan másutt sehol sem. Ezért emlegették a nagynémetek oly ingerülten Magyarországot a németség temetőjének, s ezért tartották a cionisták a magyar zsidókat a világ legcsökönyösebb és legjavíthatatlanabb asszimilánsainak."[10]

A nagynémetek és a cionisták mellett még szenvedélyesebben reagáltak a Monarchia nemzetiségei, illetve értelmiségi képviselőik. Ők jogos nemzeti aspirációikat keresztező magatartásnak minősítették az állampolitikai célokkal megegyező beolvadó törekvéseket. Persze az „asszimilációs társadalmi szerződést" megkötő felek, mint minden hasonló együttműködés esetében, hallgatólagosan jártak el. A „szerződő" partnerek között a zsidóság számos csoportját — amint erre Jászi Oszkár utalt — hiteles érzelmek, erkölcsileg is motivált elköteleződések is vezették. *Hanák Péter* meggyőzően fejtette ki, hogy Magyarországon (és Lengyelországban) a hazára lelők „vonzó-kötő identitásra" találtak. Az asszimilálódás, a patinás hazafiságban való részesedés nem csupán előnyöket és biztonságot adott, hanem *„megújuló élményt, tartást és tartalmat"* nyújtott.[11]

Mindez nyilván nem enyhítette a nemzetiségi írástudók ellenszenvét, amelyet a lappangó vagy nyílt antiszemitizmus is fűtött. Feltehető, hogy Octavian Goga első világháború előtti publicisztikájában már jelentkező zsidóellenesség szintén hasonló forrásokból táplálkozott.[12] 1917-ben a *Huszadik Század* szerkesztősége körkérdést kezdeményezett a zsidókérdésről. A magyarországi szlovákok akkori kulturális mozgalmának egyik vezetője, Anton Stefánek válaszában rámutatott, hogy a magyarosításban segédkező zsidókat a szlovák nép az államhatalom exponenseinek tekinti és rossz szemmel nézi. Majd megállapítja: „Tragikus körülmények közé sodródik a zsidó (...) aki nálunk elmagyarosodik. Nincs nálunk Észak-Magyarországon magyar milíő, nincsenek magyar városok és falvak, csak elmagyarosodott hivatalnokok, dzsentrik stb. (...) Mi jót sajátíthat el a zsidó etikai szempontból a dzsentritől?"[13]

A Stefánek meegjósolta tragikus sors szinte három évtizeddel később beteljesedett, a Szlovákiában, Erdélyben és a Délvidéken élt magyar zsidók helyzete azonban az ankét után egy évvel már alapjaiban megváltozott. A Monarchia összeomlásával, az utódállamok létrejöttével, a Bibó által illuzórikusnak, hamisnak minősített „paktum" is felbomlott. Az „asszimilációs társadalmi szerződés" hatályát vesztette. A Horthy-rendszerben az antiszemitizmus — különböző szakaszokban eltérő mértékben — az állampolitika részévé vált, az utódállamokban — s ilyeténképpen Romániában is — *a magyar zsidóság pedig a kettős kisebbségi lét szorítójába* került.

Az erdélyi *magyar zsidó traumatológia első fejezete* azzal a sokkal, ama súlyos megrázkódtatással kezdődik, amelyet az új helyzetbe való kerülés váltott ki. A magyar államiságból való kiszakadás élménye éppoly fájdalmas volt a a zsidók számára, mint az erdélyi összmagyarság számára. A magyarországi ellenforradalmi kurzus kezdeti nyílt zsidóellenessége, a fehér tiszti különítmények atrocitásai károsan hatottak a magyarsághoz fűződő kapcsolatok amúgy is sebzett tudatára, ám zömmel nem szüntették meg. A beolvadás folyamata nem szakadt meg teljesen.

Természetesen ez a folyamat már a megelőző korszakban sem volt egyöntetű, további alakulása is — vidékenként s a különböző csoportokban — sok eltérést mutatott. Az erdélyi zsidóság ugyanis nem volt egységes, hanem az emancipáció, a beolvadás más és más fázisában tartott. Amióta a 19. század közepe táján kilépett a gettók elszigeteltségéből, belső megoszlása vallási, kulturális-nyelvi és tudati ismérvek szerint alakult. Jelentős része a reformirányzat, a neológia sorait gyarapította. Ők voltak a „Mózes-hitű magyarok", akik többségükben a beolvadás lelkes híveinek bizonyultak. Nagyobb számban éltek viszont Erdélyben az ortodoxok, az „igazhitűek", akik buzgón alkalmazkodtak az élet minden területén, minden megnyilvánulását szabályozó szigorú rituális előírásokhoz. A harmadik csoportot a „chaszidok" Lengyelországból származó misztikus szektája alkotta. Nyelvi szempontból a neológok magyarul beszéltek, az ortodoxok között sokan még német vagy jiddis nyelven érintkeztek, a chaszidok szinte kizárólag jiddist használtak. A három csoport egymáshoz való viszonyát a harmincas évek derekán a következőképpen jellemezte Csehi Gyula: „Világos, hogy ilyen körülmények között, bármilyen erővel jelentkezzék a kényszerű sorsközösség centripetális eleme, bármilyen erők terhelik egy akolba a transzilvániai zsidókat, közös felfogás, egységes életlátás ma éppen úgy hiányzik soraikból, mint eddig, s nem véletlen, hogy a kétszázezernyi (...) zsidó három, egymástól szinte hermetikusan elzárkózó csoportra oszlik, hiszen nyelvek és kultúrák, felfogások és érdekek mély szakadékai választják el őket, s még mindig gyakran fordul elő, hogy a polgárosult zsidó közös felfogást és hitet vall nem zsidó szomszédjával, ugyanakkor, amikor nemcsak felfogásban, de szavakban sem tudja megértetni magát a gettó különböző formáiba és szellemébe menekülő miszticista vagy irracionalista hit- és sorstársaival."[14]

Országos viszonylatban új mozzanatként jelentkezett az *ókirályságbeli zsidósággal való találkozás,* amely a kettős kisebbségi létet és tudatot tovább bonyolította. Két különböző világnak, az emancipáció két, egymástól eltérő szakaszába jutott népcsoportnak kellett (volna) valaminő közösséggé összeforrnia. Ez azonban nem történt meg. A két csoport egymáshoz való viszonyát a kölcsönös értetlenségek, sőt ellentétek határozták meg.

Havasalföldön és Moldovában a zsidók lélekszáma a 18. század második felétől kezdve gyorsan növekedett, főként az Oroszországból, Ukrajnából és Lengyelországból való tömeges bevándorlások révén. Az egyenjogúsítás azonban nagyon lassan, sok akadályon, időnkénti megtorpanásokon keresztül haladt csak előre. A 19. század második felében és végén az antiszemitizmus még heveny formákban nyilvánult meg. A berlini kongresszus 1878-ban a zsidók emancipálásához kötötte Románia függetlenségének az elismerését, de hosszú évtizedek voltak szükségesek ahhoz, hogy a honosítás, a jogegyenlőség úgy-ahogy valósággá váljék. Ez — külföldi nyomásra — csak az első világháborút lezáró békeszerződések aláírásával következett be.

Ilyen történelmi előzmények után Nagy-Romániában a zsidóság jelentős része tulajdonképp még feudális, félfeudális maradványok között élt, de az erdélyiek nyilván a fejlettebb régiónak, a polgárosodás haladottabb szakaszának az előnyeit élvezhették.[15] A különbség a regáti és az erdélyi hitközösségek között nagy volt, s ha a bukaresti zsidóság elitjének életformája, európai kultúrája valaminő hidat képezhetett, a nemzeti identitáshoz való viszonyulás tekintetében a távolság nem csökkent. Önéletrajzi könyvében Dr. Moses Rosen bukaresti országos főrabbi utal is a két csoportot elválasztó számottevő különbségre, amely a mai napig sem szűnt meg. Az ő gyermekkora a moldovai kis „városkák" egyikében, a Solem Alechem regényeiből ismert kelet-európai zsidó többségű települések, a „stetl"-ek egyikében telt el. Elmaradottság, szegénység és ugyanakkor a mindent kompenzáló összetartozás szelleme jellemezte a többnyire fából készült kis házakban lakó, szűk, poros utcákon sovány megélhetés után szaladgáló emberek életét. Milyen mások voltak a Kárpátokon túli terület, a Monarchiához tartozott, a közép-európai civilizáció jegyeit magán viselő helységek. A zsinagógák nagyok, híveik műveltebbek, ám — Dr. Rosen szerint — lelkiekben kevésbé gazdagok, melegek voltak.[16] Persze itt is léteztek olyan közösségek, amelyeknek arculata és tagjaiknak lelkiszellemi világa a keleti részekéhez hasonlított. Gondoljunk csak az Elie Wiesel írásait benépesítő máramarosi kis zsidók életkörülményeire és mentalitására.

„A zsidó az államban uralkodó nemzetbe szokott beolvadni" — állapította meg *A zsidók útja* című, elfogult munkájában Ágoston Péter, majd hozzátette: „Magyarországon a szlávok s románok között is magyarrá lett."[17] Ez a szabály (amennyiben annak vehető) a kisebbségi létbe való átkerüléssel megszűnt egyértelműen működni, s ha a magyarságba való beolvadás továbbra is észlelhető maradt, kétségtelen, hogy a *disszimiláció irányzata* ugyancsak teret nyert. A kétféle orientáció érvényesülése, pontosabban: ütközése körkörösen anómiás, mindenféle konfliktusoktól telített közegben ment végbe. Bibó Istvánnak köszönhetően jól ismerjük azokat a patogén tényezőket, amelyek ezt a környezetet kialakították. Tényleg „mizéria" volt ez a javából.

1918 után új elemekkel gyarapodott a zsákutcás történelmekben formálódott nemzeti-politikai jellemek, hisztériás lelkiállapotok megszabta komplexus. A területi viták még inkább elmérgesedtek, az ősiséget, elsőbbséget és történelmi-kulturális fölényt bizonyítani hivatott öndokumentáció az egekig csapott. A zűrzavaros publicisztikára s az apologetikus „nemzeti tudomány"-ra ismét konjunkturális idő köszöntött. Kölcsönös vádaskodások mérgezték a levegőt. És mindenekfölött a félelem, a nemzetek létéért érzett patológiás aggodalom uralkodott el. Ilyen feltételek között a beolvadás, illetve a kiválás megnyilvánulásai traumatizáló hatást gyakoroltak az érdekelt felekre; egyik folyamatot sem lehetett tárgyilagosan elemezni, értékelni. A közösségi rémlátomások, a torz én- és ellenségképek zavarták, meg is hiúsították a józan véleményalkotást, s az egész jelenségegyüttes a hatalmi politika befolyása alá került. Pontosabban: nem jutott ki e politika szorításából. Csupán az előjelek változtak meg.

A romániai magyarokról írt drámai tudósításában (1935) *Németh László* az erdélyi magyar dzsentriről és a zsidóságról elmarasztaló ítéletet fogalmazott meg. Az előbbinek azt vetette szemére, hogy a válságos időkben „elmenekült fölüle", az utóbbiról pedig — többek között — azt állapította meg, hogy „néhány öregebb asszimilánst nem számítva, *elidegenedett tőle"*. A látlelet a maga végletességében túloz, ám valós tendenciát fejez ki.

A kettős kisebbségi helyzet — elviselhetetlennek mutatkozó — szorításából, a belső meghasonlásokat, identitászavarokat és konfliktusokat kiváltó helyzetből a zsidó önazonosság opciója kiútnak kínálkozott. Sokan választották ezt a megoldást, és „zsidó zsidó"-nak kezdték magukat vallani. Döntésüket — a cionizmus elfogadásával — a Palesztinába való kivándorlás távlata is ösztökélte. A cionizmus kétségtelenül a magyarságtól való távolodást, sőt elszakadást sarkallta. Ezért is támogatták — első pillanattól kezdve — a román hatóságok. William O. McCagg, a kérdés ismert szakértője hívta fel a figyelmet arra, hogy az 1918 után mind a cseh, mind a román — újonnan hatalomra került — körök az egyes megyékben (például Máramarosban) létrejött zsidó nemzeti tanácsokat bátorították. Jó szemmel nézték a zsidó önazonosság tudatát, a cionizmust terjesztő lapok megjelenését, Erdélyben például az *Új Keletet*, mert piacra kerülésüktől a *Magyar Párt* sajtójának a visszaszorulását várták. (Jellemző, hogy az erdélyi cionista kiadványok többnyire szép magyar nyelven szólítottak fel az asszimiláció feladására.)

Ezek a fejlemények értetlenséget, visszatetszést váltottak ki az erdélyi magyar közvéleményben, sőt itt-ott antiszemita felhangú nyilatkozatok hangzottak el. Erre dr. Weisz Sándor, akinek fontos szerepe volt a *Keleti Újság*, a *Napkelet* és Kós Károlyék *Kiáltó Szó* című röpiratának kiadásában, gróf Apponyi Albertnek a zsidók teljes egyenjogúsítását sürgető írására hivatkozva, az erdélyi magyar vezetőkhöz fordult. Azt kérte tőlük, ne elégedjenek meg a cionizmus elleni hadakozással és a zsidóságnak „csendes társként" való kezelésével, hanem kövessék Apponyi példáját. Gondolkozzanak el a jeles államférfi keresztény erkölcstől és politikai éleslátástól átitatott szavain, s az erdélyi zsidóságot „jóban-rosszban egyenjogos embertárs"-nak tekintsék. Egyedül ez a viszonyulás fejezi ki — érvel szerzőnk — Erdély oly sokat hangoztatott toleranciáját és elkötelezettségét a szabadság eszméje iránt.[19]

A Magyar Párt vezető köreiben kedvező visszhangra talált ez a felszólítás, s az 1924-es brassói kongresszus határozatilag ki is mondta, hogy az anyanyelvéhez, kultúrájához hű zsidóságot a romániai magyarság integráns részének tekinti. Jellemző a kettős kisebbségi helyzetére, hogy voltak olyanok, akik ezt a nyilatkozatot — antiszemita indítékokból s a palesztinai kivándorlásra való hivatkozással — határozottan elutasították. A *Magyar Kisebbség* című színvonalas folyóirat főszerkesztője, Jakabffy Elemér nyílt levelet intézett Kovács Lajos római katolikus lelkészhez, aki lemondta a lapot, mert a — Barabás Béla előterjesztette — brassói határozatot jóváhagyóan közölte. Jakabffy azonban egyértelműen lándzsát tört a határozat védelmében.[20] Állásfoglalását kommentálva, Mikó Imre rámutatott arra, hogy Jakabffy következetesen elítélte az antiszemita tüneteket, s magatartásában a német fasizmussal való szöges ellentéte is kifejezésre jutott.[21]

Természetesen nem hiányoztak a kisebbségi helyzetbe sodródott magyarság iránti hűség megnyilvánulásai sem, s ezek — évtizedek múltán is — válaszoltak Ágoston Péter elmarasztaló megállapítására. Az Ady-barát nagyváradi neológ főrabbi, Kecskeméti Lipót például a következőket mondta annak a román miniszternek, aki a magyarsággal való szolidaritását nehezményezte: „A magyarság mellett voltam jósorsában. Most, balsorsában ne tartsak ki oldalán? Én elismerem az új helyzetet, de ha máról holnapra más lennék és megtagadnám a magyar közösséget, Önök vetnének meg engem és vádolnának opportunizmussal!" Kecskeméti, noha pesti főrabbinak választották meg, Váradon maradt, s abban az évben halt meg ott, amikor Makkai már a „nem lehet" önfeladó érveit kezdte megfogalmazni. A kettős kisebbségi státus, a romániai magyarság és a zsidóság közötti együttélés kiemelkedő megszemélyesítője volt Hegedűs Nándor, aki kiváló lapszerkesztőként, közíróként és mint a Magyar Párt hosszú éveken át nagy hatású parlamenti képviselője fejtette ki tevékenységét. Sokatmondó, hogy neki kellett barátilag figyelmeztetnie Jászi Oszkárt a kisebbségi kérdés változatlanul égető jellegére, amikor a Károlyi-kormány egykori nemzetiségi minisztere olyan beszámolót közölt romániai útjáról a *The Slavonic and East European Rewiew*-ben, amelyből épp ez a kérdés hiányzott.[22] Az már az erdélyi magyar zsidó traumatológiához tartozik, hogy ugyancsak Hegedűs volt kénytelen — egy évvel később — tiltakozni, illetve védekezni, amikor a váradi jobboldali *Magyar (Erdélyi) Lapok* című napilapban zsidóellenes felhangú közlemények jelentek meg.[23]

Az asszimiláció–disszimiláció egymással ütköző erővonalaiban alakult az erdélyi zsidóság iskoláinak a sorsa is. Az elszakadást bátorító román kormányok politikája legerőteljesebben és legnyíltabban ugyanis az oktatás terén volt észlelhető. Az erdélyi magyarság életét nevelésügyének tükrében vizsgáló Jancsó Elemér bemutatta azt a gazdasági és szellemi-erkölcsi károsodást, amelyet a zsidó tanulók kiiktatásával a magyar iskoláknak el kellett szenvedniük. Az engedélyezett zsidó iskolákban viszont a tanítási nyelv csak a román, illetve a héber lehetett. Jancsó nem elégedett meg az áldatlan helyzet leírásával, hanem a várható káros következményeket is előrevetítette. Szemére vetette továbbá a magyar vezetők bizonyos részének, hogy a vázolt állapotok elfogadásával nem a megértés, hanem a faji elfogultság szellemét terjesztik.[24] A sok ellentmondásos, negatív tényező ellenére a működő iskolák (például a nagyváradi Dr. Kecskeméti-líceum) színvonala magas volt, az anyanyelvi kötöttségek pedig mindennél erősebbnek bizonyultak.

A szimbiózisból következő kölcsönhatások a két világháború közötti romániai magyar művelődés zsidó származású alkotóinak a műveiben jelentkeztek. (E kultúrértékek is igazolják Iszaja Berlin megállapítását: „A túltengő vágy, átvenni egy örökséget, amit nem ránk hagytak, csak fokozza a gyors befogadás áhítását, reményeket, majd csalódásokat okoz, viszonzatlan szeretetet szül, mély elkeseredést, miközben az elmét élesíti, ahogy a kagylóba került homokszem termeli fájdalmak közepette a gyöngyszemet, szenvedőink közül a lángelméket."[25]) A kolozsvári zsidóság emlékkönyve szinte teljes áttekintést ad e szerzők munkásságáról, s a közölt névsor meggyőzően bizonyítja, hogy az irodalom, az újságírás s a különböző művészetek területén szerepük számottevő volt.[26] Ők zömmel azok közül kerültek ki, akikről Szabó Dezső (kit nehezen lehetett filoszemitizmussal vádolni) így nyilatkozott: „Ezek azok a zsidók voltak, akiknek fejlődésében a magyar talaj meghatározó erői kétségtelenül érvényesültek (...) személyes problémáik voltak a magyar problémák, és rendkívül vonzódtak a magyarság legmélyebb megnyilatkozásait jelentő emberekhez."

Németh László viszont, aki pedig romániai úti beszámolójában azt írta, hogy az itteni kisebbségi léttel való találkozása után jobban megértette a „zsidóneurózist", mint addig, amiatt is megrótta az erdélyi zsidóságot, mert elterelte a munkásságot „természetes vezéreitől".[27] Ez a verdiktum, ebben az általánosító formában nem felel meg a valóságnak. Tény azonban, hogy a kettős kisebbség terhétől való szabadulás ösztönzésére is, de főként valaminő világi messianizmustól hajtva, a baloldali mozgalmakban sok zsidó származású vett részt. Azt is mondhatnánk, hogy ezekben felülreprezentáltak voltak. Az eszményi, utópiás jövőképeket közvetítő irányzatok követésében az egyetemes emberiséghez való asszimilálódás vonzása is érvényesülhetett. Persze a szocialista krédó és az anyanyelvhez való ragaszkodás nem zárta ki egymást. Szépen és meggyőzően tolmácsolták ezt a kötődést Salamon Ernő, a „székely zsidó" baloldali költő sorai: „Kísérőm az életemben, pártfogóm, igaz tanúm, /örömömnek engedője, bánatokra jó szavúm:/ szép, egyetlen anyanyelvem. Miatta nem megyek el. /Aki elmegy, dadogó lesz, soha már nem énekel."

Ami a Németh László leírta *„zsidóneurózist"* illeti, erdélyi változatát *a két irányból is támadó antiszemitizmus okozta fenyegetettség váltotta ki.* A kollektív emlékezésben megőrzött gettó- és pogromélményeket egyrészt Orgovány, a magyarországi numerus clausus, majd az egymást követő zsidótörvények traumája, másrészt a román fasizmus növekvő veszélye élesztette fel. Az erdélyi magyar fajvédők is ezt a neurózist táplálták. E meghatározottságában az ugyancsak Németh László diagnosztizálta „kisebbségi idegbaj" szindrómájához tartozott. Kisebbségi sorsban — állapítja meg Németh László — nem lehet tőle szabadulni. Az állandó nyomás alatt, harmad-negyed rangú állampolgárként az „ember mint sebet kénytelen a nemzetiségét nyalogatni, kenegetni".[28]

És ha ezek a sebek a fasizálódó Európában életveszélyessé váltak a zsidók számára, nincs mit csodálkozni azon, hogy a megbélyegzettek, a pusztulásra ítéltek magatartása sajátos formákat öltött.

Ide kell sorolnunk a második bécsi döntés következtében Magyarországhoz visszakerült észak-erdélyi románsággal való szolidaritás megnyilvánulásait is. Az 1940–44 közötti fejlemények e terület zsidóságát a huszonkét év után ismét kisebbségi helyzetbe sodródott románsághoz közelítették. Vele kellett a kisebbségi idegbaj tüneteiben is osztoznia. Ezt a tendenciát erősítette ama körülmény is, hogy a végveszély, a Vészkorszak idején Dél-Erdély és Románia kiútnak látszott.

Tény, hogy a dél-erdélyi zsidóság óriási többsége életben maradt, s az is tény, hogy — miután Antonescu is közeledni kezdett a nyugati hatalmakhoz — sokak számára Románia valóban mentsvárnak bizonyult. Különböző indítékokból szervezett román akciók hatékonyan segítettek; Románia a Palesztinába irányuló menekülést is támogatta. A román Holocaust azonban közel háromszázezer áldozatot követelt, s a romániai zsidóság mártíruma[29] éppúgy az „Endlösüng" szerves része volt, mint 440 ezer magyarországi zsidó Auschwitzba való deportálása.

A magyar Holocaustról írt átfogó munkájában *Randolph L. Braham* szakaszról szakaszra rekonstruálta az észak-erdélyi zsidóság nagy részének a megsemmisítését. „A zsidók gettóba tömörítése simán zajlott — írja —, nagyobb ellenállás nem volt tapasztalható sem zsidók, sem keresztények részéről. A zsidó tömegek mit sem tudván a végső megoldásra vonatkozó tervekről, sorsukba beletörődve vonultak be a gettókba. (...) A keresztények, még azok is, aki baráti érzelmeket tápláltak a zsidók iránt, többnyire tétlenek maradtak. Ideológiai okokból vagy a zsidóktól elkobzott vagyon reményében sokan együttműködtek a hatóságokkal."[30] Az Apokalipszis heteiben a közöny, a tétlenség tengeréből kiemelkedtek azonban a szolidaritás, a segítségnyújtás kis szigetei. Egyházi és világi magyar emberek üldözötteket rejtettek. És megszólalt *Márton Áron* gyulafehérvári katolikus püspök, aki templomi szószékről és a hatóságoknak küldött felszólításában az embertelenség ellen emelte fel tiltakozó szavát.

A második világháború végével Észak-Erdély magyarsága újból kisebbséggé vált. Ezzel egyidejűleg a népirtásból megmenekült zsidók helyzetére — a Dél-Erdélyben maradottakéhoz hasonlóan — *ismét a kettős kisebbségi státus* lett jellemző. Persze az 1944 utáni viszonyok nem voltak a két világháború közöttiekkel azonosak. A katonai vereség következtében a régi rendszer összeomlott, s a megszálló szovjet csapatok jelenléte egy új — magát előbb népi demokratikusnak, majd később szocialistának minősítő — berendezkedés kiépítését ösztökélte/biztosította. Minden forradalmian másnak, jobbnak, igazságosabbnak, emberibbnek ígérkezett. A kettős kisebbségi sors másodszori vállalása azonban sokak számára már elfogadhatatlannak mutatkozott. A magyarság korabeli baloldali vezetői sem kívánták a kisebbségként való meghatározást tovább vállalni. A nemzetiség fogalmát találták megfelelőbbnek, mert az — szerintük — a teljes egyenjogúságot elnyerő népcsoport helyzetét, törekvéseit és távlatait jobban kifejezi. A kisebbség — jogfosztottságot, alávetettséget sugalló — fogalma pejoratív kicsengést kapott, s ezért több évtizedre kikerült a forgalomból.

A *Shoah* végzetesnek bizonyult azoknak a szemében, akik — Auschwitz után — az asszimiláció folytatását lehetetlennek érezték/ítélték. A túlélők jelentős része nem tudott azok körében maradni, ahol elpusztított családjával élt. Az asszimiláns tudatban amúgy is endemikusan jelen lévő kételyek, bizonytalanságok, kettősségek ezúttal többrétű, súlyos válsággá görcsösödtek össze, s ez gyakran a régi identitástudat részleges vagy teljes feladásához vezetett. Ha 1918 után a magyar történelmi folytonosságban bekövetkezett törést az erdélyi zsidóság többsége egyénileg is csapásként fogadta, most nagyon sokan a gettózásra és a deportálásokra szakítással válaszoltak. Nem akartak továbbra is futni a szekér után, amely nemcsak hogy nem vette fel, hanem le is dobta őket.

Távolító tényezőként volt érzékelhető a visszatérőket sok helyütt fogadó idegenkedés vagy éppen ellenséges magatartás, a lakások és vagyontárgyak visszajuttatása okán keletkezett súrlódás, a kirobbant számos konfliktus is. Hatványozottan felerősödtek a disszimilációs törekvések, s ezek között a románsághoz való közeledés szintén új tápot kapott. Ezt az irányzatot a közelmúlt négy esztendejének közös kisebbségi tapasztalatai és a dél-erdélyi zsidóság megpróbáltatásaival, pontosabban: megmenekülésével való összehasonlítások sarkallták. Új, növekvő vonzerőt gyakorolt a független államiságát elnyerő Izrael, amely az életben maradottaknak menedéket, hazát és végre egyértelműen, minden fenntartás, belső kétely és külső kétségbevonás nélkül vállalható identitást ígért.

A nagy, történelmileg egyedülálló alkalmat a gyors társadalmi felemelkedésre azonban az új rend kínálta. A meghirdetett, maradéktalan jogegyenlőség, a különféle nemzeti, vallási és faji megkülönböztetések felszámolása, a nacionalista-antiszemita uszítást tiltó és büntető intézkedések, törvények mind az Ígéret Földjére való érkezést sugallták. A nemzetköziség uralkodóvá nyilváníttatott ideológiája, a vallási hovatartozás leértékelődése, illetve visszaszorítása addig ismeretlen arányú beolvadással kecsegtetett, s ez a közelinek és biztosnak mutatkozó távlat lelkileg-tudatilag megfelelt azoknak, akik a valóban felfoghatatlan Holocaust rettenetes élményétől, emlékétől menekülni próbáltak. A magyarsághoz való — sokak számára végleges kudarcot vallott — asszimiláció helyett most a népek testvéri közösségében, az emberiség nagy családjában való feloldódás mutatkozott üdvözítő megoldásnak. Ez a fajta önfeladás a jövő biztosítékának látszott.

Mint a fasizmus uralma alól felszabadult többi országban, a zsidó származás Romániában szintén a megbízhatóságot szavatolta. Ez a körülmény viszont olyan területeken is (közigazgatás, hadsereg, biztonsági szervek, sajtó) tág érvényesülési lehetőségeket teremtett, amelyek addig elképzelhetetlenek, elérhetetlenek voltak. Erdélyben, magyar környezetben mindehhez még az a mozzanat is járult, hogy a lágerekből, a munkaszolgálatos századokból hazatértekben az új hatalom a magyar nacionalizmus és irredentizmus engesztelhetetlen ellenfeleire vélt találni. Mindezek a meggondolások és szempontok nyilván sok visszaélésre, hibás káderkiválasztásokra is alkalmat nyújtottak, az egész együtt pedig ellenérzést keltett. Egészségtelen légkört teremtett. Ezzel kapcsolatban ne feledkezzünk meg arról sem, hogy ami egyeseknek egyértelmű felszabadulás volt, nagyon sokak számára a régi, rossz emlékű kisebbségi sorsba való visszasodródást jelentette. Ne hagyjuk továbbá figyelmen kívül, hogy a hosszú évek hátrányos megkülönböztetései, a társadalom peremére szorítottság, az üldöztetés, majd a halálgyárakban elszenvedett traumák következtében azok, akik akkor a napos oldalra kerültek, sokszor az adott valóságtól elidegenedettek voltak. Kevés érzékenységet, fogékonyságot tanúsítottak a magyar nemzeti hagyományok, a két világháború közötti kisebbségi kultúrában kigyöngyözött értékek iránt. Az üldözöttekből nemegyszer fanatikus üldözők lettek, az évszázados igazságtalanságokat elszenvedők gyakran maguk is újabb igazságtalanságokat követtek el, vagy legalábbis nem tiltakoztak, ha azok másoktól származtak.

Közben az egész kérdéskör szigorú tabuvá vált. Voltak évek, amikor a — „véglegesen és tökéletesen megoldott" — nemzetiségi kérdést említeni sem lehetett. Később csak a fasizmus áldozatairól általában volt szabad megemlékezni — a Babij Jar-i emlékmű mintájára, amelyen sokáig semmi sem jelezte, hogy a hitleristáktól legyilkolt sok ezer kijevi zsidó tömegsírja fölött emelkedik. A hallgatás, az eufemizmus uralma általában megfelelt azoknak a beolvadóknak, akik a teljes eltűnés útját választva, még családi környezetben is elfojtottak minden származásukra utaló emléket, eltitkoltak minden ilyen természetű tényt és információt.

A hatalmi eszközökkel s ugyanakkor önkéntes rejtőzködéssel érvényesített amnézia — állítólag — az antiszemitizmus újrajelentkezését lett volna hivatott akadályozni, nemritkán azonban éppen az új hatalmi struktúrákban fellépő hasonló tendenciáknak volt a kifejezése. Hiába jelentette ki valaki önmagáról, hogy magyar, az éber és jól tájékozott személyzetis bejegyezte a titkosított rovatba a származást hitelesen rögzítő adatot. Az ismert sartre-i tétel, miszerint zsidó az, akit környezete annak tart, a szabad nemzeti-nemzetiségi önmeghatározás elvének nagyobb dicsőségére, mifelénk a következőképpen módosult: zsidó az, akit a káderes annak bélyegez.

A magát magyarnak nyilvánító zsidó származású asszimilánst visszautasították ősei zárt csoportjába, a váltságdíj fejében Izraelbe való kivándorlás engedélyezésével pedig gyakorlatilag „zsidótlanították" Romániát.* Ilyeténképp a kettős kisebbségben lévők száma néhány ezerre zsugorodott, több százezer ókirályságbeli távozásával hovatovább az a közösség is szimbolikussá vált, amely az erdélyi magyar zsidót a moldovai, bukovinai és havasalföldi hitközségek tagjaival úgy-ahogy összekötötte. Ha az ötvenes években a „kozmopolitizmus elleni harc"-nak nálunk is voltak antiszemita felhangjai, a „cionizmus leleplezésének" már nem kellett az új antiszemitizmus terjesztését szolgálnia, álcáznia, mint más kelet-európai országokban. Az Izraellel fenntartott diplomáciai kapcsolatokra való tekintettel ez a kampány elmaradt. Az antiszemitizmus viszont nem maradt ki a fasisztoid zsarnokuralom kelléktárából, ahonnan a magyarellenességgel együtt mindig a megfelelő pillanatban került — felváltva vagy együtt — bevetésre. Ördögi manipulációra vall, hogy az egyneműsítő, főként magyarellenes politika igazolására újból és újból az észak-erdélyi deportálásokat elevenítették fel, miközben a bukaresti és iasi-i pogromokról, a besszarábiai és transznisztriai genocídiumról sokáig tilos volt megemlékezni.

Minden zavaró mozzanat ellenére az erdélyi magyar–zsidó viszonyt egyre inkább a közös veszély, a mind támadóbbá váló román nacionalizmussal, az idegengyűlöletre uszító szélsőségesekkel szembeni egymásrautaltság tudatosítása határozta meg. A ma-

* A Magyar Népi Szövetséggel együtt oszlatták fel a Zsidó Demokratikus Szövetséget, amely a kivándorlás ellen s az új társadalomba való építő beilleszkedés, az átrétegződés érdekében állt ki.

gyar közvéleményben megerősödik a felismerés, hogy „*minden ki-sebbség zsidó*", s a maradék magyar zsidóság színe-java közeg-ellenállást tanúsít azokkal a nemtelen próbálkozásokkal szemben, amelyek — valaminő kollektív bűnösségre utalva — a zsidók régi fájdalmát mások, mai nemzedékek ellen szeretnék kiaknázni.

Jogosan állapíthattam meg nemrég — egy körkérdésre válaszol-va[31] —, hogy a magyarországi népi-urbánus vita átsugárzása időn-ként érezhető volt, ám hatása mindig a kisebbségi létfeltételek között nyilvánult meg. A közös önvédelem igényei általában elsőbbséget élveztek. Az egymásrautaltság, a közös veszéllyel szembeni szolidaritás felismerése jutott kifejezésre abban is, hogy a román antiszemitizmus első nyílt jelentkezésének pillanatában Domokos Géza a magyar értelmiség nevében is levélben fejezte ki tiltakozását. Bátor fellépése még a diktatúra idejére esett.

Az elszenvedett sérelmek nyomait, a súlyos megrázkódtatások emlékeit feloldó szolidaritást fejezték ki és szilárdították meg azok a jeles romániai magyar írók és költők (Méliusz József, Sütő And-rás, Kányádi Sándor, Horváth Imre, Szilágyi Domokos, Bálint Tibor és mások), akik — a Holocaustot felidézve — az együttérzés hangját szólaltatták meg.

Az erdélyi magyarság és a maradék zsidóság sorsának újabb különös és fájdalmas összefonódását tanúsítja ama körülmény is, hogy fél évszázaddal Makkai Sándor „nem lehet"-jének kimondása és negyven évvel Bibó Istvánnak ezzel összecsengő következtetései után mindkét népcsoportból egyre többen érzik úgy, hogy a kisebb-ségi lét (hát még a kettős elnyomatás) tartósan elviselhetetlen. Minden változás kilátása nélkül vállalni sokáig nem lehet! A fel-ismerést rendszerint tettek követik. A kettős exodus meghatározó mozzanatai, arányai és következményei — a kölcsönhatások elle-nére — eltérőek. Közös azonban a társadalmi háttér: a zsarnok-uralom egyneműsítő politikájának tűrhetetlenné vált nyomása, majd a szovjet típusú pártállami diktatúrák összeomlása, a térség orszá-gaiban fellépő destabilizáló, a szétesést, a libanizálódást kiváltó, többnyire nacionalista indulatoktól hajtott erők működése. Pszicho-lógiailag: a különböző csalódások, kiábrándultságok nyomasztó érzése. Továbbá: a fasizmus újrajelentkezése, etnikumközi összetűzések, pogromok, polgárháborúk kirobbanása. És mindez a század- és ezredforduló küszöbén, szemben a különböző európai integrációk szükségességét bizonyító tendenciákkal.

Éppen ezért a romániai magyar zsidóság maradványai, azok, akik már nem tudnak, vagy nem is akarnak a kettős kisebbségből, a kettős fenyegetettség elől menekülni, a magyarsággal együtt az ország következetes demokratizálásában látják a jövő egyetlen zálogát. Ennek elősegítése még mindig vállalható feladatnak, élettartalomnak tűnik.

Jegyzetek

1. *A tegnap városa: A nagyváradi zsidóság emlékkönyve* eds., Schön Dezső, Heller Moje et al. (Tel Aviv: Nagyváradról Elszármazottak Egyesülete Izraelben, 1981).

2. „Erdély és a zsidóság", *Korunk*, vol. 3, no. II/8, 1991.

3. *Nem lehet: A kisebbségi sors vitája* eds., Cseke Péter, Molnár Gusztáv (Budapest: Héttorony Kiadó, 1989), pp. 107–111.

4. Tavaszy Sándor, *Erdélyi szellemi életünk két döntő kérdése* (Kolozsvár: Lapkiadó, 1928).

5. Bibó István, „A kelet-európai kisállamok nyomorúsága" in Bibó István, *Válogatott tanulmányok* (Budapest: Magvető Kiadó, 1986), vol. II. p. 231.

6. Sebestyén Mihály, A meggyökerezéstől az emancipációig", *Korunk*, vol. 3, no. II/8, 1991, pp. 933–940.

7. Eisler Mátyás, „Az erdélyi zsidók múltjából", *Erdélyi Múzeum*, vol. XVIII, 1901, p. 95.

8. Karády Viktor, Csoportközi távolság, réteghelyzet, a zsidó–keresztény házasságok dinamikája Erdélyben a világháborúk között", *Korunk*, vol. 3, no. II/8, 1991, pp. 941–954.

9. Jászi Oszkár, *A Habsburg-Monarchia felbomlása* (Budapest: Gondolat Kiadó, 1982), p. 420.

10. Bibó István, „Zsidókérdés Magyarországon 1944 után", in Bibó István, *Válogatott tanulmányok* op. cit., pp. 746–747.

11. Hanák Péter, „A lezáratlan per", in *Zsidókérdés, asszimiláció, antiszemitizmus: Tanulmányok a zsidókérdésről a huszadik századi Magyarországon* ed., Hanák Péter (Budapest: Gondolat Kiadó, 1984), p. 367.

12. Octavian Goga, *Insemnarile unui trecator* (Arad: 1911).

13. Anton Štefánek válasza a Huszadik Század körkérdésére; in Zsidókérdés, asszimiláció, antiszemitizmus (Budapest, 1984), op. cit., pp. 92–94.

14. Csehi Gyula, „Egységes-e a transzilvániai zsidóság?" Korunk, vol. 13, no. 7–8, 1938, pp. 649–653.

15. Bihari Béla, „Számok a romániai zsidóságról", Korunk, vol. 12, no. 4, 1937, pp. 331–335.

16. Dr. Moses Rosen, Primejdii, incercari, miracole (Bucuresti, 1990), pp. 21–27.

17. Ágoston Péter, „A zsidók útja", in Zsidókérdés Kelet- és Közép-Európában eds., Simon Róbert, Miszlivetz Ferenc (Budapest: ELTE ÁJTK Tudományos Szocializmus Tanszék, 1985), p. 319.

18. Németh László, „Magyarok Romániában", in Németh László, A minőség forradalma (Budapest: Magyar Élet Kiadó, 1943), vol. VI. p. 366.

19. Dr. Weisz Sándor, „Igazi kereszténység, zsidóság és erdélyi magyar politika", Napkelet, no. 1, 1923.

20. Jakabffy Elemér, „Nyílt levél Főtisztelendő Kovács Lajos r. k. lelkész úrhoz", Magyar Kisebbség, vol. 4, no. 8, 1925, pp. 285–289.

21. Mikó Imre, „Jakabffy Elemér és a Magyar Kisebbség", in Mikó Imre, Változatok egy témára (Bukarest: Kriterion, 1981), p. 157.

22. Hegedűs Nándor, „Jászi Oszkár tanulmányútja", Független Újság, no. 47, 1935.

23. Független Újság, 1936. november 7–14.

24. Dr. Jancsó Elemér, Az erdélyi magyarság életsorsa nevelésügyének tükrében, 1914–1934 (Budapest: Merkantil Nyomda, 1935), pp. 33–35.

25. Iszája Berlin, Diszráeli, „Marx és az azonosság keresése", Kútfő, no. 2, 1988.

26. A kolozsvári zsidóság emlékkönyve: Memorial volume for the Jews of Cluj-Kolozsvár ed., Carmilly–Weinberger Mózes (New York: Memorial Foundation of Jewish Culture, 1970), pp. 202–210.

27. Németh László, op. cit., p. 366.

28. Ibid., p. 363.

29. Martiriul evreilor din Romenia (Bucuresti, 1991).

30. Randolph L. Braham; A magyar holocaust (Budapest: Gondolat Kiadó, 1988), vol. II. p. 462.

31. „Körkérdés a népi-urbánus ellentétről", Századvég, no. 2, 1990, pp. 196–200.

Summary

Double Minority Status

Transylvania or parts of it were ceded more than once by Hungary to Romania or vice-versa in modern history. This paper concerns those Transylvanian Jews who chose assimilation with the Hungarians rather than with the Romanians.

Before 1918, in the multinational Hungarian state, assimilitaion had proved successful because the addition of Jews under the unwritten „social assimilation contract" allowed the ruling Hungarians to claim a larger proportion of the populationthan any other ethnic group, i.e., provided them with the slim majority needed to rule in the multinational state. On the other hand, the pro-Hungarian stand of the Jews strengthened the anti-semitic feelings of some intellectuals among the other minorities.

During the post-World War I period, the ruling strata of Horthy's Hungary replaced the unwritten assimilation contract bya policy of increasingly severe anti-Jewish discrimination. During this time the Jews of Transylvania, under Romanian rule, mostly remained culturally Hungarian, thus acquiring double minority status; they were exposed to the anti-Semitism of the Romanian government, the extreme rightist parties, and the counter-revolutionary Horthy regime. Under these circumstances disassimilation trends appeared and Zionism started to again adherents.

In 1940 the Jews of Northern Transylvania again became Hungarian citizens, this time having double minority status as „Romanians" as well as „Jews" and became subject to the Hungarian anti-Jewish Laws. The majority of them fell victim to the Holocaust. By contrast, in the southern part of Transylvania, which had remained Romanian, the majority of the Jews survived.

At the end of World War II sovereignty over Northern Transylvania reverted to Romania, bringing minority status to the Hungarians living there and double-monority status to the surviving Jews among them. During the Ceaucescu era massive emigration to Israel and other countries left the country with almost no Jews. At this time, only a few thousand are left in the Hungarian–Jewish double minority status.

Unlearning the Holocaust: Recollections and Reactions

Miklós Hernádi

While in the last analysis the Holocaust may very well have been incomprehensible, originating as it did from one of the foremost *Kulturvölker* of human civilization,[1] its sheer size and horror inducing even its victims to suspect divine wrath in its background,[2] very soon after the occurrence itself efforts were made on all sides to insert it into the realm of normalcy with easy-to-grasp interpretations.[3] Even the most miraculous or devastating occurrences must be accounted for by finding for them justifications of the "no wonder" type or the entire edifice of rational human discourse may crumble.

Thus, punishment on the Holocaust's massive scale must be justified, at least retroactively, by proving that those punished had indeed committed a crime. It is beside the point whether that punishment was of divine or merely human making; what matters is that the event must be kept within the logical bounds of what everybody in his right mind understands by punishment," i.e., it has to have structure and ingredients of the process of justice being done: culprit, sentence, and enforcement.

By obliterating the potential innocence of those punished, i.e., by making the entire Hungarian Jewish population guilty of having taken something that was not theirs (fraudulently shortchanging Hungarians of their livelihood, occupying too many jobs and positions of a limited supply that did not belong to them, not to speak of the tribal accusations of taking away Hungarians' women or even embracing their religion, both with overtones of sly infiltration), by 1944 much of the Hungarian press and most of the legislature had successfully built up the image of the Jew as a thoroughly criminal figure.

The sentence itself, first the major anti-Jewish laws of 1938, 1939, and 1941, then the decrees to segregate, plunder, mark, round up, and deport all Jews indiscriminately to an unknown destination under disgraceful circumstances, had the built-in advantage of having been passed by a highly impersonal political force totally out of reach for ordinary Hungarians. It came as a godsend for some since it envisaged an eagerly awaited redistribution of wealth throughout the country. For others, its demographics[4] made it relatively easy to get over the conspicuous injustices in one's own locality. For still others who were not all too keen on the government or, for that matter, the decrees it was issuing, the notion of law and order, the sheer virtue of remaining a law-abiding good Hungarian (*jó magyar*) citizen simply overruled any emotional opposition that may have arisen. At most, there was a quiet wish for more leniency and discrimination, especially on the part of various church dignitaries.[5]

As to the enforcement of the sentence, each step was cleverly designed to produce *quod erat demonstrandum* effects. For example, by crowding Jews together in ghettos without facilities, the proverbial — though entirely false — accusation concerning the uncleanliness of the Jews was readily demonstrated; the torturing of Jews for hidden valuables, whatever the result of the search, demonstrated their criminality in holding or still stubbornly hiding proscribed valuables. The few Jews who attempted to escape were found guilty, in the popular consciousness, of forsaking their brethren, while the meek, law-abiding masses of Hungarian Jewry were found guilty, again in the popular consciousness, of not putting up any opposition in the "brave good Hungarian" fashion.

A culprit was found, a sentence was passed, and it was duly enforced. Even for some Jews, the decrees pouring out of the Ministry of the Interior in the spring of 1944 evoked equanimity, if not remorseful consent, for they seemed to be the "normal" solution to an "anomaly" that was to be remedied somehow.[6]

The Hungarian Holocaust thus managed to enter the realm of "normal" occurrences at the time it was occurring already. It is hardly surprising that it was to resist many subsequent attempts at reinterpretation. It is a sizable emotional task to become worked up, let alone shocked, over something one has lived through with malicious joy, composure, or resignation at the time it happened.

In fact, reaffirmation rather than a shift in focus or perspective took place in the early post-Holocaust period. Rather than the Holocaust itself, it was the survivors who came to appear as "abnormalities," spoiling as they were an otherwise neatly executed scenario. Once written off for dead by popular sentiment, how dare they come back with revengeful ideas such as wanting to retrieve their confiscated property and valuables?

Prominent left-wing writer-politician József Darvas obviously could not afford to embrace openly the violent anti-Semitism of the previous regime, but by way of *retroactive incrimination* (a method coming to renewed use in the post-1989 period), he reestablished early on in March 1945, the "normality" as well as the "justness" of the Hungarian Holocaust by rejecting the "false martyrdom," or the "opportunism" and laziness, and the "thirst for radical prerogatives" of some of the survivors.[7] Thus, the roles of culprit vs. law-enforcer were reaffirmed.

News reaching the general public about the horrors of the concentration camps were threatening to rock the boat. Maybe the sentence was too harsh? Those who had a vested interest in keeping the equation firmly in place could still voice their views relatively freely. A typical example is quoted by Smallholder columnist György Parragi in September 1945: That damned race never suffered. They came home fatter than they left... Now there are more Jews in the country than before they were taken away for a holiday."[8] This early manifestation of Holocaust-denial is more than just a sample of a journalist's hate-mail. It expresses the latent wish of very many Hungarians in the wake of a major political turnover to come clear of the crime of having assisted in the execution of such a harsh sentence. Clearly, these treacherous Jews simply invented the horrors of the Holocaust to justify their inadmissible thirst for revenge against innocent, law-abiding people.

And indeed the lynchings at Kunmadaras, Dunabogdány, Miskolc were just around the corner. Survivors at this time were a double source of frustration for Hungarians. First, they reminded Hungarians of the Jewish property and valuables they may have unjustly acquired in 1944.[9] Second, they threatened Hungarians with testimonies that might upset an otherwise neatly rounded-off scenario.[10] The mere reappearance of survivors confronted Hungarians with the joint task of having to account for their acquisitions *and* for their behavior vis-à-vis Jews. Neither was easy to face up to.

And yet, both might very well have been accomplished, as in Germany for example, if party politics had not seriously derailed the incipient process of repentance.

*

The lack of mass support for the Russophile communists, evidenced in the general elections of 1945 and even of 1947, forced the Hungarian Communist Party to pay lip-service to working-class people who had formerly belonged to the Arrow Cross Party, as well as to comply with the nationwide wish that the Holocaust remain a closed chapter. Although the top war criminals were convicted, many of the smaller ones were allowed to go free. Also, the fact that the top echelons of the Communist Party were occupied by Jews who had enjoyed the shelter of the Soviet Union during the Holocaust made these party leaders reluctant to recall too often a historical juncture whose hardships they themselves had never felt. This was all the touchier an issue since an internal fight was coming to a head in 1949-50 between communists working underground during the war years in Hungary and communists living under Stalin's tutelage. The latters' contribution to progress and democracy at home consisted primarily of pompous wartime broadcasts via Radio Moscow. Most importantly, however, with the leadership consisting almost entirely of Jews, and this in a country imbued with anti-Semitism as well as anti-communism, it would have been extremely ill-advised to harp on the Jewish toll of the war years — together with the Hungarian responsibility for that toll — and thus further alienate the bulk of the country's voters. It was much better policy to go along with the national sentiment by recalling how (Jewish) landlords, financiers, and industrialists had taken an undue share of the country's wealth, and in demonstrating how far the top communists had gotten from "tribal solidarity" by using a particularly firm hand when nationalizing Jewish property followed by the internment of the former owners, or clamping down ostentatiously on allegedly predominantly Jewish black-marketeering, a motif directly responsible for the pogrom of Miskolc.[11]

All this was, if need be, further corroborated by the general Soviet guideline of keeping silent about the Holocaust. István Bibó's eloquent essay of 1948 on the Jewish issue, containing harrowing considerations about Hungary's share of the responsibility, was one of the last pieces of social science writing on a Holocaust-related subject allowed to be printed for a long time to come. The issue of Soviet reticence is far from being fully researched, but one can nevertheless conjecture three major reasons why the highly censored Soviet press protractedly refrained from Holocaust-related subjects.[12]

First, the great myth of Hitler wanting first and foremost to swallow the glorious achievements of the Soviet Union out of sheer greed and envy would have been exploded if it had been confronted with the simple truth that his main targets, even in the last throes of the German war effort, were in fact the Jews. The Jewish toll therefore was simply incorporated into overall war losses in Soviet statistics as well as in those of all satellite countries.

Second, although Soviet Jews, particularly in the metropolitan areas, fared somewhat better than those in other East-European countries excluding Bulgaria, the Soviet record vis-à-vis support for persecuted Jews was far from spotless. Local officials in occupied Soviet territories were often all too helpful with the *Einsatzgruppen*'s massacres. Also, Jews entering the Soviet Union to escape persecution were summarily deported to prison camps only minutely superior to German-run concentration camps, boasting of comparable death records.[13] The Red Army proved particularly idle whenever it came to putting a halt to the mass-murder of Jews. For example, Russian planes were in a better strategic position to bomb railroads leading to Auschwitz than those of the Allied forces, yet they failed to do so.

Third, to arouse excessive, if only retroactive, sympathy and compassion for the Jews would have clearly undercut the official Soviet policy before, during, and particularly after the Holocaust of presenting world-Jewry as a bunch of conspiring, parasitic, Trotskyite, Zionist-racist-fascist plutocrats staunchly opposed to the wonderful ideas and practice of proletarian internationalism.[14] Also, it seemed to pay political dividends to keep alive, rather than extinguish, popular Russian anti-Semitic traditions, thus providing a safety-valve for widespread, pent-up frustrations.

And thus it came to pass that in Hungary, the satellite cuntry under discussion, practically the only common ground between the Soviet-instigated political propaganda machinery and the local national sentiment proved to be the tacit assumption that the Holocaust had never happened, and that, whatever did or did not take place, it was better for everyone, *including the survivors*, to keep silent about it, or at most to include it in an etcetera fashion on the much larger balance sheet of sufferings brought on by the war.[15]

It must be said in fairness, though, that especially in the early post-Holocaust period, when the dubious dealings of some Jewish dignitaries or the cruelties perpetrated by some Jewish concentration camp inmates were not yet fully clarified, the silence about the Holocaust was not entirely against the wishes of the Hungarian Jewish community, ashamed of its expulsion from the body of the nation, longing to start a new life even at the cost of burying the old one. Some troubling aspects of Jewish martyrdom were bound to arise, giving renewed strength to arguments that the Jews had deserved every bit of what they got. Here again, anti-Semitism was coupled with Jewish self-hate, making the cover-up operation concerning the realities of the Holocaust complete.

*

I have gone to some length in analyzing the political background of the silence lasting several decades (if we discount the small-edition archival or belletristic publications)[16] because far from starting the dual process of contrition and forgiveness, this silence not only froze all free discussion of the subject but also reinforced and hardened non-Jewish (as well as Jewish) ideological positions concerning the most sensitive issues. None of which, incidentally, surfaced during the brief spell of freedom in October-November, 1956 or during the communist restoration despite of the many Jewish protagonists.[17]

If for example populist poet-laureate of several regimes Gyula Illyés spoke in his 1946 diaries about approximately half a million "Budapest Gentiles," i.e., every second citizen, having been instrumental in sheltering persecuted Jews, in the same entry he complained bitterly about the press' and the Jewish community's lack of thankfulness for such rescue work, work which in the minds of those sheltered was apparently a matter of simple moral duty requiring no special acknowledgment.[18] Jewish survivors on the other hand, even if they did have some memories of Gentile compassion from the days of their ghettoization, as Edith Bruck did, could not help focusing on the harsh welcome they were usually given on their first tentative return to their native localities. We came up to our house to find only one cupboard and two soiled sofa cushions. There were Jew-baiting inscriptions all over the walls. We tried to clean up but this was no longer our house of old... Neighbors named someone who had taken away our furniture. We hoped we might get everything back and could stay in the village. However, the family that had carted our furniture away called us filthy Jews and chased us out of their premises. I felt I could not remain in this village where I was being hurt in the midst of my misery and where pain was piling up on pain."[19]

Could the pain Gyula Illyés was feeling at the lack of Jewish thankfulness be comparable to Edith Bruck's pain? No one can know for certain because there was no exchange of feelings and ideas for several decades. Non-Jews even today tend to focus on rare examples of compassion and comradely rescue while Jewish survivors tend to focus on the maliciously hostile post-Holocaust environment that made it emotionally forbidding for many to even visit their native locality for decades.

For non-Jews the special monstrosity of the Holocaust experience is still difficult to distinguish from other, perhaps equally shattering but certainly less humiliating wartime experiences,[20] and for them it is but yet another demonstration of "Jewish sensitivity" alternating with "Jewish arrogance" to hear Jews claim uniqueness for their saga of sufferings. Jews, on the other hand, may well appear insatiable with regard to apologies.[21] They cannot bring themselves to admiring a Gentile's tolerance just because he says he detests the thought of SS-men knocking Jewish babies' heads against brick walls. Tolerance and respect for Jews, they think, begin *far ahead* of such things.

With this set of bitterly entrenched, irreconcilable positions taken up immediately after the Holocaust and occupied ever since I could very well stop. But I have to round out this discussion with two remaining issues.

First, there is the issue of public opinion surveys on Holocaust-related topics. Gyula Illyés in his diaries (entry of February 18, 1946) refers to a Hungarian government calculation claiming that 40 percent of the nation's population should have "sharply condemned" the persecution of the Jews. (A poll conducted in Austria in 1986 showed that 39 percent of the 1,215 Austrian adults surveyed had agreed with the statement The murdering of the Jews was "the greatest disgrace of the twentieth century.")[22] In a survey commissioned by the American Jewish Committee and conducted in January 1991, no fewer than 61 percent of the 1,201 Hungarian adults said that even all these years later they still would rather keep the remembrance of the Holocaust than put its memory behind them.[23]

Although most younger adults, notwithstanding the skin-head phenomenon, may well be free of some of the antiquated ideological positions I have mentioned, there is no doubt in my mind that there is a very wide gap between a public speech context, which the polling situation undoubtedly is, and the hidden realm of unconscious fears, anxieties, and hostilities. I suggest that precisely the people who answered in the "politically correct" fashion would disagree vehemently with their own earlier public statements if approached by their peers in an ordinary, spontaneous speech situation. I find the football crowds' chants in the mid-eighties of "FILTHY JEWS, GAS CHAMBERS," etc. at soccer matches involving MTK players [24] much closer to the national subconscious than any measured manifestation of the public mind.

Yet, the psychodynamics of post-1989 Hungarian politics make very many recent Holocaust-belittling or Holocaust-denying pronouncements[25] if not pardonable, certainly understandable. With this, I have come to the last portion of my considerations.

Each time the theme of the Jewish disaster is raised, non-Jews are reminded of their past actions or inaction in a forceful, almost aggressive way.[26] The theme itself is an affront to the sense of "normality" attributed by them to the Holocaust. No wonder, then, that many of them include Jews, the reminders of that theme, among the forces that have been and are putting their national existence into "mortal danger" (*végveszély*). The only way one can escape from the lingering suspicion of having given criminal assistance to the Jewish disaster is the way I have described earlier: it is by retroactively incriminating the victims that one can hope to attain a chance, however slim, for "purification."[27] For example, one can claim that the "Jews" of the Commune of 1919, of the people's courts after the Holocaust, of the communist secret police (AVO), and of the post-1956 communist restoration have cold-bloodedly killed many more innocent Hungarians than the Jewish people lost during the Holocaust—a theme recurring throughout the right-wing press since 1989.

The same "purification" can be effected by retroactively justifying the murderers. Examples include the pronouncements concerning the justness of not only the Hungarian, but also the Wehrmacht troops' campaign[28] or an even more ambitious statement: The powers that were victorious in both world wars are rotting away, while the losing states are on the ascendancy worldwide, together with their preserving (*megtartó*), "eternal human ideas."[29] (The ascending losers including, incidentally, Iraq as well, a favorite with Hungarian right-wingers boasting of having originated in Mesopotamia.)

By relegating Holocaust survivors and/or their descendants into world mafias of various denominations, Hungarian right-wingers not only manage to dramatize the mortal danger" thesis, they also succeed in proving retroactively that the Holocaust, provided it took place at all, was merely an act of legitimate self-defense, an allegation not frequently heard since Goebbels was silenced.[30] Holocaust-deniers point out, furthermore, that even Jewish historians disagree as to the exact number of those killed, which should prove beyond doubt that the death toll, their bone of contention, is a mere figment of Jewish imagination. However, as Edward Alexander points out,[31] if world-Jewry is indeed all-powerful, why has it not forced its hireling scholars to be in well-disciplined agreement on their findings? Still in line with the world mafia theme, if world-Jewry is indeed almighty to the extent that it threatens to strangle even insignificant countries like Hungary, why was it utterly unable to get its hireling President Roosevelt to raise America's immigration quotas to create shelter for more of their persecuted European brethren?

As to the *cui prodest* argument that it was ultimately Israel that consciously exaggerated the number of Jews killed during the Holocaust so that it could squeeze more compensation out of Germany—since the money was based on the cost of resettling *survivors*, it would have been in Israel's interest to lower rather than exaggerate the number of deaths.

One could go on much longer about the absurdities and obvious logical flaws of Holocaust denial. The right-wing press even presents denials of a specially authentic" belletristic sort.[32] However, the crucial question is elsewhere. It is also beside the point, to my mind, how much of this nonsense ever finds its way into official government policies.[33] Some of it, like the justness of Hungary's participation in the war, or shifting the entire blame for the deportations on to the Germans, apparently has.

The real question is this: How far has the Holocaust itself made it impossible for Hungarian Jews and non-Jews to return to their earlier, relatively peaceful coexistence? How far has it disrupted, once and for all, the chances for mutual understanding, an exchange of perspectives, between them? Introducing his crazy theorem concerning Hungarian Jews out to assimilate" their "ethnically pure" Hungarian countrymen (an elaboration on the contagious infiltration theme), politically weighty populist poet Sándor Csoóri wrote the following: "With the Holocaust, the chance for Jews and Hungarians to weld together mentally and spiritually was gone."[34]

To me this chance was not quite gone until a few years later when the entrenched ideological positions finalized on both sides. As recent political developments show, the rift cannot be bridged. The Holocaust did not destroy the whole of Hungary's Jewry. Nor did it involve in a criminal or morally reprehensible way the whole Hungarian nation. But the ensuing ideological battles that failed to bring contrition on one side, and forgiveness on the other, have destroyed the chance for every single Hungarian, whether Jewish or not, to belong to a nation in the moral, rather than just the ethnic, sense. That, too, is part of the toll—taken not by the Holocaust itself, but by Hungary's failure to come to terms with it.

Notes

1. István Deák, "How Guilty Were the Germans?" *The New York Review of Books*, May 31, 1984.

2. See this author's "Újra a magyar zsidóság körül" (Again on Hungarian Jewry), *Élet és Irodalom* (Life and Literature), May 19, 1989. A rudimentary survey of Hungarian war criminals during or before trial showed that all top Hungarian Nazis professed to be devoutly religious. See Rezső Szirmai and Pál Gartner, *Fasiszta lelkek* (Fascist Souls) (Budapest: Faust, 1946). Possible theological implications of the Holocaust, including reconstructing those killed as *Agni Dei*, fall outside the scope of this essay.

3. Phenomenological descriptions of everyday life stress the universal tendency to maintain an unbroken chain of commonsensical interpretive

This essay was prepared with the generous support of the "J. and O. Winter" Holocaust Research Fund of the Graduate Center of The City University of New York.

procedures informed and structured by shared, unspoken presuppositions. With "abnormal" occurrences, there is a deep cognitive and emotional need to account for them in a way in which they can be integrated into a whole set of already accounted-for, thereby less disturbing precedents. See this author's *Kisbetűs történelem* (History in Small Print) (Budapest: Gondolat, 1990), passim. See also the enormous social-psychological literature on cognitive dissonance. Note that Zygmunt Bauman discusses the normality of the Holocaust in terms of it logically arising from the rational-bureaucratic mentality of modern industrial society. See his "Sociology After the Holocaust," *British Journal of Sociology*, no. 4, 1988. Excerpted in Hungarian in *Magyar Tudomány* (Hungarian Science), no. 1, 1990.

4. For an interpretation of the Holocaust as an extreme example of positive discrimination on behalf of the statistically underrepresented majority, see this author's "Numerus clausus, kvótarendszer, pozitív diszkrimináció" (Numerus Clausus, Quota System, Positive Discrimination), *Kommentár* (Commentary), no. 1, 1994, pp. 25-26.

5. See the entry on the ghetto visit of Győr Bishop Vilmos Apor in Ferenc Herczeg's memoirs, printed for the first time in *Valóság* (Reality), no. 6, 1992, pp. 68-69. For the texts of Bishop Endre Hamvas' letters of protest, see László Karsai, ed. *Befogadók* (Integrators) (Budapest: Aura, 1993), pp. 170-71. A very rare and early protest that was also replete with anxiety about the future international prestige of Hungary was that of Catholic missionary Margit Slachta regarding the pre-Holocaust deportation of Jewish families from Csíkszereda. See Tamás Majsai, "Egy epizód az észak-erdélyi zsidóság második világháború alatti történetéből" (An Episode From the Wartime History of Northern-Transylvanian Jewry), *Medvetánc* (Bear Dance), no. 4, 1988 - no. 1, 1989, pp. 3-33. For an overview of the attitudes of the Hungarian Christian churches, see chapter 30 of Randolph L. Braham's *The Politics of Genocide* (New York: Columbia University Press, 1994).

6. See Jewish dignitary Béla Berend's letter of April 1, 1944 to Holocaust mastermind László Endre, ending in: "We have the same goal, why should we not work together?" Access to a copy of the letter was given to me by Randolph L. Braham, New York.

7. László Karsai, ed. *Kirekesztők* (Excluders) (Budapest: Aura, 1992), pp. 144-46.

8. László Karsai, ed. *Befogadók*, op. cit., p. 179.

9. Even after decades, journalist and dramatist György Száraz was deeply troubled by some inkbottles he had taken as a child from the

looted stationery shop of a deported Rozsnyó Jew. *Egy előítélet nyomában* (Following Up on a Prejudice) (Budapest: Magvető, 1976), p. 248.

10. In intellectual circles, as witnessed by diaries and memoirs, the lengthy investigation (*igazoltatási*) procedures, often conducted in the troublesome presence of survivors, evoked much more anger and frustration than did the gruesome realities of the Holocaust at their time. See Lőrinc Szabó, *Napló, levelek, cikkek* (Diary, Letters, Articles) (Budapest: Szépirodalmi, 1974). "Together with my family, I have been pounded in a mortar for almost ten months" (p. 646). Mostly Jewish fellow-intellectuals providing evidence against writers with a dubious wartime record were seen (and branded in private) as ungrateful, bloodthirsty troublemakers. Lőrinc Szabó, for example, finally even got away with his April 29, 1939, article in *Pesti Napló* (Pest Diary) in which, reporting from Germany, he had extolled the gifts of Hitler as an orator (p. 649). The extremely informative investigations of 1945-1946, carried out throughout the country, have not yet been adequately researched. One spin-off effect must have been the realization that Arrow Cross troops had been right in envisaging a "postwar Jewish revenge" when they were trying to preempt it by rounding up and executing thousands of hiding Budapest Jews.

Writer Gyula Illyés' value-free metaphoric position on Lőrinc Szabó's investigation "why blow up a mill just because it was grinding away last year just like it is this year" (diary entry of May 7, 1945) was tested in conference with top communist politicians on behalf of Szabó and other fellow-populist writers (entry of May 9, 1945). The strategic leniency and even protectionism of top communist politicians toward nationalist writers, as opposed to their stringency toward left-wing Jewish intellectuals surfaced again during the reprisals for the 1956 uprising. See György Litván, "Zsidó szerepvállalás a magyar kommunizmusban, antisztalinizmusban és 1956-ban" (Jewish Activism in the Movements of Hungarian Communism, Anti-Stalinism, and 1956), *Szombat* (Saturday) no. 8, 1992, p. 16. Notable was ultra-nationalist publisher Sándor Püski's investigation, with 1988-89 repercussions. Recalling it, Püski resuscitated the shrewd argument that all the actions taken by wartime Hungarian governments, including joining Hitler's war effort and, in 1942-1943, declining to leave it, should have been intended—by way of forestalling the German occupation of the country—to give maximum protection to 800,000 Hungarian Jews... "Válasz Cserépfalvi Imrének Püski Sándortól"

(Sándor Püski in Reply to Imre Cserépfalvi), *Magyar Hírlap* (Hungarian Journal), December 7, 1988. This argument has been, of course, blown up out of proportion by many, as it was by Püski in his reply, claiming that if it had not been for Hungary's Jews the country would not have been mutilated even more severely after World War II than it had been after World War I. Which is only another way of saying that the Jews of Hungary were to blame for the country's mutilation. And not a word of thanks from the Jews for all the protection and sacrifice. . .

11. See János Varga, "A miskolci népítélet, 1946" (The Popular Verdict of Miskolc, 1946), *Medvetánc*, no. 2-3, 1986, pp. 293-314. See also an unpublished paper by János Pelle written in 1993. For an agitated overview of the victimization of the Jewish middle-classes under Stalinist terror, see Béla Fábián's "Concentration Camps in the Communist World" in *The New Red Anti-Semitism*, ed. Elliot E. Cohen, (Boston: Beacon Press, 1952).

12. It was widely published that more than 100,000 people were murdered by the Nazis in Babi Yar, but nowhere was it recorded that they were all Jews till the poet Yevtushenko told the story. Asher Cohen, Shoah or Holocaust: A Retrospective on the Historiography. Paper read at a Pécs conference on the Hungarian Holocaust in August 1990.

13. See the memoirs of Sándor Lendvai, a former Jewish inmate, *Élet és halál mezsgyéjén* (On the Ridge Between Life and Death) (Budapest: Gondolat, 1990).

14. In Hungary, anti-Zionism featured high in the political trials of 1948-53, and diplomatic relations with Israel were quickly severed after the Six-Day War of 1967, but there was practically no anti-Zionist propaganda under the post-1956 Kádár regime. This was probably due to the personal influence upon party chief Kádár of György Aczél, the only high-standing Jewish communist across the board who, like Kádár, had not been a member of the Moscow group during the war, and who, unlike him, had not soiled his name during the Stalinist period of 1948-53, spending much of it in prison himself.

15. It must be said in fairness that the joint treatment of Jewish and non-Jewish dead could be intended to forestall painful recollections of Soviet Jews' discrimination during the German occupation. Paradoxically, no doubt, since in the Soviet Union Jews were obliged to proclaim their Jewish nationality in all their official documents.

16. For an assesment of these, see chapter 33 of Braham's *The Politics of Genocide*.

17. See György Litván, "Zsidó szerepvállalás..." op. cit. as well as Viktor Karády and István Vári, "Félelem és részvétel: Zsidók 1956-ban" (Fear and Participation: Jews in 1956), *Világosság* (Light), no. 6, 1989.

18. Gyula Illyés, *Naplójegyzetek 1946-1960* (Diary Notes, 1946-1960) (Budapest: Európa, 1948). pp. 30-31.

19. Edith Bruck, *Ki téged így szeret* (He Who Loveth Thee So) (Budapest: Európa, 1964), pp. 58-59.

20. However, in a late-1945 diary entry Gyula Illyés found it "aggravating that Jewish columnist Béla Zsolt should be stepping upon his murdered mother's burial-mound" while taking him to task in a newspaper article. *Naplójegyzetek 1929-1945* (Diary Notes) (Budapest: Szépirodalmi, 1986), p. 379. József Darvas in his piece quoted above protested against Jewishness being used as a patent of nobility "by virtue of more suffering" (p. 145). For an early, non-Jewish example of a full admission of the uniqueness of the Holocaust experience, see István Bibó, "Zsidókérdés Magyarországon 1944 után" (The Jewish Question in Hungary After 1944) in *Válogatott tanulmányok* (Selected Essays) (Budapest: Magvető, 1986), vol. II, pp. 654-55. In an interview Viktor Karády, another non-Jewish student of the Hungarian Jewish question, found the principal mitigating circumstance for Chief Rabbi György Landeszman's hotly debated anti-Hungarian statements in their coming from a Holocaust survivor. See *Magyar Hírlap*, May 22, 1993.

21. Is it insatiability on my part to regret that the speech given by then Minister of the Interior Balázs Horváth on October 14, 1990, apologizing for the Holocaust, promising maximum protection to Jews residing in, and maximum hospitality to Jews returning to, Hungary was not delivered by Prime Minister József Antall for whom the speech-outline had been originally prepared by myself? For the text of the speech, see *Magyar Napló* (Hungarian Diary), October 25, 1990.

22. *Neues Forum*, March 13, 1987, p. 19.

23. The figure for Poland was 81, for Bohemia 73, and for Slovakia 66 percent. Renae Cohen and Jennifer L. Golub, *Attitudes Toward Jews in Poland, Hungary, and Czechoslovakia* (New York: The American Jewish Committee, 1991), p. 23.

24. See Zsófia Mihancsik, *Hajrá, MTK?* (Hail MTK?) (Budapest: Háttér, 1988).

25. For its international ringleaders, see Randolph L. Braham, "Revisionism: Historical, Political and Legal Implications" in *Comprehending the Holocaust*, eds. Asher Cohen, et al., (Frankfurt/M.:

Peter Lang, 1988). pp. 61-96. Excerpted in Hungarian in *Világosság*, no. 2-3, 1990, pp. 174-85.

26. It can be easily proven that there was even room for action to stop the deportation of provincial Jews. Bibó speaks with full justification about the real possibility for civil servants, gendarmes, and others of effectively *"boycotting* the anti-Jewish decrees *collectively,* which would have decreased individual risk-taking substantially." "Zsidókérdés Magyarországon," op. cit., p. 638.

27. Retroactive incrimination was the order of the day after the killing of four anti-war protestors at Kent State University, as witnessed by the rumors that both female students were found to be pregnant, i.e., sexually licentious, and all four corpses were covered with lice as well as showing symptoms of the last stage of syphilis, due to die in two weeks anyway. See chapter on "Self-Justification" in Elliot Aronson's *The Social Animal* (San Francisco and London: Freeman and Company, 1976). The details above are on p. 138 of the Hungarian edition of 1978.

28. *Hunnia*, December 25, 1991, p. 24.

29. Ibid., January 25, 1992, p. 17.

30. Viktor Padányi, "Néhány szó a zsidó katasztrófáról" (A Few Words on the Jewish Catastrophe), ibid., April 25, 1991, pp. 2-9. Although this particular issue of *Hunnia* was subsequently banned by the Chief Prosecutor, Hungary has yet to include Holocaust-belittling and Holocaust-denial into its penal law.

31. "The Deniers," *Commentary*, November 1993. pp. 54-56.

32. See, for example, Albert Wass, A "háborús bűnös" ("The War Criminal"), *Hunnia*, July 25, 1991. pp. 1-6. A complicated story written in clumsy Hungarian, entirely absolving its Hungarian expatriate hero of the guilt of killing several people toward the end of World War II, incriminating, however, a local Jewish storekeeper as well as his son, now also residing in the United States.

33. See István Deák, "A Fatal Compromise? The Debate Over Collaboration and Resistance in Hungary," *Institut für die Wissenschaften vom Menschen Newsletter*, July-September, 1993, p. 10.

34. "Nappali hold" (Moon at Daylight), *Hitel* (Credit), no. 18, 1990. p. 6.

―――― *** ――――

Összefoglalás

A Holocaust után: emlékképek és vélemények

A magyarországi Holocaust beillesztődött a dolgok normális menetébe mint bűnökért természetszerűleg kijáró büntetés. A Holocaust utáni korszak legelején nemhogy elmozdult volna, inkább megkövesedett ez a szemlélet, ezért nem következett megbánás az egyik, megbocsátás a másik oldalon. Mind nem-zsidó, mind zsidó körökben megmakacsolódtak az ideológiai álláspontok. Új életre keltek ezek keresztény-nemzeti, illetve liberális-kozmopolita körökben 1989 után.

Anti-Semitism Among Hungarian University and College Students

András Kovács and György Fischer

Anti-Semitism After the Fall of Communism

Anti-Semitism openly appeared in Hungary — as it did in most former East-bloc countries — after the fall of the communist system. Some of its manifestations in this country differ in no way from manifestations of anti-Semitism in the Western world. Inarticulate forms of racism — including anti-Semitism — which function to aggressively compensate for social frustrations with prejudice are spreading among those threatened by the dangerous increase in unemployment and social marginalization — including skinheads and other youth groups from the subculture.

At the same time, however, a form of anti-Semitism used by certain middle-class career groups to differentiate themselves from competing groups began to appear more openly in the years following 1990. The first manifestation of this sort of anti-Semitism was the separate incorporation of an organization of Christian doctors (which at the time stirred up a heated debate) and attempts to organize an association of Christian teachers. As the organizers of these groups themselves stated, the word Christian" was to be understood as expressing more than its denominational meaning. One particular reading of their definition allowed for the exclusion of Jews.

After the changes in 1990, political anti-Semitism also reappeared in Hungary. This form of anti-Semitism differs little from the ethnocentric, xenophobic nationalism that was expressed between the two World Wars, which points to Jews as a group of foreign origin and values and as the source of the "danger" threatening "the essence of the Hungarian nation."

Clearly, it is hard to tell whether these manifestations of prejudice signal a dramatic growth in anti-Semitism after the fall of the communist system, or if, in fact, anti-Semitic attitudes and ideologies existed all along and are now simply being openly expressed because of the opportunities provided by the introduction of civil and political freedoms. But it is still true that, although there has been a notable change in the open appearance of anti-Semitism as compared to the past regime, anti-Semitic groups have remained at the perimeter of society and anti-Semitic political ideologies have met with rejection among most political circles.

Nonetheless, the open appearance of anti-Semitism has had the effect of raising concerns among Hungary's 80,000 to 100,000 Jews—worries that what happened at the end of World War I (which ended the "golden age" for Jews fifty years after their emancipation) might happen again. As Ezra Mendelsohn put it, Hungary was a unique example of how "a country 'good for the Jews' is transformed almost overnight into a country wrecked with pogroms and permeated with anti-Semitic hysteria."[1]

These concerns are valid even if signs of hysteria have yet to appear in Hungary. Valid, because the open manifestations of anti-Semitism indicates the breaking of a taboo that had restrained anti-Semites in the aftermath of the war and the Holocaust throughout Europe. In Germany, Poland, and Hungary statements are being openly made in the press that would have been unimaginable just a few years ago. It may well be that this new anti-Semitism will simply remain a marginal aspect of Hungarian society, but it also may be (and, based on Central and Eastern European history, this possibility cannot be excluded) that the open appearance of anti-Semitic statements in a society undergoing social and economic crises will prepare the soil for a widespread political movement that will actively embrace anti-Semitism as a way of explaining the world and creating an identity for certain groups. Naturally, this danger primarily threatens countries with a relatively large Jewish minority—countries like Hungary.

How big, in fact, is the chance that political anti-Semitism will grow more powerful in Hungary? History shows that for political anti-Semitism to spread effectively it must not arouse the opposition of social elites. For an anti-Semitic force to be formed and spread, the active support of some of the elite must be gained, and the political alternatives and ideologies offered by anti-Semitism to overcome perceived social and political problems must at least not be definitely refused by a significant part of the elite. If these requirements are not met, and if elites consciously reject anti-Semitic ideologies, anti-Semitism cannot become a serious threat. In other words, the chance that anti-Semitism will grow stronger or weaker is determined by the acceptance, tolerance, or opposition of anti-Semitic ideologies by the elite. This understanding has motivated us to carry out a survey of the existence and strength of anti-Semitic prejudices among Hungarian university and college students — the elite of the future.

About the Survey

In the course of the survey we carried out personal interviews with 1,000 students at higher education institutions in Hungary. The make-up of the sample's sex, age, school type and location is representative of the entirety of students in Hungary's institutions of higher learning. The interviews were carried out in December of 1992 and January 1993. Of those questioned, 51% were men and 49% women. The age distribution was as follows:

Table 1

Breakdown of Respondents by Age

Age Group (Years)	Percent of Total
18 – 19	28%
20 – 21	39%
22 – 23	25%
24 and over	8%

The students attended institutions of the following types and locations:

Table 2

Breakdown of Respondents by Type of Institution

Type/Location of Institution	Percent of Total
University Faculty of Law	5%
University Faculty of the Humanities	10%
University Faculty of Science	8%
University of Medicine	13%
Technical University	14%
University of Economics	5%
College of Engineering	10%
College of Economics	3%
Teacher-Training College	20%
College of Agriculture	9%
College of Arts	3%
University in Budapest	31%
College in Budapest	14%
University outside Budapest	31%
University outside Budapest	24%

When the survey was carried out scarcely 15% of the young people in Hungary in the 20 to 24 year age group was a university or college student, as against 30 to 40% of the same age group in Western Europe and over 60% in the United States. This very low level of participation in higher education explains why in Hungary the social background of college and university students, and the social status of their families, is much higher than the national average.

The families of 33% of college and university students live in Budapest, and only 16% in villages. (For Hungary as a whole, only one fifth of the total population is from Budapest and two fifths from villages.) The fathers of 25% of the students in our survey were employed in leading positions; a further 23% had lower level white-collar jobs. The mothers of 10% of the students were employed in leading positions and a further 28% held lower level white-collar jobs. In comparison, only 5% of the total active population occupies leading positions, and only 9.5% hold lower-level white-collar jobs.

Of the university and college students we surveyed, 33% came from families where both parents had higher-education diplomas, and 28% had at least one parent who had completed university or college. In comparison, only 12% of the general population of active age have completed higher education. The families of 32% of university and college students can be categorized as upper class, 25% as upper-middle class, and only 20% as lower-middle or lower class.

Thus, from the standpoint of the important demographic and socio-cultural characteristics (age, education level, social status, cultural background), the sample we tested was remarkably homogeneous. A sample of this kind — merely because of the nature of the problem — is neither representative of Hungarian society as a whole, nor of the younger generations in Hungary. Therefore, we cannot draw valid conclusions about Hungarian society as a whole or even about Hungary's younger generations based merely on our data. However, the sample's homogeneity is distinctly favorable for an examination of attitudes towards Jews among the future social and intellectual elite.

Opinions About Jews

According to estimates, between 80,000 and 100,000 Jews live in Hungary, the majority of them in the nation's capital, Budapest. Although the number of publications dealing with Hungarian–Jewish history and current social conditions has increased since the mid 1980s, our survey shows that Hungary's future intellectuals are remarkably ill-informed about the number of Jews living in Hungary. Seventeen percent of our respondents overestimated the number of Jewish people living in Hungary by 400,000 thousand or more. The following table contains the data in detail:

Table 3

Answers to: How Many Jews Live in Hungary?

			Percent of Interviewees	Percent of Respondents
Between	25,000 and	50,000	5%	6%
Between	50,000 and	100,000	**14%**	**16%**
Between	100,000 and	250,000	26%	31%
Between	250,000 and	500,000	24%	28%
Between	500,000 and	1,000,000	17%	19%
Don't know or no answer			14%	

While Hungary's future elite tends to overestimate the number of Jews living in Hungary, they also tend to underestimate the number of Hungarian Jews killed during the Second World War.

Table 4

Answers to: How Many Hungarian Jews Died During World War II?

			Percent of Interviewees	Percent of Respondents
Between	50,000 and	100,000	13%	15%
Between	100,000 and	250,000	16%	18%
Between	250,000 and	500,000	23%	25%
Between	500,000 and	750,000	**19%**	**21%**
Between	750,000 and	1,000,000	15%	16%
Between	1,000,000 and	2,000,000	5%	5%
Don't know or no answer			9%	

As can be seen from the table, 58% of respondents thought that fewer than 1/2 million Hungarian Jews were victims of the war, and 29% estimated fewer than 1/4 million, while in reality close to 600,000 were killed. The question arises as to whether the overestimates of the number of Jews living in the country and the underestimates of the number of Jews killed are related.

Therefore, we attempted to find out whether those who had made overestimates in the first case were those who made underestimates in the second.

As Table 5 shows, there is a correlation between the data: the largest group of students interviewed (36%) consists of persons who both overestimated the number of Jews living in Hungary today and underestimated the number of Jews killed in World War II.

Table 5

Correlation Betveen Estimates in Tables 3 and 4

Number of Jews in Hungary	Number of Holocaust Victims				Total
	Over-estimate	Correctly Estimate	Under-estimate	Don't Know	
Overestimate	14%	14%	**36%**	3%	67%
Correctly Estimate	2%	3%	8%	1%	14%
Underestimate	1%	1%	3%	0%	5%
Don't Know	1%	2%	5%	6%	14%
Total	18%	20%	52%	10%	100%

We also wanted to know exactly what sort of person the interviewees visualized when they expressed their opinions about Jews — in other words, just who they thought Jews are. Table 6 shows that a relative majority (61%) agreed with the statement that only those who consider themselves to be Jews should be considered Jewish; 38% said that all those who are of Jewish background should be considered Jewish; and 32% said that Jewishness is a question of religion, i.e., that only those who follow the Jewish faith should be considered Jewish.

Table 6

Respondents' Definition of "Jew"

	Agree	Disagree	No Answer
Only those who are members of the Jewish religious community are Jews	32%	66%	2%
Only those who define themselves as Jewish are Jews	61%	37%	2%
Everyone whose ancestors were Jewish is a Jew	38%	60%	2%

The responses show that for our sample the statement reflecting the paradigms of assimilation which developed after the emancipation of Jews in Hungary, i.e., that Jewishness is a question of self-definition, met with the highest level of agreement.

Measurement of Anti-Semitism

The main purpose of our survey was to measure the frequency of anti-Semitic beliefs in college and university students, and the intensity of anti-Semitism among them.

The literature dealing with prejudices generally differentiates between three different dimensions of prejudice: the cognitive dimension of prejudice generally known as prejudicial stereotyping; the affective dimension of prejudice (the feeling of social distance and the emotional intensity of prejudice), and the conative dimension of prejudice (the willingness to entertain discrimination).[2] Modern surveys measuring prejudice level generally attempt to size up the strength of prejudices by measuring all three dimensions.[3] We also used this method in our survey, attempting to get separate measures of: prejudiced stereotyping; the emotional strength of prejudiced attitudes towards

Jews and social distance maintained from Jews; and inclination to or acceptance of social discrimination against Jews.

We carried out our measurement by asking the students to decide whether they agreed or disagreed with given statements, or whether they considered the statements to be more true than false. The statements we developed were carefully chosen so that we would be able to separate them into three groups to be used in the measurement of the three dimensions of prejudice.

During the evaluation of the respondents' attitudes we judged that not every anti-Semitic statement was of equally powerful anti-Semitic content. For instance, someone who agrees that Jews are "wheeler-dealers" is surely not as anti-Semitic as someone who thinks that "Jews destroy the nations that accept them."

It is a generally known phenomenon that acceptance of opinions widely held in any given society generally reflects a lower level of prejudice than belief in socially nonapproved and rare prejudiced opinions. This is why we decided to assign less weight to acceptance of statements that met with widespread agreement, and more weight to agreement with statements that were generally rejected. Thus, items were weighted depending on the percentage of agreement with the statement contained in them.

Each variable used in forming the scale was first dichotomized (where it was necessary) by reducing the number of values to make every variable end up with only two values — one representing a "supportive" answer and the other an "opposing" one. Non-replying persons were then coded as being "in the middle" (mean substitution) in order to avoid the reduction of accumulating cases. After this, the scale was formed so that the items weighted and transformed as described were simply summarized arithmetically.

Prejudiced Stereotyping

After we completed our preliminary selection we ended up with 18 variables for the measurement of prejudiced stereotyping, i.e., to measure the cognitive dimension of prejudice.

In our selection of variables we tried as much as possible to pick variables that "belong together." The consistence of the list of variables, or the "reliability" of the scale, was measured by the so-called Cronbach alpha indicator of reliability. Its value indicates whether our variables are really situated along a single dimension, i.e., whether they behave as a scale should.

Of the 18 selected variables, 11 were part of a list of stereotypes we used when measuring the stereotypes related to the Jews using a range of adjectives. The questioner would read a list of terms, and each respondent was first asked to decide for each adjective whether, in his/her opinion, the quality mentioned characterized Hungarians. Next the respondents had to decide whether it characterized Jews, and, finally, whether it characterized Gypsies.[4]

The list of characteristics contained a total of 20 items. The distributions are presented in Table 7.

Table 7

Distribution of Responses to Individual Stereotypes List With Respect to Hungarians, Jews, and Gypsies, In Percent

1 = Characteristic,   2 = Not Characteristic,   3 = No response,

| | With Regard To: | | | | | | | | |
| | Hungarians | | | Jews | | | Gypsies | | |
	1	2	3	1	2	3	1	2	3
Ambitious	62	31	7	63	20	17	34	55	11
Honest	49	39	12	61	18	21	6	81	13
Dirty	10	85	5	4	83	13	80	11	9
Meticulous	16	78	6	71	13	16	2	91	7
Intelligent	63	27	10	81	6	13	5	83	12
Wheeler-dealer	72	23	5	78	11	11	76	17	7
Clannish	38	57	5	88	3	9	88	7	5
Industrious	54	38	8	80	8	12	4	87	9

Pushy	48	44	8	59	24	17	23	66	11
Temperate	23	70	7	40	36	24	4	85	11
Materia-listic	82	14	4	75	11	14	47	41	12
Educated	49	39	12	78	7	15	1	91	8
Greedy	35	56	9	39	41	20	38	47	15
Trust-worthy	57	31	12	59	17	24	5	82	13
Purposeful	52	40	8	83	4	13	20	66	14
Canny	50	42	8	69	16	15	65	27	8
Vengeful	32	61	7	13	68	19	79	13	8
Cunning	38	54	8	61	23	16	66	25	9
Dutiful	52	39	9	74	8	18	4	84	12
Lazy	35	56	9	5	81	14	70	18	12

In the end, the following characteristics linked to Jews were incorporated in the scale measuring prejudice: ambitious, honest, dirty, canny, pushy, wheeler-dealer, greedy, cunning, vengeful, materialistic, lazy.[5]

When forming the scale measuring prejudice, in addition to the above variables we asked the respondents to let us know whether the considered each of the following statements true or false:

– Jews keep together in order to promote each other's career.
– Jews generally hide it that they keep together.
– Jews still believe that they are God's chosen people.
– Jews do not approve the fundamental values of Christianity.
– Jews deteriorate and weaken the nations which receive them.
– Jews have a major influence in international economy.
– It is also the Jews' fault that aversion is felt towards them.

The following table displays the percentages of respondents who agreed with the individual statements.

Table 8

Percentages of Respondents Who Agreed With Individual Prejudice Indicators

1—Jews tend to be "wheeler-dealers"	78%
2—Jews tend to be "materialistic"	75%
3—Jews tend to be "canny"	69%
4—True: "Jews powerfully influence international economics"	68%
5—Jews tend to be "ambitious"	63%
6—Jews tend to be "cunning"	61%
7—Jews tend to be "pushy"	59%
8—True: "Jews are partly responsible for anti-Jewish sentiments"	51%
9—True: "Jews still consider themselves to be God's chosen people"	48%
10—Jews tend to be "greedy"	39%
11—True: "Jews stick together to help one another get ahead"	29%
12—True: "Jews don't accept Christianity's basic values"	18%
13—Jews tend not to be "honest"	18%
14—Jews tend to be "vengeful"	13%
15—True: "Jews generally hide the fact that they work together"	12%
16—Jews tend to be "lazy"	5%
17—True: "Jews weaken and destroy the nations who take them in"	5%
18—Jews tend to be "dirty"	4%

We observed a total of four prejudice-motifs in the measurement of prejudiced stereotyping:

1. Stereotypes assigning negative characteristics (1-3; 5-8; 10; 13-14; 16; 18)

2. Stereotypes concerning secret Jewish conspiracies (4; 11; 15)

3. Theological anti-Judaic stereotypes (9; 12)

4. Stereotypes about the destructive Jew (17)

We tested the coherence of the scale by various methods.[6]

The results show that the 18 variables form a set suitable for forming a scale.

Emotional Rejection and Social Distance

The emotional strength of prejudiced attitudes toward Jews and the social distance maintained from Jews were measured with a 14-item list. Table 9 displays percentages of those who agreed with the individual items of the group.

Table 9

*Percentage of Persons Who Agreed With Various
Social Distance Items*

1—Agreement with: "It's important to know whether or not someone in the family is Jewish"	43%
2—Agreement with: "Marriage with someone of Jewish descent would be a problem for me"	37%
3—Agreement with: "Jews look down on others"	27%
4—Agreement with: "You've got to be careful around Jews"	16%
5—Agreement with: "There is more tension in marriages where either the husband or wife is Jewish"	14%
6—Agreement with: "It's important to know whether or not your friends are Jewish"	12%
7—Agreement with: "There's more tension in jobs where Jews work, too"	11%
8—Agreement with: "There's more tension in circle of friends containing Jews"	7%
9—Agreement with: "I wouldn't share a student apartment with a Jew"	6%

10—Agreement with: "It's better not to deal with Jews"	5%
11—Self-assessment: "I dislike Jews"	3%
12—Agreement with: "It's important to know whether or not your colleagues at the university are Jewish"	2%
13—Agreement with: "I'd be uncomfortable if I had to work with a Jew after I graduate"	2%
14—Agreement with: "The best thing would be if the Jews left the country"	2%

We controlled the coherence of items on the scale as before.[7]

Willingness to Discriminate

We used 10 variables to measure willingness to accept social discrimination against Jews. The percentage of agreement with individual items from the statement group used to measure inclination towards discrimination is displayed in Table 10.[8]

Table 10

Percent of Respondents Who Agree With Various Discrimination Items

1—Agreement with: "Jews should only have as much influence on the direction the country is to take as their percentage of the total population"	39%
2—Agreement with: "A person who does business with a Jewish businessman can never be too cautious."	29%
3—Answer to: "How big a problem do you think the Jews in Hungary cause" (percentage believing Jews cause a big problem)	23%
4—Percentage who feel that "...people who want to limit the Jews' role in public life should be able to freely express their views"	21%

5—Percentage who feel that "...people who regularly make anti-Jewish statements should be able to freely express their views"   17%

6—Percentage who think that "...it would be better if Jews were present in some occupational groups in accordance with their percentage in the population"   15%

7—Percentage who feel that "...people who want to make the Jews leave Hungary should be able to freely express their views"   12%

8—Agreement with: "It would be better if the Jews had no influence at all on the governing of the country"   3%

9—Percentage who feel that "...people who want to take violent measures against the Jews should be able to freely express their views"   3%

10—Agreement with: "The Jews should be stimulated to leave Hungary"   2%

Clustering the Students Into Groups

From the three groups of statements presented to the students we constructed scales of prejudiced stereotyping, social distance and discrimination.

Before further processing, the three scales were standardized.[9]

As a result of this transformation the individual scores became instantly comprehensible when compared to the average: any score under the average is negative, any above the average is positive. Another result of this transformation was that the three scales also became comparable.

Next, based on the scores measured on the three scales, we attempted to group the respondents from the point of view of the number of prejudiced stereotypes held against Jews, the intensity of dislike displayed toward Jews and the social distance maintained from them, and the willingness to discriminate against Jews.

We used cluster analysis for the grouping.[10] We were able to differentiate between five well-defined groups, whose average scores on the prejudiced stereotyping, distance, and discrimination scales were as follows:

Table 11

Average Scores of Core Points of Groups (Clusters)

	Prejudiced Stereotypes Scale	Distance Scale	Discrimination Scale	
Group 1	–0.88	–0.52	–0.56	(N=390)
Group 2	0.54	–0.02	–0.46	(N=316)
Group 3	0.49	0.25	0.98	(N=182)
Group 4	1.50	2.35	1.53	(N= 75)
Group 5	–0.87	–0.29	1.96	(N= 37)

Group 1 (39% of the students sampled) had a below average score for all three scales, thus showing no prejudiced stereotyping against Jews, and no tendency to maintain their distance from or discriminate against Jews. In what follows this group will be called the *"non-anti-Semitic"* group.

Group 2 (32% of the students) displayed a relatively high degree of stereotyping. Their distancing attitudes are generally close to the sample average. Their willingness to discriminate, however, is lower than average. We will call them the *"anti-Semitically inclined"* group.

Group 3 (18% of the students) had above average values for all three scales, but these values—as we will see—are lower than the fourth group's values. This group can be characterized as having definitely anti-Jewish attitudes, which is why we called them *"anti-Semitic."*

Group 4 (nearly 8% of the sample) had much higher than average values on the prejudiced stereotyping, emotional rejection and distance keeping, and willingness to indulge in discrimination scales. We can confidently call this the *"extremely anti-Semitic"* group.

Group 5 (less than 4% of the sample) was as "unprejudiced" as the "non-anti-Semites," and by far less likely than the average to distance themselves from Jews, *but* scored much higher on the discrimination scale.

Our analysis threw light on the reason for this strange constellation of groups, especially the at first glance incomprehensible fifth group. As we have seen the scale measuring discrimination contained four items in which the respondents were asked to state whether they feel that people should be allowed to freely spread their views in four separate cases, namely if they:

Regularly make anti-Jewish statements;
Want to limit Jews' role in public life;
Want to force the Jews to leave Hungary; or,
Want to take violent measures against Jews.

Now, agreement with these statements may be an expression of anti-Semitism, or it may be a manifestation of extreme liberalism. A detailed analysis has shown that the fifth group had such a high score on the discrimination scale because the members of this group strongly agreed with all four items above (including the "violent measures" item, although only 3% of the sample agreed with this statement) while simultaneously agreeing with no other anti-Jewish statement (as the very low stereotype and distance scale values show). It seems to us that these university students scored so high on the discrimination scale because they gave doctrinaire liberal answers to the four questions above. This is why we chose to call them the *"extremely liberal"* group.

Using the above definitions, these are the results of our classification of Hungarian college and university students in the 1990s in according to the groupings above:

Table 12

Anti-Semitism: 1993 Survey Results, by Group

Group	Students (Percent)
1—Non anti-Semitic	39%
2—Anti-Semitically inclined	32%
3—Anti-Semitic	18%
4—Extremely anti-Semitic	7%
5—Extremely liberal	4%

In broader terms, therefore, we can say that 43% of Hungarian university and college students (Groups 1 + 5) are free of all forms of anti-Semitism, while 25% (Groups 3 + 4) are anti-Semitic to greater or lesser degree, and 32% (Group 2) share some common negative stereotypes about Jews.

Characteristics of Anti-Semites and Non-Anti-Semites

The next question we tried to answer was to identify common characteristics of, respectively, anti-Semites and non-anti-Semites. We wanted to know if they tended to be representative of differing socio-demographic groups. Our general observation was that the differences in the proportion of various demographic and sociocultural subgroups among the anti-Semites and the non-anti-Semites are relatively small.

When we looked at differences between *the sexes* it turned out that there was no significant difference in the percentages of men and women in the anti-Semitic and extremely anti-Semitic groups. However, noticeably more men indulged in prejudiced stereotyping, and thus there were far fewer men than women in the non-anti-Semitic group.

With increases in *age* the percentage of distinct anti-Semitism fell (from 27% to 18%) while, in contrast, the percentage of prejudiced stereotypes grew (from 31% to 41%). No solid connection could be found linking the percentage of non-anti-Semites to age.

Table 13

Anti-Semitism: Classification by Sex and Age

	Non-Anti-Semitic	Anti-Semitically Inclined	Anti-Semitic	Extremely Anti-Semitic	Extremely Liberal
Total sample	39%	**32%**	**18%**	**7%**	**4%**
Female	43%	28%	19%	7%	3%
Male	36%	35%	17%	8%	4%
18-20	38%	31%	19%	8%	4%
21-23	41%	30%	19%	7%	3%
24 and over	37%	41%	12%	6%	4%

When we analyzed the students' attitudes by the place of residence of their families, we found that as the size of a student's *home town* decreased his likelihood of being anti-Semitic increased: 24% of college students who grew up in Budapest or large cities fell into the category we called anti-Semitic, as against 28% of students from small cities and 29% of students from villages. Only 5 to 7% of students from Budapest or other large cities were "extremely anti-Semitic," as against 9 to 10% of students from small cities and villages. The surprisingly low number of respondents classified as "non-anti-Semites" among students who grew up in small cities is partly caused by the high proportion of "extreme liberals" in this group.

Table 14

Anti-Semitism: Classification by Family Residence

	Non-Anti Semitic	Anti-Semitically Inclined	Anti-Semitic	Extremely Anti-Semitic	Extremely Liberal
Total sample	39%	32%	18%	7%	4%
Family's Residence					
Budapest	39%	34%	19%	5%	3%

County Seat	44%	28%	17%	7%	4%
Other Town	31%	34%	18%	10%	7%
Village	40%	30%	20%	9%	1%

The most striking result to come out of the examination of the *parents' education and families' social status* was that, for the combined anti-Semitic and extremely anti-Semitic group, a U-shaped distribution is to be found. In other words, the percentage of students harboring anti-Semitic prejudices was relatively high among the children of parents with markedly high social position and educational levels as well as among children of parents with pronouncedly low social position and educational levels.

A similar distribution can be observed among the non-anti-Semites, with the difference that in this case the curve is an upside-down U: among non-anti-Semites, the percentage having parents of high social position and educational levels, as well as the percentage whose parents had markedly low social position and educational levels, was relatively low. (As will be discussed further on, according to all indicators anti-Semitism arises from different sources in these two extreme groups.)

It also follows from these results that anti-Semitic prejudices are more likely to be indulged in by students for whom higher education represents the fast track of upward social mobility as well as by those for whom the acquisition of a diploma does not represent social mobility. In contrast, those whose upward mobility is somewhat slower than that of earlier generations were somewhat less likely to indulge in anti-Semitic prejudices.

Table 15

Anti-Semitism: Classification by Status of Parents

	Non-Anti-Semitic	Anti-Semitically Inclined	Anti-Semitic	Extremely Anti-Semitic	Extremely Liberal
Total sample	39%	32%	18%	7%	4%
Education of Parents					
Both have university degree	35%	29%	21%	10%	5%
One has degree	44%	32%	15%	6%	3%
Both completed secondary school	38%	36%	19%	4%	3%
One had secondary schooling	37%	30%	18%	13%	2%
Both have lower qualifications	42%	31%	17%	4%	6%
Economic status of parents					
Upper class	36%	29%	20%	10%	5%
Upper middle class	42%	34%	18%	4%	2%
Middle class	41%	32%	18%	5%	4%
Lower middle class	43%	31%	16%	6%	4%
Lower class	35%	31%	20%	12%	2%

In the examination of families' material conditions we can observe other interesting tendencies. Although among children of decidedly wealthy families[11] the percentage of those who were extremely anti-Semitic was extremely low, the percentages of anti-Semites and those holding "prejudiced stereotypes" was much higher. As a result, students with wealthy backgrounds had the lowest percentage of non-anti-Semites (22%). Percentages of non-anti-Semites rose in parallel with the fall of the material well-being of the students' families, all the way down to the decidedly poor, of whom 43% were found to be non-anti-Semites.

The percentage of extreme anti-Semites was highest of all among the moderately well-to-do (8%), and was significantly lower among the two groups at the extreme end of our scale of wealth. If, on the other hand, we examine the combined percentages of anti-Semites and extreme anti-Semites, we find that this percentage is highest among the very wealthy (31%). With a fall in wealth the percentages of those holding anti-Semitic attitudes also falls: only 21% of the very poor harbor such sentiments.

Table 16

Anti-Semitism: Classification by Family's Property Ownership

	Non-Anti-Semitic	Anti-Semitically Inclined	Anti-Semitic	Ex-tremely Anti-Semiti	Ex tremely Liberal
Total sample	39%	32%	18%	7%	4%
Wealthy	22%	45%	29%	2%	2%
Owns many pieces of property	37%	36%	17%	8%	2%
Owns medium amount of of property	39%	28%	20%	8%	5%
Owns few pieces of property	41%	31%	16%	8%	4%
Owns no property, poor	43%	34%	17%	4%	2%

In reviewing the data for various types and locations of institutions of higher education, the palpably higher percentage of "extreme anti-Semites" attending colleges or universities outside of the capital (8 to 10%) compared to that of those studying in Budapest (6 to 7%) was striking. Similarly, for the combined anti-Semitic and extremely anti-Semitic group, the percentage of students being educated in Budapest who harbored anti-Semitic attitudes (21% at universities and 26% at colleges) was lower than that of students attending college or university in smaller towns (27% at universities, 30% at colleges).

University students from both Budapest and the country as a whole were less likely to be anti-Semites than students attending colleges.[12] The percentage of non-anti-Semites was highest among university students in Budapest (43%).

In terms of type of institution of higher education, the percentage of students in the combined category of anti-Semitic and extremely anti-Semitic was highest in technical colleges (34%) and agricultural colleges (33%). In these institutions the percentage of non-anti-Semites is exceedingly low; it would not be an exaggeration to say that a strongly anti-Semitic climate pervades these institutions—at least compared with other institutions of higher learning. (These institutions have the lowest entrance requirements in the Hungarian higher-educational system.)

Students at law universities, economics universities, and teacher-training colleges were found to have a particularly polarized opinion regarding Jews. The combined percentages of anti-Semites and extreme anti-Semites are relatively high at law universities (28%) and at teacher-training colleges (29%), but so is the percentage of those displaying no form of anti-Semitism whatsoever (43 to 50%). This contrast arises because the percentage of the anti-Semitically inclined is relatively low.

Another group of institutions consists of economics colleges, technical universities, and medical universities. Among students attending these institutions the percentage of anti-Semites was approximately the same as the sample average (24%). The percentage of non-anti-Semites, however, was somewhat lower than the average (31 to 34%), due to the fact that the number of students indulging in prejudiced stereotyping was higher than the average.

Finally, the last group of institutions is made up of the humanities and sciences departments of the universities. The institutions in this group are those which produce the majority of the country's future teachers. Relatively few of the students attending these institutions can be typified as being anti-Semites (18 to 21%) or as indulging in prejudiced stereotyping (26 to

28%), and a relatively high percentage of them are non-anti-Semitic. It appears that anti-Jewish prejudices are less common among students attending these schools than among the students at all other institutions of higher learning in Hungary.

Table 17

Distribution of Anti-Semitic and Non-Anti-Semitic Students by Institution of Higher Education

	Non-Anti-Semitic	Anti-Semitically Inclined	Anti-Semitic	Extremely Anti-Semitic	Extremely Liberal
Total sample	39%	32%	18%	7%	4%
Type of institution					
University in Budapest	43%	31%	15%	6%	5%
College in Budapest	32%	41%	19%	7%	1%
University outside Budapest	38%	31%	19%	8%	4%
College outside Budapest	38%	28%	20%	10%	4%
College of engineering	26%	37%	26%	8%	3%
College of agriculture	38%	28%	21%	12%	1%
University faculty of law	49%	19%	21%	7%	4%
University of economics	50%	21%	25%	2%	2%
Teacher-training college	43%	28%	19%	7%	3%
College of economics	33%	43%	12%	12%	0%

Technical university	34%	37%	15%	9%	5%
University of medicine	31%	38%	18%	6%	7%
University faculty of the humanities	45%	28%	18%	3%	6%
College of arts	33%	47%	10%	10%	0%
University faculty of science	54%	26%	8%	10%	2%

The most interesting finding from the point of view of *denominational affiliation*[13] was that the attitude of the Calvinists were more polarized than that of the Catholics: a higher percentage of them proved to be in both the anti-Semitic and non-anti-Semitic categories. The percentage of anti-Semites among the Catholics was identical with the sample's overall percentage, but Catholics were somewhat more likely to indulge in prejudiced stereotyping than the average. The small numbers of those belonging to other denominations prevented us from reaching any conclusions regarding their attitudes towards Jews. The group of those without denominational affiliation contained the highest percentage of non-anti-Semites.

Based on our examination of anti-Semitism and the *degree of religiosity*, we can say that for the students we surveyed the percentages of anti-Semites and extreme anti-Semites increased in parallel with an increase in religiosity: only 20% of those who were nonreligious were anti-Semites or extreme anti-Semites, while 33% of the most religious fell into these categories. A similar tendence, but in the opposite direction, can be observed in the percentages of non-anti-Semites: with a growth of religiosity there is a parallel decline in the percentage of non-anti-Semites (from 46% to 30%).

Table 18

Anti-Semitism: Classification by Religion Variables

	Non-Anti-Semitic	Anti-Semitically Inclined	Anti-Semitic	Extremely Anti-Semitic	Extremely Liberal
Total sample	39%	32%	18%	7%	4%
Religious denomination					
Catholic	38%	34%	18%	7%	3%
Calvinist	43%	26%	19%	9%	3%
Lutheran	26%	37%	29%	3%	5%
Other	40%	40%	10%	10%	0%
Not registered in any churches	44%	26%	16%	9%	5%
Degree of religiosity					
I follow the dogmas of my church	30%	36%	26%	7%	1%
I am religious in my own way	38%	31%	19%	8%	4%
I can't tell if I am religious or not	39%	33%	20%	3%	5%
I am not religious	42%	29%	15%	9%	5%
I am definitely non religious	46%	32%	15%	5%	2%

A Causal Explanation of Anti-Semitism

In the course of evaluating the survey we made an attempt to provide a causal explanation of the anti-Semitic phenomena we had encountered—in other words, we attempted to discover if the anti-Semitic prejudices we had measured could be arranged so as to be explained by the respondents' socio-demographic characteristics and attitudes.

In the first step of the evaluation we established that the socio-demographic variables do not adequately explain the presence or lack of anti-Semitic prejudices among the groups surveyed. In the second step we examined whether the attitudes which we had we measured with indirect questions could be used for causal explanation. We grouped the answers to these questions into six attitude-bundles: 1. Xenophobia; 2. Intolerance toward deviant groups (drug users, homosexuals, prostitutes); 3. Religiosity; 4. Conservative nationalism: 5. Anti-Gypsy prejudice; and 6. Liberalism. This analysis led to the following model:[14]

Fig. 1

Interrelation of Other Attitudes with Anti-Semitism

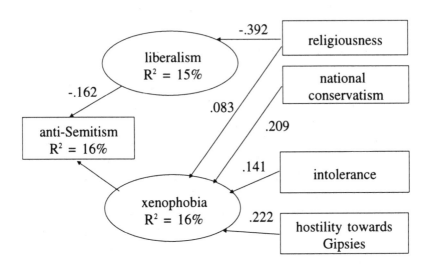

As can easily seen be seen from the chart, xenophobia had the strongest direct correlation effect on anti-Semitism (0.365). This means that a xenophobic attitude very likely caused respondents to answer questions anti-Semitically.

Liberalism also had a strong effect on anti-Semitism. The effect, however, was negative (-0.162). In other words, the more liberal an individual was, the less likely that individual was to harbor anti-Semitic attitudes.

Intolerance toward deviant groups did not show a direct connection with anti-Semitism. However, it showed a marked indirect effect on the development of anti-Semitism through xenophobia.

Conservative nationalism similarly expressed its effect indirectly—primarily through the intervention of xenophobia (on which it has a significant effect).

Religiosity had a very negative direct effect on liberalism, i.e., religious conviction quite often inspired anti-liberal statements by the respondents. Religiosity also showed an (here positive) indirect effect on anti-Semitism through xenophobia.

Anti-Semitic Prejudices

Up to this point we have examined the percentage of anti-Semites among Hungarian college and university students, the strength of anti-Semitic prejudices among these students, and how we could explain the higher degree of anti-Semitism among some of the students — in other words, we attempted to discover on which socio-demographic factors and other attitudes anti-Jewish sentiments depend. In what follows we will examine the kinds of anti-Semitic prejudices we found among the group surveyed, and whether or not the anti-Semitic attitudes adopted by a given anti-Semite are dependent to any degree on the social, demographic, and other factors tested.

As we have seen, in the course of the survey we asked the respondents to take a position with regard to certain anti-Semitic stereotypes, letting us know whether or not they agreed with statements containing these stereotypes. We then formed opinion bundles using a statistic technique — in other words, we determined which stereotypes united the responses, and which common attitudes were hidden behind the stereotype groups.

In the course of the analysis we established five opinion bundles. The first consists of statement groups according to which Jews are ambitious, wheeler-dealers, pushy, materialistic, greedy, vengeful, and/or cunning people and have a powerfull influence on international economics. The traditional stereotype of Jews as uninhibitedly profiteering, money-hungry Shylocks is expressed by this bundle.

The second opinion bundle summarizes a long-standing prejudice in the anti-Semitic tradition: the theory of a Jewish conspiracy. Statements such as "Jews stick together more than others"; "Jews stick together to help one another to get ahead"; "Jews generally hide the fact that they are working together" and the majority of Jews in Hungary live better than other Hungarian citizens" comprise this opinion bundle.

The third and fourth opinion bundles are made up of political anti-Semitic expressions. The third bundle is where the Jewish communist seeking revenge for his persecution appears. (Statements which fit here are: "A great number of Jews persecuted in the war became communists"; "The revenge of Jews played a role in politics following the war"; "What the Jews did to the Hungarians in the 1950s is in no way better than what was done to them during World War II"; and "The majority of Jews used their communist party membership to make their careers.")

The fourth opinion bundle consists of anti-Semitic statements of the anti-Zionist type ("Zionism for a Jew is not the same thing as patriotism for a Hungarian"; "Zionism is an extremist form of Jewish nationalism"; "Zionism is the expression of Jewish feelings of superiority"; "In the end, Zionism is a racist theory"; "Someone who is a Zionist cannot be loyal to the country he lives in"; and "A self-conscious Jew cannot simultaneously be a good Hungarian.")

In the fifth and last opinion bundle, anti-Semitism again takes on a traditional form—that of theological anti-Judaism. ("Jews still imagine themselves to be God's chosen people"; "Jews do not accept the basic values of Christianity"; and "Problems with the Jews are primarily religious or church affairs.")

In the next step we examined whether or not there were differences between the individual socio-demographic groups in their tendency to accept one or another anti-Semitic opinion bundle. According to our calculations, the Shylock stereotype and both forms of political anti-Semitism were distributed evenly among the respondents grouped according to sex, education of parents, domicile, and wealth. This, however, was not true in the case of theological anti-Judaism, which was significantly more likely to be adopted by students from smaller towns or villages whose parents have low educational levels. In contrast, the more urban the student's hometown, the better educated his parents, and the wealthier his family, the more likely he was to believe in the Jewish conspiracy theory. We also found that this type of prejudice was significantly more common among men than among women.

To summarize the results as to the acceptance of the various types of anti-Semitic stereotypes, we can repeat that we found a significant difference between the students from families of higher social status and those whose families were of lower social status. Anti-Semitic students from families of higher social status clearly regarded Jews as a competing group: this is evidenced by the fact that they were most likely to believe in the Jewish conspiracy. In contrast, students from families of lower social status were more likely to express traditional theological anti-Judaic prejudices than students of any other social background.

Interesting differences also appear when we examine the degree to which supporters of one political party or another were likely to accept or reject the differing types of anti-Semitism in 1993. According to the survey results, supporters of liberal parties — which generally reject anti-Semitic views — were unlikely to feel affinity for any one of the anti-Semitic stereotypes. Voters for conservative nationalist parties — which are most likely to accept anti-Semitic stereotypes — were much more likely than the average to espouse the Jewish conspiracy theory, while, on the other hand, showing no special tendency to accept theological anti-Judaism. Socialist voters were also more likely than the average to accept the Jewish conspiracy theory, as well as likely to believe in the Shylock stereotypes. This group, however, rejected political anti-Semitism, and was especially unlikely to indulge in theological anti-Judaism.

There are also definite differences in the strength of anti-Semitism associated with the various types of anti-Semitic prejudices. We found that the more temperate anti-Semites are most likely to believe in the Shylock stereotypes and to reject the political stereotypes. Members of the more strongly anti-Semitic groups naturally accepted each of the stereotype groups to a greater degree than those who were less powerfully anti-Semitic. However, the stronger the degree of anti-Semitism, the more likely an individual was to accept political anti-Semitic attitudes and to believe in the conspiracy theory, and the less likely to adopt theological anti-Judaism or economic stereotypes.

*Research for this study was supported by the American Jewish Committee and the Hungarian National Scientific Research Foundation (OTKA). The face-to-face interviews were carried out by the SZONDA-IPSOS Institute of Public Opinion Research, Budapest. The assistance of the Institute of Sociology at the Eötvös Loránd University and the Gallup Institute is also gratefully acknowledged. A more detailed report on the survey was published in the American Jewish Committee's *International Perspectives Series* no. 27, 1994.

Notes

1. Ezra Mendelsohn, *The Jews of East Central Europe Between the World Wars* (Bloomington, IN: Indiana University Press, 1983), p. 98.

2. Cf. H. J. Ehrlich, *The Social Psychology of Prejudice* (New York: Wiley, 1973); W. Bergmann, "Attitude Theory and Prejudice" in *Error Without Trial: Psychological Research on Anti-Semitism*, ed. W. Bergmann (Berlin: De Gruzter 1987); pp. 271-302.

3. Cf. W. Bermann and R. Erb, *Antisemitismus in der Bundesrepublik Deutschland* (Opladen: Leske und Budrich, 1991).

4. The text of the questions was as follows:

"I will now read various characteristics. Would you please tell me if, in your opinion, these are rather characteristic of Hungarians as a people, or not?"

"Now I'm going to read those characteristics which I have read before, but now I will ask you to tell me if, in your opinion, these are rather characteristic of Jews, or not?"

Now I will ask you to tell me whether these characteristics, in your opinion, are rather characteristic for Gypsies, or not?"

5. On the distance of the autostereotypes and heterostereotypes of the students see András Kovács, "Jews and Hungarians: Group Stereotypes Among Hungarian University Students," *East European Jewish Affairs*, vol. 23, no. 2, Winter 1993, pp. 51-61.

6. The index value of the Cronbach alpha reliability indicator for the 18 variables listed was 0.7066. This value is a fairly high one, supporting the supposition that the selected variables actually belong together, i.e., that they are suitable for use in forming a scale. That these variables form a set is also confirmed by the fact that the correlation matrix of the 18 variables shows the existence of fairly numerous significant correlations (93 significant correlations out of a theoretically possible 153). We also tested the "belonging together" of the 18 selected variables by a third method, main component analysis. The eigenvalue of the first unrotated main component was 3.50, and explained 19.4% of the total variance of the 18 variables. This value is a fairly high one with respect to such a relatively large number of variables. The factor weights of the first unrotated main component of the eighteen individual items were, respectively: .46323; .26937; .14362; .57612; .63676; .58805; .61540; .60657; .35354; .67758; .14522; .42032; .20666; .20428; .18394; .29172; .42213; .45178.

The items used in forming the prejudice scale are "fairly well connected" to the first unrotated main components. We only had some doubts with respect to items 3, 11, 13, 14, and 15. On examining the correlation between these and other items, however, one finds that they show a significant correlation with some other variable in the set of variables that was used in forming the scale. Theoretical considerations also justify not discarding these variables from the set of variables measuring prejudice with respect to Jews.

7. There are fairly numerous significant correlations in the correlation matrix of the 14 variables (74 significant correlations out of a theoretically possible 91). The Cronbach alpha index with respect to the 14 variables selected for forming the distance scale was 0.6748. This is

quite a respectable value, indicating the suitability of the selected variables for forming a scale.

Main component analysis led to similar results. The eigenvalue of the first unrotated main component from the main component analysis of the 14 items was 2.94, explaining 21.0% of the total variance of the 14 variables. The factor weights of the first unrotated main component of the 14 variables were, in the order listed: .35102; .50482; .31203; .41966; .36005; .48698; .57601; .52471; .40643; .53292; .43473; .45925; .34639. The correlation between the scale and the first unrotated main components formed by the same variables is 0.9927 (!).

8. As with the earlier two scales, there are fairly numerous significant correlations in the correlation matrix of the 10 variables (32 significant correlations out of the theoretically possible 45). The value of the Cronbach alpha index with respect to the 10 variables used in the discrimination scale was 0.6087. The high value of the indicator as well as main component analysis confirm that this set of selected variables is suitable for forming a scale as well.

The eigenvalue of the first unrotated main component of the 10 variables drawn in forming the discrimination scale was 2.63, and explained 26.3% of the total variance of the 10 variables. The factor weights of the first unrotated main component for the 10 variables, in the order listed, are: .18723; .15428; .23957; .77260; .80221; .80647; .64220; .24981; .24520; .28998.

The relatively low participation of Variables 1 and 2 might arouse some doubt; however, if we examine correlations, we can establish that Variable 1 shows significant correlation with seven of the other nine variables, and Variable 2 with five. The correlation between the scale variable and the first unrotated main component brought about by the same variables described above is very high: 0.9037.

9. This means that the three scales were subjected to a transformation as a consequence of which their mean (expected) value is 0 and their distribution (standard deviation) is 1.

10. We used the SPSS Quick Cluster program.

11. Naturally, "wealth" must be understood in terms of Hungarian social conditions. In this case "decidedly wealthy" means that the families in question have (1) their own—at least three-room—apartment or house, (2) a car manufactured in a Western country, (3) a summer home, and (4) a home well-stocked with durable consumer items. The other categories were created on the basis of possession or lack of the items listed above.

Andráz Kovács and György Fischer

12. The Hungarian higher-educational system is composed of two types of institutions: universities, which students attend for 5 to 6 years before being awarded a degree, and colleges, which take from 3 to 4 years to complete. A Hungarian university degree is comparable to an American Master's degree. In addition to requiring less time to complete, Hungarian colleges are generally easier to enter and provide a lower quality of education. Transferring from a college to a university is extremely difficult. After acquiring their degrees most college students start to work and do not continue their studies.

13. Seventy-one percent of all Hungarians are Catholic, 21% Calvinist, and 4% Lutheran. One percent of the population belongs to some other denomination, and 3% are non-denominational. The percentages among our sample of students were as follows: 61% Catholic, 15% Calvinist, 4% Lutheran, 1% some other denomination, and—a significant difference between the national data and our data—19% non-denominational.

14. Multiple regression, stepwise method, beta coefficients.

———— *** ————

Összefoglalás

Antiszemitizmus a mai magyar egyetemi hallgatók között

A kommunista rendszer bukása után Magyarországon is nyíltan megjelent az antiszemitizmus. Az antiszemitizmus megerősödésének esélyét a történelem tanúsága szerint az határozza meg, hogy mekkora készség van a társadalmi elitben az antiszemita nézetek elfogadására, tolerálására illetve a velük való szembeszállásra. Ez a belátás indított minket arra, hogy vizsgálatot kezdeményezzünk az antiszemita előítéletek meglétéről, erősségéről és mozgósíthatóságáról a mai magyar egyetemi és főiskolai hallgatók, tehát a jövendő társadalmi elit képviselőinek körében. A kutatás keretében a magyar felsőoktatási intézményekben tanuló 1000 fiatallal készítettünk személyes kérdőíves interjút. A megkérdezettek összetétele nem, életkor, valamint a felsőoktatási intézmény jellege és székhelye szerint reprezentálta a magyar felsőoktatásban tanulók teljességét. A vizsgálat 1992 decemberében zajlott. Vizsgálatunk legfőbb kérdése az volt, hogy megállapítsuk: a mai magyar egyetemi és főiskolai hallgatók között mekkora az antiszemiták aránya, és milyen intenzitású az antiszemitizmus a diákok között. Az előítéletek elméletével foglalkozó irodalom általában az előítélet három dimenzióját különbözteti meg: 1.) az előítéletek kognitív dimenzióját, amelyet többnyire sztereotipizálásnak is neveznek, 2.) az affektív dimenziót és 3.) a konatív dimenziót, amely az előítéletek cselekvés motiváló jellegére terjed ki.

Az előítéletesség mérésére végzett modern vizsgálatok általában arra törekszenek, hogy az előítéletek erősségét mindhárom dimenzióban megmérjék, és az így kapott eredmények valamilyen összegzésével alkossanak képet az előítéletesség fokáról a vizsgált csoportban. Kutatásunk során mi is ezt a módszert alkalmaztuk. Arra törekedtünk, hogy külön mérjük (1) az előítéletes sztereotipizálást, (2) a zsidókkal kapcsolatos attitűdök érzelmi erősségét és a zsidóktól tartott társadalmi távolságot, valamint (3) a zsidók társadalmi diszkriminálására illetve a velük szembeni diszkrimináció elfogadására való hajlamot.

Az alkalmazott matematikai-statisztikai eljárásokkal öt jól értelmezhető csoportot sikerült elkülönítenünk. Elemzéseink eredményeképpen a magyar egyetemistákat és főiskolásokat a kilencvenes évek elején a zsidósággal kapcsolatos attitűdök szempontjából a következő megoszlás jellemzi: doktrinér liberális 4%, nem-antiszemita 39%, antiszemitizmusra hajlamos 32%, antiszemita 18%, szélsőséges antiszemita 7%.

Összességében tehát azt mondhatjuk, hogy a mai magyar egyetemi és főiskolai hallgatók 43%-a mentes mindenfajta antiszemita előítélettől, 32%-uk bizonyos előítélettel viseltetik a zsidók iránt, míg 25%-uk különböző erősségű kifejezetten antiszemita előítéleteket táplál.

A vizsgálat adatainak kiértékelése során kísérletet tettünk arra is, hogy oksági magyarázatot adjunk az antiszemitizmus jelenségére, azaz regressziós elemzéssel (Lisrel-modellezés) megkíséreltünk választ adni arra a kérdésre, hogy miért antiszemita előítéletesség hozzárendelhető-e okozatként a megkérdezettek társadalmi-demográfiai jellemzőihez vagy különféle attitűdjéhez.

Az elemzés eredményeképpen a tanulmányban közölt modellhez jutottunk.

Az ábrából jól látszik, hogy a bevont tényezők közül a xenofóbiának a legerősebb a közvetlen hatása az antiszemitizmusra. Ezt úgy kell érteni, hogy a xenofób beállítódás nagy valószínűséggel okoz antiszemita válaszokat is a kérdezett személynél. Nem lehanyagolható mértékű a liberalizmus hatása sem az antiszemitizmusra. Ez a hatás azonban negatív, azaz minél inkább liberális beállítottságú valaki, annál kevésbé jellemzik antiszemita vélekedések. Közvetlen hatása a fenti két tényezőn túl csak a cigányellenességnek van az antiszemitizmusra, de ez a hatás meglehetősen gyenge.

A zsidókkal kapcsolatos sztereotipizálásra vonatkozó eredményeinket összefoglalva azt mondhatjuk, hogy a jövendő magyar elit nagyobb részének szemében a magyar zsidóság bizonyos tulajdonságok együttesével leírható csoportot alkot a társadalomban. Bár a nem-antiszemiták kevésbé hajlamosak a sztereotipizálásra, mint az antiszemiták, az ő köreikben is ez a többségi vélemény. A különbség az antiszemiták és nem-antiszemiták között elsősorban nem a sztereotipizálás tényében, hanem a zsidók és magyarok szétválasztására alkalmazott sztereotípiák megválasztásában van. Míg a nem-antiszemiták úgy vélik, hogy a zsidókat mindenekelőtt pozitív vagy semleges tulajdonságok különböztetik meg a magyaroktól, addig az antiszemiták szemében a zsidók veszélyes konkurencia csoportként jelennek meg.

A különféle antiszemita sztereotípiák elfogadottságáról kapott eredményeket áttekintve azt mondhatjuk, hogy jellegzetes különbség mutatkozik a magasabb és az alacsonyabb társadalmi státusú családokból származó egyetemi hallgatók között. Azok az antiszemita diákok, akik magasabb társadalmi státusú családokból származnak, egyértelműen konkurens csoportnak tekintik a zsidókat: ez fejeződik ki abban, hogy a legnagyobb mértékben a titkos zsidó összefogásról való előítéletek elfogadására hajlanak. Az alacsonyabb társadalmi státusú családokból kikerült antiszemiták körében viszont a hagyományos teológiai eredetű előítéletek elfogadottabbak, mint a többi csoportban.

Tankönyvek a Holocaustról

Karsai László

Az elmúlt jó fél évtized során sokszor bíráltam a magyarországi gimnáziumi történelemtankönyveket, főleg azért, mert szerzőik az európai zsidóság második világháborús tragédiájáról nagyon keveset, azt is igen alacsony színvonalon írtak. Ezennel ünnepélyesen ki kell jelentenem, hogy ezek a tankönyvek viszonylag nem is olyan rosszak. Hangsúlyozom, viszonylag, ha nem egy elképzelt, ideális tankönyv az összehasonlítási alapunk, hanem például összevetjük e műveket a nyugat-európai vagy észak-amerikai tankönyvekkel. Ez utóbbiak többségében vagy egyáltalán nem szerepel a Holocaust, vagy egy-két sorral „elintézik" a közel 6 millió európai zsidó meggyilkolását.[1]

Az ideális tankönyv

Kiindulópontunk talán az a grafitti lehetne, amelyet még 1968 lázas tavaszán írt föl valaki az egyik párizsi bérház falára: „Legyetek realisták, követeljétek a lehetetlent!" Mutatis mutandis: lehetséges, hogy lehetetlen minden szempontból kielégítő gimnáziumi történelemtankönyvet írni, olyat, amelyben a Holocaust témája (is) megfelelő helyet kap, de legalább törekedni kellene erre. Nem hiszem, hogy ha Philip K. Boden 1977-ben közzétett 7 kritériumának megfelelően revízió alá vennénk a magyarországi vagy bármely más országban eddig megjelent tankönyveket, akár egyet is találnánk, amely tökéletes volna. Boden professzor szerint revízió alá kell venni azokat a tankönyveket amelyekben torz, egyoldalú, hiányos módon tárgyalnak egyes témákat, amelyekben véleményeket és érveket hamisan adnak elő, érzelmi nyelvezetet, emocionális asszociációkat alkalmaznak a tanulók befolyásolására, csak egy szempontból mutatnak be tényeket, folyamatokat, értékeléseket, vagy olyan értékítéletekkel terhes általános megállapításokat tesznek, melyeket nem kísérnek részletes magyarázatokkal vagy bizonyítékokkal.[2]

E. H. Dance professzor, aki egy életet töltött el a különféle tankönyvek vizsgálatával, megállapította: „Bármely ország iskolai történelemtankönyvei az adott ország történelmi gondolkodásának közhelyeit tartalmazzák."[3] A közhelyek világába viszont egyszerűen „nem fér bele" a Holocaust érdemi tárgyalása. Az ideális történelemtankönyvnek tárgyalnia kellene a Holocaust előzményeit (az antiszemitizmust, a fajelméleteket, a zsidótörvényeket). A Holocaustot mint tudatosan megtervezett népirtást kéne elemezni, nem feledkezve el a nácik és csatlósaik, kollaboránsaik nem zsidó áldozatairól sem. Nagy hangsúllyal kellene szólni az antifasiszta ellenállásról és a kollaborációról, az embermentőkről és a zsidó ellenállókról is, és nem csak az 1943. tavaszi varsói gettólázadás hőseiről. Tárgyalni kéne a haláltáborok (megsemmisítő-táborok) közvetlen előzményeit, az ún. Einsatzgruppe-k ténykedését éppen úgy, mint az Euthanázia-programot is. Világos különbséget kéne tenni a nácik által felállított hadifogoly-, kényszermunka- és megsemmisítő-táborok között. Elemezni kéne a háborús és a népellenes bűnök közötti különbségeket.

Nagy hangsúllyal kéne szólni az egyházak és a Holocaust kapcsolatáról, határozottan elválasztva a keresztény és keresztyén antijudaizmust a szociáldarwinista-nacionalista megalapozottságú, antikapitalista, „fajvédő" antiszemitizmustól. Rá kéne mutatni arra, hogy míg a keresztény antijudaizmus zsidóellenessége — elvben — csak az úgymond hitetlen, Krisztus-tagadó, Krisztus-ölő zsidókat üldözte, így áttéréssel meg lehetett menekülni, addig a nácik új pogánysága már a történelmi egyházak tanításaival is szembekerülve a nagyszülők eredeti vallását tette meg kirekesztő politikájának alapelvéül. Nyilvánvaló, hogy nem lehet 1933-nál vagy 1939–41-nél elkezdeni a Holocaust tanítását. A középkort tárgyaló fejezetekbe már be kéne iktatni olyan társadalom- és kultúrtörténeti részeket, amelyekre később, a Holocaust tárgyalásakor építeni lehet. A tankönyvekből ma még hiányoznak azok a fejezetek, amelyekből a tanulók a zsidó közösségek életéről, kultúrájáról, társadalmi életéről olvashatnának. Így a Holocaust tárgyalásakor egy fantom-nép érthetetlen és megmagyarázhatatlan elpusztításáról esik, ha esik egyáltalán szó.

Ha nem beszélünk a különféle nacionalizmusokról, az asszimilációról, a cionista és az antiszemita mozgalmak érvrendszeréről, ha nem tárgyaljuk megfelelően a zsidóknak az iparosításban, urbanizációban és a modernizációban, valamint a radikális, baloldali mozgalmakban játszott szerepét, akkor érthetetlen, előzmények nélküli és illogikus marad nem csak Hitler antiszemitizmusa, de a „kívülállók", az USA, Nagy-Britannia 1945 előtti „zsidópolitikája" is.[4]

Mint azt már többen megállapították: a tankönyvírók döntő többsége eddig még kísérletet sem tett arra, hogy a Holocaust valóságos jelentését megpróbálja meghatározni. Igaz, a kérdéskörrel foglalkozó szaktudományban is vannak olyan nézetek, hogy a Holocaust érthetetlen, megmagyarázhatatlan.[5] Elmaradt annak tudatosítása, hogy közel 6 millió európai zsidó elpusztítása mit jelentett a világtörténelemben. Magyarországon, vagy éppen Kelet-Európában rá kellene arra is mutatni, hogy a zsidók döntő többsége a polgársághoz tartozott, meggyilkolásukkal a nácik és cinkosaik a szovjet kommunisták és cinkosaik hatalomátvételének útjában álló egyik komoly társadalmi-gazdasági akadályt tüntették el.

Nem egyszerűen a mennyiségen, az adatok és tények, a részletek pontosságán áll vagy bukik az, hogy a Holocaust tanulságait meg lehet-e tanítani. Sokkal több múlik a megközelítés módján. Arra kéne törekedni, hogy a diákok (és a tanárok) azon gondolkodjanak el, milyen tényezők vezettek ahhoz, hogy a németek nagy többsége vakon engedelmeskedett Hitlernek, elhitték, hogy „én senki vagyok, népem-nemzetem minden". Tudatosítani kellene, hogy a nácik szerint vannak alsóbb- és felsőbbrendű fajok, az árja fajnak joga van más népek területét elvenni, saját „életterében" pedig rabszolgasorba dönteni az alacsonyabbrendű „fajokat". A nácik dicsőítették a terrort, a háborút, a mai tankönyveknek a pacifizmus és tolerancia értékeit kéne megmutatni.

A didaktikai cél világos: a tudatos (cognitiv) szférára és az érzelmi (affektív) szférára ható elemek, tények, illusztrációk stb. föl használásával el kell érni, hogy a tanulók megértsék, megtanulják, hogy mi és miért történt a zsidókkal. El kell kerülni az elkövetők démonizálását és az áldozatok puszta statisztikai tömegként való ábrázolását is. Nagyon nehéz ezt megvalósítani. Mindezt 18-19 éves fiataloknak kell megtanítani, felfogóképességükhöz, általános ismeretanyagukhoz alkalmazkodva. Az ideális tankönyvnek ugyanis közérthetőnek, taníthatónak kell(ene) lennie. Elősegíthetné a megértést és az áldozatokkal való azonosulást az egyes embereket, sorsokat bemutató naplók, dokumentumok, visszaemlékezések közlése.[6] Nagyon ügyelni kellene a szóhasználatra is: erdőt, állatokat is szoktak „kiirtani", nagyon személytelen az „elpusztultak" is, ezek helyett inkább a „meggyilkolták"-at kéne használni, mindig utalva a gyilkosokra is. Azok a gimnazisták, akik 1993–94-ben az alábbiakban elemzésre kerülő tankönyvekből tanulnak, döntő többségükben az 1970-es évek második felében születtek. Már szüleiknek sincs emlékük a második világháborúról, amely már csak a nagyszülők emlékezetében él mint valóságos, személyes tapasztalat.

A valóságban létező tankönyvek

Magyarországon a tankönyvírók többsége, tisztelet az alábbiakban bemutatásra kerülő, elenyésző számú kivételeknek, amikor a Holocaust témakörét tárgyalja, képtelen megküzdeni azzal az alapvető problémával, hogy e kérdéskör szakirodalma, az elsőrendű források zöme, de még a legnívósabb memoárirodalom jó része is magyar nyelven nem hozzáférhető.

Nem csak a „nem uralt múlt" (Unbewaltigte Vergangenheit — Unmastered Past) problémájáról van szó. 1989–90, vagyis a kelet-európai, a magukat oly kevés joggal szocialistának/kommunistának becéző rendszerek összeomlása után az új elitek egyik raison d'étre-évé az antikommunizmus vált. Ennek logikus következménye, hogy sokan úgy gondolták, mindent meg kell tagadni, mindent el kell vetni, ami 1945 óta történt ezekben az országokban.

Magyarországon 1945 óta legkevesebb négy, egymástól jól elkülöníthető korszakra lehet bontani a gimnáziumi tankönyvírás történetét is. Az első 1948-tól 1956-ig tartott, ennek fő jellemzője a marxista-marxizáló ideológia ortodox-osztályharcos szempontjainak érvényesítése volt. Ebben az időszakban a zsidó Vészkorszak történetét elhallgatták. A második korszak kb. 1982-ig tartott, ezt neomarxista osztályharcos szemlélet jellemzi, a tankönyvek, hiányosan bár, de említették a Holocaustot. 1982-től 1989-ig tartott a post-neo-marxista korszak, ezen időszak magyar gimnáziumi tankönyvei is hiányosan, tévesen tárgyalták a Holocaustot.[7] 1989-ben megszűnt Magyarországon a tankönyvcenzúra is, a tantervutasításos rendszert felváltotta a tankönyvek pluralizmusa. Ma a gimnáziumi történelemtanárok majd egy tucat tankönyv, segédkönyv között tallózhatnak. Igaz, van olyan gimnázium, ahol a tanárok egyetlen tankönyvet sem találtak tanításra méltónak, és inkább a maguk által összeállított anyagokból tanítanak.[8]

A rendszerváltás óta Magyarországon is egyre hangosabbak azok, akik megpróbálják azt az ősrégi, porosz historizáló tradíciót feléleszteni, amely a történelem és a történelemtanítás feladatának a politikai status quo támogatását tartja. A kísérlet kudarca előre látható: egy pluralista társadalomban egyfajta, kizárólagosságra törekvő múltértelmezést „hatalomra juttatni", elterjeszteni lehetetlen. Nem speciálisan magyar jelenségről van szó. Ronald Reagan Amerikájában vagy az 1980-as évek Nyugat-Németországában is sokan voltak, akik szerint olyan múltat kell tanítani, amilyenre büszke lehet minden igazi amerikai, német stb. diák. Feladatul próbálták szabni a múlt „pozitív" interpretálását.[9]

Magyarországon is megpróbálkoznak egyesek a múlt „átírásával", alapvetően a parttalan, minden szakmai kritériumot mellőző antikommunizmus szellemében. Érdekes módon arra viszont senki sem mutatott rá, hogy mennyiben tekinthető a bolsevik terror a Holocaust előzményének. Mint azt J. L. Talmon neves izraeli társadalomtudós már húsz évvel ezelőtt kimutatta: lehetetlen eltúlozni a bolsevik forradalom szerepét az emberiség brutalizálódásában. Az orosz polgárháború, több tízezer zsidó életét követelő pogromjaival, a GPU terrorja, egész társadalmi osztályok fizikai megsemmisítése a kollektivizálás és az iparosítás során, a kirakatperek, a tömeges tisztogatások, a kényszermunka-táborok, a véres, törvénytelen diktatúra, mindez példát nyújtott, kihívást jelentett.[10]

1989 tájékán Csurka István és a még tőle is jobbra állók meghirdették a programot: a szerintük gerinctörött, vagy „finomabban": eltaknyolt gerincű, múltjától és öntudatától megfosztott népet át kell nevelni. A magyar revizionisták szerint 1990-ben kezdődött (újra) a magyar történelem. Magyarország sorsát a történelmi és a földrajzi helyzet által reá kényszerített sors, a vak végzet irányítja. Eme nézet képviselői elutasítják a Trianonhoz vezető út kritikus, főleg önkritikus vizsgálatát, és elvi ellenségei a liberalizmusnak (hiszen „liberális" hatalmak csonkították meg országunkat — állítják). Magyarország „belesodródott" a világháborúkba, amelyek közül a második igazságos, antikommunista (keresztes) hadjárat volt, ha jobban utána gondolunk.[11]

Érdemes talán arra is utalni, hogy Rupert Rezső liberális politikus már 1920-ban, a numerus clausus törvény tárgyalásakor rámutatott, hogy az antiszemitákban alapvető indulatként él a bűnbakképzés vágya. Ez pedig mindig együtt jár azzal a törekvéssel, hogy múltjukat szépségesnek, ellentmondásoktól, bűnöktől és bűnösöktől, hibáktól és hibázóktól megtisztulva lássák.[12] A mai magyarországi helyzet sok tekintetben hasonlít az 1945 utáni ausztriai állapotokra. Ausztriában csaknem hivatalos, „nemzeti" ideológia az osztrákok felelősségének tagadása a nácizmus bűneiben. Az, hogy Hitler, Kaltenbrunner, Eichmann és még oly sokan mások osztrákok voltak, legfeljebb zavaró, említésre sem méltó apróság. Nem érdekes, hogy az antiszemitizmus Ausztriában 1919 előtt erőteljesebb volt, mint Németországban, első „prófétái", Lueger és Schönerer szintén osztrákok voltak. El kell azt is felejteni, hogy 1938 márciusában a nácikat örömmámorban fogadták Ausztriában.[13]

A magyar párhuzamok szinte a végtelenségig sorolhatók: el kell felejteni, hogy 1920-ban a numerus clausus törvény a háború utáni Európa első antiszemita törvénye volt. Nem érdemes tárgyalni, hogy a keresztény-nemzetinek nevezett világnézet és propaganda lényegileg antiliberális, antikommunista és antiszemita volt. Nem kell érdemben tárgyalni az I., II. és III. zsidótörvényt, ne beszéljünk a csaknem félszázezer elpusztított zsidó munkaszolgálatosról, a Kamenyec-Podolszkijban és Újvidéken lemészárolt összesen kb. 20 000 zsidóról. A hangsúlyt helyezzük arra, hogy 1944-ig, a fentebb említett és elpusztított zsidókon kívül, a többség, a több mint

800 000 zsidó puszta léte valóban nem forgott közvetlen élet-
veszélyben, Magyarország sziget volt a náci Európában.

Történelemtankönyvek Magyarországon, 1989–94

A Horthy-rendszer

Ebben a felülről is sugalmazott revizionista szellemben íródott
például Nagy László munkája is.[14] Ő a magyar zsidóságról csak
mint a magyarsághoz „önkéntesen" asszimilálódó nemzetiségről
tesz említést, szót sem ejtve a magyar zsidóknak az ország polgá-
rosodásában játszott kiemelkedő szerepéről.[15] Nagy sem elemzi a
két világháború közötti magyarországi és európai antiszemitizmus
okait, erre egyedül a Borsányi György és Benkes Mihály szerkesz-
tette tankönyv vállalkozott.[16] Ez a tankönyv példamutató módon
szót ejt a magyarországi polgári átalakulás torzulásairól, fejlődési
rendellenességeiről is. Röviden, de tárgyszerűen szól a zsidóság
szerepéről a modernizációban, sőt néhány jellemző adatot is közöl
a zsidóknak a foglalkozási struktúrában betöltött szerepéről is. Ez
tankönyv kimondja, hogy 1919 után „... a politikai antiszemitizmus
össztársadalmi szinten... a hivatalos ideológia egyik szerves alko-
tórészévé" vált, de mivel nem tájékoztatja a diákokat arról, hogy
ehhez mi köze volt Kun Béla és népbiztostársai jelentős része szár-
mazásának, így e tény elmagyarázása valószínűleg a tanárokra ma-
rad. A zsidó származású radikálisok 1918–19-es szerepéről csak
Bihari Péter tankönyve ejt szót, de szerencsésebb lett volna azt is
leírnia, hogy ellenforradalmi tevékenységért több tucat zsidót ki-
végeztek Szamuelyék, és a magyarországi zsidóság döntő többsége
ellenforradalmi érzelmű volt.[17] Nem találtam olyan tankönyvet,
amely az 1919–20-as magyarországi fehérterrorról írva megemlí-
tette volna, hogy ennek áldozatai között nagy számban voltak
zsidók is. A Horthy-rendszerről csak Nagy László állítja azt, hogy
egészen 1944. október 15-ig többpárti rendszer volt.[18] Ezzel szem-
ben Borsányi–Benkes munkája is szól a rendszer lényegi antilibe-
ralizmusáról, a nyílt szavazással is biztosított mindenkori
kényelmes parlamenti kormánytöbbségről.[19]

A „keresztény-nemzeti" ideológiáról Gergely Jenő 14 oldalas fejezetben ad árnyalt képet, gondos elemzéssel választva el egymástól a különféle ellenforradalmi irányzatok ideológiáját, az egymástól eltérő típusú antiszemita gondolatköröket.[20]

Numerus clausus

A numerus clausus törvényről a legpontosabb leírást szintén Gergely Jenő munkájában olvashatunk, de sem ő, sem a Borsányi–Benkes-féle tankönyv, amely szintén tárgyszerűen összefoglalja e törvény lényegét, nem közli, hogy az első világháború utáni Európa első antiszemita törvényéről van szó.[21] Nem tesz említést erről a törvényről Bihari Péter, Sipos Péter, Nagy László és Rubovszky Péter munkája,[22] míg Berzy Piroska és kollégái csak annyit tartottak szükségesnek közölni, hogy ez a törvény csak a zsidó középrétegeket érintette, „... hiszen a nagytőkések gyermekei Európa legjobb egyetemein végezhették tanulmányaikat".[23] Ehelyett inkább arra kellett volna utalni, hogy ezzel a törvénnyel Teleki Pál kormánya bírói ítélet nélkül bűnösnek nyilvánított több százezer magyar zsidót, azzal büntetve őket el sem követett tetteikért, hogy gyermekeik továbbtanulását megnehezítette.

Nácizmus és zsidótörvények

Röviden szót ejt a nácizmusról Nagy László is. Szerzőnkről az is kiderül, hogy valószínűleg nem olvasta a Mein Kampfot, hiszen ha ismerné, akkor nem állítaná azt, hogy e műben „Hitler nyíltan meghirdette pártjának világuralmi és népirtási céljait".[24] A legalaposabb elemzést a hitleri fajelméletről a Borsányi–Benkes-féle tankönyvben olvashatunk. Kár, hogy e rész szerzője (gyaníthatóan Sipos Péter) nem tett világos különbséget azok között a népek között, amelyeknek szolga- vagy rabszolgasorsot szántak a nácik és a zsidók között, akiket 1940-ig el akartak üldözni „életterükből", 1941-től pedig valamennyit meg akarták gyilkolni.[25] A nürnbergi „fajvédő" törvényekről csak Bihari Péter tesz említést, igaz csak nagyon röviden és tévesen, azt állítva, hogy 1935-ben kimondták

Németországban, hogy a zsidók alsóbbrendű fajhoz tartoznak. Ezt így, expressis verbis nem mondták ki, pontosabb lett volna arról tájékoztatni a diákokat, hogy a német zsidókat megfosztották állampolgári jogaiktól, és törvénytelennek minősítették még a zsidók és nem zsidók közötti házasságot, valamint a nemi kapcsolatot is.[26]

A magyarországi zsidótörvényekről Nagy csak annyit tartott szükségesnek megjegyezni, hogy ezek: „... sérelmes intézkedések" voltak.[27] Ezzel szemben Gergely Jenő pontos magyarázatot ad már az I. zsidótörvényről, megjegyezve, hogy ez a törvény szakított az állampolgári egyenlőség elvével is.[28] Berzy Piroskáék, minden magyarázat nélkül megelégedtek azzal, hogy idézték az I. zsidótörvény hivatalos címét: „A társadalmi és gazdasági élet egyensúlyának hatályosabb biztosításáról", ezzel azt sugallva, hogy itt igazságos törvényről van szó.[29] Inkább Bibó Istvánt kellett volna idézniük, aki már 1948-ban a zsidótörvények társadalmi hatását abban látta, hogy: „Ettől kezdve szokták meg a magyar társadalom széles rétegei azt, hogy nem csak munkával és vállalkozással lehet egzisztenciát alapítani, hanem úgy is, hogy valaki másnak a már kialakított egzisztenciáját kinézi magának, s aztán az illetőt feljelenti, nagyszülőit kikutatja, állásából kidobatja, üzletét kiigényli, őt magát esetleg internáltatja, egzisztenciáját pedig birtokba veszi."[30]

A II. zsidótörvényről Nagy László ismét csak mint „diszkriminációs intézkedés"-ről tesz említést.[31] Vele szemben Seifert Tibor már a magyarországi politikai élet jobbratolódásával is magyarázva ismerteti az I. és a II. zsidótörvény lényegét.[32] Az Antall József által is buzgón támogatott Teleki Pál-rehabilitáció jegyében Berzyék azt is elmulasztották közölni, hogy a II. zsidótörvényt Imrédy Béla miniszterelnökként csak beterjesztette, de már utóda, Teleki Pál fogadtatta el a magyar törvényhozással. Ráadásul azt is hangoztatva, hogy ha „...részleteiben mást, egy sajátmagam által szerkesztett törvényjavaslatot hoztam volna, az ennél a törvényjavaslatnál szigorúbb lett volna".[33] „Természetesen" Berzyék sem közlik ennek a törvénynek a tartalmát, ahogy a III. zsidótörvényt is éppen csak megemlítik.[34] Erről a törvényről a lényeget csak Seifert Tibor és Gergely Jenő mondta el, a többi tankönyv meg sem említi.[35]

A Kamenyec-Podolszkij-i mészárlás

Sajnálatos módon Seifert Tibor kivételével valamennyi tankönyvíró figyelmét elkerülte, hogy 1941 nyarán kb. 18–20 000, rendezetlen állampolgárságúnak minősített zsidót a magyar hatóságok Kőrösmezőnél áttettek a határon, és ezeket a szerencsétleneket a németek és ukrán cinkosaik meggyilkolták.[36]

Az újvidéki vérengzés

Az 1942. januári újvidéki „hideg napokról" az elemzett tankönyvek zöme ugyan említést tesz, de egyik munkából sem derül ki, hogy itt az áldozatok közel egyharmada zsidó volt.[37]

Holocaust Európában és hazánkban

A legrészletesebb elemzést, a hazai és a nemzetközi tankönyvirodalomban egyedülállóan, négy teljes oldalon a Holocaustról Sipos Péter írta. Ő az egyetlen, aki a zsidó Vészkorszak történelmi egyediségére is fölhívta a figyelmet. Ugyancsak egyedül ő tesz említést arról, hogy a szovjet zsidókat sem tájékoztatták a nácik zsidópolitikájáról, így ők zömmel nem menekültek el a német csapatok elől; hogy Anglia nem nyitotta meg még Palesztinát sem a menekülő zsidók előtt; hogy a szövetségesek nem bombázták Auschwitzot, és a keresztény egyházfők nyilvánosan nem ítélték el a nácik „zsidópolitikáját".[38] Az 1989 óta megjelent tankönyvek közül egyébként csak Gergely Jenő, valamint Berzy Piroska és kollégái által írott tankönyv „feledkezett meg" az európai zsidó Holocaust említéséről.[39]

A Sztójay-kormányról, a magyar hatóságok felelősségéről viszonylag részletesen ír a tankönyvek többsége. Egyedül Nagy László állítja azt, hogy csak a nyilasok felelősek több tízezer „zsidó etnikumú" vagy „vallású" magyar állampolgár haláláért.[40] Bihari Péter egyoldalas, alapos elemzésében még azt is érzékeltetni tudta, hogy milyen fokozatokon keresztül jutottak el a magyar hatóságok a vidéki zsidóság deportálásáig (jogfosztás, kifosztás, sárgacsillag, gettók). Bihari szomorúan konstatálja, hogy „... a zsidók általában nem tanúsítottak ellenállást". Talán utalnia kellett volna arra is, hogy a zsidó férfiak zöme munkaszolgálatos volt, a maradék magyarországi zsidóság egy egész az államhatalommal került szembe. Több mint 20 000 csendőrrel, több ezer rendőrrel, a teljes hivatali apparátussal szemben, jobbára ellenséges vagy legjobb esetben is csak közömbös társadalmi közegben semmiféle lehetőség sem nyílott az ellenállásra, de még a szökésre is csak igen keveseknek.[41]

A zsidómentőkről, Angelo Rotta pápai nuncius és Raoul Wallenberg nevét külön is említve, csak Seifert Tibor tesz említést.[42] Gergely Jenő pedig az egyetlen, aki megemlíti a Budapesten akreditált semleges diplomaták különféle menlevél akcióit.[43] Míg Bihari Péter röviden tárgyalja a nyilas terrort is, van olyan tankönyv, amely erről nem tesz említést.[44]

A magyarországi zsidóság második világháborús emberveszteségeit a mértékadó szakértők kb. 500–550 ezerre teszik. Seifert Tibor tankönyvében mindössze 310 ezerre becsüli a magyar zsidók emberveszteségét.[45] A Borsányi–Benkes-féle tankönyv csak „több százezer zsidó származású" magyar meggyilkolásáról tesz említést.[46] Berzy Piroskáék tankönyve annyit árul el, hogy deportálták Magyarországról a vidéki zsidóságot, mintegy 500 ezer embert, de további sorsukról szót sem ejt.[47] A legpontosabb európai és magyarországi adatokat Rubovszky Péter, valamint Sipos Péter munkája közli.[48] Bihari Péter Rudolf Höss megtévesztően magas és teljesen pontatlan számadatokat közlő visszaemlékezéseit idézi.[49]

Összefoglalás

Mint a fentebb felsorolt példákból is kitűnhet, az ideális tankönyv kritériumait egyetlenegy 1989 óta Magyarországon publikált tankönyv sem tudta teljesíteni. Ha valamiféle értéksorrendet mégis föl lehet állítani a különféle tankönyvek között, akkor a tankönyvideáltípust leginkább Sipos Péter és Gergely Jenő munkái közelítették meg. Tudományos mércével mérve Nagy László és Berzy Piroskáék munkája nem tekinthető használható tankönyvnek. Ruth

Firemek minden bizonnyal igaza van: a Holocaust témáját nem bízhatjuk csak a történészekre. A zsidó Vészkorszak emlékének elevenen élnie kell a mai generációk tudatában, ezért szüntelenül tökéletesítenünk kell a történelemtankönyveket.[50] Chaim Schatzker szerint az iskolák, a tankönyvek és az egész oktatási rendszer pontosan olyan jó vagy rossz, mint az a társadalom, amely ezeket létrehozta.[51] A magyar társadalom „jobb" annál, mint amilyen rosszak történelemtankönyvei és feltétlenül jobbakat érdemelne.

E tanulmány megírását elsősorban az American Council of Learned Societies (New York) féléves ösztöndija tette lehetővé, amelyért az illetékeseknek ezúton is szeretném hálás köszönetemet kifejezni. K. L.

Jegyzetek

1. „It is very distressing to note the paucity with which anti-Semitism and the Holocaust are treated in history textbooks the world over. The notable exception is, of course, Israel." — állapította meg R. L. Braham professzor. *The treatment of the Holocaust in textbooks. The Federal Republic of Germany, Israel, The United States of America* ed. Randolph L. Braham (Social Science Monographs, Boulder: Institute for Holocaust Studies of the City University of New York, 1987), p. VII. (A továbbiakban: Braham, 1987.)

2. Bodent idézi: Firer, Ruth, „Israel" in Braham, 1987, op. cit., p. 159.

3. Idézi: Kolinsky, Martin and Eva, „The Treatment of the Holocaust in West-German Textbooks" *Yad Vashem Studies,* vol. X, 1974, p. 156.

4. Locke, Hubert, „Teaching About the Holocaust: Theory and Method for Non-Jewish Audiences", in. Garber, Zev–Berger, Alan L.–Libowitz, Richard eds., *Methodology in the Academic Teaching of the Holocaust* (Lanham: Univ. Press of America, 1988), pp. 133-134.

5. Ormos Mária szerint: „Adolf Hitler és a nácizmus története megkérdőjelezett minden felfogást, amit csak a történelemről kidolgoztak, vallottak, vagy amit róla az emberek ösztönösen hittek. Nem fért össze a fejlődéselméletekkel, bármilyen színezetűek voltak is, megkérdőjelezte, hogy a történelmet racionálisan egyáltalán vizsgálni lehetne." Ormos Mária, *Hitler* (Budapest, T-Twins Kiadó, 1993), p. 5. Sajnálatos, hogy Ormos professzornő munkája sem foglalkozik érdemben Hitler és a Holocaust kapcsolatával. Henry Friedlander szerint is ideje a Holocaust

fényében átértékelni azt a felvilágosodás korából örökölt tévhitet, mely szerint az emberiség történelmében van fejlődés, haladás, hogy a dolgok jó irányban változnak. Friedlander, Henry, „The Manipulation of Language" in Friedlander, H.–Milton, Sybil, *The Holocaust. Ideology, Bureaucracy and Genocide* The San José Papers, 1977 February, 1978 March., New York, Millwood, 1980. 324.l.)

6. Ibid., p. 328. Margaret Buber-Neumann mind a szovjet, mint a német lágereket megjárta, emlékirataiból vett részletek jól segíthetnék a tanárokat, diákokat egyaránt. Erről lásd még: Kolinsky, op. cit., pp. 178, 193.

7. Minderről részletesen lásd: Karsai László, „Tankönyvek a Soahról", *Világosság*, vol. 33, no. 7, 1992, pp. 533–537.

8. Karsai Dániel szíves közlése a budapesti Berzsenyi Dániel Gimnáziumból.

9. Erről részletesen lásd: Evans, Richard, „The New Nationalism and the Old History: Perspectives on the West German 'Historikerstreit'," *Journal of Modern History,* 1987 December, pp. 761-797.

10. Talmon, J. L., *„European History — Seedbed of the Holocaust" Midstream,* 1973 May, 20.

11. Erről részletesen lásd: Karsai László, „Mítoszok, rágalmak és pártpropaganda," *Kritika,* no. 12., 1990, pp. 22–26., no. 1, 1991, pp. 27–29.

12. Rupert Rezső felszólalását lásd: *Nemzetgyűlési Napló,* 1920. szeptember 20.

13. Bunzl, John, „Austrian Identity and Antisemitism," *Holocaust and Genocide Studies,* no.1, Spring, 1987, pp. 3–8.

14. Nagy László, *Magyarország Európában: A honfoglalástól a közelmúltig* (Budapest: Honffy Kiadó, 1993), 309. p. 1. (továbbiakban: Nagy)

15. „Tragédiák sorozatától terhes nemzeti históriánk" megírására vállalkozott, saját szavaival a szerző (Nagy, op. cit., p. 226.) A 19. századról lásd: Ibid., p. 236.

16. Benkes Mihály, Borsányi György, Kende János, Krausz Tamás, Ravasz István, Sipos Péter *Történelem IV. 1914-1945,* ed., Borsányi György és Benkes Mihály (Budapest: Cégér Kiadó, 1992), p. 71-72. (továbbiakban: Borsányi–Benkes) Ez az egyik tankönyv, amely kimondja, hogy a horthysta propagandában a „keresztény-nemzeti" pusztán annyit jelentett, hogy nem zsidó.

17. Bihari Péter, *A 20.század története fiataloknak* (Budapest: Holnap Kiadó, 1991), pp. 131-132. Bihari is említi, hogy a Horthy-rendszer hi-

vatalos szóhasználatában a „keresztény" kb. azt jelentette, hogy nem zsidó, nem baloldali. (Bihari, op. cit., p. 142.)

18. Nagy, op. cit., p. 273.

19. Borsányi–Benkes, op. cit., pp. 68-70.; Bihari, op. cit., pp. 140-142.

20. Gergely Jenő, *Magyarország története 1919 őszétől a II. világháború végéig* (Budapest: Ikva Kiadó, 1990), II. jav. kiadás pp. 65-79. (továbbiakban: Gergely)

21. Gergely, op. cit., p. 18.; Borsányi–Benkes, op. cit., p. 63.

22. Bihari, op. cit.; Nagy, op. cit.; Sipos Péter, *A II. világháború és az azt követő békék* (Budapest: Ikva Kiadó, 1991). (továbbiakban: Sipos, 1991.); Sipos Péter: *Huszadik századi egyetemes történelem: 1914-1990* (Budapest: Ikva Kiadó, 1994). (továbbiakban: Sipos, 1994.); Rubovszky Péter, *Történelem IV: Vázlatok a XX. század történetéről a középiskolák IV. osztálya számára.* (Budapest: Tankönyvkiadó, 1992). (továbbiakban: Rubovszky)

23. Berzy Piroska, Hornyák Csaba, Kulcsár Edit, Szilágyi Csaba, Varga Ákos, *Érettségi témakörök, tételek. Történelem.* (Budapest, Corvina Kiadó, 1993), III. javított kiadás p. 196. (továbbiakban: Érettségi) A szómagyarázatokban közölt törvénydefiníciójuk nemcsak pontatlan, hanem egyenesen értelmetlen is. Állításuk szerint: „A törvény szerint az ország területén lakó egyes »népfajokhoz« és »nemzetiségekhez« tartozók aránya el kellett, hogy érje országos arányának legalább kilenctizedét." Ibid., p. 251.

24. Nagy, op. cit., p. 253.

25. Borsányi–Benkes, op. cit., pp. 81-82.

26. Bihari, op. cit., p. 86.

27. Nagy, op. cit., p. 273.

28. Gergely, op. cit., p. 45.; Bihari Péter csak említi az I. és II. zsidótörvényt, de pontosabb tartalmukat nem magyarázza el. (Bihari, op. cit., pp. 172-173.)

29. *Érettségi,* op. cit., p. 203.

30. Bibó István, „Zsidókérdés Magyarországon 1944 után" in Bibó István, *Válogatott tanulmányok,* (Budapest: Magvető Kiadó. 1986), vol. II. p. 633.

31. Nagy, op. cit., p. 269.

32. Seifert Tibor, *Magyarország története 1938-1990. Tankönyv a középiskolák IV. osztályosai számára, 2. félév.* (Budapest: Ikva Kiadó, 1992). második, változatlan utánnyomás, p. 10. (továbbiakban: Seifert).

33. Teleki Pál felszólalását lásd: *Felsőházi Napló,* 1939. április 15.

34. *Érettségi,* op. cit. pp. 203, 209.

35. Seifert, op. cit., p. 14.; Gergely, op. cit., pp. 94-95.
36. Seifert, op. cit., p. 14.
37. Seifert, op. cit., p. 15.; Borsányi–Benkes, op. cit., p. 145.; Gergely, op. cit., p. 95., *Érettségi,* op. cit., p. 209.
38. Sipos, 1991, op. cit., pp. 101-104. Ezt az elemzését némileg javítva és kibővítve újraközli másik munkájában: Sipos, 1994, op. cit., pp. 107-112.
39. Gergely, op. cit., pp. 80-107.; *Érettségi,* op. cit., pp. 206-211.
40. Nagy, op. cit., p. 267.
41. Bihari, op. cit., pp. 229-230.
42. Seifert, op. cit., p. 21.
43. Gergely, op. cit., p. 105.
44. Bihari, op. cit., pp. 233-234.; Nem említi pl. Borsányi–Benkes, op. cit., pp. 160-162.
45. Seifert, op. cit., p. 23.; Szita Szabolcs „undorító számháború"-nak nevezte Seifert eme állítását, leszögezve, hogy szerinte „minimum" 390 ezer a pontos szám. (*Népszava,* 1993. februrár 18.)
46. Borsányi–Benkes, op. cit., p. 156.
47. *Érettségi,* op. cit., pp. 210, 241-242.
48. Rubovszky az európai „zsidó származású emberek" veszteségét 5,9 millióra becsüli és 600 ezerre teszi a magyarországi áldozatok számát. *Rubovszky,* op. cit., p. 60.; Sipos Péter alapos elemzésében, Lucy S. Dawidowicz amerikai történész adatait idézve részletes európai körképet is ad. Sipos, 1994, op. cit., p. 111.
49. Bihari, op. cit., pp. 201-202.
50. Firer, op. cit., p. 212.
51. Schatzker, 1983, op. cit., p. 486.

———— *** ————

Summary

The Treatment of the Holocaust in Textbooks, 1945–1993

The study contains an overview of the treatment of the Holocaust in textbooks used in Hungarian high schools. It is chronologically divided into two parts: the first covers the textbooks used between 1945 and 1989–90; the second provides an analysis of the texts used since the change of the regime in 1989. The study focuses on two major points. First, the study aims to evaluate the textbooks used in Hungary in comparison with an „ideal" version of history textbooks which do not exits and probably could not be written, and with textbooks used elsevhere, including France, Germany, Israel, and the United States. Secondly, it aims to identify the professional, political, and ideological reasons why the Hungarian textbooks are bad and why they fail to adequately cover the Holocaust.

Indemnification of Hungarian Victims of Nazism: An Overview

Stephen J. Roth

Indemnification in a Wider Context — International and Domestic

In assessing the claim of Hungarian victims of Nazism to indemnification, it is desirable to look at the problem of indemnification of victims for suffering injustice at the hands of a state in a wider context. One must distinguish, first of all, between indemnification of the state's own citizens and indemnification of citizens of other countries.

The notion that a state is obliged to indemnify the victims of its own wrong-doing who are citizens of the state, based not only on individual injustice or harm (such as wrongful arrest, injury, environmental damage) but also on measures of a political character, is not new. There are historical precedents going back as far as Roman times. The compensation of the Christians after Constantine stopped their persecution in 324, the indemnification of the Huguenots in France in 1791 after a hundred years of persecution, the compensation of the French aristocracy at the end of the Napoleonic era and following the restoration of the Bourbons in 1815 can be cited as the most outstanding examples.[1]

In most instances such domestic (i.e., intra-state) indemnification was undertaken by regimes that (as a result of revolution, war, or peaceful reform) endorsed policies radically different from those of its predecessors whose wrong-doing the new regimes felt called upon to remedy. But this was not always the case. Sometimes reparations were made by the same regime[2] which after a time realized its own earlier errors. Examples for this are the compensation by the U.S. and Canadian governments in 1988 of Japanese-Americans and Japanese-Canadians respectively for their internment during World War II.[3]

The duty to indemnify citizens of *other* states for harm done to them by an alien state, mostly but not necessarily as part of a war or other international conflict (inter-state indemnification), is also a long-established principle, particularly strengthened by its formulation by Rousseau in his *Contrat Social* in 1820: *"La guerre n'est point une relation d'homme à homme.. Enfins chaque état ne peut avoir pour ennemis que d'autre états, et non pas des hommes..."*[4] In the event of harm caused by war, the indemnification usually forms part of the reparations exacted in the peace treaty that follows the end of hostilities.[5] These have the character of a war indemnity and are paid by government to government. Again, there are many historical examples: the Peace of Westphalia in 1648 at the end of the Thirty Years War; the Treaty of Westminster in 1654 in which Cromwell exacted reparations from the Dutch; the Treaty of Frankfurt at the end of the Franco-Prussian war in 1871; and particularly the Treaty of Versailles of 1919. Moreover, the Hague Convention IV adopted at the Second Hague Conference of 1907 provided a certain degree of protection of property in occupied enemy territories. However, almost all of these inter-state arrangements related only to confiscation or spoliation of private property of citizens of occupied countries, and not to the "personal damage" suffered by such citizens.[6]

Applying these general remarks to the case of indemnification for wrongs by the Nazi regime, it has to be added that even if the indemnification of one's *own citizens* is not unprecedented, it is certainly true that the scale on which the democratic regime of the Federal Republic of Germany (FRG) assumed indemnification commitments in regard to the victims of the preceding German regime — the Third Reich of the National Socialists — is quite exceptional. The explanation for this surely involves the unprecedented magnitude of the Nazi crimes and even more the especially repugnant nature of these crimes, which showed a moral degradation that no nation could bear in its history without making far-reaching amends. It should be added that while some of the indemnification measures were imposed on Germany by the Allies during the period of occupation, most of these commitments were assumed by the independent sovereign FRG of its own volition (although, no doubt, influenced by the expectations of world public opinion).

Some other countries bearing or sharing responsibility for the persecution of their own citizens during the Nazi period have also adopted indemnification measures but none were comparable to those of Germany — even if one takes into account, as one must, that their responsibility is not on the same level as was that of Nazi Germany.

The situation is more complex and less satisfactory in regard to the FRG's contribution to the indemnification for damage done by Nazi Germany to *citizens of other countries.* This is due to the fact that because of the cold war and the division of Germany, a peace treaty — in which, as mentioned above, such matters are usually regulated in the form of reparations — has not been concluded with Germany and, it may be assumed 49 years after the end of World War II, most likely never will. I shall refer to the consequences of this below.

Even in the absence of a peace treaty, certain arrangements regarding German reparations were made in the Potsdam Agreement of August 2, 1945 and the subsequent Paris Reparations Convention of January 14, 1946.[7] The latter took notice, for the first time, of the problem of individual victims by assigning the non-monetary gold found by the Allies in Germany as well as 25 million dollars from German assets in neutral countries to a reparations agency. The agency was to use it for the indemnification and resettlement of "non-repatriable citizens" of countries formerly occupied by Germany, but "not for the satisfaction of claims of individual victims." The funds were accordingly passed on to agencies engaged in the rehabilitation and resettlement of such categories of victims. Thus, the "preliminary" agreements regarding German reparations related to World War II did not cover individual claims of victims.

Final arrangements regarding German recompense to individuals were never made. The *Convention on the Settlement of Matters Arising out of the War and Occupation* concluded between the USA, UK, and France as one side and the Federal Republic of Germany as the other on May 26, 1952 on the occasion of the ending of the (Western) occupation status in Germany, clearly states in Chapter 6, Article (1): "The problem of reparation shall be settled by the peace treaty between Germany and its former enemies or by earlier agreements concerning this matter..."[8] The Convention contained a number of provisions regarding compensation for victims of Nazi persecution; however, they secured fewer rights to such victims than the FRG later voluntarily granted in its domestic legislation.

One subsequent German measure in favor of victims of Nazism was certainly unprecedented, not only in its proportions but also in its nature: the Luxemburg Agreement of September 10, 1952 with the State of Israel.[9] Whether seen as a quasi-reparations agreement with a state that was not even in existence at the time of the war to which it relates, or as a reimbursement of the cost of integrating refugees whose flight was caused by the Germans (as was the official rationale), the arrangement is without parallel in history.

The Nature of Indemnification Claims in General

The nature of damage by state action can be divided into two categories, namely damage to the person (personal damage), and material damage. In the discussion that follows, I shall call indemnification for "personal damage compensation." Based on the German legislation (as the most comprehensive one), the following constitutes personal damage:

a. Damage to "life." It has been, and morally should be, universally accepted that the loss of life cannot be compensated materially, as the value of human life cannot be expressed in material terms. Following the principles of civil law in most jurisdictions (e.g., in cases of fatal accidents), the compensation is, therefore, limited to the material loss which the dependents of a killed person (widow or widower, minor children, dependent old parents) have suffered by losing the family's breadwinner.

b. Damage to health. Similarly, since the value of health is immeasurable, compensation is based on the loss of the earning capacity of the disabled victim, with possible further adjustment for cost of medical treatment and some notional compensation for pain.

c. Deprivation or restriction of liberty;

d. Damage in occupation or profession—both loss of actual earnings and of expected advancement;

e. Damage in education;

f. Loss of social security and pension rights.

The second category includes material losses in property, legal rights and interests. Indemnification for such losses is generally described as "restitution." The main categories of such material losses pertain to:

Real estate, including leases and tenancies;

Business enterprises, including plants and equipment, stock and raw material, and good will;

Agricultural estates, including tenancies, equipment, and livestock;

Bank accounts and deposits;

Securities and insurance policies;

Jewelry; items of gold and other precious metals;

Works of art and similar valuable objects and collections;

Household effects and other personal chattels.

A special subcategory of these material losses are those suffered by Jewish communal institutions, as legal persons.

Restitution can be *in natura* or by way of pecuniary compensation if the property items cannot be identified or are no longer in existence.

Among material losses one should also list, particularly as they will be relevant in the case of Hungarian Jewry, unpaid wages for slave labor.

The Losses of Hungarian Jewry

Hungarian Jews suffered every type of the above-listed personal damages and material losses—and in the case of material losses they mostly suffered them to the fullest extent. There are reasonably accurate data on the number of persons who suffered loss of life or deprivation of liberty — but not on the victims of any other of the damages to the person. As to material losses, reliable data are still not available. Any attempt at quantitative assessment meets with tremendous practical, methodological, and even legal difficulties, although undoubtedly more could be done by way of approximation than has been accomplished hitherto. There exists ample statistical material on various aspects of the pre-Holocaust Jewish wealth and on the Jewish participation in various professions; some of this material has been studied and many studies have been published[10] but no attempt was made to integrate them — again by way of statistical approximation — into a kind of overall stock-taking of pre-Holocaust Jewish wealth from which losses could be deduced.

A major difficulty of calculating the losses arises from the fact that between 1945 and 1948 much of the confiscated Jewish property rights were restored, at least *de jure*. It would require detailed research to assess how much was restored *de facto*.

Legal Responsibility for Damages and Losses

An important aspect, both historically and in practical terms, is the question of responsibility for the various damages and losses suffered by Hungarian Jewry. This can best be approached by distinguishing three periods in the Hungarian Holocaust:
   a) From 1938 to March 19, 1944;
   b) March 19, 1944 to October 15, 1944;
   c) October 15, 1944 to April 4 (or May 8), 1945.

In the first period, prior to the German invasion, Jews widely suffered damage in occupation, profession, and education through the Hungarian anti-Jewish laws. For a smaller, but by no means insignificant, number of Jews the period also meant loss of life, damage to health, and deprivation of liberty through the forced labor service, the 1941 Kőrösmező deportation, and the Ujvidék massacre. But as far as Jewish material losses are concerned, the only direct property loss affected Jewish agricultural and horticultural estates, which according to Law XV of 1942 were to be expropriated against nominal compensation. (Actually, an authorization for the authorities to compel Jews to sell their agricultural property was already contained in Article 16 of Law IV of 1939, the so-called Second Jewish Law, but that was a facultative arrangement.) Other Jewish property rights were not directly affected in this first period — although the forced labor service and the dismissal from jobs must have had considerable indirect effects on Jewish wealth.

The second period witnessed the complete annihilation of the Jews in the provinces, who also suffered the complete material loss of their assets. The Jews of Budapest, who in this second period still escaped deportation, were deprived of, or restricted, in their liberty and also had to endure the loss of practically all their assets, except for real estate (houses). In particular, they had to deposit all their valuables, including cash, gold, and jewelry.

In the third period, under the rule of Ferenc Szálasi, the fate of deportation or ghettoization also reached Budapest's Jewry. The Jews in the capital were now subjected to the whole gamut of personal damages. During this period any doubt as to the *de jure* material losses, in particular the fate of real estate (hovses), on which there had been no previous confiscatory regulations but which *de facto* had already often been lost and were occupied by non-Jews, was also resolved. A decree of the Szálasi government dated November 3, 1944 declared that all Jewish property was to become "national wealth," i.e., to be confiscated. The circle of deprivation closed completely.

As to the responsibility for these measures, there is no dispute about the fact that Hungary was fully sovereign, and thus entirely and exclusively responsible, in the first period, i.e., before March 19, 1944. The question of sovereignty after this date, however, is a subject of argument. Was Hungary an occupied country (albeit occupied by an ally), or were German troops and authorities stationed in the territory of an ally for the purpose of a better common conduct of the war?

The criteria of sovereignty are not clearly defined in international law, but one criterion is surely the power to act independently. In this respect it has to be noted that:

The Döme Sztójay government, which came into power after March 19, 1944, was appointed by Regent Miklós Horthy and not by the Germans;

The Germans found it necessary to base the deportations of Jews on a formal treaty in which the Hungarian undertook to supply labor forces;

When Horthy wished to stop the deportations, he was able to do so — against the will of the Germans.

Horthy was able to dismiss Sztójay and appoint General Géza Lakatos as Prime Minister — against the will of the Germans.

Another accepted hallmark of sovereignty is international recognition. It is, therefore, most relevant that all the foreign states which had maintained diplomatic relations with Hungary before March 19, 1944 — i.e., the neutral states — continued after that date to recognize Hungary as a separate state and recognized its government as being in power in the state.

These features were certainly present between March 19 and October 15, 1944, even if one acknowledges an overwhelming German interference and pressure particularly on the treatment of the Jews. Hungarian sovereignty is more questionable after October 15, since the constitutional head of state — Regent Horthy — was forcibly removed on October 15 and the Szálasi government took power illegally.

It appears that the Allied Powers also took the view after the war that Hungary has remained sovereign between March 19 and October 15, 1944. This emerges from their decisions regarding the return of property removed to Germany by force from countries under German occupation. Originally, in the Directive of the Allied Control Council (of all four occupying powers) dated January 21, 1946, they only envisaged return of such property to members of the United Nations. Subsequently, on April 17, 1946, they also agreed that "ex-enemy countries" (i.e., non-United Nations ones) should have a claim to restitution *if the property was removed while the country had been in its entirety or in part under the military occupation of Germany.* Memorandum No. 6 of the Office of the Military Government U.S. Zone (OMGUS) specified the dates for which this condition applied to the various countries. For Hungary the dates are between October 15, 1944 and May 15, 1945. (May 15, 1945 was set as the closing date for all countries.)[11] Thus, the four Allied Powers regarded Hungary as having been under German military occupation starting on October 15, 1944 only, and *a contrario* as having been sovereign during the period from March 19 to October 15, 1944.

These legal facts are not irrelevant in regard to the responsibility to make amends for the injustices committed. Irrespective of the legal considerations, it is not disputed that there was considerable Hungarian collaboration with the Germans in executing their anti-Jewish measures. This, in any event, creates a moral responsibility. Fortunately, present-day Hungary appears to have accepted this responsibility.

Hungarian Indemnification Measures 1945-1948; The Peace Treaty

After the liberation from the Nazis, a number of measures were adopted in Hungary aiming to remedy the injustices suffered by the victims. None of these measures offered compensation for damage to the person; they concentrated entirely on the restoration of material rights, primarily property rights. The principal measure was Decree 200/1945 M.E. of March 17, 1945, which declared all discriminatory confiscations and deprivations of rights null and void—including all contracts of sale and other transactions entered into by Jews during the period of persecution on the presumption that these "had been concluded under duress."

One important category, however, was exempted from this almost total restitution: ownership of agricultural and horticultural property. Such ownership was not restored if the "property was affected by the simultaneously introduced land reform," a radical new regulation of land ownership (Decree 600/1945 M.E. of March 15, 1945, Law VI of 1945).[12]

In practice, this "total" restitution affected primarily non-agricultural real estate. Mobile goods, equipment, and stock of Jewish factories or shops had been destroyed or looted; cash deposits had become valueless owing to the rampant inflation; deposits of gold or jewelry were inaccessible because they had been taken abroad by the escaping Nazis towards the end of the war. Payment *in lieu* of return in kind was not granted.

A major problem was created by the large amount of "abandoned" property, defined as property "which as a result of war conditions came outside the possession or control of the proprietor." A Government Commissioner for Abandoned Property (GCAP) was established as early as May 1945, to whom all such property had to be reported by its current possessor.[13] At some time during the communist period the GCAP ceased to exist *de jure* or *de facto*; its archives were reported to have been destroyed by a fire during the 1956 uprising. The GCAP did not deal specifically with Jewish property but rather with every property abandoned as a result of a war event, for instance property of non-Jews who had fled to the West at the end of the war. Nor was "abandoned" property identical with the "heirless" property of Jewish victims. For the latter, a special National Jewish Rehabilitation Fund (NJRF) was created on November 15, 1946 that was meant to become the heir of such property and use it for the assistance of individual Jewish victims or institutions serving such individuals.[14] Any heirless Jewish property under the administration of the Commissioner of Abandoned Property was to have been handed over to this Fund.

Subsequently, on February 10, 1947, the Peace Treaty between the Allied Powers and Hungary was concluded in Paris. Its Article 27 provides, first, for the restoration of, or "fair compensation" for, all property, rights, and interests in Hungary of victims of racial or religious persecution who lost them during the war through persecutionary measures; and second, that heirless or unclaimed property, rights, and interests of such victims, whether persons, organizations, or communities," shall be transferred by the Hungarian Government to organizations in Hungary representative of such "persons, organizations, or communities" to be used for the "relief and rehabilitation of surviving members of such groups, organizations, and communities in Hungary."

In my interpretation this text does not say that the proposed beneficiaries must be "surviving members *in Hungary*"; as long as they *originate* from the described Hungarian groups, they may be resident anywhere today. This interpretation is supported by the Hungarian version of the text of the Peace Treaty, as incorporated into the Hungarian legal system by Law XVIII of 1947: "Az átruházott javakat ezek a szervezetek az említett magyarországi összeségek, szervezetek és közösségek életben maradt tagjainak támogatására és helyreállítására fogják fordítani." It should be noted that in the Hungarian version the link with Hungary appears in adjectival form ("Hungarian") rather than as a geographic description (in Hungary"), and the adjective is clearly linked to the "groups, organizations and communities" and not to the surviving members."

I consider this interpretation of the text to indicate that Hungarian Jewish survivors now living abroad are as entitled to support from the heirless Jewish property as are those living in Hungary. Moreover, I regard it not only as a legally correct interpretation but also as the only morally acceptable one. All Hungarian Jewish survivors are, after all, equally legitimate "heirs" of the heirless property of their former community, where-ever they reside now.

The provisions of the Peace Treaty on heirless property interlink with those of Hungarian Law XXV of 1946. The latter contains no qualifications (national or geographic) regarding the victims to be supported by the NJRF beyond the requirement that they be of Jewish religion or origin (Article 2(4)).

In 1954, the then communist government of Hungary abolished the independent operation of the NJRF and handed over its agenda to the State Office of Church Affairs (*Állami Egyházügyi Hivatal*).[15] This Office, in turn, was abolished after the collapse of the communist regime in 1989.[16] The voluminous archives of the NJRF are in the Hungarian National Archives (*Országos Levéltár*).

As has been recognized both by the government and the Constitutional Court of Hungary (*A Magyar Köztársaság Alkotmánybírósága*; see further below), Law XXV of 1946 on the creation of the NJRF is still valid, although the Fund is not operative at this time as it has no appointed President or Executive.

The German Indemnification Program and Its Effect on Hungarian Jewry

In 1952, the Federal Republic of Germany, in connection with the conclusion of its agreement with the State of Israel, made an agreement with the Conference on Jewish Material Claims Against Germany (henceforth Claims Conference) in which the FRG committed itself to a detailed indemnification program in favor of the victims of Nazi persecution.[17] The basic legislative instruments implementing this commitment were the Federal Compensation Law (*Bundesentschädigungsgesetz*; BEG) of September 1952, as amended on June 29, 1956, in regard to personal damage; and the Federal Restitution Law (*Bundesrückerstattungsgesetz*; BRueG) of July 19, 1957 in regard to material losses. Both were subsequently amended.

Compensation

The BEG provides compensation for all the personal damages listed earlier but does it on the so-called personal (subjective) territorial principle, which means that the victim had to have a territorial connection with the Federal Republic of Germany by having lived on or before December 31, 1952 in its territory. For political reasons this was extended to victims who emigrated to a Western country from other parts of pre-war Germany (i.e., from the German Democratic Republic and the territories ceased to Poland or the USSR).

Victims in other countries were denied claims against the FRG and were referred to claiming from their own country (possibly to be done out of reparations, in the sense described above). In this respect no difference was made between Western and Eastern countries: victims in Hungary had no claims under the BEG — but neither had victims in France.

Exceptions were made in regard to two categories of victims who were deemed not to be able to claim from "their own country." These were:

a. Stateless persons and political refugees from communist bloc countries, provided they had been in the West by December 31, 1952;

b. "Expellees" from East European countries who belonged to "the German linguistic and cultural circle," — the reference to language and culture was chosen instead of "ethnic Germans" (*Volksdeutsche*) so that Jewish victims would not be required to declare themselves ethnically German.

However, both these exceptional categories were granted only limited compensation (as compared to victims currently or formerly residing in Germany). These arrangements led to an unfair inequality among Hungarian Jews. Those who emigrated before January 1, 1953, received compensation from Germany, while those who remained in Hungary did not.

Many Hungarian Jews left Hungary in 1956. There were also many Polish and Romanian Jews who only emigrated after 1953. In 1965 the German government, therefore, agreed, in an amendment to the BEG called the *BEG-Schlussgesetz* (Final Federal Compensation Law), to create a special fund for refugees who were only able to leave after January 1, 1953. The 1965 agreement created, in its Article V, a special fund, popularly known as the Post-53 Fund, from which the post-1953 emigrants received very restricted compensation.

The Article V Fund set a new date, December 31, 1965, as the deadline by which people had to have left their East European home to be eligible for claims from the Fund. But events after that deadline — in Poland and in the CSSR in 1968, and the partial opening of the doors of the Soviet Union — led to further waves of Jewish emigration from the East. Therefore another fund was thus created — the Hardship Fund, or popularly Post-65 Fund — for victims who had emigrated from the East later than December 31, 1965 (as well as for other victims who for some reason did not get any, or only very unsatisfactory, compensation). It is administered not by German authorities but by the Claims Conference. Hungarian Jews who emigrated after 1965 (a rather small number) were entitled to claim. The compensation under this legal provision was limited to 5000 DM per person.

The reunification of Germany justified new demands on the part of the Claims Conference, based on the fact that at the time of the Luxemburg Agreement West Germany had assumed only two thirds of the German moral debt to the victims, with one third to be met by East Germany. In the reunification treaty (Article 2) Germany committed itself to enter into new negotiations with the Claims Conference; these negotiations led to the creation of yet another Fund, the so-called Article 2-Fund, for the benefit of needy victims who had received no or only inadequate compensation before. While the other two funds (the Post-53 and Post-65 Fund) only provided lump sum compensation, the Article-2 fund is able to grant annuities. It too is administered by the Claims Conference.

It is impossible to estimate how many Hungarian Jewish emigrants received payments from the BEG or the various Funds.[18] Over two million claims have been positively settled under the BEG (which does not mean there were the same number of claimants, since many victims filed several separate claims). Of these, 650,000 were for deprivation or restriction of liberty. Over 360,000 victims have received annuities, primarily for damage to health.

The German statistics do not differentiate between Jewish and non-Jewish claimants. But it is known that 20 to 25 percent of the claims came from residents in Germany. Considering the small number of Jews in present-day Germany, these claims must have come overwhelmingly from non-Jews. On the other hand, a (not large) number of non-Jewish claimants have been resident outside Germany. Forty percent of the claims came from Israeli residents. All in all, it can be assumed that over 1,5 million of the positively settled claims came from Jewish victims. Their country of origin (or where they had been persecuted) was not recorded. We have somewhat more information in regard to the two funds administered by the Claims Conference, the Post-65 Hardship Fund and the Article-2 Fund. In the case of the Hardship Fund, about 2,300 of the roughly 12,000 positively settled claims came from Hungarian Jews residing in the West. The Article-2 Fund processing is in such early stages that statistics are not yet relevant.

Restitution

In the area of restitution the principle of territorial connection related not to the claimant but to the property reclaimed ("objective territoriality"). In the case of expropriation outside the territory of the FRG, restitution (or compensation *in lieu* of restitution) was only due if the claimed assets had been taken to the territory of the FRG. Furthermore, claims of persons residing in countries with which the FRG had no diplomatic relations would not be satisfied; for a long time, Hungary was one of these countries. It is difficult to obtain statistical data on the global value of the restitution of Jewish property, because much of it was restitution *in natura*.

Hungarian Jewish refugees in the West were entitled to claim, but had great difficulties proving that their assets had reached West German territory. If it could be shown only that they were taken to Germany, the German Courts considered this merely as evidence that the assets had reached the nearer East German area — and that vitiated the claim.

There was one exception in regard the non-eligibility of claimants residing in the East: payments from a separate Hardship Fund created to provide meager compensation for jewelry and personal belongings confiscated in occupied territories. Victims residing in the East, including Jews in Hungary, were entitled to claim for valuables, even their clothes, taken from them on arrival in Auschwitz (often called *letzte Habe*, "last possessions"). On March 24, 1959, the Hungarian government submitted 62,022 claims filed by Hungarian Jews to Germany, and in an agreement on January 22, 1971 an amount of 100 million DM was allotted by the West German Government for the full satisfaction of these claims.

A special issue in the restitution program relates to the treatment of heirless property. Jewish successor organizations were created (by the Allied occupation powers) to do conscription and estimates of the heirless Jewish property, mainly real estate. They did not administer this property themselves but sold it, through global agreements, to the German *Länder*.

Special Arrangements

Victims of Medical Experiments. The FRG made special arrangements for the indemnification of victims of Nazi medical experiments and decided that this indemnification should also be made available to victims who did not satisfy the residence requirements of the compensation laws.[19] In an agreement between the Hungarian and German governments of January 22, 1971, the FRG agreed to pay Hungary 6,250,000 DM for the benefit of such victims residing in Hungary. Similar agreements were concluded with three other East European countries: with Poland for 100 million DM, CSSR for 7,5 million DM, and Yugoslavia for 8 million DM. (The total amount allocated to victims of medical experiments throughout the world was estimated in a German government report dated October 31, 1986 at 1,000 million DM.)

Slave Laborers. Separate from all German laws, a Jewish organization called Compensation Treuhand succeeded in concluding individual agreements with a number of German industrial firms that had employed Jewish victims as slave laborers during the war. The total amount obtained in this way was about 57 million DM for over 17,000 applicants, of whom 1,506 were resident in Hungary. As they represent nearly nine percent of all applicants, one can roughly assume that over 5 million DM came to Hungary in this way for the benefit of Jewish slave laborers. (Of course, many Hungarian Jews residing in the West and especially in Israel received slave labor compensation separately.)

The last-mentioned three agreements produced the only German compensation payments to Jewish victims of Nazism resident in Hungary. Together they appear to have amounted to 111 million DM.

Global Payments by Germany to Other States

I have referred earlier to the FRG's global payment to Israel, emphasizing its unprecedented and exceptional nature. Additional payments, although on different legal grounds, were made by the FRG to other states as well, and these had in fact a quasi-reparation character.

Since a Peace Treaty with Germany (with expected reparations clauses in the usual manner) was not forthcoming, on June 21, 1956, eight Western states jointly demanded that the FRG compensate, for claims analogous to those covered by the BEG, victims residing in their respective countries who — as detailed above—were excluded from the provisions of the BEG because they did not meet the territoriality principle. The number of Western states subsequently increased to twelve. The FRG made individual agreements with each of them, granting them global sums in proportion to the number of victims residing in the respective state (and to be distributed among these victims). The total of these global payments amounted to 976 million DM.[20]

The East European states had no diplomatic relations with the FRG at the time these bilateral agreements were negotiated, and by the time the *Ostpolitik* had brought about the establishment of diplomatic relations, German willingness to enter into new commitments had subsided. Still, some arrangements were made with Eastern countries related to indemnification claims:

Yugoslavia obtained, in 1972 and 1974, a cheap loan of 1,000 million DM;

Poland similarly received, in 1975, a credit of 1,000 million DM on highly favorable terms and a 1,300 million DM lump sum payment in settlement of all social insurance claims of Polish citizens against Germany.

After the collapse of communism some new agreements were entered into by the FRG with East European countries:

On October 1991 Poland was granted 500 million DM for the creation of a Polish German Reconciliation Foundation to be used for the aid of Nazi persecutees;

Belarus, Russia, and Ukraine jointly received 1,000 million DM in April 1993 for the creation of a similar foundation.

However, the friendship treaties concluded with Czechoslovakia on February 27, 1992 and with Hungary on February 6, 1992 do not contain any provisions relating to compensation for Nazi victims. In this connection it is worth mentioning that, according to well established jurisprudence of the highest Federal German Courts, the "waiver" of claims of Hungarian citizens contained in Article 30(4) of the Paris Peace Treaty does not apply to the compensation claims of Nazi victims.

Post-Communist Hungarian Measures

After the change-over in Hungary from communism to democracy, the Hungarian Republic introduced several indemnification measures. The principal ones are the following:

On *compensation* for personal damage:

Loss of life, damage to health: Law LII of 1992 on National Care (*nemzeti gondozás*);

Deprivation of liberty: Law XXXII of 1992 on the Indemnification of Political Persecutees (the so-called Third Indemnification Law);

Pension rights: Decree 74/1991 of June 10, 1991 in regard to pension rights.

On *restitution* of property:

Law XXIV of 1992 on property rights in relation to confiscations between May 1, 1939 and June 8, 1949 (the so-called Second Indemnification Law).

I have found the provisions relating to compensation highly discriminatory and those relating to restitution most unsatisfactory. Petitions against the discrimination in the compensation legislation have been submitted to the Hungarian Constitutional Court but not yet adjudicated. (The two decisions of the Constitutional Court on indemnification matters — discussed below — do not deal with the complaints regarding compensation provisions.)

On *communal property*:

Law XXXII of 1991 on the Regulation of the Ownership of Church Property

This law is unsatisfactory since it bases restitution rights on the principle of "functionality," meaning that only properties needed for the functioning of the religious community are to be returned. This principle may, indeed, have some justification in general terms or in relation to religious communities that have lived a normal communal life. But it is highly unfair to the decimated Jewish community. There were 732 Jewish congregations in Hungary before the Holocaust; a very conservative estimate would indicate that they owned at least 2,000 buildings and apartments. Yet the Jewish Community, on grounds of the present local "functional need," has — to the best of my knowledge—claimed only 82 buildings. There is a serious moral question involved here. A greater Jewish "functional need" does not exist because the Jewish communities which owned these buildings have been exterminated; can this be a good ground for the state inheriting these properties? Moreover, in the case of a community whose members have emigrated in large numbers, it is wrong to interpret needs "only in terms of those survivors who are now in place." Survivors who live outside Hungary but who also have needs should be equally entitled to enter a claim on that property. There is thus an unsolved problem relating to a set of issues for which I would coin the term "heirless communal property."

On *heirless individual property*:

Law XXV of 1946 and the Paris Peace Treaty (Law XVIII of 1947)

On March 12, 1993, the Hungarian Constitutional Court adopted two decisions relating to indemnification for Jewish victims: Decisions No. 15 and 16/1993 AB. In these the Court establishes a number of important points, such as:

Partial compensation is not in violation of the Paris Peace Treaty (Point 4/b of Decision No. 15);

The provisions of Law XXIV of 1992 on compensation for jewelry and objects of precious metal are constitutional (Sections III and IV of Decision No. 16);

The provisions of the Paris Peace Treaty regarding restitution of the property of persecutees have been fulfilled by the compensation laws recently adopted (Section IV of Decision No. 16).

The provisions of the Paris Peace Treaty regarding heirless Jewish property have not been fulfilled. This must be remedied by Parliament by December 31, 1993, either through legislative acts or by giving authority to the Government to remedy the situation through negotiations, "by agreement" (Section IV and normative Point 3 of Decision No. 16);

Implementation of the relevant provisions of the Paris Peace Treaty may amount to "positive discrimination" in favor of the Jews but this is justified because Jewry suffered more than any other group of the population and, therefore, discrimination in their favor is only partly remedying the effects of previous persecution (Section IV of Decision No. 16).

"Fair" compensation (as demanded by the Paris Peace Treaty) may be compensation in the measure provided for in recent Hungarian indemnification laws.

Some of these rulings, like the acceptance of the meager indemnification for jewelry or for individual property, are highly unsatisfactory. Moreover, the acceptance of the level of indemnification stipulated by the recent laws as "fair" runs, in my view, counter to the general notion in international law and jurisprudence of what is "fair" indemnification. But unless challenged at international fora, the decisions of the Constitutional Court close these issues. The validity of the legal provisions on "personal damages" is, as explained above, still waiting for the decision of the Court; this question is, therefore, in a certain sense still open.

As to the heirless and the communal property, there are now negotiations in progress between Hungarian Jewry and the World Jewish Restitution Organization on the one hand and the Hungarian government on the other. In the light of these sensitive negotiations, no further comments would be appropriate.

Postscript

After this paper was presented, the Hungarian Constitutional Court (*A Magyar Köztársaság Alkotmánybírósága*) reached its decision on the complaints against the provisions of recent laws on personal damage" which I discussed herein. The 26-page decision, No. 680/B/1992/25, is dated 6 February 1995.

The Court invalidated several provisions of the Hungarian laws on compensation for Jews as being discriminatory, and ordered appropriate amendments or new laws to be enacted that will give several categories of victims the right to file new or increased claims. It is beyond the scope of this paper to discuss the changes individually. However, one should take special note of one of the Court's findings, on Hungarian responsibility for the persecution of Jews during the German occupation, as it is of great historical as well as legal importance.

In discussing the nature of the deprivation of liberty of Jews who were deported during the German occupation, the Court says that in the deportation process the Hungarian state *"concentrated its own citizens and handed them over to the authority (fennhatóság) of a foreign sovereign... This deportation, in fact, resulted in 'banishment from one's own fatherland'."* (Emphasis in the original.) The Constitutional Court thus clearly confirms that it was the Hungarian State which organized the concentration (ghettoization) of Hungarian Jews and handed them over to the Germans, who were a foreign power. It gives the imprimatur of the highest Hungarian legal authority to the views I expressed earlier in this paper about the Hungarian state's responsibility (or co-responsibility) regarding even the anti-Jewish measures that were taken during the German occupation — they were a joint operation of two sovereign powers.

Notes

1. See *Die Wiedergutmachung Nationalsozialistischen Unrechts durch die Bundesrepublik Deutschland* ed. W. Schwartz (Munich: C. H. Beck, 1985), vol. 3, pp. 2-3.

2. By same "regime" we mean here the same political system, built on an identical political or social philosophy (e.g., democracy, communism, fascism) - and not the same government.

3. U.S. Civil Liberties Act 1988 of August 11, 1988; Agreement Between the Canadian Government and the National Association of Japanese Canadians, September 22, 1988.

4. See I. Vásárhelyi, *Restitution in International Law* (Budapest: Akadémiai Kiadó, 1964), pp. 21 ff.

5. Reparations, however, are a one-sided form of indemnification by the defeated state in favor of the citizens of the victorious state. Harm done by the victor to the citizens of the vanquished state are, as a rule, not indemnified.

6. I shall define the term "personal damage" further below.

7. Agreement on Reparation from Germany, on the Establishment of an Inter-Allied Reparations Agency and on the Restitution of Monetary Gold. Both the Potsdam and the Reparation Agreement are extensively described in *Die Wiedergutmachung Nationalsozialistischen Unrechts durch die Bundesrepublik Deutschland*, op. cit., vol. 2, 1981, pp. 3-9.

8. Cmd. 8571, (London: H.M. Stationery Office, 1952).

9. "Abkommen zwischen der Bundesrepublik Deutschland und dem Staate Israel" *Bundesgesetzblatt - BGBl*, vol. II, 1953, pp. 37 ff.

10. See the folowing bibliographies: László Gonda, *A zsidóság Magyarországon 1526–1945* (Jewry in Hungary 1526-1945) (Budapest: Századvég Kiadó, 1992), (entries 358, 361-66, 376-78), and Randolph L. Braham, *The Hungarian Jewish Catastrophe: A Selected and Annotated*

Bibliography (New York: Institute for Holocaust Studies of the City University of New York, 1984), passim.

11. Vásárhelyi, op. cit., pp. 128-29.

12. A good description of the remedial measures adopted in this early period is contained in E. Déry, E. Endre, E. Friedmannn, and J. Vági, *A fasizmus üldözötteit védő jogszabályok, 1945–1946* (Legal Norms for the Protection of Victims of Fascism, 1945-1946) (Budapest: American Joint Distribution Committee, 1946).

13. See Decrees No. 727/1945 M.E., 2490/1945 M.E., 10490/1945 M.E. and the Instructions of the GCAP.

14. Law XXV of 1946. See also the implementary Decree No.3200/1947 of 9 March 1947, regulating details of the appointment of the Fund's Executive. Two-third of the Executive were to be appointed by the Jewish communal bodies and one-third by the Government. The Fund's president was to be appointed by the country's President on the recommendation of the Jewish community.

15. Decree No. 7925/G/1954 of the Council of Ministers.

16. Decree 1989:14 and its implementary regulation No. 65/1989 of 30 June 1989.

17. Hague Protocol No. 1 (attached to the Israel Treaty). See note 9, *BGBl*, vol. II, 1953, p. 85.

18. The following statistical data are derived from reports of the German Ministry of Finance and of the Claims Conference.

19. Government decision of July 20, 1951.

20. The countries concerned are: Austria, Belgium, Denmark, France, Great Britain, Greece, Italy, Luxemburg, Netherlands, Norway, Sweden, and Switzerland. The amounts they received varied: France obtained the largest payment (400 million DM), Sweden the smallest (1 million DM).

—— ✳✳✳ ——

Összefoglalás

A nácizmus magyarországi üldözötteinek kártérítése

A tanulmány az államközti és államon belüli kártérítés történelmének rövid ismertetése után beszámol azokról a nemzetközi rendelkezésekről, amelyeket az Egyesült Államok a második világháború után Németországra vetett ki, hangsúlyozva azonban, hogy a későbbi nagyszabású német kártérítési programot az új Németország saját akaratából vállalta eddig páratlan mértékben. A tanulmány kiemeli, hogy a kártérítési eljárások különbséget tesznek az ún. „személyi károk" (élet, egészség, szabadság stb.) és a vagyoni (tulajdon vagy bérletben való) károk között és vázolja a magyar zsidóság veszteségeit mindkét tekintetben. 1944. március 19. előtt a magyar zsidóság főként személyi károkat szenvedett (a munkaszolgálat, körösmezői deportálás és újvidéki vérengzés útján), míg a vagyont érintő korlátozások csak mezőgazdasági vagyonra vonatkoztak, bár a zsidó-törvények korlátozásai a foglalkozást illetően közvetve szintén okoztak vagyoni károkat. A németek bevonulása után teljes volt a kárszenvedés minden vonatkozásban.

A tanulmány kitér Magyarország felelősségére és különböző ismérvek alapján arra a következtetésre jut, hogy Magyarország 1944. március 19. és október 15. között formailag szuverén állam maradt, bár nyomasztó német befolyás alatt, és ezért a németekkel együttesen felelős a zsidóság kiirtásáért vagy kifosztásáért.

A tanulmány leírja a Magyarországon közvetlenül a háború után foganatosított kártérítési intézkedéseket, valamint az 1947. évi párizsi Békeszerződés vonatkozó rendelkezéseit, amelyeket azonban a kommunista rendszer uralomra jutása következtében nem hajtottak végre. Ugyancsak részletezi, hogy mennyiben részesültek magyar zsidó áldozatok a német kártérítésből. Ez a kártérítés lényegében csak azokra a magyar zsidókra vonatkozott, akik bizonyos határidők előtt Nyugatra vándoroltak. Magyarországon — három speciális intézkedés alapján — a szerző számítása szerint mindössze 111 millió márkát osztottak szét az üldözöttek között.

Magyarország, az akkori nemzetközi politikai viszonyok következtében, nem részesült azokból a bilaterális egyezményekből sem, amelyeket Németország az 1960-as években 12 nyugati állammal kötött, sőt még azokból a speciális kártérítési intézkedésekből sem, amelyek némely keleti ország javára történtek részben még a kommunista uralom idején, részben utána.

Végül leírja a tanulmány a rendszerváltozás után (1991–92-ben) hozott magyarországi kártérítési törvényeket és rendeleteket. A szerző ezeket sok vonatkozásban diszkriminálónak tekinti a zsidó üldözöttek tekintetében. 1993-ban az Alkotmánybíróság döntést hozott a vagyoni kártérítést érintő panaszokról és utasította a kormányt, hogy az örökös nélkül maradt zsidó javakra nézve tegye meg a szükséges kártérítési intézkedéseket a párizsi Békeszerződés szerint. Ez irányban tárgyalások folynak a magyar kormány és magyar, valamint nemzetközi zsidó szervezetek között. Egyéb vonatkozásban a vagyoni kártérítés kérdése lezártnak tekinthető. A személyi károkra vonatkozó kártérítési törvények ellen emelt alkotmányjogi panaszokat illetően azonban — a tanulmány szerkesztésének időpontjában — még nem volt alkotmánybírósági döntés.

Ez a döntés később, 1995-ben született meg és a szerző egy utóiratban leírja annak (részben pozitív) lényegét, kiemelve, hogy az Alkotmánybíróság elismerte, hogy a zsidók deportálása magyar állami intézkedések segítségével folyt le két szuverén államhatalom, a magyar és a német közreműködésével.

The Archival Resources of the U.S. Holocaust Research Institute of the United States Holocaust Memorial Musuem

Brewster Chamberlin

The United States Congress in 1980 unanimously created the United States Holocaust Memorial Council, its members to be appointed by the President. The Congress charged the new agency with overseeing the design, construction and operation of the United States Holocaust Memorial Museum (USHMM), which was built with private sector funds. The Museum commemorates the victims of the Holocaust with, among other things, the United States Holocaust Research Institute (USHRI), the academic/scholarly division of the Museum devoted to the study of the Holocaust itself and its historical context, but also the ideas and climates of opinion which contribute to the formation of events which can best be described as exemplifying man's inhumanity to man.

Working toward the accomplishment of these and other Congressionally mandated tasks, the Council and its advisors have guided the work of architects, museum professionals, exhibition designers, construction firms and scholars to the successful completion of the development phase of the project. The Museum opened to the public on April 23, 1993, and its Research Institute opened in December 1993 in conjunction with an important conference attended by scholars from Europe, North America and Israel.

The Research Institute's components include the Library; the archival elements, which contain textual records, photographs, moving images, sound recordings (including oral history video and audio tapes, camp and ghetto music, and the like); and the Survivors' Registry contains a database registry with information about over 85,000 Holocaust survivors and their families. In addition, the Registry is intensively collecting lists of names of Holocaust victims from all over Europe.

The Research Institute also has publications and public event programs, and sponsors research into a wide variety of disciplines as they can be used to achieve greater insight into and knowledge of the period, subjects which range from the origins of the Third Reich to the war crimes and atrocity investigations and trials that continue even today.

The Research Institute's collecting departments, mentioned above, with few exceptions, will not reproduce relevant materials available in the National Archives and Records Administration (NARA), the Library of Congress, or the other archival and library institutions within easy reach of the Washington area.

Indeed, the World War II and Holocaust-related holdings of the three major Washington repositories (USHRI Archives, NARA and the Library of Congress) and the collections in the nearby Military History Institute in Carlisle Barracks, Pennsylvania, constitute a vitally important major resource for the study of any aspect of the war, its origins and aftermath.

The facilities of the Research Institute are on the 5th floor of the Museum. The reading room and other facilities are accessible to all bona fide researchers.

The Library contains not only the basic texts and monographs on the war and the Holocaust specifically, but also rare and out-of-print publications from the period including yizkor bikher (memorial books devoted to individual places such as villages and hamlets destroyed by the nazis and their collaborators), survivor memoirs, reference works (including catalogs and inventories to relevant archival institutions around the world), published document series, and the like. The Library, which currently contains approximately 30,000 books and periodicals, does not circulate volumes. The reference staff guides the user through the various on-line databases available in the reading room.

The Photo Archive contains ca. 40,000 images from various institutions and private collections, to many of which it holds reproduction rights. The images are accessible through a computerized inventory system which locates images by subject, geographic location, photographer, and so on.

Approximately 4,100 oral history interviews are in the Oral History Department's collection, and there will be a smaller amount of Holocaust-related moving-image footage and hundreds of maps available to researchers.

I would like to outline the textual records holdings in some detail, because many of these are unique to the Museum, or are the only copies openly and readily available outside the institutions in Eastern Europe and the former Soviet Union which hold the original paper documents.

The geographic emphasis on Eastern Europe and the former Soviet Union deserves a few words of explanation. This concentration of resources is not unproblematic in a wider scholarly sense, but is both explicable and justifiable. In the mid-1980s, the Museum leadership and its academic advisors decided to concentrate on a program to reproduce, mainly on microfilm, Holocaust-related records in institutions to which many scholars—American scholars in particular and Europeans and Israelis in general—found it diffcult, if not impossible, to gain access. We narrowed our list of such institutions down to those with large collections of captured German records mainly on the theory that the bureaucratic communist-dominated archival systems then in place would be more likely to allow us access to German records than those created by their own national agencies during the approximate period.

We also did this because we believe that the records of the Germans, the perpetrators' own documents, tell an undeniable story in graphic detail that is not available elsewhere. We are convinced that the perpetrators convict themselves of the crimes they committed with their own documents, whether they be Germans or their various European collaborators. Finally, we considered that many of these records had never been seen, much less used, by western scholars.

I think we have, on the whole, been successful in achieving our aims, but, I hasten to add, that we have by no means finished the task, which we plan to pursue into the future as the political situation in these areas and our funding requirements allow. This procedure has resulted in, among other things, the fact that the most predominent language in the collections is German, followed by Romanian, English and Polish with smaller amounts of material in other European languages including Yiddish. As of April 1994, we have collected well over one million frames of documents on microfilm and microfiche.

This does not mean we have neglected other potential sources of material. We have thus far also collected over one million pages of paper records from individuals, families and institutions in various languages. Nonetheless, the bulk of our most valuable and useful archival textual records are from Eastern Europe and the countries of the former Soviet Union.

Intellectual control and access to these records is created and maintained through an archival cataloging software program, which is available to researchers in an easily accessible search format in the reading room. In some cases, the catalog records will hold information on the file unit or folder level, in others on the collection or sub-collections levels. We also have a series of preliminary finding aids on paper to those collections for which we have not as yet had time to create detailed catalogs.

Survivor testimonies form an important part of any archives related to the Holocaust. The USHRI Archives holds hundreds of these memoirs ranging in size from one to 300 pages in length. The bulk of these are from survivors who found refuge in the United States, but those in other countries have also donated their stories to the Museum. Most of these are open to researchers with no restrictions. The great bulk of these concern the lives of people from Eastern Europe and the occupied areas of the Soviet Union.

Collections of personal papers make up a large part of the totality of the USHRI Archives paper holdings. For instance, Joseph Tenenbaum, M.D., came to the United States in 1919 as part of a small delegation whose purpose was to raise funds for impoverished Polish Jews in Galicia and elsewhere. Informed by his friends that his return to Poland could be dangerous to his health, Tenenbaum remained in New York, where he launched a successful career as a urologist in addition to remaining active in Polish and Jewish affairs, activities which culminated in his leadership role in the American Jewish anti-Nazi boycott from 1933 to 1941. Somehow he also found time to write countless articles and several books, the best known being *Race and Reich*. After Dr. Tenenbaum's death, his widow donated his voluminous personal papers to the Museum.

Dr. Hadassah Rosensaft, a member of the U. S. Holcoaust Memorial Council from its inception, chairwoman of the Council's Archives and Library Committee, and a survivor of Auschwitz and Bergen-Belsen, remained in the latter camp with her husband, Josef, for five years after liberation to organize the Jewish survivors in the British occupation zone and to assist them in finding new homes in Europe, the United States and Israel. The Rosensaft Collection contains valuable material on her family and the organizational and welfare work carried out in the displaced persons camps in the immediate aftermath of the war.

Julius Kühl worked during the war in Switzerland for several organizations established to rescue Jews from the Nazis' final solution to the "Jewish question." A substantial collection of his papers from that work are in the Archives. The flight of scholars, scientists, writers and artists escaping from the Nazis to North America is a story still not fully told or understood. We also have copies of many of the records of the Emergency Rescue Committee, an organization set up to rescue intellectuals at risk in Europe. The Committee sent Varian Fry to open an office in Marseilles, where he and his colleagues arranged to get several hundred threatened people out of Europe before the collaborationist French government revoked his residence permit and expelled him. The Museum mounted an exhibition on the subject of the Emergency Rescue Committee in one of the temporary exhibition spaces during the first 18 months after the opening.

Another facet of the Holocaust and the war itself that has not as yet received sufficient research and analysis is the music of the camps and ghettos. The inmates of these horrible places wrote or improvised thousands of songs and other types of music. After his liberation from Sachsenhausen, where he was interned as a political prisoner, Alexandr Kulisiewicz spent the rest of his life gathering, preserving, annotating and performing the music of the camps and ghettos. The USHRI Archives holds the Kulisiewicz collection of textual records and audiotape recordings. We are systematically increasing our collections of music-related materials that deal with various aspects of the Holocaust, and before too long we should have one of the largest such collections in the world.

Professor Randolph Braham, author of numerous works on the Holocaust and the war in Hungary and Romania, has donated his working files to the Research Institute Archives, where they will be available to researchers, who wish to pursue certain aspects of Professor Braham's groundbreaking work.

The nazis and their collaborators persecuted a number of non-Jewish groups for ethnic, religious and political reasons, and members of these groups were caught up in the killing mechanisms. The European Sinti and Roma (Gypsies) is the group the nazis persecuted on essentially the same basis as they did the Jews, and it is only in recent years that scholars have begun to investigate this aspect of the nazi policies of genocide. In support of this investigation, the USHRI Archives began some time ago to gather materials related to the fate of the Sinti and Roma, and presently holds a considerable amount of records from other archival institutions in Europe and the former Soviet Union, as well as from private individuals and organizations. Some of this materials is scattered throughout the microfilmed records from archives in Russia, Belarus and Poland, but will be accessible through the computerized archival catalog system.

Members of religious groups suffered at the hands of the nazis for various reasons. One of the largest of these groups is the Jehovah's Witnesses, who refused to give the oath of fealty to Adolf Hitler. Many of the Witnesses also refused to serve in the German military. The government banned the group from organizing and propagating the faith, and the Witnesses went underground to practice their faith. The Gestapo interned many of them in the concentration camps and the nazi justice system beheaded many of them for treason. The USHRI Archives holds an expanding collection of personal and family papers of European Jehovah's Witnesses in addition to an increasing number of oral history interviews with Witnesses who survived the camps and other forms of persecution.

One of the more poignant and saddening aspects of the Holocaust history is the story of the refugees who could not find a haven and those Jews who could not escape from Europe in time. The USHRI Archives is fortunate to have received a number of collections of correspondence and other papers relating to several families and individuals, which allow this part of the history to be told in a personal way. Much of this material is in German, but a substantial amount is in English. It must also be mentioned that a number of these collections deal with stories that ended well; that is, wherein the refugees found a haven, mainly in the United States. But many did not have a happy ending.

Much research and many publications have been devoted to the more well-known refugees who were artists, scientists, writers and other intellectuals, but what of the plumbers, the printers, the accountants, and the butchers, all of whom struggled with the immensely complex requirements of emigration and immigration during the 1930s and early 1940s. Failure to meet these requirements, often indifferently administered by vicious local bureaucrats and unconcerned consular officials, could mean capture, deportation and death. These stories have not yet been told because research materials have not been available on the subject. We are trying to fill these lacuna.

Families of the murdered, as well as many of those who survived and emigrated from Europe after the war, were able to file claims for restitution for losses of property and physical or psychological health, which the West Germans resolved through a system of restitution and reparation courts and the US government paid out of confiscated nazi property in the United States. In the latter instance, the USHRI Archives holds the files of ca. 2,000 cases of claims for reparations based on events that occurred in the Netherlands. In the former instance, the Archives holds approximately 150 linear feet of case files from the United Restitution Organization's Los Angeles and Toronto offices. The interest for historians here is the fact that in order to substantiate the claim, the claimant had to narrate his or her experiences in the roundups, the ghettos, the deportations, the camps, and so on. It should be borne in mind, however, that use of these, and other similar records, is restricted to comply with regulations dealing with protection of individuals' rights to privacy.

Archives staff have sought to suppliment the war crimes and atrocity investigations and trials material available in the National Archives of the United States, rather than duplicate it, though some of the latter is inevitable when the papers of individuals who served on the prosecution staffs of the International Military Tribunal at Nuremberg or the various U.S.-administered war crimes trials, are accessioned. The USHRI Archives holds the personal papers of several such U.S. prosecution staff members and lawyers such as Benjámin Ferencz. Of particular interest are the diaries and letters that these people sent to their families which relate the events in which they participated. The sources give informal information about matters sometimes not discussed in more official documents. The complete history of the trials cannot be written without consulting these records.

The Archives holds numerous generally small collections of records dealing with the topics "Rescue, Refugees and Displaced Persons," most of which come from the individuals and families involved, but also from institutions which assisted newly arrived DPs and refugees in the U.S. to adjust to their new environments.

The results of the decision to concentrate on reproducing archival materials in Eastern Europe and the former Soviet Union can be readily seen in an overview of the collections from those areas. All of this material is on 35 or 16 millimeter microfilm, and the quality of the images is generally determined by the condition of the document being filmed (and, it must be admitted, the attention span of the technician doing the filming).

To support the prosecution of war criminals and collaborators, the Main Commission for the Investigation of Crimes Against the Polish Nation (formerly the Main Commission for the Investigation of Nazi Crimes in Poland) has since 1945 collected a massive amount of fragmented and alienated German documentation dealing with the period of nazi occupation from 1939 to 1945. The records of the war crimes trials themselves are also held by the Main Commission. We have been able to acquire from this agency microfilm of the files of the Lodz Gestapo office (and, curiously enough, the Düsseldorf Gestapo office), the Reichssicherheitshauptamt, the Reichs Interior Ministry, files of various concentration camps (ca. 23,000 pages), the Institut für Deutsche Ostarbeit, various regional and city gendarmerie files, the files of the office concerned with postwar situation of the Polish Jews, the Posen SIPO and SD office, the Mauthausen Todesbücher, and the Waffen-SS units stationed in Krakow.

From other Polish archival institutions we hold microfilm of certain records of the underground units in Poland working for the Polish government-in-exile in London as well as files of the administration of the Auschwitz killing center. We have also been able to copy the complete collection of the existing records of the central construction office of the Auschwitz Waffen-SS, whose records the Red Army took from Berlin to Moscow in 1945.

Indeed, the former Special State Secret Archive of the former Soviet Union, now called the Center for the Preservation of Historico-Documentary Collections, in Moscow contains a large number of collections taken from the Germans in the immediate postwar period. These include not only specifically German records (such as those of the Berlin SD office and fragments from various Nazi Party and German ministries), but also those confiscated by the Gestapo from banned and dissolved Jewish and Masonic organizations from all the countries the Germans occupied. We have microfilmed the relevant portions of these records so they will be available in Washington to researchers. (The Germans are currently negotiating with the Russians for the return of the paper documents of clear German government or Nazi Party provenance. How long this process will take is anyone's guess.)

The military units under the direct command of the Office of the Reichsführer-SS (Heinrich Himmler), rather than under the authority of the German military played a major role in the killing of hundreds of thousands of Jews, partisans, Red Army officers and others. The war diaries and unit activity reports of these groups ended up in a castle near Prague after the war and are now deposited in the Military Historical Institute in that city. We have the most important of these on microfilm.

Approximately 26,000 pages of German, and some local, records from Latvia offer knowledge about the fate of the Jews, Gypsies and others in that occupied country, as well as about the functioning of the occupation authorities and offices. Indeed, the microfilmed German records we have acquired from the Ukraine (Einsatzstab Rosenberg, Reichskommissariat für den Ukraine), Russia (records of the Extraordinary State Commission for Ascertaining and Investigating Atrocities of the German-Fascist Occupiers and their Collaborators, and the Damage Caused by them to Citizens, Collective Farms, Public Organizations, State Enterprises, and Institutions of the USSR—otherwise known as the "Extraordinary State Commission") and Belarus (Reichsbahn-direktion, Minsk city and oblast occupation governmental departments) archives also tell a great deal about how the occupation functioned on various levels, in addition to documenting the Holocaust per se.

The destruction of the Hungarian Jews did not begin in earnest until 1944, resisted by the now well-known efforts of Raoul Wallenberg and his colleagues, financed by private Jewish interests in the U.S. through the War Refugee Board's representatives in Sweden. Approximately 180,000 frames of microfilmed documents in the USHRI Archives tell how, under German guidance, Hungarian authorities isolated, identified, rounded up and deported hundreds of thousands of Hungarian Jews. These records are from the regional and county levels of government. We are currently discussing with officials of the Hungarian National Archives the possibilities of microfilming relevant supplimentary central government agency files to make them available to researchers in the United States.

We have also acquired approximately 400 reels of microfilmed documents from Romanian institutions such as the Ministry of Defense, the Ministry of Foreign Affairs, and the Romanian Intelligence Service, the successor organ to the Securitate and other security agencies. The files include the investigation and trial records from the postwar Romanian war crimes prosecutions, as well as the files of Romanian military authorities and those of several Jewish organizations whose records were confiscated by police and security organs.

We have been able to reproduce relevant files in the Moldovan National Archives relating to Transnistria, occupied by the Romanian Army, and we have relevant materials from the oblast archives in Nikolaev and Chernovtsy, and we have begun to reproduce relevant files in the Odessa oblast archive. These records are, of course, in the Romanian language and reflect the activities of the Romanian fascist occupation agencies in these locations.

Clearly, as a result of our emphasis on the archival materials in Eastern Europe and the former Soviet Union, we have to a large extent neglected western and southern Europe as well as North Africa and Scandinavia. We are a young institution; the future spreads out in front of us. We will fill the gaps as time goes by and as our financial resources allow. We have followed our original priorities and I believe this path was the correct one.

Although much has radically changed in the former communist countries, free and open access to archival resources on the western model has not everywhere been achieved as standard practice. The distances have not changed, nor has the fact that large amounts of money are required for academics, not the best paid profession in the world, to travel to the documents. Additionally, today archives in the countries of the former Soviet Union are currently charging extraordinarily high fees to copy documents. Under the circumstances, I think a program of bringing the documents to the scholars in North America is the correct one.

Time limitations preclude a more detailed narrative of the Museum's archival holdings. It is, I think, clear that the Archives holds a collection of major importance to Holocaust studies and

the study of the war itself as it happened in Eastern Europe. Our
acquisition program will eventually shift from eastern Europe to
the western countries, including Germany itself (from where we
already have the records of the Reichsvereinigung der Juden in
Deutschland on microfiche), so that in the future we will be able
to serve the needs of a wide spectrum of scholars' interests, which
can be served nowhere else. Indeed, we believe our present
collections and the other facilities of the Research Institute already
contain materials of such breadth that all researchers studying the
subject will find resources of interest to them.

We look forward to a future in which we can work
cooperatively with many institutions from Europe, Israel and the
countries of the former Soviet Union to share resources on an
equitable basis in a manner that opens archival records to all
interested scholars.

———— *** ————

Összefoglalás

Az Egyesült Államok Holocaust Emlékmúzeumában működő Holocaust Kutatóintézetében őrzött levéltári források

A Kelet-Európában és az egykori Szovjetunió területén lezajlott
hatalmas átalakulások számos eddig hozzáférhetetlen levéltárat
nyitottak meg a tudományos kutatás számára. Még a folyamat
megindulása előtt az Egyesült Államok Holocaust Emlékmúzeuma
megkezdte a nyugati tudósok számára nehezen vagy egyáltalán
nem hozzáférhető levéltárakban őrzött Holocaust-vonatkozású
dokumentumok másolatainak beszerzését.

A ma hozzáférhető Holocaust-vonatkozású dokumentumok
legnagyobb része a menekülő német katonai és polgári hatóságok
által hátrahagyott német ügyirat, továbbá a németekkel kollaboráló
(például magyarországi és romániai beleértve a megszállt Erdélyt
is) szervezeteket. A dokumentumok a németek és a velük
együttműködők tevékenységét mutatják be, az igen sok témakör
felöleli egyes cégek ingyenes zsidó munkaerőre vonatkozó
igényeit, valamint gettók és deportálások szervezésével kapcsolatos

kérelmeket, az „Einsatzgruppe"-k működését, a partizánellenes akciókat, kulturális és vallási emlékek fosztogatását, a német, román és más fasiszta rezsimek által elfoglalt területek általános igazgatását. A német dokumentumok általában az egykori Szovjetunió németek által megszállt köztársaságainak levéltáraiból, valamint lengyel és cseh levéltárakból származnak. A magyar, szlovák és román dokumentumok ezen országok levéltáraiban, a román dokumentumok ezen kívül Ukrajnában és Moldovában találhatók. Az előadás a múzeum anyaggyűjtő tevékenységével foglalkozik az említett országokban, valamint a megszerzett dokumentumok jellegét és forrásértékét elemzi.

CONTRIBUTORS

—— *** ——

SZERZŐK

GEORGE BARANY is Professor Emeritus of History at the University of Denver. He is the author of several books, including *Stephen Széchenyi and the Awakening of Hungarian Nationalism* (1968) and*The Anglo-Russian Entente Cordiale of 1697–1698: Peterl and William III at Utrecht (1986)*. He also published numerous articlesin such prestigious journals as *The American Historical Review, Slaciv Review,* and *Századok.*

IVAN T. BEREND is Professor of History and Director of the Center for European and Russian Studies at the University of California, Los Angeles. A former president of the Hungarian Academy of Sciences, Dr. Berend is the author and/or co-author of many books, including *Economic Development of East-Central Europe in the 19th & 20th Centuries* (1974), *The European Periphery and Industialization, 1780–1914* (1982), *The Crisis Zone of Europe* (1986), and *Hungarian Economic Reforms, 1953–1988* (1990).

ROBERT BRAUN is an Adjunct Professor at the University of Economics of Budapest. He is the author of several studieswhich appeared in such journals as *History and Theory, Élet és Tudomány, Élet és Irodalom, Szombat, Jelenkor,* and *Kritika.*

RANDOLPH L. BRAHAM is Distinguished Professor Emeritus of Political Science at The City College and the Doctoral Program at the Graduate Center of the City University of New York, where he also serves as Director of the Rosenthal Institute for Holocaust Studies. He is the author of numerous works, including *The Politics of Genocide. The Holocaust in Hungary* (1981; 2d ed. 1994).

BREWSTER B. CHAMBERLIN is Director of Archives at the U.S. Holocaust Memorial Museum in Washington. He served as a lecturer at various institutions of higher learning, including Johns Hopkins Univeristy. Dr. Chamberlin is the author or co-author of chapters in several books, including *Studies in Modern European Culture and History,* Vol. III (1979). His articles appeared in such journals as *Vierteljahshefte für Zeitgeschichte* and *Journal of Information and Image Management.*

ASHER COHEN is a Senior Lecturer in Contemporary History at the University of Haifa. Dr. Cohen is the author of several scholarly studfies, including *The Halutz Resistance in Hungary* (1986), *Le Shoah* (1989), and *Persecutions et sauvetages: Juifs et Francaissous l'occupation et sous Vichy* (1993).

MÁRIA EMBER is a well-known journalist and editor of *Barátság* (Friendship), a new Budapest journal devoted to multiculturalism. She is the author of several Holocaust-related works, including *Hajtűkanyar* (U-Turn; 1972), *Száz kép* (Hundred Pictures; 1984), *Egy úr Eichmann stábjából* (A Gentleman From Eichmann'sStaff; 1984), and *Ránk akarták kenni* (They Wanted to Pin it on Us; 1992).

JUDIT FEJES serves as consultant with the Office of Special Investigations of the U.S. Department of Justice. Dr. Fejes is the author of *Magyar–német kapcsolatok, 1928–1932* (Hungarian–German Relations, 1928–1932) (Budapest: Akadémiai Kiadó, 1981).

GYÖRGY FISCHER is Research Director of the "The Gallup Institute" in Budapest and serves as an Assistant Professor of Sociology at the Janus Pannonius University of Pécs. He authored several articles which appeared in such periodicals as *Magyar Nemzet* (Hungarian Nation), *Magyar Narancs* (Hungarian Orange), and *Telehír* (Tele-News).

JUDIT FRIGYESI is Assistant Professor of Music at Princeton University. An ethnomusicologist, she is a leading scholar of Hungarian peasant music and the liturgical music of the Jewsof Eastern Europe. Dr. Frigyesi is the author of Bartók Studies and of several studies which appeared in such journals as *Studia Musicologica, Orbis Musicae, Zenetudományi Dolgozatok* (Studies on Musical Science), and *Muzsika* (Music).

ERNŐ GÁLL is Professor Emeritus of History at Babes-Bolyai University in Cluj-Napoca, Romania. A corresponding member of the Romanian Academy, Dr. Gáll also served as editor of *Korunk* (Our Age; 1957–84). He is the author of several works, including *Sociologia burgheza din Romania* (Bourgeois Sociology in Romania; 1958), *Az erkölcs dilemmái* (The Dilemmas of Morality; 1981) and *Kelet-Európai írástudók és a nemzeti-nemzetiségi törekvések* (East European Writers and the National Aspirations; 1987).

JENŐ GERGELY is Professor of Modern Hungarian History at Eötvös Loránd University, Budapest. He is the author of numerous works, including *A keresztényszocializmus Magyarországon, 1903–1923* (Christian Socialism in Hungary, 1903–1923; 1977), *A politikai katolicizmus Magyarországon, 1895–1950* (Political Catholicism in Hungary, 1895–1950; 1977), *A pápaság története* (The History of the Papacy; 1982), *A katolikus egyház Magyarországon, 1944–1971* (The Catholic Church in Hungary, 1944–1971; 1985) and *Prohászka Ottokár* (1994).

FERENC GLATZ is Director of the Institute of History of the Hungarian Academy of Sciences (*A Magyar Tudományos Akadémia Történettudományi Intézete*) and of the "Europa Institut" in Budapest. He is the author of numerous works, including *Történetírás és politika. Szekfü, Steier, Theim, Miskolczy felfogása a nemzetről és államról* (History Writing and Politics. The Conception of Szekfü, Steier, Theim, and Miskolczy About the Nation and the State; 1980), *Nemzeti kultúra — kulturáls nemzet, 1867–1987* (National Culture — Cultured Nation, 1867–1987; 1988), and *Minoritiees in East-Central Europe. Historical Analysis and a Policy Proposal* (19939.

TIBOR HAJDÚ is an associate of the Institute of History of the Hungarian Academy of Sciences. He is the author of *Az 1918-as magyarországi polgári demokratikus forradalom* (The Bourgeois Democratic Revolution of Hungary in 1918; 1968), *Károlyi Mihály. Politikai életrajz* (Mihály Károlyi. Political Biography, 1978). *The Hungarian Soviet Republic* (1979), and *Közép-Európa forradalma 1917–1921* (Central Europe's Revolution, 1917–1921; 1989).

PETER HANÁK is Professor Emeritus of History at Eötvös Loránd University and the Central European History of Budapest. He is also an associate of the Institute of History of the Hungarian Academy of Sciences. He is the author of numerous works on nineteenth and twentieth century Hungarian and Central European political, economic, social, and cultural history, including *Magyarország a Monarchiában* (Hungary in the Monarchy; 1975), *Jászi Oszkár dunai patriotizmusa* (Oscar Jászi's Danubian Patriotism; 1985), *A kert és a műhely* (The Garden and the Shop; 1988), and *Ungarn in der Donaumonarchie. Probleme der bürgerlichen Umgestaltung eines Vielvölkerstaates* (1984). He also published a large number of articles in many scholarly journals.

MIKLÓS HERNÁDI is editor-in-chief at Gondolat Publishers in Budapest. He is the author of a dozen books of fiction and sociology, including *A fenomenológia a társadalomtudományban* (Phenomenology in the Social Sciences; 1984), *Kisbetűs történelem. A mindennapi élet elméletéhez* (History With Small Letters. On the Theory of Everyday Life; 1990), and *Otto* (1993).

FRANCES DEGEN HOROWITZ is President of the Graduate School and University Center of the City University of New York. A recognized developmental psychologist, Dr. Horowitz is the author of numerous works, including *Exploring Developmental Theories. Toward a Structural/Behavioral Model of Development* (1987). She also contributed to such scholarly journals as *American Psychologist* and *Developmental Psychology*.

VICTOR KARÁDY is associated with the Centre de Sociologie de l'Education et de la Culture, Paris. A well-known sociologist, Dr. Karády is the author and/or co-editor of numerous works, including *A social and Economic History of Central European Jewry* (1989) and *Zsidóság és magyarság a XX. században. Tanulmányok az asszimilációról* (Jewry and Magyardom in the Twentieth Century. Studies on Assimilation; 1993). His studies appeared, *inter alia*, in *Actes de la Recherche en Sciences Sociales, Les Nouveaux Cahiers,* and *Studies in Contemporary Jewry*.

LÁSZLÓ KARSAI is an Assistant Professor of History at the József Attila University in Szeged. A recognized expert on contemporary Hungarian history, including the Holocaust, Dr. Karsai is the author of numerous works, including *A nemzetiségi kérdés Franciaországban* (The Nationalities Question in France; 1983), *Cigánysors Magyarországon 1919–1945* (Gypsy Fate in

Hungary, 1919–1945; 1991), *Kirekesztők Antiszemita írások, 1881–1992* (Excluders. Anti-Semitic Writings, 1881–1992; 1993), *Befogadók. Írások az antiszemitizmus ellen, 1882–1993* (Admitters. Writing Against Anti-Semitism, 1882–1993; 1994). His studies appeared in such journals as *Kommentár* (Commentary), *Hitel* (Credit), and *Világosság* (Light).

ANDRÁS KOVÁCS is Senior Research Fellow at the Institute of Sociology, Eötvös Loránd University. A well-known sociologist, Dr. Kovács is the author of several studies, including "The 'Jewish Question' in Contemporary Hungary" in *The Holocaust in Hungary. Forty Years Later* (1985) and "Changes in Jewish Identity in Modern Hungary" in *Jewish Identities in the New Europe* (1994). His articles appeared in such journals as *East European Jewish Affairs* and *Szociológiai Szemle* (Sociological Review).

MARIA M. KOVÁCS is Assistant Professor of Modern European History at the University of Wisconsin in Madison. She is the authoror co-author of several works, including *The Politics of the Legal Profession in Interwar Hungary* (1987), *Káderek* (Cadres; 1990), and *A zsidó identitás problémái* (Problems of Jewish Identity; 1992).

MIKLÓS LACKO is an associate of the Institute of History of the Hungarian Academy of Sciences. A prolific writer, he is the author of *Nyilasok — nemzetiszocialisták, 1935–1944* (Arrow CrossMen — National Socialists, 1935–1944; 1966), *Válságok — választások. Történeti tanulmányok a két háború közötti Magyarországról* (Crises — Elections. Historical Studies on Hungary Between the Two World Wars; 1975) and many other works. He also published a large number of seminal studies in such journals as *Élet és Tudomány* (Life and Science) and *Századok* (Centuries).

TAMÁS MAJSAI is a theologian-historian associated with the John Wesley Seminary in Budapest. He is also director of the Albert Bereczky Church History and Holocaust Research center in Budapest. Dr. Majsai's fields of interest include theological problems relating to Jewish-Christian relations, Protestantism ant the Jews in the nineteenth and twentieth centuries, the Holocaust, and the history of Protestant Churches in Hungary during the twentieth century. He is the author of several studies which appeared in such scholarly collections as the Ráday...

JUDIT MOLNÁR is Assiatnt Professor of History at the József Attila University in Szeged. Dr. Molnár is the author of *Zsidósors 1944-ben az V. (Szegedi) csendőrkerületben* (Jewish Fate in 1944 in the Fifth (Szeged) Gendarmerie District;1995) and coedited the *Endre-Baky-Jaross per* (The Endre-Baky-Jaross Trial; 1994). She also published scholarly articles in such journals as *Történelmi Szemle* (Historical Review), *Kritika* (Criticism), *Múlt és Jövő* (Past and Future), and *Szombat* (Saturday).

NICHOLAS M. NAGY-TALAVERA, is Professor Emeritus of History at California State Univeristy, Chico. He is the author of *The Green Shirts and the Others. A History of Fascism in Hungary and Rumania* (1970) and of "The Anatomy of a Massacre: Sarmas 1944" which appeared in the *Simon Wiesenthal Center Annual* of 1990.

ISTVÁN NEMESKÜRTHY is Professor of Literary, Film and Theater History at the "Europe Institut" in Budapest. He served for several decades as director of a film studio, producing 160 feature films. His numerous works, covering all periods of Hungarian political and cultural history, include *A magyar irodalom története* (The History of Hungarian Literature; 1983, 1993), *Nous, les Hongrois* (We, the Hungarians; 1989, 1994) and *Requiem egy hadseregért* (Requiem for an Army; 1972).

ZSUZSANNA OZSVÁTH is Associate Professor of Literary Studies and History of Ideas at the University of Texas at Dallas. Her publications include *Foamy Sky. The Major Poems of Miklós Radnóti* (1992). Her essays and translations appeared in such journals as *Partisan Review, German Studies Review, Hartford Studies in Literature,* and *Judaism.*

ATTILA PÓK is the deputey director of the Institute of History of the Hungarian Academy of Sciences. A specialist on European and Hungarian political and intellectual history, Dr. Pók is the author of *A Huszadik Század Körének történetfelfogása* (The Historical Conception of the "Twentieh Century" Circle; 1982), *A nemzetközi politikai élet krónikája, 1945–1985* (The Chronicle of International Political Life, 1945–1985; 1986), and *A magyarországi radikális demokrata ideológia kialakulása* (The Formation of Radical Democratic Ideology in Hungary; 1990).

STEPHEN J. ROTH (d. 1995) was a specialist on international law. A former Executive Director of the European Branch of the World Jewish Congress and Director of the Institute of Jewish Affairs in London, Dr. Roth amthored *The Helsinki Final Act and Soviet Jewry* (1976), *The Impact of the six-Day War. A Twenty-Year Assessment* (1988) and of numerous other studies in cumulative volumes on international law, anti-Semitism, world Jewry, and Hungarian Jewry.

ÁGNES SÁGVÁRI is an archivist and historian formerly associated with the Institute of History of the Hungarian Academy of Sciences. She also served as Director General of the Archives of Budapest. Dr. Ságvári is the author of several works, including *Politikai és tömegmozgalmak Budapesten 1945–1948* (Political and Mass Movements in Budapest; 1962), *Népfront és koalíció 1936–1950* (People's Front and Coalition, 1936–1950; 1966), and *Nem hallgathatok. Egy jóházból való pártmunkás visszaemlékezései* (I Cannot Remain Silent. The Reminiscences of a Party Workerwith Fine Upbringing; 1988).

ENIKŐ A. SAJTI is Professor of History and Chairperson of the Department of History at the József Attila University of Szeged. Dr. Sajti is the author of *Délvidék 1941–1944. A magyar kormányok délszláv politikája* (The Délvidék, 1941–1944. The Yugoslav Policies of the Hungarian Government; 1987), *Jugoszlávia 1918–1941. Dokumentumok* (Yugoslavia, 1918–1941. Documents; 1989), and *Nemzettudat, jugoszlávizmus, magyarság* (National Consciousness, Yugoslavism, Magyardom; 1991). Her studies appeared in such journals as *Századok* (Centuries), *Társadalmi Szemle* (Social Review), and *Korunk* (Our Age).

JÓZSEF SCHWEITZER is Director of the *Országos Rabbiképző Intézet* (National Rabbinical Seminary) of Budapest. The chief Rabbi of Hungary, Dr. Schwitzer is the author of *A pécsi izraelita hitközség története* (The History of the Jewish Community of Pécs; 1966). He also co-authored and edited several works, including *A Tolna megyei zsidók története 1967-ig* (The History of the Jews in Tolna County Up to 1967; 1982), and *Az Országos Rabbiképző Intézet Évkönyve, 1985–1991* (The 1985–1991 Yearbook of the National Rabbinical Seminary; 1991).

TAMÁS STARK is a Research Fellow at the Institute of History of the Hungarian Academy of Scienes. A specialist on demography and statistics, Dr. Stark is the author of *Magyarország másodikvilágháborús embervesztesége* (Human Losses of Hungary During world War II; 1989) and *"Hadak útján." A Honvédség a II. világháborúban* (On the War Path. The Armed Forces in World War II; 1991). His studies appeared in such journals as *Történelmi Szemle* (Historical Review), *Valóság* (Reality), and *The Hungarian Quarterly*.

MIKLÓS SZINAI, a retired historian and archivist formerly associated with the Hungarian National Archives, is the co-editor of *Horthy Miklós titkos iratai* (The Confidential Papers of Miklós Horthy; 1963), *Bethlen István titkos iratai* (The Confidential Papers of István Bethlen; 1972). He also contributed chapters to a number of books as well artciles to such journals as *Magyar Tudomány* (Hungarian Science), *Századok* (Centuries), *Kritika* (Criticism), *Történelmi Szemle* (Historical Review), *Múlt és Jövő* (Past and Future), and *The New Hungarian Quarterly*.

SZABOLCS SZITA is on the faculty of the Janus Pannonius University in Pécs. He is the author of several major works on the wartime labor service system, including *Holocaust az Alpok előtt, 1944–1945* (Holocaust in Front of the Alps, 1944–1945; 1983), *Halálerőd. A munkaszolgálat és a hadimunka történetéhez, 1944–1945* (Death-Fort. On the History of Labor Service and Military Labor, 1944–1945; 1989) and *Munkaszolgálat Magyarország nyugati határán. A birodalmi védőállás építése, 1944–1945* (Labor Service on Hungary's Western Borders.

Contruction of the Reich's Defense Positions, 1944–1945; 1990). He also published a large number of articles in periodicals and newspapers.

LORÁNT TILKOVSZKY is Professor of Modern History at Janus Pannonius University at Pécs and an associate of the Institute of History of the Hungarian Academy of Sciences. Dr. Tilkovszky is the author of 17 books and a number of studies on the Jewish question, including "Fenyő Miksa és Serédi Jusztinián levélváltása a zsidó kérdésről" (Correspondence of Miksa Fenyő and Jusztinián Serédi on the Jewish-related studies to *Holocaust emlékkönyv* (Holocaust Memorial Volume; 1994) and *Különbségek és párhuzamosságok. Németek és zsidók sorsa a Duna mentében* (Differences and Parallels. The Fate of Germans and Jews Along the Danube; 1994).

LÁSZLÓ VARGA is Chief Archivist of the Pest Municipal Archives. Dr. Varga is the author of "The Losses of Hungarian Jewry. A Contribution to the Statistical Overview" in *Studies on the Holocaust in Hungary* (1990) and „Ungarn" in *Dimension des Völkermordes. Die Zahl der jüdischen Opfer des Nationalsozialismus* (1991). His articles appeared in *Világosság* (Light) ant other journals.

TERÉZ VIRÁG is a psychologist and psychotherapist specializing in Holocaust-related mental illnesses. Dr. Virág contributed chapters to several books and published scholarly articles in suchjournals as *Magyar Pszichológiai Szemle* (Hungarian Psychological Review), *Múlt és Jövő* (Pas and Future), *La Psychiatrie de l'Enfant, Le Discours Psychoanalytique,* and *Le Coq-Heron.*

RUDOLF VRBA is an Associate Professor Emeritus of Pharmacology at the University of British Columbia is Vancouber. An escapee from Auschwitz, Dr. Vrba co-authored the famous „Auschwitz Report". He is the author of *I Cannot Forgive* (1964) and of many studies in the field of pharmacology. He was also involved in several major film documentaries relating to the Holocaust.